Heine von Alemann/Hans Peter Thurn (Hrsg.)

Soziologie in weltbürgerlicher Absicht

Soziologie in weltbürgerlicher Absicht

Festschrift für *René König* zum 75. Geburtstag

Herausgegeben von
Heine von Alemann und Hans Peter Thurn

Westdeutscher Verlag

CIP-Kurztitelaufnahme der Deutschen Bibliothek

Soziologie in weltbürgerlicher Absicht:
Festschr. für René König zum 75. Geburtstag/hrsg.
von Heine von Alemann u. Hans Peter Thurn. –
Opladen: Westdeutscher Verlag, 1981.
ISBN-13: 978-3-531-11547-4 e-ISBN-13: 978-3-322-83850-6
DOI: 10.1007/978-3-322-83850-6
NE: Alemann, Heine von [Hrsg.]; König, Rene:
Festschrift

Umschlaggestaltung: Peter Krolow unter Verwendung einer Zeichnung von Gerhard Hoehme:
„René König, Genzano di Roma 1981"

ISBN-13:978-3-531-11547-4

Inhaltsübersicht

IV. Zur Standortbestimmung der Soziologie

Bibliographie

ZUM GELEIT

In einer Zeit, die sich mit Anlässen und Formen des Feierns nicht eben leicht tut, bedarf ein als Festschrift vorgelegtes Buch besonderer Begründung. Dem biographischen Ereignis, an dem dieser Band sich orientiert, hat *René König* selbst einiges von seiner möglichen Bedeutung dadurch genommen, daß er seinen ,,Versuch einer intellektuellen Autobiographie", ,,Leben im Widerspruch", geraume Zeit vorher erscheinen ließ (1980). Auch befaßt er sich mit vielerlei Plänen und Durchführungen, forscht, reist und schreibt unermüdlich wie stets, damit eher die Kontinuität seiner weltzugewandten Neugier verlebendigend denn eine Neigung, bei arithmetischen Zäsuren zu verweilen. Anniversarien benötigt *René König* weder als Anlaß zu gesteigerter Selbstreflexion noch als Appell an andere, sich ihm zuzuwenden. Passionierter Gastgeber und auch selbst gerne zu Gast, praktiziert er Geselligkeit wo immer möglich und stets mit innerem Engagement. Festivitäten, die sich in äußerem Zeremoniell erschöpfen, daher das Menschliche auf den Ritus verkürzen, sind seine Sache nicht. Getreu seiner lebensleitenden Erkenntnis, eine Gesellschaft sei ,,immer nur so viel wert wie die Einzelmenschen, welche diese Gesellschaft zusammensetzen, tragen und wollen" (Kölner Antrittsvorlesung 1951), ist *René König* auch heute noch ein kritisch sich einlassender Denker und Mensch inmitten der Gesellschaft.

In Kenntnis dieser Haltung wird eine *René König* gewidmete wissenschaftliche Festschrift sich nicht im Hinweis auf ein biographisches Datum erschöpfen können noch wollen. Über den Anlaß des 75. Geburtstages hinaus soll sie vielmehr bezeugen, wie der durch sie Geehrte sich in die scientific community eingestellt hat, wie er in ihr gewirkt und welche Denkanstöße er gegeben hat. Darin unter anderem liegt ihr sozialer Sinn. Den Nachweis einer solchen Wirksamkeit im Falle von *René König* zu führen, fällt nicht schwer. Schon der zu *Königs* 65. Geburtstag von *Günter Albrecht, Hansjürgen Daheim* und *Fritz Sack* herausgegebene Band ,,Soziologie. Sprache, Bezug zur Praxis, Verhältnis zu anderen Wissenschaften" (1973) erbrachte ihn in eindrucksvoller Vielfalt. Eine solche etappenreiche tour d'horizon abermals zu bieten, ist indes nicht die Absicht des vorliegenden Buches. Es enthält statt dessen eine Reihe von Aufsätzen, die in lockerer Folge und ohne jeden falschen Anspruch auf eine wie auch immer geartete ,,Vollständigkeit" einige Schlaglichter auf Themen und Arbeitsgebiete werfen, in denen *René König* sich umtat und die ihn auch heute noch interessieren mögen. Dem zuletzt in seiner Autobiographie bekundeten Selbstverständnis *Königs* entsprechend, ,,über die Grenzen hinweg" zu leben und tätig zu sein, legt die diesmalige Festschrift einen Hauptakzent auf internationale Fragen und Wirkungsbereiche. Damit soll die Weite jenes Horizontes, der für *König* nicht nur lebensbestimmend ist, sondern in dem er auch die Soziologie angesiedelt wissen will, wenigstens angedeutet werden.

In einer biographischen Skizze aus dem Jahre 1973 hat *René König* sich als einen ,,kosmopolitischen Soziologen" bezeichnet. Lebensführung und Geisteshaltung, politische Anschau-

ungen und wissenschaftliches Bemühen weisen ihn in der Tat als einen Mittler zwischen Kulturen und Gesellschaften aus. Doch wandert er nicht zwischen Kulturen hin und her, sondern lebt gleichzeitig in ihnen, indem er sie in sich trägt, ihre Übereinstimmungen verlebendigend und ihre Abgrenzungen aushaltend. Weltbürger ist er im Sinne jener Forderungen, die das siècle philosophique an den kosmopolitischen Menschen auch in Deutschland stellte: geistig wie lebenspraktisch grenzoffen, vielsprachig, nach mehrschichtiger Welterkenntnis strebend. Dabei ist ihm *Immanuel Kants* Wunsch, der „vernünftige Weltbürger" möge einer moralisch verantwortbaren Gesellschaftsverfassung „fleißig nachgehen" („Anthropologie in pragmatischer Hinsicht", 1798), ebenso allgegenwärtig wie des *Christoph Martin Wieland* Ermahnung, im Ringen um die Durchsetzung der kosmopolitischen Lebensformen keine anderen als eben die dem Weltbürger wohlanstehenden „Waffen der Vernunft" einzusetzen („Das Geheimnis des Kosmopoliten-Ordens", 1788). Durch die Beherzigung derartiger Grundsätze hat *König* sich zeit seines Lebens gegen bodenlose Himmelsstürmerei ebenso gefeit wie gegen Dogmatismen aller Art. Ihrethalben auch wurde er in den dreißiger Jahren aus jenem Deutschland vertrieben, dem der kosmopolitische Geist als „undeutsch" erschien.
In *René Königs* Weltbürgertum treffen sich Lebenshaltung und wissenschaftliches Programm. Seine mit nahezu vierzigjähriger Verspätung publizierte Zürcher Habilitationsschrift „Kritik der historisch-existenzialistischen Soziologie" (1937; 1975) führt auf noch immer eindringliche Weise vor Augen, wie sehr sich ihm der Versuch, eine „objektive Soziologie" zu begründen und zu praktizieren, verknüpft mit der Forderung nach möglichst vielsinniger und weitsichtiger Wirklichkeitszuwendung. Um der Schulung der dazu erforderlichen geistigen und sinnlichen Fähigkeiten willen hat nach *Königs* Meinung der Soziologe weltläufig in des Wortes bester Bedeutung zu sein. Indem er die Sozialkulturen praktisch erfährt, lernt er, analytisch veranschaulichende Beziehungen zwischen ihnen wie auch zwischen ihren Teilen herzustellen. Nur ein solcher lebenstätiger Relationismus kann einen fruchtbringenden Boden für sozialwissenschaftliche Objektivität abgeben. Geistige Interdisziplinarität und eine breitangelegte, erfahrungsgesättigte Relationalität sind unverzichtlich für jene „Soziologie in weltbürgerlicher Absicht", die *René König* vorlebt und der er gewißlich viele Verfechter wünscht. Daß einiges von ihrem Geiste den Lesern durch die Beiträge dieses Bandes vermittelt werden möge, hoffen die Herausgeber.

Heine von Alemann *Hans Peter Thurn*

I. Kultur und Gesellschaft

PERSPEKTIVEN DER KULTURSOZIOLOGIE

Zur Rekonstruktion ihres Problemfeldes

Von Hans Peter Thurn

I. Wissenschaftspolitische Voraussetzungen heutiger Kultursoziologie

Seit der Mitte der siebziger Jahre häufen sich wie international so auch in der Bundesrepublik Deutschland die Versuche, den Standort der Soziologie sowohl im Kanon der Wissenschaften vom Menschen als auch in der allgemeinen Lebenswirklichkeit zu umreißen. Zwischenbilanzen wurden gezogen, Entwicklungslinien aufgespürt, Unterbrechungen festgestellt, Krisen attestiert[1]. Solche Überprüfungen der inneren Ausgestaltung und des Wirklichkeitsverhältnisses stehen der Soziologie in Deutschland um so mehr zu Gebote, als die nationalsozialistische Herrschaft und der Zweite Weltkrieg ihr nach 1945 einen völligen Neuanfang aufzwangen, dessen politische Voraussetzungen sich gleichwohl alsbald in inhaltlichen und persönlichen Konflikten zwischen ihren bundesrepublikanischen Wiederbegründern niederschlugen. Die Einzelheiten der Fachgeschichte sollen hier nicht wiedergegeben werden; sie sind andernorts detailliert nachgezeichnet worden[2]. Inzwischen liegen auch verschiedene eigenhändige Lageeinschätzungen und Rechenschaftsberichte der wissenschaftspolitischen Protagonisten bundesdeutscher Soziologie nach 1945 vor[3]. Die Mehrzahl dieser Hauptakteure hat mit den siebziger Jahren das Aktionsfeld akademischer Lehre und Forschung verlassen; so *Theodor W. Adorno, Max Horkheimer, Arnold Gehlen, Helmut Schelsky, Helmuth Plessner* und auch *René König.* Dieser institutionell und biographisch bedingte Generationswechsel muß zweifelsohne als ein mitauslösendes Moment für die kritische Sichtung des in den drei vorangegangenen Dezennien Geleisteten und Erreichten betrachtet werden. Zu welchen qualitativen Urteilen man im Rahmen derartiger Bestandsaufnahmen auch immer gelangen mag, unübersehbar ist, daß die akademische Soziologie in der heutigen Bundesrepublik zu einer quantitativen Ausdehnung und Wirklichkeitsvielfalt gefunden hat wie nie zuvor in Deutschland. Wenngleich sie derzeit nicht (mehr) ein modisches Massenfach ist, auch sinkende Studentenzahlen hinnehmen muß, hat sie sich doch in der Zwischenzeit an den Hochschulen expansiv konsolidieren können. Studienangebote, Lehrpersonal und Forschungseinrichtungen haben sich vervielfacht; die Zahl der Fachzeitschriften, Buchreihen und Einzelveröffentlichungen ist stetig gestiegen[4]. Während die Nachkriegs-Soziologie in der DDR unter das sowjetische Hegemonie-Dach des internationalen Marxismus-Leninismus gezwungen wurde, öffnete sich die bundesdeutsche Soziologie, unter Mitwirkung heimkehrender, von den Nationalsozialisten vertriebener Forscher sowie in ihren Neu-Heimaten verbleibender Wissenschaftler, der „westlichen" internationalen Diskussion, vor allem in Richtung USA, aber auch nach Frankreich, England und Skandinavien hin. Diese Internationalisierung wurde zudem gefördert durch eine polithistorisch motivierte Berührungsangst gegenüber spezifisch „deutschen" Geistestraditionen, die oft allzu pauschal in den Verdacht faschistischen Wegbereitertums gerückt wurden. Die Schwierigkeiten, durch kritische und selbstkritische Sichtung den Begründern der Soziologie in Deutschland vor der nationalsozialistischen Machtergreifung gerecht zu werden, wirken noch heute unter anderem darin fort, daß die historisch-kritische Werkausgabe nicht eines einzigen „Klassikers" fertiggestellt werden konnte. Selbst *Georg Simmel* und *Max Weber* unterliegen diesem Mangel. Er und mancherlei weitere Defizite, wie etwa das Fehlen einer mit den Standards in anderen Disziplinen, z. B. der Psychologie, Schritt haltenden Klassiker-Biographik, scheinen der Preis zu sein, den die deutsche Soziologie für die Abwendung von ihren eigenen Denktraditionen und für die Hinwendung zu den internationalen Horizonten in der Nachkriegszeit zahlen mußte[5]. Zweifellos ist sie jedoch auf diesem Wege zu einer Pluralität der Analyseverfahren und Konzepte gelangt, die sich bei anderem historischem Verlauf so vielleicht nicht hergestellt hätte. Die Vielfalt, ja der Reichtum der international angebundenen bundesrepublikanischen Soziologie muß letztlich als ein zwar paradoxes, doch in sich positives Ergebnis des negativen deutschen Geschichtsverlaufs im 20. Jahrhundert angesehen werden.

Obzwar hier nicht der Versuch unternommen werden soll, die Geschichte der Soziologie in Deutschland per Soll und Haben zu bilanzieren, mag doch die Vermutung erlaubt sein, daß es wie im wirklichen Leben so auch in wissenschaftspolitischen Verläufen Gewinner und Verlierer gibt. Eine der augenfälligen Verliererinnen des bisher geschilderten Entwicklungsprozesses ist unbestreitbar die *Kultursoziologie.* Sie hat wie kaum eine andere Stimme im soziologischen Gesamtkonzert an Klangwert verloren. Um die Jahrhundertwende im Kontext philosophischen und sozialwissenschaftlichen Fragens hervortretend, durch Denker wie *Georg Simmel, Max Weber, Max Scheler* bestens ausgewiesen, daher in ihrer, wenngleich eigenheitlich deutschen, Bedeutung allgemein anerkannt, nach dem Ersten Weltkrieg durch *Georg Lukács, Karl Mannheim, Alfred Weber* und andere fortgeführt, durch die faschistische Zäsur in ihrer besonderen Weiterentwicklung unterbrochen, lebt die Kultursoziologie in der ersten wissenschaftspolitischen Aufbauphase nach dem Zweiten Weltkrieg nur kurzfristig und örtlich begrenzt wieder auf. Vor allem *Alfred Weber* betreibt sie Anfang der fünfziger Jahre in Heidelberg entsprechend seinem Konzept als eine universalhistorisch ausgerichtete Disziplin[6]. Doch flacht dieser Aufschwung von der Mitte des Jahrzehnts an nicht nur in Heidelberg (*Weber* starb 1958), sondern allseits ab. Einem Forscher wie *Alfred von Martin* gelang es nicht, seinen kultursoziologischen Äußerungen breiteres Gehör unter Fachkollegen zu verschaffen[7]. Die Zeit, da man sich anschickte, wie noch *Karl Mannheim* im Jahre 1932, Pläne für eine dauerhafte Verankerung der Kultursoziologie im Pflichtprogramm für das Hauptfachstudium zu schmieden, war dahin[8]. Mit der Loslösung der universitären Soziologie von der Mutterwissenschaft Philosophie und deren Fakultätsrahmen, der zeitweise stärkeren Anbindung an die Staats- und Wirtschaftswissenschaften, schließlich der Verselbständigung zu einer empirischen Einzeldisziplin, schwand auch dem kultursoziologischen Zweig der Grund, aus dem er sich traditionell genährt hatte. In der nun einsetzenden Phase der akademischen Neuorganisation des Gesamtfaches konnte die Kultursoziologie sich weder institutionell noch lehrplanmäßig verorten, keinen Raum eigenen Wirkens und Regenerierens für sich beanspruchen. Während des tiefgreifenden Wandels im Selbstverständnis und in der hochschulpolitischen Selbstverfassung der Soziologie bis hin zum „Diplom-Studium" wurden kulturelle Aspekte der Gesellschaft schlichtweg über Bord geworfen. Sie erschienen wohl den Reformatoren als für die spätere Berufspraxis der Auszubildenden nicht relevanter, zudem philosophisch überfrachteter und daher methodologisch schwer zugänglicher Traditionsballast[9]. Offenkundiges Indiz ist die Abnahme diesbezüglicher Lehrveranstaltungen. In der Skala der soziologischen Lehrgebiete rutscht die Kultursoziologie zwischen 1950 und 1975 vom fünften auf den fünfzehnten Rang[10]. Hatte sie seinerzeit noch 7,69 % des thematischen Gesamtvolumens der Soziologie ausgefüllt, so reduziert sich ihr Anteil bis Mitte der siebziger Jahre trotz zahlenmäßigen Anstiegs der Veranstaltungen auf lediglich 2,81 % des inzwischen quantitativ explodierten Lehrangebots[11]. Ein ähnlicher Abschwung ist bei den Veröffentlichungen festzustellen. Anfang der siebziger Jahre sind Abhandlungen, die sich dezidiert kultursoziologischen Themen zuwenden, in den deutschsprachigen Fachzeitschriften nur höchst selten anzutreffen[12]. Auch unter den Buchpublikationen finden sich nur wenige Arbeiten dieses Inhalts[13]. Die Kultursoziologie ist zu einem der Schlußlichter der Geistes- und Sozialwissenschaften zurückgefallen. Im Zuge der allgemeinen Professionalisierung und Pragmatisierung der Bildungswege verspricht sie dem, der sich ihr gleichwohl zuwendet, wenig Aussichten auf Profil und berufliche Effizienz. Klug scheint, wer sie meidet.

Hat also die Kultursoziologie, um die es dermaßen still wurde, heute nichts mehr mitzuteilen? Vermag sie nicht mehr kompetent an den analytischen Selbstklärungen der Gesellschaft teilzunehmen? Mangelt es ihr an konzeptioneller Zeitgenossenschaft, derentwegen sie ihr gegenwärtiges Arbeitsfeld weder zu erkennen noch methodisch zu beschreiten vermochte? Deuten sich keine Ausfächerungen eines Problemhorizontes mehr an, der sich mit Fug und Recht als „kultursoziologisch" bezeichnen läßt? Eher das Gegenteil scheint der Fall zu sein. Seit der zweiten Hälfte der siebziger Jahre mehren sich die Indizien für eine Wiederbelebung des kultursoziologischen Denkens[14]. Es häufen sich die Bemühungen, die Frage nach der kulturellen Verfaßtheit der zeitgenössischen Gesellschaft einerseits den Soziologen als erörterungsbedürftig und behandelnswert ins Bewußtsein zu rücken, sowie sie andererseits der zu erforschenden Gesellschaft selbst als für ihr Fortleben höchst bedeutsam vor Augen zu führen. Angesichts dieser sowohl aus der Nachkriegs-Fachvergangenheit heraus skeptisch stimmenden als auch durch jüngste Anzeichen eines Denkwandels ermutigenden Lage soll im Folgenden versucht werden, das Problemfeld einer zeitnahen Kultursoziologie wenigstens ansatzweise auszumessen.

II. Kultur als Daseinsgestaltung

Wo immer Menschen empfinden und denken, dieser ihrer sinnesmäßigen Bewegtheit innerlich und/oder äußerlich Form verleihen, sie vergegenständlichen und mit anderen Menschen austauschen, dort ereignet sich *Kultur*. Sie ist Bestandteil ihrer nichtmenschlichen Weltzuwendung ebenso wie ihrer gattungsmäßigen Reproduktion. In ihr bekundet sich die dem Menschen wesenseigene, daher unabstreifbare Intentionalität, im Umgang mit der eigenen und fremder Natur das Überleben in einem per se nicht menschzugewandten Kosmos zu sichern[15]. Veranlaßt durch dieses Grundmotiv, ist alle Kultur stets Bewegung und Zustand zugleich. Sie vollzieht sich prozessual im stetigen Übergang von einstweiligen Ergebnissen zu neuen Zielen und Resultaten. Immerdar im Schnittpunkt von Vergangenheit, Gegenwart und Zukunft stehend, treibt der einer endgültigen Zufriedenheit nicht fähige Mensch sie über die jeweils erreichten Ruhelagen hinaus scheinbar weiterführenden Ausformungen zu, in der Hoffnung, daß durch mehr und weiter ausgreifende Kultur eine noch bessere und umfänglichere Lebenssicherung möglich werde. Eingespannt in diese kausalen und intentionalen Bezüge, verläuft alle Kulturisierung als eine anthropomorphe Modifikation von Welt sowie des Menschen in der Welt. Kultur ist menschveränderte Welt. Aus menschlicher Naturüberschreitung geboren, erfährt sie ihre Begrenzung zugleich dort, wo der Mensch den Widerstand des Naturkosmos (noch) nicht durchbrechen konnte. Jene Kraft, mit welcher der Mensch sich selbst als Keil in diese Natur treibt, verdankt er seiner Befähigung zu intellektuell gelenkter *Gestaltung*. In seiner Gesamtheit wie in seinen Einzelheiten entfließt der Kulturprozeß menschlich vergeistigendem Gestaltungshandeln. Wegweisend für alle Arten der kulturellen Daseinsgestaltung sind die Ideationen, die Prozesse der diskursiven und präsentativen Bildung und Vergegenwärtigung von Ideenhaushalten, mittels deren die Menschen ihre Selbstklärung vorantreiben und denen in der aktiven Wirklichkeitszuwendung handlungsleitende Funktionen zuteil werden. Ideationen behalten diese Steuerungsfunktion auch dort, wo der Gestaltungsvorgang sich am materiellen Objekt niederschlägt, sei dieses nun der Mensch selbst oder ein ihm äußerlicher Gegenstand. Die Betriebsweise des Kulturmotors wird geistig entschieden, wiewohl in ständiger Bezugnahme auf die materiellen Erfordernisse und Möglichkeiten der zu gestaltenden Welt. „Basis" und „Überbau" fallen mithin nicht auseinander, stehen vielmehr im kulturellen Gesamtprozeß in ständiger Wechselwirkung, einander zugleich bedingend und formend[16]. Materielle und ideelle Vektoren müssen im konkreten Vorgang des Gestaltens derart miteinander vermittelt werden, daß ihnen eine den situativen Lebenserfordernissen entsprechende Synthese von Form und Inhalt entwächst.

Diese Erfordernisse gelten für alle Dimensionen der Daseinsgestaltung, deren jede ihre spezifischen analytischen *und* synthetischen Perspektiven enthält, von der autoreflexiven Selbstgestaltung über die intersubjektive Sozialgestaltung bis hin zur ideativen Theoriegestaltung und zur residualen Objektgestaltung[17]. In all diesen Äußerungsformen der Kultur lassen sich *Sache* und *Sinn* letztlich nicht auseinanderdividieren, bleiben *Wer, Was* und *Wie* ursprünglich aufeinander bezogen und binden sich immer wieder neu aneinander. Sie fusionieren zu jenen personell, instrumentell und modal definierten Konstellationen, die sich inhaltlich und im Erscheinungsbild voneinander unterscheiden, die aber doch strukturelle Gemeinsamkeiten aufweisen. In jedem dieser Lebensausschnitte, wie groß oder klein er auch immer veranlagt sein mag, ist Kultur als gestalteter *Innenbau* allgegenwärtig, *haben* die betreffenden Menschen in feststellbarem Umfang ihre Errungenschaften verfügbar und *sind* zugleich deren maßgebende Vitalisatoren.

Wie das Gesamtleben, in empirisch klärbaren Quantitäten und Qualitäten, *kulturell gestaltet* ist, so unterliegt es zugleich *sozialer Gliederung*. Kulturisierung und Sozialität sind zwei Bestimmungsmomente menschlicher Existenz, die zwar nicht in ihrem Dasein, wohl jedoch in ihrem Sosein den Menschen offenstehen. Sowohl in Kultur als auch in Gesellschaft hineingestellt, haben die Menschen selbst darüber zu entscheiden, zu welchen lebenswirksamen Gleichungen sie beide Sphären führen wollen. Die Reziprozität von Kultur und Gesellschaft unterliegt der gattungsmäßigen Eigenverantwortung der Menschheit; dementsprechend wurde und wird ihre verbessernde Ausgestaltung seit jeher als menschliche Pflicht und Aufgabe dargestellt[18]. Zum einen dahingehend, daß es gelte, die Sozialwelt kultivierend zu befrieden; zum anderen durch die Mahnung an die Gesellschaftsmitglieder, sich auf der Stufenleiter der Kultur weiter hinaufzubewegen[19]. Im einen wie im anderen Falle wird offenkundig, daß in der Lebenswirklichkeit Kultur und Gesellschaft nicht so deckungsgleich sind, nicht zu jener multilateralen Reziprozität gefunden haben, wie sie in idealistischen Modellkonstruktionen vielleicht vorstellbar ist. Obwohl ein gesellschaftliches Totalphänomen, unterliegt die Kultur klärungsbedürftigen Prozessen der Diffusion, aufgrund deren sie zu sozialweltlich segmentären Ausgestaltungen gelangt. Sie ist Mittel zur Absonderung ebenso wie zur Gemeinsamkeitsvergewisserung. Mikroweltlich und makroweltlich können ihre Ideen, Güter und Lebensformen in der einen wie in der anderen Weise verwendet werden. Der Kultursoziologie, selbst erst aus der Erkenntnis dieser problematischen Verhältnisse geboren, zwingt solche Realität die Notwendigkeit auf, die Dialektik von Einheit und Vielfalt zu ergründen, welche die restriktiven Bezugnahmen von Kultur und Gesellschaft bestimmt. Die Totalmannigfaltigkeit im kulturellen Innenbau der Gesellschaft, die sich als Verschiedenartigkeit der Sozialprovinzen in Lebensweisen, Ideenhaushalten, Güterausstattung etc. kundtut, bedarf, da auf grundsätzlich gleichartiger Kulturfähigkeit der Menschen aufruhend und insofern ihre personalen Dispositionen sozial einkleidend, einer systematischen Erforschung und Erklärung[20]. Aufgabe einer, auch anthropologische Einsichten berücksichtigenden, gegenwartsbezogenen Kultursoziologie ist es, die kulturelle *Formensprache* der sich wandelnden Industriegesellschaft in ihren ideellen und materiellen Ausprägungen zu entziffern. Dabei werden sie besonders die Grade der *Sozioreflexivität* interessieren, die, bei der Sinn- wie bei der Sachgestaltung, bei der Kulturisierung individueller und kollektiver Subjekte mitwirken. Denn allemal offenbaren diese die Bereitschaften der sozialen Teilwelten, sich kulturell durchlässig, nach innen wie nach außen hin demokratisch zu verfassen und zur Vielfalt nicht nur intrasozietär, sondern auch im intersozietären Austausch beizutragen.

III. Lebensbedingungen im Technotop

Die mitteleuropäische Industriegesellschaft des ausgehenden 20. Jahrhunderts unterscheidet sich tiefgreifend von allen vorangegangenen Epochen. In ihr trifft der Mensch auf Lebensbedingungen, die keiner seiner Vorfahren je kannte. Technik, Wissenschaft und Industrie haben sämtliche Lebensbereiche bis ins Privateste hinein revolutioniert. Dieser Wandel, der Mensch und Umwelt gleichermaßen ergreift, äußert sich vorzugsweise in einer kulturellen Symptomatik, doch wurde er szientifisch und technologisch veranlaßt. Die Umgestaltung der praktischen Lebenskultur im 20. Jahrhundert ist keine Veränderung aus eigenen, unmittelbaren Antrieben, sondern erfolgt weitestgehend als Sekundärreaktion auf Anstöße seitens der naturwissenschaftlich-technologischen Intelligenz. Sie ist sozusagen eine unvorhergesehene Nebenfolge von Laborexperimenten in Medizin, Physik, Chemie und anderen Disziplinen, die hernach industriell umgesetzt und auf diesem Wege lebenswirksam wurden. Dies gilt selbst noch für die späten Anti-Bewegungen gegen Atomenergie, Experimente an Mensch und Tier, Umweltvergiftung und anderes. Sie alle stellen fast schon nur noch ohnmächtige Reflexe einer mit technischen Mitteln entnaturierten Menschenwelt dar, die bemerkt, daß sich mit den Naturfesseln auch die diesen angebundenen kulturellen Halterungen auflösen. Im Zuge dieser aus dem Willen zur Naturbeherrschung geborenen Distanzierung gegenüber der eigenen wie der äußeren Natur schwand dem Industriebürger mehr und mehr seine Lebensgrundlage im *Biotop* dahin. Sein Dasein vollzieht sich heute in einem *Technotop,* in dem an die Seite der fortdauernden Abhängigkeiten von der Naturlaune die Notwendigkeit tritt, die neuen Produktivkräfte sowie die mit ihnen freigesetzten Destruktionsgewalten unter intellektueller Kontrolle zu halten bzw. sie überhaupt erst in den Griff zu bekommen. Die Gesellschaft, in und mit der sich dieser Wandel der Lebensbedingungen vollzieht, kann den so auftretenden, in Umfang und Art epochal neuartigen Anforderungen überhaupt nur gerecht werden, wenn sie außer einem zeit- und problemgemäßen Selbstverständnis auch adäquate Formen der sozialen und kulturellen Praxis entwickelt. Die Erosionen des 20. Jahrhunderts steigern die Ansprüche an ihre geistige, seelische und moralische Eigenverantwortlichkeit[21]. Mit dem Anwachsen diesbezüglicher Fragestellungen wird die betroffene Gesellschaft *kulturbedürftiger.* Die erforderlichen, für ihr Überleben entscheidenden Antworten wird sie ehestens auf dem Wege kultureller Selbstklärung finden können. Der Kultursoziologie obliegt es, zu eruieren, inwieweit die heutige Gesellschaft als Ganzes und in ihren Teilen dieser Aufgabe gewachsen ist.

Der Mensch im Technotop ist gut versorgt. Sein materieller Mangel ist in den meisten Fällen auf ein erträgliches Maß reduziert. In der Bundesrepublik lebt er seit der Mitte der fünfziger Jahre mehrheitlich in einem Wohlstand, der krisenanfällig sein mag, der aber doch hinsichtlich der Ausstattung und Streuung von Gütern aller Art in anderen Ländern, schon gar in solchen einer weniger weit vorangeschrittenen wirtschaftlichen Entwicklung, kaum seinesgleichen findet. Auf dieses hohe Maß an industriell ermöglichter, staatlich und rechtlich mitgarantierter Bedürfnisbefriedigung reagiert der Bundesdeutsche mit einem weitgehend *idiomorphen,* sozial entbundenen *Kulturstil.* Seine Lebensweise ist weniger durch soziale Zugehörigkeiten, deren Chancen und Zwänge, als vielmehr durch die egalitäre Erreichbarkeit nahezu sämtlicher Güter des täglichen Bedarfs bestimmt. Zwar operiert er durchaus in sozialen Bezügen, doch wohl lockerer als früher, mit quasi leichter Hand, als wögen soziale Gewichte nicht mehr so schwer. Wo jeder fast alles ohne allzuviel Aufwand erlangen kann, schwinden die mitmenschlichen Verbindlichkeiten; Staat und Wirtschaft sorgen für alle, daher sorgt jeder für sich. Soziale Netze, z. B. die Familie, bleiben lebenstragend, doch erfahren sie eine neuartige *Bewertung,* ihr Stellenwert im Gesamtspektrum der Möglichkeiten verschiebt sich. Es kann auf sie verzichtet werden, ohne daß sich die individuelle Versorgungslage verschlechtert; die mitmenschliche Enthaltsamkeit zieht nicht zwangsläufig kulturelle Einbußen nach sich. Bei des Deutschen liebster Freizeitbeschäftigung, dem Fernsehen, ist die Anwesenheit anderer nicht erforderlich, nur selten hebt oder senkt sie den Wert der genossenen Darbietung. Ein Verlust zeichnet sich ehestens in den Konturen der Sozialwelt ab, deren geschwächte Semantik man verschmerzen zu können glaubt; an die Stelle des sozialen Außenhalts läßt sich funktionsäquivalent ein kultureller Innenhalt rücken, dessen Stützkraft nur beizeiten und regelmäßig wieder durch Medienkonsum und dergleichen aufgeladen werden muß. „Selbstverwirklichung" war denn auch das modische Schlagwort, unter dem seit dem Ende der sechziger Jahre eine erstmals unter diesen Konditionen des Technotops aufgewachsene Generation ihren Anspruch auf sozialentbundene Kulturteilhabe anmeldete. Seitdem scheint sich die Tendenz zu verstärken, daß kulturelle Praxis ganz anders als früher auf soziale Entscheidungen und Grenzlinien Einfluß nimmt. Das Gros der Gesellschaftsmitglieder fügt sich zumindest zeitweise der durch kulturelle Generalisierung geförderten Atomisierung der sozialen Welt, auf daß jeder sie zu seinen Gunsten nutzen möge. Doch stellt sich auf diesem Umweg einer sozialen Entflechtung durch kulturelle Egalisierung schon die allabendlich beobachtbare Neuform des defizienten Gesellschaftslebens her: die *parataktische Sozialität.* Diese, um einen von *Helmuth Plessner* ins Gedächtnis gerufenen Ausdruck *Immanuel Kants* zu verwenden, aktuelle Variante der „ungeselligen Geselligkeit" kann der heutige Mensch um so bedenkenloser praktizieren, als die Industriekultur ihm eine erhebliche *Risikominderung* in nahezu sämtlichen Lebensbereichen beschert[22]. Nicht, daß der Verzicht auf Dauerkontakte, Konventionsverstöße oder die Auflösung mitmenschlicher Bindungen heutzutage unproblematisch wären oder folgenlos blieben. Doch lassen sich etwa auftretende Konflikte, Einschränkungen und Benachteiligungen leichter bewältigen, da allerorten Instanzen bereitstehen, die dazu quasi professionell beitragen. Dies bedeutet für Beziehungspartner jedweder Art, daß sie erforderliche Problemlösungen an Experten und Institutionen delegieren, damit in gewissem Umfang auch entpersönlichen können. Durch die Handhabung solcher *Delegationsstrategien* mindern sie ihre persönliche Betroffenheit. Hilfsbereitschaften jedweder Art, unter Nachbarn, Freunden, Familienangehörigen, gar Fremden, bei Krankheit, Arbeitslosigkeit, Tod oder in anderen Notlagen darf in der Bundesrepublik nicht mehr als selbstverständlich gelten und erwartet werden. Vielmehr gilt die Devise: Man hält sich heraus, wartet, bis die zuständigen Experten die Angelegenheit in die Hand nehmen und in dezent anonymisierender Weise regeln. Deren Rat und Tat können zwar teuer werden, doch lassen sich nach herrschender Einschätzung materielle Belastungen eher ertragen als psychosoziale; überdies können sie möglicherweise bei Versicherungen, Steuerämtern oder anderen Erstattungsinstanzen geltend gemacht werden, wohingegen persönlich-soziales Engagement stets auf eigene Kosten geht. Derlei Ausweichmanöver finden ihre subjektive Berechtigung, ja eigentlich ihre Gewissensberuhigung im Rückgriff oder Hinweis auf „kompetente" Institutionen, deren spezielle Aufgabe in solcher *Entlastung* besteht. Die Omnipräsenz dieser Entlastungseinrichtungen sorgt dafür, daß schon von vornherein, in der kognitiv-affektiven Latenz der Soziabilitätsbereitschaft, das Anknüpfen sozialer Beziehungen als wenig verpflichtend angesehen wird. Dadurch sind die kulturellen Konnotationen, aufgrund deren zwischenmenschliche Kontakte (nach dem Ablaufschema: „Wenn..., dann...") definiert und qualifiziert werden, heute in ihrem Pflicht-Gehalt deutlich vermindert. Konsequenterweise gilt die Kategorie der *Pflicht* intersubjektiv als unzeitgemäß, da gewissermaßen durch gewandelte Umstände objektiv erledigt. Wie immer man derlei traditionalistische Inhaltserfülltheit, wie sie sich in diesem und verwandten Begriffen kundtut[23], beurteilen mag: Nicht zu übersehen ist, daß ihr Schwinden ein *kulturell-semantisches Vakuum* hinterläßt, das, solange nicht andersartig aufgefüllt, ein hervorstechendes Merkmal heutiger Sozialbeziehungen ist, dem kultursoziologisch weiter nachzugehen sein wird. Zu einem nicht geringen Umfang ist das soziale Leben heutzutage *kulturell defizitär*, inhaltlich seiner selbst ungewiß, unentschieden und verunsichernd. Seiner natürlichen Wurzeln beraubt, instrumentell hinreichend ausgestattet, vom Zwang zu mitmenschlicher Fürsorge vielfach entlastet, steht der einzelne auf einem sozial entgrenzten Feld, das ihm materielle Sicherheit ohne ideelle Gewißheit bietet. Angesichts der mangelnden semantischen Prägnanz sozialer Prozesse und Gliederungen reduziert sich ihm die Klärung seiner Zugehörigkeiten wohl nicht selten auf die Alternative zwischen *Ich* und *Institution*. Hier wie dort jedoch kann ihm die Frage nach dem Sinn und der Qualität des sozialen Lebens nicht hinreichend beantwortet werden.

IV. Die Lebenswelt als Zone des vielfältig Möglichen

In der industriellen Zivilisation gewinnt der Mensch eine Vielzahl vor allem materieller Sicherheiten, die ihm die Lebensführung und Daseinsvorsorge erleichtern. Doch trägt das Gesamtleben mit diesem Zuwachs an instrumenteller Beherrschbarkeit in allen Bereichen neue Anforderungen an sein Denken, Fühlen und Handeln heran, denen er in früher ungekannter Weise gerecht werden muß und die ihn insofern mit epochal neuartigen Schwierigkeiten belasten. Die Daseinsgestaltung im Technotop wird zwar von allerlei Naturzwängen entbunden, doch gerät sie andererseits quantitativ und qualitativ in den Bann von nicht minder regulativen Notwendigkeiten der kognitiven, affektiven und operativen Anpassung an strukturell vorgezeichnete Lebensbedingungen. Zu diesen gehört vor allem die fortdauernde *Expansion des Gesamtlebens,* der ständige Zugewinn neuer Zonen des wissenschaftlich Erforschten, mit Mitteln der Technik Einsehbaren und Zugänglichen. Die Industriekultur erobert sich in Theorie und Praxis immer entferntere Horizonte, und sie gibt (mit einiger Verzögerung) den Menschen massenhaft die Geräte in die Hand, mit denen diese ihr an die neuen Grenzen folgen können. Radial und instrumentell wuchert sie zu einer *Komplexität* aus, die sich in der Entwicklungsgeschichte der neuzeitlichen Technik, z. B. der technischen Fortbewegungsmittel, deutlichst bekundet, ohne daß einstweilen eine Verlangsamung oder gar ein Stillstand dieses Entfaltungsdrangs absehbar wäre. Mit der industriell-produktiven Umsetzung der jeweils neuesten Forschungsergebnisse der naturwissenschaftlichen und technischen Disziplinen branden an die Ufer der täglichen Lebensführung stetig neue Angebotswellen heran, die hinsichtlich ihrer Dynamismen und Diffusionen kultursoziologisch langfristig zu untersuchen wären. Nicht immer sind es ja die ökonomisch Bestgestellten, die einer neuen Errungenschaft zu Ansehen und Durchsetzung in der Gesellschaft verhelfen. Vielmehr können Initialzündungen von den verschiedensten Gruppierungen ausgehen, wie beispielsweise der Phonomarkt oder die „Motorradwelle“ Ende der siebziger Jahre lehrten. Die Verteilungsgeschichten von Rundfunk, Fernsehen, Autos, Telefonen, Fotoapparaten, Filmkameras und vielen anderen Kulturgütern im Nachkriegsdeutschland liefern empirische

Belege für die Ausdehnung von Wahrnehmungs- und Aktionshorizonten, an der inzwischen sämtliche Gesellschaftsteile mitwirken. Der heutige Industriebürger lebt in einer technoid elargierten Kulturwelt, deren mannigfachen Anreizen gegenüber er sich jedoch oftmals passiv verhalten muß, da er in seinen Nutzungsmöglichkeiten psychophysisch begrenzt ist. Die vielfältigen Gelegenheiten der erweiterten und ausgefächerten Lebenswelt muß er zu einem nicht unerheblichen Teil ungenutzt verstreichen lassen, will er sich nicht zum bloßen Spielball des Marktes degradieren. Das Überangebot an Waren, Ideen, Informationen und Verhaltenschancen verlangt seiner Lebensgestaltung eine neuartige Strategie der *Selektion* ab, die gewissermaßen für seine Selbsterhaltung in der *redundanten Kultur* ebenso unentbehrlich ist wie früher das Überlebenstraining des Unzivilisierten inmitten einer bedrohlichen Natur. Die ,,Qual der Wahl" arrivierte zum nicht mehr nur sprichwörtlichen Kennzeichen der Überflußkultur. Sie erhöht sich dadurch, daß nicht nur quantitativ genug Mittel zur Bedürfnisbefriedigung jedweden Zweckes bereitstehen, sondern überdies in qualitativer Hinsicht vielerlei funktional äquivalente Befriedigungsmöglichkeiten miteinander konkurrieren. Das Motto dieser Kulturpraxis lautet, daß viele Wege auf annähernd gleich gute Weise zum einigen Ziel führen. Ob Zahnpastabenutzung, Autokauf, Fernsehkonsum oder Bestseller-Lektüre: Die Entscheidungen zwischen den rivalisierenden Angeboten fallen schwerer, weil sie sich über den eigentlichen Gebrauchswert kaum mehr fällen lassen. Im Hinblick auf die mit dem Erwerbsgut vorgesehene Nutzung wird die schließliche Wahl in der komplexen Kultur mehr oder weniger *kontingent.* Die für die Entscheidung, sei es betreffs einer Reise, der Freizeitunterhaltung oder eines Warenkaufs, ausschlaggebenden Gesichtspunkte verlagern sich von der inhaltlich und funktional begründeten Nutzungserwartung auf sekundäre Merkmale. Die Industrie weiß um dieses Problem und investiert im Bereich der Konsumgüter entsprechend viel in äußere Aufmachung, Verpackung, Werbung etc. Sie will die Entscheidung des Verbrauchers erleichtern und zugleich zu ihren ökonomischen Gunsten lenken. Der Nutzer selbst läßt sich entweder durch solch ästhetische Anregungen leiten oder, und das wird nicht selten der Fall sein, er verknüpft sie zusätzlich mit sozialen Anschauungen. Er wählt aus der funktional äquivalenten Vielfalt aus, erwirbt eine bestimmte Ware, eignet sich Ideen an, votiert für eine spezifische Meinung, um sich so symbolisch mit realen oder nur imaginativ vorstellbaren Anderen sei es zu solidarisieren oder zu entzweien. Die Verschiebung des Entscheidungsspielraums aus dem inneren Sachbereich eines Kulturgutes in attributive Dimensionen des Ästhetischen oder der sozialen Semantik veranlaßt den Nutzer derart doch wieder zu einer, allerdings symbolisch bleibenden und zumeist merkantil schon vorauskalkulierten, gesellschaftsbezogenen Stellungnahme.

In diesen Verfahrensweisen und Umständen stellt sich das Problem der *kulturellen Kompetenz* auf historisch neuartige Weise. Wie hilfsbedürftig der heutige Kulturnutzer ist, offenbart sich in der Flut der popularisierenden Wissenschafts-Literatur, den Ratgeber-Schriften und Kursen aller Art in Volkshochschulen, Massenmedien und privaten Institutionen der Lebenshilfe. Um den technotopisch vermehrten Lebenschancen konstruktiv nachgehen zu können, benötigt der einzelne wie auch die Gruppe einen Wissenshaushalt, der sie in die Lage versetzt, subjektive Mittel, Wege und Ziele den objektiv veränderten Möglichkeiten entsprechend abzuschätzen. Nur mit Hilfe einer solchen wandlungsgerechten kulturellen Kompetenz lassen sich die Verhaltensangebote adäquat klären und ohne Schaden in Handlungswirklichkeit überführen. Die Bildungsabhängigkeit dieses Vermögens steht außer Frage; desgleichen die Filterwirkung, die von sozialen Herkunftsmilieus, Zugehörigkeiten und Zielgruppen ausgeht. Sie alle prägen die *kulturellen Prioritäten* mit, unter denen heute personal und mikrosozial gelebt wird; überdies strahlen hier ständig gesamtgesellschaftliche, makrostrukturelle Vorgaben ein. Allen feststellbaren Unterschieden zum Trotz gleicht sich die Mehrzahl der wie auch immer abgegrenzten Sozialsphären in ihrer Reaktion auf die technogen erweiterte Lebenswelt dahingehend an, daß sie finanziell hauptsächlich in Wahrnehmungsformen der physischen und psychischen Mobilität investieren und zu Ausgabensteigerungen ehestens in den Bereichen Urlaub, Auto und Medienkonsum bereit sind[24]. Die Umschichtungen, die sich analog zur Bedeutungssteigerung dieser Praxisformen in der kulturellen Kompetenz bereits zugetragen haben und noch vollziehen, bedürften einer detaillierten Analyse. Festhalten läßt sich aber schon jetzt, daß die Interessenrichtung zeitgenössischer Wissenshaushalte im täglichen Leben, im Beruf wie in der Freizeit, stark durch die *technifizierten Möglichkeitsareale* bestimmt wird. Deren Wegvorzeichnungen kanalisieren die sozialkulturelle Praxis, wobei nicht selten eine bloß reaktive Apparatebedienung vor der Bereitschaft zum geistigen und gestalterischen Experiment rangiert. Die Neugier, welche die technisch erweiterte Lebenswelt einerseits anregt, verläuft andererseits doch wieder in standardisierten Bahnen. Dem scheint die Mehrheit der Zivilisationsbürger sich bereitwillig zu fügen, nicht nur, weil sie mit dem Erreichten zufrieden ist oder geistig und seelisch zu keiner weiteren Dynamik fähig wäre, sondern auch, weil so ehestens die *Insuffizienz-Gefühle,* welche durch die wachsende Komplexität und Kontingenz des industriekulturellen Gesamtlebens genährt werden, in erträglichen Grenzen zu halten sind.

V. Kultur und gesellschaftliche Gliederung

Der unter den heutigen Lebensbedingungen erschwerten kulturellen Orientierung bietet zudem die Einteilung der sozialen Landschaft kaum noch einen Dauerhalt. Identische Grenzverläufe von kultureller Praxis und gesellschaftlichem Leben wurden zur Ausnahme, historische Abgrenzungen abgebaut oder verlegt. Der sozioökonomische Wandel von der minderheitlichen Besitzermacht zu einer breiter gestreuten, sozial verpflichteten und politisch kontrollierten Verwaltungs- und Verteilermacht hat dazu geführt, daß die neuen Besitzschichten sich kulturell anonymisierten. Sie bedienen sich kaum noch kultureller Signale, um ihre wirtschaftliche Besserstellung und eventuell ihre Herrschaftsansprüche zum Ausdruck zu bringen, tragen nicht mehr, wie in der Feudalkultur und noch in der großbürgerlichen Zivilisation des 19. Jahrhunderts üblich, sozialpolitische Rivalitäten in auch kulturellen Wettstreiten aus. Elemente der „Hochkultur", wie Konzertveranstaltungen, Dichterlesungen oder mäzenatische Aufträge an bildende Künstler, scheinen im 20. Jahrhundert kaum mehr geeignet, gesellschaftliche Anerkennung zu vermitteln. In den zweifelsohne fortbestehenden Auseinandersetzungen der sozialen Hierarchie haben sie an Effektivität verloren. Die Verzahnung von sozialem und kulturellem Handeln ist ihrer demonstrativen Intentionalitäten entkleidet worden, der Übergang von der klassengegliederten Kultur zur Massenkultur ist weitgehend vollzogen. Im Zuge dieses Wandels hat das kulturelle Geschehen einerseits seinen Privilegiencharakter für die Angehörigen jener Gesellschaftsteile eingebüßt, die sich ihm aus Prestigegründen oder aufgrund ihrer besseren Bildungschancen widmeten. Andererseits konnten jahrhundertelang bestehende Defizite vermindert werden, wobei jedoch zugleich die besonderen Eigenarten der vormaligen Teilkulturen mit dahinschwanden und jüngst in einer Welle der „Wiederentdeckungen" neu erschlossen werden; so die frühere Lebenskultur von Handwerkern, Bauern, Arbeitern und anderen Schichten[25]. Die Massenkultur hat die quantitativen und qualitativen Differenzen zwischen den Sozialsektoren hinsichtlich der Erreichbarkeit kultureller Güter eingeebnet. Materielle und ideelle Kultur ist heute in breitestem Umfang gesamtgesellschaftlich verfügbar; Bücher, Bilder, Radios, Schallplatten, mit ihnen vielerlei Ideen und Anregungen, aber auch kulturelle Handlungsformen wie der Tanz oder die Reise sind jedermann zugänglich, der zu ihrer Erlangung erforderliche finanzielle Aufwand ist zumeist gering. Der Preis für diese kulturelle Angleichung der sozialen Teilwelten ist eher sonanter Art, bekundet sich in einer ideellen und instrumentellen *Unifizierung* der Sphären, hervorgerufen durch die industrielle Verbreitung verallgemeinerungsfähiger Leitbilder und Waren. Sie zieht eine Preisgabe mikroweltlicher Selbstwertigkeiten nach sich und macht gerade dadurch für fremdlenkende Modeströmungen anfällig. Im Ergebnis zeichnet sich eine umfängliche soziale *Entgrenzung* durch ökonomischen und kulturellen Wandel ab.

Kulturelle Verähnlichung und soziale Vermischung treffen jedoch im Menschen auf das Bedürfnis nach Signifikanz und Unverwechselbarkeit. Die daraus abgeleiteten Gestaltungsansprüche wollen sich ausleben, werden aber mangels anderweitiger Unterscheidungsmerkmale auf die Funktions- und Nutzbestimmungen der Kulturgüter verwiesen. Dementsprechend leiten sich die Radien, mithin auch die Demarkationslinien der Kulturgemeinschaften heute eher aus funktionalen Aspekten der Kultur als aus vorgegebenen, mehr oder weniger starren und traditionsbedingten Sozialbarrieren her. Diese Kulturgemeinschaften sind vielfach bloße Nutzungskonglomerate mit wenig dauerhafter Identität, innerlich flexibel und äußerlich grenzoffen. Wer analog nutzt, momentan gleiche Interessen hat, tritt hinzu, gehört dazu, wird einbezogen, doch nur partiell und symbolisch, nicht real und gesamtpersönlich. Solche funktional ausgerichteten Agglomerationen sind vergänglich, als solche gedacht, mehr der augenblicklichen Befriedigung dienend als der Ausbildung langzeitlicher Gesellungsformen. Dementsprechend ist ihre interpersonale Verbindlichkeit gering; zum Mitmachen genügt es, über die erforderlich gleichen Accessoires zu verfügen und ein situationsadäquates Selbstverständnis zur Schau zu tragen. Diese *attributive Kultur,* in Jugendzirkeln und Konzertveranstaltungen ebenso zu beobachten wie in der Freizeitpraxis, vom mediengeschwängerten Abend über die Stippvisite bis zum Ferienvergnügen, zehrt von einer Motilität, die sich durch Außenreize wachhält, doch deren Wirkung vorzugsweise an der Oberfläche bremst, sich so vor Tiefgang bewahrt und gerade auf diese Weise den mitmenschlichen Kontakt erschwert. In einer Gegenwendung gegen diese sozial behindernde Imprägnierung lassen sich aber bereits Strategien ausmachen, die durch Konsumverzicht und Ballastabwurf zu einer neuen Qualifizierung des sozialen Lebens vorstoßen wollen. Hatte früher das Soziale vielfach des Kulturellen entbehrt, so führt nun der kulturelle Überfluß in den Überdruß, weil zum Mangel an Sozialem. Als Reaktion darauf wird eine Art *negativer Privilegierung* geübt; man kann es sich leisten, auf das Auto, den Fernsehapparat und anderes mehr zu verzichten, indem man die persönliche Besitzorientierung an diesen Gütern aufgibt, sie gemeinschaftlich nutzt oder ihnen gänzlich entsagt. Derlei *Verzichtskultur* wird von einem gegenüber den technotopischen Verbrauchszwängen skeptischen, ja abweisenden Lebensgefühl getragen, vom Bedürfnis nach einer „alternativen" Lebensqualität[26]. Sie muß nicht zwangsläufig in gegengesellschaftliche Organisationsformen hineinführen, kann vielmehr, was wohl nicht selten geschieht, auch privat und undemonstrativ vollbracht werden. In all solchen Fällen macht sich aber das Bedürfnis nach einem verloren geglaubten, industriekulturell untergepflügten sozialen Sinn bemerkbar, der in einer von der Masse abweichenden Beziehungspraxis wiedererrungen werden soll. Kultursoziologisch verdienen die dabei zur Geltung gebrachten Wertvorstellungen, Ideenhaushalte und Handlungsformen Aufmerksamkeit nicht nur, weil mittels ihrer neue Prozesse der sozialkulturellen Segmentierung eingeleitet werden, sondern überdies, weil sich in ihnen die fragwürdig gewordenen Kulturkonzepte der umlagernden Gesellschaft brechen. Auch die kritische Reziprozität ist ja letztlich ein Ausdruck fortbestehender Interdependenz zwischen dem Ganzen und seinen isolationswilligen Teilen, wenngleich einer unter neue Vorzeichen gestellten. Kämpften früher die sozialen Teilwelten mit kulturellen Mitteln um ihre faktische Lebenssicherung auf dem Boden eines generellen Mangels, so rivalisieren sie nun unter dem Schutzschild des gesamtgesellschaftlichen, wie auch immer schwankenden, Wohlstands hinsichtlich der Modalitäten der einzuschlagenden Glückswege. Unterhalb der massenkulturellen Wohlversorgtheit bleiben alle segregativen Bestrebungen, alle Versuche, mit kulturellen Mitteln neue soziale Zäune zu errichten, mögen sie den Charakter von Elitekultur oder von Poverismus wählen, Formen der anomischen Partizipation[27]. Unter den veränderten Bedingungen des 20. Jahrhunderts findet die Industriegesellschaft zwar wieder Wege, sich kulturell polymorph zu verfassen, doch wahrt sie zugleich den Zusammenhalt ihrer Teile in der *kongerenten Segmentation*[28].

VI. Die sozialkulturelle Alltagswelt

Der faktische Überfluß an kulturellen Möglichkeiten verlangt den Menschen im Industriezeitalter neue, den veränderten Daseinsbedingungen angemessene Techniken der Lebensgestaltung ab. Das Auswuchern des Gesamtlebens zu einer kaum mehr überschaubaren Komplexität, seine technogen selbstläufige Vitalität konfrontieren den Zeitgenossen mit einer Labilisierung der Weltordnung, die um so weniger in den Griff zu bekommen ist, als mit den neuen Strategien der Lebenssicherung sich auch die Destruktionspotentiale vervielfachen. Innovationsschübe und Traditionserschütterungen der mannigfachsten Art verunsichern die Menschen bis in ihr Innerstes hinein, steigern zugleich die Ansprüche an ihre kognitiven, affektiven und operativen Fähigkeiten, sich Lebensformen zu schaffen, die dermaßen elastisch sind, daß in ihnen Ordnungsbedürfnisse und vermehrter Wandlungsanprall konstruktiv ausgeglichen werden können. Inwieweit den Menschen dies gelingt, muß als empirisch ungeklärt, möglicherweise gar nicht klärbar gelten, da die empfindlichen Gleichgewichte angesichts überraschender Problemstellungen ständig neu austariert werden müssen und die Bildung sozialkultureller Dauerformen vielleicht gar nicht mehr zulassen, so daß die atomisierten Individuen nur noch von einer Unsicherheit in die nächste stolpern, sich in mediengelenkter Beschäftigungstherapie lediglich simulierte Sozialbezüge schaffend, ohne doch real zu sozialen Konstanzmustern und kulturellen Dauerhaltungen zu gelangen. Der Ausweg aus dem Dilemma, angesichts einer in nahezu sämtlichen Lebensbereichen verspürten Orientierungserschwernis kaum noch kompetente Entscheidungen fällen zu können, läge dann in einer *sozialen Scheinordnung mit lediglich behaupteten kulturellen Geltungen.* Die Ratlosigkeit angesichts der fraglich gewordenen Denkgewohnheiten, Gefühlseinstellungen und Handlungsweisen würde so zwar nur trügerisch kompensiert, doch zugleich auf ein subjektiv erträgliches Maß reduziert, vom Zwang zum Umlernen wie zu rigiden Verhaltensänderungen wenigstens illusorisch befreit. Das Gefühl, den anfallenden Problemen nicht gewachsen zu sein, gepaart mit der allgemein menschlichen Sehnsucht nach Bequemlichkeit und der Scheu vor allzu tiefgreifenden Veränderungen, fördert so jene weitverbreitete Haltung des Abwartens zutage, die darauf hofft, daß die erforderlichen Lösungen andernorts, möglichst von entsprechend spezialisierten Planungsinstanzen, erarbeitet und konsumgerecht serviert werden. Bis dies erfolgt, bescheidet man sich, opponiert hernach ein wenig, falls die Lösungsvorschläge die persönliche Behaglichkeit einschränken. Dergestalt befindet wahrscheinlich ein Großteil der heutigen Gesellschaft sich im Zustand kultureller Unentschiedenheit, daher politplanerischer Vorentscheidbarkeit, die sich auch sozial lähmend auswirkt; insofern sie auf eine kulturelle Regeneration aus eigenen Kräften verzichten, mehrheitlich befolgen, was ihnen institutionell empfohlen wird, versäumen die Menschen zugleich die Reform ihrer sozialen Praxis. Während die Menge auf diesem Mittelpfad des *soziokulturellen Attentismus* auf der Stelle tritt, werden Experimente ausbrechender Gruppen argwöhnisch beäugt und restriktiver Kontrolle zugeführt. Selbst wenn die Gesellschaft psychosozial stagniert, sich in weiten Teilen nur noch als simulierte, attentistische Ordnung auf Widerruf verfaßt, wehrt sie sich gegen allzu plötzliche Eruptionen jener Verunsicherung, die sie doch ständig und multilateral in sich spürt.

Diese Umwandlung eines soziokulturellen Entsicherungsprozesses (bei gleichzeitig ökonomischem Sekuritätsgewinn) in eine dilatorische Allgemeinhaltung versieht auch das zeitgenössische *Alltagsleben* mit neuen, kultursoziologisch zu entziffernden Vorzeichen[29]. Womöglich ist *es* in beträchtlichem Umfang das Feld solcher Retardationen, für den Fortbestand bewährter Regelsysteme sorgend und den filternden Neugewinn von Prinzipien der Daseinsgestaltung zulassend. Inmitten der unüberschaubaren Totalmannigfaltigkeit der labilisierten Welt kommt dem Alltagsleben eine besondere Bedeutung zu, weil der heutige Mensch hier ehestens jene wenigstens annähernden Gewißheiten erringen kann, die ihm ansonsten immer mehr versagt werden und deren er doch lebenspraktisch bedarf. Daß auch die Selbstverständlichkeiten des Alltags allenfalls approximativ sind, daß in ihnen Grade des Unwägbaren stets mitschwingen, an denen sich ihre Künstlichkeit offenbart, mindert kaum ihren Gebrauchswert für das Denken, Fühlen und Handeln. Doch verdeutlicht sich gerade darin die Notwendigkeit, die Konstruktionsprinzipien der alltäglichen Lebensweise und Lebensformen auch kultursoziologisch zu ergründen. Diese Modalitäten des Alltagslebens erschließen sich mit Hilfe der Kategorie der *Alltäglichkeit.* Deren Wirksamkeit entfaltet sich als eine dem Menschen äußerlich vorgegebene, zugleich von ihm innerlich mitvollzogene Strategie der Vereinfachung, mit deren Hilfe die lebensweltlich einstrahlenden Komplexitäten zu praxisrelevanten Graden von Klarheit reduziert werden. Indem sie Bedeutungsüberschüsse und -unklarheiten zurückweisen oder im Hinblick auf ihre Daseinserfordernisse auswählen, gelangen die Menschen zu einer annäherungsweisen Eindeutigkeit, die ihnen die Lebensführung erleichtert. Derlei reduktive Verfahrensweisen schreiben sie zur Wiederholbarkeit hin fest, fixieren sie als Standardrepertoire ihres gestaltenden Umgangs mit sich selbst, mit ihresgleichen, mit der gesamten ideellen und materiellen Umwelt. Im Ergebnis schält sich eine *simplifizierte Alltagsmatrix* heraus, die, obwohl noch immer kompliziert genug und von Widersprüchen kaum je ganz frei, die erwünschte Entlastung von den lebensweltlichen Redundanzen beschert und eine vergleichsweise unproblematische, routinierte Lebensweise ermöglicht[30]. Um den Preis jedoch, daß entferntere Schichten des Weltaufbaus, entlegenere Zonen der Wirklichkeit verstellt sind, allenfalls in gezielt explorativer Hinwendung zugänglich. Die repetitive Einstellung im Alltag geht mit der *Natur*, der menschlichen Eigennatur wie der Außennatur, restriktiv um; sie macht sich die multivokale Symbolik der *Kultur* in zeichenhafter Operationalität verfügbar; und sie sortiert die *soziale Welt* nach sorgfältig abgestuften Schemata der eingewöhnten Zugehörigkeit. Ihre vitale Einfärbung erhält sie aus dem *Situationsrahmen*, in dem sie bzw. auf den hin sie agiert. Wie verschieden derlei situative Feinsondierungen von Fall zu Fall auch sein mögen, stets erfolgen sie im System jener elementaren Koordinaten, die allen Alltagssphären *modal* gemeinsam sind und die daher das Grundraster aller Alltäglichkeit darstellen. Mit dem Operationsschema der Veralltäglichung will der Mensch sich die ihn betreffende Situation in ihrer materiellen Konkretheit, in ideeller Eindeutigkeit, als räumlich überschaubare und zeitlich durchlebbare sei es theoretisch vergegenwärtigen, sei es praktisch eröffnen. Normalort und Normalzeit, das Arsenal zugehöriger Personen und Gegenstände sowie eine erfahrungsgesättigte Auslegbarkeit gelten ihm als Definitionskriterien einer typischen Alltagssituation.

Für die Kultursoziologie erhebt sich die Frage, wie alldies kausal, prozessual und intentional auf Sozialität gestellt ist; in welcher Manier bestimmte Erscheinungsweisen der Alltäglichkeit mitmenschlich oder auch aus entfernteren sozialen Horizonten heraus veranlaßt werden; wie sich soziales Wer und kulturelles Wie unter Einbeziehung spezifischer Sinn- und Sachwelten zu alltagsmodalen Verlaufsformen verquicken; und in welcher Weise schließlich die Lebenskultur des Alltags, wie jene Dinge, Ideen, Denkakte, Gefühlseinstellungen und Handlungsweisen, aus denen sich seine Eigenart zusammensetzt, den zwischenmenschlichen Austausch und seine situationsunabhängigen Kristallisationsformen prägen. Erlaubt das Alltagsleben mitmenschliche Zuwendungen auch abseits der von ihm auferlegten Perspektivenbindungen? Welches sind in Beruf, Freizeit, Privatleben und Öffentlichkeit die sozialen Pflichtfiguren, in denen es zu seiner standardisierten Reziprozität nötigt? Daß die wie auch immer voneinander abgrenzbaren sozialen Teilsphären auf all diese Fragen ihre separaten Antworten geben, daß mithin auch die *Alltäglichkeit* als Ausdrucksmittel sozialkultureller Segregation dienen kann, muß als wahrscheinlich gelten. Ebenso augenscheinlich ist jedoch, wie sehr sie in der Gegenwart einen Sog zu gesamtgesellschaftlicher Integration dadurch erzeugt, daß ihre Ausgestaltung unter dem Konformitätsdruck der Industriekultur steht.

VII. Geltung und Wirksamkeit kultureller Objektivationen

Im Technotop gewinnt das Gesamtleben nicht nur an handlungsmäßiger Komplexität. Auch seine Sinnhaushalte verzweigen sich immer weiter, bieten zunehmende Möglichkeiten der Deutung von Mensch und Welt an. Die Sinnchancen des modernen Lebens sind quantitativ vervielfacht, in immer mehr technischen Informationsträgern zugänglich und infolgedessen instrumentell allgegenwärtig. Doch verkomplizieren sie sich mit dieser Ausweitung zugleich, werden in ihrer qualitativen Heterogenität entscheidungsbedürftiger; im Hinblick auf ihre Eignung für die Lebensmeisterung und deren situative Erfordernisse verlangen sie den Menschen zusätzliche Klärungsleistungen ab. Gerade der Informationszuwachs erschwert die sinnhafte Ausgestaltung des Daseins in der industriellen Zivilisation. Seine Bewältigung, die den Lebensproblemen angemessene Wahl von Sinnangeboten und Deutungshilfen, ist in steigendem Maße bildungsabhängig. Nicht nur muß der Mensch Verstand und Psyche dem heutigen Erkenntnisstand und den gewachsenen Anforderungen in Beruf und Freizeit gemäß fortentwickeln, sondern er muß überdies lernen, sich im Angebotswald der Medien zurechtzufinden, die jeweils „richtige" Instrumentenwahl zu treffen. Die Schwierigkeiten seiner sinnhaften Beschlüsse häufen sich nicht nur *inhaltlich*, sondern auch *modal*. Aufgrund dessen verlagert er wohl nicht selten sein dezisionistisches Engagement von den Inhalten fort auf die Frage, wie er sich hinreichend mit Geräten der Bedeutungsvermittlung versorgt, welche Arten von technischen Ton-, Bild- und Schriftträgern er sich zulegen soll. In deren Bedienung, im bloß reaktiven Konsum ihrer vorgefertigten Angebote, passiviert sich jedoch seine Sinnkultur, wird zudem eher instrumentell als inhaltsbezogen entschieden. Sie bettet sich ein in den Allgemeinstrom des massenhaften Bedeutungserwerbs konsumträchtig standardisierter Konserven. Dadurch wird zwar eine Flucht vor der allgemeinen Sinndiffusion möglich, das Unbehagen darüber kann in Grenzen gehalten werden; doch geht dies zweifelsfrei auf Kosten der sich stellenden Inhaltsfragen, deren Beantwortung man, da einstweilen noch im Mediengenuß beschäftigt, auf später verschiebt, als derzeit nicht möglich unterläßt oder, wohl der häufigste Fall, an „zuständige" Stellen delegiert, unter denen wiederum die Massenmedien mit leicht handhabbaren Erklärungen rasch bei der Hand sind. In diesem alltäglich beobachtbaren Kreislauf trägt sich einerseits eine inhaltliche Entleerung der Sinnbildungsprozesse in der heutigen Gesellschaft zu; der mediengläubige Mensch geht zu inhaltlichen Problemen auf Distanz, orientiert sich vorzugsweise an mundgerechten Rezepten, die ja auch, wie ein Blick auf die Bestsellerlisten lehrt, von allzugroßen Ansprüchen an den Intellekt verschonen, statt dessen aber das flinke Dabeisein erlauben und auf leichte Weise zur kulturellen Akzeptanz im sozialen Massenleben verhelfen. Andererseits wird so eine *Schein-Objektivität* hergestellt, die sich institutionell in den Massenmedien, allen voran dem Fernsehen, verkörpert und die deshalb ihre Geltungsmacht vorwiegend aus dem Konsum-Konsens der mediengesteuerten „Öffentlichkeit" zieht[31]. Auf diesem Wege kann über Gründe, Erscheinungsformen und etwaige Folgen der Sinndiffusion hinweggetäuscht werden, brauchen Ansichten nur häufig und nachhaltig genug behauptet, nur breit genug gestreut zu werden, damit sie zu Bausteinen einer zwar illusorischen, doch darum nicht weniger wirkungsmächtigen Generalisation arrivieren. Der *Zeitgeist* nährt sich heute aus all diesen Quellen, er treibt sich vorzugsweise in dem so errichteten Gebäude der *Pseudo-Ob-*

jektivation um; wer sich mental deren Wort- und Bilderflut fügt, sich ihrem Konsensus unterwirft, ihren Moden folgt, der spürt ihn wehen. Um den Preis der von ihnen verlangten Verausgabung sowie anpassender Selbstbeschränkung in Neugier und Frage gewähren ihm die Pseudo-Objektivationen des mediengesteuerten Zeitalters eine *Entlastung von Deutungsproblemen,* die ihn einerseits auf die Ebene einer simulativen Teilnahme am „Ganzen" hinaufhebt und die ihm andererseits den genügsamen Umgang mit den reduzierten Sinnmustern des heimweltlichen Mikrolebens erleichtert. In derart gebremster Intellektualität lebt es sich angenehm, weitergehende Bemühungen können guten Gewissens unterbleiben, erfolgen meistenfalls durch ungewöhnlichen Anstoß von außen, die Sensomotorik verharrt auf der Dauerbahn reduktiver Sättigung in circadianen Rhythmen. Wer sich auf die Sinnsuche jenseits solcher medianer Konnotationen und der sie lebenspraktisch legitimierenden Massensozialität begibt, gerät leicht ins Abseits. Die Schicksale von bildenden Künstlern, Literaten, Musikern, Philosophen und anderen Forschern lehren das; neuerdings auch diejenigen brotloser Soziologen.

Es kann kaum verwundern, daß in einer dermaßen auf Sinnbegrenzung gestimmten Lebenswirklichkeit die traditionellen Objektivationen vorzugsweise in Gestalt von *Derivaten* wirksam werden. Seitdem die Bedeutungsversorgung der meisten Menschen durch die oben beschriebenen Prozesse geregelt ist, haben die Sinnvergegenwärtigungen von Religion, Kunst, Ethik und Recht an Attraktivität eingebüßt. Die Distanz zwischen ihnen und den Bedürfnissen des täglichen Lebens scheint sich im 20. Jahrhundert gegenüber früheren Epochen nicht wesentlich verringert, eher noch vergrößert zu haben. Mit der gut organisierten semantischen Polyphonie der Medienkultur können sie nur in seltenen Fällen konkurrieren. Der Nachvollzug ihrer Eigenlogik, der Eintritt in ihre historischen Verlaufsformen, die geistig-seelische Überbrückung der vorgeschilderten Distanz zum „wirklichen" Dasein, die transformierende Rückbindung an dessen Habitualisierungen – all dies erscheint kulturell anstrengend, da doch Unterhaltung allenthalben mühelos zu erlangen ist, und zudem sozial nicht vielversprechend, da zu Profilierung und Prestigegewinn wenig geeignet. Jene *Konkomitanz,* welche das soziale Leben erfordert, läßt sich im Reden über Fernsehen, Sport und Autos eher erringen als mit Hinweisen auf alltagsentrückte, schwer verständliche Themen. Infolgedessen gelten die Objektivationen als lebenspraktisch inkompatibel, als vorwiegend in die Zuständigkeit von Experten gehörig, dem Laien weitgehend verschlossen. Ihre Foren bestehen aus Minderheiten, schotten sich auch beträchtlich gegeneinander ab. So daß oberhalb von pragmatischen Alltagsbedeutungen und diese ummäntelndem, pseudoobjektivem Mediensinn ein Gewebe eigenlogischer, massenkulturell abständiger, untereinander in Zielen und Arten des Ausdrucks diverser *Symbolwelten* existiert, das produktiv ebenso wie rezeptiv in seinen sozialen Relevanzen segmentiert ist. Auf rätselhafte Weise scheint zumindest historisch gerade die soziale Isolation die Bedingung für den Gewinn ihrer jeweiligen kulturellen Eigenart und für deren Fortbestand gewesen zu sein. Inwieweit derlei Objektivationen überhaupt verallgemeinerungsfähig sind, ihre kulturelle Eigenständigkeit also einem sozial erweiterten, gar einem Massen-Anspruch gewachsen wäre, muß dahingestellt bleiben; wie auch die Frage, auf welchen Bildungswegen eine diesbezügliche Verbesserung der Sozialkultur ehestens erreichbar wäre.

Daß die Objektivationen trotz ihrer Distanziertheit lebenswirksam werden, steht außer Zweifel; ebenso jedoch, daß diese Mitgestaltung heutzutage auf vornehmlich *derivative* Weise erfolgt. Art, Intensität und Umfang solcher verformenden Ableitungen bemessen sich nach den Bedürfnissen und Eigenheiten der aneignungswilligen Sozialsphäre. Die Medien bieten in diesem Prozeß derivativer Anverwandlungen vielerlei Hilfestellungen, oft auch erst den Anstoß. Beispiele sind zahlreich anzutreffen auf dem Weg von der Kunst zum Design, von der Ethik zum moralisierenden Ratgeberschrifttum, von der historisch gewachsenen Religionsgemeinschaft zur neumodischen Sektenbildung. Leicht ereignen sich bei derartigen Übertragungen von Erkenntnishaltungen, Deutungsmitteln und Ausdrucksformen Trivialisierungen, angesichts deren der Objektivationsgehalt sinnentleert wird. Aus der Qualität seiner Eigenlogik wird er heraus in die Massenlogik einer weiten Interessentenschaft gestellt; sein kultureller Erkenntniswert wird geschmälert, jedoch seine soziale Basis verbreitert. Dafür bieten im 19. Jahrhundert die beim aufstrebenden Bürgertum beliebten Kurzfassungen bedeutender Romane der Weltliteratur ebenso ein Beispiel wie heutzutage die Schlagersurrogate klassischer Kompositionen, die Verfilmung der bedeutenden Romane der Weltliteratur vorwiegend in Serienform, die Pop-Art-Malerei oder das psychologisierende Schrifttum zur Verbesserung der Kindererziehung, der Partnerbeziehungen und der Einsicht in die Tiefen des Selbst. Die von solchen Derivaten in Gang gesetzte Praxis des Denkens, Fühlens und Handelns nimmt allzu leicht das vermittelte Kulturgut für das ursprüngliche, substantielle, den gebotenen Teilsinn für den unbekannten ganzen. In jener sinnhaften Mittellage, in der Objektivationsderivate, semantische Konserven der Medienindustrie und die Neigung zu privatistischer Behaglichkeit aufeinandertreffen, geraten die Menschen als einzelne und gemeinsam in einen *sozialkulturellen Dilettantismus*, den sie zumeist weder durchschauen noch selbst verschuldet haben.

VIII. Kulturelle Werte und ihre soziale Bedeutung

Die Lebensführung eines jeden Menschen ist eingebettet in ein Netzwerk von Naturbestimmungen, ökonomischen, sozialen, kulturellen und vielen weiteren Determinanten. Sie ist mithin in einem Umfang strukturell voraussetzungsvoll, der dem einzelnen nur minderheitliche Gestaltungseingriffe erlaubt. Für die meisten Menschen gehen Welt und Gesellschaft einen Gang, in dem sie nur Erfüllungsgehilfen mit geringfügigen Modifikationschancen sind. Handlungswirklichkeit und Sinnaufschichtungen treten ihnen überwiegend postulativ entgegen, konfrontieren sie mit der Forderung, sich affektiv, kognitiv und operativ den Vorgegebenheiten des Daseins wie seines Soseins ohne allzuviel Reibung einzupassen. Faktisch und modal hält die Lebenswirklichkeit Muster bereit, deren Vitalisierbarkeit hinsichtlich möglicher Ordnung und Wandlung weitgehend festliegt. Wie in all diesen Hinsichten ist sie auch wertmäßig vorausentschieden, sind ihre Wertregelungen historisch voraussetzungsvoll und in ihren Vergegenwärtigungen programmatisch. Mit dem Eintritt in einen Lebensbereich erfährt der Mensch stets auch dessen spezifische Valorisation. Mehr noch, dieser entfaltet seine Geltungsansprüche gerade vermittels seiner Wertprämissen. Das Individuum sieht sich den Bereichsvalenzen konfrontiert, damit zugleich der Notwendigkeit, seine persönlichen Wertvorstellungen auf jene abzustimmen; falls es sich nicht schon in Kongruenz mit ihnen befindet, muß es sich ihnen entweder aus Überzeugung oder bloß simulativ anbequemen. Auf diesen Prozeß der Angleichung von sozialsphärisch repräsentierten und persönlichen Werten müssen die Einzelnen schon frühzeitig in Sozialisation und Enkulturation vorbereitet werden. Hier lernen sie, daß *Wertungen* Prozesse der sinnhaften Prioritätenbildung innerhalb eines aufgefächerten, gewichtungsbedürftigen Panoramas von Denkwegen, Gefühlsstimmungen und Handlungschancen darstellen; sei es, daß sie erstmalig erfolgen, Umbildungen vorhandener, nur gering normativer Wertungen zulassen oder sich als rein reproduktive Übernahme der Vorbildungen vollziehen. Solche Wertungen können eine gewisse ideative Statik dadurch erlangen, daß sie in definitorischen Akten zu *Werten* codiert werden. Sie sind dann im kulturellen Koordinatensystem möglicher Bedeutungen semantisch fixiert, für die um sie Wissenden abrufbar und lebenspraktisch nutzbar, können auch im sozialen Leben zum mehr oder weniger „selbstverständlichen" Konventionsgut arrivieren. Gleichwohl behalten auch derart festgeschriebene Werte noch einige Unklarheit, verharren in Graden der Unschärfe, die zwar einerseits ihre Dechiffrierung erschweren, jedoch andererseits ihre kulturelle Flexibilität und infolgedessen ihre soziale Adaptabilität erhöhen. Das führt dann dazu, daß die Menschen sich solche Wertkonzepte zwar zu eigen machen, aber zumeist in nur halbklarer Geistesverfassung, restliche Ungewißheiten in Kauf nehmend. Wer versucht, die Valeurs von Begriffen wie „Würde", „Ehre" oder „Nächstenliebe" hinsichtlich ihrer Theoriegehalte und Praktikabilitäten auszuloten, wird sich oft mit solcher nur annäherungsweisen Präzision begnügen müssen. Sie scheint die semantische Bedingung für eine breiter ausgreifende Situationsrelevanz der betreffenden Wertentwürfe zu sein.

Werte können Dingen, Menschen, Tieren, Ideen, Haltungen des Geistes und der Seele, der Befriedigung oder auch der Verweigerung von Wünschen angeheftet werden. Es gibt wohl nichts in der Menschenwelt, auch keinen Vorgang im sozialen Leben, dem nicht in irgendeiner Weise Validierung zuteil würde. Diese wertmäßige Imprägnierung des Gesamtlebens in allen seinen Aspekten erleichtert den Menschen ihre selektive Relationierung, schützt das intersubjektive Leben vor uneffektivem Verschleiß. Jenen, die einen bestimmten Werthaushalt teilen, sich seiner gemeinsam bedienen, bietet sie die doppelte Chance zu personaler Innenstabilität und sozialem Außenhalt. Sie steigert ihre soziale Synergie, indem sie ihre Affektionsbändigung, Kognitionsfixierung und Handlungskanalisierung unter gleiche Vorzeichen stellt. Dies wird vor allem dort gelingen, wo *validierte Verhaltensprogramme* sinnhaft und handlungsleitend verfügbar sind. Gerade dies scheint jedoch heute nur noch in begrenztem Ausmaß der Fall zu sein. Traditionelle Werte der Verhaltenslenkung haben an personaler Akzeptanz und sozialer Figurationskraft eingebüßt, wurden als unzeitgemäß beiseitegeschoben, ohne daß neue Valorisationen an ihre Stelle getreten wären. Zurück blieb ein vielerorts spürbares Vakuum, eine durch Wertentbindung verursachte Verhaltensunsicherheit; Gründe, Symptomatik und Folgen dieses im engeren Sinne soziomorphen *Wertwandels* stellen kultursoziologische Forschungsaufgaben erster Ordnung und größter Dringlichkeit[32]. Vieles deutet darauf hin, daß infolge verbreiteter antibürgerlicher Affekte derzeit insbesondere die ehedem als „typisch bürgerlich" geltenden Sozialtugenden von solcher *Devalorisation* betroffen sind; eine Klassifikation, die freilich in vielem selbst historisch fragwürdig ist, da doch die Wurzeln dieser Tugendlehre weit hinter das Entstehen des Bürgertums zurückreichen[33]. Zweifelsohne erfreuen sich aber heutzutage Verhaltenskodizes, die in Begriffen wie *Höflichkeit, Takt, Ehre, Treue* oder gar *Pflicht* aufscheinen, keiner verbreiteten Wertschätzungen mehr[34]. In der Schmälerung ihrer kulturellen Inhalte und der Verengung ihrer sozialen Bezugnahmen bekundet sich der Widerspruch, daß jene Gesellschaft, die sich ökonomisch und sozialpolitisch zunehmend verbürgerlicht, die sich in einem aus bürgerlichem Geist geborenen System der wirtschaftlichen Sicherheiten einrichtet, den angestammten Werthaltungen des Bürgertums eine vielstimmige Absage erteilt. Wie diese Aufkündigung ethischer Maximen in der sozialen Praxis aufgefangen wird, mit welchen ideellen und lebenstechnischen Hilfskonstruktionen, und wo sich bereits Anzeichen einer neuen Sozialprogrammatik bieten, wird empirisch zu klären sein.

Vor diesem Hintergrund liegt es nahe, die vielberedete *Sinnkrise* als ursprüngliche *Wertkrise* zu interpretieren. Durch die Labilisierung der Wertbezüge wird die Sinnklarheit des sozialen Lebens beeinträchtigt. Den einzelnen und den Gruppen gehen wichtige Entscheidungshilfen verloren, nicht nur betreffs der persönlichen Daseinsgestaltung und der Gemeinschaftskultur, sondern auch im Hinblick auf den Umgang mit Ideen und Sachgütern, hinsichtlich Problembewältigungen und Konfliktlösungen aller Art. Wenn auch Wertorientierungen selten glattläufig, widerspruchsfrei und völlig stabil sind, so kann auf sie doch nicht ganz verzichtet werden. Schon die heute hinzunehmende Wertdefizienz, der Schwund an sinnhafter Vermittelbarkeit zwischen komplexer Lebenswirklichkeit und symbolischen Bedeutungsüberschüssen, zwischen der Welt der Sachen und der Welt des Geistes, schließlich zwischen den Menschen selbst – all dies schafft Beunruhigung, Skepsis, Zweifel, aber auch verlängerte Distanzen, Rückzug, Isolationen inmitten der Betriebsamkeit. So taucht denn der Widerspruch auf, daß der wohlgenährte, gesättigte Mensch sich einsam fühlt, unzufrieden und unglücklich ist. Die Distanz zu den Wertofferten der Objektivationen; die Unterhöhlung überlieferter Wertstützen der personalen und sozialen Identität; die Verriegelung der Eigentätigkeit und des Bewußtseins durch Reklame und Medien; die Zerstörung der natürlichen Regenerationskraft durch Technik und Wissenschaft; die Drohung endgültiger Vernichtung durch militärisch oder „friedlich" entfesselte Atomenergie; der moralische, in beträchtlichem Umfang derivative Pluralismus der sozialen Teilwelten, dessen Diffusität nicht neu, aber schwerer überschaubar ist; das Ausbleiben einer intersubjektiv einrechenbaren, Orientierung und Handeln erleichternden Gesamtethik der Gesellschaft – all diese Umstände legen ein wertentrücktes Dahinleben nahe, das sich mit dem bescheidet, was augenblicklich noch möglich ist. Kurzfristige Opportunitäten bestimmen solche Daseinsführung mehr als das Bemühen um langzeitige Sinn- und Wertkonzepte. Über die so, quasi als Tugend der neuen Not, eingeübten *Indifferenzhaltungen* stellt sich, unter neuen historischen Vorzeichen, jener Primat des persönlichen Interesses vor dem Allgemeinwohl wieder ein, der in anderer Konditionierung bereits ein Kennzeichen der Mangelgesellschaft war. Die neuerliche Zunahme an Gewalt nicht nur in den politischen Auseinandersetzungen der Gegenwart deutet auf den atavistischen Weg hin, auf den derlei *anomischer Wertwandel* und eine ethisch defizitäre Kultur das Sozialleben führen können.

IX. Probleme der Lebenskultur

Zwei Weltkriege haben im 20. Jahrhundert in Deutschland mehr als in anderen Nationen den Werdegang der Lebenskultur nachhaltig unterbrochen. Mit der gegenseitigen Vernichtung der Menschen ging eine umfassende Zerstörung der Gesamtkultur einher. Diese betraf nicht nur die Hochkultur. Durch Verbot, Vertreibung und Mord verschaffte der nationalsozialistische Terror sich nicht nur einen Freiraum zur Bekundung seiner Vormachtansprüche in Literatur, bildender Kunst und Musik[35], sondern er pflügte auch den Acker der täglichen Lebenskultur solange um, bis dieser nicht mehr regenerationsfähig war. Die Saat der Gewalt bescherte den Menschen jene „Stunde Null", die auch kulturgeschichtlich zum Wiederbeginn zwang. Mit der politischen Totalzäsur waren jedoch zugleich die Prioritäten des Neuaufbaus in sämtlichen Lebensbereichen gegeben. Nach Massensterben, Kulturvernichtung und Sinnzerfall konzentrierten die Menschen sich auf das Nächstliegende und Notwendigste. Ihrer universellen Verunsicherung suchten sie durch den Rückgriff auf bewährte, während des Faschismus möglichst unkompromittierte Techniken der Daseinsgestaltung Herr zu werden. Kurzfristige Restabilisierung rangierte, nicht nur in der Politik, vor zeitraubendem Experimentieren. Auch die Kultur sollte in wiedererstrahlendem Glanz die Chance zu raschem Vergessen des Gewesenen gewähren. Verdrängung wurde mehr denn kritisches Erinnern zu ihrem Beweggrund. Die Phase der selbstkritischen Aufarbeitung des kollektiv Verschuldeten blieb kurz, alsbald mündete sie in die Epoche von Chrom und Schleiflack, von Glattverputz und Kragenweiß, der die negative Vorgeschichte kaum mehr anzusehen war. Die Gesellschaft des Wirtschaftswunders schuf sich eine eigenwillige, gleichwohl in weiten Teilen aus den USA importierte Kulturverbrämung. Ein historisch entwurzelter *Neutralstil* machte sich allenthalben breit. Dessen Ausdruckshaltung wechselte von der anfänglichen Schwebelage einer verbreiteten Zukunftsfurcht in die schließliche Pose eines selbstgefälligen „Wir sind wieder wer". In den massenhaft ausgreifenden, einander rasch ablösenden Konsumwellen der fünfziger und sechziger Jahre etablierten sich die *Hauptsymbole,* welche die Lebenskultur bis in die Gegenwart hinein dominieren: die alimentäre Wohlversorgtheit, das Auto, der Massenwohnungsbau einerseits und das Häuschen im Grünen andererseits, das Fernsehfieber, die Reiselust. In der *sozialen Formensprache* gab es typische Zeitphänomene, deren manches inzwischen an Prägnanz verloren hat: die allein lebende Kriegerwitwe, das Schlüsselkind, die Neureichen, die vom Stigma Befreiten und die durch ihre politische Vergangenheit nun Stigmatisierten. Kulturinteressen verknüpften sich mit einem neuen Gemeinschaftsgeist, mittels seiner sich sozial umgrenzend und kommunikativ abklärend; dazu gehören das Vereinsleben in Beruf, Freizeit und Sport einerseits und die zahlreichen Gruppenbildungen der Literatur (Gruppe 47, später die Werkkreise zur Literatur der Arbeitswelt), Musik (der Kreis um Karlheinz Stockhausen in Köln) und bildenden Kunst (Gruppe 53, Zero-Gruppe) andererseits. Die Teilnehmerkreise all dieser Gliederungen unterschieden sich schon in den fünfziger Jahren wieder voneinander, gingen auf Distanz zueinander; in den neuen Abständen zwischen „geistiger" und „praktischer" Kultur kehrten alte soziale Trennungen wieder. Manche der Mythen, die in jenen Jahren gebildet wurden, haben inzwischen an Strahlkraft eingebüßt; doch bewegt sich die Lebenskultur noch immer in den von ihnen vorgezeichneten Bahnen; man denke an das Wirtschaftswunder, die Vollbeschäftigung, die Wachstumseuphorie, die rituellen Bekenntnisse zu sozialer Verantwortung und staatlicher Friedfertigkeit, das Vertrauen in die Technik, ihr Leistungsvermögen und ihre Beherrschbarkeit, schließlich die politischen Parteien, ihre gewandelte Haltung und Einschätzung durch den Wähler.

Der *Lebensstil,* in dem all dies je nach Sachlage und Situationserfordernissen faktisch und modal gestaltbildend wirkt, weist mithin einerseits spezifisch bundesrepublikanische Züge auf; andererseits gilt er als nachhaltig amerikanisiert, was schon zuvor, in den zwanziger Jahren, bei Kulturkritikern thematisch war[36]. Um seinen Abwandlungen in den verschiedenen Sektoren der Gesellschaft beizukommen, wird es nicht genügen, sich überkommener Raster der gesellschaftlichen Gliederung zu bedienen. Die ideellen, materiellen und verhaltensmäßigen Variationen der Lebenskultur lassen sich heute nicht mehr monokausal aus ökonomischen Unterschieden zwischen Klassen, Schichten etc. ableiten, die ihrerseits hierarchisch gestapelt wären. Vielmehr wird es nötig sein, herauszufinden, wie in der zu ökonomischer Nivellierung, Versäulung und überraschenden Umschachtelungen neigenden Gegenwartsgesellschaft kulturelle Lebensstile auf neuartige Weise zur sozialen Segregation dienen, indem sie diese, etwa mangels wirtschaftlicher Unterscheidungsmerkmale, überhaupt erst möglich machen oder sie verstärken und erst zu eigentlicher Prägnanz bringen. Derartige Abhebungen lassen sich in der Verhaltenskultur gestisch und sprachlich, durch den Gebrauch aus dem Rahmen fallender Sachgüter und Ideen, mit Hilfe der Kleidung ebenso wie im Wohnungsambiente signalisieren. Die sich rasch abwechselnden, gleichzeitig sich vervielfachenden Modeströmungen sowohl geistiger als auch materieller Zielrichtung lieferten in den vergangenen Jahren zahlreiche Verfahrensbeispiele für solche soziale Segmentationen durch kulturelle Differenzierungen; sie offenbaren aber zugleich das Maß an industrieller Fremdlenkung, das in derlei Prozessen möglich ist, da Werbung und Massenmedien wiederum eine entscheidende Rolle zur Trendvermittlung, -beschleunigung und -ausweitung spielen. Sie begleiten die lebenspraktische Selbstgestaltung der Sozialwelten, indem sie künstliche Leitbilder an sie herantragen, den einzelnen das „Dabeisein" als erstrebenswert vorführen, imitative Annäherungen in Gang setzen oder erleichtern. Für das Individuum bedeutet ein solches Finden und Praktizieren von sozialer Lebenskultur, ob medienbeeinflußt oder eigenvital erfolgend, allemal den Zwang zur *Similation.* Es wird in kulturelle Ähnlichkeiten hineingestellt, macht sich so sozial vergleichbar, innerlich und/oder äußerlich, den einen beigesellt, von anderen entfernt. Wie immer die kulturmodalen Entscheidungen im einzelnen ausfallen mögen, das Leben in der Gesellschaft unterwirft sie dem Janus-Gesetz der assoziierenden Verähnlichung und der dissoziativen Enthaltung.

Während dieserart sozial Gleichgestellte kulturell ungleich erscheinen, können andererseits Statusunterschiede unter einem angleichenden Kulturmantel verborgen werden. Kulturelle Gemeinsamkeiten können, wenigstens zeitweise, zur Überbrückung sozioökonomischer Distanzen beitragen. Nicht selten bieten sie im praktischen Leben, sei es in Form verbindender kultureller Beweggründe, Vorgehensweisen oder Zielvorstellungen, die einzige Chance zur Bewältigung von Konflikten, zur Einfriedung von Meinungsverschiedenheiten, zur Herstellung eines äußerlich gebotenen, innerlich nicht mitgetragenen Konsensus. Die Lebenskultur vitalisiert solche Übereinstimmungen in den mitmenschlichen Umgangsformen, in Kleidung und Habitus, in der Art, sich sprachlich und gestisch zu gebärden. Sie unterstellt all diese Dimensionen der interpersonellen Bezugnahme einer sozialen Konventionalisierung, macht die Einzelnen gemeinschaftsfähig, indem sie deren affektive, kognitive und operative Energien in die sozial vorgezeichneten Bahnen lenkt und zugleich kulturmodal imprägniert. Umfassender als hier möglich wäre zu klären, wie sich die Verkehrsformen heutzutage kulturtechnisch verfassen und zu welchen zeittypischen Ausbildungen der Geselligkeit dies führt. Wandlungen im Grußgebaren, in der Art, sich physisch auszuleben (Sexualität, Tanz), in Wortwahl und Sprachhaltungen sind unübersehbar[37]. Der Nenner dieser und weiterer Veränderungen scheint ein *Trend zum Legeren* zu sein, dessen Symptomatik in nahezu sämtlichen Sozialsphären anzutreffen ist, ein Wille zur Ungezwungenheit im sozialen Miteinander. Meint man, auf allzu fixierende Prägnanzen in den Ausdruckshaltungen verzichten zu können, weil das Leben leichter wurde, die Sicherheiten umfassender, die Systeme stabiler sind? Manches deutet darauf hin, daß in dieser Rahmeneinschätzung die Lebenskultur spielerischer geworden ist, sie jongliert mit vielerlei materiellen und ideellen Möglichkeiten, enthält größere Grade der Beliebigkeit, auch in mitmenschlicher Hinsicht; man rechnet mit mehr und schnellerer Austauschbarkeit, auch der Partner, stellt sich auf raschere Wechsel ein, weniger auf soziale Intensität und kulturelle Dauerhaltungen; wenn dies nicht schon die heute allgemeine Dauerhaltung ist, eine *Lebenskultur der vielfältigen Disponibilitäten,* mit Graden der Abstufung entsprechend altersspezifischen, ökonomischen, bildungsmäßigen und anderen Gegebenheiten. Zu den bereits verzeichneten Merkmalen des politischen Kahlschlags, der Enthistorisierung, der industriellen und massenkommunikativen Verähnlichung tritt dieser sozial wie kulturell artikulierte Anspruch, über alles und jedermann wann immer es beliebt verfügen zu können (z.B. durch technische Verkehrsmittel, per Telefon, demnächst per Heimcomputer), tritt mithin die Tendenz zu vielseitiger Disponibilität als Grundcharakteristikum bundesrepublikanischer Massenlebensweise hinzu.

X. Kultur als Beruf

Die Steigerung der Komplexität in der technisch-industriellen Welt nötigt die Menschen zu einer immer umfänglicheren wissensmäßigen Klärung und Kontrolle ihrer Daseinsgestaltung. Erwerb und Revision von Wissen werden zu einer lebenslangen Aufgabe, die Biographie wird als Prozeß des Um- und Neulernens absolviert. Die dazu erforderlichen Lernbereitschaften werden in Sozialisation und Enkulturation mehr oder weniger nachhaltig eingeübt; aus ihnen resultiert die Fähigkeit des Erwachsenen, sich auf die komplizierten Anforderungen der modernen Lebenskultur einzustellen, sich in ihr mental und emotional zurechtzufinden. Die Erlangung einer dermaßen umfänglichen kulturellen Kompetenz hängt heute mehr denn je von systematisch betriebener Bildung und Ausbildung ab, sie kann zudem nur gelingen durch die Aneignung von vielerlei Spezialwissen. Da immer mehr Lebensbereiche wissenschaftlich und technologisch erschlossen und umgestaltet werden, erhalten auch die ihnen zugehörigen Wissenshaushalte einen szientifisch-technoiden Charakter. Sie halten jeden, der sie erwerben will, zum Nachvollzug ihrer spezifischen Logizität an, führen ihn damit in die Vorstufen der Professionalität hinein, in ein zumindest anfängliches, wenn nötig ausbaufähiges Expertentum. Die Halbentwicklungen, in denen derlei Lernvorgänge zumeist steckenbleiben, kennt, wer den Führerschein erworben hat. Man weiß, was zu tun ist, damit das Auto fährt, kennt die Zeichensysteme des Straßenverkehrs, hat sich auch nach der Prüfung die zum sicheren Fahren unerläßliche Routine antrainiert – doch alle Funktionsgeheimnisse der Maschine hat man im Regelfall nicht ergründet, ist ihr hilflos ausgeliefert, sobald größere Komplikationen eintreten. Der Halb- oder Viertel-Spezialist gerät in die Abhängigkeit von kompetenten „Profis", sobald sein Wissen und sein handwerkliches Können (auch seine maschinelle Ausstattung) nicht zur Problembewältigung ausreichen. Er bringt sein lädiertes Auto in die Werkstatt, den verstummten Radioapparat zum Reparateur. Allenthalben stehen die Ausübenden der Spezialberufe bereit, das Leben in Gang zu halten oder ihm zu neuer Bewegung zu verhelfen. So auch auf allen Feldern der Kulturgestaltung, von den Objektivationen über die Massenmedien bis hin zu den Niederungen des praktischen Lebens. Massenhaft gesteigerte Erwartungshaltungen und erhöhte Schwierigkeitsgrade haben die Professionalisierung in sämtlichen Bereichen des Technotop vorangetrieben. Als kompetent gilt vorzugsweise, wer über das relevante Fachwissen eines Kulturausschnitts verfügt, sich per Studium und Prüfung den Zugang zur Berufsausübung erschlossen hat. Für die meisten Kulturberufe kann inzwischen eine Qualifikation auf akademischem oder wenigstens teilakademischem Wege erworben werden; inhaltliche Fragen unterliegen hierbei generell formalisierten Klärungsprozessen. Über Zertifikate werden professionelle Legitimationen geschaffen; die selektive Ausbildung des Nachwuchses findet in Institutionen statt, deren rechtliche Verfassung, bildungspolitische Aufgabenstellung und ökonomische Ausstattung staatlich (mit-)entschieden werden. Die Zeit des kulturellen Selfmademan ist weitgehend vorbei, die Professionalisierungsschübe der letzten Jahre haben ihn schon zur Ausnahme gemacht. So haben Komponisten, Instrumentalisten und Dirigenten in aller Regel ein Konservatorium oder eine Musikhochschule besucht; Theater, Film, Fernsehen und Presse werden auf akademischen Wegen mit Nachwuchs versorgt; als Maler oder Bildhauer gilt, wer erfolgreich eine Kunstakademie absolviert hat, wobei die Frage einer staatlich geregelten und anerkannten Diplomierung derzeit Zündstoff zu heftigsten Kontroversen liefert; Designer, Fotografen, Innenarchitekten, selbst Köche und Clowns haben ihre eigenen Ausbildungsstätten. Nicht anders verhält es sich mit den kulturellen Vermittlungsberufen. Verlagslektoren, in Museen tätige Historiker und Pädagogen, die Lehrer aller Schulstufen und Fachrichtungen haben ein Studium absolviert. Sowohl Produktion als auch Distribution von Kultur ereignen sich heutzutage fast immer aus akademischen Kontexten heraus und verlaufen durchweg in Handlungsbahnen der Professionalität. Zu klären wird sein, was diese Sachverhalte für eine Gesellschaft bedeuten, die trotz Zuwachsraten mehrheitlich nicht akademisch gebildet und ausgebildet ist; wer hier für wen Kultur zubereitet und ausbreitet; und wie förderlich oder hinderlich diese Umstände für die Geburt und Ausstreuung kultureller Innovationen sind. Es scheint so, als fördere der Trend zu Akademismus und Professionalisierung statt der ursprünglich beabsichtigten Einebnung von Unterschieden im zeitgenössischen Kulturleben jene Zäsur, die sich zwischen „hoher" und „populärer", zwischen soziologisch mehrheitlicher und minderheitlicher Kultur nach wie vor auftut. Zweifelsohne hat der derivative Charakter der durch Vermittlungspersonen und -institutionen beeinflußten „Massenkultur" eine seiner Ursachen in den fortbestehenden Bildungsunterschieden[38].

Zu jenen kulturellen Tätigkeiten, die sich in einer Mittellage zwischen rezeptiver Teilprofessionalisierung einerseits und eigengestalterischer Lebenserfahrung andererseits halten, gehören das Wirken der Hausfrau und Mutter ebenso wie unzählige Arten des Do-it-yourself, des Hobbywerkertums und der künstlerischen Selbstbetätigung. All die Zeugnisse solcher „Laienkultur", vom häuslichen Anstrich über Kochen und Kindererziehung bis zum privaten Malen, Singen oder Gedichteschmieden, geraten nicht nur in Gefahr, von ihren Schöpfern selbst mit professionellen Vorbildern verglichen zu werden und so falschen Ehrgeiz anzustacheln, sondern ihnen wird wohl seitens des sozialen Umfeldes tatsächlich häufig eine solche Meßlatte angelegt. Davon kann ein verstärkter Sog zur Professionalisierung ausgehen, eine Sucht, durch mehr Perfektion eine größere Berufsähnlichkeit zu erlangen, „als wäre es vom Spezialisten hergestellt"; oder es kann dieses Verglichenwerden Gefühle der Insuffizienz nähren, die Furcht, angesichts der hohen, professionsorientierten Allgemeinstandards nur Ungenügendes zu leisten, den sozialen Erwartungen kulturell nicht gerecht zu werden. Von der verbreiteten Semi-Professionalität gingen dann neben manchem Ansporn auch handlungslähmende Wirkungen aus. Das theoretisch angeeignete Professionswissen könnte dann gewissermaßen nicht in adäquate Gestaltungspraxis umgesetzt werden, weil sich mangelnde handwerkliche Fähigkeiten mit übertriebenen Fremderwartungen zur Hemmung paarten. Der Trend zum Expertentum schlüge dann gegen die selbstgestaltenden Kräfte der Lebenskultur aus; in einem sozialen Wettbewerb unter solchen Vorzeichen würde die Kulturbewegung eher gebremst als gefördert. Doch zeigen der lebhafte Besuch von Volkshochschulkursen, die Nachfrage nach Sprachlehrgängen aller Art, die Intensität und Vielgestaltigkeit des Musiklebens, die vielerlei Wünsche, sich künstlerisch, handwerklich oder technokreativ zu betätigen, daß den Bedürfnissen nach Sinn-, Sach-, Fremd- und Eigengestaltung in breitem Umfang nachgegangen wird. Daß die Gesellschaft auf all diese Wege und Arten der kulturellen Selbstdurchformung und Regeneration kaum je verzichten wird, erscheint unzweifelhaft; der breite Strom von Erfindungen und Verbesserungen der Lebenskultur, der von ihnen alljährlich ausgeht, bezeugt dies; empirisch meßbar ist er in den Anerkennungen durch Patentämter, in abgelegten Prüfungen, im steigenden Andrang zu hauptberuflicher Kulturarbeit. Welche Grade von Professionalität hierbei jeweils erstrebt und erreicht werden; welche Motivationen wem welchen Weg zu welchen Arten der kulturellen Kreativität weisen und wie dabei soziale Einflüsse mitwirken, auch die Entscheidung zur Kultur als Beruf nahelegen, fördern oder verhindern; inwieweit schließlich dem vermerkten Zug zur *Entlaisierung* des kulturellen Handelns ein komplementärer Trend zur *Deprofessionalisierung*, d.h. zum Geltungsabbau der Spezialisten, zu mehr wissensfundierter Eigentätigkeit an Stelle der Inanspruchnahme beruflicher Experten (Reparaturen in der Wohnung werden selbst erledigt, man malt, musiziert, schneidert, gärtnert auch selbst, statt bloß zu konsumieren usw.) schon entspricht; ob nicht also eine *Zwischenlage der kulturellen Halbkompetenz*, schwankend zwischen „das kann ich auch" und „das ist mir, obwohl ich etwas Bescheid weiß, doch zu schwierig", besonders verbreitet und daher gegenwartstypisch ist – die in all diesen Zusammenhängen auftauchenden Fragen markieren einen Schwerpunkt kultursoziologischer Analytik.

XI. Zwei Kulturen in Deutschland?

Daß Kultur in nahezu jeder ihrer Erscheinungsformen hinsichtlich Produktion, Distribution und Rezeption politisch mitentschieden wird, lehren Geschichte und Gegenwart. Infolgedessen befürchtete *Alfred Weber* schon 1954 die Entstehung zweier Kulturen in Deutschland[39]. Er sah, daß nach dem militärischen Desaster und infolge des totalen Zusammenbruchs die differente politische Entwicklung in den deutschen Teilstaaten die Frage nach dem Fortbestand der Nationalkultur auf historisch völlig neue Weise stellen würde. Nicht in jenem vordergründigen Sinne, daß eine zuvor widerspruchslose Einheit nunmehr verlorenzugehen drohe. Eine solche Einschätzung der Situation wäre schon deswegen falsch, weil zur deutschen Tradition des politischen Separatismus seit jeher das Austragen regionaler Rivalitäten auch mit kulturellen Mitteln gehörte. Jeder Kleinstaat glaubte ein kulturelles Profil erringen zu müssen, um sich desto besser von seinen Nachbarn abheben zu können. Die Sängerkriege, Dichterwettstreite, Virtuosenkonkurrenzen sind vielfach belegt[40].
Nicht nur wurde so die künstlerische Konjunktur auf deutschem Boden, allen bekannten Miseren zum Trotz, zu immer neuen Blüten emporgetrieben und langfristig lebendig erhalten. Sondern es war ja das unfreiwillige Resultat jener staatspolitischen Rivalitäten ein breitgestreutes Mäzenatentum und in seinem Gefolge ein Reichtum der kulturellen Gesamtszene, dessen Wurzeln auch der heutige Föderalismus noch einiges an Strukturen und Institutionen verdankt. Hätte *Richard Wagner* sein Bayreuth in einer modernen Massengesellschaft mit ihren Schwerfälligkeiten der mäzenatischen Entscheidung und ihren Bedürfnissen nach demokratischer Legitimität erhalten? Angesichts *Hans Werner Henzes,* der seine Musikfestspiele im italienischen Montepulciano abhielt, angesichts der unergiebigen Querelen um eine bundesdeutsche „Nationalstiftung" oder auch um Planung und Bau einer „Bundeskunsthalle" in Bonn müssen Bereitschaft und Fähigkeit von Regierungsstellen wie auch einzelner Politiker, sich zu ihrer gesamtstaatlichen Kulturverantwortung zu bekennen und wegweisende, gegebenenfalls auch unpopuläre Entscheidungen zu fällen, bezweifelt werden. Das vielberedete „Kulturstaatsprinzip" wurde jedenfalls bisher in der Bundesrepublik Deutschland auf der föderativen Ebene wenig verwirklicht, es glänzt durch legislative und exekutive Fehlschläge[41].
Die Frage nach der weiter lebbaren deutschen Nationalkultur stellt sich vielmehr, so vermerkte bereits *Alfred Weber* treffend, deswegen in epochaler Deutlichkeit, weil sie unter gänzlich neue politische Vorzeichen geraten ist. Niemals zuvor wurde in der deutschen Geschichte dermaßen nachdrücklich versucht, sowohl die Gesellschaft als auch das Staatswesen in zwei Blöcke zu zerlegen, indem man sie gezielt auch *kulturell* auseinanderdividierte. Dem Bemühen um Eigenart und Eigenständigkeit sollte die Kultur ebenso dienen wie der Bekundung zwischenstaatlicher, ja selbst intersozietärer Distanzen. Schon in den fünfziger Jahren wurde die Kultur an die unterschiedlichen politischen Systeme angebunden; was und wer anderweitig nicht zu trennen war, sollte im systemkonformen Kulturprozeß geschieden werden. Konsequenterweise reklamieren noch heute beide deutsche Staaten das Erbe der Nationalkultur je für sich, die Bundesrepublik mit universellem Anspruch, die DDR in eher partieller Anwartschaft; kulturelle Gemeinsamkeit in historisch veränderter Lage scheint kein erstrebenswertes Ziel mehr zu sein. Zur Disparität tragen alle möglichen Strategien der

Reduzierung, wenigstens aber der Kontrolle kulturellen Austauschs bei; kaum etwas bewegt sich noch auf informellen Wegen. Zu diesen hinsichtlich ihrer Personalbeteiligung, kulturtechnischen Verfahrensweisen und politischen Fremdregelungen, ihres Warum und Wozu kultursoziologisch untersuchenswerten Ereigniskanälen sind Verwandtenbesuche, Briefwechsel und die allweihnachtlichen Paketfluten ebenso zu rechnen wie der Austausch von Verlagsprogrammen, das Abschieben mißliebiger Künstler seitens der DDR und der von beiden Seiten argwöhnisch beäugte Kontakt zwischen Wissenschaftlern der verschiedensten Disziplinen. Das dermaßen auf Sparflamme gekochte Gemeinschaftssüppchen kann aber den kostprobenden Analytiker nicht darüber hinwegtäuschen, daß die kulturelle Auseinanderentwicklung auf deutschem Boden in vollem Gange ist. Sie wird zudem vorangetrieben von einer entgegengesetzten Internationalisierung beider deutscher Staaten. Amerikanisierung und Sowjetisierung bestimmen nicht nur die politischen Systeme innerlich und äußerlich, ihre Ideologien, Rechtsverfassungen und Wirtschaftsordnungen, sondern sie wirken überdies tief in die persönliche und soziale Lebenskultur der betroffenen Menschen hinein. In den Selbstauffassungen steht die auf das politische System moralisch verpflichtete ,,allseitig gebildete sozialistische Persönlichkeit" drüben einem ethischen Indifferentismus und Informalismus hüben gegenüber, der zwar in der Not gerne nach Staat und Gesellschaft ruft, doch von diesen wenig wissen will, solange es ihm gutgeht. Es wird lohnend sein, die von diesen Grundkonzepten wohl wenigstens teilweise in ihrer Gestaltfindung beeinflußten Lebensweisen und Gesellungsformen von hier und dort miteinander zu vergleichen. Unterschiede kündigen sich etwa in der seit dem 8. Parteitag der SED (1971) zum verbindlichen Programm erhobenen und auf dem 2. Kongreß der marxistisch-leninistischen Soziologie in der DDR (1974) zum vorrangigen Analysefeld erklärten ,,Arbeitskultur" an, die zwar gezielt ideologisch, doch allzu vordergründig in (positiven) Gegensatz zu einer, da bürgerlichen, diffamierungswürdigen ,,Bildungskultur" gebracht wird, obwohl doch gerade in ihr die angeblich obsoleten Bürgertugenden (wie Pflichterfüllung, Zuverlässigkeit, Ausdauer u. a.) Auferstehung feiern[42]. Ferner werden in den Schulsystemen abweichende sprachpädagogische Akzente und Prioritäten gesetzt, stehen einerseits Englisch, andererseits Russisch im Lernkanon obenan. Die Disjunktionen, die in all dem intendiert sind und sich tatsächlich vollziehen, gewinnen wahrscheinlich mit den Generationswechseln an Tiefe und Trennschärfe, zumindest insoweit, als die Angehörigen der in diskrepanten politischen Systemen erzogenen Jahrgänge einander auch kulturell fremder gegenüberstehen (können) denn ihre unter gemeinsamen historischen Rahmenbedingungen aufgewachsenen Vorfahren.

Allen Unterschieden zum Trotz treten jedoch Ähnlichkeiten zwischen Bundesrepublik und DDR dadurch zutage, daß in beiden Staaten kulturelle Prozesse politischer Planung und Lenkung unterworfen sind. Damit ist eine neue, sich ausbreitende Kaste von *Kulturfunktionären* beschäftigt, die einerseits ihre professionellen Kompetenzen aus kulturspezifischen, zumeist geisteswissenschaftlichen Fachausbildungen herleitet, die jedoch andererseits ihre sozialpolitische Legitimität vorzugsweise aus ideologischen und institutionellen Verortungen zieht. Dies führt beiderseits der innerdeutschen Grenze zu einer merkwürdigen Eigenläufigkeit der kulturpolitischen Konzeptionen, zu deren Abhebung von den Kulturbedürfnissen der Lebenswirklichkeit. In solcher Kulturpolitik rangiert nicht selten die Politik vor der Kultur, geben Parteiinteressen eher den Ton an als ein Engagement für die Sach- und

Sinnfragen der Kultur. Das ließe sich detailliert an den inzwischen modischen Entwürfen für eine „bürgernahe Kultur" in der Bundesrepublik ebenso nachweisen wie an gewerkschaftlichen Mitbestimmungsmodellen für kulturelle Institutionen oder an der legislativen und exekutiven Fremdlenkung künstlerischer Hochschulen[43]. Noch deutlicher tritt diese Problematik in der DDR zutage, wo die Organe von Staat und Partei alle kulturellen Bewegungen und Maßnahmen bis in die verstecktesten Nischen hinein kontrollieren. Das ideologische Fernziel einer kommunistischen Kultur in kommunistischer Gesellschaft soll dort während der sozialistischen Transformationssperiode eine weitgehend finale Legitimität der politischen Kulturplanung stützen. In beiden deutschen Staaten sind Symptome der Verstörtheit, ja des Widerwillens gegen den sich verbreitenden Dirigismus im Bereich der Kultur unübersehbar. Sie offenbaren, was die Kultursoziologie schon lange weiß, daß nämlich weder Technokratiekonzepte noch die Ideologien des politischen Machtkampfes sich ohne weiteres und in quasi zwangsläufiger Fruchtbringung auf das kulturelle Leben anwenden lassen. Bekundungen solchen Mißbehagens sind die zahlreichen kritischen Stellungnahmen von Kulturschaffenden aller Sparten, zumal von Schriftstellern, bildenden Künstlern und Musikern, aber auch die hier wie dort anzutreffenden Zeugnisse einer *alternativen Lebenskultur*. Sie haben zwar in jedem der beiden deutschen Staaten einen systemspezifischen Stellenwert und Oppositionszweck, der gesondert zu untersuchen wäre hinsichtlich seiner Fremdursachen, Inhalte, Ausdrucksformen und Zielvorstellungen; auch stehen sie, zumal in ihren jugendmäßigen Ausprägungen mit Jeans, Popmusik und legeren Attitüden, unter dem Einfluß eines global ausgreifenden kulturindustriellen Internationalismus. Doch pochen in ihnen, gesamtdeutsch betrachtet, vielleicht auch schon überraschende Keime einer unverhofften kulturellen Gemeinsamkeit zumindest von Teilen der politisch getrennten Gesellschaften.

XII. Zwischen Tradition und Innovation

Kultur und Gesellschaft befinden sich in einem Dauerprozeß spannungsvoller Amalgamierung, dessen Gesetzmäßigkeiten kultursoziologischer Ergründung harren. Sie bedingen sich gegenseitig, indem die *Gesellschaft*, als die Vielzahl miteinander mannigfach verflochtener Individuen, die Kultur *existentiell* erst ermöglicht und doch zugleich allein durch diese zu ihrer Gestalt findet. So ist die *Kultur* seinsmäßig auf den homo socialis angewiesen, während gleichzeitig das soziale Dasein *modal* von ihr abhängt. Alle menschliche Lebensverwirklichung vollzieht sich in Sozialität und vermittels Kultur, ohne daß beide ineinander aufgingen und zu einer Gleichung von Perfektion und Stillstand gebracht werden könnten. Insofern kann es nicht genügen, bloße oder sogenannte „reine" Soziologie zu betreiben, um der Eigenart menschlicher Daseinsgestaltung habhaft zu werden. Zum *Wer*, zum Erfassen der individuellen und kollektiven Subjekte, aus denen sich die Gesellschaft zusammensetzt, kommt vielmehr das *Wie* hinzu, treten die Modalitäten, unter denen die Sozialwelt zu ihrer ideellen und materiellen Formensprache gelangt. Diese Selbstimprägnierung der sozialen Wirklichkeit mit kulturellen Mitteln ist das zentrale Thema der Kultursoziologie, gilt ihr doch als unabweisbar, daß alle mitmenschliche Realität zu Sinn und Form allein durch die Bezugnahme auf Kulturelles, durch dessen Einbeziehung in ihre Bewegungen findet. Dementsprechend *ist* alle „empirische Wirklichkeit", wie *Max Weber* formulierte, „für uns ‚Kultur', weil und sofern wir sie mit Wertideen in Beziehung setzen; sie umfaßt diejenigen Bestandteile der Wirklichkeit, welche durch jene Beziehung für uns *bedeutsam* werden, und *nur* diese"[44]. Der Kultursoziologie stellt sich die Aufgabe, die jeweiligen Ausgangsbedingungen, Verfahrensweisen und Ergebnisse solcher Selbstqualifizierung der sozialen Welt herauszupräparieren, zu klären, auf welchen Wegen und mit welchen Mitteln sich die Gesellschaftsmitglieder in der Wirklichkeit zu den konkreten und abstrakten Beschaffenheiten ihres Soseins vorantasten. Daher dürfen auch das *Was* und *Womit*, dürfen auch die instrumentellen Aspekte der Lebensgestaltung nicht vernachlässigt werden, die vielerlei Dinge und Ideen, mittels deren die Menschen ihrem Dasein Gestalt und Sinn verleihen wollen. In einer verbal wohl stets nur annähernd beschreibbaren Komplexität *sind* die Menschen selbst zumindest ausschnittweise jene Kultur, die sie für sich und andere schaffen, die sie lebenstechnisch für sich und ihre Mitmenschen vergegenwärtigen, und sie *haben* sie materiell wie ideell in sich und außer sich in den Residuen ihres kulturellen Handelns präsent. Im mitmenschlichen Leben ist jeder sowohl *Subjekt* als auch *Objekt* des kulturellen Vollzugs, er nimmt gestaltenden Bezug auf sich selbst (autoreflexive Gestaltung), auf andere (sozioreflexive Gestaltung) oder auf nichtmenschliche Sphären der Wirklichkeit (residuale Gestaltung), und er wird seinerseits von all solchem Tun oder Unterlassen anderer betroffen. Jedermann ist, in freilich wechselnden Proporzen, aktiv und passiv an der mehrdimensionalen Kulturbewegung beteiligt.

Die Durchleuchtung dieser Verhältnisse wird erschwert durch den Umstand, daß die unzähligen großen und kleinen Relationen zwischen Kultur und Gesellschaft sich nie in der Ruhelage befinden. Der historische Fortgang hält sie in stetiger Bewegung. Keine Ordnung, welche das soziale Leben sich kulturell verschafft, ist endgültig, keine gefundene Form unwiderruflich. Wie das Gesamtleben, ist auch die im engeren Sinne sozialkulturelle Formfindung in dauerndem Wandel begriffen. Eine allzu nachhaltige Zementierung von Traditionsmustern wird durch endogene und/oder exogene Innovationsschübe verhindert. Doch setzen sich Erneuerungen in der polymorphen Gesellschaft nicht gleichmäßig durch, sind auch selten für alle Teile gleich bedeutsam, sondern tragen zu mancherlei Verwerfungen und Umschichtungen bei, zeugen Widerstände, Spaltungen, Neugliederungen. Die Frage nach den Quellen, Verlaufswegen und Formfolgen von Innovationen in der Gegenwartsgesellschaft hat kultursoziologisch bisher kaum klare Antworten erhalten[45]. Mit den bekannten Thesen des „cultural lag", des kulturellen Hinterherhinkens bzw. Vorpreschens von einzelnen Sektoren im Vergleich zu einer mehr oder weniger deutlich erkennbaren Mehrheitsmitte, sind erst allerallgemeinste Sachverhalte erfaßt[46]. Sie werden zu ergänzen sein durch Aussagen darüber, wie sich die politplanerische Kanalisierung kultureller Abläufe auf die Fähigkeit des sozialen Lebens zu innovativer Selbstkorrektur und Regeneration auswirkt; ob nicht gerade durch solche Reglementierungen ein partieller Traditionalismus neuer Prägung, etwa der sog. „Gegenkulturen", angefacht wird, der hinsichtlich der schwierigen Probleme heutiger Lebenskultur sich zwar innovativ und fortschrittlich dünkt, dies jedoch nicht tatsächlich zu sein braucht; und welche Folgen die durchgängige Vermarktung, Institutionalisierung und Semiprofessionalisierung des Kulturgeschehens für die Renovation der personalen und sozialen Lebensformen heraufbeschwören. Manche Erscheinung legt die Vermutung nahe, daß es in der bundesdeutschen Gesellschaft mehrere, kaum aufeinander bezogene, wenn nicht gar einander widersprechende Ebenen der Innovierung gibt, die einer methodischen Unterscheidung und Analyse zugeführt werden müßten. Die Veränderungen und neuen Fragwürdigkeiten im Denken, Fühlen und Handeln des täglichen Lebens, der Wandel in Religion, Sitte, Bildung und Recht, die letztjährige Reformeuphorie von staatlichen Institutionen, politischen Parteien und Interessengruppen, schließlich die neuerliche Rücknahme allzu weitreichender Innovationshoffnungen durch eine skeptischere Einschätzung der Globalentwicklung und der möglichen Stellung des Menschen in der Welt – wieviel von alledem, das strukturell nicht zusammengewachsen ist, können Einzelne und soziale Kleinwelten in sich aufnehmen, ohne allzusehr ins Schlingern zu geraten? Wieviel können sie produktiv verarbeiten und in stabilisierende Energien umgießen? Möglicherweise werden derzeit im praktischen Leben gegen allzu bedrohliche Verunsicherungen alte Traditionswälle befestigt und/oder neue aufgeschüttet. Der Rückzug in privatistische Heimwelten, in die Fluchtburgen einer wiederbelebten Idyllik und in narzißtische Kulturhaltungen, häufig beobachtet und inzwischen viel beschrieben, entspräche dem[47]. Angesichts der Schwierigkeit, schwankende Traditionen und überschäumende Innovationen, überlieferte Ordnungsmuster und anprallende Wandlungsschübe lebenswirksam zu integrieren, rettet ein Großteil der individuellen und kollektiven Subjekte sich in eine *sozialkulturelle Equilibristik*, deren Wesensmerkmale im Vorangehenden verschiedentlich skizziert wurden. In solcher „Lebenskunst“ bleiben zahlreiche Probleme unbewältigt, viele Fragen unbeantwortet, nicht wenige Aufgaben unangegangen. Intuitiv weigern die Menschen sich, allzuviel von der labilisierenden Kultursymbolik in ihr persönliches und mikrosoziales Denken, Fühlen und Handeln einfließen zu lassen. So daß, verallgemeinernd betrachtet, *Kultursymbolik* und *Handlungswirklichkeit* in weiten Partien unvermittelt bleiben; in teilweiser Isolation voneinander schaffen sie sich ihre je eigenen Dynamismen der Tradition und Innovation, des umordnenden Wandels, des Fortbestandes durch Selbsterneuerung. Vieles, möglicherweise zuviel, das in der Kultur an potentieller Bedeutung gärt, bliebe dann jedoch theoretisch, in der Lebenspraxis ungeprüft und unbewährt. Da aber alle Relationen zwischen Kultur und Gesellschaft ihre Vitalität aus der wechselseitigen Bezugnahme von symbolischer Welt und der Welt des persönlichen sowie sozialen Denkens, Fühlens und Handelns speisen, mindern die vermuteten Diskrepanzen die Effektivität der sozialkulturellen Gestaltung, ihrer Schöpfungen und ihrer Austauschprozesse, letztlich der Regeneration des menschlichen Lebens in seinen mannigfaltigen Ausformungen. In solch defektiver Menschenwelt spiegeln Einzelner und soziale Kleinzone die äußere Anomie in ihrer inneren Zerrissenheit und Gestaltunsicherheit. Sie sind umfänglich damit beschäftigt, die externen Widersprüche auch intern auszuhalten und womöglich zu bewältigen. In der Erkenntnis dieser Lage, deren Beschreibung und Analyse der Kultursoziologe dauerhaft aufgegeben ist, wird deutlich, wie wenig die sozialen und kulturellen Verhältnisse, allem Wandel zur zeitgenössischen „Modernität“ zum Trotz, von ihren angestammten Antinomien eingebüßt haben. Mit ihnen stellen sich der Wissenschaft in neuen Gewändern alte Fragen, die in angemessener Rücksichtnahme auf die Gegenwart zu beantworten sein werden. Im Zugang auf diese und auf neu auftauchende Fragestellungen wird die *Kultursoziologie* die realen, zu erforschenden Widersprüche ihrem derzeitigen Stand zufolge auch als die Schwierigkeit erfahren, der Problemkomplexität angemessene

Analysekonzepte und -verfahren zu entwickeln. Sie ist auf zweifache Weise in den Dauerkonflikt zwischen Tradition und Innovation hineingestellt: realanalytisch und wissenschaftsgeschichtlich. Doch sollte die Kultursoziologie vor dieser Janus-Aufgabe einer Selbstklärung durch Wirklichkeitserforschung nicht verzagen, sondern sich ihr ernsthaft und energisch zuwenden, mit präzisen Kategorien, differenzierten Denkmodellen und qualifizierten Forschungstechniken.

Anmerkungen

1 Vgl. unter anderem *Hans J. Krysmanski* und *Peter Marwedel* (Hrsg.), Die Krise der Soziologie, Köln 1975; *Gottfried Eisermann* (Hrsg.), Die Krise der Soziologie, Stuttgart 1976; *Tom Bottomore* (Hrsg.), Crisis and Contention in Sociology, London 1975; *Alvin W. Gouldner*, The Coming Crisis of Western Sociology, London 1970.

2 Vgl. hierzu die verschiedenen Beiträge im Sonderheft 21 der Kölner Zeitschrift für Soziologie und Sozialpsychologie: Deutsche Soziologie seit 1945. Entwicklungsrichtungen und Praxisbezug, hrsg. von *Günther Lüschen*, Opladen 1979.

3 Vgl. *René König*, Leben im Widerspruch. Versuch einer intellektuellen Autobiographie, München, Wien 1980. Ein Licht auf die Entwicklung werfen auch fächerübergreifende Werdegänge wie etwa derjenige *Helmuth Plessners*; vgl. dessen Autobiographie bei *Ludwig J. Pongratz* (Hrsg.), Philosophie in Selbstdarstellungen, Band 1, Hamburg 1975, S. 269–307. Von den Nachkriegsschwierigkeiten, mit denen Sozialwissenschaftler in der Bundesrepublik zu kämpfen hatten, gibt ein anschauliches Bild auch *Alexander Mitscherlich*, Ein Leben für die Psychoanalyse. Anmerkungen zu meiner Zeit, Frankfurt am Main 1980.

4 Vgl. einführend *Günther Lüschen*, Anmerkungen zur Entwicklung und zum Praxisbezug der deutschen Soziologie, in: Deutsche Soziologie seit 1945. Entwicklungsrichtungen und Praxisbezug, a.a.O., S. 1–24.

5 Betrachtet man, um beim Vergleich zu bleiben, die Sorgfalt, mit welcher Klassiker-Ausgaben in der Psychologie erarbeitet und (sogar preisgünstig) verlegerisch verfügbar gehalten werden, so wird man sich fragen müssen, wie lange es sich die deutsche Soziologen-Zunft noch glaubt, leisten zu können, ihre Ahnväter *nicht* publizistisch präsent zu haben oder nur sehr rudimentär und lieblos zu edieren. Wer darf sich wundern über eine enthistorisierte Soziologie, wenn den nachwachsenden Generationen die bedeutenden Frühschriften des Faches nur schwer zugänglich, ja kaum erwerbbar sind? Wohl am wenigsten die beteiligten Soziologen selbst, solange sie ihr geistiges Erbe verschmähen. Auch dies ist ein Indiz mangelnden Kulturbewußtseins in der Soziologie, dem es wissenssoziologisch abzuhelfen gälte. Einen Weg in diese Richtung weist *Dirk Käsler* (Hrsg.), Klassiker des soziologischen Denkens. Band 1: Von Comte bis Durkheim, München 1976; Band 2: Von Weber bis Mannheim, München 1978. Als Mittler zwischen den Kulturen hat sich *René König* zeitlebens um die Anerkennung der französischen Soziologie und zumal *Emile Durkheims* in Deutschland bemüht; vgl. hierzu seinen Beitrag über *Durkheim* bei *Käsler* (Hrsg.), Band 1, a.a.O., S. 312–364; die Edition von *Emile Durkheim*, Die Regeln der soziologischen Methode. Herausgegeben und eingeleitet von *René König*. 4., revidierte Auflage Neuwied und Berlin 1976 sowie *René König*, Emile Durkheim zur Diskussion. Jenseits von Dogmatismus und Skepsis, München und Wien 1978.

6 Die wichtigsten kultursoziologischen Schriften *Alfred Webers* waren jedoch bereits vor 1945 erschienen. Die Nachkriegswirkung *Webers* gründete sich vor allem auf die 2. Auflage seiner: Kulturgeschichte als Kultursoziologie, München 1950, auf die: Prinzipien der Geschichts- und Kultursoziologie, München 1951, sowie auf: Der dritte oder der vierte Mensch. Vom Sinn des geschichtlichen Daseins, München 1953.

7 Darauf weist auch hin der Nekrolog auf *Alfred von Martin* von *M. Rainer Lepsius*, in: Soziologie. Mitteilungsblatt der Deutschen Gesellschaft für Soziologie, Heft 2, Stuttgart 1979, S. 109f. Unter den Werken *von Martins* wirkte ehestens fort seine Soziologie der Renaissance, zuerst in Stuttgart 1932 erschienen, in 3. Auflage München 1974.

8 Vgl. *Karl Mannheim,* Die Gegenwartsaufgaben der Soziologie, Tübingen 1932, sowie *M. Rainer Lepsius,* Die Entwicklung der Soziologie nach dem Zweiten Weltkrieg 1945–1967; in: Deutsche Soziologie seit 1945. Entwicklungsrichtungen und Praxisbezug, hrsg. von *Günther Lüschen,* Sonderheft 21 der Kölner Zeitschrift für Soziologie und Sozialpsychologie, Opladen 1979, S. 25–70, insbes. S. 44 ff. Auch *Lepsius* weist darauf hin, daß „die Verselbständigung der Soziologie und ihre Lösung aus interdisziplinären Studiengängen" zwar die „institutionelle Eigenständigkeit" des Faches förderte, doch um den Preis thematischer Verengungen und unter anderem auch auf Kosten „kultureller Fragestellungen" erfolgte (S. 49). Erst jüngst wurden jene Schriften veröffentlicht, in denen *Mannheim* seine kultursoziologische Position in extenso darstellt; vgl. *Karl Mannheim,* Strukturen des Denkens; hrsg. von *David Kettler, Volker Meja* und *Nico Stehr,* Frankfurt am Main 1980. Vgl. darin insbes. „Über die Eigenart kultursoziologischer Erkenntnis", a.a.O., S. 33–154.

9 In Richtung auf diese Vermutung argumentiert auch *Friedhelm Neidhardt,* Identitäts- und Vermittlungsprobleme der Soziologie. Über den Zustand der Soziologielehre an den Universitäten, in: Zwischenbilanz der Soziologie. Verhandlungen des 17. Deutschen Soziologentages (1974), hrsg. von *M. Rainer Lepsius,* Stuttgart 1976, S. 426–452, insbes. S. 441 ff.

10 Dies geht hervor aus den Berechnungen von *Rolf Klima,* Die Entwicklung der soziologischen Lehre an den westdeutschen Universitäten 1950–1975. Eine Analyse der Vorlesungsverzeichnisse, in: Deutsche Soziologie seit 1945, hrsg. von *Günther Lüschen,* a.a.O., S. 221–256, Tabelle 4, S. 241.

11 Vgl. *R. Klima,* a.a.O., Tabelle 3, S. 238; eliminiert man die bei *Klima* der Kultursoziologie subsumierten Sondersparten wie „Ideologie", „Kunst und Literatur", „Sprache", so ergibt sich für die „allgemeine" Kultursoziologie (die ja wohl eher die eigentlich besondere ist) ein noch rapiderer Bedeutungsverfall.

12 Dies belegt empirisch die Untersuchung von *Günther Lüschen* u. a., Die Entwicklung der deutschen Soziologie in ihrem Fachschrifttum. Perioden, Sachgebiete und Methoden seit 1945, in: Deutsche Soziologie seit 1945, hrsg. von *Günther Lüschen,* a.a.O., S. 169–192, Tabelle 1, S. 179. Angesichts der Tatsache, daß die Kultursoziologie unter den aufgezählten 50 Sachgebieten der Zeitschriftenliteratur auf dem letzten (!) Rang landet, konstatiert *Lüschen:* „Die Kultursoziologie, einst ein besonderes Kennzeichen der deutschen Soziologie, ist in soziologischen Fachzeitschriften neueren Datums praktisch nicht mehr existent..." (S. 180).

13 Vgl. *Lüschen* u. a., Die Entwicklung der deutschen Soziologie in ihrem Fachschrifttum, a.a.O., Tabelle 2, S. 181; die Kultursoziologie im engeren Sinne (d. h. ohne Kunst, Literatur etc.) nimmt hier Rang 31 ein.

14 Vgl. die im gleichen Jahr erschienenen Bücher von *Franz Steinbacher,* Kultur. Begriff – Theorie – Funktion, Stuttgart 1976; *Hans Peter Thurn,* Soziologie der Kultur, Stuttgart 1976; *Abraham A. Moles,* Soziodynamik der Kultur, Stuttgart 1976. Zu den wenigen Dissertationen, die sich um eine Klärung kultursoziologischer Perspektiven bemühen, gehört die Arbeit von *Josef Schmid,* Der Kulturbegriff als analytisches und ideologiekritisches Instrument der Soziologie, Diss. München 1974. Aus den Erörterungen eines informellen Arbeitskreises, der in der zweiten Hälfte der siebziger Jahre mehrfach zusammentrat, ging hervor das „Schwerpunktheft Kultursoziologie", besorgt von *Wolfgang Lipp* und *Friedrich H. Tenbruck,* der Kölner Zeitschrift für Soziologie und Sozialpsychologie, 31. Jg. 1979, Heft 3.

15 Dies ist der Grundgedanke aller abendländischen Kulturtheorie seit der Antike. Für die historische Entwicklung der Gegenüberstellung von Natur und Kultur sind kennzeichnend bereits die Überlegungen von *Marcus Tullius Cicero,* Tusculanae disputationes – Gespräche in Tusculum. Lateinisch-deutsch mit ausführlichen Anmerkungen, neu hrsg. von *Olof Gigon,* München 1970, insbes. Zweites Buch, § 13, S. 124/125. Für die neuere Diskussion des hier nur bezeichneten Fragekomplexes vgl. *Helmuth Plessner,* Die Stufen des Organischen und der Mensch (zuerst 1928). 3., unveränderte Auflage Berlin 1975, insbes. S. 309 ff., sowie *Arnold Gehlen,* Urmensch und Spätkultur. Philosophische Ergebnisse und Aussagen, 3., verbesserte Auflage Frankfurt am Main 1975.

16 Die im Marxismus viel diskutierte Frage nach möglichen Vorrangstellungen in diesem Prozeß, sei es der „Basis" oder des „Überbaus", erscheint aus dieser Sicht nicht als prinzipiell (wie gerne versucht wird), sondern nur als fallweise beantwortbar. Daß es darum gehen muß, die „Wechselwirkung" der am Kulturprozeß beteiligten Faktoren und Dimensionen verstehen zu lernen, hat schon *Friedrich Engels,* vor allem in seiner Spätphase, immer wieder hervorgehoben. Vgl. beispielsweise seinen Brief an *Conrad Schmid* vom 27. Oktober 1890, MEW Band 37, Berlin 1967, S. 488–495, insbes. S. 493.

17 Eine differenzierende Gestaltungstheorie erscheint in diesem Sinne als ein Kernstück jeglicher Kulturwissenschaft, das auf handlungsanalytischem Wege auch für die Soziologie nutzbar gemacht werden könnte.

18 Dieser Gedanke war der Kulturtheorie des Abendlandes selbstverständlich – bis hin zu *Georg Simmel.* Erst im 20. Jahrhundert gilt er als „unmodern" und „unzeitgemäß"; den Gründen und Folgen dieses Wandels wäre gesondert nachzugehen.

19 Diese beiden postulativen Überlegungen finden sich seit dem 18. Jahrhundert bei allen bedeutenden Kulturtheoretikern, so z. B. bei *Kant, Herder, Wilhelm von Humboldt, Georg Simmel, Georg Lukács.*

20 Vgl. hierzu die Darlegungen von *Wolfgang Lipp,* Kulturtypen, kulturelle Symbole, Handlungswelt. Zur Plurivalenz von Kultur, in: Kölner Zeitschrift für Soziologie und Sozialpsychologie, 31. Jg. 1979, S. 450–484. Neben den zahlreichen Hinweisen, die *Lipp* bietet, wäre zumal in der anthropologischen Grundlagendiskussion mehr als bisher heranzuziehen das Werk des (in der Soziologie so gut wie nicht rezipierten) *Rudolf Bilz.* Vgl. insbes. *Rudolf Bilz,* Pars pro toto. Ein Beitrag zur Pathologie menschlicher Affekte und Organfunktionen, Leipzig 1940, sowie ders., Paläoanthropologie. Der neue Mensch in der Sicht einer Verhaltensforschung. Erster Band, Frankfurt am Main 1971.

21 Einen Reflex auf diese Erklärungsbedürftigkeit der Realität stellen ja nicht nur die Geistes- und Sozialwissenschaften insgesamt dar, sondern vor allem auch die periodisch wiederkehrenden Versuche, ein problematisierendes Epochenfazit zu ziehen. Für das 20. Jahrhundert vgl. hierzu *Karl Jaspers,* Die geistige Situation der Zeit, Leipzig 1931; sowie *Jürgen Habermas* (Hrsg.), Stichworte zur „Geistigen Situation der Zeit", 2 Bände, Frankfurt am Main 1979.

22 Vgl. *Immanuel Kant,* Idee zu einer allgemeinen Geschichte in weltbürgerlicher Absicht (1784), in: Werkausgabe, hrsg. von *Wilhelm Weischedel,* Frankfurt 1968, Bd. XI, S. 31–50, insbes. S. 37ff.; sowie *Helmuth Plessner,* Ungesellige Geselligkeit. Anmerkungen zu einem Kantischen Begriff (1966), in: Die Frage nach der Conditio humana. Aufsätze zur philosophischen Anthropologie, Frankfurt 1976, S. 100–110.

23 Zu Geschichte, Bedeutungswandel und heutiger Problematik derartig inhaltlicher Füllung sozialer Beziehungskategorien vgl. die Arbeiten von *Niklas Luhmann,* Gesellschaftsstruktur und Semantik. Studien zur Wissenssoziologie der modernen Gesellschaft, Frankfurt am Main 1980. Beispiele für Einzelanalysen bietet auch *Mohammed Rassem,* Stiftung und Leistung. Essays zur Kultursoziologie, Mittenwald 1979, S. 211–235 („Metamorphosen des Helfens").

24 Eine bundesdeutsche Arbeitnehmerfamilie mit mittlerem Einkommen gab 1979 nahezu 60 % des Freizeitbudgets für den Urlaub, das Auto (insoweit es der Freizeit diente) und Massenmedienkonsum aus. Zehn Jahre zuvor hatte dieser Anteil noch 40 % betragen. Derlei Umschichtungen scheinen vor allem auf Kosten „kleinerer" Freizeitvergnügen wie Gartenpflege, Tierhaltung, Kinobesuche etc. zu gehen. Generell läßt sich sagen, daß das Freizeitbudget mehr und mehr vom Erwerb technischer Instrumente verschlungen wird, die das eigentliche Vergnügen ja erst ermöglichen sollen (d. h. die Erholung, den Blick in die Welt, den Besuch bei Freunden etc.).

25 Zur Neuentdeckung derartiger Kulturbereiche durch die Sozialwissenschaften vgl. *Wolf Lepenies,* Arbeiterkultur. Wissenschaftssoziologische Anmerkungen zur Konjunktur eines Begriffs, in: Geschichte und Gesellschaft, 5. Jg. 1979, Heft 1, S. 125–136.

26 Eine detaillierte Darstellung dieser Probleme bietet *Walter Hollstein,* Die Gegengesellschaft. Alternative Lebensformen, Bonn 1979.

27 Vgl. hierzu die Analyse der Massenkultur bei *Alain Touraine,* Soziologie als Handlungswissenschaft, Darmstadt und Neuwied 1974, S. 437–493, insbes. S. 481ff.

28 Vgl. *Hans Peter Thurn,* Soziologie der Kultur, Stuttgart 1976, S. 111f.

29 Als Ansatz zu einer systematischen Erfassung der hier umrissenen Probleme vgl. *Hans Peter Thurn,* Der Mensch im Alltag. Grundrisse einer Anthropologie des Alltagslebens, Stuttgart 1980.

30 Klärungen im Hinblick auf die hier angesprochenen Sachverhalte bieten bisher weniger die in den letzten Jahren in Mode gekommenen „Alltagstheoretiker", wie z. B. *Erving Goffman,* als vielmehr Kulturanthropologen. So z. B. *Edward T. Hall,* The Hidden Dimension, Garden City, New York 1969; The Silent Language, Garden City, New York 1973; Beyond Culture, Garden City, New York 1977.

31 Diese Zusammenhänge geben sich dem kritischen Blick sehr plastisch etwa in der „politischen Kultur" der Bundesrepublik zu erkennen. Daß bei Wahlkämpfen für die Politiker die Kosmetik, die Pose, die Zahl der Fernsehauftritte, das Schielen nach möglichst unreflektierter Akzeptanz durch die potentiellen Wähler vor der Beschäftigung mit schwierig zu objektivierenden Sachproblemen rangiert, ist ja inzwischen allgemein bekannt – und doch wird alle Jahre wieder akzeptiert, daß die Schein-Form die Inhalte verdrängt, weil es sich so „objektiver" ausnimmt und mehr dargestellte Subjektivität vom Wähler mehr persönliche Auseinandersetzung fordern würde.

32 Reichhaltiges Material für diese Diskussion bieten *Helmut Klages* und *Peter Kmieciak* (Hrsg.), Wertwandel und gesellschaftlicher Wandel, Frankfurt/New York 1979.

33 Anregend, wenngleich nicht erschöpfend, ist in dieser Hinsicht immer noch das Buch von *Otto Friedrich Bollnow*, Wesen und Wandel der Tugenden, 1. Auflage 1958, Neuausgabe Frankfurt am Main, Berlin, Wien 1975.

34 Unter den mancherlei Versuchen, diesen Vorgängen analytisch beizukommen, sei hier beispielshalber nur verwiesen auf den „Exkurs: Über den Begriff der Ehre und seinen Niedergang", bei *Peter L. Berger, Brigitte Berger, Hansfried Kellner*, Das Unbehagen in der Modernität, Frankfurt/New York 1975, S. 75–85.

35 Vgl. hierzu *Hildegard Brenner*, Die Kunstpolitik des Nationalsozialismus, Reinbek bei Hamburg 1963, sowie die vorzüglichen Dokumentationen von *Joseph Wulf*, Die Bildenden Künste im Dritten Reich; Literatur und Dichtung im Dritten Reich; Theater und Film im Dritten Reich; Presse und Funk im Dritten Reich; Musik im Dritten Reich; 5 Bände, alle Reinbek bei Hamburg 1966.

36 Im Hinblick auf die „Amerikanisierung" der europäischen Lebenskultur in den zwanziger Jahren vgl. stellvertretend für eine ganze Flut kritischer Literatur *Richard Müller-Freienfels*, Geheimnisse der Seele, München 1927; darin: „Die Amerikanisierung der Seele. Ein Kapitel Kulturpsychologie", S. 237–298. Das Thema ist jedoch auch vorher schon präsent; so etwa bei *Oswald Spengler*, Der Untergang des Abendlandes. Umrisse einer Morphologie der Weltgeschichte (zuerst 1918–22), wenn dieser von der „westeuropäisch-amerikanischen Welt" spricht; vgl. Ungekürzte Sonderausgabe in einem Band, München 1979, S. 1087.

37 Ein zeittypisches Beispiel bietet die Kommunikationskultur der Autofahrer; vgl. *Eike von Savigny*, Die Signalsprache der Autofahrer, München 1980.

38 Was nicht heißen soll, daß die professionellen Kulturschöpfer stets besser und umfassender gebildet wären als ihre Rezipienten; das kann auch umgekehrt sein, da Professionalität nicht vor Scheuklappen schützt.

39 Vgl. *Alfred Weber*, Die Gefahr der Entstehung zweier Kulturen in Deutschland (1954), wieder abgedruckt in: Haben wir Deutschen nach 1945 versagt? Politische Schriften. Ein Lesebuch, München 1979, S. 257–261.

40 Zur Geschichte des Mäzenatentums, der Künstlerkonkurrenz und des damit zusammenhängenden kulturellen Regionalismus vgl. *Joachim Bumke*, Mäzene im Mittelalter. Die Gönner und Auftraggeber der höfischen Literatur in Deutschland 1150–1300, München 1979; sowie *Peter Hirschfeld*, Mäzene. Die Rolle des Auftraggebers in der Kunst, München 1968.

41 Am 2. Juni 1976 hat das damalige Bundeskabinett unter Leitung des Bundeskanzlers *Helmut Schmidt* eine „Willenserklärung" verabschiedet, in der von „dem unserer Verfassung immanenten Kulturstaatsprinzip" die Rede ist und in der für die Zukunft eine größere „Kulturfreundlichkeit staatlicher Maßnahmen" gefordert wird. Dem Willen folgten jedoch bisher kaum und allenfalls umstrittene Taten. Vgl. zu diesem gesamten Komplex *Dieter Lattmann*, Der Staat und die Schwierigen. Künstlerpolitik der Bundesregierung, hrsg. vom Presse- und Informationsamt der Bundesregierung, Bonn-Bad Godesberg 1976. Zum Kulturbegriff des Bundeskanzlers vgl. auch: „Der Kanzler ist kein Volkserzieher". *Helmut Schmidt* in einem kulturpolitischen Streitgespräch mit *Günter Grass, Siegfried Lenz* und *Fritz J. Raddatz*, in: DIE ZEIT Nr. 35 vom 22. August 1980, S. 29–31.

42 Zur offiziellen Kulturtheorie (und Kultursoziologie) der DDR vgl. Kultur im gesellschaftlichen Leben. Verfaßt von einem Autorenkollektiv unter Leitung von *Marianne Lange*, Berlin (DDR) 1973; Lebensweise – Kultur – Persönlichkeit. Materialien vom 2. Kongreß der marxistisch-leninistischen Kulturtheorie. Verfaßt von einem Autorenkollektiv unter Leitung von *Arnold Arnoldow* (Moskau 1976), Berlin (DDR) 1979.

43 Kennzeichnend für die Situation ist z. B., daß die Gewerkschaften ein Mitbestimmungsmodell für Kunstmuseen entworfen haben (das in Hamburg bereits parlamentarisch verabschiedet wurde), in dem zwar alle möglichen Leute mit Sitz und Stimme vertreten sind, jedoch kein Künstler; oder der Umstand, daß es in Nordrhein-Westfalen bis heute kein gültiges Gesetz für die Kunst- und Musikhochschulen gibt, vielmehr eine seit 150 Jahren bestehende Rechtsunsicherheit ständig verlängert wird.

44 Vgl. *Max Weber*, Die „Objektivität" sozialwissenschaftlicher und sozialpolitischer Erkenntnis (1904), in: Gesammelte Aufsätze zur Wissenschaftslehre. 4., erneut durchgesehene Auflage, hrsg. von *Johannes Winckelmann*, Tübingen 1973, S. 146–214, hier zitiert S. 175.

45 Ansätze zu diesbezüglichen Überlegungen bieten einige der Beiträge bei *Peter Schmidt* (Hrsg.), Innovation. Diffusion von Neuerungen im sozialen Bereich, Hamburg 1976.

46 Vgl. *William F. Ogburn*, Kultur und sozialer Wandel. Ausgewählte Schriften, hrsg. und eingeleitet von *Otis Dudley Duncan*, Neuwied und Berlin 1969. Einen weiterführenden Ansatz zu einem Diffusionsmodell der Kultur bietet *Abraham A. Moles*, Sociodynamique de la culture, Paris 1967, insbes. S. 187ff.; deutsch in gekürzter Fassung: Soziodynamik der Kultur, Stuttgart 1976, insbes. S. 74ff.

47 Zur neueren Diskussion dieser Phänomene vgl. *Christopher Lasch*, The Culture of Narcissism. American Life in an Age of Diminishing Expectations, New York 1979. Zur Frühgeschichte der sozialkulturellen Semantik des Narzißmus vgl. *Hans-Jürgen Fuchs*, Entfremdung und Narzißmus. Semantische Untersuchungen zur Geschichte der „Selbstbezogenheit" als Vorgeschichte von französisch „amour propre", Stuttgart 1977.

DIE KULTURANTHROPOLOGIE IN DEN VEREINIGTEN STAATEN UND LATEINAMERIKA: UMRISSE EINES KULTURGESCHICHTLICHEN VERGLEICHS

Von Emilio Willems

I

Ein Versuch, die Entwicklung der Kulturanthropologie[1] in Nordamerika mit der Iberoamerikas zu vergleichen, sollte vielleicht mit dem Hinweis beginnen, daß in der Neuen Welt die Präsenz eingeborener Gesellschaften mannigfaltigster Art Probleme implizierte, mit denen man sich einfach auseinandersetzen *mußte*. Man konnte die Indianer ausrotten, vertreiben, ausbeuten, versklaven, bekehren, schützen, assimilieren oder auch sich mit ihnen vermischen, aber man konnte sie nicht ignorieren. Die unmittelbare Nähe dieser „exotischen" Kulturen mochte auch einige Wißbegierde zur direkten Beobachtung und Beschreibung anregen. In der Tat haben die Anregungen kontinuierlicher Kontakte mit indianischen Stämmen in den Vereinigten Staaten zur Begründung einer empirischen Ethnologie oder Kulturanthropologie geführt. In Iberoamerika dagegen, wo die ökologischen Vorbedingungen für solche Untersuchungen in mancher Hinsicht viel günstiger waren, kam es nicht zu einer derartigen Entwicklung. Dieser Unterschied hängt zweifellos mit den verschiedenen kulturellen Verwurzelungen der beiden Gesellschaften zusammen. Die Wanderungsströme, die im späten 18. und 19. Jahrhundert zur Besiedlung Nordamerikas beitrugen, entstammten im wesentlichen Kulturen, die von den Wandlungen der Reformation und den Frühformen der industriellen Revolution stark beeinflußt worden waren. Zu den wesentlichen Merkmalen dieses Kulturerbes gehörte die Tendenz, Umweltprobleme in empirischer, experimenteller und pragmatischer Weise zu bewältigen. Die Entwicklung bodenständiger wissenschaftlicher Forschung stellte einen wesentlichen Aspekt dieser Tradition dar. Die spanischen und portugiesischen Siedler dagegen entstammten einer vorindustriellen Gesellschaft, die von der Reformation unberührt geblieben war und sich infolgedessen nie ganz von mittelalterlichen Religionsformen befreit hatte. Der überwiegende und gleichförmige Einfluß jesuitischer Erziehung in allen Gebieten Lateinamerikas lenkte die Interessen der kleinen intellektuellen Oberschicht einseitig in der Richtung auf den klassischen Humanismus, die Logik, Dialektik und Rhetorik. Die Säkularisierung dieses umweltfremden Kulturgutes im 19. Jahrhundert verbreiterte die Grundlagen in der Richtung auf die zeitgenössische Literatur, Philosophie und Jurisprudenz. Der „gebildete Mensch" Lateinamerikas beherrschte oft ein geradezu enzyklopädisches Wissen, das aber kaum im Zusammenhang mit der unmittelbaren Umwelt stand. Die offizielle Beglaubigung dieses Bildungsideals fand man im Diplom der Rechtsfakultäten, die zu Sammelpunkten des von Europa importierten Kulturgutes wurden. Söhne begüterter Familien zogen das Studium an europäischen, vor allem französischen Universitäten vor. Überhaupt brachte das 19. Jahrhundert eine Vorherrschaft französischer Kulturelemente, die etwa bis zur Zeit des Zweiten Weltkrieges anhielt. Traditionelle Wertvorstellungen bestimmten die Auswahl des eingeführten Kulturgutes: Man bevorzugte die Künste, die Literatur, die Sprachen, die Philosophie und die Jurisprudenz, aber ignorierte oder vernachlässigte die Wissenschaften. Die Rezeption der Medizin und später auch der technologischen Wissenschaften hielt sich so weit wie möglich an europäische und in neuerer Zeit auch an nordamerikanische Vorbilder, aber die Hochschulen, die dieses Wissen übermittelten, waren Lehranstalten im engsten Sinne des Wortes. Der Lehrkörper bestand im wesentlichen aus Ärzten, Rechtsanwälten und Ingenieuren, die ihrem Beruf nachgingen und nebenher einige Vorlesungen hielten. Sie hatten weder die Zeit noch die Initiative, sich der Forschung zu widmen, für die die Hochschulen ohnehin weder Mittel noch Einrichtungen besaßen. Selbst in der Gegenwart war den zahlreichen Versuchen, die wissenschaftliche Forschung zu einem wesentlichen Bestandteil der iberoamerikanischen Universitäten zu machen, nur ein ziemlich bescheidener Erfolg beschieden.

Die Sozialwissenschaften, so wie man sie im 19. Jahrhundert verstand, wurden zum großen Teil dem iberoamerikanischen Bildungsarsenal einverleibt, aber wie in allen anderen Wissensgebieten blieb es bei der Auslegung und Wiederholung europäischen Denkens. Die Ethnologie, die im kontinentalen Europa auch nur sehr spärlich vertreten war, fiel fast gänzlich unter den Tisch. Das verfügbare ethnographische Material war überwiegend ein Nebenprodukt religiösen Bekehrungseifers und der Beobachtungsgabe von wißbegierigen Reisenden oder gelegentlich auch von Militärs. Die Europäisierung der intellektuellen Eliten Lateinamerikas ging weit über ähnliche Tendenzen in Nordamerika hinaus. Die Idee, daß die unmittelbare Umwelt und ihre indianischen Kulturen Gegenstand empirischer Forschung sein könnten, übte keine Anziehungskraft auf diese Schreibtischgelehrten aus. Die Existenz indianischer und afrikanischer Kulturen oder Kulturreste, auch die rapide Entwicklung einer Mischbevölkerung mit hybriden Lebensweisen, störten oder entstellten das zivilisatorische Wunschbild der Eliten, die sich selbst und ihre Nationen als kulturelle Ableger Europas sahen. Dies ging gelegentlich so weit, daß man sogar die natürliche Umwelt in pseudo-europäischer Weise umzugestalten versuchte. Im Jahre 1959 besuchte ich ein chilenisches Landgut, dessen Besitzer darauf hinwies, daß keine Pflanze und kein Baum seiner parkähnlichen Gartenanlagen einheimisch seien, sondern alles sei aus Europa importiert worden. Die Architektur des Wohnsitzes erinnerte an Schlösser des Loiretals, und die Bibliothek des Hauses enthielt umfangreiche Sammlungen der Revue des Deux Mondes und der Nouvelle Revue Française. Der Fall symbolisierte die Haltung einer Oberschicht, die in einer kulturellen Traumwelt lebte, deren Wertvorstellungen mit einer bodenständigen Entwicklung der Ethnologie schlechterdings unvereinbar waren. Wer würde sich den Unbilden eines längeren Aufenthaltes in entlegenen und schwer zugänglichen indianischen Siedlungen aussetzen, um ein objektives Bild von den verachteten Lebensformen der „Wilden" zu gewinnen? Ein derartiges Unterfangen wäre auf das Befremden der Öffentlichkeit, vielleicht sogar den Widerstand politischer Machthaber gestoßen. Empirische Untersuchungen einheimischer Stämme hätten wahrscheinlich Mißstände aufgedeckt und möglicherweise den Anstoß zu Sozialreformen gegeben, die den herrschenden Schichten höchst unerwünscht waren. Es braucht kaum betont zu werden, daß die Interessen der intellektuellen Eliten mit denen der herrschenden Oberschicht identisch waren. Nichts dagegen hinderte die lateinamerikanischen Literati, den Indianer zum Mittelpunkt eines romantischen Schrifttums zu machen. Die „literarischen Freiheiten" des Indianismus, etwa in Mexiko oder Brasilien, lenkten die öffentliche Aufmerksamkeit von der unerwünschten Wirklichkeit in zweckdienlicher Weise ab.

II

In schärfstem Gegensatz zu dieser Nichtbeachtung der indianischen Kulturen als Forschungsobjekten stand das wachsende Interesse, das europäische und später auch amerikanische Ethnologen den Indianern Iberoamerikas entgegenbrachten. Von wenigen Ausnahmen abgesehen, wurde die Kulturanthropologie des südlichen Teils der Neuen Welt eine Domäne ausländischer Forscher, die kamen und gingen, gewöhnlich ohne institutionelle Beziehungen zu den Ländern, in denen sie ihre Expeditionen unternahmen. Die in Europa oder Amerika veröffentlichten Forschungsergebnisse blieben in Lateinamerika zum größten Teil unbeachtet. Von einigen Ausnahmen abgesehen, begann man erst etwa von 1930 ab, ethnologische Werke ins Portugiesische und Spanische zu übersetzen, aber vieles ist auch heute noch nur dem mit Sprachkenntnissen ausgerüsteten Spezialisten bekannt.
Die qualifizierenden Adjektive „iberoamerikanisch" und „amerikanisch" bedürfen einer Definition, wenn man Mißverständnisse vermeiden will. „Amerikanische Kulturanthropologie" mag als Erforschung der auf amerikanischem Boden ansässigen indianischen Gesellschaften verstanden werden. Ob solche Forschungen von gebürtigen Amerikanern oder Zugewanderten betrieben wurden, erscheint in diesem Zusammenhang als gänzlich belanglos. Sehr bedeutungsvoll dagegen ist die Möglichkeit origineller theoretischer und methodologischen Orientierungen, die im Kontakt mit der ethnologischen Wirklichkeit entstehen mögen. Auch vermag die Institutionalisierung der ethnologischen Forschung dieser ein gewisses Cachet zu verleihen, das man anderswo kaum in derselben Form finden würde. Fernerhin muß gefragt werden, ob der Ethnologe seine Forschungsergebnisse als Instrumente einer nationalen Politik versteht, die der bewußten Konservierung oder dem geleiteten Wandel indianischer Kulturen dienen sollen, wobei natürlich Kompromißlösungen eine bedeutende Rolle spielen mögen.
Die Ethnologen, die in Iberoamerika ihren Untersuchungen nachgingen, entwickelten weder theoretische noch methodologische Orientierungen im Kontakt mit indianischen Stämmen. Ihre Werke spiegeln lediglich exogene Theorien allgemeinster Art, also etwa den Evolutionismus, Diffusionismus oder verschiedene Modalitäten der Kulturkreislehre. Bis in die jüngste Zeit hinein wurden nirgendwo in Iberoamerika Versuche angestellt, die Feldforschung zu institutionalisieren, ihr also die Vorteile finanzieller Förderung und systematischer Zusammenarbeit zukommen zu lassen. Ebensowenig existierten die Vorbedingungen, ethnologische Forschungsergebnisse in den Dienst einer „Indianerpolitik" zu stellen. Weder sahen die Forscher ihre Bemühungen in diesem Licht, noch entwickelten die Länder irgendwelche Initiativen in dieser Richtung, jedenfalls nicht vor der mexikanischen Revolution. Iberoamerikanisch war diese Ethnologie also nur insofern, als sie die Erforschung eingeborener Kulturen zum Gegenstand hatte.

Ganz anders verlief die Entwicklung in den Vereinigten Staaten. Die Anfänge der amerikanischen Kulturanthropologie im Sinne einer empirischen Sozialwissenschaft mit eigener theoretischer und methodologischer Orientierung sind aufs engste mit dem Werk von *Lewis Henry Morgan* (1818–1881) verknüpft. *Morgan* wuchs in nächster Nähe einer Siedlung der Seneka (Iroquois) Indianer auf, hatte also reichlich Gelegenheit, seiner Wißbegier in engstem Kontakt mit den Eingeborenen nachzugehen[2]. In der Tat führten diese Kontakte im Laufe der Zeit zu einer engen Dauerbeziehung und schließlich zur Adoption *Morgans* in den Stamm. Wahrscheinlich war *Morgan* der erste Ethnologe, der spontan die Fähigkeit entwikkelte, eine fremde Kultur aus ihrer eigenen Logik heraus zu verstehen, eine Einstellung, die später zur Grundlage der anthropologischen Schulung wurde. Wie so viele Ethnologen späterer Jahrzehnte, so nahm er Partei für die Indianer in einer Zeit, in der „der einzige gute Indianer ein toter Indianer" war. Er benutzte z. B. seine juristische Vorbildung, um den Abschluß eines Vertrages zu verhindern, der die Seneka ihrer Ländereien beraubt hätte. *Morgans* bahnbrechende Bedeutung liegt jedoch in der Begründung einer systematischen Erforschung von Verwandtschaftsstrukturen, die sich in der Folgezeit zu einem Hauptgebiet der Kulturanthropologie entwickelte. Seine Hypothese, daß Verwandtschaftsterminologien Eigenheiten der Sozialstruktur spiegelten, erwies sich als außerordentlich fruchtbar. Weiterhin entdeckte er im Jahre 1858, daß zwei sonst kulturell verschiedene Stämme dieselbe Terminologie hatten, daß also die vergleichende Untersuchung von Verwandtschaftsterminologien möglicherweise zu einer Typologie der im wesentlichen auf Verwandtschaft beruhenden Sozialstrukturen führen könnte. Zwischen 1859 und 1862 unternahm *Morgan* ausgedehnte Forschungsreisen in den Vereinigten Staaten und Kanada, um aus erster Hand Materialien für sein im Entstehen begriffenes Werk zu sammeln. In Zusammenarbeit mit der Smithsonian Institution und mit Hilfe von Konsularagenten, Händlern und Missionaren, denen er genaue Instruktionen gab, stellte er die empirischen Unterlagen zusammen, die zur Veröffentlichung seines monumentalen Systems of Consanguinity and Affinity führten. Das einzigartige Verdienst *Morgans* besteht darin, daß er in diesem Buch, wie *Robert Lowie* betonte, das Studium von Verwandtschaftssystemen als einen Zweig der vergleichenden Soziologie „buchstäblich erschuf"[3].

Die Begründung der amerikanischen Kulturanthropologie ist weiterhin unzertrennlich verbunden mit dem Werk zweier Forscher: *George Catlin* (1796–1872) und *George Bird Grinnell* (1849–1949). Keinem von beiden kommt die theoretische Bedeutung zu, die *Morgan* zu einer der Koryphäen des Jahrhunderts machte, aber beide waren vorbildliche und erstaunlich objektive Beschreiber indianischer Kulturen, und beide gewannen ihre Kenntnisse in unmittelbaren und häufigen Kontakten mit Indianern. *Catlin* verbrachte zahlreiche Sommer unter verschiedenen Stämmen, hauptsächlich den Mandan, während er den Rest des Jahres seinem Beruf der Porträtmalerei nachging. *Grinnell* besuchte die Cheyenne-Indianer zum ersten Mal 1890, und von dann ab verbrachte er 40 Sommer seines Lebens in diesem Präriestamm, mit dem er emotional aufs tiefste verbunden war[4]. Diese Einzelheiten sind überaus wichtig, da sie wesentlich dazu beitrugen, die Methodologie der „Feldarbeit" (field work) herauszubilden und sie zur conditio sine qua non der empirischen Forschung zu machen. Die Dauerhaftigkeit und Wesensart der sozialen Beziehungen, die diese drei Forscher mit den

Stämmen der Seneka, Mandan und Cheyenne verbanden, rechtfertigen die Annahme, daß sie in der Tat als participant observers am Stammesleben teilnahmen, viele Jahrzehnte, bevor diese Methode der Feldforschung formell anerkannt wurde.
Man muß sich der Tatsache bewußt sein, daß die damaligen Hochschulen überhaupt keine Rolle in der Begründung und Frühentwicklung dieser neuen Wissenschaft spielten. Von enormer Bedeutung jedoch war die Gründung der Smithsonian Institution zur Förderung und Verbreitung wissenschaftlicher Forschung. Im Rahmen dieser Organisation entstand dann 1879 das Bureau of American Ethnology unter der Direktion von *John Wesley Powell*, „Forschungsreisender und Geologe", dessen ungewöhnliche Energie und Schaffenskraft sehr zur Entwicklung der amerikanischen Ethnologie beitrugen. Es war diese von der Bundesregierung (mit englischem Kapital) gegründete Institution, die *Morgans* internationale Enquête ermöglichte und auch sein Werk über Verwandtschaftssysteme veröffentlichte. *Powell* besaß eine ungewöhnliche Fähigkeit, Begabungen zu entdecken und zur Zusammenarbeit zu veranlassen. Zunächst lenkte er die Aufmerksamkeit auf den neuerworbenen Südwesten des Landes. „James und Mathilda Stevenson arbeiteten in Zuni-, Hopi- und anderen Pueblos; sie entwickelten die Sammlungen von Pueblo-Töpferware und anderen Artefakten im Nationalmuseum; Frank Hamilton lebte in Zuni und drang tiefer in das innere Leben dieses Indianerstammes ein als irgendeiner seiner Vorgänger. Walter Fewkes, der abwechselnd als Archäologe und Ethnologe tätig war, versuchte, die Geschichte der Hopi zu rekonstruieren; der Architekt Cosmo Mindellief verbrachte einen Sommer mit dem Studium und der Skizzierung von Pueblo-Architektur. Später schlossen sich Hough und Holmes diesen Forschern an." Dies war in der Tat, wie *Mead* und *Bunzel* hervorheben, der erste experimentelle Versuch, die indianischen Kulturen eines ganzen Gebietes zusammenhängend zu untersuchen[5].
Die konzentrischen Bemühungen des Bureaus richteten sich auch auf andere indianische Kulturgebiete. Untersuchungen über die Sioux, Cherokee, Pima und Omaha gehören zu den wertvollsten Veröffentlichungen des Bureaus, dessen Forscher sich auch eingehend mit den indianischen Sprachen befaßten. Zu den Mitarbeitern des Bureaus gehörte übrigens *Francis la Flesche*, ein Omaha-Indianer, der die Kultur seines Stammes beschrieb[6].
Ein Markstein in der Entwicklung der amerikanischen Kulturanthropologie war die Gründung des American Anthropologist, einer Zeitschrift, die in ihrer frühen Phase ein Tummelplatz für Dilettanten war, aber von der Jahrhundertwende ab in zunehmendem Maße einen wissenschaftlichen Charakter annahm. Der American Anthropologist wurde dann auch zum Organ der im Jahre 1900 gegründeten American Anthropological Association.

III

Im Gegensatz zu ihren republikanischen Nachkommen hatten die spanischen und portugiesischen Eroberer ein tiefes Verständnis für Kulturunterschiede und ihre Bedeutung, „vielleicht, weil sie aus ihren maurischen Erfahrungen heraus gelernt hatten, daß man Menschen verstehen muß, um sie wirksam zu beherrschen". So ist es nicht überraschend, daß da, „wo auch immer sich Spanier befanden, sie systematische und zuverlässige Bestandsaufnahmen der Kulturen eroberter Völker erarbeiteten, wobei sie oft bekehrte Eingeborene als Informanten oder Schreiber anstellten"[7]. Und unter den zahlreichen Missionaren, die die Eroberer begleiteten, fanden sich viele, deren Gelehrsamkeit einer derartigen Aufgabe gewachsen war. Hier waren es vor allem die Jesuiten, die im spanischen sowohl wie im portugiesischen Amerika eine erstaunliche Menge ethnologisch relevanter Beiträge lieferten. Neben den frühen iberischen Beobachtern muß der Deutsche *Hans Staden* erwähnt werden, der, im militärischen Dienst der Portugiesen stehend, in die Gefangenschaft der Tupinambá-Indianer geriet und nach seiner Rückkehr im Jahre 1557 einen erstaunlich eingehenden und verläßlichen Bericht über die Kultur dieser Indianer veröffentlichte[8].

Ein sinnvoller Vergleich mit der nordamerikanischen Kulturanthropologie erfordert die Berücksichtigung von drei Faktoren, die nicht ohne Einfluß auf die Entwicklungstendenzen bleiben konnten:

1. Die Hochkulturen Mexikos, Zentralamerikas und der Anden hatten keine Parallelen in Nordamerika. Die Erforschung ihrer komplexen Sozialstrukturen, Wirtschaftsordnungen, Religionssysteme und technologischen Errungenschaften stellte theoretische und methodologische Anforderungen, die sehr verschieden waren von denen, die in Nordamerika angebracht erschienen. Die Seßhaftigkeit der indianischen Gesellschaften dieser Kulturgebiete und ihre hohe Bevölkerungsdichte machte sie gewissermaßen zu Gefangenen der spanischen Eroberer. An Ausweichen oder Flucht war nicht zu denken. So kam es zu verschiedenen Formen der Anpassung, die anderswo nur selten auftraten und den Forscher vor neue Aufgaben stellten, die zumeist mit dem Studium der „geschlossenen" Indianergemeinden (corporate Indian community) zusammenhingen. Die anthropologische Auswertung früher Beschreibungen der andinen und mesoamerikanischen Zivilisationen brachte den Forscher mit Phänomenen in Berührung, die weit über die Grenzen der „orthodoxen" Ethnologie hinausgingen. Die systematische Befassung mit hydraulischen Zivilisationen, Staatenbildung, Urbanisierung, Bureaukratien, Tempelkulten, Astronomie, Schriftsystemen und monumentaler Architektur erweiterte den konventionellen Bereich der Ethnologie, und die Gewinnung sinnvoller Resultate erforderte häufig eine enge Zusammenarbeit von Kulturanthropologie, ethnologischer Geschichte (ethno-history), Archäologie und Linguistik.
2. Die iberischen Eroberer vermischten sich mit der indianischen Bevölkerung in einem solchen Ausmaß, daß in den meisten Gebieten die Zahl der Mischlinge nicht nur die der Indianer übertraf, sondern auch einen hohen Prozentsatz, nicht selten die Mehrheit der Gesamtbevölkerung darstellte. Da der Hybridisierungsprozeß gleichzeitig biologisch und kulturell war, so eröffnete sich auch hier dem Forscher ein Feld, dessen Ausmaß und Bedeutung geradezu auf Untersuchungen dieses Kulturwandels hindrängte. In Nordamerika dagegen war die Bildung relativ stabiler Mischkulturen sehr selten und daher nur von marginaler Bedeutung.
3. Die Evolution Iberoamerikas verlief in der Richtung auf eine zunehmende politische und wirtschaftliche Differenzierung. Am Ende einer vierhundertjährigen Geschichte findet man zwanzig unabhängige Republiken verschiedenster Größe, deren wirtschaftliche Entwicklung alle nur denkbaren Niveauunterschiede aufweist. Die Vorbedingungen für eine spontane oder vom Staat geförderte Entfaltung wissenschaftlicher Forschung sind also denkbar verschieden, ganz abgesehen von herkömmlichen, kulturbedingten Wertvorstellungen und

den Chancen ihres beabsichtigten oder spontanen Wandels. Im Falle der Sozialwissenschaften kommt noch hinzu, daß sie fast überall den Gefahren politischer Sanktionen ausgesetzt waren und weiterhin sind. Die Unterschiede im Vergleich zu Nordamerika sind so offensichtlich, daß sich ein näheres Eingehen erübrigt.

Man muß sich bewußt sein, daß die Entwicklung der anthropologischen Forschung aus zwei gänzlich verschiedenen Richtungen erfolgte. Auf der einen Seite brachte in einigen Ländern die Existenz eines zahlenmäßig sehr starken und oft zunehmenden indianischen Volksteiles wirtschaftliche und politische Probleme mit sich, die kein Regime auf die Dauer ignorieren konnte. Weitverbreitete revolutionäre Tendenzen, die auch die unteren Schichten zunehmend mobilisierten, deuteten darauf hin, daß man Lösungsversuche akuter Probleme nicht endlos verschieben konnte. Die mexikanische Revolution führte zu den ersten, großangelegten Versuchen, die politische und wirtschaftliche Lage der zahlreichen indianischen Gemeinden zu heben. Obgleich in Mexiko die Aktion der Forschung vorauseilte, so sah man doch im Laufe der Zeit ein, daß Dauererfolge kaum ohne die Mitarbeit von Kulturanthropologen zu erwarten waren, eine Erkenntnis, die zu einer beträchtlichen Entfaltung der anthropologischen Komponente des sogenannten *Indigenismo* führte. Es war eine Bewegung, die gleichzeitig die Erforschung *und* Entwicklung der mexikanischen Indianer plante und in der im Jahre 1910 gegründeten *Sociedad Indianista Mexicana* einen Vorläufer besaß, dem infolge der Opposition der damaligen Machthaber wenig Erfolg beschieden war[9].

Auf der anderen Seite steht die enorme Expansion der Anthropologie in den Vereinigten Staaten, etwa von 1930 ab, die aufs engste mit der rapiden Entwicklung der iberoamerikanischen Anthropologie verbunden war. In steigendem Maße verfügte man über geschulte Spezialisten und die nötigen Mittel, ethnologische Forschung in Lateinamerika zu betreiben. Daß die sogenannten ,,Indianerländer" – Mexiko, Guatemala, Peru, Ekuador und Bolivien – eine besonders starke Anziehungskraft ausübten, ist nicht weiter überraschend. Die geographische Nähe Mexikos und Guatemalas trug natürlich dazu bei, diesen beiden Ländern eine besondere Stelle in der Forschung zu sichern.

Die Vermutung, daß von vornherein eine allgemeine Konvergenz dieser beiden Entwicklungstendenzen bestanden habe, trifft nicht zu. Die von Indoamerika ausgehende Bewegung war in solchem Maße mit politischen, demagogischen, moralistischen, philosophischen, pädagogischen und rein literarischen Ideen und Planungen durchsetzt, daß der kulturanthropologischen Forschung zunächst eine nur sehr bescheidene Rolle übrigblieb. Das trifft vor allem auf Peru zu, wo der Indigenismo die verschiedensten und zumeist gänzlich wirklichkeitsfremden Formen annahm. Gemeinsam war diesen reformistischen oder revolutionären Vorschlägen nur die Idee des gelenkten Kulturwandels, aber es dauerte viele Jahre, bis man sich der immensen Schwierigkeiten eines solchen Unterfangens einigermaßen bewußt wurde[10].

Eine ausführliche Berichterstattung über die Reaktion der verschiedenen Länder auf die indigenistische Bewegung würde über den Rahmen dieses Essays hinausgehen. Außerhalb von ,,Amerindia" entsprach das Interesse am Idigenismo mehr oder weniger der zahlenmäßigen Bedeutung der indianischen Bevölkerung und ihrer Problematik. In einigen Ländern gibt es keine identifizierbaren Indianer mehr; in anderen (wie Argentinien und Brasilien z.B.) ist ihre Zahl so gering, und ihre Kulturen sind so verschiedenen von denen der Anden und Mesoamerikas, daß von Indigenismo im Sinne einer sozialen Bewegung kaum die Rede sein kann. Es fehlen also in diesen Ländern die Motivationen, die anderswo mit der Entfaltung des Indigenismo zusammenhängen. In Ländern wie Brasilien, Kolumbien und Venezuela hing die jüngste Entwicklung der Kulturanthropologie hauptsächlich mit institutionellen Wandlungen und dem Einfluß nordamerikanischer Forscher zusammen.

Die kritische Würdigung der ethnographischen Literatur des 19. und frühen 20. Jahrhunderts, die sich mit den Indianern Iberoamerikas befaßt, führt zu der Entdeckung, daß es kaum eine wirkliche Entwicklung gab. Man hat es hier in der Hauptsache mit europäischen Forschern höchst verschiedener Herkunft und intellektueller Verwurzelung zu tun, die oft mit bewundernswürdiger Energie und unter den schwierigsten Verhältnissen wertvolles Material zusammentrugen, dessen Verarbeitung aber selten über reine Beschreibung hinausging. Man sucht vergeblich nach systematischen Bemühungen, die Feldforschung auf die Überprüfung neuer Methoden und Theorien einzustellen, um auf diese Weise genauere Ergebnisse zu erzielen, die nicht nur ein Bild des inneren ,,Funktionierens" bestimmter Kulturen ergaben, sondern auch zuverlässigere Grundlagen für kulturvergleichende Studien bildeten. Im Gegensatz zu Nordamerika war der Prozeß eher kumulativ als evolutiv.

Die Veröffentlichung des Handbook of South American Indians stellt gewissermaßen den Abschluß der kumulativen Periode dar. Bezeichnenderweise ging dieses gigantische Unternehmen auf eine Initiative des Bureau of American Ethnology der Smithsonian Institution zurück. Mehr als neunzig Spezialisten verschiedener Länder verfaßten ihre Beiträge zwischen 1940 und 1945, und die Veröffentlichung der sechs Bände erstreckte sich über einen Zeitraum von fünf Jahren. *Julian H. Steward,* einer der hervorragendsten Lateinamerikanisten der Vereinigten Staaten, übernahm die Herausgabe des Werkes, das alle Zweige der allgemeinen Anthropologie umfaßt, also außer der Ethnologie oder Kulturanthropologie die Archäologie, Linguistik und somatische Anthropologie. Die Hauptbedeutung des Handbuches liegt in dem großangelegten und im ganzen wohl gelungenen Versuch, alles verfügbare Material über südamerikanische Indianer in systematischer Weise zu erfassen und nach bestimmten Kriterien zu ordnen. Die außerordentlich reichen Bibliographien weisen klar darauf hin, daß die Beiträge der allermeisten lateinamerikanischen Autoren aus geschichtlichen Darstellungen, Reiseberichten, archäologischen, linguistischen Studien und Essays bestehen, wohingegen die auf gründlicher Feldarbeit beruhenden, intensiven Untersuchungen über indianische Stämme, von wenigen Ausnahmen abgesehen, aus der Feder europäischer und einiger nordamerikanischer Forscher stammen.

Das Handbuch beschränkte sich nicht auf die Beschreibung indianischer Kulturen, sondern umfaßte, wie der Herausgeber betonte, ,,die Bildung von modernen Gesellschaften, die weder ganz indianisch noch ganz europäisch sind"[11]. Dies ist eine bedeutsame Konzession an die Expansionstendenzen der Kulturanthropologie, die nicht selten die Mißbilligung ,,orthodoxer" Ethnologen erregte.

Die Bibliographien des Handbuches weisen auf einen markanten Unterschied hin, wenn man die Werke über die Hochkulturen mit denen vergleicht, die sich mit den übrigen Kulturgebieten befassen. Es ergibt sich nämlich, daß die formative Periode der empirischen Ethnologie eine bedeutende Literatur über die indianischen Gesellschaften hervorbrachte, die als marginal und tropical forest tribes bezeichnet werden. Dagegen entstanden während derselben Zeitspanne, also etwa zwischen 1850 und 1930, kaum irgendwelche intensive Untersuchungen über individuelle indianische Gemeinden Perus, Ekuadors und Boliviens. In den tropischen Wäldern und Randgebieten wirkten Forscher wie z. B. *Karl von den Steinen, Max Schmidt, Antonio Colbacchini, Theodor Koch-Grünberg, Alfred Métraux, Erland Nordenskiöld, Kurt Nimuendajú, Fritz Krause* und *Martin Gusinde*, um nur einige der hervorragendsten Namen zu erwähnen. Diese Forscher legten in der Tat die empirischen Grundlagen einer Kulturanthropologie Iberoamerikas. Ihre Interessen konzentrierten sich auf die Erfassung von Kulturen, die entweder gar nicht oder kaum von der europäischen Zivilisation beeinflußt worden waren, oder aber auf die Rekonstruktion solcher Kulturen, soweit sich diese mit Hilfe lebender Stammesmitglieder bewerkstelligen ließ. Dagegen übten die indianischen Überreste der untergegangenen Hochkulturen wenig Anziehungskraft auf die Ethnologen jener Zeit aus. Schon während der Kolonialzeit hatten die eingeborenen Völker der Anden wesentliche Elemente der spanischen Kultur absorbiert, also ihre ursprüngliche „Reinheit" verloren. In mancher Hinsicht glichen sie Bauerngemeinden der Randgebiete Europas, von denen man nicht annahm, daß sie „passende" Objekte ethnologischer Forschung sein könnten. Es ist bezeichnend, daß die Mitarbeiter des Handbuchs, die mit der Behandlung dieser zahlreichen indianischen Bauerngemeinden beauftragt waren, sich im wesentlichen auf ihre eigenen Feldforschungen verlassen mußten, um einigermaßen zuverlässige Resultate zu erzielen[12].

Nicht ganz so dürftig ist die vor 1930 erschienene ethnologische Literatur über Mesoamerika. Zunächst wäre zu bemerken, daß das intensive Interesse an diesem Kulturgebiet zur Herausgabe des Handbook of Middle American Indians (1964–1976) führte, dessen 16 Bände ein fast unübersehbares Schrifttum zusammenfassen. Aus den Bibliographien dieses Werkes geht hervor, daß die formative Periode der empirischen Kulturanthropologie überwiegend auf den Forschungen einiger europäischer und nordamerikanischer Ethnologen beruhte. Allerdings gehören viele dieser Untersuchungen zu dem damals beliebten extensiven Typ, der in impressionistischer Weise eine ganze Gegend einbezog und meist nur die Oberfläche der Dinge berührte. Als Ausnahmen mag man in etwa die Arbeiten von *Eduard Seler, Samuel K. Lothrop, Walter Lehmann, Franz Termer* und *C. Lumholtz* betrachten. Es ist nicht leicht, die Bedeutung dieser Bemühungen für die spätere Entwicklung der Ethnologie dieses Kulturgebietes zu ermessen, aber sie sind quantitativ und qualitativ nicht mit der ethnologischen Literatur zu vergleichen, die die indianischen Kulturen der tropischen Wälder und Randgebiete Südamerikas zum Gegenstand hat.

IV

Die Anfänge der modernen amerikanischen Kulturanthropologie sind im wesentlichen auf das Wirken einer einzigen Persönlichkeit zurückzuführen: *Franz Boas* (1858–1942). Man muß das Zusammenwirken verschiedener Faktoren in Betracht ziehen, um die einzigartige Rolle dieses Mannes zu verstehen. Er hatte Chemie, Mathematik, Physik, Biologie und Geographie studiert, aber seine intellektuellen Interessen gingen weit über die Grenzen dieser Wissenschaften hinaus und brachten ihn in Kontakt mit *Bastian, Virchov* und *Wundt.*

Diese Beziehungen sowohl wie die Tatsache, daß *Boas* Assistent am Berliner völkerkundlichen Museum und Privatdozent an der Universität Berlin war, weisen darauf hin, daß die Grundlagen seiner späteren Berufswahl bereits gelegt waren, bevor seine Forschungsreisen ihn in Kontakt mit Eskimos und Indianern der pazifischen Nordwestküste brachten[13].
Eine ungewöhnlich umfassende wissenschaftliche Vorbildung ist zweifellos mit der unnachgiebigen Ablehnung verknüpft, die *Boas* dem Dilettantismus und empirisch unbelegten oder unbelegbaren Spekulationen entgegenbrachte. Peinlichst genaue Feldarbeit, die vorher die Ausnahme war, wurde unter ihm zur conditio sine qua non der anthropologischen Forschung. Diese Haltung führte zur schärfsten Ablehnung des Evolutionismus, der damals das ethnologische Denken beherrschte. Die Mannigfaltigkeit des erworbenen Wissens trug dazu bei, daß *Franz Boas* alle Zweige der Anthropologie beherrschte. Vertrautheit mit Mathematik und Biologie ermöglichte es ihm, eine führende Rolle in der anthropometrischen Forschung zu spielen. Auch seine Beiträge zur Linguistik und Archäologie waren von ungewöhnlicher Bedeutung.

Im Jahr 1896 übernahm *Boas* eine Professur an der Columbia University in New York, wo er bis 1941 eine äußerst fruchtbare Lehrtätigkeit ausübte. Sein Einfluß trug wesentlich dazu bei, die Anthropologie, besonders aber die Ethnologie in den regulären Lehrplan vieler amerikanischer Universitäten einzuführen. Im Gegensatz zu Lateinamerika begünstigten die Verhältnisse an den amerikanischen Hochschulen eine derartige Entwicklung. Man brachte der Forschung viel Verständnis entgegen und suchte sie nach Möglichkeit zu fördern. Die strukturelle Elastizität der Hochschulen begünstigte Wandlungen und Anpassung an Neuerungen, und die Professorenschaft war nicht unberechenbaren Eingriffen politischer Machthaber ausgesetzt. So ist es weiter nicht überraschend, daß eine Reihe von ausländischen Ethnologen eine bedeutende Rolle an amerikanischen Universitäten spielte. Ihre Verwurzelung in der geistigen Kultur der Vereinigten Staaten steht in schroffstem Gegensatz zu der Gastrolle, die ihnen in Iberoamerika beschieden war.

Die überragende Bedeutung von *Franz Boas* muß natürlich in der Perspektive seiner Zeit verstanden werden. Sein Universalismus ist erklärlich angesichts der Tatsache, daß damals die Gesamtheit anthropologischen Wissens das Fassungsvermögen eines einzelnen Menschen noch nicht überstieg. Fernerhin muß in Betracht gezogen werden, daß die Erfolge und Mißerfolge einer Berufslaufbahn zum großen Teil als Funktion der vorherrschenden Wettbewerbsbedingungen anzusehen sind. In den neunziger Jahren des vorigen Jahrhunderts gab es in den Vereinigten Staaten kaum mehr als ein paar Dutzend Männer, die man vielleicht als professionelle Anthropologen bezeichnen könnte, und keiner erreichte auch nur in etwa die Statur von *Franz Boas*.

Die Tatsache, daß *Boas* mit allen Gebieten der Anthropologie vertraut war, sie lehrte und auf allen bahnbrechende Forschungen anstellte, hängt zweifellos mit der Art und Weise zusammen, wie in der Folgezeit das Studium der Anthropologie organisiert wurde. *Boas* hatte eine ganzheitliche Auffassung der Anthropologie. Er sah die Zusammenhänge zwischen Ethnologie und somatischer Anthropologie, zwischen Kulturanthropologie, vorgeschichtlicher Archäologie und Linguistik. Diese ganzheitliche Konzeption setzte sich nach und nach durch und bestimmte den Lehrplan zumindest der größeren Hochschulen. Sie spiegelte sich gleichfalls in der Orientierung der American Anthropological Association und ihres

Hauptorgans, des American Anthropologist wider. Studenten, die sich in einem der anthropologischen Fächer zu spezialisieren wünschen, müssen die übrigen gewissermaßen als „Nebenfächer" belegen. Man erwartet, daß der Doktorand eine gewisse Kompetenz in allen nachweisen kann. Diese Entwicklung ist völlig verschieden von der Lateinamerikas, wo die verschiedenen Fächer scheinbar beziehungslos nebeneinander herlaufen, soweit sie überhaupt vertreten sind.

Faßt man alle diejenigen zusammen, die unter *Boas* doktorierten, zeitweilig studierten oder unter seiner Orientierung Feldforschungen durchführten, so findet man eine erstaunliche Zahl der bedeutendsten Kulturanthropologen der Gegenwart oder jüngsten Vergangenheit. *Alfred L. Kroeber, Frank Speck, Robert H. Lowie, Alexander Goldenweiser, Paul Radin, Edward Sapir, Fay Cooper-Cole, Leslie Spier, Melville Herskovits* und *Alexander Lesser* promovierten unter *Boas. Tozzer, Dizon, Wissler, Barrett, Mason, Swanton* und *Linton* studierten oder forschten unter ihm. Es waren diese Namen, die nach und nach mit führenden Positionen in vielen der hervorragendsten Hochschulen und Museen des Landes betraut wurden. Es war ein kultureller Diffusionsprozeß, dessen Ausstrahlungszentrum Columbia University war. Übrigens unterhielt *Boas* auch enge Beziehungen mit Mexiko, und *Manuel Gamio,* der später eine führende Rolle in der mexikanischen Anthropologie spielen sollte, gehörte zu seinen Schülern.

Im Gegensatz zu den übrigen Sozialwissenschaften hatte die Kulturanthropologie schon in dieser relativ frühen Phase eine überraschend große Zahl weiblicher Vertreter. *Elsie C. Parsons, Ruth Benedict, Margaret Mead, Ruth Bunzel, Dorothy Leighton, Ruth Underhill, Gladys Reichard, Erna Gunther, Gene Weltfish, Helen Lynd, Marion Smith, Helen Codere, Laura Thomson* und *Jane Richardson* gehören zu den bekanntesten, und viele von ihnen waren Schülerinnen von *Franz Boas.*

Es ist unmöglich, *Boas* mit einer einzigen theoretischen Orientierung zu identifizieren. Häufig wird sein Werk als „historischer Partikularismus" bezeichnet, womit man die Hypothese meint, daß jede Kultur einzigartig sei, ihre einzigartige Geschichte habe und daher unvergleichbar sei. Dieser Standpunkt ist aber in erster Linie als Reaktion auf die übereilten und unbewiesenen Verallgemeinerungen des Evolutionismus anzusehen. Das Werk von *Boas* ist zu vielfältig, um in eine einzige Kategorie zu passen. Es ist deshalb irreführend, von einer „Boas-Schule" zu sprechen, denn der Begriff der Schule (falls das Wort überhaupt einen genauen Sinn hat) impliziert eine mehr oder weniger starre theoretische Einstellung, die zum Dogma tendiert und daher Kritik ausschließt. „Die Bedeutung von Boas liegt nicht in der systematischen Behandlung von Tatsachen, sondern in seiner unabhängigen Stellungnahme, seiner neuartigen Klassifizierung, seiner Fähigkeit für die Definition bisher ungeahnter Probleme, seinem Bestehen auf methodologisch rigorosen Lösungen. Von diesem Standpunkt aus gesehen ist er einzigartig, und alle seine Zeitgenossen scheinen seicht in Vergleich zu ihm[14]."

Angesichts der Abwesenheit dogmatischer Enge ist es nicht überraschend, daß seine Schüler die verschiedensten Wege einschlugen und der Kulturanthropologie eine Reihe von Gebieten eröffneten, die entweder gänzlich neu oder aber in der Vergangenheit wenig beachtet worden waren. In „Patterns of Culture" versuchte *Ruth Benedict* eine allgemeine Typologie der Kulturen aufzustellen. *Margaret Mead* befaßte sich u. a. eingehend mit dem Begriff der Nationalkultur, und *Melville Herskovits'* Lebenswerk bestand in der systematischen Erforschung afrikanischer Kulturelemente in Nord- und Südamerika, wobei zwei seiner brasilianischen Schüler – *Rui Coelho* und *Otavio da Costa Eduardo* – besonders wertvolle Beiträge lieferten. Die geographische Expansion der ethnologischen Forschung außerhalb Nordamerikas entwickelte sich nach und nach zur Spezialisierung in bestimmten Kulturgebieten der Welt (area studies). Unter dem Einfluß von *Herskovits, Redfield* und *Linton* wurde das Studium des Kulturwandels und der Akkulturation zu einem überaus wichtigen Forschungsfeld, aber die einschneidendste Neuerung war wohl der Übergang von der exklusiven Erforschung „primitiver" Völker zum Studium ländlicher und städtischer Gemeinden als Komponenten komplexer Zivilisationen. Bahnbrechend in dieser Hinsicht war das im Jahre 1929 erschienene Werk „Middletown" von *Robert S.* und *Helen Lynd.* Trotz erheblichen Widerstandes entwickelte sich die Forschungstätigkeit auf diesem Gebiet überaus schnell, und statt der herkömmlichen Expedition zu „wilden Stämmen" war es jetzt das Bauerndorf in Mexiko, Perú, Sizilien, Griechenland, Irland, Spanien, Japan oder China, das die jungen Feldforscher anzog. Während die ländliche Gemeinde noch innerhalb der ganzheitlichen Betrachtungsweise der Kulturanthropologie lag, so war die Einbeziehung der städtischen Kultur an eine sorgfältige Auswahl von Aspekten gebunden, die methodologisch zu bewältigen waren. Auf jeden Fall entwickelte sich urban anthropology zu einer Spezialität, die in den Lehrplänen zahlreicher Universitäten figuriert. Die Bedeutung dieses neuen Gebietes für die Entwicklung der iberoamerikanischen Kulturanthropologie kann kaum überschätzt werden. Angesichts der Tatsache, daß in den letzten Jahrzehnten Hunderttausende von Indianern, halb-indianischen Bauern und Mestizen verschiedenster Herkunft in die Großstädte abwanderten, scheint die städtische Anthropologie eine „logische" Erweiterung des herkömmlichen Interessengebietes der Ethnologie zu sein.

Ein weiterer Wandel einschneidendster Art fand während des zweiten Weltkrieges statt. Zum ersten Mal wurde die Kulturanthropologie in den Dienst der Kriegsführung gestellt. Zwei Hauptziele verfolgte man mit dieser Mobilisierung. Einmal versuchte man, die Kenntnisse feindlicher Verhaltensmuster strategisch auszunutzen. Auf der anderen Seite war es die Behandlung der Bevölkerung besetzter oder zu besetzender Gebiete, die die Zusammenarbeit mit Anthropologen ratsam erscheinen ließ. Da um diese Zeit die Zahl der verfügbaren Spezialisten noch sehr gering war, so überstieg die Nachfrage das Angebot. Auf jeden Fall trugen die Ereignisse der Kriegszeit wesentlich zur Entwicklung der angewandten Anthropologie bei. Sehr bald wurde eine Gesellschaft für Angewandte Anthropologie mit eigenem Organ („Human Organization") ins Leben gerufen, die im Jahre 1978 über zweitausend Mitglieder hatte. Es waren vor allem Projekte des gelenkten Kulturwandels, an denen sich Kulturanthropologen als Sachverständige, Beiräte oder Verwalter beteiligten. Auch diese Neuerung war von ausschlaggebender Bedeutung für Lateinamerika.

Die Differenzierung der Kulturanthropologie ist zu verwickelt, um hier erschöpfend behandelt zu werden. Die „Wissenschaft vom Menschen" drang im Laufe von etwa zwei Jahrzehnten in die Studienpläne fast aller Universitäten des Landes ein. Autonome departments of anthropology mit zehn, zwanzig oder mehr Dozenten, einem ausgedehnten Doktorandenprogramm und reichlichen Stipendien zur Finanzierung der Feldforschung sind keine Seltenheit. 1978 gab es 173 solcher *departments* in den Vereinigten Staaten, aber mindestens ebensoviele haben mehr oder weniger spezialisierte Studienprogramme, die mit der Verleihung eines akademischen Grades abgeschlossen werden können. Im Zusammenhang mit dieser Expansion wuchs die Mitgliederschaft der American Anthropological Association von wenigen hundert in den dreißiger Jahren auf 10948 im Jahre 1978. Von diesen waren 2745 Institutionen und 4687 korrespondierende Mitglieder[15]. Um die steigende Nachfrage nach wissenschaftlichen Diskussionszentren zu befriedigen, wurde eine Reihe neuer Gesellschaften gegründet. Von diesen befassen sich 29 ausschließlich mit der Kulturanthropologie oder Ethnologie. Das Anschwellen des Lehr- und Forschungsbetriebs äußerte sich, wie zu erwarten, in der Gründung neuer Zeitschriften (American Ethnologist, Ethnology, Southwestern Journal of Anthropology, Ethnohistory, Anthropology and Education Quarterly, Middle East Research in Anthropology, Forum, Ethos u. a.), vor allem aber in der steigenden Zahl von Lehrbüchern und Monographien.

Das enorme Anwachsen der amerikanischen Studentenschaft ist ein gültiger, aber unzureichender Erklärungsgrund für die Entwicklung des anthropologischen Lehrbetriebes. Im Verhältnis zu der Gesamtzahl der Studenten, die anthropologische Vorlesungen belegen, ist die Zahl der zukünftigen Spezialisten relativ gering. Außerhalb dieses beschränkten Kreises ist die Anthropologie ein Wahlfach, das mit zahlreichen anderen Wahlfächern konkurriert. Es ist also anzunehmen, daß die starke Zunahme der Hörerschaft ein im Anwachsen begriffenes, spontanes Interesse an der Wissenschaft vom Menschen spiegelt.

Um die Dynamik der ganzen Entwicklung vollends verständlich zu machen, muß auf ein Verhaltensmuster eingegangen werden, das alle Aspekte der amerikanischen Kultur durchsetzt und als äußerst wirksame Triebfeder individuellen und kollektiven Handelns anzusehen ist. Dieses Muster ist die Konkurrenz. Der Wettbewerb beherrscht die Beziehungen zwischen Dozenten, Departments und Universitäten in einem Maße, das anderswo kaum vorstellbar ist. Nicht nur konkurrieren Dozenten miteinander um Berufungen an angesehenere Hochschulen, nicht nur erwartet man, daß departments in „aggressiver" Weise die besten Studenten und die fähigsten Dozenten zu „rekrutieren" suchen, sondern auch die Universitäten sehen ihre eigene Entwicklung stets im Vergleich zu anderen Institutionen, die man nach Möglichkeit zu übertreffen sucht. So wird die Bereicherung des Lehrplans zum Instrument des Wettbewerbs. Eine erfolgreiche Neuerung in Hochschulen, die als Schrittmacher des akademischen Fortschritts gelten, findet bald Nachahmer, oft ohne Rücksicht auf die praktischen Aspekte der Reform. Überaus wichtig ist natürlich die Tatsache, daß solche Expansionstendenzen, in schroffem Gegensatz zu Lateinamerika, durch keinerlei besondere Gesetzgebung behindert werden. Im Falle der Anthropologie als neues, prestige-reiches Lehrfach kam noch hinzu, daß die American Anthropological Association die Initiative ergriff, die Diffusion der Anthropologie durch einen systematischen Werbefeldzug zu beschleunigen. Mit Hilfe von gestifteten Geldmitteln mobilisierte die Vereinigung Mitglieder, die ihren Standort in „strategisch" gelegenen Universitäten hatten und von dort aus eine gewisse Anzahl von colleges besuchen konnten, in deren Lehrplänen die Anthropologie entweder gänzlich fehlte oder aber nur sehr schwach vertreten war. Die Werberolle der ambulanten Dozenten bestand darin, durch Vorlesungen, Seminare und zwanglose Zusammenkünfte Professoren und Studenten mit der neuen Materie vertraut zu machen. Diese Kampagne erstreckte sich über einen Zeitraum von mehr als zehn Jahren und wurde in allen

Teilen des Landes mit großem Erfolg betrieben. Dieser beschleunigte Diffusionsprozeß führte, wie zu erwarten war, zu einem empfindlichen Dozentenmangel, den man durch die Gründung von neuen Departments und die Einführung von zusätzlichen Lehr- und Forschungsprogrammen zu beheben suchte. Die außerordentlich günstigen Berufsaussichten zogen in der Tat viele Studenten an und vermehrten die Zahl der Doktorate von Jahr zu Jahr. Da die Berufsaussichten für Anthropologen außerhalb der Dozenten- und Museumskarriere äußerst begrenzt sind, so führte die ohne jegliche Planung erfolgte Expansion im Laufe der letzten zehn Jahre zu einer beträchtlichen Überproduktion von Spezialisten, für die es einfach keine Stellungen gibt. Die Verschlechterung der allgemeinen wirtschaftlichen Lage und eine schrumpfende Matrikel in fast allen graduate schools macht es immer schwieriger und oft unmöglich, die Schaffung von neuen Dozentenstellen zu rechtfertigen oder die gegenwärtige Krise ohne Entlassungen zu überstehen. Man hat versucht, die Schwierigkeiten der Lage zu mindern, indem man neue Berufsmöglichkeiten für Anthropologen zu entdecken sucht, aber es scheint, als ob diesen Versuchen ein bisher nur bescheidener Erfolg beschieden war.

V

Man kann die Entstehung einer bodenständigen Kulturanthropologie in Iberoamerika als sekundäre Entwicklung verstehen, oder mit anderen Worten, als Übertragung eines speziellen Wissenssystems von einer Gesellschaft zur anderen. Die Schwierigkeiten der Kulturübertragung, die über die Verbreitung materieller Güter hinausgeht, sind bekannt und können hier nur oberflächlich berührt werden. Wesentlich ist zunächst die auf reichlicher Erfahrung beruhende Erkenntnis, daß die Einpassung fremden Kulturgutes im allgemeinen nicht ohne Veränderung seiner Struktur oder Funktion vor sich geht. Die Übertragung selbst, die im Falle der Kulturanthropologie im wesentlichen zwischen den Vereinigten Staaten und gewissen Ländern Iberoamerikas stattfand, beginnt mit dem „Herausreißen" einer wissenschaftlichen Disziplin aus einem gegebenen institutionellen Zusammenhang. Bestimmte Aufgaben, die den einzelnen Wissensgebieten gestellt werden, können nur in diesem Zusammenhang bewältigt werden. Die Verpflanzung der kulturellen Anthropologie wäre also nur dann erfolgreich, wenn sie entweder in einen gleichen oder sehr ähnlichen Zusammenhang eingefügt würde, oder aber wenn die ganze institutionelle Struktur transferiert werden könnte. Keine dieser beiden Alternativen lag innerhalb des Bereiches der Möglichkeiten. Die strukturelle Starrheit der lateinamerikanischen Hochschulen wurde bereits erwähnt. Obgleich eine Reform des Universitätswesens vielfach als wünschenswert angesehen wurde, so wurde die Transferenz eines gesamten Systems aus praktischen und ideologischen Gründen nie ernsthaft ins Auge gefaßt. Was in Wirklichkeit vor sich ging, war eine schrittweise Auflockerung der Hochschulorganisation, die Einführung von ganzzeitlichen Professuren und die Gründung von neuen Fakultäten, die ganz oder teilweise für die Unterweisung in den Sozialwissenschaften bestimmt waren. Da es auf vielen Gebieten an qualifizierten Einheimischen fehlte, begann man, ausländische Dozenten zu verpflichten. So bestand beispielsweise der Lehrkörper der 1934 gegründeten philosophischen Fakultät der Universität São Paulo im

Anfang fast ausschließlich aus Franzosen, Deutschen und Italienern. Gewöhnlich fehlte es jedoch an Mitteln, um mehr als einzelne Lehrstühle zeitweise mit ausländischen Dozenten zu besetzen. Die Kulturanthropologie spielte dabei zunächst eine sehr untergeordnete Rolle. Erst in den letzten zwei oder drei Jahrzehnten verpflichtete man in steigendem Maße überwiegend amerikanische Ethnologen, von denen man im allgemeinen erwartete, daß sie ihre Studenten in die Methoden der Feldforschung einführten. Diese Gastprofessoren, deren Besoldung häufig aus amerikanischen Quellen kam, spielten oft eine entscheidende Rolle in der Bereitstellung von Stipendien, um die weitere Ausbildung fortgeschrittener Studenten an amerikanischen Hochschulen zu finanzieren.

Es ist überaus schwierig, die Wirksamkeit dieser Verpflanzungsversuche richtig einzuschätzen. In der Regel war der Aufenthalt der amerikanischen Dozenten zu kurz bemessen, um Dauererfolge zu erzielen. Nicht immer waren Dozentenstellen für die aus den Staaten zurückkehrenden jungen Anthropologen verfügbar, und falls sie angestellt werden konnten, wurden sie derartig mit Lehrverpflichtungen überlastet, daß an größere Forschungsprojekte nicht zu denken war. Die staatliche Bureaukratie, die die Verwaltung und Lehrplangestaltung beherrschte, erschwerte oder verhinderte die spontane Entfaltung von Lehr- und Forschungsinitiativen. Selbst da, wo die staatliche Gesetzgebung die Ethnologie in den Lehrplan eingesetzt hatte, kam es gewöhnlich zu einer Dissoziation von Unterricht und Forschung. Außerdem führten die scharfen Wandlungen der politischen Struktur fast aller Länder zu einer schnellen Ausdehnung des Hochschulwesens. In Hunderten von Provinzstädten gründete man neue „Universitäten", die weder die Mittel noch qualifizierte Lehrkräfte besaßen, um ein bedenkliches Absinken des wissenschaftlichen Niveaus zu verhindern.

Höchst zersetzende Wirkungen hatten natürlich die politische Mobilisierung der Studentenschaft einerseits und die Übergriffe diktatorischer Regierungen in die Verwaltung und den Lehrbetrieb zahlreicher Hochschulen andererseits. Studentenunruhen, Gewaltakte und Streiks führten zur zeitweiligen Schließung von Universitäten, und die politische Willkür regierender Militärs gipfelte nicht selten in der Entlassung, Zwangspensionierung, Verhaftung oder Verbannung politisch verdächtiger Dozenten. Die Opfer derartiger Unruhen und Gewaltakte waren vor allem die Sozialwissenschaften, deren Vertreter sich häufig gezwungen sahen, jegliche Forschungstätigkeit aufzugeben. Eine objektive Betrachtung des Übertragungsprozesses erfordert jedoch die Berücksichtigung anderer Aspekte, die nicht notwendigerweise mit der wechselvollen Rolle der Hochschulen zusammenhängen.

An erster Stelle wäre das enorme Anwachsen der Forschungstätigkeit amerikanischer Anthropologen in Iberoamerika zu erwähnen. In den letzten drei Jahrzehnten promovierten mindestens 660 Studenten amerikanischer Universitäten mit Dissertationen, die auf dem Gebiet der Kulturanthropologie lagen. Alle diese Arbeiten fußten auf Materialien, die in loco zu erarbeiten waren und daher einen längeren Aufenthalt in Lateinamerika oder dem karibischen Raum erforderten. Diese nicht ganz vollständige Liste vermittelt einen Begriff von dem Ausmaß der Forschungstätigkeit. Übrigens wurden 54 dieser Arbeiten von Lateinamerikanern verfaßt, die an amerikanischen Universitäten ihr Studium beendeten.

Anfänglich führten die Doktoranden ihre Feldarbeit aus ohne viel Rücksicht auf die möglichen Auswirkungen, die ihre Tätigkeit auf die einheimische Entwicklung haben mochte. Im Laufe der Zeit aber bestanden die Institutionen, die solche Reisen finanzierten, immer mehr darauf, daß die Doktoranden ihre Feldforschung in Zusammenarbeit mit lateinamerikanischen Anthropologen, Hochschulen oder sonstigen Institutionen durchführten. Bedeutungsvoller als die individuelle Forschung war und ist jedoch die steigende Verbreitung kollektiver Forschungsprojekte, die, von einem Department oder einer Fakultät organisiert, sich über eine Reihe von Jahren erstreckt und zahlreichen Doktoranden Gelegenheit gibt, ihre Dissertationen vorzubereiten. Derartige Projekte werden gewöhnlich in Zusammenarbeit mit Ministerien, Hochschulen, Museen oder sonstigen Institutionen des jeweiligen Landes durchgeführt. Nach Möglichkeit werden Einheimische zur Mitarbeit hinzugezogen und mit den Verfahrensweisen der Feldarbeit vertraut gemacht. Von historischer Bedeutung z. B. war ein größeres Projekt, das in den dreißiger Jahren im mexikanischen Staat Yucatan ausgeführt wurde und Vertreter verschiedener Wissenschaften umfaßte. Einer der mitarbeitenden Kulturanthropologen war *Robert Redfield,* dessen Werk einen kaum zu überschätzenden Einfluß auf die jüngeren Forscher der damaligen Zeit ausübte. In Anlehnung an *Durkheim, Tönnies* und *Maine* konstruierte *Redfield* den Begriff der *folk society,* ein Idealtyp, der als Gegenpol der städtischen Gesellschaft konzipiert wurde und ,,primitive" sowohl wie isolierte Bauerngemeinden umfaßte. Da *Redfield* sich nicht auf eine einzige Gemeinde konzentrierte, sondern die kulturelle Mannigfaltigkeit eines ausgedehnten Gebietes im Auge hatte (Yucatan und Quintana Roo), hatte seine Theorie beträchtlichen heuristischen Wert. Er schlug vor, die beiden ,,Pole" mit einer ,,Linie" (continuum, gradient) zu verbinden und dazwischenliegende Gemeinden auf dieser Linie so zu situieren, daß ihre relative Distanz zu den Polen von einer Kombination struktureller Merkmale bestimmt werden konnte. *Redfield* versuchte weiterhin, dieses Schema von der räumlichen in eine zeitliche Dimension zu transponieren und die auf dem gradient gelegenen Gemeinden als Schritte einer kulturellen Evolution oder Entwicklung von der folk society zur modernen Stadt hin zu verstehen. Die empirische Anwendung dieser theoretischen Konstruktion führte zu Erforschung von vier Gemeinden, von denen ein (damals) isoliertes Dorf von Maya-Indianern in Quintana Roo die folk society, und Merida, die Hauptstadt von Yucatan, die moderne städtische Gesellschaft repräsentierten[17].

Redfields Werk löste eine kritische Reaktion aus, die sich über verschiedene Jahre erstreckte und außergewöhnlich anregend wirkte. An Hand von empirischen Untersuchungen fand man, daß die von *Redfield* vorgeschlagene Kombination struktureller Merkmale zu eng gefaßt war, und daß anscheinend inkongruente Kulturelemente nebeneinander existieren können, ohne soziale Katastrophen zu verursachen. So entdeckte *Manning Nash* beispielsweise, daß die Industrialisierung eines Quiche-sprechenden Dorfes in Guatemala nicht zu Kulturkonflikten und sozialer Verwirrung geführt hatte[18].

Redfield fand übrigens in der Person von *Alfonso Villa Rojas,* dem Dorfschullehrer von Chan Com, einer der untersuchten Gemeinden, einen höchst interessierten Mitarbeiter, der sich in der Folgezeit zu einem der eminentesten Kulturanthropologen Mexikos entwickelte.

Unter den vielen Kollektivprojekten nehmen die mehrjährigen Untersuchungen in Vicos, Peru, eine besondere Stelle ein, hauptsächlich, weil der Forschungsplan auf gelenkten Kulturwandel abgestellt und vollständig unter der Leitung von Kulturanthropologen durchgeführt wurde. Die teilnehmenden Institutionen waren Cornell University und die peruanische Regierung. Vicos war ein heruntergewirtschafteter latifundio, der wegen Verschuldung des Eigentümers in den Besitz des Staates gekommen und von 1850 Kechua-sprechenden Indianern bewohnt war, die in der üblichen Weise höriger Landarbeiter in größter Armut dahinvegetierten. Um den Erfolg des Unternehmens zu sichern, bemühten sich die Leiter, vor allem *Allan Holmberg,* den gewünschten Wandel auf allen strategisch wichtigen Gebieten gleichzeitig durchzuführen. Moderne landwirtschaftliche Techniken wurden eingeführt, das Saatgut verbessert, und die Gemeindestruktur wurde insofern geändert, als die Indianer lernten, autonom und in gegenseitigem Einvernehmen zu handeln. Gleichzeitig wurden sie mit Methoden moderner Gesundheitspflege vertraut gemacht, und das Schulwesen wurde einer durchgehenden Reform unterzogen. Nach fünf Jahren wurde der gesamte Landbesitz auf die Indianer übertragen und Vicos gewann wirtschaftliche Bedeutung als Großproduzent von Kartoffeln[19]. Fünf Jahre intensiver Arbeit brachten ein paar Dutzend Doktorarbeiten hervor, und einer der peruanischen Mitarbeiter, *Mario Vasquez,* entwickelte sich zu einem der fähigsten Kulturanthropologen des Landes.

Von großer Bedeutung war auch das sogenannte Chiapas-Projekt, das unter der Leitung von *Evon Z. Vogt* im mexikanischen Staat Chiapas verwirklicht wurde. Unter der Patenschaft des Instituto Nacional Indigena und in Zusammenarbeit mit mexikanischen Ethnologen begann es 1957, und im Laufe der Jahre bot es 24 Doktoranden der Harvard University Gelegenheit, in etwa fünfzehnmonatiger Feldarbeit Tatsachenmaterial für Dissertationen zu sammeln.

Um der Vielseitigkeit des Verpflanzungsprozesses gerecht zu werden, muß man Kollektivprojekte, die gänzlich der Initiative nordamerikanischer Universitäten zuzuschreiben sind, von denen unterscheiden, die von lateinamerikanischen Institutionen ausgehen. Obgleich die letzteren häufig mit finanziellen Zuschüssen amerikanischer Stiftungen und der Mitarbeit amerikanischer Forscher rechnen konnten, so ist ihre Existenz doch als Erfolgsphase des Übertragungsprozesses anzusehen. In erster Linie wäre hier die Escola de Sociologia e Política in São Paulo zu nennen, die während ihrer Blütezeit wesentlich zur Konsolidierung der Sozialwissenschaften in Brasilien beitrug. Anfang der vierziger Jahre gründete die Smithsonian Institution ein Institute for Social Anthropology, dessen zwei Vertreter in Brasilien, *Donald Pierson* und *Kalervo Oberg,* in jahrelangen Bemühungen zahlreiche Schüler der Escola de Sociologia e Política in die Methodologie der Feldforschung einführten. *Oberg* arbeitete in verschiedenen Indianerstämmen Zentralbrasiliens, wohingegen *Pierson* eine ländliche Gemeinde zum Objekt eingehender Studien machte. Um die gleiche Zeit wurden von mir ähnliche Studien in einem abgelegenen Gebirgsdorf im Nordosten von São Paulo und auf einer Insel der nördlichen Küste von São Paulo durchgeführt[20].

In der Folgezeit verwirklichte *Donald Pierson* mit der Hilfe von 24 Studenten und Assistenten ein sehr wenig bekanntes, aber außerordentlich bedeutungsvolles Projekt im Flußtal des São Francisco[21]. Bezeichnenderweise war die Escola de Sociologia e Política eine Privatinstitution, der es gelang, die Gefahren politischer Instabilität zu überstehen, ohne ihr Lehr- und Forschungsprogramm zu kompromittieren. 25 Jahre kontinuierlicher Tätigkeit, eine lange Reihe wertvoller Veröffentlichungen aus der Feder ihrer Dozenten und ehemaligen Schüler stellen eine Gesamtleistung dar, die in Lateinamerika bisher noch nicht übertroffen wurde. Überhaupt kann man wohl sagen, daß São Paulo sich etwa zwischen 1935 und 1960 zu dem bedeutendsten sozialwissenschaftlichen Forschungszentrum Südamerikas entwickelte. Was die Kulturanthropologie betrifft, waren es vor allem neben der Escola die philosophische Fakultät der Universität São Paulo und das Museu Paulista, dessen ethnologische Abteilung unter der Leitung von *Herbert Baldus* beträchtliche Bedeutung erlangte. Die Forschungstätigkeit an der philosophischen Fakultät begann unter *Claude Lévi-Strauss* und *Roger Bastide. Roger Bastides* langjährige Bemühungen führten vor allem zu hervorragenden Ergebnissen auf dem Gebiet der Afrikanistik. Das Studium der afrikanischen Kulturreste geht auf den Anfang des Jahrhunderts zurück, verlor aber unter dem Einfluß von *Bastide* seinen impressionistischen Gelegenheitscharakter und wurde zu einem Spezialgebiet ethno-historischer Forschung, die sich inzwischen nach Bahia verlagert hat. Es lag natürlich nahe, in diesem Zusammenhang die Sklaverei, Rassenvorurteile und Diskriminierung einzuschließen. *Gilberto Freyre,* ein Schüler von *Franz Boas,* hatte bereits die ethno-historischen Grundlagen für eine Revision der herkömmlichen Ideen über die sozialen Auswirkungen der Sklaverei gelegt, und *Donald Pierson* vollzog um die Mitte der dreißiger Jahre die erste größere empirische Untersuchung über Rassenvorurteile in der Stadt Bahia[22]. Die Resultate dieser Studie deuteten darauf hin, daß im Gegensatz zu den Vereinigten Staaten Rasse und Klasse unlösbar miteinander verbunden waren, und daß Vorurteile auf Klassenunterschiede zurückzuführen waren. Diese Ergebnisse waren insofern fruchtbar, als sie zu langjährigen Debatten und einer Anzahl neuer Untersuchungen führten. Den Hauptanstoß dazu bot wohl das von *Roger Bastide* und seinem Schüler *Florestan Fernandes* im Jahre 1956 veröffentlichte Werk über die Rassenbeziehungen zwischen Negern und Weißen in São Paulo[23]. Überhaupt entwickelte sich *Florestan Fernandes* zu einem der unermüdlichsten und fähigsten Forscher, der sich auch als Ethnohistoriker auszeichnete. Es wurde auch bald klar, daß diese einheimischen Sozialforscher keinerlei Respekt vor den konventionellen Schranken zwischen Kulturanthropologie und Soziologie hatten.

Dies mag als eine Form pragmatischer Anpassung an die Wesensmerkmale zahlreicher Forschungsobjekte verstanden werden und steht in scharfem Gegensatz zu den Identitätsskrupeln, die in Nordamerika einer Verwischung der Grenzen zwischen den beiden Disziplinen im Wege steht.

Der Erfolg des Verpflanzungsprozesses der Kulturanthropologie, vor allem nach Brasilien und Mexiko, drückt sich in der steigenden Zahl von geschulten, einheimischen Forschern und ihren Veröffentlichungen aus. Obgleich die wissenschaftliche Tätigkeit ausländischer, vor allem amerikanischer Ethnologen in den letzten drei Jahrzehnten wesentlich zunahm, ist die ausländische Vormundschaft weitgehend intellektueller Gleichstellung und Autonomie gewichen.

In seiner monumentalen kritischen Bibliographie der brasilianischen Ethnologie überrascht *Herbert Baldus* den Leser mit der Feststellung, daß zwischen 1954 und 1968 mehr als tausend neue Arbeiten über die Indianer Brasiliens erschienen sind[24]. Neben Deutschen, Engländern, Franzosen, Italienern und Nordamerikanern sind es jetzt jüngere brasilianische Ethnologen, die eine prominente Stellung in dieser Bibliographie einnehmen. *Baldus* hebt vor allem die Bedeutung der Untersuchungen von *Egon Schaden, Darcy Ribeiro, Florestan Fernandes* und *Roberto Cardoso de Oliveira* hervor. Man könnte mindestens ein Dutzend weiterer Forscher nennen, die sich eingehend mit der sozialen Organisation, Mythologie, Religion und Akkulturation der verschiedensten Indianerstämme befaßt haben. Neben den bereits erwähnten Institutionen in São Paulo zeichnen sich das Nationalmuseum in Rio de Janeiro, das Göldi Museum in Belém do Pará, die Bundesuniversitäten von Brasilia, Pará, Bahia und Santa Catarina als aktive Forschungszentren aus. Alle haben ihre eigenen Publikationen, aber die bedeutendsten sind zweifellos die „Anais do Museu Paulista" und die von *Egon Schaden* gegründete „Revista de Antropologia", von der bereits 22 Bände vorliegen. Die jüngste Nummer bringt übrigens eine Aufstellung von anthropologischen Dissertationen, die an drei verschiedenen Institutionen zur „Verteidigung" gelangten und meine Feststellung bestätigen, daß die Kulturanthropologie in der Tat in Brasilien Wurzeln geschlagen hat. Zwischen 1970 und 1977 wurden 53 Arbeiten vom Nationalmuseum akzeptiert. In fünf Jahren (1974–1979) gelangten 22 Thesen an der Universität von Brasilia zur „Verteidigung" und an der Universität von Campinas (S. Paulo) waren es 14 Dissertationen, die innerhalb von zwei Jahren (1976–1978) angenommen wurden. Es ist bezeichnend für die Entwicklung der brasilianischen Kulturanthropologie, daß von diesen 89 Dissertationen sich nur sechs mit rein indianischen Themen befassen. Seit etwa 20 Jahren gibt es auch eine Sociedade Brasileira de Antropologia, deren jährliche Kongresse eine beträchtliche Anzahl von Spezialisten zusammenbringen. Die früher vorherrschende totale Isolierung der einzelnen Hochschulen ist einem regen Austausch von Ideen und Personen gewichen. Am Schluß soll noch auf das von *Gilberto Freyre* 1956 gegründete Instituto Joaquim Nabuco de Pesquisas Sociais in Recife (Pernambuco) kurz hingewiesen werden. Es ist insofern ungewöhnlich, als es weder einer Hochschule noch irgendeiner anderen Institution angeschlossen ist, aber dennoch Subsidien der Bundesregierung erhält. Dank dieser Verkettung von Umständen und dank des persönlichen Prestiges seines Gründers hat es sich einer in Iberoamerika seltenen Kontinuität erfreuen dürfen. Zahlreiche Veröffentlichungen des Instituts befassen sich mit der Kulturanthropologie des brasilianischen Nordostens.

Auf den unterschiedlichen Werdegang der Kulturanthropologie in Mexiko wurde bereits hingewiesen. Es sind im wesentlichen drei Faktoren, die dort den Übertragungsprozeß bestimmten. Einmal war es die soziale Bewegung des Indigenismo, die unter der Leitung von *Manoel Gamio* eine auf mexikanische Verhältnisse zugeschnittene angewandte Anthropologie hervorbrachte. Auf der anderen Seite boten die vorkolumbianischen Kulturdenkmäler und archäologischen Fundstätten sowie die Nutzung einer reichen und ethnologisch wichtigen Dokumentation aus der Kolonialzeit einzigartige Gelegenheiten, ethno-historische Rekonstruktionen vorzunehmen. Selbst die Untersuchung zeitgenössischer Gemeinden, etwa im Kulturbereich der Azteken, Mixteken und Zapoteken, kann kaum sinnvolle Ergebnisse hervorbringen ohne Berücksichtigung der historischen Dimension. Von größter Bedeutung war auch die Tatsache, daß die mexikanische Regierung Geldmittel zur Verfügung stellte, um größere Ausgrabungs- und Forschungsprojekte durchzuführen.

Trotz der Zerstörungen und Umwälzungen, die die spanische Eroberung verursachte, leben Sprachen und viele andere Kulturgüter fort in den Massen der indianischen Bevölkerung. Angesichts dieser Kontinuität ist es erklärlich, daß man in Mexiko die verschiedenen anthropologischen Disziplinen als organische Einheit zu betrachten sucht und der Forscher vielfach die konventionellen Grenzen zwischen Archäologie, Kulturanthropologie und Linguistik ignoriert.

Die mexikanische Ethnologie hat ihre Vorläufer gehabt in den Werken von *Nicolas León* und *Carlos Basauri*, aber die eigentliche Entwicklung ist im wesentlichen mit der Institutionalisierung der Anthropologie in den dreißiger Jahren verbunden. Im Jahre 1937 wurde die Sociedad Mexicana de Antropologia gegründet, und 1939 begann das Instituto Nacional de Antropologia seine vielseitige Forschungstätigkeit. Das Instituto umfaßte u.a. das Nationalmuseum und die 1942 gegründete Escuela Nacional de Antropologia. Zehn Jahre später rief *Alfonso Caso* das Instituto Nacional Indigenista ins Leben und begann die Veröffentlichung seines Boletin Indigenista. Schon im Jahre 1942 hatte sich auf die Initiative der Regierung hin das Instituto Indigenista Interamericano gebildet mit der Absicht, die Forschung im ganzen Kontinent zu koordinieren und die Ergebnisse auf die indianische Bevölkerung Mexikos anzuwenden. Das Organ dieses Institutes ist America Indigena, das seit 1941 erscheint und Forschungsberichte aus vielen Ländern Iberoamerikas veröffentlicht.
Von den zahlreichen Forschern, die zur Konsolidierung der Anthropologie in Mexiko beigetragen haben, können hier nur wenige erwähnt werden. Einer der fruchtbarsten ist *Gonzalo Aguirre Beltrán*, der zwischen 1940 und 1960 eine Reihe von ethnologischen Monographien veröffentlichte, von denen eine sich mit der Negerbevölkerung Mexikos befaßt. *Ignacio Bernal* ist in erster Linie Archäologe und als solcher leitete er die Restauration von Teotihuacan. Die Bedeutung von *Miguel León Portilla* liegt vor allem auf dem Gebiet der ethnologischen Geschichte des Landes, wohingegen *Julio de la Fuente* sich mit zeitgenössischen Indianerproblemen befaßte. Unter den Forschern, die überwiegend oder ausschließlich bedeutsame Beiträge zur Ethnologie Mexikos lieferten, wären u.a. *Guiteras Holmes, Pedro Carrasco, Angel Palerm* und *Fernando Camara* zu erwähnen. *Lucio Mendieta y Nuñez* war langjähriger Leiter des Instituto de Investigaciones Sociales der Nationaluniversität sowie Herausgeber der Revista Mexicana de Sociologia, die trotz ihres Namens zahlreiche ethnologische Beiträge veröffentlichte. Von ihm stammen auch Monographien über die Tarasken und Zapoteken.

In fast allen anderen Ländern hat es sporadische Ansätze zur kulturanthropologischen Forschung gegeben, die oft von der Initiative einer einzigen Persönlichkeit abhingen. In Argentinien und Peru verlagerte sich die sozialwissenschaftliche Forschungsarbeit zum großen Teil von den Hochschulen auf Privatinstitutionen. In Buenos Aires bildete sich das Instituto *Torcuato di Tella*, das zwar sehr produktiv ist, aber wenig Kulturanthropologie hervorgebracht hat. *Jorge Hardoy*, der Direktor dieses Institutes, verfaßte jedoch ein monumentales Werk über vorkolumbianische Städte, eine höchst ungewöhnliche Kombination von Archäologie und städtischer Anthropologie[25]. In Peru ist es das Instituto de Estudios Peruanos, das sich unter der Leitung von *José Matos Mar* in wenigen Jahren zu einem sehr erfolgreichen und überwiegend kulturanthropologischen Forschungszentrum entwickelt hat. *Matos Mar* zeichnete sich vor allem durch seine Untersuchungen über die Barackensiedlungen Perus und anderer südamerikanischer Länder aus[26].

In Kolumbien sind es vor allem *Gerardo Reichel-Dolmatoff, Virginia Gutierrez de Pineda* und *Roberto Pineda Giraldo*, die zur Entwicklung der Kulturanthropologie beigetragen haben. Eine der äußerst raren Untersuchungen über nicht-indianische Familienorganisation stammt aus der Feder von *Virginia Gutierrez de Pineda*[27]. Die von *Orlando Fals Borda* gegründete Facultad de Sociologia erfreute sich einer relativ kurzen, wenn auch stürmischen

Blütezeit zu Anfang der sechziger Jahre. In Zusammenarbeit mit der Universität Wisconsin wurde ein Forschungsinstitut ins Leben gerufen, das eine Reihe von bemerkenswerten Gemeindestudien durchführte, die gleichermaßen als soziologisch oder anthropologisch gelten können. Dies trifft auch auf die zahlreichen Monographien zu, die von dieser Institution herausgebracht wurden. Wie so viele Museen in Lateinamerika, so umfaßt auch das Museu Nacional ein Forschungsinstitut, dessen Publikationen, hauptsächlich die Revista Colombiana de Antropologia, sich überwiegend mit archäologischen Untersuchungen befaßt.
Die stark ausgeprägten Differenzen in der Entwicklung der Kulturanthropologie in den verschiedenen Ländern Lateinamerikas hängen, so kann man annehmen, mit kulturellen Unterschieden zusammen, über die kein gemeinsamer Nenner hinwegtäuschen sollte. Es liegt nahe, die Unterentwicklung der Ethnologie in manchen Ländern dem Mangel an Kontakten mit amerikanischen (und europäischen) Institutionen und individuellen Forschern zuzuschreiben. Da die Feldforschung überwiegend von Doktoranden amerikanischer Universitäten durchgeführt wird, so könnte die schon erwähnte Aufstellung von Dissertationsprojekten, nach Ländern aufgeteilt, gewisse Aufschlüsse bieten. Es ergibt sich z. B., daß von 660 Projekten nur sieben in Argentinien, neun in Chile und kein einziges in Uruguay zur Ausführung gelangten. Da die Kulturanthropologie in keinem dieser Länder Wurzeln geschlagen hat, könnte man hier an einen kausalen Zusammenhang denken. Der Fall ist um so merkwürdiger, als diese drei Länder mit Bezug auf andere Wissensgebiete (einschließlich der Wirtschaftswissenschaft) zu den fortschrittlichsten Lateinamerikas gehören.
Auf der anderen Seite muß man feststellen, daß die lebhafte Tätigkeit amerikanischer Forscher in Ländern wie Bolivien (22 Projekte) und Guatemala (43 Projekte) fast keinen Widerhall in Bolivien und nur vorübergehende Erfolge in Guatemala erzielte. Man kann verfehlte Übertragungsversuche auch mit der wirtschaftlichen und wissenschaftlichen Unterentwicklung gewisser Länder, darunter Bolivien und Guatemala, in Verbindung bringen. Politische Instabilität und ihre Folgen für die Entwicklung der Sozialwissenschaften wurden bereits erwähnt, aber man sollte nicht vergessen, daß Revolutionen und sonstige radikale Wandlungen der Machtstruktur sehr unterschiedliche Folgen haben können. Die mexikanische Revolution schuf die ideologischen Vorbedingungen für den Indigenismus, wohingegen die bolivianische Revolution von 1952 keinerlei derartige Folgen hatte. Allerdings führte die mexikanische Revolution, in schroffem Gegensatz zur bolivianischen, am Ende zur politischen Stabilität.
Seit den Tagen *Peróns* und der willkürlichen Massenentlassung von Dozenten wurden in Argentinien die politischen Krisen und Umsturzbewegungen zu einem Dauerzustand, der sich in chronischen Studentenunruhen und polizeilichen Unterdrückungsaktionen spiegelte. Aber ganz abgesehen von dem ungünstigen politischen Klima scheint es, als ob sich die Kulturanthropologie keiner besonderen Beliebtheit erfreute. Das schon erwähnte Instituto Torcuato di Tella führte z. B. eine großangelegte Untersuchung in 15 aglomeraciones urbanas durch, die anderswo wahrscheinlich als angewandte Anthropologie bezeichnet würde, aber dort von einem Centro de Estudios Urbanos y Regionales durchgeführt und weder klassifiziert noch publiziert wurde. Anscheinend assoziiert man die Kulturanthropologie mit Indianern und daher implizite mit solch „rückständigen" Ländern wie etwa Bolivien und Peru.

Eine solche Assoziation verträgt sich natürlich nicht mit dem Selbstportrait Argentiniens, das sich, ebenso wie Chile und Uruguay, als Ableger Europas sieht und sich soweit wie möglich vom Rest Lateinamerikas zu distanzieren sucht.
Was Chile betrifft, so mögen meine eigenen Erfahrungen als Gastdozent (1959–60) einiges Licht auf die Situation werfen. In der katholischen Universität von Santiago erschienen etwa 20 Hörer in meiner ersten Vorlesung, aber sobald sie entdeckten, daß ich mich nicht mit Archäologie befassen würde, schmolz ihre Zahl auf vier zusammen. An der Nationaluniversität war dieAnthropologie auf ein Centro de Estudios Antropologicos beschränkt, das sich, soweit es überhaupt aktiv war, mit archäologischen Dingen befaßte. Meinen Vorlesungen wohnten etwa 15 Hörer bei, die fast alle berufstätig waren und, von einer Ausnahme abgesehen, keinerlei Absicht hatten, sich in der Kulturanthropologie zu spezialisieren. Die Möglichkeit der Anwendung ethnologischer Methoden auf das Studium nicht-indianischer Gemeinden wurde zwar zur Kenntnis genommen, hatte aber kaum nennenswerte Folgen. Die Kurzlebigkeit einer in den sechziger Jahren gegründeten Zeitschrift deutet weiterhin auf die höchst ungewisse Rolle hin, die der Kulturanthropologie beschieden war. Offenbar konnte man sich nicht von der Idee befreien, daß die Anthropologie sich mit Indianern zu befassen habe. Wie in Argentinien war es zum großen Teil eine Frage der Benennung, ob ein Forschungsprogramm akzeptabel war oder nicht. Untersuchungen über Barackensiedlungen, die in Peru oder Brasilien als anthropologisch galten, wurden in Chile als soziologisch klassifiziert[28], angeblich, weil es sich in den sogenannten areas marginales nicht um indianische Zuwanderer handelte. Auch in Chile wünschte man anscheinend, sich von Nachbarn zu distanzieren, deren angebliche Unterentwicklung – im Gespräch, nicht im gedruckten Wort – immer wieder der Existenz von indianischen, afrikanischen oder kulturell gemischten Bevölkerungsschichten zugeschrieben wurde.
Um unangebrachten Optimismus zu dämpfen, muß betont werden, daß die Verwurzelung der Kulturanthropologie in Ländern wie Mexiko, Brasilien und Peru sich im wesentlichen auf wenige großstädtische Zentren beschränkt. Es fehlt also die interne Verbreitungsdynamik, die die Entwicklung in Nordamerika charakterisiert. Aber ein solcher Vergleich mag insofern unfair sein, als die Diffusion der Kulturanthropologie in den Vereinigten Staaten als einzigartiges Phänomen aufgefaßt werden kann, das kaum Nachahmer finden dürfte.

Anmerkungen

1 Kulturanthropologie und Ethnologie werden hier als gleichbedeutend angesehen.
2 *Morgans* Werk über die Seneka erschien 1851 unter dem Titel League of the Ho-de-no-san-nee or Iroquois.
3 *Robert Lowie,* The History of Ethnological Theory, New York 1937.
4 Die folgenden Titel stellen die Hauptwerke dieser beiden Forscher dar: *George Catlin,* Letters and Notes on the Manners, Customs and Conditions of the North American Indians, London 1842; *George Bird Grinnell,* The Cheyenne Indians. Zwei Bände, New Haven 1923.
5 *Margaret Mead* und *Ruth L. Bunzel,* The Golden Age of American Anthropology, New York 1960, S. 154.
6 *Fletcher* und *La Flesche,* The Omaha Tribe, in: Twenty-seventh Annual Report, Bureau of American Ethnology, Washington 1911.
7 *Mead* und *Bunzel,* op. cit., S. 14.

8 *Hans Staden,* Wahrhaftige historia und beschreibung eyner landtschaft der wilden nacketen grimmigen menschfresser leuthen in der Newenwelt America gelegen. Faksimile der ursprünglichen Ausgabe von 1557, Frankfurt a./Main 1925.

9 *Juan Comas,* Algunos Datos para la Historia del Indigenismo en Mexico, in: Boletin Indigenista, No. 3, 1948, S. 191.

10 Über die frühen Phasen des Indigenismo siehe *Beate Salz,* Indianismo, in: Social Research No. 4, 1944, S. 441–469.

11 *Julian H. Steward,* Vorwort zu Band I, Handbook of South American Indians, 1949.

12 Hierhin gehören vor allem die Kapitel über die zeitgenössischen Ketschua-sprechenden Indianer, die Aymara und die Uru-Chipaya. Die drei Autoren *Bernard Mishkin, Harry Tschopik* und *Weston La Barre* hatten kurz zuvor intensive Feldstudien einzelner Indianergemeinden beendet. Mit Ausnahme der Beiträge von *Alfred Métraux* über die Uru-Chipaya war nichts vorhanden, das über den Rahmen allgemeinster und oft vager Beschreibung hinausging. Etwas günstiger war die Lage in Ekuador, wo *John Murra* mehrere ethnologisch wertvolle Beiträge zur Verfügung standen. Hier wäre vor allem das 1944 erschienene Pionierwerk von *Elsie Clews Parsons,* Peguche, zu erwähnen.

13 *Clyde Kluckhohn* und *Olaf Prufer,* Influences During the Formative Years, in: *Walter Goldschmidt* (Hrsg.), The Anthropology of Franz Boas. Essays on the Centennial of his Birth, The American Anthropological Association, Memoir 89, 1959, S. 7 ff.; *Robert H. Lowie,* a.a.O., S. 129.

14 *Robert H. Lowie,* a.a.O., S. 155.

15 American Anthropological Association. Guide to Departments of Anthropology, 1978–79, September 1978. Annual Report, 1977–78, September 1978.

16 *Carl W. Deal* (Hrsg.), Latin America and the Caribbean. A Dissertation Bibliography, University Microfilms International, Ann Arbor und London 1977; *Marian C. Walters* (Hrsg.), Latin America and the Caribbean, Bd. II. A Dissertation Bibliography, Ann Arbor 1980.

17 Siehe vor allem *Robert Redfield,* The Folk Culture of Yucatan, Chicago 1941.

18 *Manning Nash,* Machine Age Maya, Chicago 1958.

19 *Allen R. Holmberg* und *Henry F. Dobyns,* The Cornell Programm in Vicos, Peru, in: *Clifton R. Wharton* (Hrsg.), Subsistence Agriculture and Economic Development, Chicago 1969.

20 *Kalervo Oberg,* The Terena and the Caduveo of Southern Mato Grosso, Brazil, Washington 1949; ders., The Indian Tribes of Northern Mato Grosso, Brazil, Washington 1953.
Donald Pierson, Cruz das Almas, a Brazilian Village, Washington 1953.
Emilio Willems, Uma Vila Brasileira, zweite Auflage, São Paulo 1961; *ders.,* Buzios Island, A Caiçara Community in Southern Brazil. Monographs of the American Ethnological Society, Bd. 20, New York 1952.

21 *Donald Pierson,* O Homem no Vale do São Francisco, Drei Bände, Rio de Janeiro 1972.

22 *Donald Pierson,* Negros in Brazil, Chicago 1942.

23 *Roger Bastide* und *Florestan Fernandes,* Relações entre Negros e Brancos em São Paulo, São Paulo 1955.

24 *Herbert Baldus,* Bibliografia Crítica da Etnologia Brasileira, Zwei Bände, São Paulo 1954 und 1968.

25 *Jorge E. Hardoy,* Pre-Columbian Cities, New York 1973.

26 *José Matos Mar,* Urbanizacion y Barriadas en America del Sud, Lima 1968.

27 *Virginia Gutierrez de Pineda,* La Familia en Colombia, Vol. I, Bogotá 1963;
Familia y Cultura en Colombia, Bogotá 1968.

28 *Alejandro Portes,* Cuatro Poblaciones. Programa Sociologia del Desarrollo de la Universidad de Wisconsin. Estudo en Areas Marginales de Santiago de Chile, 1968–69, Santiago 1969.

KUNSTBEGRIFF UND „MASSENÄSTHETIK"*

Thesen, Ergebnisse und Folgerungen aus empirischen Untersuchungen über den Besuch von Museen und Kunstausstellungen in Österreich

Von Leopold Rosenmayr

I. Vorbemerkung

Es bedurfte langjähriger Übung, um mein gelebtes persönliches Verhältnis zur Kunst zu geschichtlichen Erklärungen und Deutungen in Beziehung zu setzen. So konnte ich, wenn das Erlebnis der Kunstbetrachtung mich weniger in Bann zog, weil mir das Kunstwerk fremd blieb, Vergnügen aus historischem Einblick gewinnen, oder aber auch voller dem Erlebnis mich hingeben, wenn und wo geschichtliche Deutungszusammenhänge für mich dünn oder lückenhaft wurden. Einen erfüllten Bezug zur Kunst habe ich häufig dann gefunden, wenn historisches Wissen reichlich zum Erlebnis hinzutrat.

Ganz und gar nicht habe ich es bis jetzt vermocht, das eigene Kunsterleben mit jenen Einsichten zu verbinden, welche das verallgemeinerte Instrumentarium empirischer Sozialforschung in Kunstfragen zu gewinnen vermochte. Sozial- und wirtschaftsgeschichtliche Forschungen zum Verständnis, wie gesellschaftliche Macht Künstler versammelt, ihnen Themen vorgibt, ja bis in die Symbolwelt ihrer Schöpfungen hineinwirkt und sich darin umsetzt, kann ich lebendig in die Beschauung einer Kathedrale oder eines Portraits der Medici-Zeit, ja selbst in die Aufnahme der Kräfte entrückender Erhabenheit und rätselhafter Vermittlung von widersprüchlicher Menschlichkeit in Rembrandts „Nachtwache" einbeziehen. Historische Neugier schleicht sich nach Augenblicken der Ergriffenheit ein. Vom soziologischen Wissen-Wollen kann ich dergleichen nicht behaupten.

Ergebnisse, wie Besucher reagieren, aus welchen Gründen sie kommen, erscheinen mir auch heute noch als Schritte wissenschaftlicher Objektivierung, denen ich noch nicht ganz vertrauen kann und die ich bisher auch nicht mit der eigenen Erlebnisweise verbinden konnte. Bleibt es nicht – besonders für die Sozialwissenschaften – bei Unvereinbarkeiten von Wissenschaft und Kunst? Kunstempfindung erweitert, nach einem Aufsatz *Robert Musils* von 1911,

* *René König* schreibt in seiner Selbstbiographie (S. 113), daß ihm *Fritz Wotruba* in der gemeinsamen Züricher Zeit der 40er Jahre „zum Vorbild bei der Überwindung des Intellektualismus" geworden sei. Ich lernte *Wotrubas* Plastik und bemerkenswerte persönliche Sprachwelt erst eineinhalb Jahrzehnte später kennen. *Wotrubas* Rückgriff auf archaische oder vorklassische Formen erscheint heute als ein starkes Mittel, den inneren Kampf um *Gesetzmäßigkeit* in Betroffenheit im Beschauer zu verwandeln. Diesem Essay ist eine Abbildung des bedeutendsten „opus posthumum" von *Wotruba* beigegeben, als eine Art von Markstein oder „Stein des Anstoßes" in der Diskussion über Kunst. (Siehe die folgende Seite!)

„Das Ziel ist Ordnung – Gesetz – Harmonie... Dieser Bau soll zeigen, daß Chaos nur durch Gesetz und Ordnung überwunden werden kann. Diese Grundlage ist die Voraussetzung für ein Überleben."

Fritz Wotruba über die von ihm gebaute Kirche „Zur Heiligsten Dreifaltigkeit" in Wien-Mauer. (15 m hoch, 30 m lang, 22 m breit, 152 Einzelblöcke aus Beton.) *Fritz Wotruba* starb 1975, kurz vor Fertigstellung des Rohbaues.

„das Register von innerlich noch Möglichem". Die Kunst stellt sinnfällig dar, „vergegenwärtigt Einzelfälle, in deren kompliziertem Klang die Allgemeinheiten ungewiß mittönen", während es dem Wissenschafter darum gehe, „ein zusammenfassendes Schema des Wirklichen zu bieten"[1].

Friedrich Nietzsche, der mit dem Wort beides vermochte: Begriffe zu bilden und damit zu argumentieren wie auch Lyrik, fordernde, wilde und traurige, zu schreiben, hat in der Einleitung zur „Genealogie der Moral" die Verschiedenartigkeiten der Erlebnisweisen unverkennbar herausgestellt und Wissenschaft mit dem Begriff des *Zusammen*sammelns verknüpft, wie er die *Sammlung im Schweigen* als Bedingung philosophischen Denkens und der Schöpfung der Kunst erkannte[2]. Aber liegen nicht auch im historischen Wissen Ergebnisse des *Zusammen*sammelns, die der ergriffenen Aufnahme, welche der Schöpfung der Kunst gerecht wird, widersprechen? Oder vermochte das geschichtliche Wissen in den Jahrhunderten seiner Entwicklung in der Nähe philosophischen Denkens, und durch seine so häufig auf Einzelnes (ideographisch) sich konzentrierende Deutung, sich eher mit dem Kunstgenuß zu verbinden als die stärker generalisierenden und philosophisch (noch) weit schwächer durchdrungenen Sozialwissenschaften?

Kunstbetrachtung hat schon in der Antike, wenn auch keinesfalls so prominent wie die Geschichtsschreibung, einen Platz in der Aneignung eines bewußten, aus der Welterfahrung erworbenen Selbstverständnisses sich errungen. Im Unterschied zur Lehre von den Wirkungen der Dramatik, die neben der Lehre von der Rede bei *Aristoteles* zu den zentralen Deutungsversuchen der Erfahrung des Menschen, seines Mitleidens (auf Symbolebene), eine Theorie der Betroffenheit in – nach heutigem Sprachgebrauch – verschiedenen psycho-sozialen Situationen schuf, hat erst die Nachklassik in der Antike Kunstbeschreibungen hervorgebracht.

Der historische Ort *geschichtlicher Vergegenwärtigung von Kunst* ist in Europa die Renaissance gewesen, worin auch das Interesse der Entdeckung alter Kunst und ihrer Freilegung – so z. B. am Forum Romanum – eine lebendige Triebkraft für große Meister war. Das geschichtliche Verhältnis zur bildenden Kunst, gelegentlich vertieft durch die Selbstreflexion, die der literarisch-historisierende Humanismus seit *Petrarca* befruchtete, hat allerdings erst ab dem späten 18. Jahrhundert dem Begriff der Bildung ein verallgemeinertes Kunstkennertum hinzugefügt. Im Gefolge der Ideen *Winckelmanns* wurden Kunst-Sammlungen als lehrreiche Einrichtungen, mehr noch zum Unterricht als zum vorübergehenden Vergnügen, neu aufgestellt und nach historischen Gesichtspunkten geordnet.

Kunstgeschichte als „Fach" ist erst in der 2. Hälfte des 19. Jahrhunderts in der Universität fester verankert worden. Kunsthistoriker lebten vorher eher im Umkreis der großen Sammler des Kaiserhauses oder des Adels. Doch mit der volleren Wirksamkeit des Historismus haben Generationen von Gelehrten, enthusiastisch einem bestimmten Forschungsdrang verpflichtet, sei es biographischer Aufhellung von Künstlerleben (womit bereits die Renaissance begonnen hatte), sei es der Schulen und Beeinflussungen, der stil- und ausdrucksgeschichtlichen Wandlungen, schließlich der Motiv- und Symboldeutungen in den Traditionen der Kunst, eine akademische Disziplin von hohem Ansehen, internationaler Verflechtung und die Grundlage der Ausbildung für die immer stärker werdende Institutionalisierung des historisch orientierten, für die Wissenden (oder zumindest Vorgebildeten) eingerichteten Museums geschaffen. Die großen Museumsbauten des 19. Jahrhunderts, die aus der Welt der „Kultur" nicht mehr wegzudenken sind, wurden im baulichen wie im „kulturpolitischen" Sinn als Teile einer Kulturlandschaft konzipiert – oder sie zogen in Schlösser und Paläste ein, die, selbst zum Bestand von Kultur gehörend, durch diese neue Funktionsbestimmung eine um so höhere, wenn auch nicht ohne weiteres klare Verbindung von Elementen zur Kunstkonzentration erfuhren. Neue Funktionen geschichtlich orientierter musealer Kunst-Darstellung verwuchsen manchmal in Jahrzehnten mit alten Herrschaftserinnerungen. Die Kunst rückte – wiederum, aber mit anderen Vorzeichen als in ihrer ursprünglichen Funktion am gleichen Ort – in die inzwischen leer gewordenen Machträume ein.

In der zweiten Hälfte des 20. Jahrhunderts kommen, nach den neuen, gleichsam experimentierenden Konzeptionen der Kunsterfahrung am Beginn des 20. Jahrhunderts, manche Faktoren der Unruhe in die Darstellung und „Vermittlung" der Kunst. Das amerikanische Museum bringt den Gedanken der erzieherischen Grundorientierung für die Museumsführung und -verwaltung in den Vordergrund; die Konzeption des Museums als Veranstaltungs-, Bildungs- und Aktionszentrum für Kultur erscheint in verschiedenen Gestalten. Schließlich wird die „Wanderungsfähigkeit", die Transportierbarkeit des Kunstgegenstandes in einem neuen Sinn genutzt. Kunstwerke sind schon immer gewandert – sei es durch Raub, aufgrund von Kauf, Tausch, Bestellung, Erbschaft oder zur Informationsübermittlung–, anders wären

nicht die bedeutenden Sammlungen zustande gekommen, die heute den Kernbestand der großen Museen bilden. Auch die Zunahme der Reproduktion von Kunstwerken, seit Jahrhunderten ein Mittel der künstlerischen Ideenübertragung, hatte durch die Photographie und die modernen Druckverfahren den Anstoß zu einer breiteren Mobilität von Kunst gegeben. Die Jahrzehnte nach 1950 haben in zunehmendem Maß ein Überspringen von historischen Umwelten möglich gemacht. Die Originale wurden auf Reisen geschickt; archäologische Schätze, große Einzelstücke, Sammelausstellungen von Meistern wurden in verschiedenen Erdteilen gezeigt. Obwohl die Beweglichkeit der potentiellen Kunstbesucher durch den Kraftwagen und den sogenannten Massentourismus über alle Länder Europas hin zugenommen hat – und im letzten Jahrzehnt oft auch weit darüber hinaus –, sind auch die Kunstschätze ihrerseits stärker auf Reisen geschickt worden. Eine große Welle von Wander-Ausstellungen hat eingesetzt.
War schon durch die wissenschaftliche Forschung die konsequente Erweiterung geschichtlicher Perspektiven auf die Fragen der ökonomischen und sozialen Kräfte in der Kunstentstehung und ihrer mannigfachen Verwendung hin in Gang gekommen, so zeigte sich nun, vom massenhaften „Zugang" zur Kunst her, ein neues Bündel von Problemen, das durch die Pädagogik im herkömmlichen Sinn nicht mehr lösbar war. Sozialwissenschaftliche Kunst- und Kulturstudien begannen, mit all ihren Schwächen und Ausblendungen, oft ohne Verpflichtung und Verbindung zu anderen, in Jahrhunderten gewachsenen Formen von Kunstverständnis und dessen wissenschaftlicher Bearbeitung.

II. Vorgeschichte der Wiener Studien über Kunstbesuch: Enttäuschte Hoffnungen und verwirklichter Forschungsplan

Selber kam ich erst spät zu den eben geschilderten Problemen sozialwissenschaftlichen Kunstverstehens. Den Bezug gesellschaftlicher Gruppen zu verschiedenen Bereichen künstlerischer Schöpfung hatte ich zuerst im Zusammenhang von Chancen und Barrieren in Erziehung und Bildung untersucht, bei Studien über jugendliche Arbeiter, dann über Schüler. Das Verhältnis der Jugend zu kulturellen Werten in Dichtung, Literatur und Musik wurde mir in den fünfziger Jahren zum Forschungsthema. Ich suchte den damaligen „Sozialisations"-Begriff durch die Konzepte der Begünstigung und Benachteiligung in der Teilnahme an der „Symbolkultur" *(A. Kloskowska)* zu vertiefen. Ich leitete daraus Thesen zu einer nach sozialer „Herkunft" und Sozialkontexten verschiedenartig verlaufenden Entwicklung ab. Für diese Typologie verschiedenen Verhältnisses zur Kultur wurden einerseits frühe familiäre Einflüsse, dann die Selektion der Schule (durch die Familie) maßgebend und die durch die Kontinuität institutionalisierter Weiterbildung erzeugte geistige Herausforderung.
Auch in einer Untersuchung über psychosoziale Belastungen junger, als Hilfsarbeiterinnen tätiger Frauen führte ich Fragestellungen ein, welche Einblick in deren kulturelle Interessen und Aktivitäten geben sollten. Es zeigte sich, daß es zu einem Auseinanderklaffen in der Bewegung von sozio-ökonomischer und kultureller Schichtung kommt und daß es Phänomene „intellektueller Verödung" *(Karl Marx)* bei aufgestiegenen Schichten gibt. Mangel an Zeit

bei weniger qualifizierten berufstätigen Frauen und Müttern führt zu einem Austrocknen des Bereiches kultureller Aktivitäten, so daß die Television zum hauptsächlichen Vermittler von Kulturkontakten wird.

1974 begann ich eine Reihe von Untersuchungen über Museums- und Ausstellungsbesuche. *Hertha Firnberg*, Minister für Wissenschaft und Forschung, und nach österreichischer Ressortverteilung auch für Denkmalschutz, Museen und Ausstellungen im staatlichen Bereich verantwortlich, stellte sich aus dem Vorverständnis der österreichischen Sozialdemokratie, die sich schon seit den 20er Jahren als eine *Kulturbewegung* verstanden hatte, die gesellschaftspolitische Frage nach der *Beeinflußbarkeit* von kultureller Teilnahme im Sinne der Erweiterung von sozialen ,,Zugangschancen" zur Kunst. In den 70er Jahren war in Europa wie in den USA ein manchmal die Besuchermillion übersteigender Zustrom zu Kunstausstellungen früher Hochkulturen zu beobachten, der sich wie ein Versammeln von Besuchermassen um ,,Welt-Schätze" ausnahm. Hierzu aufgefordert von *Hertha Firnberg*, begann ich die Serie von Kunstbesuch-Untersuchungen anläßlich der in Wien 1974 von Hunderttausenden frequentierten Exposition ,,Archäologische Funde der Volksrepublik China", in deren Katalog sich die Einleitung noch mit einem Mao-Zitat schmückte. Mitarbeiter und Kollegen, darunter besonders *Anselm Eder* und *Gerhard Majce*, führten die Untersuchungen dann bei Ausstellungen von ,,Goldschätzen der Thraker", ,,Echnaton", ,,Nofretete und Tutenchamun", ,,Alte Kunst aus Peru" und anderen, ähnlichen Expositionen fort[3].

Für das Eingehen auf das Angebot einer ersten Studie in der Reihe von Ausstellungsuntersuchungen für das Wissenschaftsministerium war für mich der Wunsch motivierend gewesen, die ,,innere Veränderung" des Subjekts durch die Aufnahme von Kunst verstehen zu lernen. Etwa zwei Jahre vor Beginn der ersten Studie hatte ich – noch ganz ohne Vorahnung einer Einladung zu Ausstellungsuntersuchungen, im Sinne der Verbindung eigener wissenschaftlicher Interessen mit denen meiner Frau Dr. *Hilde Rosenmayr*, einer Kunsthistorikerin aus der Wiener Schule – in einem Exposé vom 21. März 1972 Thesen zur ,,Veränderung der kulturellen Welt des Subjekts durch Kunsterleben" entwickelt und darin z. B. die inneren Veränderungschancen von der Vorstrukturierung der Erwartungen abhängig sein lassen. So wollte ich einen Zusammenhang zwischen Wissen und Erleben im Verhältnis zur Kunst für mich besser erkennen.

Wie oft in meiner Erfahrung als Sozialforscher haben auch in der Studie über Kunstbesuch die mir subjektiv wichtigsten, vor Beginn der Untersuchungen entwickelten Forschungsideen nicht oder nur randständig Eingang in die Studie und Platz in ihrem Instrumentarium gefunden. Das mag entweder gegen die bei der Übersetzung der Konzeption in den Forschungsplan mangelnde Durchhalte-Fähigkeit des Forschers (in diesem Fall: meiner selbst) sprechen oder Anzeichen einer überhaupt gegenüber reicherer Konzeptualisierung reduktiven Eigendynamik in der Sozialforschung sein.

Im eigenen Leben dem Besuch und Wiederbesuch von Kunstwerken und Museen durch Jahrzehnte hingegeben, Kunstbeschauer und -pilger mit Gefühlen von Verpflichtung und Notwendigkeit, war ich von der Themenverschiebung in der eigenen Forschung enttäuscht. Ehe ich es noch recht wahrnahm, war die Fragestellung pragmatisch-didaktisch verengt worden und enthielt nicht mehr jene Echo-Kraft für Emotionen, die bei innerer Anteilnahme an Kunst vorhanden ist.

Ich kann mich aber trotzdem nicht entschließen, die Bemühungen als ganz vergeblich anzusehen, und will aus den Untersuchungen Folgerungen ziehen: Hierzu muß ich einen *Kunstbegriff* skizzieren (Abschnitt III), der sich in dem Spannungsverhältnis von allgemeiner Kunsttheorie und sozialwissenschaftlichen Perspektiven bewähren kann. Dann wird das Problemverständnis einer „Massenästhetik" behandelt (Abschnitte IV und V). Hierauf werden in allgemeiner und kurzer Form Hauptergebnisse der Studien zum Kunstbesuch referiert (Abschnitt VI), und schließlich kommt die Frage zur Sprache, welche erzieherischen und organisatorischen Konsequenzen aus Studien dieser Art für eine Museums- und Ausstellungsdidaktik gezogen werden können (Abschnitt VII).
Zuletzt erörtert der Bericht Gedanken, wie Ergebnisse der Forschung dazu dienen können, die Didaktik der beeinflußbaren musealen Organisationen in ein viel umfassenderes Konzept des Lebens mit und durch Deutungen der Kunst zu integrieren (Abschnitt VIII).

III. Elemente des Kunstbegriffs

Kunst bietet dem Menschen und seinen sozialen Gruppenbildungen Chiffren an, d. h. in hohem Maß ihrerseits deutungsbedürftige Zeichen der Selbstauslegung. Setzt man einen bestimmten Begriff von „Gewinnung seiner selbst durch Bewußtsein" als normative Bestimmung des Menschen voraus, so ist Selbstdeutung durch Kunst notwendig für ein volleres Menschsein. Der Mensch bedarf der Kunst für seine Selbstfindung, für sein Verhältnis zu sich und der Welt. Kunst ist Wiedergewinnung von den in der Hominisation verlorengegangenen oder in den Hintergrund gedrängten Elementen instinkthafter Daseinsbindung auf der höchsten Ebene des Sich-Erkennens und Sich-Fühlens in einem umfassenden Sinnbezug, mit seinem Scheitern, seiner Tragik und den Momenten von Erfüllung und Hoffnung.
Kunst ermöglicht Entwürfe der inneren Ordnung für menschliche Sinnlichkeit, bietet vielschichtige Ruhepunkte in Schmerz und Zerrissenheit, und Mittel, in sich selbst Übereinstimmung und Glück zu finden. Das kann immer nur durch die oft ihrerseits wieder schmerzhafte *Sprengung* bisherigen Verständnisses und Selbstgefühls, durch Zulassung einer Erneuerung der Weltdeutung erfolgen. Doch muß der paradoxe *Zusammenfall* von Glück, das Ruhe und neue Sicht *aus* dieser Ruhe bedeutet, also ein meditatives Element enthält, mit dem sprengenden, umwälzenden Moment gesehen werden, welches Betroffenheit durch die störend-reinigende und auch insofern „wahre" Kunst erzeugt.
Auch jeder Rückblick, zu dem der Mensch durch sein Erinnerungsvermögen gedrängt wird und der für persönliche und soziale Weiterentwicklung unerläßlich ist, führt zur Orientierungssuche, zu Selbstdeutung. Ohne reichhaltige und überzeugungskräftige Symbole[4] der Kunst kann der Mensch wohl nur in reduzierter Form überleben. Kunst ist, wenn auch nur bei einem gewissen Überfluß und nur im Freiheits-„Spiel"raum des Menschen möglich, nicht Luxus, sondern Lebenskraft.
Kunst ist auch heute Triebkraft in der Entwicklung der die Selbstdeutung von Mensch und Gesellschaft ermöglichenden Symbolsysteme. Die Wissenschaft, samt ihren Verbreitungsfeldern mit leichter zugänglichen Symbolen, wächst – wie man dies auch bewerten mag – zunehmend als Konkurrent der Kunst in der individuellen und sozialen Selbstdeutung heran.

Das menschlich soziale Verhältnis zur Kunst – hier gemeint nicht nur als „bildende" (Architektur, Plastik, Malerei, Graphik, Kunsthandwerk), sondern als Insgesamt des von innerer Notwendigkeit angetriebenen beherrschten Gestaltens in den verschiedenen Medien von Bild, Ausdruck, Schrift und Ton – ist, trotz der zweckfreien Dimension in der Kunst, kein beliebiges. Kunst ist kein „embellishment", nicht eine Verschönerung des Daseins, auf die man auch verzichten könnte. Sie ist auch nicht als expressiver Bereich auszugliedern, dem ein instrumentaler gegenübergestellt werden könnte. Die Künste haben über die Jahrtausende verschiedener Weltkulturen hinweg an den *allgemeinsten Formen von humanem Selbstverständnis,* sozialer Verständigung und Selbstdarstellung von Gruppen und Gesellschaften gearbeitet, und die Überformung des instrumentellen Alltags geleistet.
Was geschieht, wenn Kunst wissenschaftlichen Untersuchungen unterworfen wird, zumal solchen, die auch quantifizierende Methoden anwenden? Gehören die individuellen und gesellschaftlichen Reaktionsformen der „Rezeption von Kunst" nicht in gewisser Weise zum Kunstwerk? Die Rezeptionsformen sind aber durch *Gesetzmäßigkeiten* sozialökonomischer, bildungsmäßiger und politischer Faktoren bestimmt, die *anders als das Kunstwerk strukturiert* sind. Worin liegen die Gesetzmäßigkeiten des Kunstwerks? Können wir von solchen, trotz aller Individualität von Kunst, überhaupt sprechen?
Walter Rathenaus Unterscheidung ist grundlegend berechtigt:

„Ästhetischer Genuß entsteht, wenn eine verborgene Gesetzmäßigkeit empfunden wird ... Die Gesetzmäßigkeit muß empfunden werden: das heißt, sie muß auf die unbewußten Kräfte der Seele wirken. Wird sie mit Bewußtsein erkannt, so gehört der Vorgang nicht mehr dem Kreise der Ästhetik an. Hier scheiden sich Kunst und Wissenschaft: die Kunst läßt uns das Gesetzmäßige empfinden, die Wissenschaft lehrt es erkennen[5]."

Rathenau sprach vom Empfinden als einem „Lust-Empfinden", gab diesem einen zentralen Platz im Rahmen seines Grundgesetzes der Ästhetik und entwarf eine „Lehre von den Genießenden":

„Nochmals muß daran erinnert werden, daß Kunst- und Naturgenuß nicht aus der erkennenden, sondern aus der *empfindenden Wahrnehmung* eines Gesetzmäßigen hervorgeht. Ist das unbewußte Erlebnis zur Erkenntnis geworden, so ist die ästhetische Empfindung erstorben; ein anderes, ein verstandesmäßiges, historisches, vergleichendes Behagen kann an seine Stelle treten, und dieses ist es, was von ästhetisch nicht veranlagten Naturen oft mit dem ursprünglichen, naiven *Genießen* verwechselt wird; die Freude an kunsthistorischer Erkenntnis, die, in ihrem Zerstören des Geheimnisvollen, künstlerischem Vollbringen geradewegs entgegensteht, ist vielfach eine Folge dieser Verwechslung[6]."

So berechtigt eine Trennung in einerseits Zuwendung zur Kunst um ihrer selbst und des „Genießens" willen, und andererseits Kunstwissenschaft (und Betrachtung von Kunst aus wissenschaftlichen Zielsetzungen heraus) von den Motiven und der inneren Einstellung her auch ist, so können Überlagerungen der beiden Prozesse zu deren wechselseitiger Steigerung durchaus beitragen. Bei der Komplexität des Bereiches Kunst und seinem Lusterfüllungs-Potential sind Verflechtungen von rational-analytischen Zugängen mit dem unmittelbaren Erleben durchaus gerechtfertigt und notwendig.
Will man die Symbolbeziehung einer Gesellschaft und ihre Fähigkeit, sich vom unmittelbar Zweckhaften abzulösen, also die Erfüllung des Daseins durch Erweiterung seiner Deutungsversuche verstehen, so wird man die kunstsoziologische Forschung bejahen müssen.

Symbol- und kunstwissenschaftliche Untersuchungen haben auch für sich, daß sie für Phänomene allgemeiner kultureller Wandlungen Materialien vorlegen. So ist es ein Merkmal unserer heutigen Gesellschaft, daß bei einem Rückgang von allgemein verpflichtenden und verläßlich erlebten Selbstdeutungen der menschlichen Person, Gesellschaft und Kultur die Relativierbarkeit durch Vergleiche mit früheren Epochen, anderen Kulturen, Religionen und Weltauffassungen potentiell ins Gigantische wächst. Eine Lockerung von vorher selbstverständlichen Lebensgefügen ist durch diese Vergleiche, das wissenschaftliche Abwägen von „herausgegriffen" Nebeneinander-Gestelltem und damit auch prinzipiell Entwurzeltem, eingetreten; wir stehen inmitten dieses Ausgliederungs- und Differenzierungsprozesses. Oftmals sind Verwirrung, Unverständnis, rasche Fehlschlüsse die Folgen. Keineswegs allein die wachsenden Kenntnisse der Geschichtswissenschaften führten zu dieser Relativierung. Die massenhafte Ermöglichung von räumlicher Mobilität und die enorme Verbreitungskraft der Medien taten das ihre. „Fremdes" wird durch oft sehr flüchtige Reisen, Urlaube, TV-Sendungen, Illustriertenberichte etc. wahrgenommen. Ähnlich werden auch fremde Kulturen und deren Elemente in Groß-Ausstellungen aufgenommen. Das Fernste wird herangebracht oder erschlossen und verkommt leicht zur Sensation.

Die kulturelle Selbstvergegenwärtigung konnte dort ruhiger und zielführender stattfinden, wo die Bezugspunkte für Vergleiche durch Traditionen geregelt waren. Das Verhältnis der europäischen Kultur zur griechischen und römischen Antike, das in Kunst und Literatur seit Karl dem Großen und seinen Hofgelehrten über Jahrhunderte hinweg sich bis zu *Palladio,* ja den Präraffaeliten immer wieder in diesem Rückbezug stilbildend erneuerte, ist ein Beispiel für die – heute verlorene – relative *Immanenz von Kulturen* und die in solchem Rahmen „gesicherte" Vergleichung.

Durch die Vielfalt, ja das Chaos der kulturellen Vergleichsmöglichkeiten von der Südsee bis Mexiko, von den Eskimos bis zu den Feuerländern, von Thailand bis Peru und Ostafrika, von den Meos bis zu den Massai, geschieht eine Vergleichung oft ohne geschichtliche Kenntnis, ohne Bewertung und Kanonisierung, wie sie ehedem z. B. im Verhältnis zur Antike gegeben war. Das bringt fast lähmende Probleme und verwirrende Bezüge mit sich. Was *Pablo Picasso* und *André Malraux* einander in Gesprächen zu vergegenwärtigen oder zuzuraunen vermochten, ist prinzipiell vorhanden, oder eben durch solche Gespräche gestiftet worden, ragt aber weit über das Vermögen der Auseinandersetzung selbst beim heutigen „Gebildeten" hinaus – weil der Kanon fehlt, wonach Bildungsgehalte vorausgesetzt, geschweige denn in normativer Ästhetik vorgeschrieben werden können. Niemand weiß, angesichts der Fülle des prinzipiell Vergegenwärtigbaren, was zu „Bildung" überhaupt zu zählen ist.

Es sind noch zwei Probleme zu beachten: Einmal sind neue Schichten herangewachsen, die über ihre Familien oder örtliche Traditionen Kunst nicht in Beziehung zu eigenem historischem Selbstverständnis setzen können. „Viele Museen beherbergen Gegenstände, die die Emanzipation des Bürgertums dokumentieren; damit trat der Bürger Objekten gegenüber, die auch die Geschichte seiner Klasse veranschaulichen ... Anders als der Bürger im 19. Jahrhundert kann der Arbeiter etwa in einem heutigen kulturgeschichtlichen Museum kaum Dokumente der Geschichte seiner Klasse studieren[7]."

Zum anderen sind die Interpretations- und Rezeptionsfähigkeiten zu beachten. Wie immer unscharf der Begriff des ästhetischen Code auch sein mag und er die Aufnahme von Kunst nach informationstheoretischen Regeln allein zu interpretieren scheint, so macht er doch darauf aufmerksam, daß Voraussetzungen für Auslegungs- und Rezeptionsfähigkeiten, nämlich nach bestimmten Regeln und Kriterien zu verstehen, notwendig sind, die in Erziehungsprozessen angeeignet werden müssen. Wie diese Voraussetzungen in Bevölkerungs- und Sozialgruppen mit den *Angeboten* zusammentreffen, welche der organisierte Kunstbetrieb macht, darüber wissen wir sehr wenig:

„Unsere Kenntnisse über die ästhetischen Codes, in denen die verschiedenen gesellschaftlichen Gruppierungen kommunizieren, sind gering; für eine Theorie des kunst- und kulturgeschichtlichen Museums sind solche Kenntnisse unerläßlich."

Es wird viel zu leicht und schnell unterstellt, „jedermann verstehe das Gezeigte von selbst"[8].

IV. Das selbstgebaute „Imaginäre Museum" und die offerierte Kunstausstellung

Für den historisch und ästhetisch genauer vorgebildeten Menschen hat *André Malraux* das Konzept des „Musée Imaginaire" entwickelt, das auf ein enzyklopädisch orientiertes, auf hoch entwickelter Wahlfähigkeit beruhendes Kunsterlebnis abzielt. Erfahrung mit Kunstobjekten in situ, in Museen, oder in Photographie und Film, soll eine *in der menschlichen Vorstellung sich aufbauende innere Wandelhalle mit Exponaten* erzeugen. Aus vielen Kulturen in Ost und West soll im Subjekt ein Bildungs- und Erlebnislabyrinth der Kunst entstehen, in dem der wissenschaftlich informierte Ästhet sich zu orientieren vermag. Zum „Musée Imaginaire" gehört, daß das Angebot für die *Eingeweihten* aufleuchtet, und die Struktur des Wissens und der Emotionen durch subjektiv erarbeitete Auswahl geprägt wird. So schreibt *Malraux*, daß das Imaginäre Museum jeweils nur das eines einzigen Menschen sein könne[9]. Es stifte

„das lebendige Miteinander der Werke, ihres Materials, ihres Korns, ihrer echten Stimme. Die von der Akropolis geraubte und in Persepolis gefangengehaltene Penelope unterhält sich leise mit dem Schlangenkönig aus dem Musée Guimet; eine der schönsten Skizzen von Delacroix mit dem Kassiapa aus dem Höhlenkloster Lung-men; die Berthe Morisot von Manet mit dem König von Beauvais; der Arbeiterlehrling von Rouault, eines der großartigsten Portraits unseres Jahrhunderts, mit „Vor dem Gemälde" von Chagall; Cézanne mit van Gogh, Braque mit Picasso[10]."

Dem Erlebnisprinzip des einzelnen, der in sich geschichts- und kulturübergreifend das Imaginäre Museum hegt, steht das Problem des Verhältnisses der Massen zu den Kulturobjekten gegenüber, wie es durch ein organisiertes Verteilungssystem erzeugt wird. Die Weltgeschichte der Kunst wird in Reproduktionen als Beilage von Wochenillustrierten dem Konsumenten „nahegebracht", vielleicht so nahe, daß man nichts mehr davon wahrnehmen kann – so wie die Bildbände, die gekauft und nicht *betrachtet* werden.

Kunst wird zum Alibi, zum Mittel der Aufwertung des Besitzers und Sammlers. Das ist sicher kein neues Phänomen. Aber durch die soziale Verbreiterung des Zugangs zu den Antiquitäten in der Folge der Erhöhung der Kaufkraft breiterer Schichten, und durch den Aufstieg der Antiquitäten im kulturellen Wertsystem, wird Kunst immer stärker in die Rolle eines generalisierten „Legitimationsmittels" gedrängt. Barocke Kirchen werden mit Eisengittern wie Festungen abgesichert. Indem man verhindert, daß den Engerln die Köpfe abgebrochen, die Reliquientafeln herausgerissen und auf den Flohmärkten versilbert werden, wird die sakrale wie ästhetische Zugänglichkeit der Kirchen versperrt und die Aura vernichtet. Das Alte wird dann nur „verwahrt" und stirbt in der Haft. Dieser Versperrung steht die forcierte Eröffnung gegenüber, die Darstellung aus bestimmtem Anlaß.

Ein strategisches Mittel zur „Eröffnung" des Zuganges zu historischer Kunst und historischen Formen ist jenes der gezielten Veranstaltung mit „Aktions"-Charakter. Es wird durch die Fixierung von Anlässen eine bestimmte Art von Begehrlichkeit geweckt und ein Mechanismus benützt, der sich bereits auf anderen als ästhetischen Vergegenwärtigungsbereichen bewährt hat. Die Werbung produziert ja in vielerlei Hinsicht Anlässe und „Verbilligungsaktionen", Ausverkäufe, und sie schafft damit ein von der entsprechenden Versäumnisangst angetriebenes Erwerben*wollen*. So entstehen auch Quasi-Normen, daß man nämlich eine bestimmte Ausstellung besucht haben müßte. Man sollte sich einen Status als Besucher erworben haben. Der Erfolg spiegelt sich – für die Veranstalter – in hohen Besucherzahlen.

Das Museum ist (zu bestimmten, oft zu den vom Standpunkt potentieller Besucher falschen Stunden) „geöffnet", die Ausstellung wird speziell *offeriert*. Das Angebot wird in wie immer auch umfangmäßig und qualitativ zusammengesetzte Pakete verschnürt und an die Betrachter als Exponate herangebracht, während diese faktisch oder psychologisch in Busse oder Kraftwagen verfrachtet und auf entsprechende Routen gelenkt werden, wo sie *auf das Kulturerlebnis treffen* sollen. Gegenüber dem „Musée Imaginaire", das auf subtilsten Lern- und Aufbauprozessen beruht und in dem subjektiv gewählte Kunstwerke zumeist wiederholt und in den verschiedensten Lebenssituationen empfunden wurden, ereignet sich in der Massenausstellung der organisierte, nach fixen Mustern vorgegebene Erschließungsbetrieb. Ist das etikettierte „Kulturerlebnis", als das der Ausstellungsbesuch häufig angesehen wird – ja geradezu so eingestuft werden muß, wenn er in den gängigen Formen des Massenerlebnisses erfolgt –, überhaupt ein Bruchstück, das in den Aufbau eines *Selbstverständnisses* unseres Lebens mit eingeschmolzen werden kann? Ist es nicht dazu verurteilt, eine Marionettenhaftigkeit des Reagierens auf geschicktes Kulturmarketing hervorzubringen?

Um eine neue Ästhetik und darin auch Gesichtspunkte zur (musealen) Kulturvergegenwärtigung zu gewinnen, um über das „Erlebnis Kunst" in der hochorganisierten Zivilisation Vorstellungen zu gewinnen, können die Wissenschaften vielleicht Instrumente zur Erklärung von Bewußtseinsprozessen in und durch Organisationsformen bilden.

V. Probleme der „synthetischen Aura"

Wer hat es nicht erlebt, daß man durch Massenausstellungen wie durch Schlachthöfe in Chicago bzw. durch Werkshallen oder Großbüros geht? Das Einzelkunstwerk wird und kann darin nicht als ein von einer *Aura* umgebener Gegenstand empfunden werden[11].

Eine Aura entsteht durch die historische Ausstrahlung und die daraus folgende Einnistung eines Kunstwerkes, durch seine Stellung auf der Höhe des Hügels oder im bewaldeten Talschluß, wie viele buddhistische Klöster in der japanischen Landschaft. Aura bildet sich durch des Kunstwerks ursprüngliche Placierung als Andachtsbild in einer Kirche oder als Skulptur auf einem bedeutsamen Platz (wie *Michelangelos* David), als Kleinplastik auch in der Vitrine des Sammlers. Die Aura hängt oft auch davon ab, wer das Kunstwerk gesehen, geliebt, besessen oder kommentiert hat. Für das Teatro Olimpico in Vicenza ist es nicht gleichgültig, daß *Goethe* es besucht und gepriesen hat.

Begegnen wir einem einzelnen Kunstgegenstand oder einem Komplex von Kunstwerken, so begegnen wir auch den *Menschen,* die diese Kunstwerke aufgenommen haben – und dies in einer ganz anderen Weise, als das bei Ausstellungen möglich ist. Die Begegnung mit einem Kunstwerk in seiner Aura erbringt eine – wenn auch vielleicht nur in Spuren – persönliche Begegnung mit seinen Bewunderern und Kritikern. In der Ausstellung sind wir synchron im Beschauerstrom, der zeitweilig zumindest den Begriff Masse deswegen verdient, weil sich die persönlichen Begegnungschancen gegen Null bewegen und weil auch das Ausmaß der Sekundärmotivation für den Besuch der Kunstwerke („dabeigewesen" zu sein, sich selbst aufzuwerten) stärker ins Gewicht fällt. Dazu kommt noch, daß in Großausstellungen Massierungsprobleme auftreten, die zu subjektiv unerträglichen Verdichtungserscheinungen führen. *Elias Canetti* hat in „Masse und Macht" (1960) zu zeigen versucht, daß ab bestimmten Verdichtungsgraden Abstoßungseffekte auftreten. Selbst die großen Museen mit ihren mehr oder minder wohlbegründeten Ordnungen der Exposition halten in gewissem Sinn eine Aura fest oder erzeugen sie; man kann bzw. konnte sich verlassen, die Venus von Milo oder die Mona Lisa an einem bestimmten Platz im Louvre und Las Hilanderas an einer Stelle im Prado in einer bestimmten räumlichen Relation zur „Übergabe der Stadt Breda" zu finden. Selbst die erstaunten Bauerngesichter in den von schrillen Leningrader Lehrerinnen-Stimmen übertönten Gruppenführungen in der Eremitage bringen noch Aura mit, im Sinn „befohlener Aufklärung".

Die raffinierte Beleuchtung, Heraushebung, Darstellung im Rahmen einer Großausstellung sind nur selten imstande, durch Akzentuierungen ein Verhältnis zum Kunstwerk zu schaffen, das in ähnlicher Weise zu ihm hin- und hineinführt, wie die gewordene und empfindbare Aura es vermag. An die Stelle der von den Fürsten und vom Hochadel gepflegten, in den eigenen Wohnsitzen eingerichteten Kunst-Räume, bei denen das Besitzgefühl gegenüber einem Bild oder einem Kunstgegenstand Bedeutung hatte, so daß die Bindung wenigstens im Stolz auf diesen Besitz bestand, sind die „Hallen" des spätbürgerlichen Museums getreten, die, öffentlich und regelmäßig zugänglich, einen oft aufdringlichen Rahmen für einen anonymen, aber durch Bemühen aufschließbaren Bildungsschatz abgeben. So konnte ein durch Vorbild und Bildungsanspruch sublimiertes possessives Verhältnis zum Kunstwerk entstehen; wer dieses (kunst-)historisch einzuordnen verstand, konnte auch glauben, ihm geistig nahe zu sein.

In der Großausstellung, in der man um möglichst hohe Besucherzahlen bemüht ist, muß man zwangsläufig auch bisher dem Kunstgenuß fremde Schichten an die Kunstwerke „heranbringen". Es wird jedoch selbst unter der Voraussetzung kunsterzieherischer Einführungstexte nur sehr schwer ein Verhältnis zum Kunstwerk zu schaffen sein, *wenn nicht die ästhetische Bereitschaft der besuchenden Personen selber günstige Vorbedingungen* erzeugt. Diese Bedingungen könnten etwa dadurch eher entstehen, daß im Rahmen der Ausstellung erklärend die mit den Kunstwerken verbundenen kultischen Gewohnheiten, religiösen

Praktiken, politischen und sozialen Werte, eventuelle Auseinandersetzungen über diese, mitvermittelt werden. Die Grundidee wäre, die Massenausstellung durch die Vorzeigung einer begrenzten Anzahl von Objekten zu ersetzen, die nach strengen Maßstäben und nach einer Mehrzahl von Gesichtspunkten ausgewählt wurden, wobei diesen Objekten durch viele um sie herum gelagerte, seien es autochthon historische, seien es reproduzierte Gegenstände, eine „synthetische Aura" vermittelt werden könnte. Dies alles jedoch müßte unter Bedingungen einer gewissen Beschaulichkeit erfolgen, damit überhaupt ein innerer Schau- bzw. Erlebnisraum – vielleicht vorerst einmal überhaupt der Wunsch danach – entstehen kann.

Die durch Musealisierung zerstörte ursprünglich historische Aura kann man zwar nicht ersetzen, wie die nach den USA Stein für Stein exportierten und dort (z. B. in den Cloisters in New York) wiederaufgebauten mittelalterlichen europäischen Klöster bzw. Kreuzgänge es zeigen – aber natürlich auch die in europäische Museen eingemauerten ägyptischen Tempel-Innenräume.

Aber auch da gibt es wichtige Nuancen. So ist zwischen hellenistischer Megalomanie und preußisch-deutschem Selbstgefühl in den heute auf der Ostberliner Museumsinsel enthaltenen bzw. wiederaufgebauten Gebäuden schon im *Bismarck*schen Reich eine Symbiose entstanden. Um den Pergamon-Altar aufzustellen, mußte das Museum eigens dimensioniert werden. Und das war eine großzügig imperiale Leistung.

Die mit wissenschaftlichen Mitteln um ein Bild, z. B. *Manets* „Nana", in der Hamburger Kunsthalle von *Werner Hofmann* aufgebaute Ausstellung, die den exakten historisch-gesellschaftlich deutenden Bezug zur zeitgenössischen Trivialkunst, Karikatur, literarischen Szene, zu den Zeitungen etc. suchte und rekonstruierte, schuf eine Art von „*synthetischer Aura*", die eine Menge anregender Spekulation und analytischer Unterscheidung als Vor- oder Seitenbedingung beim Aufbau eines geistigen Verhältnisses zum Kunstwerk erlaubte. Die synthetische Aura, die zeitgeschichtlich eingebettet und als mitlaufendes Verständnismittel soziologische Deutung von Einzelobjekten bietet, die in den Brennpunkt gestellt werden, verbessert Chancen der Vergegenwärtigung. Auf keinen Fall darf man sich auf äußere Mittel allein verlassen. Unter Umständen kann ein multimedialer Berieselungsprozeß mit Licht, Ton, Musik (als eine Art Son-et-Lumière-Effekt) eher zerstörend wirken.

Möglicherweise wäre der besonders dazu vorbereitete Raum, der mit sorgfältigen, architektonischen und psychologischen Überlegungen für Lern- und Verständnisprozesse eingerichtet wird, besser als die massenhaften, raschen und hektischen Versuche, mit multimedialen Accessoires Beziehungen herzustellen. Die Effekte, welche von den Großausstellungen historischer Kunstschätze ausgehen, dürften nach unseren Forschungen und Eindrücken dazu beitragen, daß eher das Selbstwertgefühl der Besucher, vor allem mittlerer Sozialschichten, gesteigert wird, als daß deren ästhetische und erkenntnismäßige Kapazität gegenüber den Werten der dargestellten Kunstwerke vertieft würde.

VI. Empirisch-sozialwissenschaftliche Kunstforschung: Einige Ergebnisse österreichischer Ausstellungsuntersuchungen

Kunstforschung müßte sich heute im Zusammenhang mit einer nach *Lebenssinn* und *Lebensziel* suchenden Mentalität konstituieren. Die heutige Freizeitsoziologie steht zwar selber weitgehend noch im Bann eines bloß arbeits-komplementären Freizeitbegriffes und hat die Zuwendung zum Lebensziel-Begriff (mit dessen inneren Fragwürdigkeiten und Unsicherheiten) noch nicht vollzogen. Eine gewisse Ausnahme bildet darin das Werk von *Joffre Dumazedier,* der die Ich-Beteiligung zusätzlich zur Rollenanalyse hervorgehoben hat. Dieser Gedanke ist hier theoretisch auch deswegen bedeutsam, weil sich daraus individuelle Entwicklungsmöglichkeiten im Verhältnis zur Kunst im Rahmen von „Freizeitkarrieren" studieren bzw. vielleicht auch pädagogisch fördern lassen[12]. „Lebenssinn" und damit zusammenhängende Zielsetzungen lassen sich schließlich ja überhaupt nur in einem „vita humana"-Begriff einer Lebenslaufkonzeption verstehen.

Was Kunst in der Freizeitorganisation bedeuten kann, müßte aus einigen Rahmendaten der international vergleichenden Freizeitforschung herausgehoben werden. *Anlässe von Kunstbegegnung,* z. B. während Urlaubsreisen, und die Intensität, die bei solchen Begegnungen gefunden wurde, müßten studiert werden, da ja eine *Untersuchung über Museen und Kunstbesuch nicht nur punktuell aufgefaßt werden darf, sondern in Freizeitlebensstile eingebaut werden sollte.*

In einem dem österreichischen Bundesministerium für Wissenschaft und Forschung vorgelegten Bericht wurde deshalb auch unseren Untersuchungen über den Museumsbesuch eine Darstellung der allgemeinen symbol-kulturellen Verhaltensweisen vorangestellt[13]. Entstehung, Durchführung und einige Hauptergebnisse der Museumsuntersuchungen habe ich dort auch kurz zusammengefaßt[14]. Hier mag es genügen, einige der Ergebnisse zu erwähnen, um danach kulturpolitische und kunstpädagogische Zielsetzungen zu diskutieren. Für das Detail sei auf die Berichte verwiesen.

Ausstellungen sind nur in sehr begrenztem Maße als Mittel zu werten, neue Gruppen der Bevölkerung auf den Weg zum Kunsterlebnis zu führen. Ausstellungen reichen nicht aus, um Schichten mit geringer bildungsmäßiger Qualifikation mehr zum Kunstbesuch einzuladen als dies durch die Kunstmuseen bereits geschieht. Erkenntnisse in dieser Richtung ergeben sich durch den Vergleich der Ausstellungsbesucher mit der Struktur der Museumsbesucher und jener der Gesamtbevölkerung, in Österreich wie in Frankreich.

Betrachtet man die Ausstellungsbesucher nach ihrer Sozialschicht, so erbringen unsere österreichischen Ergebnisse eine Bestätigung von bisherigen, in Frankreich gewonnenen Erkenntnissen. Der *überwiegende Anteil der erwachsenen Bevölkerung,* der mit relativ geringer, oft nur *elementarer Schulbildung,* ist *am schwächsten repräsentiert.* Etwa die Hälfte der Besucher von Großausstellungen wiesen zumindest Maturaniveau, ein Drittel Fach- oder Handelsschulniveau auf, gegenüber jeweils 10 % dieser Bildungsvoraussetzungen in der Gesamtbevölkerung. Selbst eine mit großem finanziellen, organisatorischen, künstlerischen und wissenschaftlichen Aufwand aufgebaute Ausstellung vermag die kulturellen Klassenschranken in nennenswertem Umfang vorderhand noch nicht zu durchbrechen.

Auch wenn man eine Picasso-Ausstellung nicht zum Ausgangspunkt von Verallgemeinerungen machen darf, so sei eine Untersuchung darüber deswegen zitiert, weil sich gewisse Parallelen zu unseren Ergebnissen zeigen:

„Wenn man die berufliche Tätigkeit und den Ausbildungsgrad als Indikatoren für die soziale Zugehörigkeit hernimmt, hat die Erhebung ... gezeigt, daß das Publikum, das die Picasso-Ausstellung besuchte, von höherem sozio-kulturellem Niveau war als das gewohnte durchschnittliche Museumspublikum[15].“

Die Ausstellungen, wie wir (der Verfasser, gemeinsam mit *Anselm Eder* für die China-Ausstellung und *Gerhard Majce* für die später folgenden) sie in Wien untersuchten, zogen neben der z. T. hoch gebildeten Kunstelite eine gehobene Mittelschicht *erneut* an, darunter jene, die noch zusätzlich das jeweils Aktuelle des Kunst-Vorstellungs-Betriebes nicht missen wollen[16].

Wir haben mit diesen Studien den Versuch unternommen, in mehrfacher Hinsicht Typen der Kunstrezeption auszuarbeiten. Einerseits waren wir darum bemüht, Gruppen zu beschreiben, die *Kunst um ihrer selbst willen,* wegen des inneren Genusses und der Befriedigung und Erweckung, die sie gewährt, aufsuchen. Wir betrachteten dies als *intrinsische* Motivation und fanden Andeutungen dafür, daß die neue Mittelschicht am wenigsten in dieser Weise motiviert ist. Am stärksten dürften dies die Personen sein, die aus der Nähe der Spitze kultureller Bildung stammen, und diejenigen aus den unteren Schichten, die (gegen die Hindernisse ihrer sozialen Lage) sich zu einem selbsterworbenen Kunstinteresse und eigenen Kenntnissen oft mühsam durchgearbeitet haben.

Die am ehesten ein *extrinsisches* Verhältnis zeigenden Personen gehören den (kulturellen) Mittelschichten an. Für sie fällt das Prestige, bei einem aktuellen Ereignis dabeigewesen zu sein, stärker ins Gewicht. Zumindest sind sie bereit, diese Prestigemotivation zuzugeben. Sie zeigen auch das stärkste „subjektive Kulturmanko“. Dieses tritt dann auf, wenn ein eigenes Bedürfnis wahrgenommen und innerlich als solches anerkannt wurde, jedoch nicht ohne Schwierigkeiten befriedigt werden kann.

Unsere Studien lassen folgern, daß der Zugang zur Kunst als Verständnisprozeß und Erlebnis der Person nicht in erster Linie durch bessere Propaganda der Museen oder der Kunstverwaltung gefördert wird, sondern durch sehr langfristige didaktische Prozesse, vorwiegend getragen durch außerhalb des Museums liegende Institutionen, wie Familie und Schule, die auf ein Kunstverständnis hin wirken, das dem einzelnen erst die Möglichkeit gibt, Erlebtes und Bewußtes zusammen zu verarbeiten. *Fehlt* diese *frühe Bindung, ist sie vermutlich ganz außerordentlich schwer zu ersetzen.* Es handelt sich beim Aufbau der Bindung an Kunst vermutlich um schwerer zu substituierende und kompensierende emotionale Lernprozesse, als dies bei der Mehrzahl vergleichbarer Prozesse der Fall sein dürfte.

Die Rolle der Massenmedien ist keineswegs von der Bedeutung persönlicher Netzwerke isoliert zu sehen. Die breite Ankündigung durch die Medien, welche die Öffentlichkeit im Fall der Großausstellungen für die Sensation „reif“ machte, könnte dazu beigetragen haben, daß den Medien hinsichtlich der Information ein hoher Wert zugeschrieben wurde. Andererseits muß man die starke Motivation hervorheben, Bekannte und Freunde an der Ausstellung zu interessieren bzw. sie mit ihnen zusammen zu besuchen. Natürlich kann man sagen, daß auch Theater, Oper oder Kino von Ehepaaren, befreundeten Personen, kleineren Gruppen

gemeinsam besucht werden, doch ist ein entscheidender Unterschied darin gegeben, daß das Gespräch über das Kunstwerk in Gegenwart des Kunstwerkes (im Vergleich mit Theater und Konzert) nirgendwo so gut möglich ist wie im Museum.
Als besondere Fragestellung der Studie haben wir die Einordnungsfähigkeit gegenüber dem in der Ausstellung Rezipierten zu typisieren versucht und sind zu dem (vielleicht trivialen) Ergebnis gekommen, daß, wer regelmäßig Museen besucht, auch viel mehr Strukturwissen mitbringt, um das in der Ausstellung Gesehene in einem Kontext zu verstehen. *Kontextverständnis* wird jedenfalls in Hinkunft eine für die Untersuchung von Kunstrezeption wichtige Kategorie darstellen müssen, die von der weiter oben in dieser Zusammenfassung entwickelten Typologie intrinsisch-extrinsisch unabhängig sein dürfte.

VII. Objekt- oder besucherorientiertes Museum?

Im Großen gesehen ist ein heftiger Streit über die Zukunft des Museums entbrannt. Nach der einen Position fordert man ein „benutzerorientiertes" Museum, das als Diskussions-Zentrum und veränderbarer Darstellungsraum betrachtet wird, der sich nach den Bedürfnissen zu gestalten habe, die sich im Zeitablauf relativ rasch wandeln. Gegenüber diesem Entwurf soll von einer anderen Position aus das Museum dem Künstler nacheifern, „indem es das, worin eine erlebte vollständige Wirklichkeitserfahrung sich als Bild entwirft, bei sich versammelt und ihre Neuartigkeit und Besonderheit durch den Vergleich mit früheren Leistungen vollends sichtbar macht. Es weise alles ab, was in ephemeren Kontexten auf der breiten Straße der interessanten Abkürzung einherparadiert"[17].
Im Grunde leitet sich die Position für die Kunstpolitik im allgemeinen und die Museumspolitik im besonderen vom Kunst*begriff* ab, den man bejaht. Wir haben nach unserer einleitenden Bestimmung im Kunstwerk den Bereich eines *vielschichtigen Ruhepunktes* gesehen, der zugleich Erweckungsbedeutung hat. Mit dieser Definition stellen wir uns einerseits in Gegensatz zu all denen, die Kunst einfach in „Kommunikation" auflösen wollen – wobei dieser Begriff ohnehin nach der Reise durch mehrere ideologische Stationen bereits sehr verschlissen ist. Andererseits aber gestattet uns die Bestimmung der Vielschichtigkeit, welche Zuwendung zu den zeitlich und sozial verschiedensten Interpretationsmöglichkeiten impliziert, erzieherische und soziale Zugänglichkeit von Kunst grundsätzlich anzunehmen. Zudem muß aber gerade hinsichtlich der Kunst, besonders ihrer Schöpfung, aber auch ihrer Rezeption, anerkannt werden, daß Verschiedenartigkeit (Ungleichheit) der Kreationschancen und z. T. auch der Rezeptivität *nicht allein* unter dem Begriff der sozialen Benachteiligung beurteilt werden darf. *Rosa Luxemburg* wollte in der Kunst nicht ein Luxusmittel sehen, sondern „eine wichtige geschichtliche Form des gesellschaftlichen Verkehrs der Menschen untereinander, wie die Sprache"[18].
Für *Werner Hofmann* ist Kunst ein „auf bestimmten Sprachmitteln basierender Vereinbarungsbegriff, der im Dialog zwischen Hersteller und Empfänger vermittelt wird. Ihre (der Kunst) Bedeutungen (Botschaften) treten uns kodifiziert entgegen. Das Aufschlüsseln der Bedeutungsschichten und Gebrauchswerte setzt die Kenntnis der jeweiligen sprachlichen Konventionen voraus"[19].

Die Vielschichtigkeit, die wir eben für unseren Kunstbegriff zitiert haben, wird von *Hofmann* insofern dargestellt, als er an *Jacob Burckhardt* erinnert, der für die „alten Denkmäler" immer neue Spiegelungsweisen erkannte. Allerdings stimmen wir *Hofmann* darin nicht zu, daß Kunst vorwiegend als „Vereinbarungsbegriff" aufgefaßt werden soll. Ansätze zu solchen Vereinbarungen erfolgen zwar im Versuch, die Subjektivität künstlerischen Erlebens bzw. Wollens vor einem bestimmten Publikum objektiv darzulegen und erfolgen auch in der Rezeption und Interpretation von Seiten des Publikums. Jedoch der Setzungsakt, das Hervorbringen dessen, was Legitimität und Konstanz für die vielschichtigen und vielfältigen Interpretationsmöglichkeiten erlangt, ist nicht aus Vereinbarung, sondern aus einem (abrupten) *Wagnis der Kreativität* hervorgegangen. Es hieße wohl den „Vereinbarungsbegriff" überfordern, wenn man ihn als einen Kontrakt des Künstlers mit sich selbst im Akt der Hervorbringung des Kunstwerkes fassen wollte. Hier ist das Festhalten an der „Mania", dem rauschhaften Eindringen und Hervorbringen von Gestalt nach der Auffassung *Platons*, erfordert. Auch das Betroffensein, die Erschütterung eines Publikums, kann aus dem Vereinbarungsbegriff nicht abgeleitet werden.

Andererseits ist für alle Kulturpolitik, die sich mit der verzweigten Form der Weitergabe und Aufnahme der Kunst zu befassen hat, der *Vereinbarungsbegriff* von zentraler Bedeutung. Er verlangt, daß bedacht wird, was geschieht, wenn *die durch Vielschichtigkeit von Bedeutung gekennzeichneten Objekte im Prozeß ihrer Wiederverlebendigung („Resubjektivierung" nach Richard Meister) in hochkomplexe und pädagogisch gesteuerte Organisationsformen z. B. eben der massenhaften Reproduktion und Exposition einbezogen werden.* Im Grunde liegt beides vor: die Abgewandtheit der sich als fast verschlossen ausnehmenden Einzigartigkeit des künstlerischen Objektes wie auch seine „Sprechfähigkeit" und Erkennbarkeit.

In der Museumspolitik geht es darum, Erkennbarkeit zu fördern und die Aufnahmefähigkeit für das „Sprechen" des Kunstwerkes beim Besucher bzw. bei den vielen und verschiedenen Gruppen und Schichten von Beschauern und Besuchern zu stützen. Inmitten einer vielfachen Zwängen ausgelieferten Gesellschaft müßten Massenkultur-Einrichtungen mehr als bislang zu Kristallisationskernen für Verständigung über Objekte und Findung von Selbstverständnis umgestaltet werden. Es ist dies Aufgabe einer Kulturpolitik, die sich als Schaffung von „Wirtlichkeit und Nachbarschaft" versteht[20].

Auch eine Bemerkung von *Helmut Deinhard,* daß aus materiellen Voraussetzungen für den Massenbesuch Kunstverständnis noch nicht folge – „umso weniger, als die geistigen Voraussetzungen zu seiner (des Massenbesuchs) Entstehung durch die Mechanisierung der Arbeit grundsätzlich bedroht werden"[21] –, geht in die gleiche Richtung. Um Massenpublikum zu schaffen, müsse das *Museum, das sich bisher auf die Verantwortung für Objekte konzentrierte, sich nun auch für den Besucher verantwortlich fühlen.* Die Museumsdidaktik dürfe nicht länger eine nur unwillig verrichtete Nebenaufgabe bleiben, andererseits solle Didaktisierung der Ausstellung nicht Bevormundung des Besuchers bedeuten[22].

Es können innerhalb des Museums allein, in einer wie immer auch geöffneten und zum Begegnungszentrum gewandelten Anstalt, Besucher nicht einfach *erzogen* oder herangebildet werden, wenn in den Menschen durch langfristige kulturelle Prozesse keine Voraussetzungen für die Rezeption dessen geschaffen wurden, womit sie sich im Museum konfrontiert sehen.

VIII. Die Integration der „Museums-Didaktik" in einem umfassenden Begriff der Erziehung zur Teilnahme an Kunst

Bei den Forderungen nach einer erneuerten Didaktik und nach einer erweiterten Erziehungspraxis der Museen müssen sorgfältig aufeinander abgestimmte und ausgewogene Erziehungsziele und -methoden entwickelt werden. Es mag richtig sein, daß, wie *Heiner Treinen*[23] sagt, der „funktionale Primärbezug zu den Bedürfnissen des sozialen Alltags" in den Kunstmuseen fehle. Einen solchen Primärbezug herzustellen hat jedoch nur für bestimmte Bereiche der Kunst seinen Sinn; etwa wenn im Römisch-Germanischen Museum in Köln eine Töpferwerkstatt eingerichtet ist, in der vor den Augen des Publikums eingeschulte Kräfte das in der Antike geübte Verfahren der Töpferei den Besuchern lebendig demonstrieren, oder in japanischen Open-Air-Museen alter Bauernhäuser z. B. in Kanazawa die traditionellen Handwerksformen des Mattenflechtens gezeigt werden.

Bei Zeichnungen *Michelangelos* dürfte ein „funktionaler Primärbezug zu den Bedürfnissen des sozialen Alltags" im Sinne *Treinens* kaum herstellbar sein. Da wäre eher der Zusammenhang zwischen Zeichnung und Plastik bei *Michelangelo,* ja überhaupt Zeichnung als grundlegende „Handschrift" und *Ausgangspunkt in der Arbeit vieler bildender Künstler* darzustellen. Würde man *Rembrandts* Graphiken im „Alltagsbezug" sehen wollen, so müßte man eine sehr komplexe Struktur vom Publikum des gehobenen Bürgertums in den Niederlanden darstellen, aber auch Wissen über die Verwendung von Graphik, ihre psychologische und soziale „Funktion" in den Sammlerkreisen erarbeiten. Man müßte zeigen, was Graphik welchen Gruppen von Menschen im 17. Jahrhundert bedeutet hat – und warum und wie sich dies allenfalls zu den von *Rembrandt* gewählten Sujets verhält.

Alle Forderungen nach mehr und nach besserer Museumsdidaktik, um die sich amerikanische Museen bemühen, die sich bei der inneren Öde amerikanischer Stadtkerne häufig als offene Zentren gerieren, die kulturelle Verlebendigung beabsichtigen, dürfen niemals übersehen lassen, daß die kunstwissenschaftliche Forschung die *stete Erneuerung der Sicht der Kunst* potentiell zu fördern vermag und daher in einer gewissen Form auch den Museumsbeamten auferlegt ist. Im gegenwärtigen Augenblick, da jedoch das Museum, in Zentraleuropa zumindest, noch sehr stark von der Sicht der Kunsthistoriker geprägt wird und die didaktischen Aufgaben „von den Museen und dem verantwortlichen Personal in der Bundesrepublik noch zu wenig erkannt" werden[24], muß die Forderung nach der *Erweiterung der Didaktik* im Museum betont werden.

Man kann *Hans Peter Thurn* beipflichten, der trotz der äußeren Freiheit den freien Zugang zu den Museen bestreitet: „Der vordergründige freie Zugang zu den Museen erscheint daher als nur bedingt frei: frei nämlich nur für diejenigen, die sozialkulturell für den Zugang disponiert wurden. Wer die erforderliche Erziehung nicht erhielt, bleibt gewissermaßen vor der Tür[25]." *Thurn* bezieht sich auf eine Untersuchung von *Treinen,* die den Museen vorwirft, „auf den wissenschaftlichen Umgang mit den von ihnen archivierten Objekten fixiert" zu sein und sich zu wenig um den direkten Kontakt mit dem kunstinteressierten Laien zu bemühen. Die didaktische Aufgabe sei von den Museen und dem für sie verantwortlichen Personal in der Deutschen Bundesrepublik noch zu wenig erkannt worden, und die Museen seien durch die Sichtweise der sie leitenden Kunsthistoriker „überdeterminiert"[26]. Die möglichen Veränderungen des Ausstellungswesens nach didaktischen Gesichtspunkten seien höchstens auf die Basis von Studien über Kinder im Museum erhoben[27].

Aus all dem ergibt sich: das Verhältnis zur Kunst beruht auf sehr komplexen, langfristigen, emotional durchstrukturierten Annäherungsprozessen, auf dem *Wachstum von Aufnahmefähigkeit.* Diese Prozesse sind in vielem unwägbar und schwerer zu fassen als Lernprozesse auf anderen symbolkulturellen Gebieten. Wie sich das Verhältnis zur Kunst tatsächlich aufbaut, darüber wissen wir sehr wenig. *René König* hat in mehreren Arbeiten versucht, Anstöße zu einer besseren Kenntnis dieser Prozesse unter langfristiger Perspektive zu bieten[28]. Unsere eigenen Forschungen haben sich bemüht, die Chancen des Zugangs zur Symbolkultur aufgrund verschiedener Sozialisationsprozesse nachzuzeichnen[29]. Doch muß man heute über diese Perspektiven hinausgehen. Eine Theorie des Selbst und seiner Verstehens- und Deutungsprozesse muß hinzutreten.

Entwicklungen zu einer breiteren Form des Zuganges zur Kunst werden weniger durch die von den Medien und der öffentlichen Propaganda groß herausgestellten Massenausstellungen erfolgen können, sondern einerseits durch eine Kooperation zwischen Schule, Familie und Museum, und andererseits durch spezielle, didaktisch orientierte Ausstellungen. Erwachsenenbildung und Medien müssen an diesen Bemühungen teilnehmen. Man muß wahrscheinlich vom ständigen Museumspublikum ausgehen, bzw. durch unkonventionelle Methoden dieses Publikum zu erweitern trachten, es aber sofort – wenn auch mit all den Risiken der Interpretation durch die Erziehenden – didaktisch „bei der Hand nehmen" und zu einer für dieses Publikum neuartigen Form der Auseinandersetzung mit dem Gesehenen heranführen. Dies könnte Aussprachen, Arbeitsgemeinschaften usw. einschließen. All das wird aber nur möglich sein, wenn auch dafür entsprechend vorgebildete Personen in den Einzugsbereich der Museen berufen werden. Sowohl verwaltungsmäßig als auch wissenschaftlich ist das bisherige Museumspersonal in der Regel bereits so überlastet, daß es sich für neue Aufgaben kaum wird befreien können. Ein Zusammenwirken zwischen öffentlichen Einrichtungen und privaten oder regionalen Initiativen, die zu ermutigen und zu fördern wären, dürfte daher beitragen, Kultur- und Museumspolitik einander näher zu bringen.

Wir möchten weder bei der Forderung nach mehr Didaktik, noch bei jener nach pädagogischer Eröffnung des Museums dessen kunstwissenschaftliche (und darin einbeschlossen auch: kunstgeschichtliche) Aufgabe bestreiten. Wir haben deswegen die fortwährende Verpflichtung zur Erneuerung der Sicht und des Verständnisses des Kunstwerkes betont, eine Verpflichtung, die nie aufhört. Auch wollen wir vom Kunsthistoriker und Musealbeamten nicht erwarten, daß er plötzlich zum Pädagogen sich wandle: aber Ergänzungsfunktionen sind dringlich.

Einladen, ermutigen, helfen: um durch familiäre Erziehung, durch neue Kooperationsformen mit der Schule, durch Heranbildung von Museumsgemeinden Voraussetzungen zu schaffen. Durch eine im Erklärungsstil und in der Grundanlage didaktisch konzipierte Ausstellungsform mit beschränktem Angebot einzelner Kunstwerke wäre Kunstverständnis zu fördern und zu beeinflussen. Die ergänzenden Funktionen von Erwachsenenbildung und Medien sind zu suchen und zu bestimmen.

Im Wechselprozeß der kulturellen Vergegenwärtigung von Kunst in Museen und Ausstellungen ist bis jetzt zumeist nur die eine, die *anbietende* Seite bekannt gewesen. Oder man betonte den dritten Faktor, die Behörden, die kontrollierend und fördernd eingreifen und in den Vorworten zu den Katalogen und anläßlich der Ausstellungs-Eröffnung erwähnt werden.

Von den Besuchern nahm man bislang vorwiegend deren Anzahlen zur Kenntnis, die sich aus verkauften Eintrittskarten ergaben. Über die Vorstellungen, die sich die Besucher davon machten, was sie gesehen und wie sie das Gesehene aufgenommen hatten, fehlt das Wissen. Die Art des *inneren Besuchserlebnisses, dessen Verbindung mit anderen Kulturerlebnissen,* die *historische Vorkenntnis,* unter deren Bedingungen die kulturelle Vergegenwärtigung erfolgt, darüber wissen wir aus der internationalen Forschung nicht viel. Auch in Österreich ist uns davon so gut wie nichts bekannt – trotz aller „Kulturschätze“, die hier lagern, trotz aller, nicht nur von Politikern, vorgebrachten Äußerungen, wie wichtig *Kultur als eine Art „Ersatzmacht“* in diesem Land eigentlich sei.

Eine vor einigen Jahren abgeschlossene Studie kam zu folgendem Ergebnis: *„Die Mehrzahl der Österreicher ist in ihren fundamentalen Kulturbedürfnissen auf eine äußerst verarmte Alltagskultur verwiesen,* die sich im Gespräch, im spontanen Vor-sich-Hersummen von Melodien, in gelegentlichen privaten Feiern und Festen, in Tanz und Mode, eventuell in der Wohnungsgestaltung und häuslichen Basteleien äußert[30].“

Unsere Kenntnis der Massen-Ästhetik, der inneren Beziehung der Schichten, Berufs- und Bildungsgruppen der Gesellschaft zu den historischen wie zu den neueren, „gegenwärtigen“ Sinnstrukturen der Kunst, ist kaum bruchstückhaft zu nennen. Es empfiehlt sich also, den Schritt über Forderungen und darin eingeschlossene Wertansprüche hinaus zu tun und nach dem Verhalten von Menschen und ihren Einstellungen zu forschen.

Gehen nicht, wenn wir dies tun, die Tiefendimensionen der Kunstbegegnung an der Armut des methodischen Rüstzeugs zugrunde? In der gegenwärtigen Situation der empirischen Kunstsoziologie, die zwar keineswegs ausschließlich, aber notwendigerweise *auch* von der Publikumsforschung ausgehen muß, ist die Gefahr sehr groß, daß sie sich in der Erhebung der zum Großteil banalen Struktur der unmittelbar praktischen und am leichtesten erhebbaren Verhaltensweisen von Besuchern erschöpft.

Aber andererseits sollten Maßnahmen der Kunstpolitik, der Organisation von Museen und Ausstellungen nicht nur auf dem Gutdünken der Verwaltung beruhen. Kunstsoziologie kann *auch* als Orientierungswissenschaft im Überschneidungsbereich von Kunstinterpretation, Kunstpädagogik und Kunstpolitik ihre Berechtigung erweisen, wenn sie sich mit Besucheranalysen befaßt.

Wie das im Motto zu dieser Arbeit wiedergegebene Zitat von *Fritz Wotruba* ausdrücken will, ist Kunst eine Aussage über *Gesetzmäßigkeiten,* ja der Prozeß der Hervorbringung solcher. Für die Kunstrezeption, will sie wirklich solche Gesetzmäßigkeiten ins Leben aufnehmen, ist *Vorbereitung* und *Arbeit* unabdingbar. Aller modische Expressivismus und Subjektivismus, das naiv-spontane Gehabe: sie sind hilflos gegenüber jeder höheren Leistung von *Setzung und Entschlüsselung von Gesetzmäßigkeiten* in der Kunst.

Die Bemühung um die Erweiterung von Zugangschancen zur Kunst ist richtig, der Abbau von Klassenbarrieren nötig. Das muß noch verbessert und in ein umfassendes Kultur- und

*Erziehungs*konzept eingegliedert werden. Sonst bleibt die Eröffnung von Chancen durch Veranstaltungspolitik ein falsches Kurieren am gerade gefundenen Symptom. Der Begriff der Demokratisierung hat seine erziehungs- und publikumstheoretische Berechtigung, nicht aber als Demokratisierung von *Kunst.* Hier müssen Maße gesehen und angewandt werden, die sich auf das innere Format der Schöpfung des Kunstwerkes beziehen lassen, soll dessen Erlebnis und Verständnis ihm angemessen sein.

Allzu leicht werden heute Bezichtigungen elitären Kunstverhältnisses ausgesprochen. Auch die hier bezogene Position setzt sich einem solchen Verdacht aus, wenn von ihr aus behauptet wird, daß die Vorstellung einer totalen sozialen Machbarkeit des Zugangs zur Kunst, oder gar der Kräfte ihrer Hervorbringung, zur Inhumanität führt.

Schöpferische Fähigkeit läßt sich fördern – sie kann auch erstickt oder erdrückt werden – aber sie ist nicht gesellschaftlich produzierbar.

Ästhetische Rezeptivität, selbst eine, die über das Akkordieren von Codes oder über den Vereinbarungsbegriff hinausgeht, und als die Fähigkeit verstanden wird, die Schöpfungen der Künste aufzunehmen, zu verarbeiten und zu einer *inneren Bereitschaft der Person* für ein Leben mit der Kunst, ja überhaupt für eine radikalere Seinserfahrung auszugestalten – ist ökonomisch und sozial stärker beeinflußbar als die künstlerische Kreativität. Aber auch bezüglich der Rezeptivität bedarf es einer neuen Sensibilität und Vorsicht gegenüber den Ansprüchen der Machbarkeit. Es hängt auch vom einzelnen, den ihm (glückhaft) zugekommenen und von der Gesellschaft und ihren Organisationen ihm vermittelten Vorbedingungen und den daraus oft mühevoll von ihm erst entwickelten Fähigkeiten ab, wie weit und tief er einzudringen vermag. Die gesellschaftsbedingten Möglichkeiten des *Selbst* dürfen nicht grundsätzlich geleugnet werden.

Das Moment von „Wahlverwandtschaft", die unter einschränkenden Bedingungen selbst gewählte und selbst bejahte (in oft unendlicher Mühe) entfaltete Liebe zur Kunst kann nur *persönlich* sein und sich in einer solchen Beziehung und zwischen Personen erfüllen. Insofern zeigt Kunst, „wo sie Wert hat, Dinge, die noch wenige gesehen haben"[31]. Die gesellschaftliche Organisation kann dazu Beistand leisten, aber sie muß, indem sie es tut, ständig auch bemüht sein, ihre Grenzen zu erkennen. In dieser paradoxen Situation kann die Wissenschaft der gesellschaftlichen Organisation als Macht vielleicht Dienste leisten. Wenn das nur so einfach wäre wie das Vorhalten eines Spiegels!

Anmerkungen

1 *Robert Musil,* Das Unanständige und Kranke in der Kunst, 1. März 1911, Ges. Werke, Bd. 8, Essays und Reden, Hamburg 1978, S. 980/81.

2 *Friedrich Nietzsche,* Jenseits von Gut und Böse, Zur Genealogie der Moral, Stuttgart 1976 (1885), S. 239–242.

3 Vgl. *Leopold Rosenmayr,* Durch Praxisrelevanz zu neuem Theoriebezug, Prolegomena zur Revision des Selbstverständnisses der Soziologie, in: Kölner Zeitschrift für Soziologie und Sozialpsychologie, Jg. 33, 1981, S. 32 und 33.

4 Ein Symbol ist ein Zeichen, das in seiner den menschlichen Sinnen zugänglichen Ausdrucksform auf einen übergeordneten und komplexeren Bereich verweist und Mittel der Verdichtung so verwendet, daß dem Betrachter, Hörer usw. der übergeordnete Bereich verstehbar und erfahrbar wird. Das

künstlerische Symbol ist insofern paradox, als es das „Abgebildete“ (den musikalischen, architektonischen oder dichterischen Gehalt) unter Berücksichtigung sozial vorgegebener Verständnisformen vermittelt, jedoch andererseits der subjektiven Rekonstruktionsfähigkeit aus der eigenen Erlebniswelt genug Spielraum läßt.
Jedes Kunstwerk ist, seinem Rang und seiner Qualität entsprechend, Symbol; jedes Symbol muß jedoch keinesfalls Kunstwerk sein. Kunstwerke sind Symbole in einer *besonderen Form* von Existenzdeutung. Als Kunstwerke sind sie einzigartig und unaustauschbar, darin dem historischen Augenblick, dem Ereignis und Erlebnis verwandt, und erst unter dieser Voraussetzung allgemeiner gültig, während das kulturelle, ideologische oder politische Symbol als existenzdeutendes und verhaltensnormierendes Zeichen auf allgemeine Wiedergabe hin angelegt ist. (Die Reproduktion von Kunstwerken wirft Sonderprobleme auf, hebt aber deren grundsätzliche Einmaligkeit nicht auf.)

5 *Walter Rathenau*, Reflexionen, Leipzig 1908, S. 41.

6 *W. Rathenau*, a.a.O., S. 41, Hervorhebungen von mir.

7 *Detlef Hoffmann*, Überlegungen zur Museumsdidaktik, in: *Hilmar Hoffmann* (Hrsg.), Perspektiven der kommunalen Kulturpolitik, Beschreibungen und Entwürfe, Frankfurt/M. 1974, S. 275 und 276.

8 *D. Hoffmann*, a.a.O., S. 275.

9 *André Malraux*, Das Haupt aus Obsidian, Frankfurt a/M. 1975, S. 139.

10 *André Malraux*, a.a.O., S. 137ff., Hervorhebungen von mir.

11 *Walter Benjamin*, Das Kunstwerk im Zeitalter seiner technischen Reproduzierbarkeit, in: *Rolf Tiedemann* und *Hermann Schweppenhäuser* (Hrsg.), Walter Benjamin – Gesammelte Schriften, Frankfurt 1955.

12 *Joffre Dumazedier*, La dynamique du loisir dans les sociétés industrielles avancées, in: Une nouvelle civilisation? Hommage à Georges Friedmann, Paris 1973, S. 154; *ders.*, Sociology of Leisure, Amsterdam/New York 1974, S. 67–84.

13 *Leopold Rosenmayr* und *Anselm Eder*, Popularisierung der Kunst? Wien 1975 (vervielfältigter Forschungsbericht), S. 33ff.

14 *Leopold Rosenmayr*, Durch Praxisrelevanz zu neuem Theoriebezug?, a.a.O., S. 32–33.

15 *Dominique Schnapper*, Le Musée et l'école, in: Revue française de sociologie, Jg. XXV/1., 1974, S. 116.

16 Es läßt sich generell feststellen, daß kulturhistorische Groß*ausstellungen* – vor allem, wenn für sie ein hoher Werbeaufwand getrieben wird – zwar in der Tat *Personen* anziehen, in deren Kulturverhalten der Museumsbesuch keine Rolle spielt: Bei der Untersuchung des Publikums zu einer Ausstellung über alte peruanische Kunst in Wien stellten *G. Majce* und *E. Schlaffer* fest, daß zwar hochhabitualisierte *Museums*besucher auch häufig *Ausstellungen* frequentieren, dagegen „eine nicht unerhebliche Zahl von hochhabitualisierten *Ausstellungs*besuchern (sich) erkennen (läßt), die nur selten *Museen* betreten“.
(*Gerhard Majce* und *Edit Schlaffer*, Strukturelle Bedingungen und Motivationen für den Besuch der Peru-Ausstellung, Wien 1978, Unveröffentlichter Forschungsbericht im Auftrag des Bundesministeriums für Wissenschaft und Forschung, S. 22.) Offenbar ist bei den letzteren „*das Ereignis*“ die Attraktion.
Es rekrutieren sich diese Personen aus jenen Bevölkerungsgruppen, die herkömmlicherweise das „Kunstpublikum“ stellen: *neue Bildungsschichten* werden *nicht* angezogen. Zum selben Ergebnis kam auch *Dominique Schnapper* in einer Untersuchung in Frankreich über das Publikum einer großen Picasso-Ausstellung. Vgl. *D. Schnapper*, a.a.O., S. 117.

17 *Werner Hofmann*, Das Museum in der Gegenwart, in: *Gerhard Bott* (Hrsg.), Das Museum in der Zukunft, Köln 1970, S. 107–115.

18 *Rosa Luxemburg*, Tolstoi interpretierend, in: Schriften über Kunst und Literatur, Neuauflage Dresden 1972.

19 *Werner Hofmann*, Kunstbegriff und Museumskunst, in: *Gerhard Bott* (Hrsg.), a.a.O., S. 116–121.

20 *Hermann Glaser*, Perspektiven kommunaler Kulturpolitik – Relikte von morgen?, in: *H. Hoffmann* (Hrsg.), a.a.O., S. 58.

21 *Helmut Deinhard*, Das Verhältnis zwischen Publikum und Künstler, in: Bedeutung und Ausdruck, Neuwied/Berlin 1967, S. 89–128.

22 *Hubert Ivo,* (Historisches) Museum und politische Bildung, in: *H. Hoffmann* (Hrsg.), a.a.O., S. 285.

23 *Heiner Treinen,* Ansätze zu einer Soziologie des Museumswesens, in: *Günther Albrecht, Hans Jürgen Daheim, Fritz Sack* (Hrsg.), Soziologie. Sprache, Bezug zur Praxis, Verhältnis zu anderen Wissenschaften (René König zum 65. Geburtstag), Opladen 1973, S. 336–353.

24 *Hans Peter Thurn,* Soziologie der bildenden Kunst, Forschungsstand und Forschungsperspektiven, in: Künstler und Gesellschaft, Kölner Zeitschrift für Soziologie und Sozialpsychologie, Sonderheft 17/1974, S. 151.

25 *Hans Peter Thurn,* a.a.O., S. 152.

26 *Hans Peter Thurn,* a.a.O., S. 151; *Heiner Treinen,* a.a.O., S. 336–353.

27 *D. Hoffmann,* Überlegungen zur Museumsdidaktik, in: *H. Hoffmann* (Hrsg.), a.a.O., S. 244.

28 *René König,* Ist das Kunsterleben der Jugend konventionell?, in: Soziologische Orientierungen, Vorträge und Aufsätze, Köln 1965 (2. Aufl. 1973); *René König,* Kunst und Massenkommunikation, in: Kölner Zeitschrift für Soziologie und Sozialpsychologie, Jg. 21, 1969, S. 449–452.

29 *Leopold Rosenmayr, Eva Köckeis, Henrik Kreutz,* Kulturelle Interessen Jugendlicher, Wien 1966.

30 IFES, Kultur in Österreich. Grundlagenforschung im kulturellen Bereich, Wien, Februar 1975 (mimeogr.), Hervorhebung von mir.
Ein mir eben, nach Abfassung dieser Schrift, bekannt gewordener neuer „Kulturbericht" des österreichischen Instituts für empirische Sozialforschung (IFES) (Ergebnisse zur Grundlagenforschung im kulturellen Bereich, Wien 1980, mimeogr.) und zusätzliche Mitteilungen über Kulturverhalten in Österreich an die Massenmedien (ibf-spektrum, Nr. 373, 15. 3. 1981, S. 1–2) aus derselben Quelle, glauben einen *Zuwachs* der „Lust der Österreicher an Kunst und Kultur" feststellen zu können. Im neuen „Kulturbericht" wird auch ein Anstieg im Museums- und Ausstellungsbesuch von 20 % auf 26 % berichtet, der zum Teil als soziale Verbreiterung des Zugangs zur Kunst (gemessen am Ausstellungs- und Museumsbesuch) dargestellt wird – allerdings auf der Basis zweier verschieden strukturierter Erhebungen: einem Mikrozensus aus 1975 und Umfragedaten des IFES aus 1980. Eine Abgrenzung von *Kunst*museen und *Kunst*ausstellungen aus dem Gesamtbereich von Museen und Ausstellungen geht aus dem mir zugänglichen Material nicht hervor, so daß über Veränderungen in der Beteiligung der Besucher an *Kunst* keine klaren Schlüsse gezogen werden können. Auch steht der aus den Daten sichtbar gemachten sozialen Verbreiterung des Zugangs zu Museen und Ausstellungen eine These desselben Berichts gegenüber, wonach eine „tiefergehende Analyse der Ergebnisse ... den Eindruck (verstärkt)", daß sich in der österreichischen Gesellschaft hinsichtlich ihrer kulturellen Interessen und ihrer *Rezeption* der Produktion der Künste „eher Sub-Kulturen voneinander absetzen" (IFES, a.a.O., 1980, S. 4). Eine detaillierte Auseinandersetzung mit dieser Untersuchung des IFES muß allerdings einer anderen Arbeit vorbehalten werden.

31 *Robert Musil,* Das Unanständige und Kranke in der Kunst, a.a.O., S. 981.

„SCHÖN UND KORREKT"

Die Literatur als Bezugsgruppe wissenschaftlicher Außenseiter

Von Wolf Lepenies

I

Zu den zentralen Problemstellungen der Wissenschaftsforschung gehören Fragen nach der Produktion, Selektion und Speicherung wissenschaftlicher Alternativen. An anderer Stelle habe ich zu zeigen versucht, daß seit dem 18. Jahrhundert für das zunehmend spannungsreichere Verhältnis von Wissenschaft und Literatur ein Vorgang bedeutsam wird, der als literarische Speicherung wissenschaftlicher Theorien beschrieben werden kann[1]. An diese Überlegungen anknüpfend möchte ich nunmehr eine weitere Vermutung formulieren: Im Zuge ihrer Institutionalisierung ist für die Human- und Sozialwissenschaften des 19. und beginnenden 20. Jahrhunderts die Literatur in doppelter Hinsicht zu einer wichtigen Bezugsgruppe geworden. In der Distanzierung von ihren literarischen Vorformen haben human- und sozialwissenschaftliche Theorieprogramme, nicht zuletzt mit neidvollem Blick auf die etablierten Naturwissenschaften, ihre Wissenschaftlichkeit demonstrieren wollen. Andererseits hat „Außenseitern" in den genannten Disziplinfeldern gerade der Bezug auf die Literatur zur polemischen Abgrenzung von der Mutterdisziplin wie zum Aufbau einer eigenständigen, meist außeruniversitären Institutionalisierungsstrategie gedient[2].

Als *Ent-Literarisierung* kann in den Wissenschaften des 18. und auch noch des 19. und 20. Jahrhunderts ein Vorgang beschrieben werden, in dem Disziplinen, die sich ihre Anerkennung innerhalb des Wissenschaftssystems erst noch erwerben müssen, diese Anerkennung dadurch zu gewinnen suchen, daß sie sich von literarischen Frühformen der eigenen Disziplin, die eher narrativ-klassifizierend als analytisch-systematisierend verfahren, distanzieren. Dies gilt, wenn wir uns zunächst einmal auf die Vorgeschichte des später „Biologie" genannten Faches konzentrieren, für die bis weit in das letzte Drittel des 18. Jahrhunderts vorherrschende Naturgeschichte und innerhalb dieser für die großen Rivalen *Linné* und *Buffon* in gleicher Weise[3]. *Buffon* ist, um dies zu wiederholen, vermutlich der erste Wissenschaftler, der im gleichen Maße aufgrund seiner literarischen Qualitäten zunächst berühmt und später verfemt wird. Zum Zeitpunkt aber, da der Wissenschaftler *Buffon* innerhalb der sich zu Beginn des 19. Jahrhunderts herausbildenden Biologie an Reputation verliert, gewinnt die naturgeschichtliche Betrachtungsweise des Autors *Buffon* in der Literatur an Bedeutung. 1842 beschrieb es *Balzac* in der Vorrede zur „Comédie humaine" als sein Ziel, für die Literatur zu leisten, was *Buffon* in der Naturgeschichte vollbracht habe.

Die Metamorphose der ins Literarische transponierten „Histoire naturelle" ist damit aber nicht beendet. Denn da ist noch *Hippolyte Taine,* von dem wir wissen, welch bedeutenden Einfluß er auf frühe Soziologen wie *Mosca* und *Pareto, Tarde, Sorel,* ja sogar *Durkheim* ausgeübt hat[4]. Wie sehr dieser „fils de Balzac", wie *Maxime Leroy* ihn genannt hat, tatsächlich von *Balzac* beeinflußt wurde, ist schwer zu sagen. Aber ich wage die Behauptung, daß dieser Einfluß kaum geringer gewesen ist als der *Auguste Comtes* und daß wir die abschließenden und pathetischen Formulierungen von *Taines* Balzac-Essay ernst nehmen dürfen, in denen davon die Rede ist, *Balzac* gehöre, neben *Saint-Simon* und *Shakespeare,* zu den größten „magasin(s) de documents que nous ayons sur la nature humaine"[5]. Vielleicht war es *Balzac,* mit dessen Hilfe *Taine* sich einen realistischen Blick dafür erwarb, was die in seiner Zeit entstehenden Sozialwissenschaften wirklich leisten konnten und wo ihre Grenzen lagen: „Nous aurons dépassé, d'ici à un demi-siècle, la période descriptive; en biologie elle a duré jusqu'à Bichat et Cuvier, en sociologie, nous y sommes encore; tâchons de nous y tenir, avec application et intelligence, sans ambitions excessives, sans conclusions précipitées, sans théories hasardées et préconçues, pour entrer bientôt dans la période des classifications naturelles et définitives[6] ...".

1890 – und das heißt mehr als dreißig Jahre nach *Comtes* Tod – geschrieben, ist dieser Brief an *A. Delaire* ein erstaunliches Dokument. Er klingt wie eine späte und von Selbstkritik gewiß nicht freie Distanzierung *Taines* vom übersteigerten Theorieprogramm *Comtes,* der eine Naturwissenschaft des Sozialen hatte begründen wollen, und ähnelt viel stärker dem Ratschlag *Buffons,* nicht nur die Naturgeschichte, sondern eigentlich jede Wissenschaft zunächst einmal als „description exacte" zu begreifen. Und wenn *Taine* in der „Histoire de la littérature anglaise" meint, vor allem komme es darauf an, „reiche" Dokumente zu finden und zu lernen, wie sie zu interpretieren seien, so entspricht diese Bevorzugung einer bescheidenen Beschreibung gegenüber einer anspruchsvollen Systematisierung ebenso den ethnographisch orientierten, soziologischen Monographien des 19. Jahrhunderts, wie sie eine Reminiszenz an die Naturgeschichte des dix-huitième darstellt.

Natürlich ist *Taine* selbst diesem bescheidenen Theorieprogramm nicht immer treu gewesen; er hat es, vielleicht mehr als jeder andere, selbst übertreten. Dennoch ist seine Idee einer gleichsam asynchron konzipierten Geschichte wissenschaftlicher Disziplinen, in deren Verlauf beispielsweise einer systematisierenden Biologie eine deskriptive Soziologie entspricht, von hohem Reiz und wert, stärker als dies bisher geschehen ist, weiterverfolgt zu werden.

II

Von *Buffon* über *Balzac* zu *Taine* kann die Nachgeschichte der „Histoire naturelle" als Speicherung eines wissenschaftlichen Theorieprogramms in der Literatur und als dessen Übernahme und Transformation in den Sozialwissenschaften beschrieben werden. Ein ähnlicher Vorgang läßt sich in der Geschichte der Psychologie und der Psychoanalyse analysieren: Die um die Wende zum 19. Jahrhundert in der „vor-wissenschaftlichen" Psychologie dominierenden Gegenstandsbereiche Anormalität, Unbewußtes und Entwicklung werden in der neu entstehenden Experimentalpsychologie verdrängt, dafür von der psychologisierenden, weitgehend durch die Romantik geprägten Literatur des frühen 19. Jahrhunderts gespeichert, von *Freud* in die Psychoanalyse übernommen, transformiert und schließlich wieder in die Psychologie eingespeist.

Weitere ,,Fälle" müßten untersucht werden, um das Phänomen der Speicherung wissenschaftlicher Theorieprogramme genauer zu analysieren. Einige Differenzierungen können aber bereits jetzt vorgenommen werden. Zunächst einmal erscheint es sinnvoll, zwischen inner- und außerwissenschaftlicher Speicherung eine Unterscheidung zu treffen. Bis jetzt war von außerwissenschaftlicher Speicherung die Rede: Wissenschaftliche Theorieprogramme wurden in der Literatur bewahrt und transformiert, um dann wieder in den wissenschaftlichen Diskurs Eingang zu finden. Bei innerwissenschaftlicher Speicherung müßte wiederum zwischen intra- und interdisziplinärer Speicherung unterschieden werden, wobei die jeweilige Reputationshierarchie der Disziplinen ganz wesentlich darüber entscheiden dürfte, wo Speicherungs*prozesse* ablaufen und welchen Umfang und welche Intensität die dabei stattfindenden Transformationen annehmen. Natürlich ist es darüber hinaus wichtig, zwischen intra- und interkulturellen Speicherungen und Transformationen zu unterscheiden. Beispiele interkultureller Speicherungs- und Transformationsprozesse haben wir etwa vor uns, wenn die deutsche Tradition der phänomenologischen Philosophie in den USA zu einem soziologischen Theorieprogramm umgeprägt wird und dann, in Ablegern wie der Ethnomethodologie, als amerikanische Soziologie nach Deutschland zurückkehrt, oder wenn *Renan*, wie *Taine* es beschrieben hat, in einen französischen Stil all das umformt, was die Deutschen an Ergebnissen der Mythen-, Religions- und Sprachforschung jenseits des Rheins gespeichert (,,emmagasiné") hatten.

Mit dem Phänomen der ,,Speicherung" kann ein wichtiger Aspekt des Verhältnisses von Literatur und Wissenschaft seit dem Ausgang des 18. Jahrhunderts beschrieben werden. Voraussetzung dafür ist die Ausdifferenzierung von Literatur und Wissenschaft zu zwei deutlich voneinander getrennten Bereichen der kulturellen Produktion. Dieser Differenzierungsprozeß kann aus der Sicht der human- und sozialwissenschaftlichen Disziplinen auch als Ent-Literarisierung beschrieben werden. Am Beispiel der Psychoanalyse möchte ich skizzieren, in welch unterschiedlicher Form die Literatur für eine wissenschaftliche Disziplin an der Wende vom 19. zum 20. Jahrhundert zur Bezugsgruppe werden konnte.

III

Freuds literarische Kenntnisse und Neigungen, die nicht zuletzt auch seine Wissenschaftssprache beeinflußten, waren mehr als der Ausdruck persönlicher Vorlieben. Sie spielten in der Geschichte der in der Universität mißlingenden, schließlich außeruniversitär erfolgreichen Institutionalisierung des psychoanalytischen Theorieprogramms eine entscheidende Rolle.

Für den Tatbestand, daß *Freud* nicht nur bereit war, den Dichter als Vorläufer der Wissenschaft schlechthin und damit auch der wissenschaftlichen Psychologie anzusehen[7], sondern daß er auch eine tiefe Affinität zwischen dichterischen Produktionen und seiner eigenen Tätigkeit als Analytiker und Therapeut annahm, findet sich bereits in den frühen ,,Studien über

Hysterie" (1893/95) ein erstaunliches Zeugnis[8]: „Ich bin nicht immer Psychotherapeut gewesen, sondern bin bei Lokaldiagnosen und Elektroprognostik erzogen worden wie andere Neuropathologen, und es berührt mich selbst noch eigentümlich, daß die Krankengeschichten, die ich schreibe, wie Novellen zu lesen sind, und daß sie sozusagen des ernsten Gepräges der Wissenschaftlichkeit entbehren. Ich muß mich damit trösten, daß für dieses Ergebnis die Natur des Gegenstandes offenbar eher verantwortlich zu machen ist als meine Vorliebe; Lokaldiagnostik und elektrische Reaktionen kommen bei dem Studium der Hysterie eben nicht zur Geltung, während eine eingehende Darstellung der seelischen Vorgänge, wie man sie vom Dichter zu erhalten gewohnt ist, mir gestattet, bei Anwendung einiger weniger psychologischer Formeln doch eine Art von Einsicht in den Hergang einer Hysterie zu gewinnen. Solche Krankengeschichten wollen beurteilt werden wie psychiatrische, haben aber vor letzteren *eines* voraus, nämlich die innige Beziehung zwischen Leidensgeschichte und Krankheitssymptomen, nach welcher wir in den Biographien anderer Psychosen noch vergebens suchen."

Zehn Jahre später bekannte *Freud*, daß er zwar keineswegs in den Werken der Dichter nach einer Bestätigung seiner wissenschaftlichen Einsichten gesucht habe, daß er aber beinahe zu der Einsicht gezwungen wurde, die Dichter befänden sich auf derselben Seite wie „die Alten, wie das abergläubische Volk und wie der Verfasser der ‚Traumdeutung' "[9]. Längst nämlich hatten Dichter ihre Kunstwerke auf Erfahrungen und Einsichten aufgebaut, die *Freud* glaubte, aufgrund seiner klinischen Fälle frisch entdeckt zu haben. Auf einmal erschien nun die literarische Einbildungskraft der wissenschaftlichen Analyse nicht nur ebenbürtig, sondern sogar überlegen: „Doch halten wir ein, ehe wir darangehen, zu prüfen, ob der Dichter auch bei der Bildung seiner Träume unserer Erwartung eines tieferen Verständnisses entspricht. Fragen wir uns vorher, was die psychiatrische Wissenschaft zu seinen Voraussetzungen über die Entstehung eines Wahnes sagt, wie sie sich zur Rolle der Verdrängung und des Unbewußten, zum Konflikt und zur Kompromißbildung stellt. In kurzem, ob die dichterische Darstellung der Genese eines Wahnes vor dem Richtspruch der Wissenschaft bestehen kann.

Und da müssen wir die vielleicht unerwartete Antwort geben, daß es sich in Wirklichkeit leider ganz umgekehrt verhält: Die Wissenschaft besteht nicht vor der Leistung des Dichters. Zwischen den hereditär-konstitutionellen Vorbedingungen und den als fertig erscheinenden Schöpfungen des Wahnes läßt sie eine Lücke klaffen, die wir beim Dichter ausgefüllt finden. Sie ahnt noch nicht die Bedeutung der Verdrängung, erkennt nicht, daß sie zur Erklärung der Welt psychopathologischer Erscheinungen durchaus des Unbewußten bedarf, sie sucht den Grund des Wahnes nicht in einem psychischen Konflikt und erfaßt die Symptome desselben nicht als Kompromißbildung. So stünde denn der Dichter allein gegen die gesamte Wissenschaft? Nein, dies nicht, – wenn der Verfasser nämlich seine eigenen Arbeiten auch der Wissenschaft zurechnen darf. Denn er selbst vertritt seit einer Reihe von Jahren – und bis in die letzte Zeit ziemlich vereinsamt – alle die Anschauungen, die er hier aus der ‚Gradiva' von *W. Jensen* herausgeholt und in den Fachausdrücken dargestellt hat[10]."

Es war daher nur konsequent, daß *Freud*, als er zwanzig Jahre später das Curriculum einer imaginären psychoanalytischen Hochschule beschrieb, der Literaturwissenschaft darin einen sicheren Platz anwies[11]. Die offen bekannte Affinität der Psychoanalyse zur Literatur läßt sich in *Freuds* Schriften durch eine Fülle anderer Beispiele untermauern. Zweifellos hat die „Literarizität" der Psychoanalyse ihren Zugang zur Universität ebensosehr erschwert, ja letztlich verhindert, wie sie die Entstehung und das Erstarken einer psychoanalytischen „Bewegung" außerhalb der Hochschulen erst ermöglicht und dann kräftig befördert hat. Zur Erläuterung dieses Tatbestandes möchte ich einige allgemeine Bemerkungen zur Institutionalisierung wissenschaftlicher Disziplinen voranschicken.

IV

Einigkeit dürfte darüber herrschen, daß ein Theorieprogramm nur dann institutionell abgesichert werden und lebensfähig bleiben kann, wenn es seinen Vertretern gelingt, die *kognitive Identität* des Programms, d. h. die Einzigartigkeit seiner „intellectual orientations, conceptual schemes, paradigms, problematics, and tools for inquiry" nachzuweisen und dafür eine *soziale Identität* „in the form of its major institutional arrangements" zu finden[12]. Für ähnlich bedeutsam halte ich den Erwerb und den Nachweis einer *historischen Identität,* d.h. die Rekonstruktion einer disziplinären Vergangenheit, auf die sich im Prinzip alle Mitglieder der Wissenschaftlergemeinschaft berufen können[13]. Der Nachweis der kognitiven Identität dient einem Theorieprogramm vor allem dazu, es von bereits existierenden, ähnlich strukturierten Konkurrenzprogrammen zu unterscheiden; seine soziale Identität wird durch einen organisatorischen Unterbau erreicht, der die Überlebensfähigkeit im akademischen Daseinskampf sichert; seine historische Identität schließlich erfüllt eine doppelte Funktion: Disziplin-extern soll damit ebenfalls die Einzigartigkeit des Theorieprogramms durch den Nachweis einer unverwechselbaren Theoriebiographie (und möglichst Anciennität) belegt werden, disziplin-intern verfolgt der Nachweis einer solchen historischen Identität nicht zuletzt den Zweck, eine vorzeitige Binnendifferenzierung der Disziplin zu verhindern.
Üblicherweise hat der Begriff „Institutionalisierung" einen positiven Beiklang, wird mit ihm doch die organisatorische Absicherung oder Ausweitung eines Theorieprogramms bezeichnet. Daher ist es um so wichtiger, darauf hinzuweisen, daß Institutionalisierungsprozesse immer auch Prozesse der Ausschließung und Abgrenzung sind. Dies gilt für den Globalprozeß der Institutionalisierung der neuzeitlichen (Natur-)Wissenschaft erst in den Akademien, schließlich in den Universitäten, dessen Kehr- und Kostenseite erst allmählich deutlicher gesehen wird; dies gilt im gleichen Maße für jede einzelne wissenschaftliche Disziplin: kognitive, soziale und historische Identität erwirbt sie ebenso durch Negation wie durch Affirmation, sie muß nicht nur erklären, welchem Programm sie folgt, sondern auch, welches sie ablehnt. Wenn *Bernard Lewis* von den Vorgängen des Erinnerns, Entdeckens und Erfindens gesprochen hat, die zu den Prozessen der Selbstvergewisserung wissenschaftlicher Disziplinen gehören[14], so muß diesen noch der Akt der Zurückweisung hinzugefügt werden. Dabei spielt wieder die Reputationshierarchie der akademischen Disziplinen eine entscheidende Rolle: Gegenüber der Nachahmung reputationshöherer Disziplinen bieten üblicherweise weder die Anlehnung an reputationsschwächere Fächer noch der kühne Anspruch auf fachspezifische Einzigartigkeit nennenswerte Institutionalisierungschancen.

In derartigen Institutionalisierungsprozessen, die immer auch Versuche zur Reputationsgewinnung oder -vermehrung darstellen, spielt der Bezug auf die Literatur gelegentlich eine wichtige, oft genug polemische Rolle. Im 19. Jahrhundert häufiger, hat er kaum etwas von seiner Wirkung verloren. Wie könnte der Angehörige einer reputationsstarken Disziplin wie der Physik gegenüber einem reputationsarmen Fach heute noch seine Herablassung stärker zum Ausdruck bringen als durch den beiläufigen Hinweis, wolle er Einsichten in das Zusammenleben der Menschen erhalten, so beschäftige er sich mit „Geschichten und Gedichten", doch nicht mit der Soziologie[15]!
Natürlich sind im 19. Jahrhundert der Gebrauch klassischer Metaphern, breite literarische Kenntnisse, ja selbst ein angenehmer Stil auch unter Wissenschaftlern noch weit verbreitet. Sie gehören aber nicht mehr zur Wissenschaftler-Rolle, sondern sind nunmehr zu bloßen Bildungsattributen geworden. Darüber hinaus, das ist meine Vermutung, gehört für viele human- und sozialwissenschaftliche Fächer (etwa die Soziologie, Psychologie, Ethnologie, Pädagogik) im 19. Jahrhundert die Imitation des naturwissenschaftlichen Erkenntnisprozesses und die Zurückweisung der eigenen „literarischen" Vergangenheit zu den Voraussetzungen, die diesen Disziplinen eine akademische Minimalreputation sichern.

V

Vom methodologischen Rigorismus der Neokantianer befeuert, wurden gerade „junge" Disziplinen, hatten sie erst einmal ihre kognitive und historische Identität proklamiert und dann organisatorisch abgesichert, zu den orthodoxesten Mitgliedern der scientific community – die ich mir als aus Fächern, nicht aus einzelnen Wissenschaftlern zusammengesetzt vorstelle. In dem von mir hier skizzierten Fall der Psychoanalyse darf man nicht vergessen, daß die Experimentalpsychologie noch eine junge Wissenschaft war, als sie, ebenso wie die herkömmliche Psychiatrie, von der Psychoanalyse „herausgefordert" wurde, und daß sie das Trauma ihrer Abspaltung von der Philosophie noch keineswegs überwunden hatte. Es war ausgerechnet ein Franzose, *Théodule Armand Ribot*, der die immer noch akute Gefahr der Experimentalpsychologie, wieder in ein Stadium der literarischen Vorwissenschaftlichkeit zurückzufallen, dramatisch beschwor, als er Ende des 19. Jahrhunderts davon sprach, der Psychologe könne nur allzuleicht wieder „ein Dichter besonderer Art" werden[16].
Es erschien daher verständlich, daß *Hermann Ebbinghaus*, als er 1907 die Psychologie zu charakterisieren hatte, von deren langer *Vergangenheit*, aber nur kurzer *Geschichte* sprach. Dies war weniger eine Beschreibung als eine Vorschrift: Wollte sie eine geachtete, reputierliche Disziplin werden, tat die Psychologie besser daran, eine zwar weit zurückreichende, doch wenig ehrenvolle Vergangenheit zu vergessen und sich statt dessen auf eine zwar kurze, aber um so ehrenvollere Geschichte als anerkannte wissenschaftliche Disziplin zu besinnen[17].
Gegen dieses in der Profession weitgehend akzeptierte Gebot verstieß *Freud* in mehrfacher Weise. Nicht nur dadurch, daß er die Dichtung als gleichberechtigte Vorläuferin der Psychologie akzeptierte (historische Identität) und literarisch-psychologischen Einsichten eine wissenschaftliche Bedeutung zusprach (kognitive Identität) – auch die Organisationsformen der psychoanalytischen Bewegung (soziale Identität) entsprachen eher literarischen Vorbildern

als den in der scientific community verbreiteten Mustern. Als im Jahre 1912 *Ernest Jones* nach Absprache mit *Ferenczi Freud* die Bildung des sogenannten *Komitees* vorschlug, einer Art „alter Garde", die, um *Freud* herum gebildet, die psychoanalytische Bewegung organisatorisch stützen und ihre kognitive Reinheit bewahren sollte, griff *Jones* auf literarische Vorbilder zurück: „Die ganze Idee einer solchen Gruppe hatte natürlich in meinem Geist ihre Vorgeschichte: in Berichten aus meiner Kindheit von den Paladinen Karls des Großen, in Darstellungen vieler Geheimgesellschaften, die ich aus der Literatur kannte." *Freud* selbst ging auf dieses atmosphärische Element sofort ein, als er am 1. August 1912 zustimmend an *Jones* schrieb: „Was meine Phantasie sofort in Beschlag nahm, war Ihre Idee eines geheimen Konzils, das sich aus den Besten und Zuverlässigsten unserer Leute zusammensetzen sollte, deren Aufgabe es sei, für die Weiterentwicklung der Psychoanalyse zu sorgen und die Sache gegen Persönlichkeiten und Zwischenfälle zu verteidigen, wenn ich nicht mehr da bin. ... Ich weiß, daß in diesem Projekt auch ein Element von knabenhafter Romantik liegt, aber es läßt sich vielleicht realitätsgerecht machen. Ich will meiner Phantasie freien Lauf lassen und Ihnen die Rolle des Zensors überlassen[18]."

Als *Freud* sich später entschloß, die „Geschichte der psychoanalytischen Bewegung" zu schreiben[19], geschah dies nicht zuletzt, um die Illegitimität ihrer verschiedenen Abfallbewegungen durch die Rekonstruktion der wahren Entstehungsgeschichte der Psychoanalyse zu kontern. Insofern entsprach dieser Versuch zu einer „Disziplingeschichte" dem, was zuvor über die identitätsstiftende Funktion disziplingeschichtlicher Rekonstruktionen gesagt wurde. Andererseits wird gerade in diesem Stück Psychoanalyse-Geschichte, das von *Freud* selbst geschrieben worden ist, sein Schwanken zwischen einer Nachahmung herkömmlich-akademischer Institutionalisierungsprozesse und dem Wunsch nach Festigung einer „Bewegung" deutlich, die absichtsvoll von organisatorischen Einengungen freigehalten werden sollte. Die Darstellung *Freuds* gleicht lange Zeit eher der Geschichte eines um eine Zentralfigur gescharten literarischen Zirkels, in dem beispielsweise Prioritätsstreitigkeiten überhaupt keine Rolle spielen – erst mit den stärker einsetzenden und zunehmend an Bedeutung gewinnenden Abfallbewegungen wird die Beanspruchung von Prioritäten für bestimmte Entdeckungen bedeutsam, womit sich für *Freud* das schwierige Problem der Institutionalisierung einer „Bewegung" stellte[20].

Ich kehre nunmehr zu den von *Freud* immer wieder betonten, jedenfalls nie verschwiegenen Affinitäten zwischen Psychoanalyse und Literatur zurück. Während *Freud,* vor allem aber sein Biograph *Ernest Jones,* immer wieder betonten, die Psychoanalyse sei zu Beginn entweder völlig ignoriert oder aufs schärfste abgelehnt worden, hat sich dieses Bild heute – nicht zuletzt durch die Publikation von *Hannah Deckers* Buch „Freud in Germany" – entscheidend gewandelt. Natürlich spielten „sexuelle Vorurteile, Antisemitismus und die persönlichen Neurosen der Kritiker"[21] für die Ablehnung der Psychoanalyse die entscheidende Rolle. Kaum weniger bedeutsam war jedoch eine positive Reaktion, die freilich – denkt man an die Versuche zur Einführung der Psychoanalyse in die Universität – vom falschen Publikum kam: Es waren die nichtprofessionellen Leser *Freuds,* die Amateurpsychologen und Literaten, die *Freud* verehrten, zur gleichen Zeit aber aufgrund eben dieser Verehrung dazu beitrugen, der Psychoanalyse die Zuerkennung der lange Zeit gewünschten akademischen Reputation vorzuenthalten. Zum Beispiel stammte die erste zustimmende Besprechung, die zu den

„Studien über Hysterie" geschrieben wurde, von einem Literaturhistoriker, *Alfred von Berger*. Der ehrenwerte Direktor des Wiener Burgtheaters kam, um *Freud* zu preisen, doch begrub er seine akademische Reputation eher – wie viele andere, die bereitwillig zugaben, von *Freuds* wissenschaftlichen Einsichten nicht allzuviel zu verstehen – und statt dessen um so enthusiastischer die literarischen Vorzüge seiner wissenschaftlichen Prosa lobten.
Die akademische Psychologie, die *Freud* wenig freundlich gegenüberstand, konnte aus solch fatalem Lob nur Vorteil ziehen – so wie *Stefan Zweigs* Bemerkung, *Freud* sei das Schlußkapitel der österreichischen Literatur, einen professionellen Psychologen schwerlich dazu motivieren konnte, in ihm gleichzeitig den Neuanfang seiner eigenen Disziplin zu sehen. Psychiater und Neurologen hatten bereits *Charcots* Demonstrationen als unwissenschaftlich und theatralisch gescholten – wobei sie sich zur gleichen Zeit über die hohe Zahl seiner hysterischen Patienten, die aufs deutlichste die französische décadence verrieten, freuten – *Freuds* Herkunft von *Charcot* erklärte nun unter anderem die literarische und unwissenschaftliche Ausrichtung, die die Psychoanalyse genommen hatte. Als die Psychoanalyse später wenigstens modisch geworden war, galten ihre literarischen Qualitäten als Vorteil, um psychologische Auffassungen zu popularisieren und damit auch einem Laienpublikum nahezubringen – worin sich traditionellerweise die freundliche Abkanzelung einer wissenschaftlichen Position ausdrückt: „Models and dramatic language are useful in ramming home psychological insights to patients and to a wide public in a suffering civilization. Parents, nursery teachers, mild neurotics and social workers would not be touched by the mathematical constructs of Hall or the topological jargon of Lewin[22]."
Ironischerweise mag es aber gerade ihr literarischer Charakter gewesen sein, der die Psychoanalyse, die eine Nische in der Universität nicht finden konnte, doch außeruniversitär überleben und sich ausbreiten ließ. Die zweite Generation der Freudianer, junge Ärzte und Laien, die in den zwanziger Jahren Analytiker wurden, sprachen immer besonders nachdrücklich von ihren literarischen Interessen und gaben zu, von der Psychoanalyse zunächst wegen ihrer nichtmedizinischen, d. h. literarischen Qualitäten angezogen worden zu sein.
Was hat *Freud* dazu bewegt, so nachdrücklich den literarischen Charakter der Psychoanalyse zu betonen? Er mußte sich darüber im klaren sein, daß die Chancen zur inneruniversitären Institutionalisierung der Psychoanalyse, die ohnehin gering waren, dadurch vollends verlorengingen. Auch wenn *Freud* später erklärte, zwar könne die Psychoanalyse ohne die Universität auskommen, schwerlich aber die Universität ohne die Psychoanalyse, wird man darin nicht nur eine Trotzreaktion erkennen dürfen. *Freud* hat den literarischen Charakter seiner in der klinischen Praxis gewonnenen Einsichten bereits zu einer Zeit formuliert (Studien über Hysterie, 1893/95), als von einer psychoanalytischen Bewegung noch gar keine Rede sein konnte. Man braucht aber keineswegs Anhänger einer szientistischen Deutung des *Freud*schen Lebenswerkes zu sein[23], um doch Zweifel zu hegen, ob *Freud* tatsächlich die Psychoanalyse derart eng mit der Literatur verknüpft sah, wie er dies oft genug zum Ausdruck brachte. Keinesfalls möchte ich diesen „literarischen" Aussagen szientifische Bekenntnisse gegenüberstellen, die man jetzt in *Sulloways* Buch konzentriert nachlesen kann. Ich möchte vielmehr den Vorschlag machen, die Äußerungen *Freuds*, die die Affinität von Literatur und Psychoanalyse belegen sollen, im Rahmen des Bezugsgruppenkonzeptes zu diskutieren, wie ich es am Anfang meines Essays angedeutet habe.

Freud hat sich gewiß auf literarische Vorbilder bezogen, weil er sie, auch wissenschaftlich gesehen, ernst nahm. Die Literatur und die Dichter-Literaten haben ihm freilich auch als spezifische Bezugsgruppe gedient: Wenn *Freud* davon spricht, der Dichter sei der legitime Vorläufer aller Wissenschaft und damit auch der wissenschaftlichen Psychologie, so ist mit einer solchen Äußerung nicht nur ein Akt der Selbstverständigung vollzogen: angesprochen wird vielmehr in erster Linie eine sich am Erkenntnisideal und am Erkenntnisprozeß der Naturwissenschaften orientierende Experimentalpsychologie, der vorgehalten wird, ihre Ergebnisse seien nicht besser, eher schlechter als die, die in literarischen Kunstwerken bereits vorlägen, und nur einer Psychologie, die auf der Literatur als ihrer legitimen Vorläuferin aufruht, könne es gelingen, mit ihren Ergebnissen über diese hinauszugelangen. *Freud* hatte damit die traditionelle Bezugsgruppenfunktion der Literatur in ihr Gegenteil verkehrt: Während die Berufung auf sie üblicherweise dazu diente, in Absetzung von literarischen Produktionen den Fortschritt streng wissenschaftlicher Einsichten zu belegen, berief *Freud* sich auf literarische Vorbilder, um die Rückständigkeit einer etablierten wissenschaftlichen Disziplin zu kritisieren und um die Einsichten eines rebellischen Theorieprogramms wie der Psychoanalyse, das sich keineswegs von der Literatur distanzierte, sondern sich auf sie berief, zu propagieren.

Ähnlich waren einige Jahrzehnte zuvor bereits zwei opponierende Sozialwissenschaftler verfahren: Daß *Marx* sich mit dem Helden des „Chef-d'œuvre inconnu" verglich und nach Beendigung seiner ökonomischen Studien einen Essay über die „Comédie humaine" zu schreiben plante, daß *Engels* bekannte, von *Balzac* mehr gelernt zu haben als von allen professionellen Historikern, Ökonomen und Statistikern seiner Zeit, sind Absichtserklärungen und polemische Aussagen, die nicht mißverstanden werden dürfen. Die marxistische Politische Ökonomie ist natürlich keineswegs aus der Beschäftigung ihrer Begründer mit dem œuvre *Balzacs* entstanden. Was sich in *Marx'* und *Engels'* Worten vielmehr ausdrückt, ist eine ähnliche Bezugnahme auf die Literatur, wie wir sie später bei *Freud* vorfinden: Wie dieser sich gegen die etablierte Experimentalpsychologie seiner Epoche, so richten sich jene gegen die etablierten ökonomischen und historischen Disziplinen ihrer Zeit und ihre hervorstechendsten Vertreter, die „Guizot e tutti quanti"[24], um ihnen durch den Vergleich mit literarisch formulierten Einsichten ihre mindere wissenschaftliche Qualität vorzuhalten.

VI

Die Beispiele der *Marx*schen Politischen Ökonomie und der *Freud*schen Psychoanalyse lassen die Vermutung zu, daß eine bestimmte disziplingeschichtliche Konstellation den hier skizzierten Rückgriff auf die Literatur nahelegt: In beiden Fällen handelt es sich um stark auf charismatische Führerpersönlichkeiten fixierte Bewegungen, die der geringen inneruniversitären Institutionalisierungschancen wegen auf Alternativen zur organisatorischen Absicherung ihrer Theorieproduktion angewiesen sind. Es sind „rebellierende" Theorieproduzenten, die sich zu Zwecken disziplinärer Polemik gegen die Ent-Literarisierung wenden, die die Institutionalisierung der Human- und Sozialwissenschaften seit dem Ende des 18. Jahrhunderts bis hinein ins 20. Jahrhundert kennzeichnet. Als die Human- und Sozialwissenschaften mit der Abspaltung ihrer literarischen Vergangenheit glaubten, auf dem Wege zum wissenschaftlichen Reputationsgewinn einen wesentlichen Schritt zurückgelegt zu haben, haben zwei ihrer „Außenseiter" eben durch Berufung auf die Literatur diesen Konsens in Frage gestellt.

Anmerkungen

1 Nach Vorarbeiten in meinem Buch „Das Ende der Naturgeschichte" (München 1976) und einem Aufsatz „Der Wissenschaftler als Autor" (in: „Akzente" 1978, Heft 2, S. 129–147) habe ich während eines Aufenthaltes am Institute for Advanced Study in Princeton ein Forschungsprogramm zu skizzieren versucht, das den Institutionalisierungsprozeß der Human- und Sozialwissenschaften im 19. und beginnenden 20. Jahrhundert als Vorgang der Ent-Literarisierung beschreibt. Vgl. *Wolf Lepenies,* Transformation and Storage of Scientific Traditions in Literature, School of Social Science, The Institute for Advanced Study, Princeton, N.J., Ms. 1980.

2 *Robert K. Merton,* in dessen Graduate Seminar in Columbia ich das o. g. Forschungsprogramm vortragen und diskutieren konnte, verdanke ich die Anregung, Beziehungen zwischen Wissenschaft und Literatur im Rahmen des Bezugsgruppenkonzeptes darzustellen. Vgl. dazu vor allem *Merton,* Continuities in the Theory of Reference Groups and Social Structure, in: *Social Theory and Social Structure,* New York 1968, S. 335–440.

3 Vgl. dazu die Essays von *L. G.* und mir in: *Carl von Linné,* Nemesis Divina, hrsg. von *Wolf Lepenies* und *Lars Gustafsson,* München 1980 (Reihe „Hanser Anthropologie").

4 Vgl. *Carlo Mongardini,* Storia e sociologia nell'opera di H. Taine, Milano 1965.

5 *H. Taine,* Nouveaux essais de critique et d'histoire, Paris 1866, S. 17.

6 Brief an *A. Delaire* vom 19. April 1890, zitiert nach *Mongardini,* op. cit., S. 251. Mit dieser Einstellung verträgt es sich dann nur zu gut, wenn *Taine,* der „echter Comtist, ganz Positivist und reiner Empiriker, sogar Naturalist" sein wollte *(Georg von Below,* Die Entstehung der Soziologie, Jena 1928, S. 114), *Comte* in einer Rezension des Cours de philosophie positive (im *Journal des Débats* vom 6. Juli 1864) vorwirft, er stehe der literarischen Kultur völlig fremd gegenüber und sei unter den schlechten Schriftstellern noch einer der schlechtesten. Schon zu seinen Lebzeiten waren kritische Äußerungen dieser Art gegen *Comte* vorgebracht worden, doch hatte dieser 1840 in einem Brief an *Valat* erklärt, er schreibe so, wie sein Gegenstand es erfordere, und im übrigen wolle er nur zu gern mit all jenen großen Wissenschaftlern verglichen werden, die die Rhetoriker als schlechte Schriftsteller abkanzelten.

7 „Der Dichter soll der Berührung mit der Psychiatrie aus dem Wege gehen, hören wir sagen, und die Schilderung krankhafter Seelenzustände den Ärzten überlassen. In Wahrheit hat kein richtiger Dichter je dieses Gebot geachtet. Die Schilderung des menschlichen Seelenlebens ist ja seine eigentliche Domäne; er war jederzeit der Vorläufer der Wissenschaft und so auch der wissenschaftlichen Psychologie." *Sigmund Freud,* Der Wahn und die Träume in W. Jensens „Gradiva", in: Gesammelte Werke, 7. Band, Frankfurt a. M., ^{5}1972, S. 70. Weiter heißt es hier: „So kann der Dichter dem Psychiater, der Psychiater dem Dichter nicht ausweichen, und die poetische Behandlung eines psychiatrischen Themas darf ohne Einbuße an Schönheit korrekt ausfallen."

8 *Freud,* Studien über Hysterie (1893/95), in: Gesammelte Werke, 1. Band, Frankfurt a. M. ^{2}1964, S. 227 („Fräulein Elisabeth v. R. ...").

9 *Freud,* Der Wahn und die Träume in W. Jensens „Gradiva", S. 32.

10 A.a.O., S. 79–80.

11 *Freud,* Die Frage der Laienanalyse. Unterredungen mit einem Unparteiischen, in: Gesammelte Werke, 14. Band, Frankfurt a. M. ^{5}1972, S. 281.

12 *Robert K. Merton,* The Sociology of Science. An Episodic Memoir, Carbondale, Ill., 1979, S. 5.

13 Vgl. dazu *Wolf Lepenies,* Anthropological Perspectives in the Sociology of Science, in: Cognitive and Historical Sociology of Scientific Knowledge, hrsg. von *Yehuda Elkana* u. *Everett Mendelsohn,* Dordrecht 1981, im Druck.

14 *Bernard Lewis,* History. Remembered, Recovered, Invented, Princeton, N.J. 1975.
15 *Freeman Dyson,* Disturbing the Universe, New York 1979, S. 5.
16 *Théodule Armand Ribot,* La Psychologie allemande contemporaine. Ecole expérimentale, Paris 1879. Deutsch: Die experimentelle Psychologie der Gegenwart in Deutschland, Braunschweig 1881, S. 4.
17 *Hermann Ebbinghaus,* Psychologie, in: Die Kultur der Gegenwart. Ihre Entwicklung und ihre Ziele, Teil 6, hrsg. von *Paul Hinneberg,* Berlin 1907, S. 173–244.
18 *Ernest Jones,* Das Leben und Werk von Sigmund Freud. Band II: Jahre der Reife 1901–1919, Bern [2]1978, S. 186, 187.
19 *Freud,* Zur Geschichte der psychoanalytischen Bewegung, in: Gesammelte Werke, 10. Band, Frankfurt a. M. [3]1963, S. 43–113.
20 *Freud* versuchte durchgängig, den Eindruck zu erwecken, als ob ihm an einer organisatorischen Absicherung der Psychoanalyse weniger gelegen gewesen sei als seinen Schülern: „Wie ich Ihnen das Verhalten dieser meiner Schüler erklären kann? Sicher weiß ich es nicht, ich denke, es wird die Macht des Standesbewußtseins sein. Sie haben eine andere Entwicklung gehabt als ich, fühlen sich noch unbehaglich in der Isolierung von den Kollegen, möchten gerne als vollberechtigt von der *profession* aufgenommen werden und sind bereit, für diese Toleranz ein Opfer zu bringen, an einer Stelle, deren Lebenswichtigkeit ihnen nicht einleuchtet." *Freud,* Die Frage der Laienanalyse, S. 273.
21 *Hannah S. Decker,* Freud in Germany. Revolution and Reaction in Science, 1893–1907, New York 1977, S. 1. Für das im folgenden Gesagte ließen sich Parallelen zum professionellen Schicksal *Georg Simmels* ziehen. Darauf bin ich in meinem in Anm. 1 genannten Princeton-Manuskript eingegangen. Vgl. dazu *Charles David Axelrod,* Studies in Intellectual Breakthrough. Freud, Simmel, Buber, Amherst, Mass. 1979.
22 *R. S. Peters* (Hrsg.) Brett's History of Psychology. Edited and abridged by *R. S. Peters,* London 1953, S. 682.
23 *Frank J. Sulloway,* Freud. Biologist of the Mind, New York 1979.
24 *Engels* an *Laura Lafargue,* 13. Dezember 1883.

LITERATURSOZIOLOGIE IM RÜCKBLICK

Von Leo Löwenthal

Über ein halbes Jahrhundert habe ich mich vornehmlich mit der Soziologie der Literatur und dem Problem der Massenkultur beschäftigt. Finanziell unterstützt vom Institut für Sozialforschung an der Universität Frankfurt begann ich 1926 mit Studien über deutsche Erzähler im 19. Jahrhundert. Aus ihnen spricht der sozialkritische Geist, der diese Gruppe damals noch junger Gelehrter motivierte, konventionelle Forschungsmethoden zu verwerfen und auf den Gebieten der Sozial- und Geisteswissenschaften eine neue und kühnere Behandlung des Materials zu suchen – kurzum, einen Durchbruch zu wagen durch die Mauern des akademischen Elfenbeinturms, in dem Spezialisten meist ohne soziales und moralisches Bewußtsein für ihre beruflichen Interessen arbeiteten. Ich hatte den Vorzug, eines der ersten Mitglieder dieser Gruppe zu sein, der ich mich 1926 auf Einladung von *Max Horkheimer* und *Frederick Pollock* anschloß.

Das Studium der Soziologie und Literatur füllte meine akademischen Lehrjahre aus, und danach beschäftigte ich mich mit Studien, in denen ich das, was ich von *Marx* und *Freud* und der großen philosophischen Tradition Europas gelernt hatte, für eine Neuwertung der europäischen Literatur seit der Renaissance anzuwenden versuchte. Wie meine Geistesverwandten aus jener Zeit war auch ich vom Verfall der westlichen Gesellschaft überzeugt. Wir spürten alle den drohenden Anmarsch Hitlers, hielten auch die übrige sogenannte zivilisierte Welt für beschädigt und bemühten uns, jeder nach seinen Kenntnissen und nach seiner Veranlagung, geschichtliche und zeitgenössische Probleme so zu interpretieren, daß ihr sozial regressiver oder progressiver Charakter sichtbar wurde. Wir verwarfen den Begriff einer wertfreien Wissenschaft als einen unverzeihlichen Verzicht auf die moralische Verpflichtung derjenigen, die mitten im allgemeinen Elend der Durchschnittsexistenzen das Glück hatten, ein geistiges Leben zu führen. Falls einige der Formulierungen im nachstehenden parteiisch, ja sogar zornig vorkommen, so habe ich keine Entschuldigung bereit, sondern wäre eher stolz auf solche Schimpfworte. Es gab genug Grund zur Verärgerung – im Wissenschaftsbetrieb wie im öffentlichen Leben.

Schon seit meiner Schulzeit fühlte ich mich zur Literatur hingezogen, und es ist wohl kein Zufall, daß ich einige Jahre als Deutschlehrer in deutschen Gymnasien verbrachte, ehe ich mich dem Institut anschloß. Ich vermute, daß ich mich unbewußt zur Literaturkritik hinentwickelte; denn als Schüler und Lehrer hatte ich erfahren, wie völlig banal der Großteil des Literaturunterrichts war, wenigstens wie er von den meisten Lehrern praktiziert und in den offiziellen Lehrbüchern belegt wurde. Vor allem aber erregte mich die absurd-konventionelle Wahl der literarischen Texte. Da ich die Jahre Deutschlands nach dem Ersten Weltkrieg als politisch rebellischer, wenn nicht gar revolutionärer junger Mann erlebte, war es für mich

ganz natürlich, die praktische Erfahrung aus Schule und Politik in meinen theoretischen Versuchen innerhalb der akademischen Mauern nutzbar zu machen.
Bald entdeckte ich, daß ich in meinen Versuchen, Literatursoziologie zu betreiben, ziemlich isoliert war. Jedenfalls suchte man fast vergebens nach Verbündeten, wenn man sich vornahm, diese Aufgabe aus der Perspektive einer kritischen Gesellschaftstheorie aufzufassen. Sicher, es gab die Beiträge *Franz Mehrings,* die ich mit Interesse und Gewinn las; aber trotz der bewunderungswürdigen Anständigkeit und dem unnachgiebigen politischen Radikalismus des Autors führten seine Schriften letztlich nicht über die Grenzen eines sozialistischen Journalisten hinaus, der über Literatur im wesentlich gleichen Stil schrieb wie über Politik und Wirtschaft. *Georg Lukács* hatte seine stattliche Reihe von Beiträgen zur marxistischen Ästhetik und Interpretation der Literatur noch nicht vorgelegt. Freilich war ich zutiefst berührt und beeinflußt von seinem schönen kleinen Buch über „Die Theorie des Romans" (1920), das ich fast auswendig kannte. Neben *Levin Schückings* Bändchen über die Soziologie des literarischen Geschmacks war der einzige andere Haupteinfluß, dessen ich mich entsinnen kann, *Georg Brandes'* monumentales Werk über die literarischen Strömungen des 19. Jahrhunderts.
Dennoch hatte ich den Mut, wenn nicht gar Übermut, eine großangelegte sozialkritische Studie über die französische, englische, spanische und deutsche Literatur zu planen, deren Anfang die oben erwähnten Studien bilden sollten. Meine Aufmerksamkeit galt insbesondere den Schriftstellern und literarischen Schulen, die das reaktionäre deutsche Literaturestablishment entweder durch totales Stillschweigen bestraft (z. B. das Junge Deutschland und *Spielhagen*) oder hinauf in die Wolken idealischen „Geschwätzes" gehoben (*Goethe* und die Romantik) oder auf die Weide der quasifolkloristischen Anthropologie getrieben hatte (*C. F. Meyer* und *Keller*).
Ich habe mich bei diesen Arbeiten auf erzählende Formen der Literatur beschränkt; denn aus Gründen, die ich soziologisch und künstlerisch für gültig halte, glaube ich, daß Romane und Erzählungen den bedeutendsten Aspekt der deutschen Literatur im 19. Jahrhundert darstellen. Während ich mich keineswegs dieser Dokumente meiner Jugend schäme, bin ich mir ihrer Schwächen doch bewußt. Wenn ich sie noch einmal zu schreiben hätte, wäre ich bestimmt weniger überzeugt von einigen der unmittelbaren Beziehungen, die ich zwischen Literatur und Schriftsteller einerseits und der sozialen Infrastruktur andererseits herstellte. In späteren Veröffentlichungen habe ich versucht, die Vermittlung zwischen Unterbau und Überbau, zwischen sozialen Strömungen und Ideologien mit größerer Umsicht zu analysieren; aber meine Anschauungen über die soziale Welt und die Notwendigkeit, Sozialtheorie und Literaturanalyse zu verbinden, haben sich im wesentlichen nicht geändert. Während der letzten Jahrzehnte ist Literatursoziologie immer modischer geworden. Die Schriften meiner Zeitgenossen haben mich nicht selten verwundert, weil einige – häufig in unnötig komplizierter und esoterischer Sprache – so sehr auf ‚Vermittlung' aus sind, daß die Beziehungen zwischen sozialem Sein und sozialem Bewußtsein fast verdunkelt werden.

I

Das erste Heft der Zeitschrift für Sozialforschung – das einzige, das noch in Deutschland erschien, bevor die Hitler-Nacht sank – deutet an, was kritische Theorie bedeutet, nämlich eine Perspektive, die sich aus einer gemeinsamen kritischen Grundgesinnung auf alle kulturellen Phänomene ausdehnt, ohne jemals den Anspruch eines Systems zu machen. Es enthält kritische Programme über Philosophie, Ökonomie, Psychologie, Musik und Literatur. Nichts anderes als solch kollektiver Nenner sollte als kritische Theorie verstanden werden, ein Ausdruck übrigens, den wir wenigstens in den ersten 20 Jahren niemals so betont verwendet haben, wie er jetzt in der Nachwirkung erscheint. Als einziger Überlebender der Gründerzeit der 20er Jahre fühle ich mich fast beschämt ... Warum sollte ich überleben und nicht die anderen, die mich 1926 zu einem intellektuellen Bündnis in der von ihnen zwei Jahre früher geschaffenen institutionalisierten Form einluden? „Kritische Theorie" sagten wir damals nicht, und der Gedanke einer „Schule" lag uns gewiß ganz fern. Wir waren und blieben Neinsager in der Tradition von *Hegels* bestimmter Negation ... Neinsager, wo jeder das auszudrücken versuchte, was in seinem bestimmten Gebiet und deswegen in der Gesellschaft schlecht war. Wir waren bewußt am Rande der etablierten Macht. Noch immer, wie Sie sehen werden, ist mir in meiner eigenen Arbeit und vielleicht in meinem Lebensgefühl die Position am Rande, die Marginalität, die wichtigste Kategorie. Von meiner durchgehaltenen Verpflichtung zum literarischen Erbe und zugleich der Kritik der Waren- und Wortproduktion für den manipulierten und manipulierbereiten Massenmarkt kann ich nur andeuten, was ich in 50 Jahren versucht habe, und vielleicht gelingt es mir, im Rahmen der beschränkten Zeit und des leicht beschädigten alternden Gehirns meine kritische Einstellung zu entwikkeln.

II

Um gleich mit der Tür ins Haus zu fallen: Kunst und Konsumware sind aufs strengste zu trennen, und alle gegenwärtigen Versuche, die Trennungslinie zu verwischen, wie es mir auch in manchen radikalen Kreisen hier sowie in Amerika begegnet ist, kann ich nicht akzeptieren. Gewiß kann Konsum der echten Kunst auch zur Massenkultur werden und seinen Anteil an der manipulierten Gesellschaft haben. Ich brauche Sie nur an die Rolle Wagners in der Hitler-Zeit zu erinnern, über die *Adorno* Bündiges ausgesagt hat. Mehr sonderbare Beispiele finden sich in der Geschichte der Theateraufführung, so etwa, wenn der bürgerliche Common Sense die gesellschaftlich inhärente Tragödie von Ehe und Liebe verniedlicht. Ich denke etwa an eine Aufführung des „Othello" im 18. Jahrhundert, wenn der Mohr in der letzten Szene Desdemona nicht tötet, sondern seinen Irrtum einsieht und sie um Vergebung bittet, so daß sie miteinander für ewige Zeiten auf Erden glücklich werden, oder wenn um die Wende dieses Jahrhunderts in einer Münchner Aufführung von Ibsens „Puppenhaus" Nora die am Ende geöffnete Tür nicht von außen, sondern von innen schließt und wieder zu ihrem langweiligen Mann zurückkehrt, denn schließlich ist der Platz der Frau im Haus. Dies sind gewiß Beispiele der Reflektion des sozialen Klimas. Auf der andern Seite können auch ur-

sprünglich als Konsumartikel produzierte Materialien, wenn auch selten, in den Bezirk der Volkskunst oder besser der folkloristischen Mythologie eingehen. Aber das sind Grenzfälle. Ich darf nicht versäumen, gewisse Unterschiede der amerikanischen und europäischen Szene anzudeuten. In den Vereinigten Staaten, wo wenig Literatursoziologie in unserem kritischen Sinne zu finden ist, versteht man darunter im wesentlichen Untersuchungen des Inhalts und der Wirkungen der Massenkultur, besonders der kommerziellen und politischen Propaganda. Das Modell dieser Untersuchungen ist behavioristisch, d. h., wie eben das meiste in Amerika, unhistorisch. Literatursoziologie im Sinne der Kunstanalyse bleibt suspekt. In Europa spüre ich heute eine gewisse Gefahr, daß die Kunst in die Mühle des alles zermalmenden Ideologiebegriffs gerät und ihre spezifische Integrität, d. h. ihre zwar historisch bedingte, aber zugleich rational schöpferische und kognitive Rolle dabei einzubüßen droht. Um es etwas provozierend auszudrücken: marxistische Literaturkritik ist nicht nur völlig adäquat, sondern unbedingt notwendig in der Analyse der Massenkultur. Aber sie ist mit größter Vorsicht auf die Kunst anzuwenden und muß sich als Kritik des gesellschaftlichen Scheins auf die Residuen beziehen, die unzweideutig ideologisch sind.
Um es schärfer auszudrücken: Kunst lehrt und Massenkultur wird gelernt, und das bedeutet, daß die Soziologieanalyse der Kunst vorsichtig, supplementär und selektiv zu sein hat, während die Soziologieanalyse der Massenkultur total sein muß; denn deren Produkte sind nichts anderes als die Phänomene und Symptome des Abdankungsprozesses des Individuums in der verwalteten Gesellschaft.

III

Lassen Sie mich zunächst über die Soziologie der Literatur als Kunst sprechen. *Adorno* hat einmal gesagt: „Kunstwerke ... haben ihre Größe einzig darin, daß sie sprechen lassen, was die Ideologie verbirgt. Ihr Gelingen selber geht, mögen sie es wollen oder nicht, übers falsche Bewußtsein hinaus.“ Literatur ist nicht Ideologie: Wir treiben keine Ideologieforschung, sondern wir haben uns auf die besondere Wahrheit, auf das spezifisch Kognitive auszurichten, das das literarische Kunstwerk mitteilt. Das bedeutet nicht „new criticism“, sondern im Gegenteil, es deutet auf die echte Geschichte der künstlerischen Rezeption, wie sie in den Andeutungen von *Marx* über die griechische Tragödie und die Romane von Balzac erscheint. Ich will nun die großen Themen der Literatur identifizieren, wie ich sie aus soziologisch kritischer Sicht auffasse. Zunächst das allgemeinste. Die Literatur ist die einzige zuverlässige Quelle für das Bewußtsein und Selbstbewußtsein des Menschen, für sein Verhältnis zur Welt als Erfahrung. Der Sozialisierungsprozeß, d. h. die soziale Ambienz des Privaten und Intimen und Individuellen wird vom Künstler für seine Zeit und für unsere Zeit bewußt gemacht, und dadurch wird unser eigenes falsches Selbstbewußtsein beständig der Korrektur ausgesetzt. Einsicht in diesen Beitrag der Kunst wurde erst im letzten halben Jahrhundert zu einem wichtigen Bestandteil der intellektuellen Tagesordnung, als die gesellschaftliche Krise total und die totalitäre Krise handgreiflich wurde. Soziologie der Kunst ist in der Tat eine der Eulen der Minerva. Gute Literatursoziologie, so meine ich, interpretiert, was am weitesten von der Gesellschaft entfernt zu sein scheint, als den wahren Schlüssel zur Gesellschaft und besonders zum Schlechten an der Gesellschaft. Psychoanalyse ist übrigens ein gutes Modell für das, was ich auszudrücken versuche, indem in ihr das scheinbar Intimste an Körper und Seele als das wahre Soziale sich enthüllt. Was mir besonders am Herzen liegt, ist die Rolle der kritischen Literatursoziologie in der Analyse der sozialen Ambienz des Intimen und Privaten, der Aufweis der soziologischen Bestimmung solcher Phänomene wie Liebe, Freundschaft, Beziehung zur Natur, Selbstbild und dergleichen. Das bedeutet nicht Reduktionismus. Literatur ist kein Steinbruch. Ich lehne alle Versuche ab, Literatur als ein Werkzeug zu betrachten, um Daten und Fakten über Institutionen, wie die Wirtschaft, den Staat und das Rechtssystem, zu erlernen. Man sollte Sozialwissenschaftlern und Sozialhistorikern verbieten, die Literatur als ein solches Territorium von Rohmaterial zu betrachten. Einzigartig für Literatur ist, daß sie lehrt, Erfolg und Niederlage der Sozialisierung der Individuen in bestimmten geschichtlichen Augenblicken und Situationen zu sehen. Literatur ist der zuverlässigste Zugang, um das soziale Schicksal als Erlebnis zu studieren. Ich will nur andeuten, daß, etwa um den Erlebnisübergang vom feudalen zum aristokratischen und zum bürgerlichen Menschen zu verstehen, es kaum eine bessere Quelle gibt als die Romane von *Stendhal* und insbesondere „Lucien Leuwen“.

Sollten Sie, was ich bisher gesagt habe, als zu formal empfinden, so wird die kritische Perspektive sofort wieder ihr Haupt erheben. Wenn ich von der Sozialisierungsgeschichte des Individuums spreche, spreche ich zugleich von der Geschichte seiner Passion, seines Leidens, wohl aber auch seiner Leidenschaft. Die Literatur, mit der ich vertraut bin, d.h. seit etwa 1600 in Europa, ist die Passionsgeschichte des Menschen in der immer gegenwärtigen Krise, die durchgehaltene Nachricht der Spannung, des Versprechens, des Betrugs und des Todes. Die Literatur der bürgerlichen Gesellschaft macht die permanente Krise des Individuums manifest. Es ist ein Kriterium der Literatur als Kunst, ob und zu welchem Maße sie die Krise als permanent manifestiert. Damit betreten wir den prekären Bereich des Randes, der Marginalität.

Die extremste Form des Randerlebnisses, d.h. der bewußten oder unbewußten Kritik der Gesellschaft, drückt sich in den emphatischen Sätzen derer aus, die das Todesurteil für den Menschen schon gesprochen wissen, bevor wir in die sogenannte Fülle des Lebens der Gesellschaft eintreten. *Stendhal* läßt eine seiner Figuren, mit denen er sich identifiziert, in der „Karthause von Parma“ sagen:

„Ich vermag nichts außer einem Todesurteil zu sehen, das einen wirklichen Menschen charakterisiert ... Alles andere kann gekauft werden.“

Und etwa ein halbes Jahrhundert später versichert uns *Walter Pater* in seinen Studien über die Geschichte der Renaissance:

„Ach ja, ... wie Victor Hugo sagt: ‚Wir sind alle zum Tode verurteilt, wenn auch gewiß mit einer Art unbestimmten Aufschubs.‘ ‚Les hommes sont tous condamnés à mort avec des sursis indéfinis‘: Wir haben eine Pause, und dann weiß die Erde von uns nichts mehr. Manche verbringen diese Pause in Apathie, andere in Leidenschaften, die Weisesten aber mit Kunst und Gesang.“

Das bedeutet in der Sprache eines Neuromantikers, daß die Kunst die einzige Nachricht dessen ist, was am menschlichen Leben oder Erleben das Gute wäre, ein Versprechen des Glücks, das nicht eingelöst wird.

Damit bin ich schon in der Mitte des Randes (wenn Sie mir ein so schlechtes Bild verzeihen), nämlich in der Soziologie des Künstlers selber. Er schaut auf die Welt schräge. (Vielleicht ist es das, was *Brecht* mit dem Begriff der Verfremdung gemeint hat.) Indem er schief auf die Welt blickt, sieht er sie korrekt, denn sie ist ja verzerrt. Der Künstler ist kein Cartesianer, sondern ein Dialektiker, ausgerichtet auf das Idiosynkratische, das, was aus dem System herausfällt, kurz, er ist besorgt um die Unkosten des Menschen, und *das* macht ihn zum Bundesgenossen der kritischen Theorie, d. h. der kritischen Perspektive, die selber Teil der kritischen Praxis ist.
Das Marginale drückt sich im Kunstwerk selber in drei Dimensionen aus: Gruppen, Situationen und Protagonisten. Über alle drei Aspekte einige Bemerkungen.

1. Aus der Perspektive der kritischen Theorie wird der Dichter zu unserem Verbündeten, wo er der Sprecher des *Kollektivs der Ausgestoßenen* ist, der Armen, der Bettler, der Verbrecher, der Irrsinnigen, kurz aller derer, die die Last der Gesellschaft tragen. Hier zeigt sich aber dann sogleich die echte Dialektik der Kunst, die im Sinne des zitierten Wortes von *Adorno* ihre Interpretation als bloße Ideologie sinnlos macht. In der vermittelten Fantasie des Dichters, die der Realität näher kommt als unvermittelte Realität selbst, wird das Kollektiv der Menschen, die von den Profiten und Privilegien ausgeschlossen sind, als die wahre erste Natur des Menschen sichtbar. Im Kollektiv des Elends wird nicht als Verzerrung, sondern als immanente Anklage die Möglichkeit der wahren Menschlichkeit enthüllt. Es ist die dialektische Ironie des literarischen Künstlers, daß diejenigen, die am wenigsten dem banalbürgerlich ideologischen Begriff des Individuums genügen, das Zeichen befreiter autonomer Menschlichkeit tragen.
Ich darf vielleicht als ein Beispiel für die Gesellschaftsgruppen am Rande auf meine Analyse der Werke von *Cervantes* verweisen.

Es gibt zwei, sich nicht gegenseitig ausschließende Möglichkeiten, die Grenzfiguren bei Cervantes zu betrachten; sie sind der Ausschuß einer Gesellschaft, die sie beiseite geworfen hat, und sie sind Moralisten kraft ihres eigenen Rechts. Alle diese Geschöpfe an der Grenze des Menschlichen, die Bettler, die Schurken, die Zigeuner, die Krankhaften, stellen die „Bürde" der Gesellschaft dar, zu der sie entweder nicht gehören wollen oder von der sie gewaltsam ausgestoßen werden. Aber während sie angeklagt, belangt und eingesperrt werden, sind sie selbst ihrerseits Ankläger. Ihre bloße Existenz klagt eine Welt an, die sie nicht machten und die nichts von ihnen wissen will. Indem der Künstler diesen Menschen eine Stimme gibt, kann er versuchen, ein Unbehagen in denen zu wecken, die von der herrschenden Ordnung profitiert haben. Die Stimme des Künstlers gilt den Verlierern.
Der andere Aspekt, unter dem man die Grenzfiguren betrachten kann, führt uns zu dem Begriff des Utopischen. Die Grenzfiguren üben nicht nur die negative Funktion aus, die Sozialordnung anzuklagen; sie zeigen zugleich die wahre Idee vom Menschen. Sie dienen dazu, die Möglichkeiten einer utopischen Gesellschaft zu demonstrieren, wo jedermann die Freiheit hat, sein eigener Sonderfall zu sein – mit dem Ergebnis, daß das Phänomen der Abweichung selbst verschwindet. Die Gesellschaft der Außenseiter, der Räuber und Diebe, die ihr Gewerbe am Rand von Sevilla betreiben, und die Gesellschaft der Zigeuner, die in den Außenbezirken von Madrid lagern, sind groteske Prototypen einer Utopie: Jeder arbeitet nach seinen Fähigkeiten, und alles wird mit allen geteilt.
Die Bedeutung von Cervantes' utopischem Idealismus tritt in der „Geschichte des Zigeunermädchens" noch klarer zutage. Der Führer des Stammes sagt: „Wir beobachten das Gesetz der Freundschaft unverbrüchlich. Keiner streckt die Hand nach dem Gute des anderen aus, wir leben frei und ledig von der Pest der Eifersucht ..."

So beschreibt *Cervantes* auf der Schwelle zur neuen Gesellschaft die Gesetze, nach denen sie funktioniert und konfrontiert sie mit dem von ihr selbst proklamierten Maßstab: dem autonomen und moralisch selbstverantwortlichen Individuum. Dieser verantwortungsbewußte und unabhängige Mensch findet sich nur am Rande der Gesellschaft, einer Gesellschaft, die ihn gleichzeitig hervorbringt und ausstößt.

Der extremste Fall, in dem die Perspektive der kritischen Theorie den kognitiven Charakter der literarisch dargestellten Randgruppen herauszuarbeiten versucht, ist der der Frau. Der literarische Künstler hat seit der Renaissance die Frau stets zum echten Anwalt der revolutionären Kritik der schlechten Gesellschaft gemacht. *Ibsen* hat einmal gesagt:

„Die moderne Gesellschaft ist keine menschliche Gesellschaft, sie ist einzig eine Gesellschaft des Mannsvolkes."

Aber diese Entrechtung der Frauen hat neben den negativen auch positive Folgen.
Ibsens Männer stehen eigentlich nie zu dem, was sie verkünden, und das einzige Prinzip, nach dem sie tatsächlich leben, gestehen sie nicht ein: den Materialismus des persönlichen Nutzens. Auch die Frauen sind materialistisch, aber ihr Materialismus ist deutlich verschieden, und er wird vor allem offen ausgesprochen. Es ist eine bewußte dramatische Ironie, daß die Moral von den Egoisten und der Egoismus von den Moralisten verkündet wird.

2. Die *sozialen Randsituationen* sind den sozialen Gesellschaftssituationen aufs engste verwandt. Das Beispiel der Zigeuner in *Cervantes* deutet an, was ich meine. Die entscheidenden Beispiele finden sich in den Dramen von *Shakespeare,* besonders im „Sturm", im „König Lear" und im „Timon von Athen", wenn die Menschen der unvergesellschafteten Natur, der Wildnis, ausgesetzt sind. Die Sprödheit der Natur wird nicht zum Rohmaterial, an dem sich der Machttrieb der Klassengesellschaft versündigt und sie instrumental ausbeutet – zusammen mit der Ausbeutung der gesellschaftlichen Gruppen am Rande, über die ich gerade gesprochen habe. Im Gegenteil, die gleichsam unversöhnte Natur, die in diesen Dramen emphatisch als Aufruhr der Elemente erscheint, drückt dialektisch in ihrer Wildheit zugleich ihre Versöhnung aus. Im „Sturm" ist das ja ganz klar, und die wilde Natur führt die zweite Natur des Menschen, seine verdinglichte und vergesellschaftlichte Maske, zu seiner wahren Natur zurück. Die Randsituation der absoluten Armut (die nicht verwechselt werden darf mit der Situation des Robinson Crusoe), von der Prospero, Lear und Timon zunächst heimgesucht, dann aber in Wirklichkeit gesegnet sind, wird zur Vorwegnahme der echten Utopie, der Ahnung der guten und der Verurteilung der schlechten Gesellschaft. Implizit oder explizit (aber das kann ich nur hier kühn behaupten, ohne es einlösen zu können) bleibt die Utopie das Grundthema der echten Literatur, die versöhnte Natur des Menschen und der Natur.

3. Wo der *Protagonist* selber als Randfigur erscheint, ist die Synthese zwischen marginalen Gesellschaftsgruppen und marginalen existentiellen Lebenssituationen erreicht oder zumindest vorweggenommen – von *Rabelais* bis, wenn Sie wollen, zur „Blechtrommel" und noch weiter bis heute –, in denen die Identität des Durchschnittsmenschen in der Klassengesellschaft und des Protagonisten völlig unvereinbar wird. Im marginalen Don Quijote wird die Grenze zwischen dem Künstler als Sprecher und der Figur seiner Imagination aufgehoben. Don Quijote ist das Symbol der Kritik der bürgerlichen Gesellschaft, von ihren spätfeudalen

Formen um 1600 bis zum völligen manipulierten Konformismus der Gegenwart. Er ist das unhistorische Symbol eines echten historischen Materialismus. In jeder Situation ist er verrückt, d.h., er ist normal; in jeder Begegnung ist er irrational, d.h., er ist rational. Er ist der einzige, der wirklich glücklich ist, beinah erfüllt und genau deswegen, weil er die Gesellschaft schräg kritisch sieht und in seiner fantastischen Weise durch seine Taten gerade ausrichtet. Er ist die Erfüllung des Potentials des Individuums, indem er seinen kritischen Idealismus zur Praxis macht. Seine Destruktion und sein Tod sind in Wahrheit die Konstruktion der Utopie und die Vorahnung dessen, was Leben heißen soll, eine Vorwegnahme in der Fantasie, die der schlechten Welt verschlossen bleibt. Darf ich *Hegel* zitieren:

„In seinem Don Quijote ist es eine edle Natur, bei der das Rittertum zur Verrücktheit wird, indem wir die Abenteuerlichkeit desselben mitten in den festen, bestimmten Zustand einer ihren äußeren Verhältnissen nach genau geschilderten Wirklichkeit hineingesetzt finden. ... Don Quijote ist ein in der Verrücktheit seiner selbst und seiner Sache vollkommen sicheres Gemüt, oder vielmehr ist nur dies die Verrücktheit, daß er seiner und seiner Sache so sicher ist und bleibt."

Kurz, in ihm, durch ihn, vollzieht sich die Identität von Theorie und Praxis.
Indem ich mich nun noch kurz mit der Massenkultur beschäftigen will, darf ich vielleicht als Übergang noch einmal an *Stendhal* erinnern, der mir der Meister der Analyse des Sozialisierungserlebnisses zu sein scheint und der, wenn auch in historisch jetzt verblaßter Weise, das gesellschaftliche Klima vorwegnimmt, in dem echte Erfahrung vom Konformismus völlig überrannt wird. Und das ist ja in der Tat, was Massenkultur im wesentlichen kennzeichnet. Als Lucien in dem vorhergenannten Roman „Lucien Leuwen" die degenerierte Restaurationsgesellschaft so wenig zu ertragen vermag wie das Juste-milieu der neuen bürgerlichen Welle, spielt er, ähnlich wie wir uns von Wilhelm Meisters „Wanderjahren" erinnern, mit dem Gedanken der Ausreise nach Amerika. Das Zitat spricht für sich selber:

„Lucien fühlte sich seit seiner Ankunft in Nancy so gelangweilt, alle seine Empfindungen waren so trüb, daß er sich mit dieser Republikaner-Epistel gründlich abgab:
‚Wäre es nicht besser, sich samt und sonders nach Amerika einzuschiffen ...?'
‚Nein', sagte er sich schließlich, ‚wozu sich etwas vormachen? Das wäre dumm ... Ich würde mich in Amerika langweilen, unter Menschen, die vollkommen gerecht und sehr oft auch vernünftig, aber ungebildet sind und nur Dollars im Kopfe haben. Mir graut vor dem blöden gesunden Menschenverstande eines Amerikaners. Ich habe alle Hochachtung vor Washington, doch er langweilt mich.'"

Langeweile ist in der Tat das Kennwort und die Erlebnisform, in der der Künstler des 19. Jahrhunderts in seiner Weise die Perspektive der kritischen Theorie auf die sich bildenden Formen des modernen Lebens und Erlebens ausrichtet.

IV

Wenn ich an meine eigenen Beiträge zur Analyse der Massenkultur denke, fällt es mir leicht, den Begriff „Langeweile" zu assoziieren, denn er bietet den Zugang zu dem, was entscheidend ist, nämlich die Lähmung der Fantasie, die die künstlerische Erfahrung sperrt und der Manipulation freien Raum läßt. Wieweit die Verwaltung, d.h. die Unterdrückung der Fantasie zum Geschäft der Massenkultur gehört, kann ich in Beispielen ausdrücken. In Amerika und sicherlich auch hier sind die Book Clubs ein großes Geschäft. Da ist ein Unternehmen, das sich „Time Book" nennt und ein „Time Reading Program" verspricht. Die Kosten für dieses Programm? Für nur 3,95 $ werden drei bis vier Bücher monatlich geliefert und damit die Teilnahme an einer „geplanten Methode" des Lesens, welche garantiert, daß auch bei nur „geringem Zeitaufwand viele Bücher gewinnvoll gelesen werden können", Bücher „in Stil und Bedeutung von zeitlosem Charakter". Die Zuverlässigkeit der Buchauswahl in bezug auf ihre „Zeitlosigkeit" steht außer Zweifel: „Der Plan bezieht seine Bedeutung daraus, daß die Herausgeber Tausende von Stunden damit zugebracht haben, Antworten auf Fragen zu finden, die auch Sie sich schon oft gestellt haben ... Es ist ihre Aufgabe, die wenigen Bücher auszusondern, die alle anderen an Bedeutung überragen." Bedeutung, Qualität und Relevanz der Publikationen werden zugesichert: „Jedem einzelnen Werk stellen die Herausgeber eine spezielle Einleitung voran, in der sie das herausheben, was die besondere Einzigartigkeit des Buches begründet, welche Bedeutung es hat, hatte und noch haben wird und welche Stellung es einnimmt in Literatur und Gegenwartsdenken." Dazu wird eine Art religiöser Emphase vermittelt: „Die Bücher sind in dauerhafte, flexible Hüllen gebunden, ähnlich den Einbänden von Bibeln und Meßbüchern."

Ein anderes Beispiel: Die Literary Guild, einer der erfolgreichsten dieser amerikanischen Book Clubs, machte neulich ein billiges Sonderangebot für „Anna Karenina", „Madame Bovary" und Dumas' „Camille". Die Anzeige dazu liest sich wie folgt: „Diese drei klassischen Novellen, die jetzt in einer hübsch gebundenen Reihe zusammen herausgebracht werden, erzählen die Geschichte eines Trios tragischer und unvergeßlicher Damen, die alles für ihre Liebe riskieren und dabei alles verlieren. Tolstois Anna Karenina, eine Frau, die ihre aristokratische Gesellschaft für die Sache einer unüberwindlichen Leidenschaft aufgibt; Dumas' Kameliendame, die das höchste Opfer für den Mann aufbringt, den sie liebt, und Flauberts Madame Bovary, eine zarte Träumerin, deren romantische Sehnsucht zur Gewalttat führt." Das sind Illustrationen dafür, wie die Kunst zur Manipulation und Massenkultur erniedrigt wird. Schließlich sind die Liebestriumphe und Liebestragödien von Fausts Gretchen oder der Anna Karenina nicht ewige Aussagen über die Natur der Frau, sondern bedeuten bestimmte Erkenntnisse über Frauen unter bestimmten Umständen. Es wäre weniger manipulierte Massenkultur, wenn man, anstatt solche Bücher auf den billigen Massenmarkt zu werfen, von berufener Stelle verkündete, daß diese Damen alle Neurotiker seien und daß sie bestimmt heute besser daran wären, wenn sie sich einer psychoanalytischen Kur unterzögen! Kurzum, die Organisation und Verwaltung der Fantasie ist ein Anliegen der sozialen Kontrolle und hier, in der Tat, kommt der Reduktionismus als Methode, als einzig angebrachte Methode, zum Recht, inklusive des Verhaltensmodells der Behavioral Sciences.

Die Massenkultur wiederholt und signalisiert die Trends, die eindeutig in der spätkapitalistischen Welt zum schlechten Kollektiv hindrängen. In diesem Sinne habe ich meine Studien stets als politische Studien aufgefaßt. Ich darf an die kritische Vorahnung des Faschismus im Institut vor 1933 erinnern, und da drängten sich mir besonders zwei Phänomene auf, die mir als Anzeichen des zerrütteten bürgerlichen Selbstbewußtseins und der unüberwindlichen Ohnmacht im Lebensgefühl insbesondere der mittelbürgerlichen Schichten erschienen. Das eine Phänomen bezieht sich auf ein Genre, das andere auf literarische Wirkung. Beide Phänomene sind eng verwandt.

Eine meiner Arbeiten bezog sich auf die Rezeption *Dostojewskis* in Deutschland seit der Jahrhundertwende, und es wurde mir deutlich, daß seine Rezeption, die nicht notwendigerweise mit seiner künstlerischen Qualität zusammenhängt, tiefere sozialpsychologische Wurzeln als ästhetische hatte. Über niemand wurde mehr geschrieben (von *Goethe* wohl abgesehen) als über ihn. Die Analyse des Materials zeigte, daß Dostojewskis Rezeption die empfindlichsten Wurzeln der deutschen Gesellschaft in der Zeit der totalen Krise anzeigt. Dazu gehörte vor allem die Betonung des sogenannten Irrationalismus des Künstlers, der Nachdruck auf das Mysterium im Leben des Individuums, die schwärmerische Betonung der dunklen Regionen der Seele, die Verklärung des kriminellen Verhaltens, kurz entscheidende Elemente, die dem psychologischen Motor der Verherrlichung der Gewalt im Nationalsozialismus inhärent waren.

Die Analyse der Rezeption *Dostojewskis* zeigte, inwieweit Rezeptionsstudien sozialpolitisch Bedeutung haben können. Das wurde mir nach mehreren Jahren bestätigt, als ich mir die Rezensionen näher ansah, die über den Schriftsteller erschienen, von dem ich jahrelang vor dem Ereignis vorausgesagt hatte, daß er ein Nazi-Vorgänger sei, nämlich *Knut Hamsun*. Eine Geschichte der Rezeption *Hamsuns* kann zeigen, wie weit in der literarischen Kritik die Bedeutung des *Hamsun*schen Weltbilds als eine wichtige Etappe auf dem Weg des bürgerlichen Bewußtseins vom Liberalismus zu den Parolen des autoritären Staates sichtbar wird.

Überraschend ist nicht so sehr die bürgerliche Literarkritik wie die sozialdemokratische. Liest man die Bemerkungen über *Hamsun*, die in der führenden theoretischen Zeitschrift der deutschen Sozialdemokratie, der „Neuen Zeit", erschienen sind, so findet man in den 90er Jahren eine klare politische Stellungnahme: *Hamsuns* Romane sind abzulehnen, in ihnen werden nicht lebendige Menschen, sondern Stimmungen gestaltet, die mit den wirklich auf glückhafte Veränderung gerichteten Tendenzen nicht das geringste zu tun haben.

Greift man zu den Bänden der „Neuen Zeit" aus den ersten Weltkriegs- und Nachkriegsjahren, so findet man über den gleichen Schriftsteller, der in der eindeutigsten Weise zwanzig Jahre vorher abgelehnt worden ist, hymnische Beschreibungen. Was damals als „leere Stimmung" und „bloßer Nervenreiz" beurteilt wurde, sind jetzt „packende Lebens- und Seelenbilder, in denen die prallste Wirklichkeit mit allen ihren Lichtern und Schatten zum Sinnbild des innersten Lebens verdichtet wird". Der Autor, der auf die früheren Kritiker „wie ein verliebtes Ausrufezeichen" „in einem melancholischen Sessel" wirkte, ist jetzt „zu jener einsamen Größe" herangewachsen, die man nicht mit andern vergleichen darf, ohne ihm unrecht zu tun. Was an seinen Romanen früher als so „vergänglich wie die Stimmung" erschien, wird jetzt „zu einem Gleichnis des Ewigen".

In diesem Hymnus auf *Hamsun* vereinigten sich nach dem Ersten Weltkrieg liberale Wortführer des Bürgertums mit solchen des von *Hamsun* so sehr gehaßten Proletariats. Die Fälle konventioneller bürgerlicher Kritik und der „Neuen Zeit" gehören der gleichen sozialen Konstellation an: der politischen Resignation und ideologischen Verführung breitester Schichten in der mitteleuropäischen Gegenwart.

Meine Studien über das Genre bezogen sich auf die biographische Mode. Ich habe in zwei verschiedenen gesellschaftlichen Situationen die Populärbiographie als aufschlußreiches Kriterium für bedeutsame politische und gesellschaftliche Strukturwandlungen zu analysieren versucht. Das erste Mal noch innerhalb Deutschlands, vor der Nazi-Zeit. Man kann sich heute kaum mehr eine Vorstellung von der Flut der populären Biographien machen, die Europa und besonders Deutschland überschwemmten. Seit 1918 bereits wurde die Populärbiographie die klassische Emigrationsliteratur des deutschen Bürgertums. Die Biographie ist wie die Fortsetzung so zugleich die Umkehrung des Romans. Die Dokumentation im bürgerlichen Roman hatte die Funktion der Rohstoffe. Ganz anders in der Populärbiographie: Dort vertreten die Dokumentationen, jenes Riesengepränge aus fixierten Daten, Ereignissen, Namen, Briefen usw., die Stelle von sozialen Verhältnissen, die zu Fesseln des Individuums geworden sind; das Individuum ist gleichsam nur noch ein typographisches Element, ein Kolumnentitel, der sich durch die Erzählung der Bücher schlängelt, ein Anlaß bloß, der dazu dient, ein bestimmtes Material hübsch zu gruppieren. Ihre Helden haben kein Schicksal, sie sind bloße Funktionen des Geschichtlichen. Der Relativismus ist nur selten das manifeste Glaubensbekenntnis dieser Literatur, aber latent ist er stets vorhanden; er hat nichts vom bewußten Zynismus der Herren, sondern lebt aus dem Bedürfnis, die Ratlosigkeit der Besiegten zu bemänteln. Der Ästhetizismus der 90er Jahre, das fin de siècle, ist noch ein Inbegriff der Aktivität, gemessen an der Müdigkeit und Schwäche, welche von diesen späten Epigonen ausgeht. In der von ihnen vorgelegten Kollektion der Unvergänglichkeit des Vergänglichen, in ihrem Irrgarten von Superlativen und Einzigartigkeiten, zu dem kein Denken einen Wegweiser gibt, sind die Schriftsteller wie die Leser in gleicher Weise verloren.

In Amerika hatte meine Analyse der Populärbiographie eine andere Bedeutung. Was ich in meiner Arbeit über den Triumph der Massenidole in einigen Massenzeitschriften Amerikas zu zeigen versuchte, ist der Strukturwandel in der Behandlung von populären Biographien im Übergang vom liberalistischen Kapitalismus zum manipulierten Kollektivismus. Ich nannte es den Übergang von den Idolen der Produktion zu den Idolen der Konsumtion. Während um die Jahrhundertwende die sogenannten Helden die Träger der Produktion waren, wurden sie ansteigend mit dem Ende der 30er und dem Beginn der 40er Jahre Sportsleute, Entertainer, besonders des Kinos, und was von ihnen zu berichten wichtig erschien, wurden private Angelegenheiten statt produktiver Funktionen. Die Identifikation, die die Massenkultur ihren Lesern anbot, wurde nicht mehr eine des Aufstiegs zum Erfolg des Unternehmers, sondern zur Nachahmung der Konsumtion. Letzten Endes spiegeln sich in dem amerikanischen Phänomen gewisse identische Züge mit dem deutschen Phänomen wider, wenn auch in einem anderen politischen Zusammenhang. Wie ich es damals ausdrückte:

Aber der Abgrund zwischen dem, was ein durchschnittlicher Mensch tun kann, und den Kräften und Mächten, die tatsächlich über sein Leben entscheiden, ist so unüberbrückbar geworden, daß er bereitwillig in die Identifikation mit der Mittelmäßigkeit, ja selbst der philiströsen Langeweile ausweicht. Für den kleinen Mann von der Straße, dem der Traum des Horatio Alger ausgetrieben worden ist, der daran verzweifelt, das Dickicht der hohen Strategie in Politik und Geschäftsleben zu durchdringen, bedeutet es einen Trost, wenn seine Helden ein Haufen netter Kerle sind, die Highballs, Zigaretten, Tomatensaft, Golf und Parties mögen oder nicht mögen – wie er selber. Er weiß, wie er sich im Bereich des Konsums verhalten muß, und hier kann er auch keine Fehler machen. Sein Gesichtskreis hat sich verengt. Aber gerade dadurch erfährt er die Befriedigung, daß er an den Sorgen und Freuden der Großen teilnimmt und in seinen eigenen Sorgen und Freuden bestätigt wird. Die großen und verwirrenden Probleme der Politik und Wirtschaft und die sozialen Gegensätze und Auseinandersetzungen treten für ihn hinter dem Erlebnis zurück, daß er sich mit den Großen und Erhabenen in der Welt des Konsums eins weiß.

V

Da ich immer versucht habe, historisch zu denken und auch den entscheidenden Zwiespalt zwischen Kunst und Massenkultur in dem Dialog zwischen *Montaigne* und *Pascal* zu symbolisieren versuchte, wie er sich seit 1550 bis heute fortsetzt, so will ich damit schließen, ein Wort um 1600 und ein anderes 350 Jahre später als Andeutung des Konflikts und der Gefahr Ihnen zu übermitteln.

Mit der Kraft der Einsicht, die fast die Geschichte zu überspringen scheint, hat *Shakespeare* die Bedrohung der Autonomie des Individuums durch die gesellschaftliche Manipulation in der zweiten Szene des 3. Akts von Hamlet angedeutet, wenn auch gewiß er nicht ahnen konnte, daß schließlich, fast 400 Jahre später, die Güldensterne die Hamlets überwältigen.

Hamlet: Wollt Ihr auf dieser Flöte spielen?
Güldenstern: Gnädiger Herr, ich kann nicht.
Hamlet: Ich bitte Euch.
Güldenstern: Glaubt mir, ich kann nicht.
Hamlet: Ich ersuche Euch darum.
Güldenstern: Ich weiß keinen einzigen Griff, gnädiger Herr.
Hamlet: Es ist so leicht wie lügen. Regiert diese Windlöcher mit Euren Fingern und der Klappe, gebt der Flöte mit Eurem Munde Odem, und sie wird die beredteste Musik sprechen. Seht Ihr, dies sind die Griffe.
Güldenstern: Aber die habe ich eben nicht in meiner Gewalt, um irgendeine Harmonie hervorzubringen; ich besitze die Kunst nicht.
Hamlet: Nun, seht Ihr, welch ein nichtswürdiges Ding Ihr aus mir macht? Ihr wollt auf mir spielen; Ihr wollt in das Herz meines Geheimnisses dringen, Ihr wollt mich von meiner tiefsten Note bis zum Gipfel meiner Stimme hinauf prüfen: Und in dem kleinen Instrument hier ist viel Musik, eine vortreffliche Stimme, dennoch könnt Ihr es nicht zum Sprechen bringen. Wetter! Denkt Ihr, daß ich leichter zu spielen bin als eine Flöte? Nennt mich was für ein Instrument Ihr wollt, Ihr könnt mich zwar verstimmen, aber nicht auf mir spielen.

Güldenstern repräsentiert, wenn Sie so wollen, die die gesellschaftliche Herrschaft vermittelnde Massenkultur, die das Individuum zum Gehorsam zwingt und mit ihm spielt als ein willenloses, aber wohl präpariertes Instrument.

Was schließlich geschehen ist, kommt klar zum Ausdruck in den Worten des viel zu früh verstorbenen amerikanischen Dichters *Randall Jarrell,* der in seinem Buch über Poesie und das Zeitalter folgendes zu sagen hat:

„Der Dichter lebt in einer Welt, in der Zeitungen und Zeitschriften und Bücher und Kinos und Radio und Fernsehstationen in den meisten Menschen die Fähigkeit, wirkliche Kunst zu erleben, völlig zerstört haben... Der durchschnittliche Artikel in der Zeitschrift gibt jedem billigen Thema denselben Anstrich eines leicht automatisch so genannten menschlichen Interesses."

Jarrell kontrastiert die Bemerkung *Goethes,* „ein Schriftsteller, für den ein Lexikon ausreicht, ist nichts wert", mit *Somerset Maugham,* der einmal sagte: „Das schönste Kompliment, das ich jemals empfing, war ein Brief, in dem einer meiner Leser schrieb: Ich habe Ihren Roman gelesen, ohne daß ich ein einziges Wort im Wörterbuch nachschlagen mußte".

Und *Jarrell* schließt mit der Bemerkung, daß „der Kitsch der Phantasie seit langem nichts mehr zu tun überlassen hat, daß jetzt die Phantasie selbst zu verkümmern beginnt". Kurz, die Verkümmerung, das Ende der Fantasie, ist das Ende der Freiheit.
Ich vermag nichts Bündiges über die Möglichkeit der echten künstlerischen Erfahrung in der Gegenwart auszusagen. Die Bekanntschaft mit der großen Kunst wächst gewiß, aber Bekanntschaft ohne echte Erfahrung, die in kritischer Bereitschaft verwurzelt ist, stützt nur das System. Bekanntschaft und Erfahrung schließen sich aus. Ich bin über die Möglichkeit der ästhetischen Erfahrung der echten Freiheit in der Gegenwart mehr als besorgt. Mehr kann ich dazu nicht sagen. Und ich weiß, daß ich Sie damit enttäuschen muß, zumal ich mich an dieser Stelle nicht in die fast unübersehbare Diskussion über diese oder jene Interpretation marxistischer Literaturkritik einlassen konnte. Das würde ein anderes Feld des Dialogs eröffnen, dem ich mich jetzt nicht gewachsen fühle. Was ich hier zu übermitteln versuchte, war vielleicht nicht einmal ein Rückblick, sondern ein Kapitel aus einer wohl zu anspruchsvollen intellektuellen Autobiographie ..., einer Autobiographie freilich, die sich nicht allzu unbescheiden bewußt bleibt, daß ich als Vertreter eines Randgebietes spreche. Man kann recht gut und sollte vielleicht als Intellektueller stets am Rande leben. Dafür dient mir die Literatursoziologie, so wie ich sie sehe, als ein geschickter Trick.

ERKENNTNISINTERESSEN DER EMPIRISCHEN LITERATURSOZIOLOGIE

Von Alphons Silbermann

I

Wenn derzeit Schriften, Bücher, Reader und Anthologien auf den Markt kommen, die im Haupt- oder Untertitel von Literatursoziologie sprechen, oder in Vorlesungsverzeichnissen literatursoziologische Themen angekündigt werden, erhebt sich für den an diesem Gebiet Interessierten sofort die Frage, welche Denkrichtung wohl hier vertreten werde. Diese im Grunde genommen erkenntnistheoretische Frage ist bislang jedesmal aufgetreten, sobald sich die Soziologie ganz spezifischen Aspekten des gesamtgesellschaftlichen Lebens zugewandt hat, die sich als dasjenige präsentieren, was mit abwertendem Unterton als Bindestrich-Soziologien apostrophiert wird. Erst wenn diese Art von Richtungsdisputen ihr Ende gefunden, erst wenn sich eine gemeinsame Zielsetzung herauskristallisiert hat, können – wie sich gezeigt hat – solche Einzelsoziologien wie beispielsweise Erziehungs-, Wirtschafts- oder Rechtssoziologie auf eigendisziplinären Füßen stehen. Dann erst ist keine Rede mehr davon, daß das soziologische Tun einen spezifischen gesamtgesellschaftlichen Aspekt „usurpiert" habe, daß der Soziologe sich als Erzieher, Wirtschaftler oder Jurist aufspiele. Erst dann aber gehen jene vielfach höchst unwissenschaftlich geführten Positionsquerelen ihrem Ende entgegen, die diese oder jene Soziologie nur als eine *Hilfswissenschaft* designieren, der man großzügigerweise einen Brocken aus dem großen Fachtopf zur Bearbeitung überlassen habe. Kein Zweifel kann darüber bestehen, daß dies derzeit die Situation der Literatursoziologie ist, gebe sie sich kritisch, marxistisch, linguistisch, ästhetisch oder empirisch. Dabei übersehen wir keineswegs, daß dieser ambiguöse Zustand ein solcher ist, der von allen den divergierenden Einzelaspekten, die die Literaturwissenschaft unter ihre gesamtwissenschaftlichen Fittiche genommen hat, sich auf die Literatursoziologie reflektiert hat. Eigentlich, so möchte man meinen, bestehe doch gar kein so großer Interessenkonflikt zwischen Literatursoziologie und Literaturwissenschaft, es sei denn, diese verharre noch stets im Zustand vergangener Zeiten, in denen sie nichts anderes kannte als das literarische Werk selbst. Doch dem ist schon längst nicht mehr so. Zwar kreist sie nach wie vor um das *Werk* als zentrales Forschungsobjekt, befaßt sich jedoch auch, und zwar mit bemerkenswerten Ergebnissen, mit dem Werden des Werkes und des Dichters, dem Schaffensprozeß, zeitgeschichtlichen Zusammenhängen, Quellen, Persönlichkeitselementen, Interpretationen und anderem mehr. Letztendlich, ob nun psychologisch, linguistisch, philologisch, stilistisch, psychoanalytisch, ästhetisch, historisch, philosophisch oder einer rein modischen Richtung zufolge soziologisch, sozialgeschichtlich oder sozialpsychologisch aufgerollt, steht immer wieder jene unbestrittenermaßen für bestimmte Zwecke nutzvolle Analyse vor uns, die sich als *Textana-*

lyse oder -kommentar präsentiert. Daß dabei eine Menge von Gedankengängen, Ansichten und Ideologien in das literarische Werk hinein- und aus ihm herausgelesen werden, scheint fast unumgänglich zu sein. Dieses Vorgehen mindert allerdings nicht nur den Wert derartig gestalteter Analysen für den positivistisch-empirisch denkenden und arbeitenden Soziologen, sondern läßt in ihm überdies Zweifel darüber aufkommen, ob man eigentlich ein gemeinschaftliches Ziel anstrebe.

Aber wie heißt denn dieses Ziel, wie läßt es sich umschreiben? Ist es nicht, ob auf Militär, Staat, Industrie, Religion oder Literatur bezogen, das gleiche Ziel, das allen Soziologien als Gesellschaftswissenschaften zu eigen ist, nämlich der *Mensch* in seinem militärischen, staatlichen, industriellen, religiösen etc. und so auch seinem literarischen Sein? So simpel diese Aussage auch klingen mag und so schwierig es ist, sie zu operationalisieren, so ist genau dies (abgesehen von all ihren Faxen und Marotten) die zentrale Aufgabe der Soziologie, will sie für sich überhaupt eine Berechtigung für ihre Existenz geltend machen.

Nun wird wohl niemand ernsthaft behaupten, die Literaturwissenschaft bekümmere sich nicht um den Menschen (Schöpfer oder Leser) in seinem literarischen Sein. Die Frage ist nur – wie? Genau hier stehen wir dem Hauptproblem einer Literaturwissenschaft gegenüber, das sie als geisteswissenschaftliches Fach seit ihrer Namensgebung durch *Th. Mundt* (1842), fast möchte man sagen behindernd, mit sich herumschleppt. Nach einer Rettung aus dieser Malaise Ausschau haltend, lag es ihr ebenso wie anderen in Geburtswehen verfangenen wissenschaftlichen Betätigungsfeldern am nächsten, sich hilfesuchend an die Große Mutter aller Wissenschaften, die Philosophie zu wenden. Das philosophische Denken wurde sozusagen zur Methodik der Literaturwissenschaft, und mit seiner Hilfe wurde versucht, das Wissen um die literarischen Dinge auf ihre letzten Grundlagen, sagen wir auf Wesen und Wirken des literarischen Werkes zurückzuführen oder aber eine Basis zur kritischen Systematisierung ihrer Erkenntnisse zu legen. Auf beide diese Weisen sind seit den Zeiten der *Anne Louise Germaine de Staël-Holstein* mit ihrem „De l'Allemagne" (1810) oder des *Hippolyte Taine* mit der zweibändigen „Philosophie de l'art" (1882) oder des *Georgij Walentinowitsch Plechanow* mit „Kunst und Literatur" (1912) eine ganze Menge wertvollster Arbeiten entstanden, wie sie sich im einzelnen nirgends besser als in *Joseph Strelkas* wohlgegliederter Zusammenstellung „Die gelenkten Musen" (1971) aufgearbeitet finden. Grosso modo gesprochen, stehen uns aus diesem Bereich drei umfassende Analysegruppen vor Augen: die Philosophie gewisser literaturgeschichtlicher Perioden; die Philosophie gewisser Literaturäußerungen; die Philosophie gewisser Literaturgattungen bzw. -formen.

Jedoch die von jeher der Philosophie zugeschriebene gewaltige Aufgabe, in kritischem Streben das denkerische Bild des Rechten vorzuführen, zwingt sie gleich wie und gleich wo, den Gegenstand selbst und nur ihn in den Mittelpunkt ihrer Betrachtungen zu stellen, um, auf den uns hier interessierenden Gegenstand bezogen, fragen zu können: Hat dieses literarische Kunstwerk einen Sinn, ist es ethisch, stilistisch, ästhetisch gerechtfertigt und entspricht es den Wesensgesetzen der Literatur beziehungsweise der Kunst? – wobei es methodologisch fast als eine Selbstverständlichkeit angesehen wird, daß eine jede Philosophie für sich selbst die besagten Wesensgesetze entwickelt. Wie sich am Beispiel der drei von *Taine* entwickelten Determinanten: Rasse, Milieu und Epoche aufzeigen läßt, hat sich eine *Werturteilsantinomie* von solch gefahrvollem Ausmaß herausgebildet, daß vorgezogen wird, den Begriff „Literaturphilosophie" zu vermeiden, ihn selbst in Spezialwörterbüchern (z. B. in dem von *Gero von Wilpert* verfaßten „Sachwörterbuch der Literatur", Stuttgart, 5. Aufl., 1968) erst gar nicht mehr als Stichwort anzuführen.

Die Abwendung der Literaturwissenschaft von der Methode einer philosophischen Induktion und Deduktion hat sie mit der empirischen Soziologie gemeinsam. Allerdings, so muß eilends hinzugefügt werden, ohne sich dabei auch vom Werturteil fernzuhalten, sich jenem vieldiskutierten Prinzip der Werturteilsfreiheit anzuschließen, das – wenn richtig verstanden – zu einem der Fundamente des soziologischen Denkens und Schaffens gehört. Ohne hier auf eine Klärung der stets noch reichlich vorhandenen Mißverständnisse angesichts dieses fundamentalen, in aller Deutlichkeit bereits 1895 von *Emile Durkheim* in „Les règles de la méthode sociologique" dargestellten Prinzips einzugehen, soll es genügen zu sagen, daß das Werturteil über ein literarisches Werk für den Soziologen nur eines der vielen Daten ist, die er in seine Beobachtungen miteinzubeziehen hat: Werturteile sind ihm beobachtbares Material, das zusammen mit anderem Rohmaterial die Grundlage seiner Analyse bildet. Denn es wäre verfehlt anzunehmen, die Kompetenz des Soziologen reiche so weit wie die des Literaturwissenschaftlers, so daß er kategorisch dieses oder jenes Werk, dieses oder jenes Genre als schlecht, mittelmäßig, gut oder hochstehend identifizieren könne. Geschieht dies von soziologischer Seite her dennoch, wird – wie es so hochtönend klingt – „soziologisch gesehen" die eine Literaturgattung für schlecht, die andere für gut bestimmt oder gar postuliert, Literatur besitze nur als Menschenverbindendes positiven Wert, soweit sie nur Zerstreuung biete, sei sie nicht als Kunst zu betrachten – dann wird augenscheinlich, daß hier pseudo-soziologische Propheten am Werke sind. An diesem Punkt muß so deutlich gesprochen werden, und zwar nicht nur, weil hier die eindeutigste Trennungslinie zwischen Kunstwissenschaft und Kunstsoziologie inhaltlich wie methodologisch verläuft, sondern auch, weil er darauf hinweist, wie verführerisch naiv, unlogisch und wissenschaftlich hoffnungslos diese Art von ideologisierender Schmalspursoziologie ist, die, wie beispielsweise bei *Peer E. Sørensen* unter der Überschrift „Elementare Literatursoziologie" (Tübingen 1976), prätendiert, eine mit Arroganz gespickte „kritische Literaturwissenschaft" als „Literatursoziologie" hinzustellen.

Vordringlich ist darauf hinzuweisen, daß der Literatursoziologe dem Handwerklichen des Kunstwerkes absolut fernzubleiben hat. Es gehört nicht zu seinen Aufgaben, sich um Theorie, Form, Stil, Rhythmus oder Reimkonstruktionen zu bekümmern, noch Antwort auf die Frage zu geben „Was ist Literatur?" (falls es auf diese Frage überhaupt eine gültige Antwort geben sollte). Niemals kann er es sich erlauben, anhand irgendwelcher geistigen Vorstellungen – so wie es unser leider allzu früh verstorbener Freund *Lucien Goldmann* durchaus konsequent getan hat – in das literarische Werk etwas hineinzudeuten oder etwas aus ihm herauszulesen, was nicht faktisch und/oder dokumentarisch nachweisbar ist. Aber gerade dieses höchst beeindruckende, da mystifizierende Hineindenken und Herauslesen ist nun mal eines der beliebtesten Spielchen allwissender Literaturdeuter. Sie betreiben es (vielfach fälschlicherweise als „literary criticism" hingestellt), weil sie sich das anmaßende Unterfangen zum Ziel gesetzt haben, die Aussage über den Menschen, und zwar sowohl über den gebenden wie über den empfangenden Menschen aus seiner Literatur zu deduzieren. Aber läßt sich (um ein willentlich banales Beispiel heranzuziehen) aus der griechischen Tragödie die Aussage über den griechischen Menschen gewinnen? Lassen sich *ausschließlich* anhand dieser

Tragödien, *ausschließlich* aus ihren Worten Einsichten über die menschliche Gesellschaft einer Epoche und eines Landes, deren Mitglied beispielsweise *Aristophanes* war, gewinnen? Kann uns diese Literatur Aufschluß darüber geben, wie diese Gesellschaft strukturiert war, wie sie aussah, wie sie sich verhielt, kurz, welches ihr soziales Gefüge war? Wenn es nur darum ginge, Geschmacksveränderungen eo ipso festzuhalten oder Entwicklungslinien zu erkennen, dann könnte man zur Not noch mit einer vergleichenden Gegenüberstellung aufwarten und – von der Auswahl her gesehen, natürlich völlig arbiträr – sich nach des *Aristophanes'* „Lysistrata" den *Schiller*schen „Wallenstein" vornehmen. Zwar wäre es bei einer solchen Gegenüberstellung durchaus gegeben, z. B. totale Stilveränderungen in all ihren Details und mit all ihren Deutungen aufzuzeigen, aber, so muß nochmals angesichts derjenigen, die vorgeben, die Aussage über den Menschen aus seiner Literatur gewinnen zu wollen und zu können, gefragt werden: Läßt sich selbst anhand eines solchen Vergleichs etwas über den *Menschen* zu Zeiten des *Aristophanes* und zu Zeiten *Schillers* aussagen? Natürlich kann man das – aber nur, wenn man sich wie so manche Literaturliteraten oder Literaturideologen damit zufriedengibt, in Stereotypen zu schwelgen, um in dem von uns angeführten Beispiel dann bei *Aristophanes* den „antiken-griechischen", bei *Schiller* den „bürgerlichen" Menschen festzustellen.

Jedoch auch auf diesem hier nur im Extrem dargestellten, oft genug begangenen Weg, bleibt letzten Endes nur das Kunstwerk selbst wieder in all seiner einsamen Größe vor uns, oder aber es bleiben uns der Mensch *Aristophanes* und der Mensch *Schiller*, zusammen mit ihren erforschten biographischen Gegebenheiten, die uns zur Not gewisse Hinweise über die Stellung dieser Meister innerhalb ihrer Gesellschaft geben können, um auf diesem Weg zur Konzeption des spezifischen Kunstwerkes hinzuführen. Am Kunstwerk *allein* aber – und dies gilt es nochmals zu unterstreichen, will man Denkweise, Vorgehen und Methode der empirischen Literatursoziologie verstehen – kann nie der soziale und künstlerische Zustand einer Gesellschaft abgelesen werden. Nie können nur aus der Literatur selbst, will sagen ohne alles das, was die Literatur umgibt, ohne Kenntnis all der vielen sozialen Prozesse, durch die die Gesellschaft lebt und schafft, der Mensch oder die Menschen einer gewissen Gesellschaft erkannt werden.

Indes gerade dies wird immer wieder versucht, so daß viele der sich soziologisch gebenden, vom Verstehenstechnischen und vom Sozialphilosophischen herrührenden Studien, handle es sich da um diejenigen *Adornos* oder *Hausers*, eher soziales Wünschen als soziologisches Denken manifestieren, ein Sein durch ein Sollen ersetzen oder sich als selbsternannte Weissager in bezug auf das Aufblühen oder den Niedergang von Literaturerscheinungen betätigen. Solche Aktivitäten muß sich eine seriöse Literatursoziologie versagen, und zwar nicht nur weil es ihr hierzu an einem sozialwissenschaftlichen Forschungsinstrumentarium mangelt, sondern vor allem, weil sie sich in ihrer empirischen Konzeption nur an *soziale Tatsachen* halten kann. Sie kann es sich nicht leisten, mit Hilfe gewisser, sorgsam ausgewählter außerliterarischer Kenntnisse anhand der Personen des *Cervantes*schen „Don Quijote" den sozialen Status diverser spanischer Gesellschaftsschichten zu deuten oder aus *August von Platens* Hauptwerken selbstlosen Schaffensidealismus herauszulesen, will sie nicht als einer ihrer Aufgaben wenigstens dazu dienen, Wege zu einer Annäherung an das soziale Leben herzu-

stellen, indem sie das Wissen und das Verständnis der menschlichen Wesen und Probleme, das heißt der Gesellschaft in ihrer komplexen Gestaltung erweitert.
Wenn auch nur sehr allgemein gehalten, läßt sich ein derartig gestaltetes Ziel auf die für eine Wissenschaft zweifellos sehr vage Fragenformulierung zurückführen, die da lautet: Was sind dem Menschen gewisse Literaturäußerungen? Und doch enthält diese Frage schon vieles von dem, was der Literatursoziologie am Herzen liegt. Deutet sie doch darauf hin, wie sehr es der empirischen Literatursoziologie in erster Linie darum getan ist, den Menschen zu erkennen, so wie er das *Literaturerlebnis* produziert oder konsumiert und dadurch in Beziehung zu anderen Menschen steht. Um dies zu erreichen, genügt es allerdings nicht – wie manche sich soziologisch betätigende Literaturwissenschaftler es versucht haben –, einfach einige der großen soziologischen Theorien herzunehmen, so wie sie von *Comte, Durkheim, Marx, Tönnies, Weber, Mannheim* oder *Parsons* entwickelt wurden, um sie ohne Spezifität in den Rahmen einer Literatursoziologie einzuspannen. Verfällt man doch mit einem solchen primitiven Vorgehen in den oft begangenen Fehler, langsam, wenn nicht gar mühsam aus der Praxis des Lebens entwickelte Theorien in mit Hoffnung getränkte Heilmittel für soziale Schwierigkeiten zu verwandeln. Was zu Beginn eine allgemeine soziologische Orientierung war, die so etwas wie den homo sociologicus erschuf, hat sich im Verlaufe der Entwicklung dieser Disziplin in eine Anzahl soziologischer Fachabteilungen aufgeteilt, die alle mit Problemen theoretischen, praktischen und methodologischen Interesses angefüllt sind. So gehört es denn zu den Erkenntnisinteressen der uns hier beschäftigenden Fachabteilung Literatursoziologie, dadurch zum Verständnis des Menschen in seinem sozio-literarischen Sein beizutragen, daß sie erstens relevante sozio-literarische Probleme ausfindig macht und genau bestimmt; daß sie zweitens mittels erprobter sozialwissenschaftlicher Forschungsmethoden zuverlässige Reihen von spezifischen Tatsachen sammelt und organisiert; drittens Lücken in unserem Wissen um spezifische sozio-literarische Probleme aufzeigt; viertens die Interrelation, Interaktion und Interdependenz gewisser landläufig, z. B. von der Literaturwissenschaft als in sich abgeschlossene, abgesonderte und alleinstehend angesehene Probleme herausarbeitet, analysiert und interpretiert.
Wir sind uns völlig der Tatsache bewußt, daß wir uns soeben so vorsichtig und allgemein wie möglich ausgedrückt haben, daß wir in geradezu fahrlässiger Weise versäumt haben, auf dasjenige hinzuweisen, was in dem oben umschriebenen Rahmen die Literaturwissenschaft, auch ohne an die Soziologie zu appellieren, bereits geleistet hat, und damit den ideologisierenden wie wissenschaftlichen Gegnern einer wie immer gearteten Literatursoziologie eine breite Angriffsfläche darbieten. Das geschieht bewußt; denn wir wünschen im Interesse der Sache selbst, keine unnötigen Konflikte mit denjenigen hervorzurufen, die glauben, die Literatursoziologie – die wissenssoziologisch, sozialphilosophisch, gesellschaftstheoretisch, kultursoziologisch, sozialgeschichtlich oder die empirisch ausgerichtete – versuche, ein literaturwissenschaftliches oder literaturtheoretisches Monopol zu durchbrechen, indem sie sich endlich, nach so vielen Jahrzehnten der Idealisierung und Mythologisierung des schaffenden Künstlers, auch einmal um das ebenso wesentliche literaturkonsumierende Mitglied der Gesellschaft bekümmert, und zwar – dies sei ausdrücklich betont – ohne ihm mit Rufen nach mehr Erziehung, nach mehr Bildung oder gar mit jenem wohlbekannten destruktiven Kulturkrisengejammer lästig zu fallen.

II

Wenn wir die derzeitigen Betätigungsfelder der Literaturwissenschaft mit einem weitausholenden Blick überschauen, dann tragen diese bei ihr wie bei der Literatursoziologie die gleichen Hauptüberschriften, nämlich: der Künstler, das Kunstwerk und das Publikum. Der Unterschied in der analytischen sowie in der methodologischen Annäherung an diese drei zentralen Gebiete ist dort gelegen, wo der Soziologe sie höchstfalls zu Zwecken der Systematisierung und Erklärung voneinander getrennt behandelt, ansonsten aber – im Gegensatz zum Literaturhistoriker zum Beispiel – sie in dauernder Wechselwirkung, in konstanter Interdependenz lebend erkennt und behandelt, da diese Dreiheit für ihn die Elemente eines *sozialen Prozesses* darstellt, den wir in unseren Schriften als das Kunst- bzw. *Literaturerlebnis* im einzelnen erläutert und umschrieben haben. (Für eine genaue Erläuterung dieses Begriffs siehe unsere „Soziologie der Künste" in: *René König* (Hrsg.), Handbuch der empirischen Sozialforschung, Bd. 13, Stuttgart 1979; sowie *Alphons Silbermann*, Empirische Kunstsoziologie, Stuttgart 1973).

Für den Soziologen ist also die Literatur und ihr Erlebnis zusammenhängend ein fortlaufender sozialer Prozeß, der eine Interaktion zwischen dem Schriftsteller und seiner sozio-kulturellen Umgebung enthält und in der Kreation eines gleich wie gearteten literarischen Werkes resultiert, das dann seinerseits selbst wieder von der sozio-kulturellen Umgebung empfangen wird und auf diese Umgebung reagiert. Die Simplizität dieses geradlinigen prozessualen Vorgangs – selbst wenn er von uns mit allen seinen dazwischentretenden Faktoren und Deviationen angeführt worden wäre – wird vor allem dort belächelt und angegriffen, wo Theoretiker sich nur erst dann als solche wohlfühlen, wenn sie wirklichkeitsnahe Vorgänge bzw. Aktionen des Menschen ins kompliziertere Unverständliche oder marottenhafte Irrelevante transferieren können. Und doch sind wir zusammen mit so manchen anderen in unseren Arbeiten unbeirrt präzise in diesem Rahmen eines der beobachteten Realität entnommenen Vorgangs von Rezeption und Reaktion verblieben, ohne je in den Fehler zu verfallen, ihn als monokausal hinzustellen. Der empirische Soziologe will *Fakten* geradezu „handgreiflich" sehen, erfassen und wenn nötig mit ihnen experimentieren können, und nicht sie erdenken. Und der hier nur kurz dargestellte *prozessuale Vorgang* erlaubt gerade dies. Verdeutlicht er sich doch so, daß einerseits das Werk einen gewissen Eindruck auf gewisse Gesellschaftsgruppen größeren oder kleineren Ausmaßes macht, wobei die Reaktion dieser Gruppen die Reputation des Werkes und seine Stellung innerhalb der sozio-kulturellen Gesamtsituation bestimmt; andererseits, daß besagter Vorgang einen gewissen Einfluß auf den Schriftsteller ausübt und seine schöpferische Aktivität in gewissem Maße bedingt und reguliert. Diese prozessuale Konzeption dürfte wohl deutlich genug auf die bereits oben betonte Interessenlage des Soziologen hinweisen, nämlich wie sehr es ihm in seinen Bemühungen um die Interaktion von Individuen, Gruppen und Institutionen, kurz gesagt, von Menschen geht und wie dieser fundamentale Ausgangs- und Ansatzpunkt vom Menschen zum Menschen, dem Zentralforschungsobjekt jedweder wirklichkeitsnahen Soziologie führt. In rein soziologischer Terminologie ausgedrückt und um allen Mißverständnissen aus dem Wege zu gehen, sagen wir, daß wir im *totalen Kunst- bzw. Literaturprozeß*, in der Interaktion und Interdependenz von Künstler, Kunstwerk und Publikum den Bezugsrahmen für alle Teilaspekte des literatursoziologischen Denkens und Tuns erkennen.

III

Bleibt noch, die einzelnen Teile des totalen Kunst- bzw. Literaturprozesses anzuführen, ohne daß im vorliegenden Rahmen Wert auf Vollständigkeit gelegt werden kann. Beginnen wir mit der *Erforschung des Schriftstellers,* und zwar ohne dieser Bezeichnung irgendeine Spezifizierung zu verleihen. Hier interessiert den Literatursoziologen vordringlich dessen soziale und sozio-kulturelle Stellung in der Gesellschaft, gleichgültig, ob es sich dabei um Gruppen der sogenannten „seriösen" oder „trivialen", der Berufs- oder Amateurschriftsteller handelt: soziale Herkunft, ethnischer, ökonomischer, edukativer Hintergrund, Lebensstil, Wohnort, Freizeitaktivitäten, Arbeitsgewohnheiten, soziale und kulturelle Kontakte, potentielle und aktuelle Attitüden usw. sind einige der Interessenfelder dieser Forschungsrichtung. Und wenn in diesem Zusammenhang über die Professionalisierung des Künstlers oder dessen Sozialversorgung gearbeitet wird, von seiten der empirischen Literatursoziologie der Schriftsteller als Berufstyp angesehen und konzipiert wird, dann bedeutet dies zusätzlich zu allem anderen auch, ihn in seinem ureigensten Interesse von einem artifiziell-romantischen Piedestal herunterzunehmen, ohne ihn seiner sozialen oder künstlerischen Spontaneität zu berauben oder ihn gar zu profanieren.

Wird hiermit zusammenhängend von den Kontributionen des oder der Schriftsteller zur sozialen Ordnung gesprochen, dann befinden wir uns eigentlich bereits in der nächsten Phase der durch sozialkulturelles Handeln bedingten Kommunikationslinie, eigentlich schon im Felde der soziologischen Erkenntnis des literarischen Werkes, das heißt: nicht in dem einer Analyse des Werkes selbst, sondern in dem der Erfassung der *sozio-literarischen Aktion.* Denn, um es ganz deutlich zu sagen, Literatur gleich welchen Genres als innere Angelegenheit eines Schriftstellers besitzt für den Empiriker ebensowenig Realität wie beispielsweise der an die ferne Geliebte gerichtete Hexameter, der für immer in der Schublade des Dichters liegengeblieben ist. Erst wenn sich eine Dichtung objektiviert, erst dann drückt sie das Etwas aus, das wahrgenommen und verstanden sein will oder einen sozialen Effekt hervorrufen soll. Und Wahrgenommen- und Verstanden-sein-Wollen, das sind bereits Aktionen zwischen Einzelwesen; der soziale Effekt geht dynamisch darüber hinaus, ruft eine Interaktion hervor, die zu einem sich irgendwie konkretisierenden Erlebnis führt, das mit Hilfe einer dem Fall oder Forschungsobjekt angemessenen Forschungsmethode der empirischen Sozialforschung (Statistik, Beobachtung, Interview, systematische Inhaltsanalyse usw.) nachgewiesen, geprüft und überprüft werden kann. An dieser Stelle treffen sich übrigens Literaturästhetik und -soziologie am eindeutigsten, soweit man bereit ist, Ästhetik soziologisch zu betreiben und nicht nur als Spielfeld für unentgeltliche Kontemplationen über das Schöne anzusehen.

Als nächstes Element des totalen Kunstprozesses und somit des Erkenntnisinteresses der Literatursoziologie steht die Erforschung des *Publikums der Literatur* vor uns. Soziologische Studien verschiedenartiger Publikumsgruppen – gleich ob es sich um die Gruppe eines Avantgardisten, eines Klassikers, eines *Böll* oder eines *Jerry Cotton* handelt, die das Werk empfängt, konsumiert und darauf reagiert – versehen die Literatursoziologie mit generellen Informationen über die Arten und Weisen, durch die die sozio-kulturelle Umgebung den Prozeß des literarischen Schaffens (im weitesten Sinne des Wortes) konditioniert. Sie bilden, so sei nebenbei gesagt, einen verständlichen, ja gar menschlicheren Annäherungsweg an die Literatur als jene unter der Überschrift „Literaturwissenschaft" laufenden, ihrer Wissenschaftlichkeit doch wohl kaum entsprechenden Unternehmungen, die mit Hilfe von Anekdötchen, ästhetischer Sprachzauberei und Technikalitäten versuchen, das literarische Werk lesegerecht zu machen. Ins einzelne gehend führt der hier angesprochene Teilbereich der literatursoziologischen Forschung zu Erkenntnissen über individuelles und kollektives Verhalten beim Literaturkonsum, über Beweggründe und Verhaltensmuster zum und beim Lesen, über literarische Mode, Geschmack, Literaturpolitik und -wirtschaft, sozio-kulturelle Kontrolle und Wandel, Funktionen der Literatur und anderes mehr.

Kehren wir nun zusammenfassend zum totalen Kunst- bzw. Literaturprozeß zurück, dann bietet sich uns ein Gesamtbild von Zielsetzungen der empirischen Literatursoziologie an, das sich in drei prinzipiellen Richtungen bewegt. Erstens: Veranschaulichung des dynamischen Charakters des sozialen Phänomens „Literatur" in seinen diversen Ausdrucksformen. Hierzu bedarf es einer Analyse der in ihrem Zusammenhang gesehenen Formen des Lebens der Literatur, die, wie aufgezeigt, nicht nach den spezifischen Werturteilen ausgerichtet sein kann, die die Mitglieder jeder Gesellschaft ihrer besonderen Lebensform unterstellen. Zweitens: Fundierung eines allgemeinverständlichen, überzeugenden und gültigen Annäherungsweges an das Literaturwerk, indem aufgezeigt wird, wie die Dinge zu dem wurden, was sie sind, womit sich die Veränderungen erkennen lassen, die stattgefunden haben und stattfinden. Drittens: Mit Hilfe empirisch erarbeiteter Daten Entwicklung von Gesetzen der Vorhersage, die es ermöglichen zu sagen, daß, wenn dies oder jenes geschieht, wahrscheinlich dies oder jenes folgen wird.

Wer die Literatursoziologie als Sophisterei abtut, verneint das Menschliche der Literatur, will nicht erkennen, daß sich eine wirklichkeitsnahe empirisch-pragmatische Soziologie nicht scheut, dem Diktum des Sophisten *Protagoras* zu folgen, das lautet: „Der Mensch ist das Maß des Seins aller Dinge."

II. Politik und Wirtschaft

DER STÄDTISCHE CHARAKTER MODERNER REVOLUTIONEN*

Von Josef Gugler

Theda Skocpols Buch „States and Social Revolution", das dem bahnbrechenden Werk von *Barrington Moore* (1966) viel verdankt, stellt einen Meilenstein im Studium der Ursprünge und Ergebnisse von Revolutionen dar. Zwei Schwerpunkte insbesondere kennzeichnen *Skocpols* Arbeit: Internationale Strukturen und weltgeschichtliche Entwicklungen nehmen in ihrer Analyse eine zentrale Stelle ein, und der Staat wird als potentiell unabhängig von sozioökonomischen Interessen und Strukturen, wenngleich durch diese beeinflußt, gesehen. *Skocpols* Analyse konzentriert sich auf die französische, russische und chinesische Revolution, aber sie vermutet, daß diese einige Ähnlichkeiten mit allen sozialen Revolutionen aufweisen, die seit dem Zweiten Weltkrieg stattgefunden haben. Sie ereigneten sich in überwiegend agrarischen Ländern, in denen im wesentlichen Bauern die produzierende Klasse darstellten; Bauernaufstände oder Mobilisierung für den Guerilla-Krieg spielten eine Schlüsselrolle in jedem revolutionären Prozeß; letztlich konnte der städtische Radikalismus ohne derartige Aufstände keine sozial-revolutionären Veränderungen erreichen *(Skocpol* 1979, S. 112–113, 287). Im gleichen Jahr, als diese Aussagen veröffentlicht wurden, triumphierten revolutionäre Bewegungen in Iran und Nicaragua. Wenn sie die Dringlichkeit der Neubewertung von *Skocpols* Analyse[1] unterstreichen, gibt es Gründe dafür, ihre Deutung moderner Revolutionen allgemein in Frage zu stellen.

Die wesentlichen Elemente in *Skocpols* Argumentation passen recht gut auf nationale Befreiungskriege, wenn man die Tatsache berücksichtigt, daß solche Bewegungen die zentrale Macht nicht in ihrer Existenz bedrohen, sondern eher ihre mehr oder weniger bedeutenden, aber in jedem Fall genau umschriebenen Interessen in Übersee.

Nationale Befreiungskriege setzten die Akzente in dem Entkolonialisierungsprozeß nach dem Zweiten Weltkrieg. Der Krieg hatte die Kontrolle der Kolonialmächte über ihre Territorien gelockert. Der Vorgang war abrupt und dramatisch dort, wo sie von den Japanern verdrängt wurden. Sobald Großbritannien sein indisches Imperium aufgegeben hatte, begann ein neuer Zeitabschnitt in der Weltgeschichte, und alle Versuche, die Uhren zurückzustellen, scheiterten. Nach der japanischen Besetzung etablierten sich die Holländer wieder in Indonesien, die Franzosen in Indochina; aber konfrontiert mit nicht endenden Kriegen zogen sie sich schließlich zurück. In den 1970er Jahren war Portugals Versuch, an seinen afrikanischen Besitzungen weiter festzuhalten, ein Anachronismus geworden und untergrub

* Ich danke Susan *Eckstein,* Howard *Handelman,* Dietrich *Rueschemeyer* und Marilyn *Rueschemeyer* uneingeschränkt für ihre hilfreichen Kommentare.

eine Regierung, die nicht bereit war, die neuen Realitäten anzuerkennen. Die Siedler in Algerien verlängerten die mörderische Auseinandersetzung, aber vergeblich.

Nationale Befreiungskriege wurden ausnahmslos in vorwiegend bäuerlichen Ländern ausgefochten. Mehr als 80 % der Landesbevölkerung lebten in ländlichen Gebieten zu der Zeit, als die Holländer 1949 Indonesien verließen, die Franzosen 1956 Indochina aufgaben, die Portugiesen 1974/75 Guinea-Bissau, Moçambique und Angola die Unabhängigkeit gewährten. Algerien war ein mehr verstädtertes Land, aber immer noch zu etwa zwei Dritteln ländlich, als die Franzosen 1962 schließlich Frieden schlossen. In jedem Falle wurde die Kolonialmacht von Guerilla-Bewegungen herausgefordert, die ihre Basis auf dem Land hatten und die Erzeugung, die Verarbeitung und den Transport von für den Export bestimmten landwirtschaftlichen Produkten beschnitten, wodurch sie die Kolonialwirtschaft ins Rückgrat trafen. Wenn auch auf diese Weise die Möglichkeit des Kolonialregimes, landwirtschaftlichen Mehrwert abzuschöpfen, beschränkt wurde, so übte es doch jeweils weiter die effektive Kontrolle über die Städte aus und zog sich freiwillig und zum selbstgewählten Zeitpunkt – wenn auch, wie im Falle der Franzosen nach Dien Bien Phu, überstürzt – zurück. Der aus einem Verbleib der Kolonialmacht zu ziehende Gewinn hatte sich verringert, und die Expeditionsstreitmacht, die Regierung der Metropole und/oder bedeutende Sektoren der öffentlichen Meinung wurden dahin gebracht, die Kosten einer in die Länge gezogenen Kriegsführung abzuwägen. Die Kolonialmächte akzeptierten schließlich, daß ihren Interessen besser durch eine harmonische Beziehung zu einem formal unabhängigen Land gedient sein würde.

Wir schlagen vor, gegen ein Kolonialregime gerichtete nationale Befreiungskriege zu unterscheiden von revolutionären Bewegungen, die die nationale Regierung von der Macht zu verdrängen suchen. Wesentliche Merkmale einer revolutionären Bewegung sind, daß sie außergesetzliche Mittel gegen eine nationale Regierung anwendet und daß Elemente außerhalb der Regierung und der Sicherheitskräfte die Hauptrolle spielen: Sie ist populär in dem Sinne, daß sie ihre Basis außerhalb der herrschenden Elite hat. Wir wollen darlegen, daß moderne Revolutionen weitgehend städtischen Charakter haben[2].

Seit der Gründung der Volksrepublik China am 1. Oktober 1949 haben revolutionäre Bewegungen in vier Ländern die Macht ergriffen. Ein kurzer Blick auf die Revolutionen in Bolivien, Iran und Nicaragua wird uns zeigen, daß dies im wesentlichen städtische Auseinandersetzungen waren. Im Falle von Kuba liegen die Dinge nicht so eindeutig.

Wenn Ernesto „Che" Guevara die Revolutionäre überall in der Dritten Welt inspirierte, so pries er die Rolle der Landguerillas in seinem Buch „La guerra de guerrillas". Das Argument der führenden Rolle des Landguerilla*foco* wurde von *Régis Debray* (1967) weiter entwickelt. Das rauhe, schwierige und gefährliche Leben der kubanischen Guerilleros und ihre Berührung mit der ländlichen Armut zeichneten *Fidel Castro*, *Che Guevara* und ihre Mitkämpfer, von denen viele in ähnlicher Weise aus der städtischen Mittelklasse stammten, tief. Die Tatsache, daß es *Castro* und eine Kerngruppe seiner Kameraden von der Sierra waren, die die Kontrolle über das Geschick Kubas an sich zogen, verlieh ihrer Erfahrung zusätzliches Gewicht. Aber ein näherer Blick auf die kubanische Revolution enthüllt ein komplexeres Bild. In erster Linie war der städtische Untergrund die Lebensader der Landguerillas. Geschätzte 60 bis 80 % ihrer Kämpfer, wie auch die Waffen, Informationen, Geld und sogar Nahrungsmittel kamen aus den Städten. Und städtische Kontakte verhalfen den Guerilleros zu nationaler und internationaler Anerkennung[3]. Zweitens führte der städtische Untergrund zahlreiche Gewaltaktionen durch und erlitt die meisten Verluste unter den Anführern. Von mehr als 5000 Bombenwürfen wurde 1957 und 1958 berichtet. Rancho Boyeros, der internationale Flughafen, wurde in Brand gesteckt. Die Entführung des argentinischen Rennfahrers *Juan Fangio,* der zwei Tage lang gefangengehalten wurde, erregte internationales Aufsehen. Der Untergrund in Cienfuegos arbeitete mit den Verschwörern des Marineaufstandes dort im Jahr 1957 zusammen. Die spektakulärste Aktion wurde vom *Directorio Revolucionario,* der studentischen Organisation, ausgeführt, als sie am 13. März 1957 den Präsidentenpalast stürmte, aber in ihrem Versuch, den Diktator zu töten, scheiterte[4]. Im Vergleich dazu waren wahrscheinlich nie mehr als dreihundert Guerilleros gleichzeitig in der Sierra Maestra. Das war sogar während der größten Armeeoffensive im Sommer 1958 der Fall, als die Guerilleros vierzig Tote zählten. Als schließlich das Regime zusammenbrach, war die Rebellenarmee zahlenmäßig zu klein, um die Macht zu ergreifen. Es war der städtische Untergrund, der in den Straßen patrouillierte und den Verwaltungsapparat übernahm. Und es war ein Generalstreik, der den Rebellen die Unterstützung der Massen brachte und Versuche entmutigte, ein konservatives Nachfolgeregime zu installieren (*Karol* 1970, S. 164–180; *Thomas* 1971; 1977, S. 256–263 und passim).

Die Bolivianische Revolution kann man auf drei Tage intensiven Kampfes zusammengedrängt sehen, als die Regierung 1952 gestürzt wurde. Oder man kann sie zurückverfolgen zu ihren Wurzeln in der organisierten Arbeiterschaft und bei unzufriedenen Elementen des Mittelstands. Die Handwerker-Arbeiter-Bewegung hatte zu Beginn der Weltwirtschaftskrise einen gewissen Grad an nationalem Zusammenhalt erreicht. Während des Zweiten Weltkrieges hatten organisierte Arbeiter sich politisiert und radikalisiert, als ihre Führung an die Zinnminenarbeiter ging. In einer unbequemen Allianz mit der Arbeiterbewegung wurde der *Movimiento Nacionalista Revolucionario* (MNR) seit 1946 zunehmend zum Sammelpunkt der mittelständischen Opposition, die nach Umsturz trachtete. Die erste größere gemeinsame Unternehmung des MNR und der Arbeiterbewegung fand 1949 statt, als im ganzen Land ein Aufstand losbrach. Bewaffnete Rebellen bemächtigten sich jeder Provinzhauptstadt und jedes Bergarbeiterlagers, aber an La Paz scheiterten sie. Loyale Regierungstruppen benutzten die Hauptstadt als Basis, und es gelang ihnen, Provinz um Provinz die Rebellen zu unterwerfen. Der Aufstand von 1952 wurde in La Paz von *Los Grupos de Honor* und der Landespolizei ausgelöst, deren befehlsführender Offizier bereit gewesen war, sich dem MNR bei einem Coup anzuschließen. Die „Ehrengruppen" waren paramilitärische Zellen und setzten sich hauptsächlich aus Angehörigen des Mittelstandes zusammen: Handwerkern, weniger gut organisierten Arbeitern kleiner Fabriken und Elementen der *clase popular.* Als der Aufstand zu scheitern schien, suchte der Polizeigeneral in einer ausländischen Botschaft um Asyl nach. Jedoch schlossen sich bewaffnete Arbeiter aus den Bergwerken und Fabriken in mehreren Provinzzentren dem Kampf an, brachten die Wende in La Paz und schnitten möglichen Nachschub für die Hauptstadt ab. Was als ein Coup mit begrenzter ziviler Beteiligung begonnen hatte, endete damit, daß *Victor Paz Estenssoro,* der Führer des MNR, einer Regierung vorstand, zu der drei Arbeiter-Minister, d. h. offizielle Vertreter der Arbeiterlinken, gehörten. Wie auch immer man die Bolivianische Revolution betrachtet, nie waren ländliche Elemente in irgendeiner Weise an ihrem Zustandekommen beteiligt (*Malloy* 1970, S. 103–106, 127–150, 157, 167–168).

Der Erfolg der Anti-Schah-Revolution ist um so bemerkenswerter, wenn man sich die Ausgangslage voll vergegenwärtigt. Iran hatte eine fest etablierte Regierung und erfreute sich einer wirtschaftlichen Hochkonjunktur. Der Schah brüstete sich mit einer großen, modernen Armee, die äußerst gut ausgerüstet war. Die Geheimpolizei SAVAK hatte eine Terrorherrschaft errichtet: Zehntausende waren verhaftet und brutal gefoltert, Hunderte waren hingerichtet worden. Viele Dissidenten waren ins Exil gegangen, und eine große Anzahl junger Leute hatte sich nach Abschluß ihres Auslandsstudiums geweigert, zurückzukehren. Einige Elemente der Anti-Schah-Bewegung heben sich deutlich ab, obwohl es noch zu früh ist, ihren relativen Beitrag zu deren Erfolg abzuschätzen. Am auffälligsten waren die Straßendemonstrationen. Am 8. Januar 1978 inszenierten Theologiestudenten in der heiligen Stadt Ghom ein Sit-in. Es wurde von Sicherheitskräften gesprengt, eine Aktion, die schnell Vergeltung herausforderte, und die Sicherheitskräfte begannen zu schießen. In zwei Tagen der Unruhen gab es nach einer Schätzung Dutzende von Toten und nach einer anderen mindestens siebzig Tote.

Im Februar schlug in Täbris die Sympathie- und Solidaritätskundgebung zum Gedenken derer, die in Ghom umgekommen waren, rasch um in einen heftigen Protest gegen den Schah. Die örtliche aserbeidschanische Polizei weigerte sich zu intervenieren, und Truppen wurden herbeigerufen, die mit Gewalt vorgingen. Die Demonstration wurde zum Aufruhr, angeführt, so heißt es, von armen Neueinwanderern und radikalen Studenten. Hundert Tote gab es laut Schätzung. Ein regelrechtes Muster entstand, in dem Demonstranten immer wieder auf die Straßen gingen, um der Opfer früherer Konfrontationen zu gedenken und scharf schießenden Truppen gegenüberzutreten. Über 3000 Demonstranten sollen in den ersten elf Monaten des Jahres 1978 umgekommen sein.

Ein zweites Schlüsselelement beim Sturz des Schahs war der Protest der Arbeiter. Streiks kamen nicht vor Mitte September richtig in Gang, aber gegen Ende Oktober war die Erdölförderung um fast drei Viertel gesunken; und der Rückgang der Erdölförderung verminderte drastisch die mangelnde Energieversorgung, zwang viele Fabriken, kurzzuarbeiten oder zu schließen. Der Ausfall der Erdölexporte drohte Devisenprobleme zu schaffen. Anfang November waren alle öffentlichen Dienstleistungen – Transport, Fernmeldewesen, Häfen und Treibstoffversorgung – entweder völlig oder nahezu lahmgelegt. Streiks in größeren Banken beeinträchtigten die Importkredite; Streiks beim Zoll brachten die Industrieproduktion wegen Mangel an Rohstoffen und Ersatzteilen zum Stillstand.

Ein dritter Faktor war, daß große Teile des Mittelstandes, insbesondere die Universitätsstudenten, im Laufe der Jahre zunehmend unzufrieden geworden waren. Mehrere Guerillagruppen nahmen ihren Ursprung im studentischen Milieu im Ausland und in der Heimat, aber ihr Einfluß war durch die SAVAK wirksam eingeschränkt und ihre Bedeutung in erster Linie symbolisch – bis zu einem sehr späten Stadium des Kampfes gegen den Schah (*Graham* 1979, S. 214–215, 220, 224, 233, 237; *Bill* 1978). Von zentraler Bedeutung für unser Argument ist, daß weder eine ländliche Guerillabewegung noch die ländlichen Massen irgendeine Rolle in der iranischen Revolution spielen.

Über die nicaragische Revolution haben wir noch weniger Information. Sie scheint nach der *foco*-Doktrin verlaufen zu sein; die Sandinistas, eine ländliche Guerilla-Gruppe, waren der kleine Motor, der den großen Motor der Revolution antrieb. Nach vielen Jahren des Kampfes führten sie 1978 einen städtischen Aufstand an. Während die Wirtschaft durch Streiks von Arbeitern und Ladenbesitzern lahmgelegt war, standen sich bewaffnete Aufständische und die Nationalgarde in den städtischen Straßen gegenüber. Obwohl sie zurückgeschlagen wurden, kehrten sie 1979 zurück, um eine zweite Erhebung anzuführen, die über die Streitkräfte des Diktators triumphierte.

Städtische Elemente spielten die Schlüsselrolle in jeder dieser Revolutionen. Selbst wo die Landguerilla eine wichtige Rolle spielte, in Kuba und Nicaragua, kam die Führerschaft, die meisten ihrer Gefolgsleute sowie ein Großteil der materiellen Unterstützung aus dem städtischen Milieu. In den Städten fanden alle Konfrontationen in Bolivien und Iran statt; und in den Städten wurden die entscheidenden Kämpfe in Nicaragua ausgefochten, und dort auch fanden die kubanischen Guerilleros maßgebliche Unterstützung, um ihr Regime zu errichten. Und städtische Arbeiter entschieden den Kampf um die Kontrolle über La Paz, legten die Wirtschaft in Iran und Nicaragua lahm und machten Bemühungen zunichte, die Früchte des Sieges den Händen der Guerilleros zu entreißen, die den kubanischen Diktator in die Flucht geschlagen hatten.

Unsere Definition von Revolutionen konzentriert sich, ungleich der von *Skocpol,* auf die Machtergreifung und befaßt sich nicht mit den nachfolgenden Veränderungen. Eine derartig enge Definition würde ratsam erscheinen im Hinblick auf die Schwierigkeit, zu einer sicheren Übereinkunft darüber zu gelangen, welche Veränderungen als revolutionär zu bezeichnen sind. Neuere Autoren wie *Skocpol, S. N. Eisenstadt, Jeffrey M. Paige* und *Kay Ellen Trimberger* sind in dieser Angelegenheit äußerst unterschiedlicher Meinung, wie *Jack A. Goldstone* (1980, S. 450) hervorgehoben hat. Die weitere Schwierigkeit besteht darin, daß es noch ziemlich früh ist zu sagen, welches die Ergebnisse in zwei der vier von uns erörterten Fällen sein werden. Wenn wir uns auf die Ergebnisse von Revolutionen konzentrieren sollten, würde das unsere Argumentation in den meisten, aber nicht in allen Fällen, nicht berühren. Ländliche Elemente spielten keine aktive Rolle bei den nach der Machtergreifung ausgelösten Veränderungen in Kuba; sie werden dies wahrscheinlich auch in Iran nicht tun, und es ist zu erwarten, daß sie auch in Nicaragua in untergeordneter Position bleiben werden. In Bolivien indessen trugen Bauern entscheidend dazu bei, die Macht der Grundbesitzer-Oligarchie zu untergraben, als der MNR erst einmal an die Macht gekommen war. Weitere Fälle können als Revolutionen verstanden werden, weil auf einen Militärputsch eine revolutionäre Phase folgte. Ländliche Elemente traten in jener Phase nicht in den Vordergrund in Ägypten und Peru, aber in Äthiopien wurden sie gegen die Grundbesitzer-Aristokratie mobilisiert.

Wie ist der städtische Charakter zeitgenössischer Revolutionen zu erklären? Die vier in den 1950er und 1970er Jahren erfolgreich verlaufenen revolutionären Kämpfe wurden in Ländern ausgetragen, die sich in ihrem Verstädterungsgrad erheblich voneinander unterschieden. Zum Zeitpunkt der Revolution lebte in Bolivien wenig mehr als ein Fünftel der Bevölkerung in Städten, etwas weniger als die Hälfte war es in Iran und Nicaragua, etwas mehr als die Hälfte in Kuba. Die Bedeutung städtischer Elemente in den Revolutionen der drei letztgenannten Länder mag auf ihren höheren Verstädterungsgrad zurückgeführt werden. Unter diesem Gesichtspunkt kann die rasche Verstädterung in den meisten als Vorbote des Zeitalters städtischer Revolutionen gesehen werden. Wie *Guillén* ([1966] 1973, S. 238), der geistige Mentor der Stadtguerillas in Uruguay und darüber hinaus, es ausdrückte[5]:

„Strategically, in the case of a popular revolution in a country in which the highest percentage of the population is urban, the center of operations of the revolutionary war should be in the city. Operations should consist of scattered surprise attacks by quick and mobile units superior in arms and numbers at designated points, but avoiding barricades in order not to attract the enemy's attention at one place. The units will then attack with the greatest part of their strength the enemy's least fortified or weakest links in the city ... The revolution's potential is where the population is."

Die demographische Beobachtung spiegelt eine wirtschaftliche Realität wider: Der Mehrwert wird zunehmend im städtischen Sektor erzeugt. Selbst im größtenteils ländlichen Bolivien stellte der Zinnbergbau und nicht die Landwirtschaft den Schwerpunkt der Volkswirtschaft dar. Das Vermögen des Staates, landwirtschaftlichen Mehrwert abzuschöpfen, ist nicht länger entscheidend für sein Funktionieren. Vielmehr ist es die städtische Wirtschaft, die den Staatsapparat finanziert. Das extreme Beispiel hierfür ist das Iranische Kaiserreich, das seine Kassen mit Petrodollars füllte, während es Nahrungsmittel importierte.

Weil der Staat von der städtischen Wirtschaft abhängt, sind Repressionen in städtischem Milieu nur begrenzt möglich. Führungs- und Fachkräfte, Facharbeiter und sogar angelernte Arbeiter können in größerer Anzahl nicht kurzfristig ersetzt werden. Sie eine Zeitlang ins Gefängnis zu stecken, sie zum Exil zu veranlassen oder sie zu töten, zieht ernsthafte wirtschaftliche Verluste nach sich. Dies bedeutet nicht nur eine Verminderung der für den Staat verfügbaren Ressourcen, sondern auch eine Verschlechterung der Lebensbedingungen der breiten Bevölkerung, welche Unzufriedenheit fördern kann[5]. Anstatt Gewalt anzuwenden, verhandeln die Regierungen gewöhnlich mit den Elementen der Arbeiterschaft, die Schlüsselsektoren der Wirtschaft wie den Bergbau, die Schwerindustrie und das Transportwesen kontrollieren, indem sie ihnen Einkommensvergünstigungen, zusätzliche Sozialaufwendungen, Sicherheit der Arbeitsplätze und soziale Sicherheit anbieten[6].

Schwierigkeiten beim Abschöpfen des Mehrwerts liefern Kolonialmächten eine starke Motivation, die wesentlichen Aspekte ihrer Direktherrschaft über ferne Länder zu überdenken. Ganz anders ist die Lage für nationale Regierungen und ihre Anhänger. Zum einen können sie sich über die Geldprägeanstalten Mehrwert aneignen, wenngleich die Inflation ihren politischen Preis hat. Zum anderen können viele Regierungen auf Beistand aus dem Ausland rechnen, um sie über eine Krise hinwegzubringen. Wenn Förderer-Länder es als in ihrem Interesse liegend ansehen, entrichten sie möglicherweise viele Jahre lang beträchtliche Subventionen. Aber selbst eine bankrotte Regierung wird kaum von selbst abdanken. Sie kann das Opfer von Gewichtsverschiebungen innerhalb ihrer politischen Grundlage werden, oder sie kann von Teilen der Armee, die unzufrieden mit dem Mangel an Ressourcen sind, gestürzt werden. Wenn die regierende Gruppe jedoch mit einer revolutionären Bewegung konfrontiert ist, wird sie sich verzweifelt an die Macht klammern. Während ein nationaler Befreiungskrieg die Außenposten eines Imperiums bedroht, greift eine revolutionäre Bewegung an die eigentliche Existenz politischer und wirtschaftlicher Eliten. Und während Mitglieder der Elite Vorkehrungen treffen können, um ihr Leben komfortabel im Exil zu beschließen, haben die meisten Angehörigen des einheimischen Mittelstands, anders als die Kolonialbeamten, keine Alternative anderswo. Dementsprechend ist die Widerstandsschwelle der Elite und des Mittelstands tendenziell hoch[8]. Der MNR zwar konnte sich effektiv auf einen großen Teil des Mittelstands berufen, der seit Boliviens demütigender Niederlage im Chaco-

Krieg tief gespalten gewesen war. In Kuba waren breite Sektoren des Mittelstands *Batista*-feindlich gewesen, seitdem er 1952 nach drei frei gewählten Regierungen in einem Staatsstreich die Macht ergriffen hatte, und Elemente des Mittelstands waren auf ähnliche Weise in Iran und Nicaragua autokratischen Herrschern entfremdet worden. Aber in diesen drei Ländern wurde der Regierung erst dann jegliche Unterstützung entzogen, als die revolutionäre Bewegung das Leben in den Städten unsicher gemacht und ihre Wirtschaft zum Stillstand gebracht hatte. Und erst, als sie auf diese Weise weitgehend isoliert worden waren, flohen *Batista*, der Schah und *Somoza* aus dem Land.

Koloniale Regierungen traten zurück, trotz ihrer Erfolge, die Kontrolle über die Städte zu behalten; dies war selbst in Algerien der Fall, wo die Franzosen die große terroristische Organisation in Algier zerstörten. Aber der Verlust der Kontrolle über die ländlichen Gebiete ist keine hinreichende Bedingung, um eine nationale Regierung davon zu überzeugen, die Macht an eine revolutionäre Bewegung zu übergeben. Wenn eine derartige Bewegung Erfolg haben will, muß sie die Regierung in ihren städtischen Stützpunkten angreifen. Die Kontrolle über die Hauptstadt ist gewöhnlich von größter Bedeutung, wie die mißlungene Revolution in Bolivien zeigte.

Die chinesischen Kommunisten starteten ihren Angriff auf die Städte von einer ländlichen Basis aus. Der Versuch, eine sozialistische Revolution auf das städtische Proletariat zu gründen, war 1927 gescheitert. Die Kommunistische Partei arbeitete darauf hin, durch Land- und Steuerreformen in den von ihr kontrollierten Gebieten eine Unterstützung durch die Bauern aufzubauen. Von der Guerilla herkommend, hob sie Bauernarmeen aus, die in einem konventionell geführten Bürgerkrieg siegreich waren. Die chinesische Erfahrung zeigte – oder zumindest schien es so –, daß Revolutionen in der Dritten Welt auf die Bauernschaft gegründet sein müßten. Aber die Umstände, unter denen die chinesischen Kommunisten ganze Provinzen beherrschen und ihre Armeen aufstellen konnten, waren einzigartig. Es gab keine Regierung, die China voll und ganz beherrschte, und die Größe des Landes behinderte die Errichtung einer solchen Herrschaft. Die japanische Invasion untergrub darüber hinaus jede Bemühung, eine Zentralregierung zu etablieren, brachte den kommunistischen Truppen die Anerkennung als Nationalisten, die fremde Invasoren bekämpften, und zwang die Gegner der Kommunisten zeitweise zu einem Waffenstillstand.

Ländliche Gebiete können selbst heute noch kleinen beweglichen Guerilla-Einheiten Schutz gewähren. Aber der Übergang von ländlicher Guerilla-Aktivität zur Bauernarmee ist unter den heutigen Umständen so gut wie unmöglich. Überall können die Regierungen rasch Armee-Einheiten quer durch ein ganzes Land hin entsenden. Jeder Versuch, in ländlichen Gebieten über das Guerilla-Stadium hinauszukommen, muß mit der ungeheuren Feuerkraft, der hohen Mobilität und dem effizienten Kommunikationsnetz rechnen, die die Kennzeichen einer modernen Armee sind[9]. Regierungen haben wenig Bedenken gezeigt, ländliche Siedlungen zu zerstören und Bauern umzusiedeln, um vom Land ausgehenden Herausforderungen entgegenzuwirken.

Städtische Guerilleros waren, wie sich zeigte, sogar noch verwundbarer als ländliche. Die Stadt schien für Guerilla-Aktivitäten besonders attraktiv zu sein. Für die Studenten und akademischen Berufe, die ausnahmslos unter den Guerillas in den frühen Stadien, und häufig darüber hinaus, vorherrschten, stellt die Stadt vertrautes Terrain dar: sie kennen sie, und ihre

Anwesenheit erregt keine besondere Aufmerksamkeit. Darüber hinaus kann die städtische Guerilla den Anschein eines normalen Lebens aufrechterhalten, bis sie den Verdacht der Behörden erregt, wohingegen die meisten Guerillas in ländlichen Gebieten, selbst wenn sie vom Land stammen, Außenseiter sind. Und schließlich verheißt die städtische Menge der Guerilla Anonymität. Aber systematisches Foltern enthüllte die Anfälligkeit der Stadtguerillas gegenüber Sicherheitslücken wegen ihrer Abhängigkeit von sicheren Häusern, die, wenn sie einmal entdeckt sind, schnell von weit überlegenen Streitkräften durchsucht werden können. Ein Kreislauf entstand, als die Folter – von anfangs oft recht zufällig verhafteten Menschen – Informationen lieferte, die zur Verhaftung von Beteiligten oder Sympathisanten führte, die unter Folter weitere Informationen lieferten. Die Folter diente weiter zur Abschreckung neuer Rekruten für die Guerilleros und ihre Sympathisanten[10].

Es ist unwahrscheinlich, daß eine Nationalregierung vor einer revolutionären Bewegung kapituliert, wenn sie nicht an ihrem städtischen Standort mit Streitkräften konfrontiert ist, die sie nicht länger in Schach halten kann. Daß solche Streitkräfte aus einer Bauernarmee bestehen, ist höchst unwahrscheinlich. Sie müssen sich in einem städtischen Aufstand konstituieren, wie es sich in Bolivien, Iran und äußerst dramatisch in Nicaragua zeigte. Ein städtischer Aufstand stellt die Regierung vor eine schwierige Wahl. Keine Regierung hat bislang städtische Bevölkerungen in irgendeinem Umfang umgesiedelt. Und wenn schwere Waffen eingesetzt werden, um eine Stadt oder größere Teile davon wieder einzunehmen, ist die bewirkte Zerstörung zwangsläufig ungeheuer groß, und die Regierung verliert an Unterstützung. *Somoza* jedoch ging so weit, ganze Kleinstädte und Teile Managuas, die von den Sandinistas gehalten wurden, zerstören zu lassen. Guerillas haben ihre Anwesenheit gegen große Übermacht viele Jahre lang in einer Mehrzahl von Ländern bewahrt. Sie sehen sich der noch schwierigeren Aufgabe gegenüber, eine städtische Massenbewegung zu mobilisieren, die der Feuerkraft einer modernen Armee standhalten muß[11].

Erfolgreiche Revolutionen stellen in der Weltgeschichte Ausnahmen dar. Dutzende von Guerilla-Bewegungen kämpften nach dem Sieg der kubanischen Revolution, aber erst 20 Jahre später waren sie in nur einem kleinen Land erfolgreich. Es ist noch zu früh zu sagen, ob El Salvador und Guatemala dem Beispiel ihres Nachbarn folgen werden. Wenn Revolutionen erfolgreich waren, waren sie durch einzigartige Merkmale gekennzeichnet. In der Tat müssen Revolutionäre Innovatoren sein, nicht nur, um sich Umständen anzupassen, die in jedem einzelnen Fall verschieden sind und sich gerade im Verlauf des Kampfes noch ändern, sondern auch, um den anfänglichen Vorteil ihrer Gegner zu überwinden. Die Regierungen sind in der besseren Position, um Lehren aus der Geschichte zu ziehen und Angriffen auf ihre Herrschaft zuvorzukommen.

Solche Überlegungen mahnen zur Vorsicht davor, auf der Grundlage der wenigen vorliegenden Fälle Verallgemeinerungen anzustellen. Jedoch verdient der weitgehend städtische Charakter moderner Revolutionen Beachtung, nicht nur, weil er weitverbreiteten Ansichten widerspricht, sondern weil er eine neue Perspektive zur Untersuchung revolutionärer Bewegungen und ihrer Gegner nahelegt.

Anmerkungen

1 *Skocpol* (1981) hat begonnen, sich den Problemen zuzuwenden, die die iranische Revolution für ihre Analyse aufwirft.

2 *Claude E. Welch Jr.* (1977) hat die Bedeutung der Unterscheidung zwischen nationalen Befreiungskriegen und Revolutionen betont und meint, daß die afrikanische Bauernschaft in den kommenden Dekaden keine revolutionäre Rolle spielen wird.

3 Die Abhängigkeit der Landguerillas von städtischer Unterstützung wurde deutlich, als *Che Guevara* (1968) in Bolivien ohne solche Unterstützung war.

4 Für eine chronologische Auflistung von Aktionen des städtischen Untergrunds von 1952 bis 1959 siehe *Bonachea* und *San Martin* (1974, S. 338–344). Die Zusammensetzung der ersten Regierung nach dem Sieg der Revolution, in der der städtische Widerstand stärker vertreten war als der ländliche, mag als ein Indikator für die Bedeutung der städtischen Bewegung gelten (*Thomas* [1971] 1977, S. 283–285).

5 *Hodges* (1973) liefert eine biographische Darstellung von *Guillén,* eine Einführung in seine Schriften und eine Diskussion seines Einflusses auf den bewaffneten Kampf in Lateinamerika.

6 Die entscheidende Rolle bestimmter Elemente der Arbeiterschaft zeigte sich klar an der lähmenden Wirkung, die die Streiks der Kupferbergwerkarbeiter auf die chilenische Wirtschaft während des *Allende*-Regimes ausübte.

7 Für eine ausführlichere Erörterung der Stellung der organisierten Arbeiterschaft in der Dritten Welt siehe *Gilbert* und *Gugler* (1982), Kap. 7.

8 Die Stellung der Eliten von Siedler-Regimen ist ähnlich jener von nationalen Eliten. Ihre Anhänger scheinen noch stärker zum Widerstand bereit zu sein als eine nationale Mittelklasse: Teile dieser Mittelklasse können sich in der Regel eine Anpassung an die neuen Herrscher vorstellen, während eine Niederlage aus der Sicht der Siedler unweigerlich Exil und Verarmung bedeutet.

9 Regierungen und nicht revolutionäre Bewegungen sind immer wieder die größten Nutznießer auswärtiger Unterstützung. Die Vereinigten Staaten insbesondere, ganz abgesehen von ihrer offenen Intervention in Vietnam und in der Dominikanischen Republik, haben zahlreichen Regierungen gegen ihre heimischen Gegner beigestanden. Nicht nur wurden ausländische Regierungen großzügig ausgerüstet, sondern ihre Truppen erhielten auch eine Spezialausbildung, um der Guerilla-Bedrohung gewachsen zu sein. Die in der Panamakanalzone gelegene *Escuela de las Américas* erhielt ihren Namen 1963, als ein neuer Lehrplan, der das Schwergewicht auf die Ausbildung zur Abwehr von Aufständen und zur Entwicklungsarbeit legte, eingeführt wurde. Mehr als 20000 Offiziere, Unteroffiziere und Mannschaften aller lateinamerikanischen Länder außer Kuba wurden hier in den 1960er Jahren ausgebildet. Zusätzlich haben kleine Gruppen von *Green Berets,* die im Südlichen Kommandobereich in der Panamakanalzone stationiert sind, mit den Truppen jeder lateinamerikanischen Nation außer Mexico, Kuba und Haiti gearbeitet. Allein für 1965 wurde von 52 solcher Missionen, darunter Fallschirm-Abwürfe in Guerilla-Zonen, berichtet. 1966 und 1967 unterstützten *Green Berets* die guatemaltekische Armee und erlitten in den Kämpfen mit den Guerillas mehrere Verluste. 1967 errichteten sie ein Lager in Bolivien, wo sie 600 unerfahrene Rekruten der bolivianischen Armee ausbildeten, die später in jenem Jahr *Che Guevara* und seine Genossen aufspürten. Es wurde außerdem über die Anwesenheit von *Green Berets* in Nicaragua, Kolumbien und Venezuela berichtet (*Gott* 1971, S. 450–451, 488–489; *Klare* 1972, S. 301, 306, 379–381; *Lartéguy* [1967] 1970, S. 195–197).

10 Für eine Darstellung städtischer Guerillakriegsführung in Brasilien, Uruguay und Argentinien und für Auszüge aus einer stattlichen Menge von Schriften von und über Guerillas, siehe *Kohl* und *Litt* (1974); für eine umfassende kommentierte Bibliographie, *Russel, Miller* und *Hildner* (1974); für eine hervorragende Sammlung dokumentarischen Materials aus sehr verschiedenartigen Quellen über die Tupamaros in Uruguay, *Mayans* (1971). Der Mißerfolg der Stadtguerilla-Bewegungen, als sie in großem Umfang in Venezuela, Brasilien, Uruguay und, bis heute, in Argentinien aktiv waren, lag gerade in ihrer Unfähigkeit, Unterstützung auf breiter Basis zu mobilisieren und die Kontrolle über die Straßen der Städte zu gewinnen.

Literaturverzeichnis

James A. Bill, Iran and the crisis of '78, in: Foreign Affairs, 57, 1978, S. 323–342.

Ramón L. Bonachea und *Marta San Martin,* The Cuban insurrection 1952–1959, New Brunswick, N.J. 1974.

Régis Debray, Révolution dans la révolution? Cahiers Libres 98, Paris (Maspero) 1967. Englisch: Revolution in the revolution? Armed struggle and political struggle in Latin America, New York/London 1967.

Alan G. Gilbert und *Josef Gugler,* Cities, poverty and development: Urbanisation in the Third World, London (Oxford University Press) 1982.

Jack A. Goldstone, Theories of revolution: The third generation, in: World Politics, 32, 1980, S. 425–453.

Richard Gott, Guerrilla movements in Latin America, Garden City, N.Y. 1971.

Robert Graham, Iran: The illusion of power, New York 1979.

Ernesto Che Guevara, La guerra de guerrillas, Havanna (Departamento del Minfar) 1960. Englisch: Guerrilla warfare, New York 1961. Deutsch: Guerilla: Theorie und Methode. Sämtliche Schriften zur Guerillamethode, zur revolutionären Strategie und zur Figur des Guerilleros. Hrsg.: *Horst Kurnitzky,* Berlin 1968.

Ders., The diary of Che Guevara. Bolivia: November 7, 1966 – Oktober 7, 1967. The authorized text in English and Spanish. Toronto/New York 1968. Deutsch: Bolivianisches Tagebuch, München 1968.

Abraham Guillén, Estrategia de la guerrilla urbana: Principios básicos de guerra revolucionaria. Montevideo (Ediciones Liberación)² 1969. Englische Übersetzung von Auszügen aus der 1. und 2. Aufl., S. 229–251 in: *Donald C. Hodges* (Hrsg.), Philosophy of the urban guerrilla: The revolutionary writings of Abraham Guillén, New York 1973.

Donald C. Hodges, Introduction: The social and political philosophy of Abraham Guillén, S. 1–55 in: *Donald C. Hodges* (Hrsg.), Philosophy of the urban guerrilla: The revolutionary writings of Abraham Guillén, New York (William Morrow) 1973.

K. S. Karol, Les guérilleros au pouvoir: L'itinéraire politique de la révolution cubaine, Paris (Laffont) 1970. Englisch: Guerrillas in power: The course of the Cuban revolution, New York 1970.

Michael T. Klare, War without end: American planning for the next Vietnams, New York 1972.

James Kohl und *John Litt,* Urban guerrilla warfare in Latin America, Cambridge, Mass./London 1974.

Jean Lartéguy, Les guérilléros, Paris (Solar) 1967. Englisch: The guerrillas, New York 1970.

James Malloy, Bolivia: The uncompleted revolution, Pittsburgh 1970.

Ernesto Mayans (Hrsg.), Tupamaros: Antología documental. CIDOC Cuaderno 60, Cuernavaca (Centro Intercultural de Documentación) 1971.

Barrington Jr. Moore, Social origins of dictatorship and democracy: Lord and peasant in the making of the modern world, Boston (Beacon Press) 1966.

Charles A. Russel, James A. Miller und *Robert E. Hildner,* The urban guerrilla in Latin America: A select bibliography, in: Latin American Research Review, 9, 1974, S. 37–79.

Theda Skocpol, States and social revolutions: A comparative analysis of France, Russia, and China, Cambridge/London/New York/New Rochelle/Melbourne/Sydney 1979.

Theda Skocpol, Theories of revolution and the case of Iran. Remarks prepared for a Sorokin Lecture at the Southern Sociological Society, Louisville, Kentucky 1981.

Hugh Thomas, Cuba: The pursuit of freedom, New York/Hagerstown/San Francisco/London 1971. 2. Hälfte neu aufgelegt u.d.T. „The Cuban revolution", ebd. 1977.

Claude E. Welch, Jr., Obstacles to „peasant war" in Africa, in: African Studies Review, 20, 1977, S. 121–130.

Aus dem Englischen übersetzt von *Vera Behr.*

VERPFLICHTUNGEN UND RECHTE

Beobachtungen zur Soziologie der Staatsbürgerschaft*

Von Morris Janowitz

I

Gleichheit und nicht so sehr Staatsbürgerschaft stellt ein Hauptanliegen der gegenwärtigen Soziologie dar. Doch indirekt wird Staatsbürgerschaft zum Interessengebiet; denn sie impliziert die Ausdehnung der Staatsbürgerrechte, die dazu bestimmt sind, die Suche nach politischer, ökonomischer und sozialer Gleichheit voranzutreiben. So haben soziologische Abhandlungen im großen und ganzen die Staatsbürgerschaft im Sinne der Ausdehnung von Staatsbürgerrechten und Beschränkung von rechtlicher Gleichheit behandelt.

Das Ergebnis ist eine grundlegende Verfälschung oder zumindest weitverbreitete Nichtbeachtung der Soziologie der Staatsbürgerschaft gewesen. Ich kann nicht darüber hinwegsehen, daß Staatsbürgerschaft eine Art von Gleichgewicht oder Zusammenspiel von Rechten und Verpflichtungen meint. Ein Gemeinwesen, insbesondere ein demokratisches, kann man unmöglich analysieren, ohne die Bedeutung der staatsbürgerlichen Verpflichtung hervorzuheben. Der vorliegende Artikel versucht, dieses Ungleichgewicht in der Soziologie der Staatsbürgerschaft zu beseitigen.

Die soziologische Literatur spiegelt klar die relative Vorrangigkeit der Rechte vor der Verpflichtung im politischen Prozeß der westlichen Demokratien wider. Ich werde Gründe dafür anführen, daß es keiner sorgfältigen Analyse bedarf, um zu dem Schluß zu kommen, daß die ursprüngliche Bedeutung der Staatsbürgerschaft auf ein Gleichgewicht von staatsbürgerlichen Rechten und staatsbürgerlichen Verpflichtungen verweist[1]. Lange Jahre ist als Trend vorherrschend gewesen, die staatsbürgerlichen Rechte zu betonen und ihre Analyse zu verfeinern, ohne daß gleichzeitig die Probleme der Verpflichtung des Staatsbürgers geklärt worden wären. Der Gedanke der Verpflichtung erhält erst mit der Heraufkunft des fortgeschrittenen Industrialismus ein besonderes Gewicht.

Sicherlich erfordert der Begriff der Staatsbürgerschaft die unablässige begriffliche, philosophische und wertbezogene Reflexion. Mein Artikel bietet demgegenüber eine institutionelle

* *Anm. d. Übers.:* Dem englischen Wort „citizen" entsprechen im Deutschen die Worte „Bürger" und „Staatsbürger", und die Entscheidung, wann welcher deutsche Begriff zu wählen war, oblag jeweils der Übersetzerin. Wenn „citizen" im folgenden mit „Staatsbürger" beziehungsweise „citizenship" mit „Staatsbürgerschaft" übersetzt wurde, so war dafür die Sicht von *Morris Janowitz* ausschlaggebend. In seinen Beobachtungen und Aussagen über die fortgeschrittene Industriegesellschaft beziehen sich „citizen" wie „citizenship" auf eine große, übergeordnete Gesamtheit („nation", „nation state"). Die Problematik, die sich daraus ergibt, daß die englisch-amerikanische „nation" oder der „nation state" sich in vielerlei Hinsicht vom deutschen „Staat" und „Nationalstaat" unterscheiden, konnte dabei nicht umgangen werden.

Analyse der Einrichtungen einer fortgeschrittenen Industriegesellschaft, die in direkter Beziehung zur Staatsbürgerschaft stehen. Sind die gesellschaftlichen Institutionen so strukturiert und miteinander verbunden, daß sie die praktische Ausübung der Pflichten und der Verpflichtung des Staatsbürgers möglich machen? Vor allem: Arbeiten sie, um die Erfüllung der Verpflichtung zu fördern oder zu behindern?

Ich habe mir zwei Aufgaben gestellt. Die erste ist eine Untersuchung der Ausführungen zweier Autoren zur Staatsbürgerschaft. Ich beginne mit den Definitionen von *Aristoteles* und stelle die Arbeiten eines Soziologen aus dem 20. Jahrhundert, *T.H. Marshall,* neben sie. *Marshall* steht in der Gegenwart beinahe einmalig da, weil er ausdrücklich von der Verpflichtung des Staatsbürgers handelt. Auch wenn ich mir bewußt bin, daß eine Vielzahl von Ideen ausgeklammert werden mußte, dienen diese beiden Männer meinen besonderen Zwecken. Zweitens versuche ich, meine Beobachtungen über die institutionellen Grundlagen der staatsbürgerlichen Verpflichtung vorzulegen. Das bedeutet, daß *Marshalls* Analyse, nachdem ein Vierteljahrhundert vergangen ist, im Lichte sozialen Wandels und neuer Untersuchungsergebnisse aufgearbeitet werden mußte.

II

Staatsbürgerschaft ist ein komplexer Begriff mit unterschiedlichen Bedeutungen. Sein früherer politischer Erfolg impliziert nicht, daß sein häufiger Gebrauch sich auf eine klare oder einheitliche Vorstellung bei Wählern, politischen Führern oder Intellektuellen gegründet hätte. Eine seiner Bedeutungen soll dazu dienen, die einander ausschließenden sprachlichen Wendungen zu erhellen. Erstens ist mit Staatsbürgerschaft ein moralisches Urteil gesetzt. Als „guter" oder „wahrer" Staatsbürger bezeichnet zu werden, bedeutet, daß ein in dieser Hinsicht positives Urteil über die Moral eines Menschen gefällt wird. Es impliziert, daß der Betreffende sich um das Allgemeininteresse und das Wohlergehen der Allgemeinheit kümmert. Zweitens ist Staatsbürgerschaft ein konkreter, empirischer und beschreibender Begriff. In diesem Sinne deutet er auf einen bestimmten Katalog von Verpflichtungen und Rechten hin, die für alle wählbaren Personen in einem spezifischen Nationalstaat gelten. (Während Staatsbürgerschaft in bestimmten historischen Perioden die Mitgliedschaft in einem Stadtstaat meint, ist sie in der Gegenwart ausschließlich an den Staat als nationales Gebilde gebunden.)

Drittens kann Staatsbürgerschaft als analytischer Begriff angesehen werden. In diesem Sinne enthält er a) den Schutz, den ein Staat seinen Stamm-Mitgliedern garantiert, b) die Möglichkeiten der politischen Partizipation, die er für sie bereithält, oder c) eine Kombination dieser beiden Elemente.

Auf jeden Fall bietet die Auffassung des *Aristoteles* einen symbolischen und geeigneten Ausgangspunkt für meine Analyse. Da *Aristoteles* behauptet, daß der kleinen Zahl eine entscheidende Bedeutung zukommt, sind seine Ansichten keinesfalls als unabhängig von der Größe einer Population zu verstehen. Deshalb ist eine grundlegende Klärung seiner Sichtweise vonnöten, wenn sie für die gegenwärtige Massengesellschaft in Anspruch genommen werden soll. Jedoch gibt es ein gewichtiges Element der Kontinuität zwischen seiner Auffassung und der von *T. H. Marshall,* einem der wenigen zeitgenössischen Soziologen, die über Staatsbürgerschaft geschrieben haben[2].

Für *Aristoteles* ist derjenige ein Bürger, der ständig an der Verwaltung der Gerechtigkeit und der Amtsausübung teilhat[3]. Eine solche Definition gilt, nach *Aristoteles,* besonders für eine Demokratie. Um sie allgemein anwendbar zu machen, müssen wir sie – ihm folgend – dahingehend abändern, daß wir bestimmen: „Ein Bürger ist jemand, der für jede beliebige Zeitdauer an richterlichen und beratenden Ämtern teilhat[4]." Ich werde diese Definition eines demokratischen Bürgers benutzen und feststellen, daß Elemente der Staatsbürgerschaft in allen Nationalstaaten, selbst im repressivsten der totalitären Staaten, gefunden werden können. Doch gibt es einen entscheidenden Punkt, an dem die demokratische Staatsbürgerschaft von der nichtdemokratischen zu trennen ist, selbst im Falle eines nichtdemokratischen Staates nur milder Ausprägung. Dieser Unterschiedspunkt ist natürlich aus *Aristoteles'* Gebrauch des Wortes „ständig" herauszulesen, das damit in der Soziologie zu einem Bezugsbegriff mit idealtypischem Charakter wird.

Im wesentlichen also ist in der Sprache der Gegenwart der demokratische Staatsbürger eine Person, die zu gleicher Zeit oder zeitlich aufeinanderfolgend in Gemeinschaft mit anderen regiert und regiert wird. *Aristoteles* selbst benutzt die zeitlose Sprache: „Bürger im allgemein gebräuchlichen Sinne sind alle diejenigen, die teilhaben am bürgerschaftlichen Leben des Regierens und, umgekehrt, Regiertwerdens[5]." Nur wenn jemand ständig regiert wird, wird ihm seine Staatsbürgerschaft verweigert, und dauerndes Regieren ist ebenfalls destruktiv für die Staatsbürgerschaft. Diese analytische Sicht zeigt, daß Staatsbürgerschaft nicht auf den Wohnsitz reduzierbar oder auf Rechte beziehungsweise das Privatrecht beschränkbar ist, sondern verfassungsmäßige Rechte und Verpflichtungen innerhalb eines Systems öffentlichen Rechts enthält. Das Regieren ist eine Form der Verpflichtung, die ein Bürger übernehmen muß. Gemäß dieser Definition beruht Staatsbürgerschaft auf einem Gleichgewicht, besser: einer Interaktion, zwischen Verpflichtung und Rechten. Staatsbürgerschaft, als Muster aus Rechten und Verpflichtungen, ist durch ein annähernd gleichgewichtiges Verhältnis zwischen beiden gekennzeichnet, um den sich auf Teilhabe gründenden Prozeß des Regierens und Regiertwerdens möglich zu machen.

Eine solche analytische Sichtweise ist unvereinbar mit dem allgemein üblichen Gebrauch des Wortes Staatsbürgerschaft. Man muß nur einmal die Definition im „Oxford English Dictionary" von 1961 untersuchen, um die Bedeutung zu belegen, die das Wort „citizenship" gegenwärtig in seiner massenhaften Verwendung hat. Für das in Sprachfragen maßgebliche „Oxford English Dictionary" existiert eine einzige Bedeutung von Staatsbürgerschaft. Staatsbürgerschaft meint „die Stellung oder den Status des Staatsbürgerseins mit den entsprechenden Rechten und Privilegien". Der Begriff Verpflichtung ist entfallen oder zumindest stark verwässert.

III

T. H. Marshalls einflußreicher Essay „Citizenship and Social Class" aus dem Jahre 1949 untersucht die angedeuteten langfristigen Trends der inhaltlichen Entwicklung des Konzepts der Staatsbürgerschaft in den westlichen Nationalstaaten[6]. *Marshall* führt Gründe dafür an, daß die sich historisch über lange Zeit erstreckende Ausdehnung von Staatsbürgerschaftsrechten die Grundlage dafür gelegt hat, daß große Ungerechtigkeiten hinsichtlich der sozialen Ungleichheit überwunden oder zumindest abgeschwächt wurden. Staatsbürgerschaft ist eine Quelle der Gleichheit. ,,Staatsbürgerschaft ist ein Status, der denjenigen verliehen wird, die Vollmitglieder einer Gemeinde/Gemeinschaft sind. Alle, die diesen Status besitzen, sind gleich hinsichtlich der Rechte und Pflichten, mit denen der Status ausgestattet ist[7]." Für *Marshall* ist klar, was dies für die soziale Schichtung und die soziale Ungleichheit bedeutet. ,,Die Gleichheit, die im Konzept der Staatsbürgerschaft implizit enthalten ist, unterminiert, auch wenn sie inhaltlich begrenzt ist, das System der Klassen und Schichten, das wesensmäßig durch totale Ungleichheit bestimmt ist[8]."

In seinem historischen Überblick betont *Marshall* erstens, daß im 18. Jahrhundert die Bürgerrechte institutionalisiert wurden. Zweitens lieferten im 19. Jahrhundert die Bürgerrechte die Grundlage für die Erlangung von politischen Rechten[9]. Darauf folgend sind im 20. Jahrhundert, auf der Basis der Ausübung von politischen Rechten, soziale Rechte entstanden. Es kommt hinzu, daß die Ausdehnung dieser Staatsbürgerschaftsrechte ökonomische Entwicklungen und Wandlungen beträchtlichen Ausmaßes hervorgebracht hat – sowohl im Sinne der Verbesserung des materiellen Lebensstandards für weite Teile der ,,arbeitenden" Schichten wie auch im Sinne der Hebung des Existenzniveaus derer, die die niedrigsten Einkommen hatten.

Für *Marshall* unterminierten die Bürgerrechte den Feudalismus in seiner ökonomischen Gestalt und machten die vertragsmäßigen Beziehungen, die für das Aufkommen des Kapitalismus mit dem ihm eigenen wirtschaftlichen Wachstum entscheidend waren, möglich. Dieser Prozeß des wirtschaftlichen Wachstums lieferte die materielle Basis für die Ausdehnung des Wohlfahrtssystems. Der geschichtliche Prozeß war komplex, und sein Verlauf wie seine Folgen sind kaum selbstverständlich gewesen. Kurz gesagt, die bürgerlichen und politischen Rechte waren die Vorfahren der sozialen Rechte und bestimmten die Trends in Richtung auf mehr Gleichheit. Eine solche Argumentation lehnt den starren ,,ökonomischen Determinismus" ab. *Marshall* konzentriert sich auf die Erfahrungen in Großbritannien, jedoch liefern seine Beobachtungen die Grundlage für Vergleiche unter modernen westlichen parlamentarischen Regierungssystemen überhaupt[10].

Marshall trug seine Analyse 1949 als Alfred-Marshall-Lectures an der University of Cambridge vor. Drei Jahrzehnte später waren die in den Wohlfahrtsstaat gesetzten Erwartungen nicht voll erfüllt[11]. Der Lebensstandard sozialer Gruppen war gestiegen, jedoch waren die begrenzten Möglichkeiten des Wohlfahrtsstaates, zur sozialen Gleichheit beizutragen, in den Mittelpunkt der sozialwissenschaftlichen Diskussion gerückt. Darüber hinaus schuf die Aussicht auf eine chronische Inflation neue, kaum überwindbare soziale Ungleichheiten. Trotzdem bleiben die wesentlichen Konturen von *Marshalls* Analyse der Staatsbürgerschaftsrechte und ihrer Folgen, zu denen soziale Ungleichheit gehört, sehr überzeugend.

Die Bedeutung dieses Essays ruht jedoch auch auf *Marshalls* Versuch, die Verpflichtungen und Pflichten des Staatsbürgers und die entsprechenden Aspekte der Staatsbürgerschaft zu behandeln. Nicht daß er besonders viel Raum auf dieses Thema verwandt hätte. Im Gegenteil, von den über 60 Druckseiten des Essays sind nicht mehr als drei oder vier den Pflichten des Staatsbürgers gewidmet. Doch diese sind sehr wichtig – sowohl im Hinblick auf das, was gesagt wird, wie auch hinsichtlich dessen, was ungesagt bleibt. Unzweifelhaft glaubt *Marshall*, daß ein Gleichgewicht – einer gewissen Art – zwischen Staatsbürgerschaftsrechten und -verpflichtungen bestehen muß. Er stellt eindeutig fest: „Wenn die Staatsbürgerschaft zur Verteidigung von Rechten bemüht wird, können die entsprechenden Pflichten nicht übersehen werden. Diese verlangen von einem Menschen zwar nicht, seine persönliche Freiheit zu opfern oder sich ohne zu fragen jeder Forderung der Regierung zu unterwerfen. Aber sie verlangen, daß seine Handlungen sich aus einem lebendigen Verantwortungsgefühl für das Wohlergehen der Gemeinschaft speisen[12]."

Zur fortgeschrittenen industriellen Gesellschaft gehören ein hohes Niveau staatlicher Einflußnahme auf die Wirtschaft und ausgedehnte öffentliche Einrichtungen, um die sozialen Rechte in ihren wesentlichen Zügen zu verwalten. In seiner spezifischen Art der Behandlung des Problems bemerkt *Marshall*, daß sich Pflichten entweder aus einem Status oder aus einem Vertrag herleiten lassen[13]. Er behauptet zutreffend und für uns nicht unerwartet, daß die Ausweitung der sozialen Rechte und ihre zunehmende Verteidigung die Unterordnung des Vertragsaspektes unter den des Status mit sich führen. *Marshall* akzeptiert diesen Zustand, ja sogar die Notwendigkeit einer solchen Unterordnung, und ist sich der Implikationen klar bewußt. „Wenn die vertraglichen Verpflichtungen unter Berufung auf die Rechte der Staatsbürgerschaft beiseitegeschoben werden, dann müssen die Pflichten der Staatsbürgerschaft genauso akzeptiert werden[14]."

IV

Marshall glaubt, daß das Gleichgewicht sich zu weit in Richtung auf die Rechte, im Gegensatz zu den Verpflichtungen, verschoben hat. Gewiß war es von einem dem britischen Sozialismus nahestehenden Soziologen mutig, im Jahre 1949 einer solchen Einschätzung Ausdruck zu verleihen und damit anzudeuten, daß ein demokratisches Gemeinwesen ein besseres Gleichgewicht benötigt. Andererseits gibt es im Denken, wenn nicht gar in der Praxis, des britischen Sozialismus eine lange Tradition der Beschäftigung mit dem Problem der Verpflichtung. So bietet *Marshall* einen Katalog von für den Staatsbürger geltenden Verpflichtungen an, deren Lebenskraft und Folgen er zu bestimmen sucht. Die Aufstellung dieser Verpflichtungen, die im großen und ganzen im Einklang mit den allgemein als Bürgerpflichten betrachteten Handlungen stehen, enthält erstens das Steuerzahlen, zweitens die Erziehung der Kinder, drittens den Militärdienst und viertens „die Förderung der Wohlfahrt der Gemeinschaft", die *Marshall* allerdings viel zu allgemein und vage sieht. Ich werde diese bei *Marshall* umrissene Aufstellung zu einer breiter angelegten, die ich im folgenden vorlege und die den Gedanken der Partizipation an freiwilligen Vereinigungen auf Gemeindeebene und an Wahlen stärker betont, in Beziehung setzen.

Marshall ist erstens der Ansicht, daß der Bürger die Pflicht hat, „Steuern und Versicherungsbeiträge zu bezahlen". Da er vom britischen System handelt, spricht er nicht von privaten Versicherungsabschlüssen, sondern von Beiträgen an die gesetzlich vorgeschriebenen Versicherungen gegen Arbeitslosigkeit und Krankheit – Versicherungsbeiträge, die in den

Vereinigten Staaten als Steuern bezeichnet würden. Zu diesen Abgaben allerdings gehört „kein Willensakt und kein besonders auffälliges Loyalitätsgefühl"; denn sie sind erzwungen. *Marshall* will Verpflichtungen im Sinne der Staatsbürgerschaft vorzugsweise als freiwillig bestimmen.

Mit seiner Behauptung, daß die Zahlung von erzwungenen Steuern von nur begrenzter Bedeutung für die Staatsbürgerschaft ist, überzieht *Marshall* seine Position. Häufig beruhen Pflichten und Verpflichtungen des Staatsbürgers auf erzwungener Leistung. Jedoch schwächt dies nicht ihre Bedeutung. Eine erzwungene Handlung braucht nicht mechanisch und ohne kritische Erwägung ihrer Rechtmäßigkeit und Relevanz ausgeführt zu werden. Ja, gerade weil sie erzwungen ist, hat der Bürger eine besondere Verpflichtung, sich mit ihrem sozialen und politischen Inhalt und ihren Folgen zu befassen.

An zweiter Stelle behandelt Marshall die Erziehung, nicht als ein Recht, sondern ganz deutlich als Verpflichtung des Staatsbürgers. Im Verlauf des 19. und 20. Jahrhunderts hat sich das Erziehungswesen in dramatischem Ausmaß zur Massenerziehung entwickelt. Schritt für Schritt ist das Erziehungsniveau für die Gesamtbevölkerung angehoben worden, indem man das Schulentlassungsalter heraufsetzte.

Im 19. Jahrhundert hat man viel Energie darauf verwandt, die Ausweitung der Grundschul- und dann der darauf aufbauenden Erziehung als ein Erfordernis industrieller Gesellschaft zu erklären. Je ausgeprägter die Arbeitsteilung in einer Industriegesellschaft, desto größer der Bedarf an Arbeitskräften mit höherem Ausbildungsstand. Dabei haben ohne Zweifel die Bedürfnisse der Arbeitswelt das Eingreifen des Staates bewirkt – in dem Sinne, daß die Grundschulerziehung zunächst ausgeweitet, dann obligatorisch gemacht und das Schulabgangsalter erhöht wurde. Andererseits deutet das Anwachsen der Massenerziehung auf politische und moralische Dimensionen hin, die mit der Verbreitung der Staatsbürgerschaft im Zusammenhang stehen.

So spricht *Reinhard Bendix* vom „Recht auf eine Grundschulausbildung" als einem „sozialen Grundrecht"[15]. „So lange den Massen die Grundschulausbildung verwehrt wird, erscheint der Zugang zu den Bildungseinrichtungen als eine Voraussetzung, ohne die alle anderen gesetzlich gewährten Rechte ohne Gewinn für die Ungebildeten bleiben[16]." Kurz, die Erziehung ist ein entscheidendes, wenn nicht überhaupt das entscheidende soziale Recht der Staatsbürgerschaft[17].

Darüber hinaus jedoch betont *Marshall* die Erziehung als eine Verpflichtung des Staatsbürgers. Er bezieht sich dabei auf grundlegende Kenntnisse des Lesens und Schreibens, zu denen ich meinerseits die Anfangsgründe einer bürgerschaftlichen Erziehung hinzurechnen würde. Unter den Bedingungen der fortgeschrittenen Industriegesellschaft könnte es durchaus wünschenswert sein zuzugestehen, daß für einen Teil der Bevölkerung die College- beziehungsweise Hochschulausbildung zur Staatsbürgerverpflichtung wird.

Wie im Falle des Steuerzahlens macht für *Marshall* die Tatsache des Zwanges auch die grundlegende Erziehung zu einer weniger bedeutenden Handlung. Als freiwillige Handlung wäre sie – seiner Meinung nach – bedeutender für die Erfüllung der Staatsbürgerschaftsverpflichtung. Jedoch hat sie ihre Zwangskomponente; gleichzeitig ist es ein wichtiger soziologischer Vorstoß, sie als eine Pflicht oder Verpflichtung des Staatsbürgers herauszustellen.

Drittens führt *Marshall* den Militärdienst als eine Verpflichtung des Bürgers an, und – angesichts der Tatsache, daß die meisten Soziologen dieses Thema einfach meiden oder übergehen

– ist es besonders wichtig, daß *Marshall* es in seine Analyse einbezieht. Dabei stellt er nicht den geschichtlichen Hintergrund des Militärdienstes in Großbritannien dar. Im Jahre 1949, als er seinen Essay schrieb, existierte in Großbritannien ein System des Wehrdienstes, das Ausdruck der Idee war, daß der Staatsbürger zur nationalen Verteidigung verpflichtet ist. Aber *Marshall* fühlt sich erneut unbehaglich, weil der Militärdienst erzwungen war. Im Jahre 1962 hat Großbritannien die Wehrpflicht abgeschafft und eine Freiwilligenarmee eingeführt, womit für *Marshall* diese Form der Staatsbürgerverpflichtung offensichtlich ein Ende fand[18].

Zu den Staatsbürgerschaftsverpflichtungen rechnete *Marshall* viertens die Pflicht, „das Wohlergehen der Gemeinschaft zu fördern"[19]. Da der Begriff Gemeinschaft (community) oft sehr allgemein gebraucht wird, muß er hier eingegrenzt werden. Wir können das Wort benutzen, wenn wir uns auf die sozialen und politischen Beziehungen, die auf Wohnsitz-Gemeinschaften basieren, beziehen. *Marshall* trennt in der Tat den Arbeits- und Berufsbereich einer Person von seiner Wohnsitz-Gemeinschaft. Industrielle Bürgerschaft (industrial citizenship) bezieht sich auf den Bereich des Arbeitsplatzes, während gemeindliche/gemeinschaftliche Bürgerschaft (community citizenship) die sozialen und politischen Beziehungen des einzelnen meint, die sich aufgrund des Wohnsitzes ergeben. Jedoch ist *Marshall* nicht beeindruckt von der Bedeutung und Lebensfähigkeit der dem Staatsbürger in gemeindlichen Angelegenheiten obliegenden Verpflichtungen, ja er glaubt, daß die „gemeindlich-gemeinschaftliche" Perspektive im Rückgang begriffen ist, das heißt, er übernimmt die in der klassischen Gemeinschafts-Gesellschaftssoziologie formulierte These[20].

In Anbetracht der Tatsache, daß *Marshall* die Mitgliedschaft in freiwilligen Vereinigungen unterbetont, ist es noch verwunderlicher, daß er sich mit der Teilnahme an Wahlen als einer Kerndimension der Staatsbürgerschaftsverpflichtung nicht ausführlich befaßt. Er macht zwei kurze Bemerkungen zum Thema Wahlen. Erstens spricht er, was die finanziellen Mittel angeht, von der Notwendigkeit eines relativen Gleichgewichts zwischen den rivalisierenden politischen Parteien. Er glaubt, daß dies in Großbritannien im großen und ganzen erreicht wurde, da der Vorteil, der der Conservative Party durch Gelder aus Industriekreisen erwuchs, durch die Zuwendungen, die die Labour Party mehr und mehr von den Gewerkschaften erhielt, ausbalanciert wurde. Zweitens behauptet *Marshall,* daß eine wirksame grundlegende Erziehung die staatsbürgerliche Teilnahme am Wahlprozeß steigern würde. Doch scheint er gleichfalls anzunehmen, daß in einem Staat wie Großbritannien die Wahlen zu einer Institution geworden und in einem relativ bedeutenden und wesentlichen Grad funktionstüchtig sind. Im Kern glaubte er, daß das Wahlsystem es der Arbeiterklasse ermöglicht hat, ihre bürgerlichen und politischen Rechte auszuüben, und daß auf diese Weise die Ausdehnung wesentlicher sozialer Dienste, die für die Reduzierung der Ungleichheit erforderlich sind, sichergestellt wurde.

V

Anstatt die Teilnahme am Gemeinde- und Wahlgeschehen zu betonen, führt *Marshall* Gründe dafür an, daß die Ausweitung der Staatsbürgerschaft von bürgerlichen über politische auf soziale Rechte eine neue, entscheidende Variante von staatsbürgerlichen Verpflichtungen hervorgebracht hat, ja diese erfordert. Er kennzeichnet sie als „industrielle Bürgerschaft"[21]. In dieser Art von Staatsbürgerschaft sind natürlich die Gewerkschaften die zentralen und entscheidenden Institutionen. Der Prozeß des kollektiven Verhandelns, des gemeinsamen Aushandelns von Tarifen, ist von äußerster Wichtigkeit. Das kollektive Verhandeln ergibt sich aus der Akkumulation der bürgerlichen und politischen Rechte, die zur Entstehung einer mächtigen institutionellen Basis für den Kampf um soziale Gleichheit geführt hat. Grundlegend für die industrielle Bürgerschaft ist das Recht, sich zu organisieren und eher gemeinsam als individuell zu verhandeln, sowie die sich daraus ergebende Verbesserung der Lage der Arbeiter, die direkt oder indirekt an dem Verhandlungsprozeß beteiligt sind. Da dieser Prozeß so wichtig ist, müssen die Rechte auf kollektives Verhandeln durch die entsprechenden Verpflichtungen aufgewogen werden. Diese Verpflichtungen müssen erfüllt werden; es gibt für *Marshall* keine andere Wahl.

Die Gewerkschaften haben praktisch „ein sekundäres System der industriellen Bürgerschaft, das parallel zu dem System der politischen Bürgerschaft besteht und dieses ergänzt", geschaffen[22]. *Marshall* glaubt, daß das System der industriellen Bürgerschaft weniger als sekundär, denn als parallel zur politischen Bürgerschaft zu begreifen ist. In der Tat ist in *Marshalls* Perspektive – vgl. seine weiter unten zu diskutierenden Schlußfolgerungen, daß Marktwert und soziale Rechte ungleichgewichtig bleiben – die Arena der industriellen Bürgerschaft von gleicher Wichtigkeit wie das bestehende bsystem der politischen Bürgerschaft, wenn sie nicht, soweit es sich um die Reduzierung sozialer Ungleichheit handelt, dieses sogar an den Rand gedrückt hat. In anderen Worten: *Marshall* sieht die industrielle Bürgerschaft als eine klar umrissene Gesamtheit von Rechten und Verpflichtungen, aber eine Gesamtheit mit entscheidenden politischen Auswirkungen.

Rückschauend erscheint *Marshalls* Beurteilung der Verpflichtung in der Arena der industriellen Bürgerschaft als naiv. Das gilt für die britische Szene und in erhöhtem Maße für die Vereinigten Staaten. *Marshall* behauptet abschließend, daß die nationalen Gewerkschaften verantwortlich handeln und ihren Verpflichtungen nachkommen. Er versäumt es, Kriterien vorzulegen, aufgrund derer die Leistungen beurteilt werden könnten. Jedoch gibt es für ihn genügend Beweise, um feststellen zu können, daß die industrielle Bürgerschaft bei lokalen Gewerkschaftsführern mangelhaft ausgeprägt ist.

Marshalls Analyse der industriellen Beziehungen ist, was Großbritannien angeht, kaum ausreichend. Der Langzeittrend der nationalen Entwicklung ist schwer mit seiner Beurteilung in Einklang zu bringen, und die Situation der lokalen gewerkschaftlichen Bürgerschaft ist trostlos. Darüber hinaus argumentiert *Marshall* im wesentlichen so, als ob Verpflichtungen der industriellen Bürgerschaft eine Angelegenheit des guten Willens und Glaubens seien. Er übersieht die Auswirkungen, die unterschiedliche Gewerkschaftsstrukturen und Muster der Kollektivverhandlung im Sinne der Stimulierung oder Frustrierung der industriellen Bürgerschaft haben können. Er versäumt es, die durchgängig an der Idee der Gegenpartei ausgerichtete Form des Gewerkschaftsmanagements in Großbritannien mit ihren gravierenden negativen Auswirkungen auf die industrielle Produktivität und die wirksame Lösung von Konflikten hervorzuheben. Er schrieb, ohne auf alternative Formen der industriellen Bürgerschaft hinzuweisen, wie zum Beispiel auf das System der Mitbestimmung in der Bundesrepublik Deutschland, das eine größere Verantwortlichkeit der Gewerkschaften hervorgebracht hat, indem es den Gewerkschaften Elemente der Entscheidungsfindung im Industriebetrieb zuwies. Trotzdem ist es wesentlich, sich mit *Marshall* zu vergegenwärtigen, daß bei der Suche nach sozialer Gleichheit das kollektive Verhandeln eine zentrale Stellung einnimmt. Für ihn ist die Suche nach sozialer Demokratie klar an die Ausübung von Rechten und die Übernahme von Verpflichtungen am Arbeitsplatz gekettet, und dieser Aspekt der Staatsbürgerschaft steht bedeutungsmäßig neben, wenn nicht gar in entscheidenden Punkten über dem der bürgerschaftlichen und Wahl-Verpflichtungen.

VI

Drei Jahrzehnte sind vergangen, seit *Marshall* seine Soziologie der Staatsbürgerschaft vorlegte. Ich glaube, daß es möglich ist, seinen Katalog von Verpflichtungen im Lichte gesellschaftlicher Trends in der Sozialstruktur und sozialen Organisation zu erweitern. Auch wenn dabei die weit verbreitete düstere Einschätzung der Dilemmata der demokratischen Systeme unter der Herrschaft des fortgeschrittenen Industrialismus kaum zu widerlegen ist, lassen sich doch Hinweise auf Möglichkeiten für voluntaristische Anstrengungen beim Aufbau von Institutionen wie auch auf die Aufgaben der „soziologischen Imagination" geben.

Erstens einige Bemerkungen zur Verpflichtung des Bürgers, Steuern zu zahlen. Die Tatsache, daß diese Verpflichtung erzwungen ist, schwächt ihre Bedeutung nicht, schränkt sie auch nicht ein oder schließt die Notwendigkeit, sinnvolle Einwilligung zu bestärken, aus. Die Pflicht des Bürgers ist es, ehrlich und im guten Glauben dem Geiste und Buchstaben des Gesetzes Folge zu leisten. In einer fortgeschrittenen Industriegesellschaft, besonders in den USA, gibt es einen ziemlichen Spielraum für gesetzlich erlaubte Betrügereien, indem man im Rahmen des Gesetzes möglichen, jedoch ungebührlichen und unverantwortlichen Vorteil aus den komplexen, ja widersprüchlichen oder vagen Steuerbestimmungen zieht. Das ist insbesondere bei höheren Einkommensgruppen der Fall.

Besondere Beachtung verdient das, was *Marshall* in seiner Analyse der Verpflichtung des Bürgers, erzwungene Steuern zu bezahlen, nicht erwähnt. Man sollte annehmen, daß der Bürger eine Verpflichtung hat, sich um die Angemessenheit der aus den Steuern finanzierten Staatsausgaben zu bekümmern. Diese Pflicht würde es mit sich bringen, daß er über die Ausgaben der Staatskasse informiert ist und, unter Benutzung des Parteien- und Wahlsystems, die Ausgaben der Regierung politisch beeinflußt. Diese Verpflichtungen, die Marshall vernachlässigt, erscheinen entscheidend für eine wirksame Staatsbürgerschaft und verlangen die Teilnahme am Wahlgeschehen. Es gibt einen zusätzlichen Aspekt der Verpflichtung, Steuern zu zahlen. Die Steuerbestimmungen haben sich tendenziell in Richtung auf eine immer größer werdende Komplexität entwickelt, nicht nur wegen des politischen Drucks, den bestimmte Interessengruppen ausgeübt haben, sondern paradoxerweise auch wegen der Bemühungen von verantwortungsbewußten Parlamentariern, das Steuersystem gerechter zu machen. Letzteres ist eine Folge des Bestrebens, den besonderen Umständen von mehr und mehr spezifischen Gruppen Rechnung zu tragen.

Eine Verpflichtung muß bis in ihre Einzelheiten von der Bevölkerung insgesamt einigermaßen verstanden werden. Jedoch werden die Einkommenssteuerbestimmungen von einem immer größer werdenden Teil der Bürger in zunehmend geringerem Maße begriffen. Dies kann an dem wachsenden Anteil derjenigen Bürger gemessen werden, die sich professioneller Hilfe bedienen (sogar bei denen, die die einfachsten Formulare für die Einkommenssteuererklärungen zu benutzen suchen). Im wesentlichen haben die Struktur des Steuerrechts und selbst die Bemühungen, es zu reformieren, einen Punkt erreicht, an dem die wirksame Ausübung der Staatsbürgerverpflichtung behindert wird.

VII

Obwohl *Marshall* zweitens sehr zugespitzt betont, daß die Erziehung teilweise eine Verpflichtung und nicht nur ein Recht darstellt, muß die soziologische Analyse der Erziehung als ein Aspekt der Staatsbürgerschaft ausgeweitet werden. Der Pflicht- oder Verpflichtungscharakter der Grund- oder Hauptschulausbildung läßt sich nicht aus dem erzwungenen Schulbesuch herleiten. Fast das Gegenteil ist tatsächlich der Fall. Der Zwangsaspekt verschleiert die wahre Staatsbürgerschaftsverpflichtung, nämlich die Verpflichtung eines Staatsbürgers, sich auf die Staatsbürgerschaft vorzubereiten. Das heißt, daß er/sie grundlegende Kenntnisse des Lesens und Schreibens erwirbt sowie eine wenn auch rudimentäre bürgerschaftliche Erziehung erhält.

Der Pflichtaspekt der Erziehung in einem demokratischen Gemeinwesen lag und liegt in der Notwendigkeit, daß der Bürger auf Information gegründete Urteile sowohl in seinem privaten wie in seinem öffentlichen Leben abgibt. Sicherlich: Wenn der Bürger seine Rechte verstehen und nutzen soll, muß er eine entsprechende Erziehung besitzen. Andererseits ist Erziehung eine Verpflichtung, weil sie das Mittel darstellt, um alle anderen staatsbürgerlichen Verpflichtungen zu verstehen und wahrzunehmen[23]. Sie ist das, was den Staatsbürger zum Staatsbürger macht. Es reicht nicht aus zu betonen, daß die Erziehung für einen Beruf vorbereitet. Wir haben es hier mit der politischen und moralischen Definition des guten Staatsbürgers zu tun.

Eine moderne demokratische Gesellschaft ist eine Gesellschaft, in der die Möglichkeit, ein demokratischer Staatsbürger zu sein, für alle Schichten gegeben ist[24]. Unter diesen Umständen und um politisch und moralisch Beziehungen zur übrigen Gesellschaft haben zu können, ist es für die Einzelperson und die Mitglieder ihres Haushalts notwendig, lesen und schreiben zu können, das heißt nicht zu den Analphabeten zu gehören. Um dies zu erreichen, sind bewußte Anstrengungen der Eltern und bewußte institutionenbildende Maßnahmen auf seiten des Staates notwendig. Es ist die Pflicht der Eltern, nicht nur die mechanische Anerkennung der erzwungenen Erziehung – also den Schulbesuch – sicherzustellen, sondern ihren Kindern zu helfen, eine wahrhaft grundlegende Erziehung zu erhalten.

Darüber hinaus ist Erziehung als eine Verpflichtung des Bürgers nicht notwendigerweise an den Besuch einer staatlichen Schule geknüpft. Historisch gesehen gab es in Großbritannien und Deutschland freiwillige Anstrengungen, um Kindern der unteren Klassen eine Grundschulausbildung zu ermöglichen. Mit der Entwicklung der staatlichen Schulen sind diese Anstrengungen, die nicht umfassend waren, zurückgegangen. Die staatliche Intervention war nötig, um die Grundschulausbildung für die Massen zu entwickeln. Obwohl der Schulzwang in den westlichen Nationalstaaten eingeführt wurde, ist der Besuch von staatlichen Schulen nicht erzwungen worden. Konfessionelle Gräben blieben tief, so daß der Besuch von Konfessionsschulen, die der Staat finanzierte, eine akzeptable Alternative darstellte. In Holland beispielsweise bildete sich ein Schulsystem mit drei Richtungen, einer katholischen, einer protestantischen und einer humanistischen, heraus. In den Vereinigten Staaten haben im 20. Jahrhundert die Gerichte wiederholt Eltern ihr Recht bestätigt, den Schultyp, den sie wünschen, zu wählen, und Formen alternativer Erziehung sind akzeptiert und großzügig definiert worden.

Sicherlich bleibt die Erziehung eine bedeutsame Staatsbürgerverpflichtung, und der Soziologe ist daran interessiert, die sich aus der Erfüllung dieser Verpflichtung ergebenden Trends aufzuzeichnen. Es ist ebenfalls gewiß, daß unter den professionellen Erziehern große Auffassungsunterschiede über das in der fortgeschrittenen Industriegesellschaft erforderliche Minimum an sprachlicher Ausbildung bestehen. Darüber hinaus gibt es den fortwährenden Druck, die Minimalstandards anzuheben; aber formale Standards sind ein armseliges Kriterium für tatsächliche Errungenschaften. Auch wenn man für die Vereinigten Staaten von einem kontinuierlichen Fortschritt sprechen kann, ist das Ziel kaum erreicht worden und erscheint in wichtigen Aspekten zunehmend schwerer bestimmbar und durch institutionelle Barrieren verformt.

Wenn die Einstellungen und Erwartungen der Eltern in die Betrachtung einbezogen werden, so ist beispielsweise für die Vereinigten Staaten aus Erhebungsdaten des Jahres 1976 zu entnehmen, daß der „high-school"-Abschluß für die eigenen Kinder in der Tat allgemein angestrebt wurde[25]. Darüber hinaus handelte es sich um eine fast allgemeine Erwartung; nur 5 Prozent glaubten, daß ihre Kinder dieses Ziel nicht erreichen würden, oder wußten es nicht[26]. Und solche Erwartungen waren nicht vollkommen unrealistisch. Im Jahre 1977 hatten 89,6 Prozent der Altersgruppe 25 bis 29 Jahre vier „high-school"-Jahre oder mehr absolviert. Natürlich lag der Prozentsatz für die schwarze Bevölkerung nur bei 67,2[27].

Es ist sinnvoll, für einen Moment innezuhalten, um darauf hinzuweisen, daß ein Segment der Bevölkerung aufgrund körperlicher, medizinischer oder psychologischer Behinderung nicht in der Lage ist, grundlegende Kenntnisse des Lesens und Schreibens zu erwerben. Aus den vielen sozialen Indikatoren, die die Sozialstatistiker erarbeiten, ist es nicht wirklich möglich, die Größe dieser Gruppe einzuschätzen, aber es gibt klare Grenzen hinsichtlich der generellen Überwindbarkeit des Analphabetismus.

Auf jeden Fall stellen die gesellschaftlichen Anstrengungen zur Ausweitung der Staatsbürgerschaft, das heißt von bestimmten und sinnvollen Rechten, auf solche Personen ein echtes Problem dar. Im Zuge zunehmender funktioneller Spezialisierung wird die Unfähigkeit der Familie, ihre Nachkommen, die das Lesen und Schreiben nicht erlernen können, zu unterstützen, immer augenfälliger. Der Staat hat tatsächlich die Aufgabe übernommen, sich dieser sozialen Gruppe anzunehmen – einer Gruppe, deren Kennzeichnung für die Gesellschaft schwierig ist und als lästig empfunden wird. Die schrittweisen Veränderungen der sprachlichen Bezeichnungen von blöd über geisteskrank und geistig zurückgeblieben zu geistig behindert sind ein Ausdruck der Ausweitung der Idee der Staatsbürgerschaft. Dies sind Personen, von denen man begreiflicherweise die Ausübung von Staatsbürgerrechten nicht erwarten kann.

Von zweifellos größerer Bedeutung sind die in das Erziehungssystem eingebauten Grenzen, die sich daraus ergeben, daß grundlegende Bestandteile der Massenerziehung bereitgestellt werden müssen. Und dies besonders, seitdem die Massenerziehung sich dahingehend entwickelt hat, daß sie für einen großen Teil jedes Altersjahrganges die Vorbereitung auf den Besuch von Institutionen auf College- und Universitätsebene mit zu leisten hat. Im Lichte der ehrgeizigen Ziele der Massenerziehung, wie sie beispielsweise in den USA existieren, werden wirksame institutionelle Barrieren oft nur schwer verstanden.

Der Rückgang des Leistungsniveaus bei den Aufnahmeexamina für die Colleges stellt einen aussagekräftigen Indikator dar für das Dilemma, dem sich eine fortgeschrittene Gesellschaft bei der Verwirklichung der Ziele der Staatsbürgererziehung gegenübersieht. Es gibt keinen Zweifel, daß die in den Tests erreichten Punktzahlen gesunken sind. Das ist für die Periode 1963 bis 1972 sorgfältig dokumentiert[28]. Natürlich ist solcher Rückgang überwiegend auf die veränderte soziale Zusammensetzung der getesteten Schüler zurückzuführen. Die Zahl der Schüler, die für ein gutes Abschneiden in diesen Examina eine unzureichende Vorbereitung erhalten haben, hat zugenommen. Sorgfältige statistische Analysen geben zu erkennen, daß hier Veränderungen im sozialen Hintergrund in großem Maße (65 bis 75 Prozent) verantwortlich sind[29]. Ein zusätzlich bedeutendes Element in dieser Entwicklung bilden jedoch die Grenzen des Erziehungssystems – Grenzen, die, wie ich es beurteile, gegenüber früheren Perioden weiter vorgeschoben worden sind.

Wir behandeln hier systemumfassende Faktoren, und ich rechne die angedeuteten Trends mindestens drei Gruppen von Variablen zu. Diese haben zwar ihre maximale Auswirkung im Bereich der unteren Statusgruppen, sind jedoch in der gesamten Sozialstruktur zu spüren:

a) Das Schwinden von Kompetenz und Engagement bei den Schulbehörden und Lehrern – eine Entwicklung, die in den sechziger Jahren begann und Ende der siebziger Jahre noch keinen entscheidenden Umschwung erkennen läßt;
b) die steigende personelle und soziale Desorganisation der Familie oder, vielleicht besser anders ausgedrückt, das zunehmende Auseinanderklaffen von Familienmustern und Institutionen der Massenerziehung;
c) die immer größer werdende Kluft zwischen Ausbildungs- und Arbeitsmöglichkeiten. Die Heraufsetzung des Pflichtschulalters hat paradoxerweise bei einem Teil der Jugendlichen der Motivation, grundlegende Kenntnisse des Lesens und Schreibens zu erlangen und akademische Fähigkeiten auszubilden, entgegengewirkt. Das öffentliche Schulsystem ist kaum in der Lage, Erziehung und Arbeitspraxis miteinander zu verbinden. Darüber hinaus stimmen die verschiedenen Experten darin überein, daß sich nach dem Zweiten Weltkrieg die Lehrpläne der Schulen in zunehmend exzessiver Weise an der Collegevorbereitung orientierten und damit die Bedürfnisse jener Jugendlichen, die nach dem Besuch der Schule in den Arbeitsprozeß eintreten, vernachlässigt haben[30].

Neben der Sicherstellung des Erwerbs grundlegender Kenntnisse des Lesens und Schreibens gehört zu der Erziehungsverpflichtung des Staatsbürgers die rudimentäre bürgerschaftliche Erziehung (civic education). Hierunter verstehe ich einen Maßstab für das Verstehen der nationalen politischen Traditionen und Organisationen der zeitgenössischen politischen und staatlichen Institutionen ebenso wie die Einbindung des Individuums in diese Institutionen. Wir behandeln eine Konfiguration von kulturellen Werten und Gruppenidentifikationen.

Zur bürgerschaftlichen Erziehung gehört auch, einen Gruppensinn in der Gesamtgesellschaft zu entwickeln[31]. Bürgerschaftliche Erziehung ist für alle sozialen Schichten und Gruppen relevant, hat jedoch besondere Bedeutung für die Kinder der niedrigen Status- und der Minoritäten-Gruppen. Die rudimentäre bürgerschaftliche Erziehung ist an diesem Punkte eng verbunden mit den Auswirkungen der Schule und sogar des Colleges und der Universität auf die Akkulturation (nicht Assimilation) ethnischer, religiöser und rassischer Minderheiten. Die Wirksamkeit dieser Institutionen, die dem Bürger beim Erwerb seiner bürgerschaftlichen Erziehung helfen sollen, kann nicht als umfassend oder auch nur ausreichend beurteilt werden. In den Vereinigten Staaten handelt es sich zusätzlich um die Auswirkungen, die die gesellschaftlich-politischen Bewegungen der sechziger Jahre auf die Massenerziehung hatten.

Bis zum Beginn der sechziger Jahre haben die Erziehungsinstitutionen in den Vereinigten Staaten als recht wirksame Brücken-Institutionen zwischen Einwanderern als Mitgliedern von Minoritätengruppen gedient. (Das galt natürlich nicht für rassische Minderheiten.) Die Grundschulerziehung im Primär- und Sekundärstadium war in unterschiedlichem Maße darauf ausgerichtet, die Grundlagen der englischen Sprache zu vermitteln und, durch Ermöglichung des Zugangs zum Arbeitsmarkt und Bereitstellung größerer Chancen für eine weiterführende Bildung und Ausbildung, ein Tor zum Eintritt in die Gesellschaft zu öffnen. Die vorrangige Stellung, die dabei der englischen Sprache eingeräumt wurde, ist von den Einwanderern nicht als eine Schranke empfunden worden, die die Bewahrung oder gar Weiterentwicklung des ethnischen und sprachlichen Erbes behinderte. Die bürgerschaftliche Erziehung wurde erleichtert, weil das öffentliche Schulsystem als ein Akkulturationsmechanismus arbeitete, und man sich offenkundig auf die Vermittlung von nur kleinen Dosen der nationalen und vaterländischen Geschichte beschränkte. Es ist erstaunlich, daß diese unterkühlte Verfahrensweise einen wirksamen, wenn auch unvollständigen Beitrag zur Herausbildung eines Nationalbewußtseins, wie es für die Staatsbürgerschaft erforderlich ist, geleistet hat.

In den sechziger Jahren wurden diese Erziehungsprozesse zunächst von den gesellschaftlich-politischen Bewegungen der schwarzen ethnischen Nationalisten stark kritisiert und in Frage gestellt. Andere benachteiligte Gruppen und niedrige Statusgruppen haben sich dann an dieser Kritik beteiligt, und in ihnen bildete sich eine zunehmende ethnische Sensitivität heraus. Auch wenn sich der langfristige Akkulturationstrend fortsetzte, war der unmittelbare Einfluß des ethnischen Nationalismus tiefgreifend und wurde von den Massenmedien verstärkt. In bestimmten Wohngebieten wurde die Schule nicht mehr als Brücken-Institution aufgefaßt. Sie war vielmehr ein Schauplatz zur Entwicklung ethnisch-nationalistischer Identifikation und zur unmittelbaren politischen Mobilisierung. Dies zeigt der Slogan „Teaching English as a Second Language“ in auffallender Weise. Man sah das Englische nicht als „primär“ an. Während dieser Periode der Verwirrung wurden die Möglichkeiten vieler Schulen, die grundlegende Erziehung zu gewährleisten, überfordert, und die entsprechende Rekonstruktion ist eine langwährende und beschwerliche Aufgabe. (In Großbritannien hat das Anwachsen von Einwanderergruppen nach dem Zweiten Weltkrieg ähnliche Entwicklungen hervorgebracht.)

Die Periode des übertriebenen ethnischen Nationalismus sollte in den Vereinigten Staaten von nur kurzer Dauer sein, aber ihre Überreste sind relativ langlebig. (Im Falle der Spanisch sprechenden Gruppen scheint der ethnische Nationalismus wegen der Nähe der Heimatländer hartnäckiger zu sein.) Das Ergebnis war, daß die begrenzte bürgerschaftliche Erziehung in den Grund- und Hauptschulen zerstört wurde. Der schlichte Patriotismus und milde Nationalismus, die das Milieu der öffentlichen Schulen bestimmten, wurden von den Erziehern zunehmend als naiv und äußerst status-quo orientiert angesehen. Fachlehrkräfte zogen sich von der bürgerschaftlichen Erziehung zurück, besonders seit sie sich mehr und mehr der mächtigen Konkurrenz des Fernsehens gegenübersahen[32]. Daraufhin hielten es die Erzieher für ratsam, ihre Schultore besonderen Interessengruppen mit ihren jeweiligen politischen Programmen zu öffnen. Von den beiden aktivsten Gruppen, die Eingang in das öffentliche Schulsystem fanden, setzte sich die eine für die ökonomische Erziehung ein, das heißt, es handelt sich um Verfechter der „freien Wirtschaft". Die andere vereinigte Wortführer des Umweltschutzes und der ökologischen Kontrolle. Wohl kaum hat die Ad-hoc-Mischung von Pamphleten, Kurzfilmen und Vorlesungen, die diese beiden miteinander konkurrierenden Interessengruppen lieferten, eine wirksame Basis für die bürgerschaftliche Erziehung geboten, insbesondere nicht für die Ausbildung des unumgänglichen Verantwortungsbewußtseins des Bürgers.

Die grundlegende Erziehung im Sinne des Erlernens von Lesen und Schreiben und die rudimentäre bürgerschaftliche Erziehung sind keine unterschiedlichen Ziele. Gegenwärtig kann man nicht daran denken, die sprachliche Grundausbildung zu steigern, ohne sich um die bürgerschaftliche Erziehung zu kümmern. Ich würde gerne folgende Hypothese anbieten: „Im Zeitalter des Industrialismus erfordert die erfolgreiche grundlegende Erziehung eine wirkliche nationale Identifikation und einen wachen Staatsbürgersinn." Wenn wir früher gemeint haben, daß die Staatsbürgerschaft eine grundlegende Erziehung erfordert, so gilt für die Gegenwart, daß eine Art national-bürgerschaftlichen Gefühls notwendig ist, um die grundlegende sprachliche Erziehung erfolgreich zu gestalten.

Diese Hypothese impliziert, daß gemeinschaftliche und gemeindliche ebenso wie ethnische oder religiöse Bindungen keine ausreichende normative Grundlage und Motivationsbasis für die erfolgreiche Gestaltung und Durchführung der Erziehung darstellen. Wenn sie nicht in exzessiver Weise zum Selbstzweck werden, können solche Bindungen positive Funktionen haben. Jedoch gleichermaßen ist im fortgeschrittenen Industrialismus eine Identifikation auf nationaler Ebene vonnöten. Ganz einfach gesprochen: Die politischen und ökonomischen Institutionen der gegenwärtigen Gesellschaft sind offensichtlich nationale Einrichtungen. Die Erziehungsinstitutionen, die sich allmählich auf ein eher nationales System hinbewegen, haben weder in den unteren noch den mittleren sozio-ökonomischen Schichten zur Entstehung sinnvoller nationaler Bindungen im Sinne der Staatsbürgerschaft beigetragen. Was die unteren Schichten angeht, entstehen aus diesem Mangel strategische Schranken für die Lebenschancen des Individuums. Für die mittleren Schichten handelt es sich um bedeutende Einengungen der politischen Partizipation und des politischen Entscheidens. Sicherlich beschränkt sich die bürgerschaftliche Erziehung kaum auf die formale Instruktion, sondern umfaßt die sinnvolle praktische Beteiligung an gemeinschaftlichen und öffentlichen Angelegenheiten. *Michael Hanks* und *Bruce K. Eckland* haben sorgfältig die Auswirkung der Beteiligung an außerschulischen Aktivitäten während der „high-school"-Zeit auf die Mitgliedschaft in freiwilligen Vereinigungen im Erwachsenenalter dokumentiert[33]. Eine nationale Stichprobe von Jugendlichen, die im Jahre 1955 die „high school" besuchten, wurde im Jahre 1970 erneut befragt, als die Probanden ungefähr dreißig Jahre alt waren. Unabhängig von sozialer Herkunft, Fähigkeiten und akademischen Leistungen hatten die außerschulischen Aktivitäten eine starke, direkte Wirkung auf die Beteiligung an freiwilligen Erwachsenenvereinigungen. Darüber hinaus steigerte die Mitgliedschaft in diesen Vereinigungen das Wahlverhalten und verminderte die politische Entfremdung, wodurch die Auswirkung der Sozialisierung im Schulalter auf die Staatsbürgerschaft demonstriert wird.

VIII

Die dritte Verpflichtung des Bürgers ist der Militärdienst. Dieses wichtige Thema erfordert eine ausgedehntere Behandlung als bei *Marshall.* Die staatsbürgerliche Verpflichtung zum Militärdienst ist vor allem im Zusammenhang mit der Wehrpflicht gesehen worden. Jedoch bezieht sie sich nicht nur auf einen Typ des Wehrdienstes, sondern umgreift eine Vielzahl von Formen des „Bürger-Soldaten" (citizen soldier). Großbritannien ist hier von besonderer Wichtigkeit. Es hat keine weit verzweigte Geschichte der Wehrpflicht, sondern hat allmählich seine eigene Definition und Form des „Bürger-Soldaten" herausgebildet. Die Idee des „Bürger-Soldaten" meint weniger einen spezifischen militärischen Typus und mehr einen politischen Status. Bei diesem Konzept bleibt der Mann in Uniform im Grunde genommen ein Bürger. Er mag politische Rechte aufgeben müssen, aber je weniger desto besser. Er ist, wie in der Bundesrepublik Deutschland gegenwärtig betont wird, ein „Staatsbürger in Uniform" und keine Randfigur der nationalen Gesellschaft. Mit der Vollendung des Militärdienstes erhöht sich vielmehr sein staatsbürgerlicher Status.

Die berufsmäßigen Angehörigen der Streitkräfte sind ebenfalls Bürger, auch wenn hinsichtlich der Ausübung ihrer staatsbürgerlichen Rechte ihr besonderer militärischer Status in Rechnung gestellt werden muß. Die Formen staatsbürgerlicher Teilnahme der Berufsmilitärs an einem demokratischen Gemeinwesen können von Staat zu Staat verschieden sein, jedoch ist der Berufssoldat heute ein Bürger, nicht ein Söldner im Sinne des Feudalismus. So können in Westdeutschland im aktiven Dienst stehende Angehörige der Streitkräfte für die Wahlen zum Bundestag kandidieren. In den Vereinigten Staaten sucht die Dienstvorschrift die Mitgliedschaft in Parteien zu verhindern, ermutigt jedoch die bürgerschaftliche Betätigung in den Gemeinden. In Großbritannien ist der Berufssoldat in seiner Stellung als Staatsbürger bedeutend mehr eingeschränkt.

Die Idee des Bürger-Soldaten hat ihren Ursprung im antiken Griechenland und Rom, aber als politische Formel wurde sie in der neueren Zeit von der amerikanischen und französischen Revolution eingeführt. Eine solche Perspektive übersieht allerdings den besonderen Beitrag der britischen Entwicklung. In Großbritannien gibt es eine lange Geschichte des Widerstandes gegen ein stehendes Heer. Da seine militärischen Institutionen spezifische nationale Züge tragen, hatte Großbritannien in der Vergangenheit eine eigene Version des Bürger-Soldaten, und deren Überreste sind im gegenwärtigen britischen militärischen Establishment noch lebendig. Das Konzept des Bürger-Soldaten hat in Großbritannien verschiedene Formen gehabt. Es mußte mit anderen Vorstellungen konkurrieren und existierte neben sich hartnäckig am Leben haltenden feudalistischen Residuen. Langfristig jedoch hat es einen entscheidenden Beitrag zur Vorherrschaft des Zivilsystems geleistet ebenso wie zur Entstehung eines militärischen Establishments, das in die Wertstruktur der Gesamtgesellschaft eingefügt geblieben ist.

Im 17. Jahrhundert mobilisierte sich in Großbritannien der Widerstand gegen ein stehendes Heer. Ein stehendes Heer bedeutete ein zentralisiertes militärisches Establishment, wie es die absolutistischen Herrscher auf dem europäischen Kontinent schufen. Es handelte sich um ein Heer, das von der Zentralregierung unterstützt, von Männern aristokratischer Herkunft – meist aus dem wenig Land besitzenden Adel – befehligt wurde und in den übrigen Rängen aus für lange Zeit verpflichteten Soldaten bestand, die tatsächlich Söldner waren oder einfach für den Kriegsfall angeworben wurden. Ein solches Heer wurde von Teilen der politischen Führung als eine repressive Institution angesehen, deren Werte zudem die Entfaltung freier wirtschaftlicher Initiativen behinderte. Es war ungeeignet für eine Gesellschaft, die die innerwirtschaftliche Entwicklung anstrebte und um neue demokratisch-politische Institutionen rang. Die Politik der Beziehungen zwischen ziviler und militärischer Ordnung in Großbritannien hatte einen großen Einfluß auf die Herausbildung der Vorherrschaft des Zivilsystems in den Vereinigten Staaten.

Das stehende Heer beziehungsweise dessen Restbestände wurden in Großbritannien sorgfältiger parlamentarischer Kontrolle unterworfen, besonders der Budget-Kontrolle, und es erhielt eine dezentralisierte Struktur mit einer unvollständigen Führung. Von größter Bedeutung für die Kontrolle durch Zivilisten war die Heranziehung der lokalen Bürgerwehren (local militia) als Gegengewicht gegen das stehende Heer des Königs. Ihnen wurde eine entscheidende Rolle im Falle lokaler Störungen der bürgerlichen Ordnung zugeschrieben. Das Ziel war, wenn immer möglich, das Eingreifen des stehenden Heeres zu vermeiden.

Die Bürgerwehren waren, militärisch gesehen, offensichtlich von untergeordneter Bedeutung. Ihre Rolle war begrenzt, wenn entscheidende Schlachten auf dem europäischen Festland geschlagen werden mußten. Doch verkörperten sie die Idee des Bürger-Soldaten. Ihre Offiziere und Mannschaften repräsentierten, auch wenn sie kaum wirklich repräsentativ gewesen sein dürften, die sozialen Schichten weit besser als das Personal des stehenden Heeres. Da Ansätze einer Wehrpflicht für die lokalen Bürgerwehren bestanden, wies das Offizierskorps ein Mittelklassen-Element auf, und die Unteroffiziere und Mannschaften gehörten nicht zu den besitzlosen Elementen der britischen Gesellschaft. Trotz ihrer begrenzten militärischen Einsetzbarkeit waren die Bürgerwehren eine politische Einrichtung der Kontrolle des Militärs durch Zivilisten und der parlamentarischen Herrschaft.

Ernest Barker schrieb: „Die lokalen Bürgerwehren waren ein Teil und ein Pfeiler der lokalen Selbstverwaltung. Ihre Kontrolle war im Grunde genommen in den Händen der lokalen Oberklassen. Sie konnten als die Stütze des parlamentarischen Staates betrachtet werden und sind als solche angesehen worden. Durch sie wurde der parlamentarische Staat in die Lage versetzt, gegenüber den vom König gedungenen Söldnern mit Kräften, die den Vertretern der Grafschaften (knights of the shire) und ihren Bürger-Kollegen freundlich gesonnen waren, ein ‚Gleichgewicht' herzustellen[34]." Die Bürgerwehren hatten auch in Fällen innerer

Unruhen eine Rolle zu spielen – eine Rolle, die sie mit Zurückhaltung und relativer Legitimität ausüben konnten.

Die Bürgerwehren waren eine Institution, die vereinbar war mit den politischen Veränderungen, wie sie durch den Reform Act von 1832 initiiert wurden. In der Tat waren die der Aristokratie angehörenden britischen Offiziere, ob sie in den lokalen Bürgerwehren oder dem stehenden Heer dienten, besser disponiert, die parlamentarische Führung durch Zivilisten zu akzeptieren, als ihre Kollegen auf dem Kontinent. Im allgemeinen ist man erstaunt über die Bereitschaft bedeutender Teile des traditionellen feudalistischen Offizierskorps in Großbritannien, ja sogar in nennenswertem Ausmaß in Frankreich, ihren Treueid auf die neuen Formen der parlamentarischen Kontrolle zu übertragen. Die personengebundene Treue im Sinne des Feudalismus konnte fast automatisch in die Anerkennung der Person, die die politische Führung innehatte, übergehen.

Im 19. Jahrhundert zerfielen die lokalen britischen Bürgerwehren. Doch seine strategische Position und auswärtige Politik erlaubten es Großbritannien, sich auf für lange Zeit verpflichtete Freiwillige zu stützen und die Wehrpflicht zu umgehen. Das Kolonialheer fungierte als stehendes Heer. Es war hauptsächlich in Übersee stationiert und wurde turnusmäßig durch das Mutterland geschleust.

Die furchtbaren Erfordernisse des Ersten Weltkrieges brachten es mit sich, daß die Wehrpflicht eine unvermeidliche Notwendigkeit für alle Beteiligten wurde. In Großbritannien wurde sie 1916 ohne irgendwelche politischen und ideologischen Begründungen eingeführt. Jedoch interessanterweise wurde 1918 ein Gesetz verabschiedet, das sicherstellte, daß Soldaten und Veteranen als Zeichen ihrer Staatsbürgerschaft das Wahlrecht haben würden. Die Ereignisse des Ersten und dann des Zweiten Weltkrieges bewirkten also, daß sich die politisch-militärische Praxis in Großbritannien den Staatsbürgerschafts-Traditionen in den USA und Frankreich annäherte.

Bürokratische Trägheit ist dafür verantwortlich, daß die britischen militärischen Führer nicht auf den Ersten und auch nicht auf den Zweiten Weltkrieg vorbereitet waren. Jedoch prägte die Wehrpflicht das britische militärische Establishment tief. Es wurde mehr und mehr zu einer modernen Großorganisation unter der Leitung eines Managements. Mit der Abschaffung der Wehrpflicht nach dem Zweiten Weltkrieg hat sich der Militärdienst weder für die Offiziere noch für die Unteroffiziere und Mannschaften in den status quo ante zurückverwandelt, obwohl in der britischen militärischen Praxis auf traditionelle soziale Formen starke Rücksicht genommen wird. Die gegenwärtige britische Freiwilligen-Armee ist kaum eine Armee von Söldnern, die von archaischen Oberklassen-Elementen befehligt wird, sondern eine Armee mit beamtenähnlichen Berufslaufbahnen und deren spezifischen Mustern der sozialen Rekrutierung. Die Militärs betrachten sich als Bürger, die eine besonders wichtige gesellschaftliche und staatlich-politische Verpflichtung erfüllen. Die Reservistenabteilungen sind aktiv, erfolgreich und den Anforderungen entsprechend organisiert sowie aufrichtig von der Perspektive des Bürger-Soldaten erfüllt. Die Idee des Militärdienstes als einer speziellen Form der Staatsbürgerverpflichtung, nicht im Sinne des Zwanges oder der allgemeinen Wehrpflicht, ist in Großbritannien relativ ausgeprägt.

Im Gegensatz dazu hat in den Vereinigten Staaten die Abschaffung der Wehrpflicht und die Einführung eines Freiwilligen-Konzepts in den ersten fünf Jahren (1973–1978) noch kein militärisches Establishment hervorgebracht, das trotz einer andauernden politischen Debatte über die nicht gelösten Probleme sein Verhältnis zur Gesellschaft der Zivilisten oder zu einem modernen Äquivalent des Bürger-Soldaten-Konzepts verbindlich festgelegt hätte. (In der Vergangenheit umfaßte die Staatsbürgerverpflichtung in Großbritannien, wie auch in den Vereinigten Staaten, lokale Polizeiaufgaben [„watch and ward"]. In der Gegenwart wird die Zusammenarbeit mit der Polizei als eine Staatsbürgerverpflichtung bezeichnet. Jedoch gibt es auch Diskussionen darüber, dem Staatsbürger wieder Polizeiaufgaben zu übertragen, vor allem die Verpflichtungen zur Beobachtung und Warnung, die nach Geist und Buchstaben des Gesetzes auszuführen wären.)

IX

Der vierte Bereich der staatsbürgerlichen Verpflichtung ist der der Beteiligung an freiwilligen Vereinigungen, besonders an Organisationen auf der Ebene der Gemeinden. Eine umfassende Neuformulierung von *Marshalls* Analyse ist sowohl wegen institutioneller Veränderungen wie auch wegen einschlägiger Untersuchungsergebnisse erforderlich. Tatsächlich hat *Marshall* die Beständigkeit und Verbreitung der Beteiligung an freiwilligen Vereinigungen massiv unterschätzt, wenn auch nur indem er sie aus seinen Überlegungen ausklammerte – eine Beteiligung, die sich auf Fragen der Erziehung, Erholung, des Wohnraums und der sozialen und medizinischen Fürsorge bezieht. Diese Muster von freiwilliger Beteiligung lassen komplexe, dichte und gleichermaßen fragmentierte Netzwerke entstehen[35]. Wir behandeln nicht nur Vereinigungen, die die Bürger an politische Parteien und Verwaltungsbehörden zu binden suchen. Wir behandeln auch die Wirkungen der Mitgliedschaft in freiwilligen Vereinigungen bei der Herausbildung informeller Netzwerke und zwischenmenschlicher Beziehungen, die für die Förderung gegenseitiger Unterstützung und Selbsthilfe in der städtischen Umwelt entscheidend sind.

Ein umfassendes gesellschaftliches Engagement für freiwillige Vereinigungen festzustellen, führt nicht automatisch zu dem Schluß, daß es sich dabei um einen wirksamen und sinnvollen Ausdruck der staatsbürgerlichen Verpflichtung handelt. Das liegt klar auf der Hand. Zuweilen ist solche Beteiligung überwiegend rituell. Darüber hinaus werden freiwillige Vereinigungen, die sich mit Angelegenheiten des unmittelbaren Lebensbereiches der Mitglieder befassen, schnell zu Instrumenten eines engen Selbstinteresses. Oft natürlich erhalten in ihnen echte gesellschaftliche Bedürfnisse und Interessen, die von den großen politischen Parteien übersehen oder vernachlässigt werden, Ausdruck und Form. Die Stärke der freiwilligen Vereinigungen liegt in ihrer Nähe zur gesellschaftlichen Organisation des Haushaltes. Doch garantiert solche Nähe und Verwurzelung nicht ihre Lebensfähigkeit beziehungsweise ihre Wirksamkeit für den Staatsbürger. Aus der Perspektive einer demokratisch begriffenen Staatsbürgerschaft bleibt es notwendig sich klarzumachen, inwieweit freiwillige Vereinigungen eher Rechte fordern als Pflichten und Verpflichtungen Ausdruck verleihen, oder zumindest eine Art von Gleichgewicht zu halten. Wenn das Problem in dieser Weise formuliert wird, irrt sich *Marshall* in seinen Schlußfolgerungen, bedauerlicherweise, nicht allzusehr.

Die empirischen Untersuchungen über die Tätigkeit solcher freiwilliger Vereinigungen in den Vereinigten Staaten, die sich aus Gebiets- beziehungsweise Wohngebietsabgrenzungen (im Gegensatz zu arbeits- und berufsmäßigen Gruppierungen) ergeben, dokumentieren das umfassende Ausmaß an menschlicher Energie, das in fragmentierten Anstrengungen verbraucht wird sowie die (im Sinne der Idee der Staatsbürgerschaft) viel zu begrenzten Auswirkungen. Wenn man sich auf die freiwilligen Vereinigungen auf Gemeindeebene als Instrumente der Verpflichtung des Staatsbürgers, im Gegensatz zur Mobilisierung seiner Rechte, konzentriert, kommt man zu Ergebnissen, die *Marshalls* Schlußfolgerung, daß „die Verpflichtung entlegen und unwirklich erscheint", entsprechen.

In Wahrheit gibt es eine Sozialökologie der Staatsbürgerschaft, die aber erst noch ausgearbeitet und institutionalisiert werden muß[36]. Im Zeitalter des fortgeschrittenen Industrialismus offenbaren die Verpflichtungen, die der Staatsbürger in seiner unmittelbaren Umgebung hat und die in informellen Netzwerken und in direkter zwischenmenschlicher Einflußnahme ausdrückbar und aufrechtzuerhalten sind, eine erstaunliche Lebenskraft. Sobald man jedoch das Netzwerk der organisierten Vereinigungen auf Gemeindeebene untersucht, können die Möglichkeiten, der staatsbürgerlichen Verpflichtung Ausdruck zu verleihen, kaum als beeindruckend vital beschrieben werden. Dieses Netzwerk ist nicht ohne bemerkenswerte symbolische Bedeutung und verkörpert ein starkes Vetorecht. Das Veto jedoch ist nur ein partieller Ausdruck der Verpflichtung des Staatsbürgers.

Wir behandeln sowohl die horizontale wie die vertikale Dimension der freiwilligen Vereinigungen mit den jeweils gegebenen Mängeln und Schwächen. Zunächst horizontal gesehen: Die Netzwerke der freiwilligen Vereinigungen setzen sich aus Einheiten zusammen, die sehr ortsgebunden sind und sich auf einen kleinen territorialen Bereich beschränken. Sie arbeiten ohne besondere Mechanismen der Kommunikation und Interaktion. Infolgedessen spiegeln sie tendenziell die Bedürfnisse und Wünsche von relativ homogenen sozialen Gruppierungen wider. Diese Gruppen liefern nur eine begrenzte institutionelle Basis, um der staatsbürgerlichen Verpflichtung Ausdruck zu geben und sie zu erfüllen. Zweitens sind diese freiwilligen Vereinigungen und die entsprechenden Netzwerke, vertikal gesehen, unvollständig und unangemessen. Die Aufgaben, denen sie sich gegenübersehen, erfordern städtische, bundesstaatliche, regionale und nationale politische Programme und Lösungen. Die Regierungsstellen, mit denen sie Verbindung aufnehmen müssen, sind in den städtischen, regionalen und nationalen Hierarchien verankert. Jedoch ist der Großteil der freiwilligen Vereinigungen, die an der Basis verwurzelt sind, nicht nur gebietsmäßig fragmentiert, sondern auch in seiner organisatorischen Entfaltung eingeengt. Im Anschluß an die Erfahrungen mit den Programmen zur Förderung gemeinde- beziehungsweise nachbarschaftsnaher politischer Aktivitäten (community action programs) in den sechziger Jahren ist in den siebziger Jahren in den Vereinigten Staaten eine schwache Bewegung zustande gekommen, um die lokalen Gemeinschaftsorganisationen unter verschiedensten Formen von Dachorganisationen in städtische Zentren einzubinden. Es hat auch Bestrebungen gegeben, die lokalen Gemeinschaftsgruppen zu nationalen Vereinigungen zusammenzuschließen. Solche Trends scheinen unumgänglich zu sein, wenn Unternehmungen dieser Art der Verpflichtung wie auch den Rechten des Staatsbürgers Ausdruck verleihen sollen.

Wir sollten nicht über die Erfahrungen der ,,community action programs" hinwegsehen. In den Vereinigten Staaten und entsprechend in Großbritannien wurde in den sechziger Jahren der Vorschlag gemacht (der dann in der Tat zu einer mächtigen, wenn auch nur kurzfristigen politischen Forderung wurde), daß die Bundesregierung Hilfestellung bei der Organisation von gemeindenahen Gruppen leistet, besonders indem sie bei den Minoritätengruppen mit niedrigem Einkommen entsprechende Zusammenschlüsse fördert. Hier handelte es sich um Segmente einer fortgeschrittenen industriellen Gesellschaft, die nicht zufriedenstellend in die Prozesse der Staatsbürgerschaft integriert waren. Infolge der Aktivitäten der Regierung wurden die ,,community action programs" zur Quelle starker, weit verbreiteter Kontroversen. Im Laufe der Zeit ging der ursprüngliche Elan zurück; die anfänglichen Programme wurden verwässert, verändert oder häufig ganz eingestellt.
Jedoch wäre es ein Fehler, wenn man das bemerkenswerte Ausmaß, in dem hier soziales Lernen stattgefunden hat, oder die Tatsache, daß dabei ein Nachwuchs an politischen Führungskräften auf Gemeindeebene entstanden ist, übersehen würde[37]. Die ursprünglichen Ziele wurden kaum erreicht – und dies in beträchtlichem Maße deshalb, weil sie utopisch und mit unrealistischen Vorstellungen über die Dauer ihrer Verwirklichung behaftet waren. Trotzdem sind die Netzwerke der lokalen Vereinigungen gestärkt, und die Idee der Beteiligung an gemeindlichen Angelegenheiten ist institutionell wirksamer verankert worden. Jedoch zeigt das Ergebnis dieser Erfahrungen in den Vereinigten Staaten, daß sowohl horizontal wie vertikal stärker integrierte gemeindenahe Organisationen private Initiativen erfordern und auf ihnen beruhen werden. Nur indirekt kann ihnen durch Einflußnahme und finanzielle Mittel der Bundesregierung geholfen werden. Die Vorstellung, daß die Regierung freiwillige Bürger-Vereinigungen zur Ausübung der staatsbürgerlichen Rechte und Verpflichtungen organisiert, läßt sich nur schwer, wenn überhaupt, mit der gegenwärtigen, von Parteien bestimmten politischen Wirklichkeit in den Vereinigten Staaten vereinbaren. Um erfolgreich arbeiten zu können und legitimiert zu sein, müssen die freiwilligen Vereinigungen grundsätzlich ohne Förderung durch die Regierung auskommen. Wie dem auch sei, der entscheidende Punkt ist, daß sich die freiwilligen Vereinigungen im Laufe der letzten dreißig Jahre, seit *Marshall* ihre tatsächliche und mögliche Bedeutung als Instrumente des Ausdrucks der staatsbürgerlichen Verpflichtung festschrieb, vermehrt haben.

X

Gleichfalls schenkt *Marshalls* Analyse der Organisation und den Folgen nationaler Wahlen als Instrumenten der Kanalisierung von staatsbürgerlichen Verpflichtungen nicht genügend Aufmerksamkeit. Wie oben schon festgestellt, hat für ihn die parteiorientierte Politik an Wichtigkeit eingebüßt; das wahre Problem der Institutionenbildung liegt in der industriellen Demokratie auf dem Schauplatz der Kollektivverhandlungen und der inneren Verwaltung des Produktions- und Dienstleistungssektors der Gesellschaft. Die Ausweitung der industriellen Bürgerschaft ist erforderlich. Jedoch reicht dies kaum aus. Die Verpflichtung zu verantwortlichem, kollektivem Verhandeln kann nicht den ganzen Kranz von Problemen lösen, die sich im Zusammenhang mit dem wirtschaftlichen Wachstum ebenso wie mit der

Verwaltung der sozialen Dienste und des Wohlfahrtsstaates ergeben. Darüber hinaus gehen entscheidende Probleme der internationalen Politik und der nationalen Verteidigung über die industrielle Demokratie hinaus. Im Gegensatz zu *Marshall* müssen sich die staatsbürgerlichen Verpflichtungen wirksam auf dem Schauplatz der Wahlen ausdrücken. Deshalb halte ich an der Definition der Staatsbürgerschaft, wie sie *Aristoteles* angeboten hat, fest. Und in der Tat können die spezifischen staatsbürgerlichen Verpflichtungen, die hier diskutiert wurden, nicht als Ersatz für die wirksame Teilnahme am Wahlprozeß in seinen verschiedenen Aspekten dienen.

Vom Standpunkt der staatsbürgerlichen Verpflichtungen aus gesehen, steht die strategische Wirkung der auf Wettbewerb beruhenden Wahlen bei der Sicherung der politischen Demokratie und der politischen Kontrolle von ökonomischen Beziehungen zur Diskussion. Es gibt eine Reihe von theoretischen und empirischen Analysen, die unter Berufung auf die Schriften von *Joseph Schumpeter*[38] die Grenzen des am Konzept des Wettbewerbs orientierten Wahlsystems besonders hinsichtlich der Herbeiführung von eindeutigen politischen Mehrheiten hervorheben. Im wettbewerbsorientierten Wahlsystem besteht die entscheidende Verpflichtung des Staatsbürgers auf dem Wahl-Kampfplatz darin, sein aufgeklärtes Selbstinteresse und gleichermaßen das nationale Interesse zu ermitteln und vorzubringen. In anderen Worten: Inwieweit er die Verpflichtung, auf die es ankommt, erfüllt, ist an seinem Beitrag zum Ausgang des Wahlprozesses zu messen, das heißt an den Entscheidungen und Mandaten, die die Wahlen produzieren. Ich bin der Auffassung, daß das Anwachsen der sozialen Dienste und des Wohlfahrtsstaates es für den einzelnen schwieriger macht, sein aufgeklärtes Selbstinteresse und das entsprechende nationale Interesse zu ermitteln. Er oder sie muß die relativen Vor- und Nachteile bestimmter politischer Auffassungen des ökonomischen Wachstums in Anbetracht komplexer alternativer Programme der sozialen Wohlfahrt ermitteln. Dies sind Einschätzungen, die im Sinne eines relativ aufgeklärten Selbstinteresses und eines breiten nationalen Interesses vorgenommen werden müssen.

Aber wir fahren auf einer weit ausholenden Ringstraße. Die entscheidenden Mängel des Wahlsystems finden sich nicht im Bildungsniveau der Wählerschaft, den Wahlmechanismen oder in der Organisation und Finanzierung der politischen Kampagnen, wie relevant all' dies auch immer sein mag. Sie finden sich in dem Ungleichgewicht zwischen staatsbürgerlichen Verpflichtungen und staatsbürgerlichen Rechten sowie dessen Eindringen in das Wahlgeschehen. Ermahnungen und moralisierendes Fingerheben führen nicht zu einer wirksameren Wahrnehmung der staatsbürgerlichen Verpflichtung. Vernünftige und zweckgerichtete, voluntaristische Führerschaft ist die Kern-„Variable". Jedoch glaube ich, daß die geistige Klärung und die Herausarbeitung der institutionellen Barrieren, die der Ausübung der staatsbürgerlichen Verpflichtung entgegenstehen, bis zu einem gewissen Grade ein relevanter Beitrag sind.

Wenn man sich auf den Wahlprozeß konzentriert, sind zwei miteinander verknüpfte Probleme zu erwähnen. Erstens sind die Stellung des einzelnen in der Sozialstruktur und sein politisches Selbstinteresse nicht einfach aus Einkommen und Beruf ableitbar. Vielmehr haben wir es hier mit einer komplexen Angelegenheit zu tun, bei der eine ganze Reihe von Faktoren zu berücksichtigen ist, beispielsweise das Alter, das Geschlecht, die ethnisch-religiöse Identifikation sowie ferner primäre, zwischenmenschliche Einflüsse, die Auswirkungen der Massenmedien und, darüber hinaus, die Bindungen an die Gemeinde und an Vereinigungen. Die Aufgabe, das politische Selbstinteresse zu ermitteln, ist nicht nur schwer; sie ist extrem schwer. Folglich können, und das ist tatsächlich eingetreten, die Wahlentscheidungen einer Person instabil werden und von Einzelproblemen ungerechtfertigt beeinflußt oder durch ein persönliches Interesse an politischen Persönlichkeiten verzerrt sein.

Zweitens sind die Alternativen, die die einander bekämpfenden Parteien in einer wettbewerbsmäßig orientierten, nationalen Wahl vorlegen, in Anbetracht der Komplexität der sozio-politischen Prozesse zunehmend allzu sehr vereinfacht worden. Das Bemühen der politischen Führer, eine eindeutige Mehrheit zu finden, vereitelt die Herausbildung von sinnvollen und differenzierten politischen Alternativen. Schließlich und endlich wird dann weder das eine noch das andere erreicht.

Zum Regieren und Regiertwerden ist es notwendig, die turnusmäßig stattfindenden nationalen Wahlen nicht übermäßig mit politischem Gepäck zu beladen, sie weniger überlastig zu machen, und auf diese Weise hoffentlich sowohl die Legitimität wie die Wirksamkeit von Wahlergebnissen und Gesetzesentscheidungen zu erhöhen. Ein direkter Beitrag zur Verwirklichung dieser Ziele könnte, so möchte ich behaupten, durch eine wirksamere Wahrnehmung von staatsbürgerlichen Verpflichtungen geleistet werden. Die Erfüllung von grundlegenden staatsbürgerlichen Verpflichtungen, wie sie hier diskutiert worden sind, würde auf einen ausgedehnteren und länger währenden Prozeß der Teilhabe des Staatsbürgers an der beratenden Vorbereitung und Herbeiführung von Entscheidungen hinauslaufen, als dies bei den periodisch stattfindenden nationalen Wahlen möglich ist. Das System der nationalen Wahlen von Überlasten befreien heißt, bestimmte Konflikte durch andere Formen der staatsbürgerlichen Beteiligung zu lösen oder zumindest zu verringern.

Augenscheinlich machen die westlichen demokratischen Gemeinwesen ausgedehnteren Gebrauch von solchen Formen; denn sonst wären politischer Konflikt und Pattsituationen sicherlich häufiger anzutreffen. Die Skala wohldurchdachter Experimente ist enorm weit, ja beinahe verwirrend, und die daraus zu ziehenden Folgerungen sind keinesfalls eindeutig. Man kann das oben erwähnte westdeutsche System der Mitbestimmung in der Industrie als ein relativ erfolgreiches Unternehmen heranziehen. Diese Einrichtung erleichtert die gewerkschaftliche Teilnahme an bestimmten Aufgaben des Industriemanagements – unter Bedingungen, die die Gewerkschaften verpflichten, eine erhöhte kollektive Verantwortung für die industrielle Produktion und die Verwaltung des sozialen Wohlfahrtssystems zu zeigen und zu übernehmen.

In den Vereinigten Staaten haben wir nur sehr begrenzt Schritte unternommen, um Vertreter der Gewerkschaften in die Direktionsgremien der großen Korporationen einziehen zu lassen. Sicherlich stellt die erhöhte Nutzung von staatsbürgerlicher Repräsentation in Organisationen der öffentlichen Erziehung, Gesundheit und der Gemeinde- und Stadtplanung eine weit verbreitete Erscheinung dar, die ohne Zweifel gemischte Ergebnisse – jedoch Ergebnisse, die nicht übersehen werden können – hervorgebracht hat. Selbst die gesetzliche Regelung des Austausches von Informationen und Standpunkten zwischen miteinander konkurrierenden freiwilligen Vereinigungen ist als ein Beitrag zur Konfliktbewältigung anzusehen.

XI

Die vorliegende Erörterung der Pflichten und Verpflichtungen des Staatsbürgers beabsichtigt nicht nur, einen spezifischen, wenn auch beschränkten Beitrag zum Prozeß des politischen Verhandelns, der sich ständig innerhalb und außerhalb des Wahl-Schauplatzes abspielt, zu leisten. Im Gegenteil. Ihr Ziel ist es, entscheidend zur Artikulierung eines moralischen Rahmens, in dem die soziale Demokratie verfolgt werden kann, beizutragen. Es war und bleibt die Grundannahme dieser soziologischen Analyse der Staatsbürgerschaft, daß sich ein demokratisches Gemeinwesen genauso auf die Erfüllung der staatsbürgerlichen Verpflichtung gründet wie auf die Ausübung von bürgerlichen und politischen Rechten.

Nach einem Jahrhundert des Anwachsens des Wohlfahrtsstaates sind wir Zeugen einer heftigen und intensiven politischen Debatte über die Ausdehnung der sozialen Wohlfahrt und besonders über ein angemessenes Gleichgewicht zwischen dem Marktplatz und der Zuweisung von Geldmitteln und Zuschüssen. Der Versuch, die Spannung zwischen Marktplatzwert (market place value) und sozialen Rechten in den Griff zu bekommen, hat zu einem massiven Anwachsen von formalen Beziehungen zwischen beruflichen und wirtschaftlichen Gruppen geführt, zu einer Art modern-wissenschaftlichen Version von Gildenregelungen. Jedoch sind Formalisierungen nicht angebracht, da sie immer unzureichend und eine Quelle chronischer Unzufriedenheit sein werden.

In Wirklichkeit ist es nicht möglich, eine moderne Industriegesellschaft zu organisieren, ohne den Marktmechanismen in beachtlichem Maße zu vertrauen. Selbst im Falle der weitgehenden Verstaatlichung von Grundindustrien oder ausgedehnter staatlicher Kontrollen über diese gibt es keine Alternative zur Nutzung von Marktmechanismen, will man die Zuweisung von Ressourcen und die ökonomische Expansion vernünftig und wirksam gestalten. Vertrauen auf die Märkte ist besonders dann erforderlich, wenn man eine Trennung von Wirtschaft und Politik, wie sie einer demokratischen Ordnung angemessen ist, aufrechtzuerhalten wünscht. Oder um das Problem anders zu formulieren: Die Suche nach Gleichheit, wenn sie im Rahmen einer demokratischen Ordnung erfolgt, erfordert eine außergewöhnliche Tolerierung der lockeren, widersprüchlichen und spannungsgeladenen Beziehungen zwischen Marktwert (market value) und sozialen Rechten.

Selbst die peinlich exakte ökonomische Analyse kann keine grundlegende Lösung für den Konflikt zwischen sozialen Rechten und Marktwert liefern. Natürlich kann sie, und tut dies auch, entscheidende, partielle Hilfen bereitstellen. Das große Ausmaß von Evaluierungsstudien, die Soziologen und andere über den Wohlfahrtsstaat und die ihm zuzuordnenden Erziehungsinstitutionen vorgelegt haben, liefert demgegenüber bescheidenere Hilfen – wegen der Schwierigkeit, die Ergebnisse mit konkreten politischen Alternativprogrammen in Verbindung zu bringen.

Vom wissenschaftlichen wie vom politischen Standpunkt aus fordern wir die kontinuierliche Erörterung des normativen Gehalts der staatsbürgerlichen Verpflichtungen und der institutionellen Barrieren, die ihrer Erfüllung entgegenstehen. Eine solche soziologische Perspektive hat keine logische Priorität vor der ökonomischen Analyse, jedoch in Anbetracht der ungleichgewichtigen Aufmerksamkeit, die Rechte gegenüber Verpflichtungen erhalten, ist eine solche Erörterung zum gegenwärtigen Zeitpunkt von zentraler Wichtigkeit.

Da es keine logische Lösung der fundamentalen Spannung zwischen Marktwert und sozialen Rechten gibt, müssen Männer und Frauen vernünftig sein, besonders hinsichtlich ihrer staatsbürgerlichen Pflichten und Verpflichtungen. Es gibt kein Entweichen aus der pragmatischen Moral, obgleich die Gefahren des Moralismus vermieden werden müssen. So ist es beispielsweise erstaunlich, daß *Marshall* seine Analyse der industriellen Bürgerschaft mit der Behauptung beendet, daß „die Pflicht zu arbeiten... von höchster Bedeutung ist"[39]. Diese Auffassung von Staatsbürgerschaft bietet, nach meinem Urteil, eher eine gesunde Basis für die soziale Demokratie als die, die von denen angeboten wird, die von der nachindustriellen Gesellschaft sprechen und auf eine technologische Basis für die „gute Gesellschaft" hoffen. Ich gebe zu, daß sich wirksame Staatsbürgerschaft auf ein moralisches Bewußtsein gründet, insbesondere im Sinne der Neudefinition des bürgerschaftlichen Bewußtseins. Jedoch möchte ich hinzufügen, und ich hoffe, dies ergibt sich aus meiner soziologischen Sicht: Bewußte und zweckorientierte Bemühungen können zur Herausbildung von Institutionen führen, die die Entwicklung und das Wirken eines solchen moralischen Bewußtseins fördern würden.

Die Soziologen haben *T. H. Marshall* hinter sich gelassen. Wir verfügen über detaillierte Untersuchungen, die ein Licht auf die gegenwärtigen Grenzen der Ideen der Staatsbürgerschaft bei der Verwaltung des Wohlfahrtsstaates werfen. Jedoch sehen die Soziologen nach wie vor die Organisation des gegenwärtigen politischen Lebens wesentlich als Derivat des existierenden Musters sozialer Stratifikation und Ungleichheit. Demgegenüber begann ich diesen Artikel mit der Beobachtung, daß die normative und politische Definition sowie die Organisation von staatsbürgerlichen Rechten und Verpflichtungen eine unabhängige Kraft bei der Gestaltung der Sozialstruktur und der sozialen Institutionen sind. Ich schließe mit einer parallel gelagerten Beobachtung, daß nämlich die Ideen der Staatsbürgerschaft noch nicht verbraucht sind, wenn wir die ungelösten Probleme der staatsbürgerlichen Verpflichtung im Auge behalten. Unsere Aufgabe ist es, jene, die relevant sind und für die eine institutionelle Grundlage existiert oder geschaffen werden kann, herauszuarbeiten. Dies bleibt ein im wesentlichen akademisches Unterfangen, das jedoch wichtige gesellschaftliche und politische Folgen hat. Darüber hinaus haben in einer hoch-interdependenten Weltgesellschaft die sich verändernden Definitionen der Staatsbürgerschaft eine spezifische Bedeutung für jene Personen, die ihre Verpflichtungen über die nationalen Grenzen hinaus auszudehnen suchen, und die glauben, daß es keine genuine Unvereinbarkeit zwischen nationaler Staatsbürgerschaft und der Suche nach einem mehr auf die Weltgesellschaft ausgerichteten Katalog von Verpflichtungen gibt.

Anmerkungen

1 Mit der Feststellung, daß Staatsbürgerschaft in einer politischen Demokratie ein Gleichgewicht oder ein Zusammenspiel von Rechten und Verpflichtungen impliziert, werden Austauschtheorie und Rollentheorie und vor allem die Analyse der Reziprozität angesprochen. Diese Ansätze liegen außerhalb des Rahmens dieses Artikels. Wir behandeln eindeutig Austausch- und Rollenbeziehungen, die direkte persönliche und sich in kleinen Gruppen abspielende Beziehungen beinhalten. Die Idee wirksamer staatsbürgerlicher Rollenausübung impliziert allerdings gleichermaßen komplexe organisatorische Bedingungen. Aus diesen Gründen konzentriert sich dieses Papier auf eine institutionelle Analyse der Staatsbürgerschaft.

2 *T. H. Marshall,* Citizenship and Social Class, Cambridge, Mass. 1950.
3 Vgl. *Ernest Barker,* The Politics of Aristotle, Oxford 1946, S. 92.
4 Ebenda.
5 *Barker,* S. 134.
6 Im folgenden wird dieser Essay nach dem Abdruck in *T. H. Marshall,* Class, Citizenship, and Social Development, Chicago 1977, zitiert.
7 *Marshall,* Class, Citizenship, a.a.O., S. 93.
8 Ebenda.
9 *Marshall* gebraucht die folgenden Definitionen: „Das bürgerliche Element besteht aus den Rechten, die für die Freiheit des Individuums notwendig sind, also Freiheit der Person, der Rede, des Gedankens und Glaubens, das Recht, Eigentum zu besitzen und Verträge zu schließen sowie das Recht auf Gerechtigkeit." Für die politischen Rechte stellt er fest: „Mit dem politischen Element meine ich das Recht, an der Ausübung politischer Macht teilzunehmen, als Mitglied einer Einrichtung, die politische Autorität hat, oder als Wähler der Mitglieder einer solchen Einrichtung." *Marshall,* a.a.O., S. 78.
10 Offensichtlich befassen wir uns nicht mit einer globalen „Theorie der Geschichte"; denn das entspricht nicht dem Stil von *Marshall.* Er analysiert nicht die Repräsentativinstitutionen im alten Griechenland und Rom oder in den mittelalterlichen italienischen Städten.
11 Dazu *Morris Janowitz,* The Last Half Century, Chicago 1978, S. 123–163.
12 *Marshall,* a.a.O., S. 9.
13 „Duties can derive either from status or from contract", *Marshall,* a.a.O., S. 123.
14 *Marshall,* a.a.O., S. 124.
15 *Reinhard Bendix,* Nation-Building and Citizenship: Studies of Our Changing Social Order, New York 1964, S. 87.
16 Ebenda.
17 *Bendix,* der sich auf *Marshall* bezieht, weiß um die Verpflichtungsdimension der Grundschul- und Hauptschul-Erziehung. So stellt er fest, daß „das Recht auf eine Grundschulerziehung nicht von der Pflicht, die Schule zu besuchen, zu unterscheiden ist". *Bendix* sieht in der Tat den Pflichtaspekt der grundlegenden Erziehung im wesentlichen unter dem Blickwinkel der Macht des Staates, den Besuch von Grund- und Hauptschule erzwingen zu können. Diese Macht des Staates stellt sich in der Form des Gesetzes dar, das Eltern verpflichtet sicherzustellen, daß ihre Kinder die Schule besuchen.
18 Vgl. *Peter J. Dietz* und *J. F. Stone,* The British All-Voluntary Army, in: Armed Forces and Society, Bd. 1, 1975, S. 159–190.
19 *Marshall,* a.a.O., S. 129.
20 *Ferdinand Tönnies,* On Sociology: Pure, Applied, and Empirical, Chicago 1971.
21 *Emile Durkheim* betont ebenfalls die zentrale Rolle des Arbeitsplatzes als Ort, an dem sich die „civic morals" entwickeln. *Durkheim,* Professional Ethics and Civic Morals, Glencoe 1958, Kapitel 4 bis 9.
22 *Marshall,* a.a.O., S. 104.
23 In den Vereinigten Staaten sind in dem Voting Rights Act von 1965 und in dem von 1970 die Forderungen, die sich auf das Erlernen von Lesen und Schreiben bezogen, entfallen. Dadurch ist die Verbindung zwischen der Erziehungsverpflichtung und der Staatsbürgerschaft geschwächt worden.
24 Vgl. *Edward Shils,* The Theory of Mass Society, in: Diogenes, Bd. 39, 1962.
25 Foundation for Child Development, National Survey of Children. – Unveröffentlichte Daten, zitiert in *Mary A. Gollady* und *Jay Noell* (Hrsg.), The Conditions of Education, Ausg. 1978, S. 22; Antworten auf die Frage: „How far would you like your child to go?"
26 Antworten auf die Frage: „How far your child really would go?"
27 U.S. Department of Commerce, Bureau of the Census, Educational Attainment in the United States: March 1977 and 1976, Series P-20, Nr. 314.
28 *Willard Wirtz,* On Further Examination: Report of the Advisory Panel on the Scholastic Aptitude Test Score Decline, New York (College Entrance Examination Board) 1977.
29 *Wirtz,* a.a.O., S. 18.
30 Vgl. *Martin Trow,* The Second Transformation of American Secondary Education, in: International Journal of Comparative Sociology, 1961, Bd. 2, S. 144–166.
31 *Marshall,* a.a.O., S. 101.

32 Zur Analyse der reduzierten Behandlung des Nationalismus und der nationalen Werte durch das Massenfernsehen siehe *Ben Stein*, The View from Sunset Boulevard: America as Brought to You by the People Who Make Television, New York 1979.

33 *Michael Hanks* und *Bruce K. Eckland*, Adult Voluntary Associations and Adolescent Socialization, in: The Sociological Quarterly, Bd. 4, 1978, S. 481–490.

34 *Ernest Barker*, The Development of Public Services in Western Europe, 1660–1930, London 1944, S. 51.

35 Zum geschichtlichen Hintergrund siehe *Alexis de Tocqueville*, Democracy in America, New York 1963, Bd. 2, S. 106–110 („Of the Use Which the Americans Make of Public Associations in Civil Life").

36 Vgl. *Morris Janowitz* und *Gerald D. Suttles*, The Social Ecology of Citizenship, in: *Rosemary C. Sarri* und *Yeheskel Hasenfeld* (Hrsg.), The Management of Human Services, New York 1978, S. 80–104.

37 *Janowitz*, The Last Half Century, a.a.O., Kapitel 12 („Experiments in Community Participation").

38 *Joseph Schumpeter*, Capitalism, Socialism and Democracy, New York 1943.

39 *Marshall*, a.a.O., S. 125.

Aus dem Amerikanischen übersetzt von *Ursula Ludz*.

SUBJEKTIVE UND INSTITUTIONALISIERTE WERTE IN DER GEGENWARTSGESELLSCHAFT

Von Peter Heintz

Das Verhältnis zwischen subjektiven Werten (Werten des Individuums) und institutionalisierten Werten (Erwartungen der Institutionen bezüglich der Werte von Individuen) kann als eine Grundproblematik menschlicher Gesellschaften überhaupt gesehen werden.
Ausgangspunkt ist also die Vorstellung, daß Individuen Werte haben und daß Institutionen Erwartungen beinhalten, die sich auf die Werte von Individuen beziehen.
Die einfachste theoretische Vorstellung über das Verhältnis zwischen subjektiven und institutionalisierten Werten ist die, daß 1. die Werte der Individuen auf die Erwartungen der Institutionen Einfluß haben und daß 2. umgekehrt die Erwartungen der Institutionen die Werte der Individuen beeinflussen. Für einen solchen Zusammenhang spricht z. B. das große Gewicht, das die Höhe der Belohnungen der Arbeitnehmer für deren Arbeitszufriedenheit hat.
Wir postulieren also eine Interdependenz zwischen beiden Termen des Verhältnisses. Die Interdependenz wird dadurch hergestellt, daß Individuen (als Folge eines Sozialisationsprozesses) den Erwartungen der Institutionen und die Institutionen den Werten von Individuen Rechnung tragen.
Diese einfachste Theorie über das Verhältnis zwischen subjektiven und institutionalisierten Werten ist sicher nicht falsch, jedoch ist sie ungenügend. Das heißt m. a. W.:

1. Die Werte der Individuen sind nicht nur eine Funktion der institutionellen Erwartungen.
2. Die Erwartungen der Institutionen sind nicht nur eine Funktion der Werte von Individuen.

So sind die Werte der Individuen u. a. auch eine Funktion der physiologischen Bedürfnisse (und von deren Befriedigung) und sind die Erwartungen der Institutionen u. a. auch eine Funktion der durch die Schichtung der Teilnahme an institutionalisierten Werten erzeugten Interessen zur Erhaltung des status quo.
Die hier postulierte Konstellation von Determinanten weist auf die Möglichkeit hin, daß Werte der Individuen und Erwartungen der Institutionen auseinanderfallen. Die genannten spezifischen Determinanten der beiden Terme sind unabhängig voneinander. Es ist z. B. möglich, daß sich die subjektiven Werte als Folge der Sättigung der physiologisch bedingten Bedürfnisse ändern und daß sich die institutionalisierten Erwartungen wandeln als Folge dessen, daß die zunehmende Erfüllung dieser Erwartungen durch die Individuen den institutionellen Legitimationsmechanismus der Schichtung in Frage stellt.
Das so oder anders erzeugte Auseinanderfallen von subjektiven und institutionalisierten Werten hat seinerseits gesellschaftliche Folgen. Es führt zu konfliktiven Situationen, zur

Illegitimierung der Schichtung, zur Ineffizienz der institutionellen „incentive structures", zur Zielanomie bei den Individuen u. a. m.
Wir postulieren, daß die hochentwickelten Gesellschaften durch eine solche Diskrepanz und deren Folgen gekennzeichnet sind. Wenn dem so ist, ergibt sich daraus die Frage, weshalb die Mechanismen, die subjektive und institutionalisierte Werte aufeinander abstimmen, bisher wenig wirksam geblieben sind.
Die folgenden Analysen von Ergebnissen empirischer Untersuchungen sollen die hier skizzierte Problematik des Verhältnisses zwischen Werten von Individuen und institutionellen Erwartungen illustrieren. Es handelt sich um die folgenden Untersuchungen:

Basler Versicherungsgruppe (Hrsg.), Interview mit der Menschheit, Basel 1978.
Blancpain, Robert und *Erich Häuselmann,* Zur Unrast der Jugend. Eine soziologische Untersuchung, Frauenfeld 1974.
Inglehart, Ronald, Value Priorities and Socioeconomic Change (Chapter 11), und Political Action: The Impact of Values, Cognitive Level and Social Development (Chapter 12), in: *S. B. Barnes, M. Kaase* et al., Political Action. Mass Participation in Five Western Democracies, Beverly Hills 1979.
Kalleberg, Arne L., Work Values and Job Rewards: A Theory of Job Satisfaction, in: American Sociological Review, 1977, Jg. 42, S. 124–143.
Robinson, Robert V., and *Wendel Bell,* Equality, Success and Social Justice in England and the United States, in: American Sociological Review, 1978, Jg. 43, S. 125–143.

I

An erster Stelle beziehen wir uns auf den *weltweiten Rahmen (Basler Versicherungsgruppe* (Hrsg.), Interview mit der Menschheit, Basel 1978. Survey in Nordamerika, Südamerika (15 Länder), Westeuropa (17 Länder), Afrika (Subsahara; 10 Länder), Asien (10 Länder; ohne kommunistische Länder). Samplegröße: 8433).

1. Wir vermuten, daß das Bruttosozialprodukt p.c. einen *weltweit hoch institutionalisierten Wert* darstellt, der für einen großen Teil der Menschheit subjektiv relevant ist. Daß dieser Zusammenhang, welches immer die Determinationsrichtung ist, seit kurzer Zeit vor allem in den hochentwickelten Ländern bestritten wird, kann seinerseits als Anzeichen des sich in diesen Ländern vollziehenden Wertwandels gedeutet werden. Tatsächlich gibt es nach der oben erwähnten Untersuchung einen weltweiten positiven Zusammenhang zwischen GNP p.c. und „glücklich sein" bzw. „das Leben interessant finden". Dieser Zusammenhang kann im Rahmen der genannten einfachen Theorie der Interdependenz zwischen subjektiven und institutionalisierten Werten interpretiert werden.

Allerdings gilt dieser Zusammenhang nicht für die Gruppe der hochentwickelten Länder.

2. Wir vermuten, daß dort ein *Wertwandel* aufgrund der Sättigung des am Bruttosozialprodukt p.c. gemessenen institutionalisierten Entwicklungswertes stattfindet, wo von den Bevölkerungen hochentwickelter Länder zwar a) die eigene Gesellschaft als reiche Nation angesehen wird und b) die Einkommenssorgen des einzelnen klein sind, c) die Zufriedenheit, in der betreffenden Nation zu leben aber vergleichsweise zu anderen hochentwickelten Ländern relativ gering ist. Wir vermuten, daß dabei andere subjektive Werte aufgetaucht sind oder an Relevanz gewonnen haben, denen keine institutionalisierten Erwartungen entsprechen.

Graphik 1

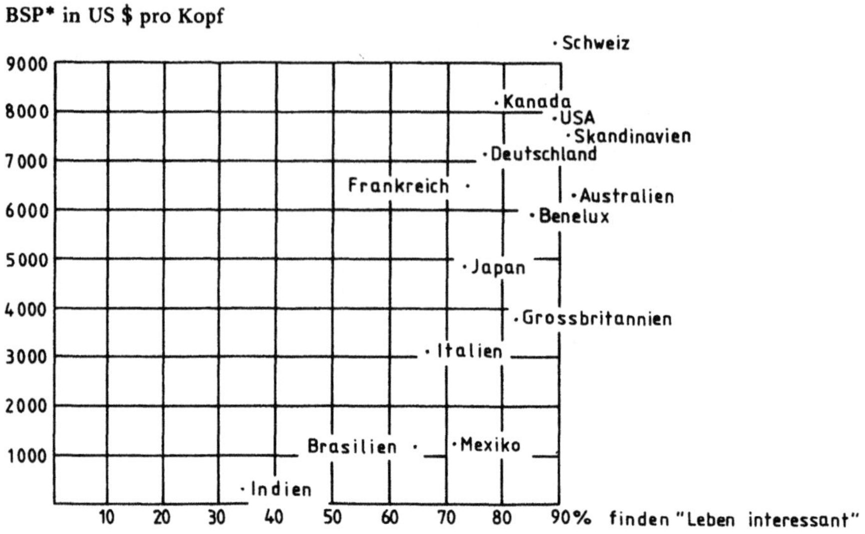

(Graphik S. 26, „Interview mit der Menschheit“)

* Bruttosozialprodukt 1976 „zu Marktpreisen“, d.h. zu durchschnittlichen Devisenkursen 1976 in US $ umgerechnet.

Tabelle 1: „Ist diese Nation Ihrer Meinung nach eine reiche oder arme Nation?“

	reich	arm	weder noch	weiß nicht
Benelux	80 %	2 %	17 %	1 %
Frankreich	77	3	18	2
BRD	89	2	–	9
Skandinavien	76	5	18	1
Großbritannien	19	46	32	3

Tabelle 2: „Wie oft haben Sie Sorgen, daß das gesamte Familieneinkommen nicht ausreicht, um alle laufenden Ausgaben der Familie zu decken?“

	immer	meistens	von Zeit zu Zeit	praktisch nie
Benelux	4 %	5 %	34 %	56 %
Frankreich	8	14	37	35
BRD	3	7	33	55
Skandinavien	7	10	40	43
Großbritannien	10	12	34	43

Tabelle 3: „Wie zufrieden sind Sie heute in Ihrem Land?"

	sehr zufrieden	zufrieden	nicht zufrieden	weiß nicht
Benelux	21 %	59 %	19 %	1 %
Frankreich	15	57	27	1
BRD	55	43	2	–
Skandinavien	52	43	4	1
Großbritannien	23	53	26	–

Die drei genannten Bedingungen werden am ehesten von den Benelux-Ländern erfüllt. Die BRD und Skandinavien genügen zwar den ersten beiden Bedingungen, nicht aber der dritten. Frankreich erfüllt die erste und dritte Bedingung, nicht aber die zweite. Großbritannien genügt nur der dritten Bedingung.

Unsere Hypothese betreffend den Zusammenhang zwischen der genannten Bedingungskonstellation (reich, ohne finanzielle Sorgen und unzufrieden) und Wertwandel wird durch die später zu analysierende Untersuchung von *Ronald Inglehart* (II, S. 7ff.) bestätigt. Der Grad der Erfüllung der Bedingungskonstellation spiegelt sich in den Prozentanteilen der polaren Typen der von *Inglehart* unterschiedenen Wertorientierungen, der ,,Materialisten" und ,,Postmaterialisten" (1976) wider (Table 11.12, S. 331).

3. In der hier analysierten Untersuchung ,,Interview mit der Menschheit" werden die folgenden Regionen der Welt unterschieden: Afrika, Asien, Südamerika, Europa, Australien und Nordamerika.

Der relative subjektive Entwicklungsoptimismus, der zur Legitimation des internationalen Entwicklungsschichtungssystems aus der Optik der armen Länder beitragen kann, läßt sich durch die folgenden Indikatoren bestimmen:

a) Steigende Erwartungen bezüglich des eigenen Lebensstandards (,,Ganz allgemein gesprochen: Würden Sie sagen, Ihr Lebensstandard [was Sie sich kaufen, was Sie tun und lassen können] steige – sinke – bleibe gleich?");
(Maximum: Afrika: 59 % / 12 % / 26 %)
b) Optimismus bezüglich des Wandels (,,Wenn Sie an Ihr gegenwärtiges Leben denken: Glauben Sie, daß Sie glücklicher wären, wenn gewisse Dinge geändert werden könnten? Wenn ja, müßten dann viele oder nur wenige Dinge geändert werden?");
(Maximum: Afrika: nichts 7 %, wenige Dinge 22 %, viele Dinge 67 %)

Tabelle 4: Polare Typen

	Materialisten	Postmaterialisten
Belgien	30 %	14 %
Niederlande	32	14
Frankreich	41	12
BRD	41	11
Großbritannien	27	8

c) Glaube an die Instrumentalität der Bildung (,,Eltern haben verschiedene Gründe, weshalb sie ihre Kinder ausbilden lassen. Aus welchen Gründen würden Sie Ihre eigenen Kinder schulen oder ausbilden lassen?" ,,Grund: bessere Zukunft / Karriere / Möglichkeit, mehr Geld zu verdienen"); (Maximum: Afrika: 75 %)
d) Glaube an die Industrialisierung als Entwicklungsweg (,,Halten Sie in Ihrem Land eine stärkere Industrialisierung [mehr Betriebe und Fabriken] für wünschbar oder nicht?"); (Maximum: Afrika: erwünscht 93 %, nicht erwünscht 2 %, weiß nicht 5 %)
e) Bevorzugung der Großstadt (,,Wenn Sie Ihren Wohnort völlig frei wählen könnten, möchten Sie dann lieber in einer Großstadt [mit mehr als 100 000 Einw.] – in einer mittleren Stadt [mit 10 000 bis 100 000 Einw.] – in einer Kleinstadt [bis 10 000 Einw.] oder lieber ländlich, in einem kleinen Dorf, leben?"); (Maximum: Afrika: Großstadt 41 %, mittlere Stadt 15 %, Kleinstadt 20 %, ländlich, Dorf 24 %)

Vergleichsweise gesprochen zeigt Afrika trotz tiefstem Lebensstandard den größten Entwicklungsoptimismus. Also gerade bei geringster Teilnahme am institutionalisierten Entwicklungswert sind die Aufstiegserwartungen am größten. Hier dürfte der Grad der Ausnutzung der institutionellen Möglichkeiten zur Erhöhung der Teilnahme am institutionalisierten Wert (noch) relativ gering sein.

4. Umgekehrt vermuten wir, daß in den anderen Entwicklungsregionen (Asien und Südamerika) die *Entwicklungshoffnungen (schon) relativ stark enttäuscht* worden sind.

Der Entwicklungsoptimismus erweist sich in Asien und Südamerika als bedeutend geringer als in Afrika. Besonders interessant ist der Vergleich zwischen Afrika und Südamerika, weil diese Regionen durch einen großen Unterschied im durchschnittlichen Lebensstandard zugunsten Südamerikas gekennzeichnet sind.

Wir vermuten, daß die negative Beziehung zwischen Entwicklungsoptimismus und Lebensstandard auch in der subjektiven und nicht institutionalisierten Bewertung des eigenen Lebens zum Ausdruck kommt. Dazu die folgende *Tabelle 5:*

Tabelle 5: Bewertung des eigenen Lebens nach Entwicklungsregionen

	Leben ist interessant	glücklich	Differenz
Südamerika	66 %	70 %	– 4
Asien	49	48	+ 1
Afrika	74	68	+ 6

In Afrika erscheint das Leben eher als interessant denn als glücklich, in Südamerika eher als glücklich denn als interessant. Diesem Unterschied entspricht die objektive Tatsache, daß in Südamerika die institutionellen Möglichkeiten zur Verbesserung des eigenen Lebensstandards durch Bildung und Abwanderung in die Stadt im Durchschnitt stärker ausgeschöpft sind als in Afrika.

Die Ausschöpfung der durch die gegebenen ,,incentive structures" angebotenen Chancen zur Verbesserung des eigenen Lebensstandards führt nicht nur zur Erhöhung der Frustration auf individuellem Niveau, sondern u. U. auch zu einer Änderung der Struktur. Dabei bestehen verschiedene Möglichkeiten, die zum Teil sich gegenseitig ausschließen, z. T. miteinander vereinbar sind.

Eine Möglichkeit besteht in der Erhöhung der Repression, die man ebenfalls als eine Art von „incentive structures" sehen kann, deren Steuerungskraft aber relativ gering ist.
Eine andere Möglichkeit besteht in der Verlagerung der „incentives" von der individuellen auf eine kollektive Ebene, z. B. auf die Gemeinde oder den Staat. Dabei gilt allgemein, daß die individuelle Identifikation mit einem kollektiven Akteur mit dessen von den Individuen wahrgenommener Dynamik zusammenhängt. Dieser Mechanismus dürfte auch dann wirksam sein, wenn die politischen Partizipationsmöglichkeiten erhöht werden unter der Annahme, daß der einzelne in der Partizipation eine Chance erkennt, auf sein Schicksal Einfluß zu nehmen. Derselbe Mechanismus kann ferner dann wirksam sein, wenn kurzfristige Regimewechsel stattfinden, wodurch die Hoffnung auf eine Verbesserung der eigenen Situation immer wieder erneuert wird, wenn auch vielleicht in abnehmendem Maße.

5. *Das positive Gefühl, einen hohen Entwicklungsstand verwirklicht zu haben,* dürfte dann vorhanden sein, wenn einerseits der Lebensstandard tatsächlich hoch ist und andererseits die Bedingungen für einen Wertwandel relativ ungünstig sind. Wir vermuten, daß dieses Gefühl relativ stark ist, wenn

a) die Einkommenssorgen gering sind (vgl. *Tabelle 2)*; (Minimum: Australien: praktisch keine Sorgen: 57 %),
b) die Zufriedenheit mit dem Leben im eigenen Land relativ groß ist (vgl. *Tabelle 3)*; (Maximum: Australien: sehr zufrieden: 46 %),
c) die eigene Nation als reich bezeichnet wird (vgl. *Tabelle 1);* (Australien: 88 %),
d) sich die Lebensbedingungen im eigenen Land seit 5 Jahren relativ stark verbessert haben („Glauben Sie, daß die Lebensbedingungen für Leute wie Sie in diesem Land allgemein besser oder schlechter geworden sind, verglichen mit der Situation vor 5 Jahren?"); (Maximum: Australien: verbessert: 54 %),
e) die Ursachen für die Probleme des Landes vor allem als im Ausland liegend gesehen werden („Wenn Sie an das Problem denken, das Sie eben erwähnten: Glauben Sie, daß es z. T. durch Vorgänge in anderen Ländern verursacht wird?"); (Maximum: Australien: im Ausland: 67 %).

Es zeigt sich, daß Australien mehr als irgendeine andere Region das positive Bewußtsein besitzt, einen hohen Entwicklungsstatus erreicht zu haben. Der obengenannte Wertwandel (siehe I. 2.) dürfte hier (bisher) nur eine geringe Rolle spielen, d. h. die institutionellen Erwartungen bestimmen nach wie vor den subjektiven Wert der Entwicklung (vgl. auch *Graphik 1)*.

II

Im folgenden befassen wir uns mit einer Untersuchung über den *Wandel subjektiver Werte in hochentwickelten Ländern (Ronald Inglehart,* in: *S. B. Barnes, M. Kaase* et al., Political Action, Beverly Hills 1979, S. 305–380).

1. *Inglehart* stellt auf der Basis von Surveys in Belgien, der BRD, Dänemark, Großbritannien, Irland, Italien, Japan, den Niederlanden, Österreich, Schweden, der Schweiz und den

USA, zum Teil zu mehreren Zeitpunkten (1970, 1971/72, 1973, 1974, 1976), die Existenz einer Dimension unterschiedlicher Wertpräferenzen auf individuellem Niveau fest, die er als *materialistisch-postmaterialistischen Faktor* bezeichnet. Der materialistische Pol gründet nach Inglehart auf *physiologischen Bedürfnissen* (sustenance needs: fight rising prices, economic growth, stable economy; safety needs: maintain order, fight crime, strong defense forces), der postmaterialistische Pol auf *sozialen und Selbstverwirklichungs-Bedürfnissen* (belonging and esteem: more say in government, more say on job, community, less impersonal society; aesthetic and intellectual: free speech, ideas count, beautiful cities, nature). In hochentwickelten Ländern (und um solche handelt es sich in der vorliegenden Untersuchung) sind die materialistischen Werte mit den subjektiven Werten identisch, die hoch institutionalisierten Erwartungen entsprechen.

2. *Subjektive Korrelate* des *Inglehart*schen Wertindexes für Materialismus-Postmaterialismus sind u. a.:
   a) Egalitarismus bezüglich Reichtum. Die positive Korrelation zwischen Postmaterialismus und Egalitarismus (Ausnahme: Österreich) weist auf den illegitimierenden Effekt postmaterialistischer Werte für die Schichtung nach persönlichem Reichtum hin.
   b) Gleiche Rechte für die beiden Geschlechter.
3. Die Wertpräferenzen korrelieren mit den folgenden *objektiven individuellen und sozietalen Variablen:*
   a) mit dem Alter;
   b) mit der Bildung;

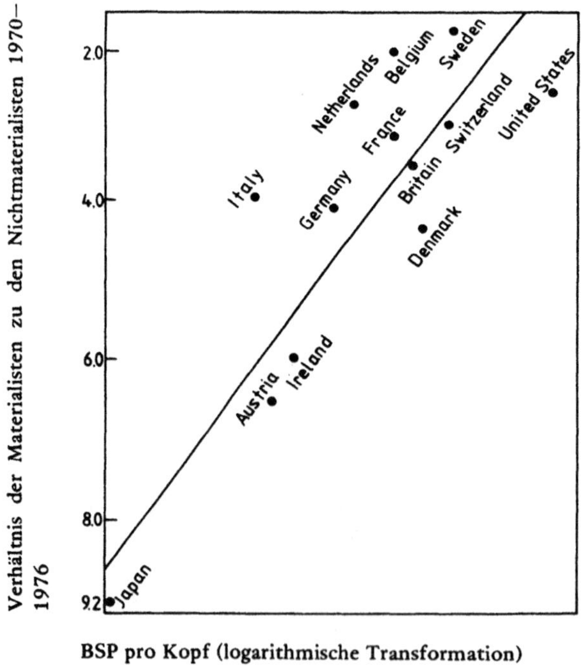

Graphik 2:
Verteilung der Werte-Typen nach ökonomischem Niveau (20–26 Jährige vor den Befragungen)

c) mit dem eigenen sozioökonomischen Status und bezeichnenderweise noch deutlicher mit dem des Vaters (Ausnahme: Niederlande);
d) mit dem GNP p.c. des Landes (1950 und logarithmisch transformiert). Diese Korrelation ist höher als die mit dem GNP p.c. zu einem späteren Zeitpunkt.

Aus c) und d) kann geschlossen werden, daß die Altersabhängigkeit als Vergleich zwischen Generationen zu deuten ist, und daß wir es deshalb mit einem Wertwandel zu tun haben, der die Erhöhung des Lebensstandards in den hochentwickelten Ländern begleitet.

III

An dritter Stelle befassen wir uns mit der *subjektiven und wahrgenommenen objektiven Bewertung von Individuen nach sozialem Ansehen in einem hochentwickelten Land.* Damit setzen wir die Diskussion über den Zusammenhang zwischen subjektiven Werten und Legitimität der Schichtung von institutionalisierten Werten fort. Die Untersuchung von *R. Blancpain* und *E. Häuselmann* (Zur Unrast der Jugend, Frauenfeld 1974) befaßt sich u. a. mit der Bewertung von Individuen durch Jugendliche (15–30jährige) und Erwachsene (45–60jährige) im Kanton Zürich (1972).

1. Die Häufigkeit, mit der diejenigen Kriterien als ganz besonders wichtig genannt werden, *die idealerweise das soziale Ansehen bestimmen,* d. h. die ideale Schichtung aufgrund subjektiver Werte, ist die folgende:

Tabelle 6: Ideal erwünschte Kriterien sozialen Prestiges

Prestige-Kriterium	junge Generation	ältere Generation
Initiative, Einsatz zeigen	83.8 %	84.0 %
selbständig und kritisch sein	69.9	69.4
Intelligenz, Begabung	66.8	73.2
sich anpassen, mit anderen auskommen	65.9	65.1
persönliche Ausstrahlung	64.2	66.9
Neuerungen schaffen	59.0	61.7
sich um die Gemeinschaft verdient machen	52.1	70.2
Schulen, die man besucht hat*	51.0	69.4
originell sein, sich vom Durchschnitt abheben	46.3	41.2
etwas von der Welt gesehen haben	46.2	50.5
berufliche Stellung*	42.4	52.9
das Leben richtig genießen	29.0	11.8
äußere Erscheinung, Kleidung*	25.6	26.2
Einfluß*	19.0	20.9
Zugehörigkeit zu Organisationen*	14.6	21.3
Einkommen*	14.1	20.0
Alter*	13.1	24.5
Vermögen*	9.7	14.4
militärische Stellung*	9.0	19.3
Familienzugehörigkeit, Verwandtschaft*	8.2	15.6

* institutionalisierte Werte

Die *Generationsunterschiede*, berechnet auf der Basis der Nennungen der älteren Generation = 100, sind die folgenden:

Tabelle 7

Prestige-Kriterium (ideal)	Generationendifferenz	
das Leben richtig genießen	+ 145.8	
originell sein, sich vom Durchschnitt abheben*	+ 12.4	
sich anpassen, mit anderen auskommen	+ 1.2	junge Generation
selbständig und kritisch sein	+ 0.7	mehr Nennungen
Initiative, Einsatz zeigen	+ 0.2	
äußere Erscheinung, Kleidung*	− 2.3	
persönliche Ausstrahlung	− 4.0	
Neuerungen schaffen	− 4.4	
etwas von der Welt gesehen haben	− 8.5	
Intelligenz, Begabung	− 8.7	
Einfluß*	− 9.1	
berufliche Stellung*	− 19.9	
sich um die Gemeinschaft verdient machen	− 25.8	junge Generation
Schulen, die man besucht hat*	− 26.5	weniger Nennungen
Einkommen*	− 29.9	
Zugehörigkeit zu Organisationen*	− 31.5	
Vermögen*	− 32.6	
Alter*	− 46.8	
Familienzugehörigkeit, Verwandtschaft*	− 47.4	
militärische Stellung*	− 53.4	

* institutionalisierte Werte

Es zeigt sich, daß sämtliche *institutionalisierten Kriterien* (Werte) von der älteren Generation häufiger genannt werden als von der jüngeren (militärische Stellung, Familienzugehörigkeit/Verwandtschaft, Alter, Vermögen, Zugehörigkeit zu Organisationen, Einkommen, Bildung, berufliche Stellung). Bei den wenig institutionalisierten Kriterien ,,Kleidung, äußere Erscheinung" ist die Differenz gering.

2. Die folgende Tabelle zeigt die Häufigkeit der Nennungen der als ganz wichtig erachteten *Kriterien, die nach Auffassung des Befragten tatsächlich zur Einstufung der Individuen nach sozialem Ansehen benutzt werden.* Es handelt sich also um die Wahrnehmung der relevanten institutionalisierten Werte, die so verwendet werden, daß der Grad der Teilnahme an ihnen das soziale Prestige bestimmt.
   Es handelt sich (mit Ausnahme der äußeren Erscheinung/Kleidung) um hoch institutionalisierte Kriterien.
   Die *Generationsunterschiede*, wieder bezogen auf die Häufigkeit der Nennungen der älteren Generation = 100, sind im Vergleich zu den Unterschieden bezüglich der idealen Kriterien verhältnismäßig gering. Das heißt, der Konsensus bezüglich der institutionalisierten Werte ist relativ groß.

Tabelle 8: Perzipierte Kriterien sozialen Prestiges

Prestige-Kriterium	junge Generation	ältere Generation
berufliche Stellung	77.8 %	79.1 %
Schulen, die man besucht hat	65.2	73.6
Einkommen	51.7	48.9
Vermögen	50.7	43.4
Äußere Erscheinung, Kleidung	46.9	42.4
Einfluß	45.0	45.0
Zugehörigkeit zu Organisationen	42.7	47.9
Familienzugehörigkeit, Verwandtschaft	37.9	44.0
militärische Stellung	37.5	41.0
Alter	29.4	27.4

Die von beiden Generationen am meisten genannten institutionalisierten Kriterien sind *berufliche Stellung, Bildung* und *Einkommen.*

3. Im folgenden werden die Häufigkeiten der Nennungen von subjektiven und wahrgenommenen institutionalisierten Werten miteinander verglichen.
Obwohl die jüngere Generation das *Einkommen* als ideales Kriterium 29,9 % weniger häufig nennt als die ältere Generation, wird von ihr das Einkommen als faktisches Kriterium sogar noch häufiger (5,7 %) erwähnt als von der älteren Generation. Die Differenzen der Differenzen betragen für

Einkommen	+ 5,7–(–29,9) = 35,6 %
Beruf	– 1,6–(–19,9) = 18,3 %
Bildung	–11,4–(–26,5) = 15,1 %

Das gibt einen Hinweis auf die Konfliktivität des Einkommens, d. h. des wichtigsten *institutionalisierten individuellen materialistischen Wertes,* als Schichtungskriterium bei der jüngeren Generation und im Verhältnis zwischen den Generationen.
Die folgende Tabelle zeigt die Legitimität der Prestigekriterien (Nennungen eines idealen Kriteriums in % der Nennungen desselben Kriteriums als realen Einstufungskriteriums).

Tabelle 9: Legitimität der perzipierten Prestige-Kriterien nach Generation

Prestige-Kriterium	junge Generation	ältere Generation
Schulen, die man besucht hat	78.2 %	94.3 %
äußere Erscheinung, Kleidung	54.6	61.8
berufliche Stellung	54.5	66.9
Alter	44.6	89.4
Einfluß	42.2	46.4
Zugehörigkeit zu Organisationen	34.2	44.5
Einkommen	27.3	41.1
militärische Stellung	24.0	47.1
Familienzugehörigkeit, Verwandtschaft	21.6	35.5
Vermögen	19.1	33.2

Von den drei wichtigsten wahrgenommenen institutionalisierten Kriterien ist bei beiden Generationen die Bildung am legitimsten und das Einkommen am wenigsten legitim, und zudem ist intergenerationell gesehen der Legitimitätsunterschied beim Einkommen weitaus am größten.

4. Das *Konfliktpotential,* das sich aus dem Auseinanderfallen zwischen subjektiven und institutionalisierten Kriterien bei der jüngeren Generation ergibt, zeigt die folgende Tabelle:

Tabelle 10: Ideale Prestige-Kriterien und abhängige Variablen

	Prestige-Kriterium	Ablehnung der Gesellschaftsordnung	Ablehnung staatlicher Macht	Teilnahme an Wahlen und Abstimmungen	Teilnahme an politischen Aktionen	Radikalitätsgrad	Konsum jugendtypischer Drogen
+	das Leben genießen	+.14	+.10	–	+.17	–	+.21
+	Originalität	+.12	+.12	+.11	+.12	–	+.22
–	Verdienste um Gemeinschaft	–	–	+.28	–	–	–.14
–	Schulen, Ausbildung	–	–.17	–	–	–	–.16
–	Einkommen	–	–.26	–.31	–.30	–	–.38
–	Organisationszugehörigkeit	–	–.23	–	–	–	–
–	Vermögen	–	–.19	–.27	–.26	–	–.46
–	Alter	–	–.27	–.22	–.32	–	–.32
–	Familienzugehörigkeit	–	–.19	–.21	–.29	–	–.38
–	militärische Stellung	–	–.25	–	–	–	–

\+ : in der jungen Generation höher bewertet
– : in der jungen Generation tiefer bewertet

Gemessen am Korrelationskoeffizienten zeigt sich das Konfliktpotential besonders deutlich bei der Ablehnung der materialistischen Kriterien Einkommen und Vermögen und bei der Ablehnung des Alters als ideales Prestigekriterium.

In demselben Sinne kann *R. Inglehart* nachweisen, daß die Präferenz für postmaterialistische Werte ein Protestpotential enthält:

Tabelle 11: Protestpotential nach Werte-Typ*

materialistisch	Niederlande	England	USA	Bundesrepublik Deutschland	Österreich
materialistisch	27 %	21 %	38 %	23 %	17 %
gemischt (materialistisch)	38	30	46	30	19
gemischt (postmaterialistisch)	47	33	50	43	24
postmaterialistisch	74	55	72	74	48

* Prozentwerte mit Punktwerten von „3" oder mehr auf der Protestpotentialskala.

IV

Die oben gegebene Deutung der Ergebnisse der Untersuchung von *Blancpain* und *Häuselmann* impliziert eine gewisse Unabhängigkeit der Relevanz subjektiver Werte von der institutionalisierten „incentive structure". Dieser Tatbestand kann an den Ergebnissen der Untersuchung von *A. L. Kalleberg* (Work Values and Job Rewards: A Theory of Job Satisfaction, in: American Sociological Review, 1977, Jg. 42, S. 124–143) gut illustriert werden. (Daten aus dem 1972–73 durchgeführten repräsentativen amerikanischen „Quality of Employment Survey".)

Die hier untersuchten „*work values*" sind das Ergebnis einer Faktoranalyse von 34 Job-Merkmalen. Es ergaben sich 6 Dimensionen oder Vorstellungen über die Wünschbarkeit von Arbeitsbedingungen:

1. intrinsische Dimension (Selbstverwirklichung),
2. „convenience" (angenehme Arbeit),
3. Einkommen,
4. Beziehungen zu Kollegen,
5. Karriere,
6. „resource adequacy" (Angemessenheit der Mittel, um die Arbeit durchführen zu können).

Unter „*job rewards*" wird die subjektive Wahrnehmung des tatsächlichen Vorkommens („very true", „somewhat true", „a little true", „not at all true") der 34 Arbeitsmerkmale verstanden. Eine Faktoranalyse ergab wiederum dieselben 6 oben genannten Dimensionen. Die Hypothese lautet, daß Arbeitszufriedenheit eine Funktion der subjektiven Relevanz der Arbeitswerte und der wahrgenommenen Arbeitsbelohnungen ist.

Die Ergebnisse zeigen, daß

1. die Belohnungen wichtiger sind als die Relevanz der Werte, was auf einen positiven Zusammenhang zwischen subjektiven und institutionalisierten Werten hinweist,
2. Belohnungen und Relevanz der Werte unabhängige Beiträge leisten,
3. die Belohnungen positiv und die Wertrelevanzen negativ mit Zufriedenheit assoziiert sind,

4. die wichtigste Dimension für die Bestimmung der Zufriedenheit die intrinsische ist, gefolgt von Einkommen und Angemessenheit der Mittel, und
5. der Beitrag der Wertrelevanz bei der intrinsischen Dimension im Vergleich zum Beitrag der entsprechenden Belohnung sehr hoch ist, bei Einkommen und Mittelangemessenheit hingegen relativ sehr gering. Das heißt, die wahrgenommene Realisierung der Werte Einkommen und Mittelangemessenheit hat einen entscheidenden Einfluß auf die Zufriedenheit, wogegen bei der intrinsischen Dimension auch die Relevanz des Wertes von großer Bedeutung ist.

Bei relativ hohem Gewicht der wahrgenommenen Realisierung eines Wertes für die Zufriedenheit steuert die institutionalisierte „incentive structure" die Zufriedenheit, andernfalls wird diese auch durch die Relevanz der von außen an die Arbeitssituation herangetragenen Bewertung bestimmt. Letzteres gilt für die *Selbstverwirklichung* (intrinsische Dimension), die typischerweise zu den postmaterialistischen Werten gehört, der die institutionalisierte „incentive structure" nur wenig Rechnung trägt und die insgesamt für die Arbeitszufriedenheit die größte Bedeutung hat.

V

Die Funktionsfähigkeit der Leistungsgesellschaft hängt nicht nur von der Konvergenz zwischen subjektiven und institutionalisierten Werten ab, sondern auch davon, daß die Teilhabe an institutionalisierten Werten dem subjektiven Prestigekriterium entspricht. Mit anderen Worten hängt sie davon ab, daß die genannte Teilhabe als Indikator für Leistung anerkannt wird und daß Leistung das wichtigste subjektive Prestigekriterium darstellt. Daß diese Bedingung u. U. nicht erfüllt ist, hat die Untersuchung von *Blancpain* und *Häuselmann* gezeigt. Die subjektive Legitimität einer Gesellschaft kann aber nicht nur an der subjektiven Gültigkeit von institutionalisierten Prestigekriterien gemessen werden, sondern auch an der subjektiven Einschätzung der Verteilungs- und Austauschgerechtigkeit.

Einen interessanten Hinweis auf die subjektive Einschätzung der Austauschgerechtigkeit gibt eine exploratorische Untersuchung von *R. V. Robinson* und *W. Bell* (Equality, Success, and Social Justice in England and the United States, in: American Sociological Review, 1978, Jg. 43, S. 125–143) Auskunft. (Stichprobe: über 18jährige, 1975, New Haven [USA]: 113, London: 101; demographisch vergleichbare städtische Kontexte.) Die subjektive Einschätzung der Austauschgerechtigkeit oder „sense of personal equity" wird folgendermaßen operationalisiert: „In general, do you personally have the standard of living you deserve?" Die Variable bezieht sich also ausschließlich auf den Lebensstandard.

Dieses Kriterium hat gegenüber dem von *Blancpain* und *Häuselmann* benutzten den Vorteil, daß der Befragte die gesellschaftliche Legitimität aufgrund seiner persönlichen Situation beurteilt. Die Legitimität der Gesellschaft ist dann ein Aggregat der Urteile über die persönliche Situation. Dieses Aggregat ist ein Konstrukt des Forschers und nicht ein subjektives Gesellschaftsbild. Danach ist die Legitimität der Gesellschaft um so größer, je geringer die bei Illegitimität vermutete positive Assoziation zwischen „sense of personal equity" und Lebensstandard bzw. einer den Lebensstandard subjektiv legitimierenden Statusdimension ist.

Das Kriterium der statistischen Unabhängigkeit hat allerdings den Nachteil, daß es nichts über das durchschnittliche Niveau der subjektiv empfundenen Austauschgerechtigkeit aussagt, und ist insofern problematisch, als die Illegitimität als lineare Beziehung zwischen Austauschgerechtigkeit und Teilnahme an institutionalisierten Werten definiert wird.
Beiden Ländern gemeinsam ist die Ähnlichkeit der direkten Beziehungen, gemessen an deren Signifikanz, zwischen Austauschgerechtigkeit einerseits und Bildung bzw. Einkommen andererseits. Das kann bedeuten, daß unter der Annahme einer hohen Assoziation zwischen Lebensstandard und Einkommen zur Beurteilung der Legitimität des Lebensstandards die Austauschrelation zwischen Bildung und Lebensstandard betrachtet wird. Dementsprechend kann die Bildung eine Legitimationsfunktion ausüben. Ob sie das tut, hängt sowohl von der internen Legitimität der Verteilung von Bildung als auch von der faktischen Relation zwischen Bildung und Einkommen ab. Wie *Blancpain* und *Häuselmann* zeigen, ist im untersuchten schweizerischen Kontext die interne Legitimität der Bildung größer als die der beiden anderen wichtigsten institutionalisierten Schichtungskriterien, nämlich Beruf und Einkommen *(Tabelle 9)*. Dies dürfte auch für die USA und Großbritannien zutreffen. Die Korrelation zwischen Bildung und Einkommen ist allerdings durchwegs relativ gering, geringer als die zwischen Bildung und Berufsprestige und zwischen Berufsprestige und Einkommen. Wir vermuten, daß der Unterschied zwischen USA und Großbritannien damit zu tun hat, daß dank der größeren vertikalen Ausdehnung der Einkommenspyramide in den USA die Austauschrelationen zwischen Bildung und Einkommen von unten nach oben günstiger werden, jedenfalls viel mehr als in Großbritannien.
Aufgrund der Ergebnisse von *Inglehart* und *Blancpain/Häuselmann* besteht eine negative Beziehung zwischen Alter einerseits und postmaterialistischen Werten bzw. Illegitimität der institutionalisierten Schichtungskriterien andererseits. Von daher liegt die Vermutung nahe, daß die Beziehung zwischen Alter und „sense of personal equity" positiv ist. *Tabelle 12* bestätigt diese Hypothese nur für den amerikanischen Kontext. Dies kann nun damit zusammenhängen, daß nach *Inglehart* zwar auch in Großbritannien eine positive Korrelation zwi-

Tabelle 12: „Zerlegung der Effekte in einem Modell, das das Gefühl, Gerechtigkeit zu erfahren, erklärt, England und USA" (Ausschnitte aus Tabelle 2, S. 135)

		England		USA	
abhängige Variable	ausgewählte Variablen	direkter Effekt	multiples R	direkter Effekt	multiples R
Gefühl der persönlichen Gleichheit (hoch)	Alter (hoch)	.13		.21*	
	Rasse (weiß)	.17*		.39*	
	Ausbildung (hoch)	.04		.28*	
	Beruf (hoch)	.23*		–.05	
	Familieneinkommen (hoch)	.04	.34	.14*	.58

* Direkte Effekte sind signifikant auf $p < .05$, einseitiger Test.

schen Alter und materialistischen Werten besteht, daß aber hier die Polarisierung zwischen materialistischen und postmaterialistischen Werten und damit die daraus resultierende Konfliktivität bedeutend geringer sind als in den USA.

VI

Zusammenfassend halten wir fest: Es gibt in den hochentwickelten Ländern der Gegenwart ein breites Spektrum verschiedener subjektiver Werte, die sich nach dem Grad ihrer Institutionalisierung ordnen lassen.

Während bei hohem individuellem und national aggregiertem Lebensstandard vermehrt nichtinstitutionalisierte Werte auftreten, sind die institutionalisierten globalgesellschaftlichen Erwartungen nach wie vor am Lebensstandard orientiert. Obwohl in den hochentwickelten Ländern die institutionellen Bedingungen für die Legitimation der Schichtung aufgrund des Lebensstandards, nämlich subjektive Legitimität der Bildungsschichtung und (indirekte, d. h. über die Beschäftigung erfolgende) Verknüpfung von Bildung und Einkommen, nach wie vor gegeben sind, dürfte das Auftreten neuer Werte einen illegitimierenden Effekt auf die Schichtungen haben.

Umgekehrt werden in weniger entwickelten Ländern bei hoher subjektiver Relevanz des Lebensstandards die individuellen Möglichkeiten des Zugangs zu einem höheren Lebensstandard durch formale Bildung und Abwanderung in die Stadt immer mehr ausgeschöpft. Dies kann ebenfalls einen illegitimierenden Effekt auf die Schichtung haben.

In beiden Fällen kommt es vermutlich zu einer Erhöhung des Konfliktniveaus.

Es stellt sich die Frage, inwiefern in hochentwickelten Ländern die dominanten ökonomischen und politischen institutionalisierten „incentive structures" die neuen subjektiven Werte aufnehmen und damit das Konfliktpotential abbauen, und/oder inwiefern nicht-institutionalisierte subjektive Werte per se instabil sind und deswegen wieder verschwinden werden.

Man kann in der Tat feststellen, daß sich gewisse neue Werte institutionalisiert haben, so z. B. der Umwelt- und Naturschutz im Rahmen der politischen Ordnung, so in begrenztem Maße die intrinsischen Arbeitswerte als Humanisierung der Arbeit in der Wirtschaft. Trotzdem kann keine Rede davon sein, daß in jüngster Zeit die Polarisierung zwischen neuen Werten und den tradierten Werten der sozioökonomischen Entwicklung und des Lebensstandards abgenommen hat. Eher das Gegenteil scheint der Fall zu sein. Man denke etwa an die nach 1968 erneut auftretenden Jugendunruhen in den Niederlanden und in der Schweiz mit ihrem z. T. anarchistischen Gehalt.

Das Überdauern der hier geschilderten Problematik hat vermutlich u. a. mit den folgenden Faktoren zu tun:

1. Die Problematisierung des Entwicklungsparadigmas greift gesellschaftlich und kulturell besonders tief.
2. Der Relevanzverlust zentraler hoch institutionalisierter sozioökonomischer Werte führt zur Schwächung der relativ hoch integrierten interindividuellen und interkontextuellen Schichtungsstrukturen zugunsten segmentierter Machtstrukturen und der Revitalisierung partikulärer Kulturen.

3. Manche neuen Werte können nicht mit bürokratischen Mitteln, die sich innerhalb des sozioökonomischen Entwicklungsparadigmas als außerordentlich effizient erwiesen haben, befriedigt werden.

Zum Schluß noch einige allgemeine Bemerkungen zur Theoriebildung.

Der homo sociologicus wird in der Regel so konstruiert, daß der Akteur den bestehenden „incentive structures" Rechnung trägt, d. h. er bringt die Vorstellung zum Ausdruck, daß die institutionalisierten Werte die subjektiven Werte bestimmen. Mit diesem als *normativ* bezeichneten Akteur-Modell kann aber die in den hochentwickelten Gesellschaften zu beobachtende Divergenz zwischen subjektiven und institutionalisierten Werten nicht angemessen erklärt werden.

Dem Auftreten nicht-institutionalisierter subjektiver Werte entspricht auf der Seite des Akteurs ein ganz anderes Modell, das wir im Falle der hier untersuchten Erscheinungen als *hedonistisches* Akteur-Modell bezeichnen wollen. Dieses Modell ist durch die Autonomie des Zieles unmittelbaren Lustgewinns charakterisiert. Diesem Ziel können die sog. postmaterialistischen Werte subsumiert werden.

Diese und andere mögliche Akteur-Modelle sind durch die Art des Umgehens der Akteure mit dem ihnen zur Verfügung stehenden gesellschaftlich determinierten Handlungszeitraum gekennzeichnet. Innerhalb dieses Handlungszeitraumes im Sinne der Gesamtheit der dem Akteur verfügbaren Handlungsoptionen kann jeweils ein normatives Feld ausgemacht werden, das die Rollen und Status des betrachteten Akteurs umfaßt.

Der dem normativen Modell entsprechende Akteur orientiert sich an diesem normativen Feld, d. h. an den institutionalisierten Erwartungen, die ihrerseits sowohl Rollen als auch institutionalisiertes soziales Ansehen einschließen. Die Ziele des Akteurs sind dementsprechend als heteronom zu bezeichnen.

Demgegenüber orientiert sich der dem hedonistischen Modell entsprechende Akteur an der subjektiven Bewertung des durch den sinnlichen Input erzeugten Lust- und Unlustgefühls. Einer solchen Orientierung liegt bei den Trägern der neuen Werte die Absicht zugrunde, die alltägliche, d. h. durch die dominante Kultur bestimmte Codierung der Umwelt zu durchbrechen. Darin besteht der Protestgehalt dieses Akteur-Modells bei dessen Realisierung in der Gegenwartsgesellschaft. Das impliziert, daß der Protest gesellschaftlich zu begründen ist. Dieser Protest kommt auch in dem Versuch zum Ausdruck, die Ziele des Handelns autonom zu setzen.

Das Umgehen des Akteurs mit dem vorgegebenen Handlungszeitraum, innerhalb dessen sich das genannte normative Feld befindet, läßt noch eine dritte Möglichkeit zu, die wir als *kognitives* Akteur-Modell bezeichnen wollen. Es handelt sich hierbei um die Orientierung am gesamten (perzipierten) Handlungszeitraum, also nicht nur am normativen Feld, und zwar so, daß das Verhältnis zwischen eigenen Zielen und den durch den Handlungszeitraum gegebenen Möglichkeiten (einschließlich Unmöglichkeiten) optimiert wird. Die für dieses Modell postulierte Art der Zielsetzung ist also weder autonom wie beim hedonistischen Modell noch heteronom wie beim normativen Modell. Die gesellschaftlichen Bedingungen für das Auftreten dieses Modells dürften u. a. in internen Widersprüchen des Schichtungssystems liegen, die den Akteur veranlassen, von der gesellschaftlichen Bedingtheit der Grenzen des normativen Feldes innerhalb seines Handlungszeitraumes Kenntnis zu nehmen. Auch darin besteht ein Protestpotential, jedoch kommt dieses in einem Verhalten zum Ausdruck, das der tendenziell räumlich-zeitlichen Verkürzung der Sichtweite bei den Trägern der neuen Werte diametral entgegengesetzt ist, nämlich in der mit dem kognitiven Modell assoziierten Tendenz zur Erhöhung der Sichtweite über das normative Feld hinaus. Im Rahmen unserer Diskussion sind die strukturellen Bedingungen für das Auftreten dieses Modells vor allem dort gegeben, wo bei hoher Relevanz der Entwicklungswerte die strukturellen Chancen für die Verbesserung des eigenen Lebensstandards durch Bildung und Abwanderung in die Stadt voll ausgenutzt sind und wo entsprechend der Entwicklungsoptimismus gering ist (siehe Abschnitt I, 4.).

FRANÇOIS SIMIAND

Ein empirisch-theoretischer Ansatz in der Wirtschaftssoziologie

Von Hansjürgen Daheim

Simiand wird als „wohl bedeutendster Methodologe der Soziologie in Europa nach und neben Durkheim" gewürdigt *(René König*[1]*)*; als Wirtschaftshistoriker, der glaubt, Soziologe zu sein *(Charles Morazé*[2]*)* und der die Historiker (in Frankreich) „beträchtlich in ihrer Ruhe störte" *(Lucien Febvre*[3]*)*; als ein Statistiker von großer Originalität *(Paul Harsin*[4]*)*, 1922 Präsident der Société de statistique de Paris; und vor allem als „grand économiste sociologue" *(Maurice Halbwachs*[5]*)*, der „der soziologischen Auffassung der Ökonomie ein festes Fundament gegeben hat" *(König*[6]*)*. Deutet sich in diesen Bemerkungen *Simiands* Rang als Sozialwissenschaftler an, so gilt aber ebenso, daß seine Ideen von späteren nicht aufgenommen wurden und „er eine isolierte Gestalt blieb" *(Claude Fohlen*[7]*)*.

Als „économiste sociologue" steht er in einer neueren Tradition, die die neoklassische Modelltheorie kritisiert und zu einer Analyse wirtschaftlicher Phänomene zu gelangen sucht, die – bei unterschiedlicher Akzentsetzung – Induktion und Deduktion resp. Empirie und Theorie miteinander verbindet[8]. Vertreter dieser Tradition sind in aller Regel zugleich Wirtschaftswissenschaftler und Soziologen und formulieren praktisch ein wirtschaftssoziologisches Programm, und zwar unabhängig davon, wie sie das Verhältnis der angesprochenen Disziplinen bestimmen[9].

In Auseinandersetzung mit den impliziten Annahmen der „orthodoxen" Wirtschaftstheorie wurden von Autoren, die über eine derartige Kritik zu Wirtschaftssoziologen geworden sind, Anfang der 30er Jahre drei Ansätze entwickelt, die auch heute in der Wirtschaftssoziologie noch von Bedeutung sind: Da ist zunächst *Adolph Löwes „realistische Theorie"*[10]: Sie bleibt Modelltheorie, nimmt aber statt des stationären Gleichgewichts den Wirtschaftszyklus als Analyserahmen und baut in die Austauschmodelle „vermittelnde Prinzipien" aus der Soziologie ein, die die entscheidenden Strukturzüge der modernen kapitalistischen Gesellschaft repräsentieren. Das macht die Verbindung zu empirischer Forschung möglich, die die Ergebnisse der Modellanalyse zu überprüfen erlaubt.

Während diese Analyse auf einem niedrigeren Abstraktionsniveau als dem der „orthodoxen" Wirtschaftstheorie erfolgt, peilt die von *Talcott Parsons* vorgeschlagene Problemlösung ein gleiches Abstraktionsniveau an[11]. Dazu soll der begriffliche Apparat der Soziologie so entwickelt werden, daß er wirtschaftswissenschaftliche Problemformulierungen ergänzen kann. Es wird auf *Max Weber, Emile Durkheim* und *Vilfredo Pareto* verwiesen; ein früherer Aufsatz hatte sich bereits mit *Alfred Marshall* auseinandergesetzt [12]. *Parsons* hat dieses Programm des *„analytischen Realismus"* später einzulösen versucht[13], wobei nach seiner methodologischen Grundposition die Konzepte sich in der empirischen Analyse bewähren müssen.

Für den letzten der drei Ansätze, den „empirisch-realistischen“[14], besser vielleicht „*empirisch-theoretischen*“, ist u. a. die Position von *Simiand* charakteristisch: Radikale Abwendung von jeder Modellbildung und Hinwendung zur empirischen Forschung, deren Ergebnisse theoretisch zu interpretieren sind, wobei die theoretischen Vorstellungen in engem Zusammenhang mit den (statistisch aufbereiteten) Daten systematisch entwickelt und dem empirischen Test unterworfen werden sollen. Auch hier bilden die langen Wellen des Wirtschaftszyklus den Rahmen für die Analyse von wirtschaftlichen Einzelerscheinungen, wie z. B. dem Einkommen. *Simiands* Beiträge zu einer historischen und empirisch-theoretischen Wirtschaftssoziologie, nicht nur in Deutschland so gut wie unbekannt, sind auch nach einem halben Jahrhundert noch erstaunlich informativ und anregend[15].

François Simiand (1873–1935) war Absolvent der Ecole normale supérieure (1893), agrégé de philosophie (1896), Stipendiat der Fondation Thiers 1896–99 und erhielt das Doktorat 1904 von der Faculté de Droit de Paris. Seit 1910 war er Bibliothekar im Arbeitsministerium und Dozent für Geschichte der Wirtschaftstheorie an der Ecole pratique des hautes études, der er auch später als Forschungsdirektor verbunden blieb. Während des Ersten Weltkrieges arbeitete er in leitender Position im Ministerium für Bewaffnung, unmittelbar nach dem Krieg in der Arbeits- und Sozialverwaltung für Elsaß und Lothringen. 1919–1923 war er Professor für Organisation der Arbeit und Gewerkschaften, 1923–1933 für politische Ökonomie am Conservatoire national des arts et des métiers; und seit 1932 schließlich Professor für Geschichte der Arbeit am Collège de France. Ein Schüler *Durkheims*, betreute *Simiand* seit 1898 die wirtschaftssoziologische Abteilung der Année sociologique, später (1924/26) der neuen Folge dieser Zeitschrift und seit 1934 der Annales sociologiques. Über einen seiner Lehrer (neben *Durkheim* und *Lévy-Bruhl*), *Lucien Herr*, kam *Simiand* zum (reformistischen und pazifistischen) Sozialismus von *Jean Jaurès*. Daraus erwuchs einmal seine Tätigkeit vor 1910 als Redakteur und Herausgeber u. a. im Umkreis der „Bibliothèque socialiste“ und möglicherweise zum anderen auch der zentrale Gegenstand seiner wissenschaftlichen Arbeiten: der Zusammenhang von Lohnentwicklung, Geld und wirtschaftlich-sozialer Entwicklung. Seine Ausbildung als Philosoph führte ihn dabei zu dauernder methodologischer Reflexion seines empirisch-theoretischen Vorgehens.

Wir beziehen uns im folgenden auf die methodologische Aufsatzsammlung „La méthode positive en science économique“ (1912), die Monographien „Les fluctuations économiques à longue période et la crise mondiale“ (1932) und „La monnaie – réalité sociale“ (1934), sowie besonders auf sein Hauptwerk „Le salaire, l'évolution sociale et la monnaie“ (1932)[16]. Ein vollständiges Verzeichnis seiner Arbeiten ist in der Monographie von *Basil V. Damalas* enthalten[17].

Es kann hier nun nicht um einen systematischen Überblick über das Werk von *Simiand* gehen; eine gute derartige Zusammenfassung findet sich bei *Max Lazard*[17a]. *Wir versuchen* vielmehr, *an einem Ausschnitt aus dem Werk seine Position im Feld von Soziologie und Ökonomie, seine Methodologie und seinen theoretischen Ansatz aufzuzeigen.* Dabei soll *Simiand* möglichst selbst zu Wort kommen, vor allem in seiner „experimentellen Theorie“ der Lohnentwicklung in Frankreich von der französischen Revolution bis zur Weltwirtschaftskrise. Unter Hinzuziehung weiterer Elemente seines theoretischen Rahmens wollen wir sodann *Simiands* Ausführungen kommentieren: *Es soll gezeigt werden, daß diese Ausführungen we-*

sentliche Ansatzpunkte für die Entwicklung der Elemente eines wirtschaftssoziologischen Bezugsrahmens bieten, der einerseits *in engem Zusammenhang zur allgemeinen soziologischen Theorie steht* und andererseits die *Interpretation einschlägiger Forschungsergebnisse wie* auch *die Generierung neuer Daten erlaubt,* ohne daß dieser Bezugsrahmen hier ausgearbeitet werden könnte.

I

Simiand stellt seinem Hauptwerk eine ausführliche methodologische Einleitung voran, in der er die Auseinandersetzung mit der zeitgenössischen Wirtschaftstheorie aus den frühen Schriften, am Gegenstand dieser Untersuchung orientiert, noch einmal aufgreift: Er konstatiert hinsichtlich der Einkommensentstehung und der Einkommensentwicklung vielfältige, unterschiedliche, ja inkompatible theoretische Thesen, von denen sich jede einzelne als unzulänglich erwiesen habe. Angesichts dieser Situation will er versuchen, eine „Methode" darzulegen, die die Wirklichkeit zu erfassen und zu erklären geeignet ist, und unter Einsatz dieser Methode zu Ergebnissen von bestimmbarer Gültigkeit zu gelangen. Damit soll ein erster Schritt aus der unbefriedigenden Situation dieser Disziplin heraus getan werden[18].
In den frühen methodologischen Schriften werden, in der Regel am Beispiel einzelner Theoriestücke, die entscheidenden Schwächen der von *Simiand* so genannten „analytischen" oder „konstruktivistischen" Theorie in den Wirtschaftswissenschaften herausgearbeitet. Allgemein handelt es sich bei dieser Theorie nach *Simiand* um ein ideales hypothetisches System der Beziehungen von Elementen, „das der Mensch erfindet"[19]. Aus solchen Abstraktionen, deren Verhältnis zur Wirklichkeit nicht überprüft ist, oder die, auf sie bezogen, nachweislich falsch sind, würden dann Folgerungen für die Erklärung oder für die Praxis deduziert. Eine der grundlegenden, aber impliziten Annahmen der Theorie sei die des Gleichgewichts zwischen den Elementen als Normalzustand; die Wirklichkeit sei jedoch durch dauernde Ungleichgewichte charakterisiert[20]. Die grundlegende psychologische Annahme, in die Vorstellung vom homo oeconomicus gefaßt, ergebe sich zwar aus der Beobachtung der Wirklichkeit, doch erfolge die Beobachtung unkontrolliert[21]. Im übrigen würden soziale Phänomene auf individuelle reduziert und es werde übersehen, daß Individuelles nur durch Soziales existiert[22]. Schließlich orientiere sich die Theorie in der Weise auf die wirtschaftliche Praxis, daß Mittel im Hinblick auf Zwecke analysiert würden, anstatt Ursachen und Wirkungen zueinander in Beziehung zu setzen[23].
Gegen die so charakterisierte Wirtschaftstheorie setzt *Simiand* seinen eigenen Ansatz: Ziel der Wirtschaftswissenschaften kann es weder sein, wirtschaftliche „Ideale" zu konstruieren noch die wirtschaftliche Praxis zu bestimmen; ihr Erkenntnisinteresse ist vielmehr darauf gerichtet, die wirtschaftlichen Tatsachen zu beschreiben und zu erklären[24]. Der „analytischen" Theorie in den Wirtschaftswissenschaften stellt *Simiand* damit eine „Theorie der positiven Wissenschaft" entgegen, die er sofort als „soziologische" bezeichnet[25] und im weiteren als „experimentelle" entfaltet[26].
An diesem Programm ist zunächst bemerkenswert, daß *Simiand,* ganz auf *Durkheims* Linie, von wirtschaftlichen Tatsachen ausgeht und diese als soziale in ihren Beziehungen zueinan-

der zu erfassen sucht[27]. Am ,,Spiel" von Angebot und Nachfrage bei der Marktpreisbildung macht er klar, was das bedeutet: Die Nutzenschätzung der Tauschparteien ist keine individuelle, sondern, auf ein bestimmtes soziales Milieu bezogen, eine vorgängig soziale. Der Tausch selbst ist eingebettet in eine Reihe besonderer sozialer Institutionen, wie z. B. des Privateigentums, des Geldes, des Vertrages, des freien Marktes. Und er ist durch eine Verteilung der Güter auf die Marktparteien bedingt, die diese zum Kaufen und Verkaufen veranlaßt[28]. *Simiand* ist sich im übrigen bewußt, daß es die erwähnten Institutionen nicht in jeder Gesellschaft gibt, daß sie nicht überall gleich funktionieren und daß, vor allem, das Wirtschaftsleben sich in den Tauschvorgängen nicht erschöpft, wenngleich er im Tausch die zentrale wirtschaftliche Tatsache (moderner Gesellschaften) sieht[29]. Die wirtschaftlichen Tatsachen, die *Simiand* erfaßt, sind Ergebnisse von Verhalten, nicht aber dieses Verhalten selbst, auch wenn im Beispiel letzteres angesprochen wird. Und diese Handlungsfolgen treten regelmäßig auf, wodurch sie für den Soziologen relevant werden.

Wirtschaftliche Tatbestände sind nun zu erklären. Für *Simiand* meint ,,erklären" wie in den Naturwissenschaften den Nachweis zu führen, daß eine Tatsache regelmäßig die Ursache einer bestimmten anderen ist. Diese (invariante) Beziehung soll, ebenfalls wie in den Naturwissenschaften, durch kontrollierte Beobachtung festgestellt werden. Dazu sind ,,Abstraktionen", die begriffliche Bestimmung der Tatbestände, erforderlich: Kriterium für sie ist die Brauchbarkeit für eine objektive Feststellung der Tatsachen[30]. Nun ist aber der Gegenstandsbereich der Wirtschaftswissenschaften nicht von der gleichen Art wie der der Naturwissenschaften, so daß bei gleichen ,,Zielen" der Analyse andere ,,Mittel" einzusetzen sind[31]. Der Wirtschaftswissenschaftler ist dabei prinzipiell in der gleichen Lage wie der Historiker: die Tatbestände sind ihm (als sehr komplexe) nur ,,indirekt" gegeben, nämlich in der Form von Dokumenten über Handlungsergebnisse. Er unterscheidet sich von diesem darin, daß die Tatbestände in den Dokumenten häufig quantifiziert aufbereitet sind, was ihn gegenüber Historikern wie Soziologen in eine günstigere Ausgangsposition bringt, wenn seine Erklärung der in den Naturwissenschaften möglichst nahe kommen soll. Des unterschiedlichen Gegenstandsbereichs wegen ist das Laborexperiment zur objektiven Feststellung einer Kausalbeziehung zwischen einzelnen Tatsachen nicht möglich[32]; der Wirtschaftswissenschaftler muß daher versuchen, ihm in der Manipulierung statistischer Daten so nahe wie möglich zu kommen. Dazu sind Wirklichkeitsfelder zu isolieren, ,,ensembles" herauszustellen und zueinander in Beziehung zu setzen. Das Experiment wird hier zu einer ,,opération sur les faits", zu einer intellektuellen statt materiellen Manipulation: Die Beziehung zwischen den Tatsachen ,,ergibt sich" nicht einfach, sondern muß vom Forscher hergestellt werden. Wie *Durkheim* gilt *Simiand* als Ursache die einem bestimmten Tatbestand unmittelbar vorausgehende Tatsache, wodurch der unendliche Regreß vermieden wird. Er spricht in diesem Zusammenhang auch von ,,provokativen" Bedingungen, neben denen ,,permissive" wirksam werden, die auf mehreren Ebenen der Analyse liegen können[33].

Nun genügt die Feststellung von Konkomitanten und Sequenzen i. S. einer genetischen Erklärung nicht, da sich der Forscher über die Ursache einer Tatsache täuschen kann. Die im statistischen Experiment festgestellte Abhängigkeitsbeziehung muß vielmehr als eine ,,rationale" aufgewiesen werden[34]. An anderer Stelle[35] führt *Simiand* aus, daß es keine ,,mechanische" Beziehung zwischen Tatbeständen geben kann, vielmehr stets der Mensch der ei-

gentliche Verursacher ist. Das deutet in die gleiche Richtung einer rationalen Interpretation der statistischen Korrelation: Die Fundierung der Erklärung von Abhängigkeitsbeziehungen durch die Regelmäßigkeiten menschlichen Verhaltens. Im Hintergrund steht eine Klassifizierung der Tatsachen in nichtmechanische individuelle oder historische Umstände einerseits und allgemeine Züge der menschlichen Natur andererseits. Es ist dabei klar, worauf ja schon *Durkheim* hingewiesen hat[36], daß diese allgemeinen Züge der menschlichen Natur stets sozial vermittelt auftreten, d. h. sich in konkreten sozialbedingten Verhaltensweisen niederschlagen. Die Einführung menschlichen Sich-Verhaltens als letzter Ursache wirtschaftlicher (und damit sozialer) Tatbestände, wie von *Simiand* dargelegt, führt entscheidend über *Durkheim* hinaus. *König* hat den Zusammenhang von Kausalerklärung, statistischer Korrelation und rationaler Interpretation bei *Simiand* eindrucksvoll herausgearbeitet[37].
Simiand drückt, ähnlich wie übrigens auch *Marshall* in seiner Antrittsvorlesung 1885, seine Konzeption vom Verhältnis von Empirie und Theorie in der Formel aus: Keine Theorie ohne Daten, keine Daten ohne Theorie[38]. Dabei scheint er von der Vorstellung auszugehen, daß die „positive", „experimentelle" soziologische Theorie in der rationalen Interpretation von Beziehungen zwischen Tatsachen, sozialen und anderen, induktiv generiert wird. In der Auseinandersetzung mit der „analytischen Theorie" gewinnt er seine Maxime, „vorurteilslos" an die Tatsachen heranzugehen. Diese Position korrigiert oder verdeutlicht er in seinem Hauptwerk durch die Bemerkung, daß „préconceptions" nur den Status von Hypothesen haben können. Die Formulierung zeigt ebenso wie seine Ausführungen zur begrifflichen Bestimmung der zu untersuchenden Tatsachen, daß gewisse Unklarheiten über die Rolle von Theorie im Forschungsprozeß bleiben[39]. Das macht im übrigen deutlich, wie stark *Simiands* Vorstellung vom Verhältnis von Theorie und Empirie durch seine Auseinandersetzung mit der wirtschaftswissenschaftlichen Theorie seiner Tage geprägt ist: Er hat offenbar Schwierigkeiten, einzusehen, daß schon die Tatsachenfeststellung theoriegeleitet erfolgt und daß der Forscher der Reflexion über diese Theorie ebensoviel Aufmerksamkeit widmen muß wie den Methoden der Datengenerierung.

II

Simiand hat sich in seinen Arbeiten vor allem auf die Ausarbeitung einer „experimentellen Theorie" des Lohns konzentriert, die sich von den traditionellen ökonomischen Lohntheorien entsprechend seiner methodologischen Konzeption unterscheidet: Es ist keine Modelltheorie, sondern ein Stück empirisch-theoretischer Forschung: Sie ist nicht ahistorisch, sondern bezieht sich auf das „moderne Zeitalter", das u. a. durch die zunehmende Verbreitung von Lohnarbeit charakterisiert ist[40]; sie thematisiert mehr Aspekte des Lohnarbeitsverhältnisses als die traditionellen Grenzproduktivitäts- und Machttheorien, wobei im Anschluß an *Durkheim* das Kontrakt-Phänomen ausdrücklich genannt wird. Wir skizzieren den Forschungsprozeß, soweit das erforderlich erscheint, um einen Eindruck von *Simiands* Ansatz zu vermitteln[41]. Dabei folgen wir der von ihm für eine systematische und kontrollierte Forschung aufgestellten[42] und von ihm selbst in seiner Arbeit fast pedantisch genau beachteten Sequenz von Schritten.

Was zuerst die Bestimmung des Untersuchungsgegenstandes, der abhängigen Variablen, betrifft, so kommt *Simiand* zu einem Lohnbegriff, der, vom Alltagsverständnis ausgehend, auf die monetäre Entlohnung des auf Dauer in abhängiger und nichtleitender Stellung befindlichen Arbeitskraftbesitzers abstellt; durch Aufzählung werden dann noch „die Angestellten" ausgeschlossen, was die Abgrenzung wieder unklarer werden läßt. Drei Aspekte des Lohns werden analysiert: die (nominelle) Lohnhöhe, die Kosten der Lohnarbeit und das Einkommen des Lohnarbeiters[43].
Von den möglichen unabhängigen Variablen erstellt *Simiand* eine empirische und eine systematische Liste von Tatbeständen, von denen nur die letztere wirklich relevant geworden ist und hier beispielhaft wiedergegeben wird:

- Merkmale des Lohnempfängers wie Geschlecht, Alter, Dauer der Betriebszugehörigkeit, Arbeitszeit, Branche, Region, Art der Bezahlung usw.;
- Merkmale des monetären Austauschsystems und der Systeme von Produktion und Distribution, wie z. B. die Menge der umlaufenden Zahlungsmittel resp. die Betriebsgröße, der Wert der industriellen Produktion, die allgemeine Preisbewegung resp. die Ausdehnung der Lohnarbeit, die gewerkschaftliche Organisation der Arbeiter, die Bewegung der privaten Einkommen usw.;
- Merkmale der wirtschaftlich-sozialen Entwicklung;
- wirtschaftlich relevante Merkmale des menschlichen Lebens wie etwa die Entwicklung der Bevölkerung und der Technik;
- „allgemeine Züge der menschlichen Natur";
- Merkmale der physischen Umgebung wie etwa das Klima;
- situative, nicht-institutionelle Tatbestände[44].

Hinsichtlich des Lohns wie dieser Tatbestände überprüft *Simiand* dann die *Datenbasis* in amtlichen und nicht-amtlichen Statistiken wie in Monographien mit quantitativen Angaben – Quellen, die von *Simiand* sorgfältig geordnet und hinsichtlich ihrer Fähigkeit, die Wirklichkeit „abzubilden", kritisch gewürdigt werden[45]. Er gibt dabei gleichzeitig eine Analyse von Struktur und Funktion einer Reihe sozioökonomischer Institutionen. Quellen, die Daten für den zentralen Tatbestand der Lohnentwicklung liefern, sind z. B. Lohnlisten der Betriebe, Ausgabenbücher von Arbeiterhaushalten, Lohntarife usw. Die Daten werden gesucht für Frankreich resp. bestimmte französische Regionen, und zwar für die Zeit von 1789 bis 1929: Das sind mehrere Entwicklungsphasen des Lohns, die *Simiand* jeweils als „phénomènes se produisants", Totalphänomene im Wandel, auffaßt. Die im ganzen recht bruchstückhaft vorliegenden Daten wurden sorgfältig zueinander in Beziehung gesetzt und in Form von Aufstellungen, Tabellen und Diagrammen in einem gesonderten Band aufbereitet. Das „Experiment" mit den Daten macht nun die Relevanz der Aspekte des Lohns wie der verschiedenen bedingenden Tatbestände deutlich: Nur mit einigen dieser Tatbestände läßt der Vergleich mit der Entwicklung der Lohnhöhe Beziehungen oder *Korrelationen* erkennen, die hier in enger Anlehnung an *Simiands* eigene Zusammenfassung referiert werden sollen[46]. Dabei vernachlässigen wir notwendig die Fülle und Differenziertheit der mitgeteilten Beobachtungen, wie auch die strenge Systematik beim Aufbau des Untersuchungsberichts nicht deutlich wird.

1. Die Entwicklung der nominellen Geldlöhne zeigt *alternierende Phasen:* Aufschwünge etwa 1789–1815, 1850–1880 und 1900–1929, die von *Simiand* als „A"-Phasen bezeichnet werden. Dazwischen liegen Zeiten der relativen Stagnation („B"-Phasen). *Simiand* betont, daß dieses Bild der

Einkommensentwicklung deutlich, aber doch auch differenziert ist. Im einzelnen lassen sich die Phasen so lokalisieren und charakterisieren:

A 1: 1789–1810/20:	deutlicher Aufschwung – Zuwachs zwischen 40 und 80 %;
B 1: 1810/20–1850:	relative Stagnation – zwischen 6 und 7 % Zuwachs und 6–10 % Rückgang;
A 2: 1850–1875/80:	Aufschwung;
B 2: 1875/80–1900:	Stagnation;
A 3: 1900–1926/30:	Aufschwung.

2. Mit der *Lohnhöhe* variieren in wesentlichen Zügen eine Reihe von wirtschaftlichen und nichtwirtschaftlichen Tatsachen: So die Verletzung moralischer Normen, die Ausdehnung der Märkte, die Differenzierung der Arbeitsteilung sowie die Bildung sozioökonomischer Klassen einschließlich der Organisierung ihrer Angehörigen zum Zweck der Einwirkung auf die Verteilung des Produktionsergebnisses.
3. In der Aufschwung- wie in der Stagnationsphase erweist sich die Lohnentwicklung als durch die Variation der Gesamtheit der *Preise* bedingt – in der einen Phase positiv, in der anderen eher negativ: Die Löhne sinken nicht so stark wie die Preise.
4. Mit der Entwicklung der Löhne stehen andere Arten von Einkünften, wie vor allem die Betriebsgewinne, in einem Interdependenzverhältnis; sie variieren, wenn auch nicht so deutlich wie die Löhne, mit den Preisen.
5. In ähnlicher Weise wie die Löhne von den Preisen ist die Preisbewegung ihrerseits in beiden Phasen abhängig von der allgemeinen Bewegung der Geldmenge; dabei gibt es keinen prinzipiellen Unterschied zwischen der durch Edelmetall gedeckten und der nicht in dieser Weise gedeckten Menge: Die Variation der ersteren korreliert lediglich deutlicher mit der Preisbewegung.
6. Die *Bewegung der Geldmenge* bedingt die Variation der wesentlichen Arten nichtwirtschaftlicher und vor allem wirtschaftlicher Tatbestände: Geld ist das „primum movens" des Wirtschaftslebens. „Wirtschaftliche Kräfte wirken sich über das Geld im Wirtschaftsleben aus[47]." Einmal sind Geldbeträge Indikatoren für wirtschaftliche und nichtwirtschaftliche Tatbestände; zum anderen fungieren Geldmengenänderungen *als verursachender Faktor*.
7. Alle diese Sequenzen und Beziehungen zwischen den Tatsachen ergeben sich aber weder unvermittelt noch automatisch: Zwischen die Tatbestände und ihre („permissiven") Bedingungen schieben sich *die Verhaltensweisen der Menschen als „provokative" Bedingung:* „un facteur causant proprement dit, l'homme"[48]. Damit ist dann auch der Schlüssel für die Interpretation bezeichnet.

In *Simiands Interpretation* der in den Daten gefundenen Beziehungen zwischen Löhnen, Gewinnen, Preisen, Geldmengenbewegungen und anderen wirtschaftlichen wie nichtwirtschaftlichen Phänomenen wird seine Theorie nach Gestalt und Inhalt deutlich. Wir folgen auch hier wieder der von ihm selbst formulierten Zusammenfassung[49], die allerdings eine Reihe von institutionellen Interpretationselementen aus der Untersuchung nicht enthält, auf die wir aber z. T. wenigstens in den kommentierenden Bemerkungen (in den Abschnitten III und IV) eingehen werden.

1. Wenn die allgemeine Bewegung der Preise die allgemeine Bewegung der Löhne und der anderen Einkommen bedingt, dann einmal deswegen, weil die Bewegungen in der Aufschwungphase die Befriedigung wesentlicher „*Tendenzen*" *der* „*Marktparteien*" (der Unternehmer bzw. der Lohnabhängigen) möglich machen; vor allem durch Beschäftigung von Arbeitskräften läßt sich die Tendenz verwirklichen, das eigene Einkommen ohne Steigerung der eigenen Anstrengungen zu vermehren. Und zum anderen, weil die Bewegungen der Stagnationsphase den „Widerstand" von Tendenzen hervorrufen, die in der voraufgehenden Phase befriedigt wurden: In dieser Phase wird versucht, das erreichte Einkommen zu halten. Die Bewegung beider Phasen ergibt insgesamt einen allgemeinen wirtschaftlich-sozialen „Fortschritt", insofern verbesserte wirtschaftliche Ergebnisse per Saldo konsolidiert werden: Es gibt mehr Produkte zu absolut und relativ niedrigeren Preisen; die Summe der Einkommen ist gestiegen; und „aktive Einkommen" bzw. „produktive Aktivitäten" werden belohnt[50]; letztlich stehen also mehr Waren für eine bessere Bedürfnisbefriedigung zur Verfügung.

2. Wenn die Bewegung der Geldmittel die Bewegung der Preise und darauf auch die der Löhne und anderen Einkommen bedingt, dann, weil sie bei den verschiedenen Klassen von „Wirtschaftspersonen" ein ***komplexes Zusammenspiel von Aktionen und Reaktionen*** hervorruft, das in der Folge die Variation der Preise und Löhne bedingt. Die Geldmengenbewegung hat diese zentrale Bedeutung, weil im modernen Wirtschaftsleben Geld nicht nur Wertmesser ist, sondern den allgemeinsten Ausdruck der wirtschaftlichen Werte, insbesondere die Antizipation zukünftiger Werte darstellt: im Aufschwung Vertrauen in die Zukunft, im Abschwung dagegen Vertrauensschwund ausdrückt.
3. Wenn die Aktionen und Reaktionen der Wirtschaftssubjekte die Variation der Preise und der Einkommen nach sich ziehen, dann, weil das wirtschaftliche Verhalten der Klassen der Unternehmer und Lohnabhängigen (wie auch anderer Gruppierungen) durch den Geldausdruck von Gütern und Einkommen sowie durch die *soziale Schätzung,* die sich daran heftet, bestimmt wird.
4. Wenn die *Individuen,* die die Aktionen und Reaktionen tragen (resp. diejenigen, die sie nur als Marktpartei in Betracht ziehen), sich der Bedingtheiten nicht immer bewußt sind und, selbst wenn sie diese „interpretieren", *vielfach andere als die beabsichtigten Wirkungen erreichen,* so ergibt sich daraus, daß dieses Verhalten einen „caractère collectif majeur" hat: Die Überlegungen und Tendenzen, die das Verhalten auslösen, sind sozialer Natur; und die Eigenschaft der Faktoren, gleichzeitig bedingend und bedingt zu sein, läßt sich nur auf der sozialen Ebene als sinnvoll begreifen.
5. Wenn dies auch die Ergebnisse einer auf eine bestimmte Zeit und eine bestimmte Gesellschaft bezogenen Untersuchung sind, so wird man doch sagen dürfen, daß sie, Phase für Phase bestätigt, *in bestimmten Varianten verallgemeiner- und verifizierbar* sind.
6. Wenn also die verschiedenen Variationen (der Preise und Löhne) als Wechselspiel in zwei Phasen beschrieben werden können, dann, weil die Aktionen und Reaktionen der Wirtschaftspersonen und deren Auswirkungen in der Aufschwungphase das hervorrufen, was der Wissenschaftler in der Abschwungphase feststellt. Und der „Fortschritt" als Ergebnis der beiden Phasen kommt nur durch die *doppelte Sequenz von Aktionen und Reaktionen* in den beiden Phasen zustande. Das Wechselspiel wiederholt sich, weil die Bedingungen für dieses Verhalten aus der Aufschwungphase nicht unbegrenzt fortdauern.
7. Wenn sich nun das Gesamtergebnis aus den Bewegungen beider Phasen ergibt, dann zeigt die unvoreingenommene systematische Analyse, daß der aufgezeigte Zusammenhang der erklärenden Faktoren nicht rein empirisch, d. h. kontingent ist: Der Prozeß und sein Ergebnis erweisen sich vielmehr als nur auf diesem und auf keinem anderen Weg entstanden, ebenso wie die Auslösung des Prozesses durch die Wirtschaftssubjekte sich als vorausschauend und vernünftig darstellt. Das bedeutet, daß es sich um „*une théorie explicative du réel proprement rationelle*" handelt[51].

Diese *Theorie* ergibt sich, folgt man *Simiand,* induktiv aus der sorgfältigen Analyse der in den Daten gefundenen Abhängigkeitsbeziehungen, bei der sich eine erklärende Perspektive ergibt, die dann zur Feststellung einer bestimmten Sequenz und zur „Ableitung" der verschiedenen Abhängigkeiten führt[52]. Im einzelnen hat die Theorie folgende Elemente: 1. Verursachender Faktor für die Variation der Löhne ist die Sozialpsychologie eines „wirklichen" homo oeconomicus, der selbst Ergebnis der Entwicklung des Wirtschaftslebens ist und dessen Verhalten sequentiell und differenziert durch den monetären Ausdruck von Gütern und Einkommen bedingt ist. 2. Man kann daher von einem „monétarisme social à fluctuation incitatrice" sprechen. 3. Die Ergebnisse des Wirtschaftsprozesses sind mit ihren Bedingungen durch Regelmäßigkeiten „explikativ" verbunden, die verallgemeinert werden können und möglicherweise rational bedingt sind[53]. Was schließlich die Reichweite der Theorie betrifft, so bemerkt *Simiand* sogleich, daß sie nicht beansprucht, auch nur alle Aspekte des Lohns und der relevanten Umstände erklären zu können. Man könnte – wegen der Kritik von Wirtschaftswissenschaftlern – hinzufügen, daß eine Erklärung der wirtschaftlich-sozialen Entwicklung natürlich schon gar nicht beabsichtigt war.

III

Bei dem Versuch, *Simiands* wirtschaftssoziologische Analyse aufzugreifen und mit Blick auf einen allgemeineren theoretischen Rahmen weiterzuführen, *befassen wir uns zunächst mit grundlegenden Elementen seiner Methodologie.* Er sieht seinen Ansatz als den der „positiven Wirtschaftswissenschaft", die zwar soziologisch ist, darüber hinaus aber der Forschung, wie erwähnt, besondere Möglichkeiten gibt[54]. Sich als Wirtschaftssoziologe zu sehen, hatte *Simiand* gewisse Schwierigkeiten[55]. Einmal begründete er als Wirtschaftswissenschaftler Wirtschaftssoziologie in Frankreich erst eigentlich und zum anderen erschien ihm die bisherige soziologische Analyse wirtschaftlicher Phänomene als unzureichend. Ansatzpunkt der Diskussion ist auch für ihn die damals gängige Unterscheidung von „sozialer Ökonomie" der distributiven Institutionen und „politischer Ökonomie" der Institutionen der Produktion[56]. *Simiand* überwindet diese Entgegensetzung mit seiner *Konzeption von politischer Ökonomie:* Er handelt nicht nur ausführlich sowohl über die Produktion als auch über die Verteilung, sondern ist zentral an solchen Institutionen der Verteilung interessiert, die diese mit der Produktion „verzahnen": wirtschaftlichen Klassen und zugehörigen Interessenverbänden[57]. Klassen sind (im deutlichen Unterschied zur *Marx*schen Tradition[58]) zwar Institutionen der Verteilung, doch erstrecken sich ihre Auswirkungen auch auf die Produktion. Produktion meint, daß auf Materie Umwandlungs- und Verkaufsoperationen einwirken, bei denen unter einer Leitung Personen und Sachmittel angewendet und Kapital eingesetzt wird[59]; Produktion ist wesentlich wirtschaftliche Wertschöpfung. Anders als in der Wirtschaftssoziologie, von der *Simiand* sich absetzt, geht es also hier nicht ausschließlich um „Gruppen"[59]. Und außerdem ist natürlich eine kapitalistische Gesellschaft unterstellt, was seinen Ansatz prinzipiell raumzeitlich relativiert.

Dieser Ansatz unterscheidet sich von der zeitgenössischen Wirtschaftssoziologie weiter dadurch, daß er eine empirische Analyse anzielt, und zwar nicht nur von „*Institutionen*", sondern auch von „*funktionalen Phänomenen*"; eine nichtempirische Institutionenkunde wird ausdrücklich ausgeschlossen. Schon in den frühen Formulierungen geht er dabei vom „System" als „Gesamtheit von Institutionen und Beziehungen" aus, „die die Wirtschaft einer Gesellschaft charakterisieren"[60] mit Produktion und Verteilung als analytischen Subsystemen (später kommt noch das Geldwesen dazu). In der Verteilung etwa werden die nach Funktionen im Wirtschaftsleben gebildeten Klassen der Unternehmer und Lohnabhängigen als Institutionen unterschieden; funktionale Phänomene sind „Elemente" wie Löhne, Gewinne, Zinsen usw., deren Bewegungen in der Zeit die Beziehungen zwischen den Institutionen vermitteln[61]. Was die Außenbeziehungen des Systems „Wirtschaft" betrifft, so kommt der Politik eine besondere Bedeutung zu, wie z. B. die staatliche Gesetzgebung, Außenhandelspolitik und die Politik der sozialen Sicherung zeigen[62]. Die Bedeutung, die funktionalen Bezügen zuerkannt wird, impliziert den Vorrang der funktionalen vor der genetischen Analyse wirtschaftlicher Tatbestände: Funktionsüberlegungen liegen den „analytischen Abstraktionen" zugrunde, die bei der Formulierung von Hypothesen verwendet werden: Es geht nicht um die Prozesse, in denen sich Institutionen entwickelt haben. Dennoch ist *Simiand* kein Funktionalist: Wie *Durkheim* sucht er die causa efficiens und sieht keinen Grund zu der bis vor kurzem prominenten Frage, ob und gegebenenfalls unter welchen

Bedingungen die Zweckursache die Wirkursache angibt: Funktionsüberlegungen haben für ihn eindeutig einen heuristischen Status, nämlich die Konzeptualisierung und die Formulierung überprüfbarer Hypothesen anzuleiten. Er wendet sich sehr früh schon gegen „finalistische", i.e. teleologische Analyse.

Die sozioökonomischen Tatbestände, die *Simiand* analysiert, sind entwickelte; mit Tatbeständen in statu nascendi sich zu befassen, lehnt er ausdrücklich ab[63]. Auch das trennt ihn von der Wirtschaftssoziologie seiner Zeit, die den Akzent auf die historische Genese von Institutionen legte. *Simiand* geht hier ähnlich wie *Marx* vor, wenn er ausführt, daß die *entwikkelten Tatbestände* als Gegenstände der Theoriebildung besser geeignet seien als Tatbestände im Werden. Sein Beispiel ist natürlich der Lohn: Für eine induktiv zu gewinnende Theorie des Lohns ist es sinnvoll, von der Entlohnung des Arbeitskraftbesitzers in der modernen kapitalistischen Gesellschaft auszugehen, nicht aber von Vor- und Frühformen des Lohns. Das Beispiel deutet schon an, daß *Simiand* mit dieser Position eine historische Analyse nicht ausschließen will; tatsächlich ist seine Untersuchung der Lohnentwicklung 1789–1929 eine derartige Analyse. Was er ablehnt, ist eine Geschichte des Lohns und auch eine Geschichte der Lohnentwicklung seit der französischen Revolution i.S. einer Beschreibung. Sein Ziel ist statt dessen eine historisch angelegte erklärende Analyse. Abstrakter formuliert: *Simiand* will ein „phénomène se faisant" in seinem entwickelten Zustand aus den Bedingungen seiner Existenz erklären[64].

Die sich auf dieses Ziel richtende *Theorie* des Wirtschaftlichen als Sozialem charakterisiert *Simiand* als „*experimentell*" und „rational". Den experimentellen Charakter der Analyse betont er mit vielen zeitgenössischen französischen Wirtschaftswissenschaftlern[65], wobei Experiment die kontrollierte Konfrontation von verschiedenen Kombinationen abhängiger und unabhängiger Variablen eines Totalphänomens meint, um universelle Beziehungen gültig festzustellen. *Simiand* übernimmt dazu die klassischen Regeln des Experiments, die er auf die Besonderheiten des Gegenstands der Sozialwissenschaften hin formuliert und durch weitere Regeln ergänzt. Es ist dies im übrigen einer der beiden Punkte, an denen *Simiand* über *Durkheim* hinausgeht[65a]. Auch wenn wir hier auf Details nicht eingehen können, so sind doch einige Anmerkungen angebracht, die die für den Wirtschaftssoziologen beachtenswerten Eigentümlichkeiten der *Simiand*schen Vorgehensweise herausheben. Wenn die wirtschaftlichen Tatbestände „phénomènes se produisants" darstellen, verlangt das eine kontinuierliche Beobachtung der Tatbestände in der Zeit („constatation en succession")[66]; eine Feststellung dessen, was zu einem bestimmten Zeitpunkt ist („constatation en coëxistence"), reicht nicht aus. *Simiand* macht in diesem Zusammenhang ausdrücklich darauf aufmerksam, daß der „Vergleich", die bevorzugte Methode der zeitgenössischen Wirtschaftssoziologie, nicht ausreichend ist: Er meint damit das Verfahren der komparativen Statik, die Prozeßanalyse als Strukturvergleich zu verschiedenen Zeitpunkten, wie wir sie aus der Nationalökonomie und aus dem *Parsons*schen Strukturfunktionalismus kennen. Dieses Verfahren sei für die Theoriebildung nur dann geeignet, wenn man es mit direkt beobachtbaren Tatbeständen zu tun habe. Das seien aber, worauf noch einzugehen sein wird, nicht die Tatbestände, mit denen sich Wirtschaftswissenschaftler üblicherweise befassen. Die „phénomènes se produisants" sind vielmehr als Totalphänomene zu behandeln: Der Forscher hat also aus den in der Wirklichkeit vorfindlichen „ensembles" wirtschaftlicher Tatsachen[67] auszuwählen und deren wesentliche abhängige und unabhängige Variablen zu isolieren. Die Beobachtung muß der „intégralité" des Phänomens in der Zeit Rechnung tragen und sich auf seine ganze Entwicklung erstrecken. Während sich nun die Naturwissenschaften mit materiellen, invariant aufeinanderfolgenden Phänomenen befassen, kommen die wirtschaftlichen Tatsachen nur durch Intervention des Menschen zustande, der Ergebnisse antizipieren und durch seine Aktionen herbeiführen, sich aber über die Auswirkungen seines Handelns auch täuschen kann. Letzteres eröffnet dem Forscher die Chance von „contre-expériences": die unbeabsichtigten Folgen des Handelns lassen erkennen, wie sich Tatsachen abweichend von bekannten Regelmäßigkeiten als Auswirkung eines bestimmten Handelns ergeben[68]. Aus dem Vorhergehenden wird klar, daß die kontrollierte Konfrontation verschiedener Kombinationen von Beobachtungsdaten über raumzeitliche Totalphänomene die den Sozialwissenschaften angemessene Form des Experiments ist: Die Manipulation von Sachen im Laborexperiment des Naturwissenschaftlers wird ersetzt durch die intellektuelle Manipulation von Daten. Zwischen beiden Formen des Experiments gibt es nach *Simiand* nur Gradunterschiede hinsichtlich der Gültigkeit der Ergebnisse. In der Diskussion weist *Damalas*[69] ohne nähere Begründung darauf hin, daß diese Auffassung wohl zu optimistisch sein dürfte. Das gilt sicher, solange man die Methodologie der Naturwissenschaften zum Maßstab nimmt und mit der Reflexivität des Handelns als Besonderheit der Sozialwissenschaften nicht Ernst macht. Tut man das aber, dann können gerade die Überlegungen *Simiands* zum Totalphänomen als Gegenstand kontrollierter Beobachtung Anregung für handlungstheoretisch orientierte wirtschaftssoziologische Forschung geben.

In unmittelbarem Zusammenhang mit den intervenierenden Aktionen und Reaktionen der Menschen dürfte der „*rationale*" Charakter stehen, den nach *Simiand* die *Theorie* zur Erklärung wirtschaftlicher Tatbestände haben soll. Wie *Damalas*[70] interpretiert, meint das eine gesetzmäßige Beziehung zwischen den Tatbeständen, die korrelativ festgestellt und theoretisch begründet ist. Auch wenn man diese Beziehung nicht als eine deterministische verstehe, dürften sich kaum alle wirtschaftlichen Beziehungen als in diesem Sinne rationale bezeichnen lassen. Nun gebe es aber Rationalität noch in einem eingeschränkten Sinn, nämlich als Beziehungen zwischen Tatbeständen, die einsehbar strukturiert sind. In diesem Sinn nur könne von rationalen Beziehungen und rationaler Theorie die Rede sein. Eine ähnliche Position nimmt auch *Dorothea Knoblauch*[71] ein. An dieser Interpretation kritisiert *Halbwachs*[72], daß *Simiand* keine gesetzmäßigen Beziehungen gemeint habe: Wenn er nach den Ursachen für Tatbestände frage, dann würden entsprechende Beziehungen vom Forscher nicht erfunden; die Beziehungen erwiesen sich als notwendige, nicht zufällige, auch wenn jeder einzelne Tatbestand ein raumzeitlich gegebener historischer sei, da hinter den „besonderen" Tatbeständen ein „allgemeines Schema" stehe. Das Argument von *Halbwachs* bringt nun die Beantwortung der Frage nach dem rationalen Charakter der Theorie nicht weiter: Im Anschluß an seine Ausführung stellt sich genau die gleiche Frage, die *Damalas* zu beantworten versucht, in welchem Sinn nämlich die festgestellte Beziehung zwischen den Tatbeständen „rational" ist. Wenn man seinen Gedankengang in engem Anschluß an Überlegungen von *Simiand*[72a] weiter verfolgt, dann könnte man vielleicht sagen, daß die Beziehungen zwischen Tatbeständen, wie etwa Löhnen und Preisen, über die statistische Korrelation hinaus theoretisch als einsehbar strukturierte interpretiert werden, wenn wir das Verhalten der Wirtschaftssubjekte als „letzte Ursache" annehmen. Denn diese werden als empirische homines oeconomici eingeführt, deren Verhalten gegenüber dem Geldausdruck von Gütern und Löhnen *berechenbar* ist. In diesem Sinn hat *Simiand* schon früh davon gesprochen, daß die Theorie des Geldes, der Banken und des Kredits (als rationale) am besten ausgearbeitet ist[73]. Eine „rationale" Theorie wirtschaftlichen Handelns würde danach von der wenigstens plausiblen Annahme ausgehen, daß *das Verhalten der Wirtschaftspersonen sich regelmäßig an der Erhaltung resp. Verbesserung des erreichten sozialen Status orientiert.* Auf die institutionellen Bedingungen für ein solches Verhalten, nämlich auf die Organisationsprinzipien einer kapitalistischen Wirtschaft und die sich daraus ergebenden Regeln, an denen sich das Verhalten der Wirtschaftspersonen bei Strafe des Entzugs der Reproduktionsmöglichkeiten orientiert, geht *Simiand* allerdings systematisch nicht ein. Die Geldmengenänderung, bedingt durch außerwirtschaftliche Ereignisse und wirtschaftliche Makrotendenzen, ist der institutionelle Aspekt, auf den hin die Wirtschaftspersonen auf der Basis der erwähnten „Tendenzen" agieren. Ob diese „Tendenzen" die Organisationsprinzipien der Wirtschaft indizieren, die Wirtschaftspersonen also nach Art der *Marx*schen Charaktermaske handeln, wird nicht zum Thema; man wird das aber annehmen dürfen. Die Vermittlung der Organisationsprinzipien mit den grundlegenden Orientierungen der Wirtschaftspersonen wird nirgendwo angedeutet; im Einklang mit *Durkheim* wird lediglich auf den sozialen Charakter der „Tendenzen" verwiesen. Auf Überlegungen in der angedeuteten Richtung wird man aber nicht verzichten dürfen, wenn man einen allgemeinen wirtschaftssoziologischen Bezugsrahmen entwickeln will, in welchem sich vorliegende (quantitative) Daten über wirtschaftliche Tatbestände interpretieren und neue Daten generieren lassen.

Simiands Ansatz wird schließlich durch die *Art der verwendeten Daten* charakterisiert. Er analysiert Dokumente, die quantifizierte Angaben über wirtschaftliche Tatbestände vorzugsweise, aber nicht ausschließlich, in Geldausdrücken enthalten, und zwar bezogen auf einen bestimmten Zeitraum. Wirtschaftliche Tatsachen werden also als abgeschlossene soziale Vorgänge im historischen Kontext resp. in ihrer historischen Verkettung behandelt. Das bedeutet, daß im Hinblick auf Einkommen, Preise oder abweichendes Verhalten *Ergebnisse des Handelns* von Kategorien von Individuen als Zeitreihen konstatiert und zueinander in Beziehung gesetzt werden. Handlungsergebnisse werden als (emergente) Kollektivphänomene aufgefaßt, die in ihren funktionalen Zusammenhängen zu beschreiben und aus ihren Bedingungen zu erklären sind. Die individuellen und kollektiven Aktivitäten und Interaktionen der Wirtschaftspersonen sind als Daten nicht gegeben, weder für den Bereich der Produktion noch für den der Distribution. Es sind dies die gleiche Vorgehensweise und die gleiche Art von Daten, die aus der funktionalistisch angeleiteten strukturellen Analyse gut bekannt sind: So versucht *Robert K. Merton,* Raten von Handlungsergebnissen in ihren Auswirkungen auf Institutionen zu analysieren, wobei die Handelnden nur über Personmerkmale, wie Entscheidungen und Motive, einbezogen sind; auch *Parsons'* Programm, Handlungsergebnisse zu verschiedenen Zeitpunkten zu vergleichen und die Prozesse, die sich in dem dadurch abgegrenzten Zeitraum abgespielt haben, in der „black box" zu belassen, illustriert den Punkt[74]. In diesem Zusammenhang wird nun die Unterscheidung von „institutional analysis" und „analysis of strategic conduct" bei *Anthony Giddens*[75] wichtig; als Beispiel für die erstere erwähnt er *Durkheims* Arbeit über den Selbstmord und für die letztere *Erving Goffmans* Interaktionsanalysen. Sie repräsentieren die beiden wesentlichen Ansätze zur Analyse sozialen Handelns: Der eine „klammert" die Interaktion der Individuen und Gruppen „aus", die die Institution reproduzieren, der andere den institutionellen Rahmen, in welchem das Handeln abläuft. Institution und Handeln sind aber dialektisch aufeinander bezogen, wie *Giddens* zu Recht betont. Auf seine Unterscheidung bezogen, wird man sagen können, daß *Simiands* Handlungsergebnisse Institution repräsentieren, insofern sie im Rahmen von Institution entstanden sind und dabei diese Institution mehr oder weniger reproduzieren. In der Interpretation von statistischen Beziehungen zwischen Handlungsergebnissen verschiedener Art weicht *Simiand* nun zum anderen Mal von *Durkheim* ab: Er wird, wie schon oben erwähnt, sozusagen zum vorsichtigen Paradigma-Überbrücker, indem er das Handeln selbst in den Aktionen und Reaktionen der Wirtschaftspersonen indiziert und zum Angelpunkt der Interpretation macht. Diesen Ansatz *Simiands* aufnehmend, *müßte es nun also zunächst einmal um eine systematische Verbindung von Struktur- und Handlungsanalyse gehen und zum anderen um eine Erweiterung der noch stark „verhaltenstheoretischen" Auffassung der Aktionen und Reaktionen der Menschen.* In einem wirtschaftssoziologischen Bezugsrahmen, der nicht nur Daten über Handlungsergebnisse, sondern auch über das individuelle und kollektive Handeln selbst erfassen soll, wäre also auch der Ansatz der „analysis of strategic conduct" auszuarbeiten. Die entsprechenden Ausführungen bei *Giddens* werden dazu weiter unten angesprochen.

IV

Was den Inhalt von *Simiands* Theorie betrifft, so untersucht er einen wichtigen Aspekt der wirtschaftlich-sozialen Entwicklung in einem bestimmten Zeitraum empirisch, und zwar als Totalphänomen im Zusammenspiel von objektiven und subjektiven Momenten. Er beschreibt den Zusammenhang von Lohnentwicklung und Preisen usw. als sozialen Tatbeständen und interpretiert ihn als wirtschaftliches Verhalten. Beginnen wir mit den subjektiven Momenten, dem Sich-Verhalten der Wirtschaftssubjekte, und nehmen wir dann sukzessive objektive Momente auf, wie Geld, wirtschaftliche Strukturen und staatliche Intervention.

Den Ausgangstatbestand hat *Simiand* so beschrieben: Die Wirtschaftspersonen agieren und reagieren als Angehörige einer Marktpartei oder Klasse auf der Grundlage soziopsychischer Tendenzen phasenspezifisch auf Geldmengenänderungen. Dieses Verhalten ist die „letzte Ursache" der festgestellten Beziehungen zwischen Strukturvariablen wie Löhnen und Preisen. Wie *Durkheim*[76] das Studium psychischer Tatbestände für unumgänglich hielt, befaßt sich *Simiand* ausführlich mit den soziopsychischen *„Tendenzen" der Wirtschaftspersonen* als grundlegender empirischer Motivationsannahme. Generell richten sich diese darauf, Chancen der Behauptung oder Verbesserung des erreichten Status wahrzunehmen. Mit ihnen hat *Simiand* den psychischen Faktor identifiziert, der zwischen den sozialen Prozessen vermittelt. *Lazards* Überlegungen[77] aufnehmend, wird man sagen können, daß sich die Tendenz der Statusbewahrung in einem „rationalen" Sich-Verhalten der Wirtschaftspersonen ausdrückt, das materielle Tatbestände zum Ergebnis hat, die für den Beobachter objektiv faßbar sind. Inhaltlich gibt es dafür bei *Simiand* mehrere Formulierungen: die früheste spricht von „Interessen", die sich als (psychologische) Hypothese in der empirischen Wirtschaftswissenschaft aus der Erforschung des Wirtschaftslebens, nicht aus „Introspektion" ergeben und die auf soziale Milieus, Gruppen und Klassen in bestimmten Epochen bezogen sind[78]. Die spätere Formulierung enthält die oben bereits referierten vier „Tendenzen" der Wirtschaftspersonen: das erreichte Einkommen zu halten; die eigenen Anstrengungen nicht zu steigern; die Einkommensrate zu steigern; und die eigenen Anstrengungen zu vermindern[79]. Diese Tendenzen sind klassenspezifisch ausgeprägt, wobei bezeichnenderweise Lohnabhängige und Unternehmer als Kategorien genannt werden; und sie sind stets auf den sich an das Einkommen heftenden sozialen Status bezogen[80]. Die Wirtschaftspersonen sind also immer Marktparteien oder sozialen Klassen zugehörig. *Soziale Klassen* sind primär Phänomene der Verteilung[81]; die Gleichsetzung mit den Marktparteien zeigt das an. *Simiand* verweist auf die Zerschlagung der Geburtsklassifizierungen und unterscheidet die Bourgeoisie, die Bauern, die kleinen Händler und Handwerker sowie die Lohnabhängigen. Dabei bleiben die Zuordnung der Angestellten unklar und die außerhalb des kapitalistischen Sektors Arbeitenden offensichtlich außer Betracht. In einer anderen (funktionalen) Einteilung, die auf die Bedeutung der Klassen für die wirtschaftlich-soziale Entwicklung abstellt, unterscheidet *Simiand* nach Besitzenden und Nichtbesitzenden sowie unter den Besitzenden nach Aktiven und Passiven. Für diese Gruppierungen oder Kategorien hat eine Geldmengenänderung eine unterschiedliche Bedeutung: In Phase A ist die Vermehrung für die „aktiven Besitzenden" (*Schumpeters* „Unternehmer")[82] Anlaß, Arbeitskräfte einzustellen, in Phase B ist die Verminderung der Geldmenge für die Nichtbesitzenden und die „passiven Besitzenden" Anlaß, Statusverluste zu antizipieren[83]. Vor allem in Phase B wird sichtbar, daß Statusinteressen den Inhalt des ökonomischen Interesses ausmachen und in Einkommens- bzw. Gewinninteressen manifest werden. Zu dieser sozialpsychologischen Grundlage des Agierens und Reagierens wäre zu bemerken, daß man *Simiands* „niveau social"[84] vielleicht doch nicht, wie es *Damalas* und *Lazard* tun, einfach als Sozialprestige interpretieren darf[85], daß vielmehr ein Begriff zu wählen wäre, der die Prestigeaspekte und die materiellen Aspekte der sozialen Lage angemessen ausdrückt. Warum sollten wohl Lohnabhängige versuchen, in den Abschwungphasen der Lohnentwicklung an den erreichten Einkommen festzuhalten, wenn nicht zunächst deswegen, weil sie um ihren materiellen Status fürchten, der aber nicht nur Indikator für den Prestigestatus sein kann? Das dürfte auch dann gelten, wenn man dem Monetarismus *Simiands* zuzugestehen bereit ist, daß sich etwa seit dem 16. Jahrhundert im westlichen Europa so etwas wie eine „Geldmentalität"[86] entwickelt hat und Geld in der modernen Gesellschaft Indikator für die soziale Lage ist, wie es der Landbesitz in der agrarisch geprägten Gesellschaft war.

In *Simiands* Bezugsrahmen bleibt nun offen, unter welchen Umständen das *Agieren und Reagieren* der Wirtschaftspersonen *individuelles bzw. kollektives Verhalten* darstellt. In der „Institutionenanalyse" ist von Gewerkschaften und Koalitionen der Lohnabhängigen wie auch von Arbeitervertretungen in den Betrieben die Rede[87], doch werden diese lediglich auf ihren direkten Einfluß auf die Bewegung der Löhne hin untersucht, nicht aber hinsichtlich des Zusammenhangs des Verhaltens der Wirtschaftspersonen. Bei dieser Betrachtungsweise konnte natürlich der Interaktionsprozeß zwischen den Marktparteien nicht zum Thema werden: An keiner Stelle beschreibt *Simiand* Aktivitäten und Interaktionen, stets ist nur von den (materiellen) Handlungsergebnissen die Rede, deren Abhängigkeitsbeziehungen festgestellt und interpretiert werden[87a]. Will man von *Simiands* Ansatz zu einem generellen Bezugsrahmen für sozioökonomisches Handeln kommen, wird man nicht umhin können, eine Erweiterung in eine Richtung vorzunehmen, die *Marcel Mauss* bereits angedeutet[88] und die neuerdings *Giddens* skizziert hat[89]: Die Konstitution von Interaktion als sinnhafter, moralischer und machtmäßiger Ordnung, als strukturbezogenes soziales Handeln. Dieses geht aus von den einem bestimmten „Milieu" gemeinsamen interpretativen Schemata, die den Handelnden in die Lage versetzen, die Situation zu definieren. Dazu kommen die Regeln, die ihm gleichzeitig die Bewältigung der Situation überhaupt erst erlauben, wie sie ihn aber auch auf bestimmte Problemlösungen festlegen. Schließlich gehört dazu die Macht als Verfügung über Ressourcen, die die Durchsetzung der eigenen Intentionen in der Interaktion mit anderen ermöglichen. Was ein bestimmtes Handeln im Kontext der Situation bedeutet, wird von den Beteiligten ausgehandelt: Regeln werden interpretiert und die Durchsetzung der Interpretation ist machtgebunden.

Aktionen und Reaktionen der Wirtschaftspersonen erfolgen des weiteren *nicht in Kenntnis auch nur der wesentlichen Bedingungen und Auswirkungen des Handelns:* Dies ist *Simiands* Version der Analyse nichtintendierter Handlungsfolgen. Die Einzelnen sehen die Bedingungsketten für die Auswirkungen nicht, weil sie nur eigene Erfahrungen als Grundlage für ihr Handeln haben: In der Aufschwungphase sind sie geneigt, gute Ergebnisse ihren eigenen wirtschaftlichen Leistungen zuzurechnen; in der Abschwungphase halten sie die Ergebnisse des Handelns für „pathologisch"[90]. Das macht deutlich, daß die Wirtschaftspersonen die Regeln, nach denen sie handeln, nicht reflektieren und den wesentlich kollektiven Charakter dessen, worauf sie reagieren, übersehen. Anders: Im Verfolg der Statusinteressen sind die Aktionen und Reaktionen der Wirtschaftspersonen zielorientiert und wegen der Einbindung in Kollektivitäten nur auf der sozialen Ebene „sinnvoll" zu begreifen (Emergenz). Aber davon nimmt der einzelne im Alltagshandeln keine Kenntnis, er handelt „unconscious of conditions and consequences"[91], wenn er auf der Grundlage seiner Wahrnehmung und Interpretation der Situation von den ihm vorgegebenen Handlungsmöglichkeiten (Regeln und Ressourcen) Gebrauch macht und in seinem individuellen und sozialen Handeln die vorgegebene Struktur reproduziert bzw. modifiziert. Das ist *Giddens'* Konzept der „duality of structure"[92] – ein anderer Ausdruck für die Dialektik von Institution und Handeln, wobei darauf hinzuweisen ist, daß *Giddens'* Strukturbegriff analytisch ist: Institutionen sind nicht, sondern haben Struktur. Auf konkrete Strukturen bezogen, findet sich die erwähnte Vorstellung auch bei *Simiand* in der Geldtheorie: Geld hat einen sozialen Charakter, verweist auf die Schätzung und das Vertrauen einer Gruppe, die sich aber nur in den Aktionen und Reaktionen der Menschen verwirklichen[93]. In unserem Zusammenhang kommt den Aspekten des Handelns in *Giddens'* Konzept zentrale Bedeutung zu, die zwischen den nichterkannten Bedingungen und den nichtintendierten Auswirkungen des Handelns vermitteln: dem „reflexive monitoring", auf das „rationalization" und „motivation of action" einwirken[94]. Damit ist gemeint, daß die kontinuierliche Überwachung des eigenen Handelns im Hinblick auf die situativen Intentionen (die nicht notwendige Handlungsziele sein müssen) davon ausgeht, daß der Handelnde, falls verlangt, Begründungen für sein Tun geben kann, und daß er zu

Handeln motiviert ist. Motiviertes Tun wird begründet und liefert damit die Kriterien für die Evaluierung des Handlungsergebnisses im Verhältnis zu den Praktiken. Alles das läuft im Alltagshandeln unbewußt ab. Wir haben hier, wie auch schon weiter oben, Elemente eines analytischen Bezugsrahmens vor uns, der soziales Handeln und Sozialstruktur verbindet. Zu prüfen wäre, wieweit er mit einer Forschungsstrategie vereinbar ist, die *Reinhard Wippler*[95] für die Analyse emergenter Phänomene vorschlägt. Es handelt sich um die Verbindung von unbeabsichtigten Effekten individuellen Handelns mit Makrophänomenen in einer Art Mehrebenenanalyse: Auf der ersten Stufe werden die individuellen Handlungseffekte aus darauf bezogenen „Gesetzen" und Randbedingungen erklärt, auf der zweiten Stufe wird die Konstellation struktureller Bedingungen spezifiziert, die bei gegebenen individuellen Effekten das Makrophänomen erklären; womit gleichzeitig der Forderung nach Berücksichtigung historischer Umstände Genüge getan wäre.

Die Wirtschaftspersonen agieren und reagieren auf Chancen der Statusverbesserung, die sich aus den Geldmengenänderungen in den verschiedenen sozialen Milieus ergeben[96]. *Simiand* kritisiert die Geldschleier-Vorstellung bei *J. B. Say* und besteht auf einer aktiven Rolle des Geldes als einem „objektiven" Faktor im Wirtschaftsleben[97]. Ganz auf der Linie von *Durkheims* Konzeptualisierung von Religion betrachtet *Simiand* Geld als eine soziale Realität, die rationale und emotionale Grundlagen hat und auf den Staat bezogen ist: Verstand und Gefühl bilden einen sozialen „Glauben" mit religiösem Charakter, der zusammen mit den außerwirtschaftlichen Eigenschaften der Edelmetalle Geld zum *„primum movens" des Wirtschaftslebens* macht. Der soziale Glaube verwirklicht sich in den verschiedenen sozialen Milieus, besonders der Unternehmer und der Lohnabhängigen[98]. In einer dynamischen Wirtschaft wie der unsrigen indizieren Geldmengenänderungen Wandel der wirtschaftlichen Verhältnisse. Indem die Wirtschaftspersonen milieu- oder klassenspezifisch auf diese Zeichen reagieren, wird der Geldausdruck von Gütern und Einkommen zur unmittelbaren Bedingung für wirtschaftliches Verhalten: z. B. Beschäftigung von zusätzlichen Arbeitskräften durch die Unternehmer oder Lohnforderungen der Lohnabhängigen. Er nennt seinen Ansatz daher auch „monétarisme social"[99]. Geld, paraphrasiert *Damalas,* ermöglicht komplexen indirekten Austausch, indem es bei den Wirtschaftspersonen Vertrauen in die Verwirklichungschancen ihrer Statusaspirationen weckt und indem es die Bildung „intermediärer Einkommen" fördert: Die Güterproduktion erfolgt in verschiedenen Phasen bzw. Sektoren der Wirtschaft; der Anstoß durch Geldmengenänderungen in einem Bereich löst Anpassungsprozesse in anderen Sektoren aus[100]. Man könnte hinzufügen, daß Geld damit die vielfältigen *Prozesse der Distribution und der Produktion vermittelt.* Die Produktion ist aber nur insoweit angesprochen, als es sich um Austauschverhältnisse handelt: Geld kauft Arbeitskraft. Geld als Kapital sowie industrielle Herrschaft im Arbeitsprozeß treten nicht ins Blickfeld. Geldmengenvermehrungen ergeben sich nun nach *Simiand* nicht nur, aber doch wesentlich außerwirtschaftlich, und zwar in Schüben gemäß der Entdeckung und Ausbeutung der Goldfelder in Kalifornien, Südafrika und Alaska[101], wie die Aufeinanderfolge der Phasen A und B der Lohnentwicklung im 19. Jahrhundert zeigt. Dagegen wendet sich *Damalas* mit einem Argument, das (*Simiand* aufnehmend und kritisierend)[102] die wirtschaftliche Relevanz von Kriegen betont; damit kommt er zu einem weiteren extra-ökonomischen Anstoß der Geldmengenvermehrung: staatlichen Ausgaben[103], wovon gleich die Rede sein wird.

Damalas macht darüber hinaus in einer Kritik an *Simiands* Beschreibung der B-Phase wirtschaftsimmanente Faktoren der Geldmengenvermehrung als Vorbedingung für den Aufschwung deutlich: Bei rückläufigen Preisen und Gewinnen hilft keine Produktionseinschränkung, wenn die Stückkosten nicht gesenkt werden können. Da sich die Lohnabhängigen gegen die Senkung der Lohnkosten wenden, muß (unter Konkurrenzbedingungen) technisch-organisatorisch rationalisiert werden[104]. Das setzt aber den Zugang zu den Geldmitteln voraus; diese werden besonders aus Konkursen mit „Schuldenerledigung" verfügbar[105]. *Simiands* Analyse des Geldes scheint eine Goldkernwährung vorauszusetzen; ungedecktes Papiergeld ist als Ausnahme auf (außerwirtschaftliche) Krisen wie die französische Revolution und den ersten Weltkrieg beschränkt. Er kann daher der Rolle des Geldes im Zusammenhang von Staatsausgaben, Zentralbankpolitik und Kreditschöpfung der Privatbanken kaum gerecht werden. Dazu kommen die Probleme, die auch bei *Damalas* nicht zum Thema werden: Wie kommt es eigentlich zu Konkursen? Hier führt nur eine Analyse weiter, die die Organisationsprinzipien der Wirtschaft unserer Gesellschaft einbezieht.

Was nun diese *Gesellschaftsanalyse* betrifft, so erscheint es sinnvoll, eingangs auf gewisse Konvergenzen bei *Adolph Löwe* und bei *Simiand* aufmerksam zu machen, wobei wir von der konzisen Formulierung des ersteren ausgehen. *Löwe* führt in die abstrakten Austauschmodelle drei „principia media" ein, um die Analyse realistischer und empirisch zu machen. Die Prinzipien sind natürlich nichts anderes als die zentralen *Organisationsprinzipien der entwickelten kapitalistischen Wirtschaft:* Das politische Prinzip der freien Vereinigung und der ungleichen Verteilung des Privateigentums, das wirtschaftliche Prinzip des Gewinnanreizes und schließlich das technisch-organisatorische Prinzip der großbetrieblichen Organisation und der komplexen Technologie[106]. Das, und zusätzliche Aspekte wie z. B. die demographischen, findet sich in dem einen oder anderen Zusammenhang auch bei *Simiand,* der darüber hinaus die Rolle des Staates realistischer auffaßt als *Löwe:* Für diesen wird der Staat erst in der (letzten) Entwicklungsphase des Staatskapitalismus wichtig, wenn die Politik Vorrang erhält[107], während *Simiand* die bedeutsame Rolle des Staates als Interventionsstaat unabhängig von Entwicklungsstufen des Kapitalismus behandelt. Das in unserem Zusammenhang Problematische in den Darlegungen *Simiands* ist, daß er die Institutionen in der Wirtschaftsgesellschaft in seinem Hauptwerk nach der Gliederung der unabhängigen Variablen zur Erklärung der Lohnentwicklung darstellt und auf ihren erklärenden Gehalt hin prüft, womit ihr interner Zusammenhang nicht mehr zur Diskussion steht. Er beschreibt hier die Konstitution und das Funktionieren einzelner Elemente, doch ist der Bezug für diese Struktur- und Funktionsanalyse nicht die Gesellschaft, sondern die Lohnentwicklung[108]. Damit fehlt in der Analyse der Lohnentwicklung aber auch ein Teil der Theorie, die zur Interpretation der Daten erforderlich ist: *Simiand* hat seine theoretischen Bemühungen vor allem auf die sozialpsychologische Seite, auf den homo socio-oeconomicus, gerichtet, zu wenig dagegen auf den sozialstrukturellen Kontext, in dem sich seine „Tendenzen" auswirken: Die wesentlichen Organisationsprinzipien bleiben implizit.

Simiand setzt mit strukturellen Überlegungen an der modernen *Wirtschaft* an, die er als *System indirekter und geschichteter Austauschbeziehungen* faßt, deren Evolutionsprinzip das der zunehmenden Komplexität ist[109]. Dieses Austauschsystem wächst ebenfalls in Phasen, die aber mit den Phasenbewegungen des Lohns nicht zusammenfallen. So kommt es vor allem in den Lohnentwicklungsphasen B 2 und auch B 1 zu merklichen Nettozuwächsen im Austauschsystem, gemessen am Ausmaß des Konsums bestimmter Güter und von bestimmten Transportleistungen[110]. Die drei Hauptelemente oder Teilsysteme sind Geld, Produktion und Verteilung.

Im Bereich der *Produktion* können die Betriebsformen (in Verbindung mit den Betriebsgrößen nach Beschäftigten) als Indikatoren für das Gewinnprinzip aufgefaßt werden. Betriebsformen werden nach der Differenzierung von leitender und ausführender Arbeit unterschieden: In Handwerk und Kleinhandel fehlt sie, in größeren Unternehmen unterschiedlicher Organisationsformen ist sie vorhanden; ähnlich auch in der Landwirtschaft[111]. Das Evolutionsprinzip wirkt sich in der Ausdehnung der Unternehmen auf Kosten der anderen Betriebsformen sowie in der Unternehmenskonzentration aus[112]. Produziert wird wegen des Gewinns unter Einsatz mehr oder weniger komplexer Technologie und unter Ungewißheitsbedingungen, was *Löwes* „wirtschaftliches" und „technisch-organisatorisches Prinzip" konkretisiert. Gewinn meint dabei in der statistischen Analyse die Differenz zwischen Preisen verschiedener Art, in der theoretischen Analyse die Einkommenserwartungen der Unternehmer. Gewinnerwartungen werden durch eine Steigerung der zur Verfügung stehenden Geldmengen und der Warenpreise geweckt und führen in den A-Phasen der Lohnentwicklung zur Einstellung von Arbeitskräften. In den B-Phasen führen die Gewinnerwartungen als Ausdruck der erwähnten Tendenzen, Einkommenseinbußen zu vermeiden, einerseits zur Ausbeutung der Arbeitskraft i. S. der Verlängerung des Arbeitstages, andererseits wegen der gleichen Tendenzen bei den Lohnabhängigen zu Verteilungskämpfen.

Das betrifft nun bereits den Bereich der *Verteilung*. Hier werden Koalitionen und Gewerkschaften, Arbeiterschutz durch Staat und Unternehmer sowie industrielle Beziehungen und Schlichtung als „Institutionen" nach Konstitution und Funktion beschrieben[113]. Im Sinne *Löwes* handelt es sich um die Konkretisierung des „politischen Prinzips", wobei die Staatsintervention deutlich wird. *Simiand* befragt das Funktionieren dieser Institutionen wieder nur auf eine Korrelation mit der Lohnentwicklung, macht aber gleichzeitig eine Fülle wichtiger Angaben zur Gewerkschafts- und Streikgeschichte sowie zur Arbeiterschutzgesetzgebung und zu betrieblichen Arbeitnehmervertretungen in Frankreich[114]. Es fehlt natürlich eine systematische Analyse des Zusammenhangs von Wirtschaft und Staat. Für die Entwicklung einer solchen Analyse gibt es jedoch bei *Simiand* einen interessanten Ansatz: Er meint nämlich, daß Arbeiterschutz- und Sozialversicherungsgesetze notwendig geworden seien, weil die Annahmen, auf denen die moderne rechtliche Ordnung des Wirtschaftslebens beruht, sich als nicht zutreffend erwiesen hätten[115]. Diese Annahmen sind: daß die Individuen ihre Interessen immer und ausreichend abschätzen können, so daß der Staat nur die Chance der Interessenwahrung sichern muß; daß die Vertragsparteien gleich sind hinsichtlich ihrer Kenntnis der Vertragsmaterie und der Freiheit zu kontrahieren; daß die besonderen Interessen untereinander und mit dem Gemeinwohl vereinbar sind[116]. Das sind praktisch die aus der Diskussion der „sozialen Frage" des 19. und frühen 20. Jahrhunderts bekannten Argumente für die staatliche Intervention zum Schutz der Arbeitskraft; darüber hinaus ist aber die Problematik widerstreitender Partikularinteressen angesprochen, die *Simiand* wohl nur auf das Verhältnis von Lohnarbeit und Kapital bezieht. Dieser Ansatz, den wir weiter unten aufnehmen werden, bleibt der „Oberfläche der bürgerlichen Gesellschaft" verhaftet: Es werden vor allem die Grundlagen des asymmetrischen Verhältnisses zwischen Lohnarbeit und Kapital, das von *Marx* so genannte Ausbeutungsverhältnis, nicht zum Thema. *Simiand* ist sich aber bewußt, daß die staatliche Intervention die grundlegende Rechtsordnung des Wirtschaftslebens nur modifiziert, nicht jedoch entscheidend verändert.

Will man *Simiands* Beiträge in einen *allgemeineren Rahmen wirtschaftssoziologischer Analyse* einordnen, so ist an erster Stelle darauf hinzuweisen, daß auch der Versuch der Erklärung von Handlungseffekten auf eine Analyse der „Logik" der gesellschaftlichen Organisationsprinzipien nicht verzichten kann, die den Rahmen definieren, in dem sich Handlungsorientierungen (wie der homo socio-oeconomicus) entwickeln und über die Handlungseffekte die Prinzipien „reproduzieren". Diese Organisationsprinzipien sind natürlich nichts anderes als *Giddens'* „Strukturprinzipien": Regeln für die Interaktion (der Wirtschaftspersonen), für die Verteilung der relevanten Ressourcen und Interpretationsschemata für die einschlägigen Handlungssituationen. Es gibt nun noch keine wirtschaftssoziologische Strukturanalyse, die versucht hätte, *Giddens'* Ansatz auf wirtschaftliches Handeln und seine Effekte anzuwenden, wozu er noch auf interne Stimmigkeit der Kategorien und ihrer Verknüpfungen zu überprüfen wäre. Hier kann also nur die *Richtung der Analyse und einige ihrer Grundkategorien,* ausgehend von *Simiand,* angegeben werden.

Simiands Überlegungen zu den Betriebsformen machen nicht nur die Gleichzeitigkeit des Ungleichzeitigen sowie die Tendenz zu zunehmender Komplexität von Organisation und Technologie deutlich, sondern weisen zugleich darauf hin, daß die Gewinnorientierung unterschiedlich ausgeprägt ist und die Chancen ihrer Verwirklichung unterschiedlich sind, je nachdem, ob es sich um ein kapitalistisches Großunternehmen oder den bäuerlichen, gewerblichen oder händlerischen Kleinbetrieb oder um die freiberufliche Praxis handelt[117]. Zu fragen wäre, was die Dynamik dieses gewinnorientierten Sektors in den modernen kapitalistischen Gesellschaften bestimmt. Dabei wird man sich nicht mit der Benennung eines Evolutionsprinzips zunehmender Komplexität begnügen können, sondern muß die *Organisations- und Funktionsprinzipien kapitalistischer Warenproduktion* angeben. Es muß also angegeben werden, was die Unterordnung des Arbeits- unter den Kapitalverwertungsprozeß bedeutet: Kapital ist der aktive Teil der Produktionsfaktoren; der Kapitalbesitzer organisiert die Produktion und nutzt dabei Arbeitskraft und Boden. Kapitalbesitzer stehen auf den verschiedenen Märkten in lokaler, nationaler und oft auch übernationaler Konkurrenz und sind daher gezwungen, Arbeitskraft (wie auch den Boden) ohne Rücksicht auf die Interessen ihrer Besitzer, die Lohnabhängigen, zu nutzen, um den eigenen Anteil am Produktionsergebnis auf der Höhe zu halten, die die Behauptung auf den Märkten ermöglicht. Organisatorisch-technischer Wandel des Arbeitsprozesses ist das Mittel dazu, das gleichzeitig der Sicherung des „Vorrangs" der Kapitalbesitzer vor den Besitzern der anderen Produktionsfaktoren dient[118].

Die gewinnorientierte Warenproduktion hat gewisse Funktionsmängel, die durch Produktion nach dem Kostendeckungsprinzip *in einem staatlichen resp. gemeinwirtschaftlichen Sektor* sowie durch *hoheitliches Handeln des Staates* ausgeglichen werden. Die auffallendsten Mängel sind die unzureichende Sicherung der Arbeitskraft und des Bodens gegen ruinöse Vernutzung im Arbeitsprozeß wie auch die Tatsache, daß lebensnotwendige Güter und Leistungen nur dann angeboten werden, wenn sie gewinnträchtig produziert werden können. *Simiand* trägt dem in seiner Aufzählung „anderer" Betriebsformen Rechnung, läßt aber den Eindruck aufkommen, als ob er Organisationen des Verkehrs-, Gesundheits- und Bildungswesens nicht in Betracht gezogen hat. Gemeinwirtschaftliche und staatliche Produktion wie auch hoheitliches Handeln werden aus den im kapitalistischen Sektor erzielten Einkommen der Eigentümer von Arbeitskraft, Kapital und Boden über Steuern und Beiträge finanziert. Daher *setzt der gewinnorientierte Sektor die Parameter für gemeinwirtschaftliches wie staatliches Handeln:* in diesem Sinn ist er „dominant"[119].

Hoheitliches Handeln des Staates als Intervention im Produktions- wie Verteilungsprozeß bedeutet, *Rahmenbedingungen für den kapitalistischen Produktionsprozeß* zu schaffen, die die Reproduktion der verschiedenen Produktionsfaktoren gleichmäßig sichern. Dazu gehört zunächst eine Gesellschafts- und Rechtspolitik, die etwa im Wettbewerbs-, Stabilitäts-, aber auch im Tarif-, Arbeits- und Sozialversicherungsrecht der Kapitalverwertung günstige Rahmenbedingungen gibt und gleichzeitig Arbeitskraft wie Boden vor der Vernutzung in der Produktion schützt. Dazu treten weiter vielfältige Maßnahmen, die je nach Situation sich in Förderung etwa von Infrastruktur- und Arbeitsbeschaffungsmaßnahmen äußern. In diesen Gesetzen und Maßnahmen setzt der *Staat* das Gemeininteresse aller Besitzer von Produktionsfaktoren gegen Partikularinteressen durch. Er *gibt* damit *in seinen Aktivitäten den unaufhebbaren Interessengegensätzen einer Gesellschaft mit dominantem kapitalistischem Sektor Regelungsmechanismen,* in denen sie (i.S. *Dahrendorfs*) weder unterdrückt noch ein für allemal aufgehoben, sondern vielmehr sich im Handeln kontrolliert auswirken können und damit gleichzeitig die bestehende Sozialordnung flexibel halten[120].

Derartige Regelungsmechanismen finden sich in den entwickelten kapitalistischen Gesellschaften auf vielen Ebenen: *Simiand* spricht die Arbeiterausschüsse in den Betrieben und die Gewerkschaften an. Mit ersteren ist nichts anderes gemeint als staatlich konstituierte und sanktionierte Regelungen auf betrieblicher und überbetrieblicher Ebene für den Interessengegensatz zwischen Kapital- und Arbeitskraftbesitzern. Die Gewerkschaften sind zunächst natürlich freie Vereinigungen der Arbeitskraftbesitzer zum Ausgleich der strukturellen Unterlegenheit des einzelnen Arbeitskraftbesitzers gegenüber dem Kapitalbesitzer. *Simiands* Diskussion der Annahmen, auf denen die liberale Rechtsordnung des bürgerlichen Staates beruht, weist auf diesen Punkt hin. Nun werden die Gewerkschaften aber zunehmend über den Staat in die Funktionsweise der entwickelten kapitalistischen Gesellschaft einbezogen: über Gesetze, die ihren Handlungsspielraum bestimmen, aber auch über die Einbindung in die aktuelle staatliche Wirtschafts- und Gesellschaftspolitik. Die Gewerkschaften in der Bundesrepublik sind dafür vielleicht ein etwas extremes Beispiel[121].

Der Staat in der entwickelten kapitalistischen Gesellschaft ist also zunächst Rechtsstaat, der die Freiheit und Gleichheit der Besitzer von Produktionsfaktoren, die allgemeinen Produktionsbedingungen wie die Reproduktionsbedingungen per Produktionsfaktoren sichert. Sein Verhältnis zum kapitalistischen Bereich des gemischt-wirtschaftlichen Systems ist weder das einer Agentur der Besitzer großer Kapitalien noch das der Autonomie gegenüber den Besitzern der Produktionsfaktoren. Vermutlich ist die beste Beschreibung die der „kybernetischen Hierarchie": Der Staat gibt der kapitalistischen Wirtschaft Impulse, die sich aber nur in dem Rahmen auswirken können, den das Funktionieren des kapitalistischen Sektors setzt[122].

Die Skizze der Strukturanalyse, die die von *Simiand* referierten Elemente aufnimmt und die bei der Ausarbeitung um eine Reihe weiterer Elemente, vor allem auch demographischer Art, erweitert werden müßte, hat als Abstraktionsniveau die entwickelte kapitalistische Gesellschaft. In der Anwendung etwa auf die Bundesrepublik müßten historische Details der Konstitution und Funktion hinzugefügt werden, wie *Simiand* das für Frankreich zwischen 1789 und 1929 bei der Beschreibung der Einzelelemente getan hat. Wir meinen allerdings, daß *die Beziehung zwischen diesen Elementen zuerst auf der Ebene der entwickelten kapitalistischen Gesellschaft systematisch aufgezeigt werden muß, bevor man den Analyserahmen für eine bestimmte Gesellschaft formuliert,* in welchem dann überprüfbare Annahmen zur Erklärung konkreter Phänomene gemacht werden.

Anmerkungen

1 *René König,* Die Regeln der soziologischen Methode – Einleitung in: *ders.*, Emile Durkheim zur Diskussion, München 1978, S. 196 (zuerst 1961).
2 *Charles Morazé,* La leçon d'un échec – essai sur la méthode de François Simiand, in: Mélanges d'histoire social, Bd. II, 1942, S. 29/30.
3 *Lucien Febvre,* François Simiand (1873–1935), in: Annales d'histoire économique et sociale, Bd. 7, 1935, S. 391.
4 *Paul Harsin,* François Simiand, in: Annales de la Société scientifique de Bruxelles, Bd. 55, 1935, S. 44.
5 *Maurice Halbwachs,* Préface, in: *B. V. Damalas,* L'œuvre scientifique de François Simiand, Paris 1947, S. IX.
6 *René König,* Bilanz der französischen Soziologie um 1930, in: *ders.*, a.a.O., S. 61 (zuerst 1931/32).
7 *Claude Fohlen,* François Simiand, in: *D. V. Sills* (Hrsg.), International Encyclopedia of the Social Sciences, London 1968, Bd. 14, S. 250. *Fohlen* lehrte als Historiker 1960–67 wie *Simiand* 1932–35 ,,Geschichte der Arbeit" an der Sorbonne.
8 Vgl. dazu auch *Célestin Bouglé,* La sociologie économique en France, in: Zeitschrift für Sozialforschung, Bd. III, 1934, S. 383–408 (zuerst 1929).
9 Vgl. z. B. die unterschiedlichen Positionen von *Werner Sombart* (Nationalökonomie und Soziologie, Jena 1930, S. 10 ff.) und *Adolph Löwe* (Economics and Sociology – A Plea for Cooperation in the Social Sciences, London 1935, S. 10).
10 Vgl. *Löwe,* a.a.O., S. 99 f.
11 *Talcott Parsons,* Sociological Elements in Economic Thought, in: Quarterly Journal of Economics, Bd. XLIX, 1935, S. 414-453, 646–667.
12 *Talcott Parsons,* Economics and Sociology – Marshall in Relation to the Thought of His Time, in: Quarterly Journal of Economics, Bd. XLVI, 1932, S. 316–347.
13 *Talcott Parsons* und *Neil J. Smelser,* Economy and Society, London 1956.
14 *Dorothea Knoblauch,* Die Methodologie François Simiands, Diss. Köln 1935, S. 135.
15 Von den drei Autoren ist *Parsons* der einzige, der die beiden anderen erwähnt. Von *Simiand* heißt es: ,,He *(Durkheim,* H. D.) has fathered a school of ,economics', of which perhaps the most conspicuous representative is F. Simiand" (Sociological Elements . . ., S. 647). Er wird aber in den späteren Arbeiten von *Parsons* nicht mehr genannt, weder in ,,The Structure of Social Action" (Glencoe 1949, zuerst 1937) noch in ,,Economy and Society". Von *Löwe* sagt er: ,,One of the best discussions of these issues (der Frage nach dem Status der Wirtschaftswissenschaft im Verhältnis zur allgemeinen Sozialtheorie, H. D.) is to be found in the recent book of Adolf Löwe, Economics and Sociology. Professor Löwe's position is, however, somewhat different from that developed here" (The Structure of Social Action, S. 171). Und im gleichen Buch bezieht sich *Parsons* im Zusammenhang der Erörterung gemeinsamer ,,letzter" Werte einer Gesellschaft auf *Löwes* Auffassung von der Zweck-Mittel-Relation.

Löwe selbst erwähnt *Simiand* nicht, obwohl er auf *Bouglé* verweist (a.a.O., S. 31), der sich ausführlich mit dessen Werk auseinandersetzt. *Parsons'* „The Social System" (Glencoe 1951) und „Economy and Society" werden erst später (in: Politische Ökonomik, Frankfurt 1965, S. 150) im Rahmen einer methodologischen Diskussion verschiedener sozioökonomischer Modelle kritisch genannt. An anderer Stelle dieses Buches (S. 167) stellt *Löwe* Übereinstimmung zwischen seiner „instrumentalen Methode" in den Wirtschaftswissenschaften (als Analyse des Mitteleinsatzes im Hinblick auf gegebene Ziele) mit *Parsons'* „instrumenteller Orientierung" (Social System) fest. Was *Löwes* Ansatz an Elementen der verstehenden Soziologie enthält, geht wohl eher auf *Alfred Schütz* (und *Aron Gurwitsch*) zurück (vgl. *R. L. Heilbronner* (Hrsg.), Economic Means and Social Ends, Englewood Cliffs 1969, S. 6, 38ff.): Alle drei gehörten dem Lehrkörper der New School for Social Research, New York, an.

Was *Simiand* betrifft, so lag zu der Zeit, als er die wirtschaftssoziologische Abteilung der Annales sociologiques betreute, weder von *Parsons* noch von *Löwe* eine einschlägige Buchpublikation vor. Für die Rezeption *Simiands* in der Bundesrepublik ist bezeichnend, daß er nur von *König* ausführlich zitiert wird, nicht jedoch in den Details der Wirtschaftssoziologie (Die Regeln ...). *Josef Gugler* (Die neuere französische Soziologie, Neuwied 1961) lokalisiert ihn mit seinen Arbeiten als Mitglied der *Durkheim*-Schule. Unter den Wirtschaftssoziologen erwähnt ihn lediglich *Friedrich Fürstenberg* (Wirtschaftssoziologie, Berlin 1970), ohne aber inhaltlich auf die Arbeiten einzugehen. Dabei hat man sich an der Wirtschafts- und Sozialwissenschaftlichen Fakultät der Universität Köln bereits sehr früh für *Simiand* interessiert, wie die Dissertation von *Knoblauch* über Methodologie und Methode Simiands (1935 bei *Erwin von Beckerath* und *Alfred Müller[-Armack]*) zeigt. Bezeichnend ist, daß in der neueren Diskussion über das Verhältnis von Soziologie und Wirtschaftswissenschaften *Löwe* eine Rolle spielt, nicht aber *Simiand* (vgl. *Hans-Günter Krüsselberg*, Die Wiederentdekkung der politischen Ökonomie – Betrachtungen zum gegenwärtigen Stand der Diskussion über die Beziehungen zwischen Wirtschaft und Gesellschaft, in: *Günther Albrecht, Hansjürgen Daheim, Fritz Sack* (Hrsg.), Soziologie, Opladen 1973, S. 434–452). Oder auch *Hans Albert*, der in der Methodologie eine der *Simiand*schen Position ähnliche vertritt, in: Nationalökonomie als Soziologie – Zur sozialwissenschaftlichen Integrationsproblematik, in: Kyklos, Bd. XIII, 1960, z. B. S. 38f.

16 *François Simiand*, La méthode positive en science économique, Paris 1912.
Ders., Le salaire, l'évolution sociale et la monnaie – essai de théorie expérimentale du salaire, introduction et étude globale, 3 Bde., Paris 1932.
Ders., Les fluctuations économiques à longue période et la crise mondiale, Paris 1932.
Ders., La monnaie – réalité sociale, in: Annales sociologiques, Reihe D, Heft 1, 1934, S. 1–86.

17 *Basil V. Damalas*, L'œuvre scientifique de François Simiand, Paris, 2. Aufl. 1947 (zuerst 1943).

17a *Max Lazard*, François Simiand – l'homme, l'œuvre, in: Documents du travail, Bd. 19, 1935, No. 213, S. 31–64.

18 Vgl. *Simiand*, Le salaire ..., I, S. IX.

19 Vgl. *Simiand*, La méthode positive ..., S. 183.

20 Vgl. *Simiand*, ebd.

21 Vgl. *Simiand*, a.a.O., S. 192f.

22 Vgl. *Simiand*, a.a.O., S. 201f.

23 Vgl. *Simiand*, a.a.O., S. 182. Für eine prinzipiell ähnliche Kritik, aber ohne (impliziertes) kausalwissenschaftliches Programm vgl. *Löwe*, a.a.O., S. 58–65, 75/76.

24 Vgl. *Simiand*, a.a.O., S. 179, 180; vgl. auch: Les fluctuations économiques ..., S. 61.

25 Vgl. *Simiand*, La méthode positive ..., S. 166.

26 Vgl. *Simiand*, a.a.O., S. 194, 202; vgl. auch Le salaire ..., I, S. X–XIV, 51–113.

27 Vgl. *Simiand*, La méthode positive ..., S. 201, 202, 206.

28 Vgl. *Simiand*, a.a.O., S. 203, 92–94.

29 Vgl. dazu die Kritik von *Albert* (a.a.O., S. 3): Die zentrale Fragestellung der klassischen Nationalökonomie verabsolutiert die Problematik der „Frühzeit der industriellen Gesellschaft kommerzieller Prägung". Wir werden aber sehen, daß *Simiand* in der Lage ist, zu zeigen, wieso sich das wirtschaftliche Leben in Tauschvorgängen nicht erschöpft.

30 Vgl. *Simiand*, Le salaire ..., I, S. 25.

31 Vgl. *Simiand*, a.a.O., S. XI/XII.

32 Vgl. *Simiand*, a.a.O., S. 25.

33 Vgl. *Simiand,* a.a.O., S. 22.
34 Vgl. *Simiand,* a.a.O., S. 25.
35 Vgl. *Simiand,* a.a.O., S. 51.
36 Vgl. *Emile Durkheim,* Die Regeln der soziologischen Methode, hrsg. v. *René König,* Neuwied 1961, S. 189 (zuerst 1895).
37 Vgl. *König,* Die Regeln..., S. 197–200.
38 Vgl. *Simiand,* a.a.O., S. X.
39 Vgl. *Simiand,* La méthode positive..., S. 29, 32; Le salaire..., I, S. XIV, XIX/XX.
40 Vgl. *Lazard,* a.a.O., S. 44.
41 *Simiands* Methode der Datengenerierung wird abstrakt wie auf den Fall der Lohnentwicklung bezogen ausführlich von *Knoblauch* (a.a.O., S. 32–110) kritisch dargestellt.
42 Vgl. *Simiand,* Le salaire..., I, S. 114–132.
43 Vgl. *Simiand,* a.a.O., S. 156–175, 188; vgl. auch II, S. 166f.
44 Vgl. *Simiand,* a.a.O., I, S. 222–230.
45 Vgl. *Simiand,* a.a.O., S. 230–506, bes. 309–333.
46 Vgl. *Simiand,* a.a.O., S. XIV–XXI.
47 *Simiand,* La monnaie..., S. 5/6.
48 *Simiand,* Les fluctuations économiques..., S. 51.
49 Vgl. *Simiand,* Le salaire..., I, S. XVII–XXI.
50 Vgl. *Simiand,* Les fluctuations économiques..., S. 127; vgl. auch *Löwes* Beschreibung der Konjunkturphasen (a.a.O., S. 96).
51 *Simiand,* Le salaire..., I, S. XIX.
52 Vgl. *Simiand,* a.a.O., S. XVII.
53 Vgl. *Simiand,* a.a.O., S. XIX/XX.
54 Vgl. *Simiand,* Le salaire..., II, S. 589.
55 Vgl. *Simiand,* a.a.O., S. 572–590.
56 Vgl. *Simiand,* a.a.O., S. 574; *Lazard,* a.a.O., S. 55; *Bouglé,* a.a.O., S. 393–395.
57 Vgl. *Simiand,* a.a.O., S. 236f., 285ff.
58 Vgl. zusammenfassend z. B. Das Kapital, Berlin (Ost) 1962, Bd. I, S. 328.
59 Vgl. *Simiand,* a.a.O., S. 285.
60 *Simiand,* La méthode positive..., S. 156.
61 Vgl. *Simiand,* a.a.O., S. 165f.
62 Vgl. *Simiand,* a.a.O., S. 159.
63 Vgl. *Simiand,* Le salaire..., II, S. 577f.
64 Vgl. *Simiand,* a.a.O., S. 588, 578.
65 Vgl. *Knoblauch,* a.a.O., S. 23.
65a Vgl. *Durkheim,* a.a.O., S. 208–217.
66 *Simiand,* Le salaire..., I, S. 72ff.
67 *Simiand,* a.a.O., S. 84ff.
68 *Simiand,* a.a.O., S. 89ff.
69 Vgl. *Damalas,* a.a.O., S. 204.
70 Vgl. *Damalas,* a.a.O., S. 252f., 263, 319.
71 Vgl. *Knoblauch,* a.a.O., S. 28.
72 Vgl. *Halbwachs,* a.a.O., S. XI/XII.
72a S. oben Anm. 51.
73 Vgl. *Simiand,* La méthode positive..., S. 36f. Übrigens spricht *Löwe* (a.a.O., S. 116) in einem ganz ähnlichen Sinn von seiner dynamischen (realistischen) Wirtschaftstheorie als von einem „rationalen System der Soziologie". *Simiand* gehört zu den Kritikern der neoklassischen Wirtschaftstheorie, die an der Annahme wirtschaftlichen Handelns als Rationalverhalten festhalten. Vgl. dazu *Albert,* a.a.O., S. 22/23, 31, 38 Anm. 54.
74 Vgl. *Arthur L. Stinchcombe,* Merton's Theory of Social Structure, in: *L. A. Coser* (Hrsg.), The Idea of Social Structure, New York 1975, S. 12ff. Vgl. *Talcott Parsons,* The Present Position and Prospects of Systematic Theory in Sociology, in: *ders.* (Hrsg.), Essays in Sociological Theory, Glencoe 1953, S. 215–219 (zuerst 1945).

75 *Anthony Giddens,* Central Problems in Sociological Theory – Action, Structure and Contradiction in Social Analysis. London 1979, S. 80 ff. S. auch: *ders.,* New Rules of Sociological Method – A Positive Critique of Interpretative Sociologies, London 1976.
76 Vgl. *Durkheim,* a.a.O., S. 193.
77 Vgl. *Lazard,* a.a.O., S. 48.
78 Vgl. *Simiand,* La méthode positive..., S. 22f., 35f.
79 Vgl. z.B. *Simiand,* Le salaire..., II, S. 496, ähnlich wie *Adam Smith,* der aber nicht erwähnt wird.
80 Vgl. *Simiand,* a.a.O., I, S. XVIII.
81 Vgl. *Simiand,* a.a.O., II, S. 165ff.
82 Vgl. *Löwe,* a.a.O., S. 83.
83 Vgl. *Simiand,* Les fluctuations économiques..., S. 52, 54.
84 *Simiand,* ebd.
85 Vgl. *Damalas,* a.a.O., S. 243, und *Lazard,* a.a.O., S. 52.
86 *Lazard,* ebd.
87 Vgl. *Simiand,* Le salaire..., II, S. 199ff., 50–57.
87a Das ist prinzipiell auch in *Simiands* systematisch angelegtem „Cours d'économie politique" (Paris 1928–30, 3 Bde., von denen mir nur der zweite Band zugänglich war) nicht anders: Im Abschnitt über die Produktion wird über die Funktionen der Arbeiter wie der Manager in der mechanisierten arbeitsteilig organisierten Güterproduktion gesprochen, und es werden charakteristische Merkmale der Arbeitskräfte und des Managements wie auch erforderliche Fertigkeiten beschrieben. Der Betrieb als Herrschaftsgebilde und als Interaktionsgefüge bleibt außer Betracht. Vgl. *Simiand,* Cours..., Bd. 2, S. 117f., 188–202.
88 Vgl. *René König:* Marcel Mauss (1872–1945), in: *ders.* (Hrsg.), a.a.O., S. 276 (zuerst 1972).
89 Vgl. *Giddens,* New Rules..., S. 104–113. Die angeführten Elemente sind Struktur*aspekte.*
90 Vgl. *Simiand,* Les fluctuations économiques..., S. 59.
91 *Giddens,* Central Problems..., S. 56.
92 *Giddens,* a.a.O., S. 71.
93 Vgl. *Simiand,* La monnaie..., S. 36–39, 49.
94 Vgl. *Giddens,* a.a.O., S. 56/57.
95 Vgl. *Reinhard Wippler,* Erklärung unbeabsichtigter Handlungsfolgen – Ziel oder Meilenstein soziologischer Theoriebildung, Vortrag, 20. Dt. Soziologentag, Ms. Utrecht 1980, S. 14–17.
96 Vgl. *Simiand,* Les fluctuations économiques..., S. 51.
97 Vgl. *Simiand,* La monnaie..., S. 12.
98 Vgl. *Simiand,* a.a.O., S. 44–53.
99 S. oben Anm. 53.
100 Vgl. *Damalas,* a.a.O., S. 91–93.
101 Vgl. *Simiand,* a.a.O., S. XIV.
102 Vgl. *Simiand,* a.a.O., II, S. 426ff.
103 Vgl. *Damalas,* a.a.O., S. 255/256.
104 Vgl. *Damalas,* a.a.O., S. 79/80.
105 Vgl. *Damalas,* a.a.O., S. 234.
106 Vgl. *Löwe,* a.a.O., S. 124.
107 Vgl. *Löwe,* a.a.O., S. 156.
108 Auch im „Cours d'économie politique" ist das im Prinzip nicht anders: So wird z.B. das Kapital als einer der drei Produktionsfaktoren dargestellt: Kurzfristig entlohnt es die Arbeitskraft, die nicht „warten" kann, längerfristig bindet es sich als Investition und mehrt den „Reichtum" (der Gesellschaft), wenn es sich als Risikokapital betätigt (vgl. *Simiand,* Cours..., II, S. 382ff.). Die „Unterordnung" der Arbeitskraft unter das Kapital wird deutlich (a.a.O., S. 391f., 402ff.), aber der umfassende Rahmen, in dem die einzelnen Elemente Funktionen haben, bleibt unerörtert, selbst dort, wo einmal kurz von „Kapitalismus" die Rede ist (a.a.O., S. 382ff.). Ebenso im Bereich der Verteilung, wo es u.a. um soziale Klassen, Gewerkschaften und Arbeitskonflikte geht: Der Begriff Klassenkampf wird übernommen, auf eine Diskussion der *Marx*schen Theorie aber wird ausdrücklich verzichtet (a.a.O., S. 441). Auch hier fehlt also die Gesellschaftsanalyse ebenso wie die Interaktionsanalyse. Von der „action syndicale" ist lediglich klassifizierend die Rede (a.a.O., S. 529ff.).
109 Vgl. *Simiand,* Le salaire..., II, S. 62.

110 Vgl. *Simiand,* a.a.O., S. 63, 70.
111 Vgl. *Simiand,* a.a.O., S. 84/85.
112 Vgl. *Simiand,* a.a.O., S. 86.
113 Vgl. *Simiand,* a.a.O., S. 199/200.
114 Vgl. *Simiand,* a.a.O., S. 200–229.
115 Vgl. *Simiand,* a.a.O., S. 56.
116 Vgl. *Simiand,* a.a.O., S. 50f.
117 Vgl. *Ulrich Beck, Michael Brater* und *Hansjürgen Daheim,* Soziologie der Arbeit und der Berufe, Reinbek 1980, rde 395, S. 113–120.
118 Vgl. *Thomas Stahl, Peter Höhmann, Rainer Schreiber, Edgar Straub, Heinz Wieferink, Bärbel Kolb* und *Walter Simböck,* Regionalpolitik des bürgerlichen Staates, München 1980, S. 2–18. Die Autoren setzen am Produktionsfaktor Boden an.
119 Vgl. *Beck* u.a., ebd.
120 Vgl. *Stahl* u.a., ebd.
121 Vgl. *Beck* u.a., a.a.O., S. 186.
122 Die Beziehung zwischen zwei Bereichen, die *Parsons* als „kybernetische Hierarchie" bestimmt, erörtert *Gert H. Mueller* unter Einbeziehung weiter Teile der Theorietradition ausführlich als „Fundierungsverhältnis" (vgl. *Gert H. Mueller,* History as a Rigorous Discipline, in: History and Theory, Bd. VI, 1967, S. 308–311; *ders.,* Review-Essay über *Parsons'* „Societies" in: History and Theory, Bd. VIII, 1969, S. 152–156; *ders.,* Funktion und Abbildung als Grundlagen einer analytischen Soziologie, in: Sociologia Internationalis, Bd. 7, 1969, S. 69).

„MALTA WIES NIEMALS KORN ZURÜCK"*

Konstellationsanalyse der postkolonialen Phase der Maltesischen Inselgruppe: Aus der Feldarbeit 1977/79

Von Horst Reimann

I. Postulat der Spezifität von Entwicklung

Gegenstand des Forschungsprogramms war eine europäische Entwicklungsregion, die sich vor genau 15 Jahren aus kolonialer Abhängigkeit gelöst hat und heute als neue Nation ihr Schicksal selbst zu gestalten versucht. Es handelt sich um die insulare Zwerg-Gesellschaft Malta, die 1974 Republik wurde und seit 1. April 1979 auch keine Militärbasis mehr ist. Damit wurde der letzte formelle Schritt zur Unabhängigkeit vollzogen. Für den neuen Staat beinhaltet dieses Datum eine Neukonstellation, die wichtige Konsequenzen für seine externen Beziehungen und seine interne Struktur haben wird. Ziel des Forschungsprojektes war die Untersuchung der Transformationsprozesse der Insel in der ersten postkolonialen Phase, und zwar sowohl im Hinblick auf die strukturellen Veränderungen in den relevanten gesellschaftlichen Sektoren (Politik, Wirtschaft, Bildung) als auch auf die positionellen Verschiebungen im Netzwerk des internationalen (politischen und wirtschaftlichen) Systems. Bei der Generierung einer Forschungskonzeption für die Analyse der Viabilität Maltas, also der besonderen Entwicklungsbedingungen, ergab sich zwangsläufig eine Auseinandersetzung mit den vorhandenen entwicklungssoziologischen theoretischen Modellen, insbesondere mit den sogenannten „Modernisierungstheorien", die hinsichtlich der Entwicklungsperspektive in modifizierter Form auch für die Abhängigkeitstheorien relevant sind („kritische Modernisierungstheorien"). Im allgemeinen wird der Begriff Modernisierung[1] auf den historischen Typ sozialen Wandels bezogen, der durch die industrielle Revolution in England und die Französische Revolution initiiert wurde. Die Entstehung der Soziologie ist selbst mit diesen Wandlungsprozessen verbunden. Der *Ethnozentrismus-Vorwurf* ist in dieser Hinsicht berechtigt; diese Kritik betrifft insbesondere die Generalisierung eines historisch einmaligen Vorgangs, daraus erklären sich auch die Systematisierungsprobleme der Modernisierungsforschung. Die Ethnozentrismus-Kritik bezieht sich aber auch auf neue Modernisierungstheorien, die insbesondere in den Vereinigten Staaten nach dem Zweiten Weltkrieg entwikkelt wurden *(McClelland, Hagen, Lerner, Levy, Apter, Almond, Coleman, Deutsch, Powell* u. a.) sowie auf entsprechende ökonomische Strategietheorien (*Rostow, Rosenstein* u. a.).

* Altes maltesisches Sprichwort: „Malta qatt ma tbarrix qamħ", Quelle: *Joseph Aquilina,* A Comparative Dictionary of Maltese Proverbs, Malta 1972, S. 353.

Das Ein-Gesellschafts-Modell (irreversibler und globaler Prozeß von der traditionalen zur modernen Gesellschaft in relativ universellen Stadien) produziert eine an alten idealtypologischen Dichotomien *(Tönnies, Durkheim, Max Weber)* orientierte Alternative „Tradition – Modernität". Die Verschiedenartigkeit transitionaler Gesellschaften wird nach dieser Annahme im Endstadium der Modernität aufgrund notwendiger struktureller Veränderungen aufgehoben; die differenten Ausgangspunkte erklären dabei die unterschiedlichen Wege zum Endpunkt der Modernität. Die besonderen Merkmale der (jeweils) „modernsten" Gesellschaft markieren in diesem unilinearen evolutionistischen Modell die „Ziele" der Übergangsgesellschaften: Mobilisierung und Mobilität, Urbanisation, Industrialisierung etc. Die Prolongation dieses Prozesses in Richtung auf eine postindustrielle[2] bzw. eine postmoderne[3] Gesellschaft deutet nur eine inhaltliche Neubestimmung von Modernität (postmoderne Gesellschaft = „knowledge based society") an.

Zu den wissenssoziologischen (Ethnozentrismus), modelltheoretischen (Dichotomie) gesellen sich zwei weitere Komponenten:

a) Die *säkularisiert-eschatologische* („Weltgeschichte und Heilsgeschehen")[4] und
b) eine ideologiekritische, die auf den Zusammenhang zwischen Modernisierungsforschung und Entwicklungspolitik und zugleich auf die *normative Struktur modernisierungstheoretischer Aussagen* verweist. Teilweise wurde dieser Zusammenhang durchaus reflektiert und unter verschiedenen (z. B. methodologischen, wertrationalen) Prämissen auch akzeptiert[5].

Die Kritik am Modernisierungsmodell und die Thematisierung der Voraussetzungen modernisierungstheoretischer Annahmen kann nicht den grundsätzlichen Verzicht auf die Identifikation von Ländern bzw. Zentren als besondere Bezugsgrößen im internationalen System bedeuten, die für die Aktionsmuster, Problemlösungen und Zukunftsvorstellungen anderer Länder (an der Peripherie) von besonderer Wichtigkeit sind, von wirtschaftlichen und politischen Dependenzrelationen abgesehen. Die Relativierung der Begriffe (von der „Westernisierung" – aus der Sicht der früheren Türkei beispielsweise – zur „Europäisierung" und schließlich zur „Amerikanisierung" und „Modernisierung" – mit dem Industrialisierungsgrad als Maßstab unter Einschluß nichtwestlicher Industrienationen) deutet bereits in diese Richtung. Trotz unbestreitbarer globaler Diffusion westlicher Muster und Technologien ist heute die Annahme einer zunehmenden „Homogenisierung der Weltkulturen"[6] nicht mehr vertretbar.

Der *Begriff der Modernität* muß inhaltlich genau definiert werden und von der Fixierung an ganz bestimmte historische Entwicklungen in bestimmten Ländern bereinigt werden. Eine Reihe von Elementarphänomenen (Differenzierung, Anpassungskapazität, Optionsmöglichkeiten, konkrete Entwicklungsperspektiven: Verringerung bzw. Beseitigung von Armut, Arbeitslosigkeit, Ungleichheit)[7] werden zum notwendigen Instrumentarium für komparative Analysen. Ein neues Paradigma der „grundbedürfnisorientierten Entwicklung"[8] könnte die Modernisierungsansätze unter Einschluß einzelner Elemente (Indikatorenprogramm, Empiriereservoir) ablösen.

Das Entwicklungsmodell des Ein-Gesellschafts-Typs vermag also nicht die strukturelle Vielfalt, die spezifischen Problemlösungen von Entwicklungsgesellschaften jenseits des ersten, des europäischen und so begriffen des einzigen Übergangs zur Modernität zu erklären. Der aus seinem Entstehungszusammenhang ableitbare *latente Determinismus* der konventionellen Modernisierungsansätze schließt a priori Wahlmöglichkeiten aus, die heute von Eliten in Entwicklungsregionen ergriffen werden. Die Annahme eines „normalen" Entwicklungsprozesses ist ebenso falsch wie die Dichotomie von Tradition und Modernität. Es gibt nicht nur verschiedene Wege zur gesellschaftlichen Entwicklung, sondern auch entsprechend viele Resultate. Aufgrund der vielfältigen strukturellen Gegebenheiten, der sozial-kulturellen Bedingungen, der unterschiedlichen Ressourcen und der jeweiligen Position im Netzwerk der internationalen Beziehungen (Abhängigkeiten) sowie der spezifischen Orientierungen der „modernisierenden Eliten" ergeben sich die besonderen Ausformungen des Gesellschaftsprozesses. Die von den einzelnen Ländern und deren jeweiligen sozialen Gruppierungen wahrnehmbaren Positionen im *internationalen* Schichtungssystem bestimmen deren Orientierungen und damit die Richtung der gesellschaftlichen Entwicklung ebenso wie die fundamentalen Viabilitätsfaktoren (Klima, Ressourcen, Landesgröße etc.). Diese Orientierung an verschiedenen Gesellschaften im internationalen Schichtungssystem und die Reflexion der eigenen Bindung zu denselben beeinflussen das Handeln der modernisierenden Eliten ebenso wie die „historisch investierten Erfahrungen" der betreffenden Gesellschaft. Es sind dies die „Code-Konstellationen"[9], also die sozial-kulturellen Kontinuitäten, das Reservoir der Erkenntnisse und Erfahrungen, der besonderen Konstruktion der Wirklichkeit im betreffenden Sozialsystem. *Eisenstadt* hat auf die Zusammenhänge von Sozialismus und Tradition in diesem Sinne[10] hingewiesen. Das Ein-Gesellschafts-Modell[11] muß durch ein pluralistisches Modell[12] ersetzt werden, das die alternativen Problemlösungen der Entwicklungsländer im Hinblick auf ihren eigenen sozialen Wandel erklärbar macht. Die Evaluation der Viabilität einer Entwicklungsregion und die Entscheidung über adäquate Entwicklungsstrategien werden zu einem großen Teil von aktiven („modernisierenden") Eliten einer Gesellschaft vorgenommen *(Eisenstadt)*. Diese Aussage impliziert die Abkehr von allen deterministischen Modellen: Es gibt weder einen unilinearen Entwicklungsprozeß noch universelle Modernisierungstechnologien, einen „package deal" der Modernisierung, der Dekolonisation, es existiert nicht *der* Übergang von der Tradition zur Moderne, es gibt kein einheitliches „Endstadium" von Gesellschaft. Es gibt im Gegenteil außerordentliche strukturelle, organisationelle und symbolische Unterschiede sowohl bei den modernen als auch den modernisierenden transitionalen und traditionalen Gesellschaften, es gibt auch keine anthropologischen Konstanten, die zwangsläufig zur Homogenisierung der Kulturen führen, sondern es gibt Bedingungen (interne gesellschaftliche Verhältnisse, historische Erfahrungen, sozial-kulturelle Codes; ein internationales Interaktionssystem sowie ökologische Voraussetzungen etc.), die in bestimmten Toleranzen Wahlen gestatten, Optionen, die von aktiven Eliten unter jeweiligen Herrschaftsverhältnissen ergriffen werden. Dadurch ergibt sich ein *komplexes System von Entwicklungsalternativen;* globale Kommunikation und Diffusion („one world") bewirken im internationalen Interaktionszusammenhang „Ähnlichkeiten". Zu den normalerweise ausgetauschten Informationen gehören auch Drohung, Gewalt, asymmetrische internationale Herrschaftsverhältnisse, aber auch Koalitionen, Partnerschaften. In dieser Sichtweise wird auch die Bewertung des jeweiligen „Entwicklungsstandes" einer Gesellschaft relativiert – gewissermaßen im Sinne einer soziologischen Relativitätstheorie der Entwicklung. Es kommt also auf die jeweilige Position des Beobachters an, zu welchem Zeitpunkt und in welcher Gesellschaft er wohin blickt (und natürlich auch, wie lange er *warten* kann!).

II. Konstellationsanalyse der postkolonialen Phase Maltas

Die hier im Folgenden nur in großen Zügen vorgestellte Konstellationsanalyse der postkolonialen Phase der Maltesischen Inselgruppe stellt eine erste Zusammenfassung der Ergebnisse der eigenen Feldstudien in den letzten Jahren sowie der Ermittlungen einer Gruppe von Mitarbeitern dar. Sie basiert daher nicht nur auf der Auswertung umfangreicher Sekundärdaten, sondern auch auf Primärmaterialien, die aus mehreren sozialempirischen Erhebungen (Schlüsselinterviews bei Repräsentanten aller politischen Gruppierungen, der Wirtschaft und der kulturellen Einrichtungen, schriftlichen und mündlichen Befragungen auf repräsentativer Grundlage bei maltesischen Lehrern, Interviews bei lokalen Einflußpersonen, systematischen Beobachtungen sowie umfangreichen qualitativen und quantitativen Inhaltsanalysen sowohl englischsprachiger als auch maltesischsprachiger maltesischer Tageszeitungen) gewonnen wurden. Das Datenmaterial sowie erste Interpretationen der Ergebnisse liegen in einem siebenbändigen unveröffentlichten Forschungsbericht vor*.

Die Annahmen der meisten Modernisierungsansätze hinsichtlich der sozio-ökonomischen Transformationsprozesse in neuen Nationen (Migrationen, Urbanisierung, Industrialisierung bzw. Umorientierung der Produktion im Agrarsektor etc.) scheitern im Falle Maltas. In dieser Hinsicht handelt es sich dabei also um einen „Devianzfall". Eine Modernisierung im konventionellen Sinne kann in Malta aufgrund seiner engen Verflechtung in das „moderne" technologisch-ökonomische System Westeuropas nicht erwartet werden, zumal diese Einbindung langfristiger Natur gewesen ist. Hinzu kommt die besondere historische Epoche Maltas unter der Ägide des Johanniterordens (Malteserritter), die bis kurz vor Inkorporation der Insel in das britische Weltreich dauerte und Malta zeitweilig nicht nur als souveränen Staat sah, sondern zugleich als eines der bedeutendsten politisch-militärischen und kulturellen Zentren im Mittelmeerraum. Diese *kulturelle Tradition* der aristokratischen Oberschicht und der Geistlichkeit (Malta besaß bereits 1595 ein Jesuiten-Kolleg; 1769 erfolgte die Gründung der Universität) setzte sich auch während der britischen Kolonialherrschaft vor allem im Hinblick auf das Erziehungswesen fort, was besonders dadurch zum Ausdruck kam, daß viele Angehörige der maltesischen bürgerlichen Mittelschicht an britischen Universitäten studierten mit einer entsprechenden Rückwirkung auf die *maltesischen Bildungseinrichtungen*. In Malta gab es daher zum Zeitpunkt der Erlangung der Unabhängigkeit nur einen geringen Prozentsatz Analphabeten (1967 ca. 13 %), der größte Teil der Bevölkerung ist dagegen zweisprachig (Maltesisch und Englisch). Seit 1970 existiert Sekundarschulpflicht, seit 1974 ist das 10. Schuljahr obligatorisch. In der Selbsteinschätzung der maltesischen oberen Schicht machte sich daher auch keine größere Differenz zum Lebensstil in England bemerkbar. Die Selbstzurechnung zum europäischen Kultursystem ist daher auch traditionaler Be-

* *Horst Reimann, Michael Friesenegger, Stefan Harant, Sylvia Krippner-Stikklas, Walter Oeckl, Siegfried Schick,* Malta-Projekt, Entscheidungsprozesse in Entwicklungsregionen, Augsburg 1980.

standteil der maltesischen Wertordnung[13]. Aufgrund der einseitigen Ausnutzung der strategischen Position der Insel (Festungsökonomie) zunächst durch den Johanniterorden, später durch die britische Kolonialmacht sowie durch seine maritime Tradition verfügt Malta über ein solides Handwerk und vor allem über eine entsprechend spezialisierte Arbeiterschaft, die allerdings nahezu ausschließlich auf maritime Dienstleistungen (Hafen, Werften, Docks) und Flugzeugwartung trainiert ist. Diese völlig einseitige Ausrichtung auf einen spezifischen Zweig im Dienstleistungsbereich im Interesse der kolonialen Herrschaft hat Malta eine singuläre Stellung innerhalb der Entwicklungsregionen eingetragen: eine *Dienstleistungsgesellschaft* par excellence, vergleichbar in dieser Hinsicht kurioserweise nur noch mit der „postindustriellen" Gesellschaft der Vereinigten Staaten (USA 1968/Malta 1976: primärer Sektor 5,1 % bzw. 6,5 %, Baugewerbe/Bergbau 5,8 % bzw. 4,62 %; sekundärer Sektor 24,9 % bzw. 25,32 %; tertiärer Sektor 64,1 % bzw. 63,87 %), nahezu völlig auf die *traditionale Festungsökonomie* und die *Militärbasis* spezialisiert (noch 1958 waren 25 % aller Beschäftigten in der Militärbasis tätig, 40 % aller Einkommen aus unselbständiger Beschäftigung wurden dort erarbeitet). Die Neutralisierung dieses kolonialen Relikts durch ökonomische Diversifikation, die der maltesische Sozialrevolutionär *Manwell Dimech* bereits vor dem Ersten Weltkrieg forderte[14], wird jeder maltesischen Regierung nicht nur oberstes ökonomisches Ziel sein, sondern auch außerordentliche Schwierigkeiten bereiten: Wegen der klimatischen und ökologischen Verhältnisse (Trockenheit, Wasserknappheit, kontinuierliche Winde, Kleinheit des Archipels und der dafür in Frage kommenden Anbauflächen, Bearbeitungsprobleme) bietet der *Agrarsektor* praktisch kaum Entwicklungschancen, obwohl hier das aus anderen Entwicklungsregionen bekannte Besitzproblem eine untergeordnete Rolle spielt; das gleiche gilt für den Ausbau der Fischereiwirtschaft wegen der Fangflotten der Großkonkurrenten; einer Entwicklung in Richtung *Industrialisierung* sind wegen der insularen Lage und der Kleinheit des Staatsgebietes, fehlender Rohstoffe, Energie und Wasserreserven engste Grenzen gesetzt, von der Kapitalbeschaffung ganz abgesehen. Die Prognosen sind daher in dieser Hinsicht negativ (dazu *Metwally*[15] sowie kritisch und positiver: *Delia*[16]), obwohl bereits im Jahre 1960 eine Marktanalyse u. a. zu dem Schluß kam: „Malta ist jedoch kein typisches Entwicklungsland, da hier eine Tradition an technischem Können vorhanden ist, wie sie für ein so kleines Gemeinwesen wahrscheinlich einzigartig sein dürfte."[17] Aber bereits damals wurde darauf hingewiesen, daß es besonders auf den höheren Ebenen (Management) an ausgebildeten Fachkräften mangele[18]. Zu diesem Schluß kommt auch *John Grech*[19], der besonders auf die Notwendigkeit des *Technologie-Transfers* und auf eine Veränderung der Attitüden hinweist. Wegen der Enge des eigenen Marktes und der nahezu ausschließlichen Orientierung an der traditionalen Festungsökonomie und den damit verbundenen, nicht am Marktgeschehen, sondern an der militärischen Organisation orientierten Verhaltensweisen (Befehlsstruktur) fällt es vielen Maltesern selbst in anderen Bereichen des Dienstleistungsektors (Tourismus, Verkehr etc.) schwer, sich an die dort herrschenden Gesetze von Angebot und Nachfrage anzupassen. Für Malta stellen sich daher die Probleme im wirtschaftlichen Bereich anders als bei den meisten Entwicklungsländern. Wegen der Industrialisierungsbarrieren (den größten Ausbau hat bisher die relativ anfällige Textilindustrie erfahren, weil insbesondere ein multinationaler Konzern die europäischen Märkte gleich mitlieferte), liegt das Hauptaugenmerk auf der *Diversifikation* im Dienstleistungsbereich: Umschlagplatz für internationalen Seehandel, Schiffsreparaturen, Yachthafen und vor allem Tourismus. Die Regierung unternimmt alle Anstrengungen, um für diesen wirtschaftlichen Transformationsprozeß die Voraussetzungen zu schaffen, insbesondere durch *Infrastrukturmaßnahmen* (Hafenaus- und -neubau, Neubau eines Groß-Trockendocks, Ausbau des Flughafens, Verbesserung der Verkehrswege, Betrieb von Entsalzungsanlagen und Erschließung von Wasserreservoirs), durch Attraktion von ausländischen Investoren durch Niedriglohnpolitik (mit Rückwirkung auf die Verteilungspolitik und Lebensstandardserwartung), durch Verbesserung der Ausbildung, durch Konsumerziehung (in Malta besteht eine traditionale Abneigung gegen lokale Produkte), durch Kampf gegen die Bodenspekulation und Wohnungsbau in Verdichtungszonen und vor allem durch einen gezielten Ausbau der für die Entwicklung des Tourismus notwendigen Infrastruktur (Hotels, Ferienwohnungen etc.). Dabei muß die Regierung in Kauf nehmen, daß fast jede dieser notwendigen infrastrukturellen und ökonomischen Aktivitäten Rückwirkungen in anderen Nebenbereichen hat: z. B. Überfremdung in Industrie und Tourismus durch ausländische Investoren, Experten[20], Manager; neue politische Abhängigkeiten durch die Notwendigkeit zum Bezug von preiswertem Erdöl (Libyen).

Das *Beschäftigungssystem Maltas* weicht zwar hinsichtlich der Sektoren ganz wesentlich von den meisten Entwicklungsländern ab, wird aber dennoch von dem wirtschaftlichen Transformationsprozeß in der postkolonialen Phase entscheidend betroffen. Noch im Jahre 1964 waren 11 % der Beschäftigten (1958: 25 %) bei der Militärbasis tätig. In dieser Ziffer sind diejenigen nicht aufgeführt, deren Beschäftigung indirekt mit der Stationierung der britischen Streitkräfte auf der Insel zusammenhing. Der kontinuierliche Abbau der Militärbasis setzte Arbeitskräfte frei, die im öffentlichen bzw. privaten Sektor auf den Arbeitsmarkt drückten. Im Jahre 1977, also etwa ein Jahr vor Ablauf des Stationierungsabkommens, waren zwar nur noch etwas über 2 % der Erwerbstätigen bei der Basis tätig. Angesichts der Arbeitslosigkeit, die im Jahr der Unabhängigkeit noch über 9 %, Ende 1977 4,2 % betrug, bedeutet die Unterbringung zusätzlicher Arbeitskräfte ein besonderes Problem. Tatsächlich konnte die *Arbeitslosigkeit* auch nur insofern neutralisiert werden, als über 7 % der Erwerbstätigen (1976) in besonderen Arbeitsorganisationen (Pionierkorps, Arbeitsdienst, Aushilfebeschäftigungen) untergebracht wurden. Ein weiteres Problem stellt sich dadurch, daß der Anteil der erwerbstätigen Bevölkerung an der Gesamtbevölkerung nur etwa 1/3 (zum Zeitpunkt der Unabhängigkeit 1964 29,4 %) beträgt. Tatsächlich bleiben hierbei Arbeitskräftereserven unberücksichtigt, da der *Arbeitsmarkt für weibliche Beschäftigte* bzw. Arbeitswillige teilweise gesetzlich beschränkt wird (z. B. für verheiratete weibliche Arbeitnehmer im öffentlichen Dienst). Das reflektiert zugleich die *unterprivilegierte Stellung der Frau* in der maltesischen Gesellschaft, wodurch diese sich von anderen Entwicklungsregionen nicht unterscheidet. Obwohl die Stellung der Frau bzw. der Beschäftigungsgrad weiblicher Arbeitskräfte bisher nicht im Indikatorenbündel geführt wird, wäre es angesichts der Tatsache, daß die Position der weiblichen Gesellschaftsmitglieder zugleich charakteristisch für die Familienstruktur ist, sicher sinnvoll, dieses Faktum zu berücksichtigen. Die Notwendigkeit, praktisch in wenigen Jahren die gesamte Wirtschaftsstruktur mit ihrer einseitigen Ausrichtung auf militärische und maritime Dienstleistungen zu ändern, die Arbeitslosenquote zu senken und zugleich nach Möglichkeit das relativ niedrige Pro-Kopf-Einkommen (1964 im Jahr der Erlangung der Unabhängigkeit noch 136 Maltapfund) zu heben, motiviert die Administration nicht nur, in aller Welt Darlehensgeber zu finden, ausländischen Investoren beachtliche Steuervergünstigungen zu verschaffen, sondern auch gerade im entwicklungsträchtigsten Sektor Tourismus erschwerende Auflagen zu verordnen (Festlegung der Anzahl der Bediensteten pro Hotelbett). Die negativen Auswirkungen von Modernisierungsprozessen in anderen Entwicklungsländern wie Übertertiarisierung (frühzeitige Aufblähung des tertiären Sektors) und Hyperurbanisierung sowie Überspezialisierung der exportbestimmten Wirtschaftszweige[21] sind in Malta ohnehin gegeben. Das größte Problem bleibt der *negative Handelsbilanzsaldo*, der im ökonomischen Bereich die Ziele für jede Administration fixiert:

a) Konsolidierung der passiven Handelsbilanz,

b) Expansion des nationalen Beschäftigungsstandes.

Die Mittel dafür, nämlich Importsubstitution durch Förderung derjenigen Wirtschaftssektoren, die die Importabhängigkeit reduzieren können, sowie Exportförderung sind angesichts der Ressourcenknappheit und der Kleinheit der Insel (das Problem vieler Kleinstaaten im Entwicklungsstadium)[22] beschränkt. Das ist sicher nicht nur auf die frühere koloniale Bindung zurückzuführen. Der *Tourismus* freilich, auf dem die Haupthoffnungen beruhen, birgt unvorhersagbare Risiken in sich. Frühere Schätzungen *(Menges, Leiner)*[23] waren zu optimistisch; dennoch wurden die Anstrengungen Maltas in dieser Hinsicht in den letzten Jahren belohnt. Allerdings ist der Nettogewinn durch die große Exportabhängigkeit (etwa 50 % der durch den Tourismus zufließenden Devisen werden für Importe für diesen Bereich ausgegeben) beschränkt, wenn auch größer als in vergleichbaren touristischen Zielländern. Zusätzlich stellen hier allerdings Wasser- und Energieversorgung große Probleme dar. Im ganzen wird aber der Einfluß des Tourismus als tertiärer Wirtschaftsfaktor (wirtschaftliches Wachstum, positive Beeinflussung des Arbeitsmarktes) und kultureller Faktor (interkulturelle Kontakte, Veränderung des Wertsystems) als ein positiver Beitrag zu Maltas Unabhängigkeit gesehen.

Ein besonderes Problem stellt für Malta seine *hohe Bevölkerungsdichte* (980 Personen pro Quadratkilometer) dar. Als am 23. 3. 1530 Malta durch Karl V. als „christliches Vorwerk" an den Johanniterorden gegeben wurde, gab es nur wenige tausend Bewohner, weniger als die zehntausend Ritter, Brüder und Waffenknechte. Die Bevölkerungsexplosion auf dem kleinen Archipel, besonders seit Beginn dieses Jahrhunderts, und die dafür viel zu geringen Lebenschancen auf den Inseln haben dazu geführt, daß in den vergangenen Jahrzehnten Hunderttausende von *Emigranten* vor allem nach Australien, Kanada, Großbritannien auswanderten. Heute gibt es etwa ebenso viele Malteser in anderen Ländern wie in Malta selbst. Allein in den Jahren 1946 bis 1954 wanderten 45 000, in den Jahren 1965 bis 1975 34 000 Malteser, und zwar nicht nur temporär, aus. Erst in den letzten Jahren hat sich dieser Trend, auch unter Einwirkung der Regierung, vermindert. Das scheint nur möglich, weil sich gleichzeitig das *generative Verhalten* der maltesischen Bevölkerung auffallend verändert hat. Während die Geburtenziffer noch 1952 29,3 pro mille betrug, sank sie im Jahre 1977 auf 18,8 pro mille bei etwa gleichbleibender Sterbeziffer. Auch in dieser Hinsicht weicht Malta von anderen Entwicklungsländern ab. Die Ursache für diese Wandlung des generativen Verhaltens in relativ kurzer Zeit in einem katholischen Land wäre noch zu erforschen. Noch 1948 hatten ¼ der Familien über 10 Kinder, dieser Anteil sank in den 60er Jahren auf $1/5$[24]. Die

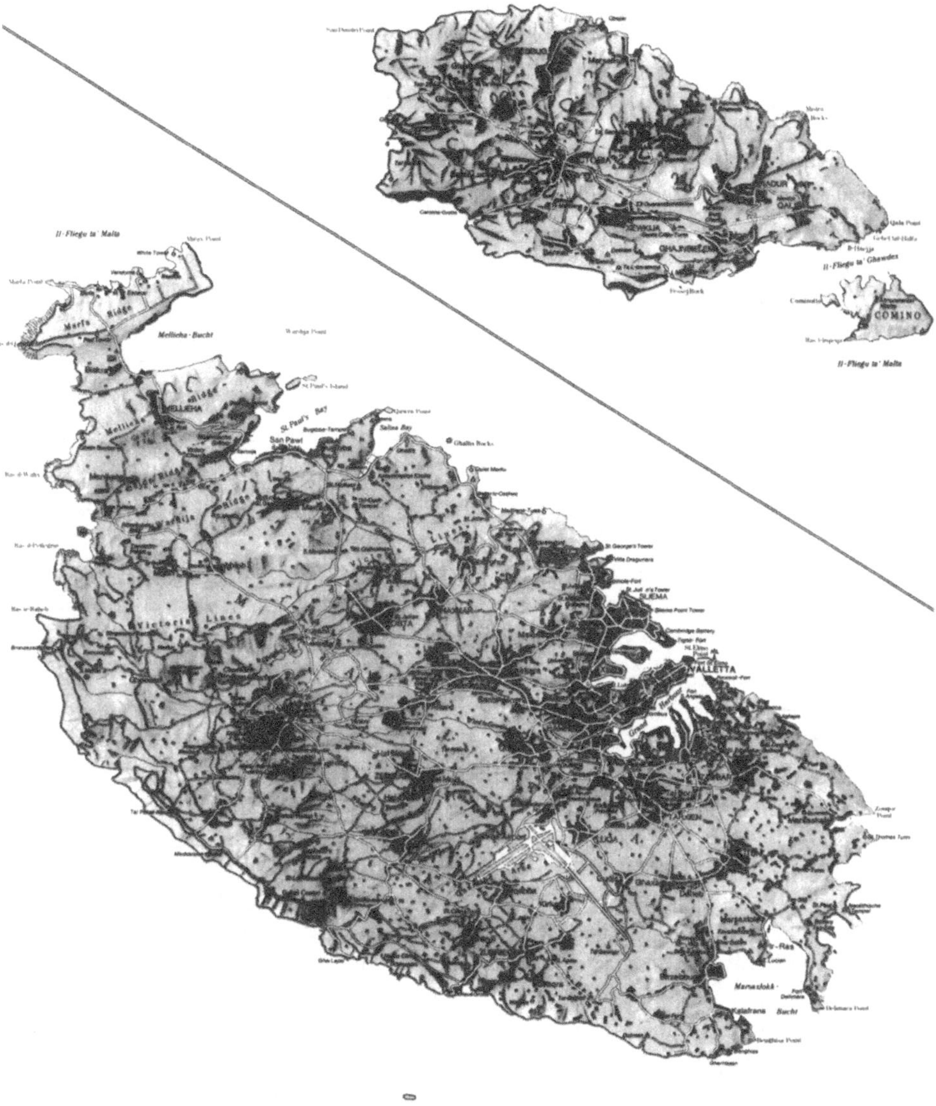

Topographische Übersichtskarte von Malta, Gozo und Comino

- Kathedralen, Kirchen
- Friedhöfe
- Schulen
- Krankenhäuser
- Sportplätze
- Hotels
- Industrieanlagen
- Leuchttürme
- Ausgrabungsstätten, Baudenkmaler
- Wachtürme
- Höhlen, Grotten

Maßstab
0 1 2 3 4 5km

Entwurf, Kartographie: W. Oeckl, D. Musielak

Geburtenhäufigkeit war bislang vor allem auf das außerordentlich niedrige Heiratsalter zurückzuführen. Aber auch die prekäre Rechtsstellung der Frau, die noch vor wenigen Jahren den Status einer Unmündigen hatte, ist als Begründung anzuführen. In dieser Hinsicht haben sich in den letzten Jahren einige Veränderungen ergeben, wenn auch freilich von einer faktischen Gleichstellung der Frau keine Rede sein kann. *Familismus und Klientelismus* [25] sind in Malta zudem noch besonders beherrschende gesellschaftliche Grundstrukturen, und zwar sowohl im ruralen als auch im urbanen Bereich. Die geringe geographische Ausdehnung der Insel gestattet die familiale Intimität auf geringster Distanz auch bei neolokaler Residenz. Die Insellage und die geringe Ausdehnung machen die *soziale Kontrolle* ubiquitär und direkte Kommunikation zur Selbstverständlichkeit. Das gilt sowohl für die Familie als auch für kirchliche und staatliche Institutionen. Die *Kriminalität* stellt daher auf Malta bislang kein besonderes Problem dar. Aber auch die *Massenkommunikationsmedien* sind auf Malta im Unterschied zu anderen Entwicklungsländern und zu europäischen Entwicklungsregionen, wie z. B. Sizilien, weit verbreitet[26].

Das *politische System* Maltas ist im wesentlichen nach dem englischen System ausgerichtet. Nach der über 250jährigen Herrschaft des *Johanniterordens* und einem kurzen französischen Zwischenspiel (Besetzung durch Napoleon im Jahre 1798) war Malta bis zur Erlangung seiner Unabhängigkeit 1964 britische Kronkolonie. Die Engländer bauten es zu einer der bedeutendsten *Seefestungen* im Mittelmeer aus und führten damit die Tradition der Ordensritter fort, die einzigartige strategische Position der Insel zu nutzen. Erst mit zunehmender Bedeutung der Fernraketenwaffen verlor die Insel ihr militärisches Gewicht. Der lange wechselvolle Kampf zwischen maltesischen Politikern und den Engländern um *Selbstbestimmung* führte unter dem damaligen und derzeitigen Premierminister *Dom Mintoff* im Jahre 1955 zu einer für die Beziehungen zwischen Kolonie und Kolonialherrschaft völlig uncharakteristischen *Forderung: volle Integration* Maltas in das Vereinigte Königreich, und das noch unter einem sozialistischen Ministerpräsidenten. *Mintoff* führte 1956 eine Volksabstimmung herbei, die bei einer Wahlbeteiligung von 59 % (die in der Opposition stehende konservative nationalistische Partei hatte ihren Wählern das Fernbleiben von der Wahl empfohlen) die Zustimmung von 74 % der Wähler (44 % der Wahlberechtigten) fand. Der Integrationsvorschlag fand im Unterhaus etwa ebenso viele Befürworter wie Gegner[27]. *Roy Jenkins,* einer der Befürworter, bezeichnete den Wunsch der Malteser als zweifellos neuartig in der Geschichte des Vereinigten Königreiches, empfahl aber diesen neuen und wichtigen Schritt, nämlich eine Kolonie zu integrieren[28]. Auch in dieser Hinsicht ist Malta ein einzigartiger Fall[29]. Die Integration konnte nicht zustande kommen, weil eine Mehrheit des Unterhauses befürchtete, daß auch andere britische Kolonien den gleichen Wunsch äußern könnten, ohne dabei zu berücksichtigen, daß Malta in der Tat wegen seiner bereits vorangegangenen Einbeziehung in das englische und europäische System einen Sonderfall darstellte. Andere Abgeordnete des Unterhauses wurden von der Forderung *Mintoffs* nach „Parität" verschreckt, obwohl deutlich gemacht wurde, daß die geforderte Parität im Laufe einiger Jahre durchaus als eine relative Gleichstellung betrachtet wurde, also unter Einbeziehung der besonderen ökonomischen Bedingungen Maltas. Nach der Ablehnung der Integration wurde vehement die entgegengesetzte Alternative, Ablösung aus der kolonialen Asymmetrie, gefordert: *Independenz,* die schließlich 1964 unter einem konservativen Premier gewährt wurde. 1974 wurde Malta dann Republik (im Commonwealth), der letzte Gouverneur maltesischer Abstammung wurde der erste Präsident der neuen Republik (Sir *Mamo).* Der 1972 für sieben Jahre verlängerte Stationierungsvertrag mit der NATO wurde für das Jahr 1979 nicht mehr verlängert. Malta betrieb seitdem nicht nur Diversifikation auf wirtschaftlichem Gebiet, sondern auch im Sinne einer *multilateralen Politik* auf dem Gebiet der internationalen Beziehungen. Seitdem vollzieht Malta schrittweise den *Ablösungsprozeß von der früheren Kolonialmacht,* für dessen Erklärung soziologische Dependenztheorien herangezogen werden können. In diesem Sinne vollzieht sich auch der Strukturwandel auf allen relevanten Ebenen (Politik durch multilaterale Beziehungen, Wirtschaft durch Diversifikation und Anknüpfung vielfältiger Handelsbeziehungen, Erziehung durch *Identitäts-Bildung* im nationalistischen Sinne). Im Falle einer Integration wäre dieser Transformationsprozeß freilich in völlig anderer Weise erfolgt. Der Verselbständigungsprozeß der Inselgesellschaft im kulturellen, sozialen, politischen und ökonomischen Bereich und der Versuch, sich im internationalen System als eigenständige Kraft zu behaupten, ist allerdings außerordentlich risikoreich. Intern stehen die oppositionelle nationalistische Partei und die Kirche, die seinerzeit die Hauptgegnerin gegen eine Integration in das Vereinigte Königreich war, weil sie den Einfluß der anglikanischen Kirche fürchtete und die durch ihre weitreichenden Garantieforderungen gegenüber der Kolonialmacht und durch ihre Kampagne gegen die Volksabstimmung einen Teil der Verantwortung für das Scheitern der Integrationsbemühungen trägt, dem Ablösungsprozeß von Großbritannien ablehnend gegenüber. Dadurch hat sich eine starke *Polarisierung im politischen Bereich* ergeben. Zudem fürchtet die katholische Kirche um eine Abnahme ihres Einflusses, auch auf das politische Geschehen, und die fortschreitende Säkularisation auf allen Ebenen, insbesondere in den Erziehungsinstitutionen.

Die Beziehung zur früheren Kolonialmacht in der postkolonialen Phase läßt sich mit Hilfe der *Doppelbindungshypothese* verständlich machen: Die *latente Bindung* an das Mutterland (Integrationswunsch! – für die Unabhängigkeitsverfassung votierten im Jahre 1964 51,5 % gleich 40,3 % aller Wahlberechtigten bei einer Wahlbeteiligung von 74 %, während 1956 für die Integration 74 % der Wähler gleich 44 % aller Wahlberechtigten bei einer Wahlbeteiligung von 59 % gestimmt hatten)[30] zeigt sich in weiten Bereichen von Politik, Kultur, Wirtschaft, im angelsächsischen Lebensstil, teilweise in mediterraner Verfremdung, aber seit Erlangung der Unabhängigkeit nicht als „pseudologische Gleichsetzung mit Fremdgruppen"[31], in englischer Liberalität und Weltoffenheit (die für viele frühere Kolonien typische Xenophobie ist den Maltesern fremd), in der Reife und Freiheit der politischen Diskussion, in dem Überlegenheitsgefühl gegenüber anderen Entwicklungsländern und im Respekt für englisches Wesen (koloniale Mentalität oder Identifikation?), Nachahmung; *das manifeste Handeln* dagegen im Autonomieanspruch, der Ablösung aus kolonialer Vorherrschaft und Bevormundung, durch eine aggressive antikoloniale Politik, Entwicklung gesellschaftlicher Gegen-Modelle, Kontakte mit neuen Partnern und auch Gegnern der Kolonialmacht (Libyen, Kuba, China), Expellation des NATO-Hauptquartiers der Südflotte (1971) und Aufkündigung des Stationierungsabkommens. Die Beziehungen zur früheren Kolonialmacht werden freilich durch beide Aspekte charakterisiert.

III. Kontextanalyse des Regierungshandelns

Ausgangsbasis der folgenden Überlegungen ist die Annahme, daß die ,,modernisierende" (Regierungs-)Elite im Sinne einer nutzentheoretischen Kalkulation[32] eine Zielvorstellung entwickelt, die der langfristigen Reduktion ranghoher sektoraler Defizite objektiven Charakters dient (vgl. *Abbildung 1:* Modell zur Analyse von Regierungshandeln). Zur Erlangung bzw. Erhaltung der Massenloyalität und ihrer Legitimationsbasis muß die Regierungselite diese Defizitreduktionsversuche nicht nur unter Berücksichtigung der gegebenen bzw. von ihr perzipierten strukturellen (internen und externen) Bedingungen vornehmen, sondern auch unter Beachtung der subjektiven (im Bewußtsein der Gesellschaftsmitglieder) manifesten Deprivationen auf den verschiedenen Sektoren, und zwar auch solcher, die durchaus nur kurzfristiger Natur sind. Dabei gilt: Je ranghöher (wichtiger) ein Bedürfnis ist bzw. das betreffende Defizit realisiert wird, um so dringender ist die Reduktion der betreffenden Deprivation bei gleichzeitiger Reduktion möglichst anderer ranghoher Defizite und möglichst niedriger Vergrößerung anderer Deprivationen geringerer Wichtigkeit. Die Regierungselite steht dabei unter einem extremen Handlungszwang. Das wichtigste Problem ist für sie die Durchsetzung langfristiger Ziele (u. a. zur möglichst ökonomischen Defizitreduktion zu einem späteren Zeitpunkt) bei gleichzeitiger relativer Bedürfnisbefriedigung. Die Zeitkomponente bei umfassenderen Transformationsprozessen (im Falle von Modernisierungsabläufen) ist evident. Die Utilitätsvorstellung bei der Wert-Erwartungstheorie (diejenige Alternative, die den größten materiellen bzw. ideellen Nutzen verspricht, besitzt auch die höchste Auftrittswahrscheinlichkeit) berücksichtigt durchaus sowohl den Nettonutzen für die (Regierungs-)Elite (z. B. Machterhaltung bzw. -erweiterung) als auch denjenigen für die Majorität bzw. die gewichtigsten Gruppierungen der Gesellschaft. Die primären (eigenen Erlebnisse) und sekundären Erfahrungen (historischen Investitionen) gestalten sich zu einem kontinuierlichen Lernprozeß der politischen Entscheidungsträger, wobei Schlüsselereignisse der betreffenden Gesellschaft bei der Kalkulation der Konsequenzen bestimmter Handlungsalternativen für die politisch Verantwortlichen und die Gesellschaft generalisiert zu werden pflegen. Bei der Perzeption der Handlungsmöglichkeiten und -folgen ergeben sich freilich Divergenzen zwischen subjektiven (z. B. Annahmen der Eliten) und objektiven Wahrscheinlichkeiten.

Bei der in Malta seit vielen Jahren regierenden Administration (Malta Labour Party unter Premier *Dom Mintoff*) kann aufgrund der Datenlage mit Sicherheit angenommen werden, daß das Regierungshandeln nicht von einem inkrementalen, am Status quo orientierten ,,muddling-through" beherrscht wird, sondern – bei aller Selektivität der politischen Wahrnehmung – durch langfristige Konzeptionen und Lösungsstrategien unter Einbeziehung kultureller Traditionen und Gewichtung historischer Schlüsselereignisse geleitet wird. Folgende Orientierungsmarken scheinen handlungsbestimmend zu sein: 1. maltesischer Nationalismus und Rekonstruktion kultureller Identität (,,Maltesianismus"), 2. aggressiv vertretene Neutralitätspolitik (insbesondere gegenüber den beiden Supermächten), 3. internationale Solidarität mit den Ländern der Dritten Welt, 4. sozialistischer Pragmatismus und 5. kulturelle Kontinuität, letztere vor allem im Hinblick auf die außerordentliche Wertschätzung, die die Institutionen der katholischen Kirche und der Familie unter den Maltesern ge-

Abbildung 1: Modell zur Analyse von Regierungshandeln

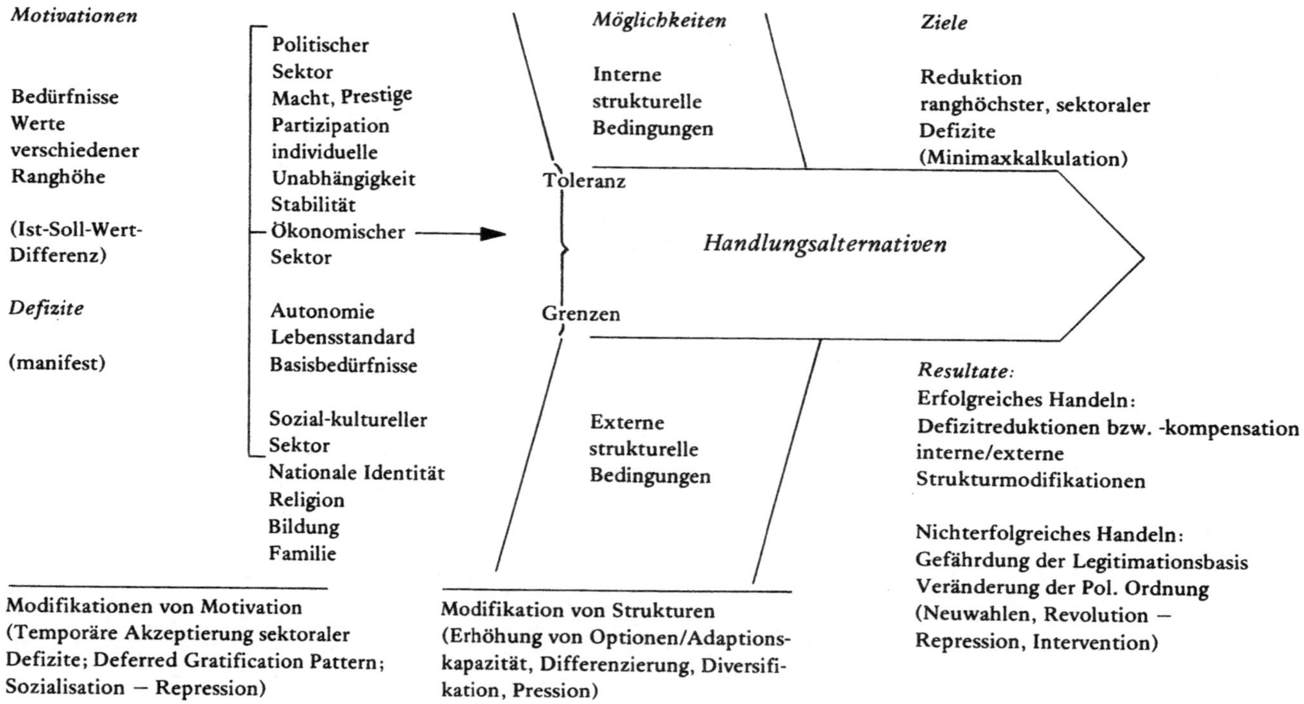

nießen, wobei gewisse Zielkonflikte (Emanzipation der Bildungseinrichtungen, Emanzipation der Frauen) in Kauf genommen oder sehr zögernd Lösungsversuche zugunsten emanzipatorischer Ideale unternommen werden. Nur hinsichtlich der Wahrung kultureller Kontinuität und mit Einschränkung der Nationalismus-Politik kann die Regierung mit allgemeiner Billigung rechnen, alle anderen programmatischen Aktivitäten sind höchst kontrovers, wenn auch aus dem historischen und parteipolitischen Kontext verstehbar, sie tragen allerdings erheblich zur Verschärfung der innenpolitischen Polarisierung bei.
Extern geraten die *Neutralisierungsabsichten* der Regierung (ihr Ideal: „Schweiz des Mittelmeeres") unter vielseitige Pressionen sowohl seitens der Länder der Europäischen Gemeinschaft, der Malta assoziiert ist, als auch arabischer Staaten (in erster Linie Libyen, in zweiter Linie Algerien). Hier erfolgt ebenfalls eine zunehmende Polarisierung, vor allem durch den unverhüllten Anspruch *Libyens*, an das Malta durch billige Erdöllieferungen wirtschaftlich bislang gebunden ist, Malta als „islamisches Vorwerk" – gewissermaßen in Umkehrung der Geschichte – gegenüber Europa zu benutzen. Erst in jüngster Zeit verfolgt die maltesische Regierung eine gewisse Distanzierungspolitik gegenüber Libyen, die durch unfreundliche Akte der libyschen Regierung bei der Auseinandersetzung um die Bohrrechte bei der Erdölsuche im umstrittenen Seebettgrenzgebiet zwischen Malta und Libyen verursacht wurde. Trotz der daraus eventuell erwachsenden Konsequenzen für die maltesische Wirtschaft (Malta ist auf das billige Erdöl dringend angewiesen, da es kaum alternative Energiequellen besitzt und das Erdöl zudem für die Entsalzungsanlagen benötigt wird) darf sich die Regierung bei diesem Verhalten der allgemeinen Zustimmung sicher sein. Trotz vielfältiger Handelsbeziehungen zu den arabischen Staaten, so auch zu Libyen, verhält sich die Bevölkerung gegenüber den libyschen Nachbarn außerordentlich zurückhaltend. Maltas Beziehungen zu Libyen, durch eine neue starke wirtschaftliche Abhängigkeit gekennzeichnet, sind charakteristisch für die Gefahren, die der neuen Nation aus solchen neuen Dependenzverhältnissen erwachsen: werden diese zu unilateral und zudem von den dominanten Wirtschaftspartnern zusätzlich anderweitig ausgenutzt, nämlich militärisch, politisch wie auch kulturell (das libysche Kulturinstitut in Malta befindet sich bezeichnenderweise gegenüber dem maltesischen Parlament und dem Amtssitz des Staatspräsidenten; eine Lehranstalt beherbergt viele Hunderte libyscher Lehrer-Studenten; Libyen besitzt und baut den künftig größten Hotelkomplex der Insel), kann das Land, gerade erst aus kolonialen Bindungen befreit, in neue Abhängigkeit vielfältiger Art geraten. Das um so mehr, als die kleine Inselgruppe, falls ihr nicht unerwartet ein Erdölfund aus ihrer prekären ökonomischen Lage verhilft, noch auf absehbare Zeit auf ökonomische Hilfe von außen dringend angewiesen bleibt. Die Akquisition von auswärtigen Wirtschaftshilfen, Anleihen aus möglichst zahlreichen und bevorzugt fernen Ländern zur gegenseitigen Neutralisierung der multiplen Abhängigkeiten gehört mit zu den Hauptgeschäften jeder maltesischen Regierung und die wohlbedachte Aufsplitterung der Geld- und Kreditgeber zum politischen Kalkül. Das alte maltesische Sprichwort, diesem Beitrag als Titel vorangestellt, reflektiert diese traditionelle Überlebensstrategie der seit alters wegen ihrer Ressourcenknappheit Not leidenden Inselbevölkerung, der in früheren Zeiten auch oft der Weizen ausging: „Niemals wies Malta Korn zurück."
Der Versuch, *maltesische Identität* in Anknüpfung an die arabische Struktur des Maltesischen (ursprünglich ein semitisch-phönizischer Dialekt) und die noch aus der Kreuzritterzeit

und früherer arabischer Besetzung stammenden Kulturkontakte zur arabischen Welt aufzubauen, steht in Widerspruch zu anderen historischen Erfahrungen der Inselgesellschaft, nämlich der kulturellen Nachbarschaft zu *Italien,* dem gegenüber ebenfalls einmal ein Anschlußversuch unternommen wurde, und insbesondere der Teilhabe am Geschick Siziliens über mehrere Jahrhunderte, vor allem aber zur weitgehend kulturellen Anglisierung. Maltas Identität setzt sich wie ein Kulturmosaik zusammen aus Elementen europäischer *und* arabischer Tradition. Hinzu kommen die wirtschaftliche Abhängigkeit sowohl vom Westen als auch von Libyen, die Orientierung an der rechtlichen und politischen Tradition Großbritanniens, der westeuropäischen Staaten, an der römisch-katholischen Kirche und bei der Malta Labour Party an sozialistischen Idealen, die allerdings stärker von den Vorstellungen der englischen Labour Party als vom islamischen Sozialismus bestimmt werden. Diesen „Maltesianismus" spiegelt die Brückenfunktions-Ideologie wider, die Malta in einer *Vermittlerrolle* zwischen Europa und dem Orient sieht und sogar auf gewissen Gebieten (Seebett-Konferenz, Befriedung des mediterranen Raumes) Malta eine Führungsrolle im Mittelmeerraum zugestehen möchte. Hierzu gehören auch die ehrgeizigen Rekonstruktionsversuche vergangener Bedeutung als einstens glänzendes und mächtiges politisches und kulturelles Zentrum im Mittelmeer während der Zeit der Malteserritter. So werden nicht nur die ohne Zweifel ansehnlichen und zum Teil einzigartigen prähistorischen Kultstätten instrumentalisiert, sondern auch im Hinblick auf die frühere militärisch-strategische Position der Inselfestung, unter dem Orden als okzidentales Bollwerk gegen *und* zugleich Brücke zum Orient und unter britischer Kolonialherrschaft als felsenfest-maritime Repräsentation der Weltgeltung des Vereinigten Königreichs im Mittelmeer und gegenüber dessen arabischen Besitzungen, die Inseln nunmehr als „Bastion des Friedens", als internationales Kommunikationszentrum (für Weltkongresse, für ein mediterranes Forschungszentrum, für transnationale Sendestationen, als neutraler Umschlagplatz für den See- und Luftverkehr, als Attraktion für den multinationalen Tourismus) präsentiert: Malta erneut Mittelpunkt der mediterranen Welt und friedliche Stätte euro-arabischer Begegnung. Bei der Implementierung derartig weitreichender politischer Zielvorstellungen ergeben sich weniger Schwierigkeiten auf der Bewußtseinsebene, da die meisten Malteser auf längere Sicht wohl für solche Ideen gewonnen werden könnten, auch außenpolitisch hat die Regierung in dieser Hinsicht durchaus Erfolge zu verzeichnen (mit Italien wurde gerade am 15. September 1980 ein entsprechender Vertrag abgeschlossen); Probleme tauchen vielmehr dort auf, wo kongruente Bestrebungen betroffen werden: Das zeigt sich am deutlichsten an der Sprachenpolitik[33]. Aufgrund der vielfältigen historischen und kulturellen Beziehungen, insbesondere der maltesischen Eliten, zu Italien galt bis in unser Jahrhundert hinein das Italienische in Malta als Bildungs- und Hochsprache, das sich, auch schichtenspezifisch, zur maltesischen Umgangssprache, dem Malti (abwertend: „Küchensprache"), einem semitischen Dialekt mit heute hohem italienischem Vokabularanteil und vielen englischen Lehnwörtern, abgrenzte. Das Festhalten am Italienischen hatte zudem auch noch antikolonialistische Hintergründe. Über viele Jahrzehnte, zwischen 1880 und 1930, entbrannte in Malta ein heftiger Sprachenstreit unter den Gebildeten zwischen einer probritischen Fraktion und den Anhängern einer oppositionellen Italianità-Bewegung, die auch politische Motive (stärkere Anlehnung an Italien) verfolgte. Die zunehmende Anglisierung (begriffen auch als Modernisierung) des maltesischen Alltagslebens, die Bedeutung der Kolonialmacht als größter Arbeitgeber auf der Insel (Voraussetzung zur Einstellung bei britischen Dienststellen war die Beherrschung der englischen Sprache in Wort und Schrift) einerseits und eine Sprachreform im Erziehungswesen, durch die im Jahre 1883 das Italienische als Fremdsprache in der Primarschule durch das Englische ersetzt wurde, beendeten schließlich diesen Sprachenstreit zwischen den Britannisten und Italienisten zugunsten des Englischen. Schon 1920 besaß mehr als ein Drittel der Gesamtbevölkerung die englische Lesefertigkeit[34]; gegenwärtig beherrschen fast alle Malteser die englische Sprache, die neben Malti, seit 1964 Nationalsprache (jetzt auch im Parlament), als zweite Amtssprache fungiert. Der Förderung des nationalen Identitätsbewußtseins und der autochthonen Kultur sowie der Realisierung der Chancengleichheit für untere Sozialschichten ist eine stärkere Berücksichtigung des Maltesischen ohne Zweifel sehr dienlich. So ist in den letzten Jahren eine gewisse Zurückdrängung der englischen Sprache kaum zu übersehen. Obwohl das Englische in der Verfassung als zweite Amtssprache verankert ist, sind Bestrebungen nicht ohne politischen Rückhalt, im Zuge einer forcierten Dekolonialisierung (und Neutralitätspolitik) Englisch als zweite Amtssprache abzuschaffen. Freilich finden derartige Absichten keineswegs breite Zustimmung; vielmehr zeigten alle Erhebungen eine deutliche Mehrheit für die Beibehaltung der bilingualen Lösung[35], andere kontinentaleuropäische Sprachen sowie das Arabische wurden als Amtssprache fast von allen Befragten ausgeschlossen[36]. Dennoch wurde erst vor kurzem das Arabische als weitere Schulsprache eingeführt. In dieser Hinsicht erscheint in einem Land, dessen Sprache (Malti) nur von etwas über 600 000 Menschen in der Welt gesprochen wird (mit abnehmender Tendenz wegen der Assimilationsbereitschaft der ca. 300 000 Emigranten in den Ländern des britischen Commonwealth, vor allem Australien), die Politisierung der Sprachausbildung problematisch, weil in diesem sensiblen Bereich innen- und kulturpolitische Zielvorstellungen mit außenpolitischen Zwecksetzungen von teilweise temporärer Bedeutung konfligieren können. Bei Abwägung der Gesamtinteressen wird in Malta wie in anderen Zwergstaaten mit eigener Sprache grundsätzlich der Vielsprachigkeit der Vorzug gegeben werden müssen; daß dem Englischen trotz (und auch wegen) der Kolonialperiode die Priorität eingeräumt werden soll, entspricht dabei der Überzeugung der Mehrheit.

Was hier anhand des Sprachdilemmas auf dem kulturellen Sektor exemplifiziert werden sollte, zeigt sich in anderen relevanten Lebensbereichen der Politik, der Justiz, der Wirtschaft auf entsprechende Weise.

Faktisch befindet sich der Inselstaat derzeitig sowohl geographisch wie auch politisch und wirtschaftlich in einer *labilen Position zwischen mächtigen Gravitationsfeldern*, so daß bereits nach wenigen Jahren der Unabhängigkeit von der früheren kolonialen Macht das politische Handeln nicht nur von der „normalen" Dekolonisationsstrategie (Emanzipation vom „Mutterland" in kultureller, wirtschaftlicher und politischer Hinsicht), sondern auch in der Bewahrung der gerade erlangten Unabhängigkeit gegenüber neuen Vereinnahmungsversuchen bestimmt wird. Dieser schwierige Balanceakt, der von der Integrations- über die Independenz- zur Interdependenzpolitik führt, erinnert an die Großmeisterpolitik des Ritterordens in seinen Hoch-Zeiten. Nur ist die Durchsetzung dieser Politik im internen System (Partizipation, demokratischer Prozeß, parlamentarische Kontrolle durch Opposition) ebenso schwierig wie auf internationaler Ebene, wobei hier das geringe Gewicht von Kleinstaaten nur durch besonderes diplomatisches Geschick und Innovationen kompensiert werden kann.

Anmerkungen

1 Vgl. *Reinhard Bendix,* Modernisierung in internationaler Perspektive, in: *W. Zapf* (Hrsg.), Theorien des sozialen Wandels, Köln 1969, S. 505–512.
2 Siehe *Daniel Bell,* The Coming of Post-Industrial Society, New York 1973.
3 Vgl. *Burkart Holzner* und *John H. Marx,* Knowledge System in Society, Boston 1979, S. 15.
4 *Karl Löwith,* Weltgeschichte und Heilsgeschehen, Stuttgart 1953.
5 *Joseph W. Eaton,* Institution Building and Development, Beverly Hills, London 1972.
6 *René König,* Offene Fragen und ungelöste Probleme der Entwicklungsforschung, in: *ders.* (Hrsg.) Aspekte der Entwicklungssoziologie, Sonderheft 13/1969 der Kölner Zeitschrift für Soziologie und Sozialpsychologie, S. 16.
7 Vgl. *Dieter Goetze,* Entwicklungssoziologie. Opladen 1976, S. 187ff., sowie *D. Seers* und *L. Joy* (Hrsg.), Development in a Divided World, Harmondsworth 1972.
8 *Horst Büscher,* Handlungsorientierung, Bezugsgruppenerwartungen und Erkenntnisfortschritt in der Entwicklungstheorie, in: Kölner Zeitschrift für Soziologie und Sozialpsychologie, Jg. 31, 1979, S. 25–55, hier S. 46.
9 *S. N. Eisenstadt,* Tradition, Wandel und Modernität, Frankfurt/M. 1979, S. 328 ff.
10 *S. N. Eisenstadt* und *Y. Azmon* (Hrsg.), Sozialismus und Tradition, Tübingen 1977, S. 12.
11 *Friedrich H. Tenbruck,* Die Soziologie vor der Geschichte, in: *Peter C. Ludz* (Hrsg.), Soziologie und Sozialgeschichte, Sonderheft 16/1972 der Kölner Zeitschrift für Soziologie und Sozialpsychologie, S. 29–58.
12 *Klaus-Georg Riegel,* Politische Soziologie unterindustrialisierter Gesellschaften: Entwicklungsländer, Wiesbaden 1976.
13 *Jeremy Boissevain,* A Causeway with a Gate: the Progress of Development in Malta, in: *Sandra Wallmann* (Hrsg.), Perceptions of Development, London 1977, S. 90–99, hier S. 94–95.
14 Vgl. *Henry Frendo,* Manwel Dimech's Malta, Hamrun, Malta 1972, S. 111.
15 *M. M. Metwally,* Structure and Performance of the Maltese Economy, Malta 1977; sowie *ders.,* The Future Path of the Maltese Economic Development, in: Azad Perspective, Jg. 2, 1978, S. 24–32; sowie *Michael Friesenegger,* Der Beitrag des Tourismus zur sozio-ökonomischen Entwicklung Maltas, Dipl.-Arbeit Augsburg 1977.
16 *E. P. Delia,* Focus on Aspects of the Maltese Economy, Valletta, Malta 1978.
17 *Marketing Development Company Ltd.* (Hrsg.), Das Potential für die Industrieentwicklung auf Malta, o.O. 1960, S. 5.
18 *Ebenda,* S. 66.
19 *John C. Grech,* Threads of Dependence. Malta 1978, S. 9ff.
20 Vgl. *Gunnar Hägglund,* Sociological Sketches, Malta 1972, Valletta, Malta 1972, S. 32ff.
21 *Hugo C. F. Mansilla,* Entwicklung als Nachahmung. Zu einer kritischen Theorie der Modernisierung, Meisenheim am Glan 1978, S. 129.
22 *Klaus Esser,* Lateinamerika – Industrialisierungsstrategie und Entwicklung, Frankfurt/M. 1979, S. 208 f., sowie *S. N. Eisenstadt,* Soziologische Merkmale und Probleme kleiner Staaten, in: Schweizerische Zeitschrift für Soziologie, Jg. 1, 1977, S. 67–85.
23 *Günter Menges* und *Bernd Leiner,* Ökonometrische Untersuchungen über die Wirtschaft Maltas unter besonderer Berücksichtigung des Tourismus. Meisenheim am Glan 1971, S. 51 f. Vgl. auch *Jeremy Boissevain,* Tourism and Development in Malta, in: Development and Change, Jg. 8, 1977, und *H. Bowen-Jones, J. C. Dewdney, W. B. Fisher,* Malta – Background for Development, Durham 1961.
24 Vgl. *Geoff Dench,* Maltese in London, London, Boston, 1975, S. 14f.
25 Siehe dazu vor allem *Jeremy Boissevain,* Saints and Fireworks – Religion and Politics in Rural Malta, London 1965; und *Jeremy Boissevain,* Hal – Farrug – A Village in Malta, New York 1969; und *Jeremy Boissevain,* Friends of Friends, Oxford 1974.

26 *Henry Frendo,* Milestone in the Development of Mass Communications in Malta, in: *Azad* (Hrsg.), The Situation of the Communications Media in Malta, Malta 1978, S. 19–30.
27 Vgl. *Edith Dobie,* Malta's Road to Independence, Norman, Oklahoma 1967, S. 162 ff.
28 *Dennis Austin,* Malta and the End of the Empire, London 1971, S. 71.
29 Vergleichbar in dieser Hinsicht (trotz einiger anderer Voraussetzungen) nur mit Gibraltar, das beim Referendum am 10. 9. 1967 mit 12 138 Stimmen bei 12762 Wahlberechtigten eindeutig für den Verbleib beim Vereinigten Königreich votierte.
30 *Dennis Austin,* Malta and the End of the Empire, London 1971, S. 98 und S. 127.
31 *Wilhelm Emil Mühlmann,* Pseudologische Gleichsetzung mit Fremdgruppen, in: Kölner Zeitschrift für Soziologie und Sozialpsychologie, Jg. 1, 1948–49, S. 410–420.
32 Vgl. hierzu vor allem: *Henning Behrens,* Politische Entscheidungsprozesse. Konturen einer politischen Entscheidungstheorie, Opladen 1980; sowie *Peter Christian Ludz,* Politikwissenschaftliche Entscheidungstheorie, ebenda S. XIII–XXVI. Außerdem *Karl-Dieter Opp,* Theorie sozialer Krisen, Hamburg 1978; *Richard Münch,* Mentales System und Verhalten, Tübingen 1972; *Peter Glück* und *Michael Schmid,* Theoretische Falsifikation und Approximation. Zum logischen Verhältnis von Nutzen- und Verhaltenstheorie, in: Beiträge zur Philosophie und Methodologie der Erfahrungswissenschaften, hrsg. von *H. Albert, M. Küttner* und *H. Lenk,* 6/1980. Vgl. auch *Horst Reimann,* Malta – ein Sonderfall? in: Soziologische Analysen, hrsg. von *R. Mackensen* und *F. Sagebiel,* TUB-Dokumentation, Heft 1, Berlin 1979, S. 59–68.
33 Vgl. *D. Marshall,* A History of the Maltese Language in Local Education, Malta 1971; sowie *Walter Oeckl,* Kolonialherrschaft contra Selbstbestimmung – das Streben nach politischer Emanzipation: Malta, Diss. rer. pol., Augsburg 1980, S. 182–204.
34 *Walter Oeckl,* a.a.O. S. 189.
35 Ebenda, S. 195.
36 Ebenda, S. 197.

DER SOZIOLOGE ALS APOTHEKER ODER FUNKTIONÄR?

Probleme anwendungsbezogener Forschung in der Industriesoziologie*

Von Gert Schmidt

I

Ungeachtet des anhaltenden Mißtrauens gegenüber und der öffentlichen und wissenschaftlichen Kritik an der Soziologie auch in den letzten Jahrzehnten, hat sich der Ausbau und die Nutzung von Soziologie seit dem Zweiten Weltkrieg in der Bundesrepublik Deutschland in einem erstaunlichen Maße verstärkt. Nicht nur ist Soziologie zunächst langsam, dann etwa ab Beginn der 60er Jahre beschleunigt, zu einem verhältnismäßig stark ausgebauten Lehrfach an Universitäten und anderen Hochschulen geworden (1950: 5 Lehrstühle, 1960: 25 Lehrstühle, 1970: 70 Lehrstühle!)[1] – soziologische Forschung und insbesondere auch verschiedenste Formen der Anwendung von Soziologie haben in den letzten Jahren eine bemerkenswerte Ausbreitung gefunden. Eingedrungen ist Soziologie insbesondere in Bereiche wie Städteplanung, Sozialarbeit, Bildungswesen und nicht zuletzt in Industrie und öffentliche Verwaltung sowie in die Verbände. Eingedrungen ist Soziologie auf den verschiedensten Wegen: Über die Anstellung von ausgebildeten Soziologen, über die Nutzung soziologischer Theoreme durch Nichtsoziologen, über eine allgemeine „Soziologisierung" der öffentlichen Diskussion gesellschaftlicher Probleme[2].
Verstärkt werden in den letzten Jahren problematische Unschärfen von Soziologie als Praxis deutlich – so gibt es heute in einigen gesellschaftlichen Bereichen Hinweise sowohl auf eine „Soziologie ohne Soziologen" wie auch auf – zugespitzt formuliert – Handeln von „Soziologen ohne Soziologie".
Am Ende der ersten Ausbauphase von Soziologie in Westdeutschland – gekennzeichnet durch die Einrichtung von Soziologie-Studiengängen an den Hochschulen, durch die Etablierung von, wenngleich zunächst bescheidenen, Forschungskapazitäten in Instituten sowie durch die Ausweitung und Stärkung der professionellen Organisation – hat *René König* auf dem 14. Soziologentag in Berlin 1959[3] die Herausforderung der Integration der sozialwissenschaftlichen Intelligenz in das Strukturmodell der arbeitsteiligen Industriegesellschaft thematisiert – als Chance einer konstruktiv-kritischen Überwindung eines Zustandes bzw. einer stark frequentierten handlungswirksamen Täuschung vom „freien Schweben"

* Überarbeitete und erweiterte Fassung eines Vortrages mit dem Titel „Vom Nutzen und Nachteil der (Industrie-)Soziologie", den ich im April 1980 anläßlich der Eröffnung einer Ausstellung des Landesinstitutes Sozialforschungsstelle Dortmund in der Stadtsparkasse Dortmund gehalten habe.

der Intelligenz. *König* sieht die „Integration" als notwendigen – nicht risikofreien – „Reifeprozeß" der Disziplin. Ähnlich *Theodor Geiger* (auf den *König* verweist), der die „These der Massengesellschaft" dem Soziologen unbrauchbar hinterlassen hat, dekomponiert *König* die verbreitete Zwangsvorstellung, „die Bindung der Intelligenz an einen Betrieb oder an ein Amt (komme) sofort und unmittelbar einem Verrat am ursprünglichen Auftrag der Intelligenz gleich"[4]. *König* fordert das Engagement des Sozialwissenschaftlers an „seine" Gesellschaft, er fordert eine der arbeitsteiligen Industriegesellschaft zugewandte differenzierte Organisation von Wissenschaft. Nach seiner Auffassung kommt der institutionellen Sicherstellung der Arbeitsteilung von „pragmatischer Wissenschaft" und „reiner Wissenschaft" (die inhaltlich aufeinander verwiesen und arbeitsteilig getrennt organisiert sind) entscheidende Bedeutung für eine erfolgreiche Annäherung der Sozialwissenschaftler an die Wirklichkeit zu. Eine „engagierte" Annäherung an die Wirklichkeit ist ungeachtet der „Gefährdung durch die Mächte dieser Welt" Voraussetzung des Nutzens von Sozialwissenschaft. Allerdings sieht *René König* schon 1959 (!) die Risiken einer zunehmenden gesellschaftlichen Indienstnahme der Soziologie: überzogene Erwartungen an die *unmittelbare* Nützlichkeit sozialwissenschaftlichen Wissens und voreilige sachlich verkürzte praxisorientierte Anwendungen soziologischer Erkenntnisse[5]. Die Entwicklung der Soziologie in den 60er und 70er Jahren hat, was den quantitativen Ausbau des Faches wie den institutionell-organisatorischen Vorgang der Integration in die arbeitsteilige Struktur der Gesellschaft anbetrifft, sowohl Hoffnungen wie Befürchtungen übertroffen. *René Königs* Problemperspektiven sind unverändert, ja z.T. neu, aktuell. Die Differenzierung von Wissenschaftsorganisation in „pragmatische" und „reine" Wissenschaft allerdings scheint heute von der „wirklichen" Entwicklung der Soziologie „überholt" – von jenen Entwicklungen, die *König* selbst „vorgeschrieben" hatte. Kritische Aufmerksamkeit erfordert vor allem ein wachsendes „Ausfransen" der Forschungspraxis von Soziologen auf dem Hintergrund von z.T. neuen Projektstrukturen und veränderten Politiken der Forschungsförderung.
Im folgenden erörtere ich einige Probleme der gesellschaftlichen Integration von Forschung am „Fall" des gegenwärtigen Entwicklungs(zu)standes von Industriesoziologie in der Bundesrepublik.

II

Der Blick auf die Entwicklung von industriesoziologischer Lehre und Forschung in den letzten 20 Jahren zeigt die Etablierung als Lehrfach und ein außerordentlich starkes Wachstum des Forschungspotentials.
Als Lehrfach wird Industrie- und Betriebssoziologie zügig in die Curricula der Hochschulen aufgenommen – neben Schichtung und Mobilität, politischer Soziologie und der Soziologie des Erziehungs- und Bildungswesens gehört Industrie- und Betriebssoziologie zu den Schwerpunkten des Lehrangebotes nicht nur an den Universitäten, sondern auch an Fachhochschulen und in begrenztem Umfang auch an Pädagogischen Hochschulen. Das Studium der Industrie- und Betriebssoziologie wird in den 60er und 70er Jahren von vielen Studenten, ungeachtet stabilisierter, z.T. ideologisch begründeter Distanz zwischen Soziologiestudium und Wirtschaftspraxis, als in engerem Sinne berufsbezogen aufgenommen.

Größere Bedeutung für die neuere Entwicklung und Wandlung der Industriesoziologie als die Ausbreitung und die Diversifikation des Lehrangebotes[6] hat aber fraglos der Ausbau industriesoziologischer Forschungskapazität insbesondere in den 70er Jahren: Wurden im Jahrzehnt zwischen 1960 und 1969 für industriesoziologische Forschung rund 4 Mio. DM öffentlicher Mittel verausgabt, so stieg die Forschungsförderung für industriesoziologische Projekte im Jahrzehnt von 1970 bis 1979 auf rund 50 Mio. DM! Berücksichtigt man die Kostensteigerungen, so ergibt dies eine Ausweitung der finanzierten Forschungskapazität von immerhin noch um gut das 6fache[7]!

Unverkennbar ist eine zunehmende Bedeutung anwendungsorientierter Auftragsforschung – etwa zwei Drittel der Forschungsmittel sind diesem Bereich zuzurechnen. Unverkennbar ist außerdem seit Mitte der 70er Jahre die herausragende Bedeutung des Humanisierungsprogrammes der Bundesregierung für die Ausweitung und Konsolidierung von industriesoziologischer Forschungskapazität (seit 1975: 20 Mio. DM für industriesoziologische Forschungen)[8]. Wie man auch immer die Entwicklung im einzelnen beurteilen mag: Industriesoziologie hat vor allem im Jahrzehnt nach 1970 – also in einer Periode von zunächst stark verbreiteten „antisoziologischen" Affekten in der Öffentlichkeit – einen erstaunlichen Aufschwung, eine „Renaissance" erfahren[9].

Es wurde aber nicht nur der Aufwand – finanzieller und personeller Einsatz – für industriesoziologische Forschung erhöht; es hat sich der Tätigkeitsbereich industriesoziologisch Forschender auch qualitativ bedeutend erweitert! Industriesoziologische Forschung ist heute beispielsweise in manchen Bereichen institutionell eingebunden in eine Art „überdisziplinäre Forschungswerkstatt", in der Soziologen gemeinsam mit Vertretern anderer Fachwissenschaften Probleme industrieller Arbeitswelt untersuchen und häufig zugleich mit eingespannt sind in Prozesse der Beratung und faktischen Umsetzung der interdisziplinär ermittelten Forschungsergebnisse. Es haben sich Handlungsfelder herausgebildet, die über die Differenzierung nach „pragmatischer" und „reiner" Wissenschaft nicht deutlich genug zu kennzeichnen sind, da hier allein der Aspekt der Über- bzw. Interdisziplinarität nicht sichtbar wird, der für den Prozeß der gesellschaftlichen Integration von Sozialwissenschaft zunehmend relevant geworden ist. Nicht unwichtig scheint auch der wachsende Druck für Sozialwissenschaftler, im Forschungsablauf „doppelte" Rollen zu akzeptieren und spezifisch zu integrieren. Sobald der Wissenschaftler über die Projektstruktur unmittelbar als Berater und „Aktionist" gefordert wird, hat er nicht nur die Spannung zwischen „reiner" Wissenschaftsorientierung und „pragmatischem" Anwendungsbezug auszuhalten, er sieht sich, handelt es sich doch bei technisch-organisatorischen Betriebsproblemen etwa immer auch um hochgradig politische Sachverhalte, zuweilen unversehens als Funktionär – d. h. im Sinne der Vertretung von Verbandsinteressen – beansprucht.

Das quantitative Wachstum und die qualitative Ausweitung der Forschungstätigkeit wird ergänzt von einer dritten, wahrscheinlich nicht minder bedeutsamen, wenngleich verdeckt ablaufenden Entwicklung: der zunehmenden Verbreitung industriesoziologischen Wissens, industriesoziologischer Thesen und Konzepte in anderen Wissenschafts- und auch in anderen Handlungsbereichen der Gesellschaft. Hinweise darauf geben einmal die Zunahme von Studiengängen, in denen Industriesoziologie ein mehr oder minder bedeutendes Pflicht- oder Nebenfach ist, aber auch eine ganz deutliche Soziologisierung etwa von Teilen der Be-

triebswirtschaftslehre (Personalführung, Organisationslehre etc.), der Arbeitswissenschaft und der Arbeitsmedizin (z. B. im Rahmen der Streß-Forschung).
Die skizzierten Entwicklungen sind sicher nicht vor allem Selbstvermarktungsstrategien der Sozialwissenschaftler zu danken, sie lassen sich begreifen auf dem Hintergrund objektiver gesellschaftlicher Problementwicklungen: Im Bereich der Industriewirtschaft und der öffentlichen Verwaltung war sehr deutlich zu beobachten, daß Soziologie zunächst mit großer Skepsis betrachtet, dann auf dem Hintergrund wachsender Probleme des Arbeitskräfteeinsatzes (Stichworte sind: Ausländerbeschäftigung, Arbeitslosigkeit, Folgeprobleme des technisch-organisatorischen Wandels und anderes mehr) mehr und mehr akzeptiert wurde. Der Soziologe, zunächst verwiesen in die Universitäten und mißtrauisch beäugt als Gesellschaftsveränderer, wurde in den letzten 10 bis 15 Jahren in zunehmendem Maße als Diskussionspartner nachgefragt und als Fachwissenschaftler angehört zu Fragen, die vorher einer fachwissenschaftlichen „Betreuung" überhaupt nicht für würdig gehalten wurden – und der Soziologe wird heute schließlich auch häufig genug handfest als Berater angefordert.

Am Beispiel der Diskussion des „Technischen Fortschritts" läßt sich der Wandel gesellschaftlicher Inanspruchnahme von Industriesoziologie verdeutlichen: Zunächst wird der Soziologe vor allem mit für die Problemanalyse herangezogen. Welche Arbeitskräftegruppen sind vor allem betroffen? In welcher Weise reagieren verschiedene Arbeitskräftetypen auf technische Entwicklungen im Betrieb und auf arbeitsmarktpolitische Veränderungen im Zuge von ökonomischen Strukturwandlungen und im Zuge der Veränderung betrieblicher Strategien der Rationalisierung? Später wird der Soziologe auch herangezogen für die Entwicklung von sozialpolitischen Gegenmaßnahmen. Eine Reihe von sozialwissenschaftlichen Instituten, die bis Ende der 60er Jahre vor allem mit Projekten der Problemanalyse befaßt waren, werden zunehmend eingespannt in Projekte, die auf Vorbereitung, Beurteilung und auf die Verbesserung von Sozialpolitik hinzielen (Kündigungsschutz, Arbeitsförderungsgesetz, Rationalisierungsschutz etc.).

Die wachsende Inanspruchnahme der Industriesoziologie durch staatliche Stellen, aber auch durch private Investoren und durch die Interessenvertretungen der Arbeitnehmerschaft ist sicher primär auf objektive sozial-ökonomische Entwicklungen zurückzuführen. Im Zusammenhang mit der ökonomischen Entwicklung sind Veränderungen des politisch-kulturellen Bereiches zu sehen, die durch partial autonome Entwicklungslinien gekennzeichnet sind und die von sich aus Nachfrage nach soziologischen Erkenntnissen generieren (Wertwandel, Erosion der protestantischen Ethik etc.).

„Qualitative" Probleme des Einsatzes von Arbeitskraft haben an Aktualität immer mehr gewonnen: Stabilisierung von Stammbelegschaften, Verfügbarhalten von Qualifikationsreserven, Reduzierung von Fluktuation und Krankenstand, Reaktion auf veränderte Herrschaftssensibilität, Problematik betrieblicher Weiterbildungsmaßnahmen etc. ... Mit sinkenden Möglichkeiten der „Monetarisierung" von schlechten Arbeitsbedingungen etwa sind zudem in den letzten Jahren konkrete Probleme der Gestaltung von Arbeitsplätzen, der Leistungsüberwachung und Arbeitskontrolle etc. in den Vordergrund getreten.

Kennzeichnend für die heutige Krise des betrieblichen Arbeitskräfteeinsatzes ist etwa ein deutlich verschärfter Widerstand von seiten der Arbeitskräfte und ihrer kollektiven Interessenvertretung im Hinblick auf lebensweltrelevante Standards von Arbeit. Etwas überspitzt könnte man sagen: Wir erleben eine Währungskrise hinsichtlich der Vermarktung von Arbeitskraft – die inhaltliche Bestimmung der Tauschwerte wandelt sich.

Dieser Wandel erfolgte und erfolgt nicht schlagartig, es lassen sich aber einige arbeitspolitisch strategische Entwicklungen benennen:

1. Eine Neuorientierung im Hinblick auf die „Nutzung des Menschen" – analog zu „Energieverschwendung" wird „Arbeitskraftverschwendung" zunehmend aktuell.
2. Das Recht auf Lernen und Bildung über die unmittelbare ökonomische Verwertbarkeit hinaus wird ein künftig verstärkt eingeklagtes „Gut" sein.
3. Freizeit lediglich als Kompensation für Arbeitsleid ist zunehmend unverträglich mit dem politischen und kulturellen Selbstverständnis der Bürger.
4. Es werden sich schließlich die Ansprüche an organisierter Teilnahme der Mehrheit der Bevölkerung an den ihre Lebensweltbedingungen betreffenden gesellschaftlichen und betrieblichen Entscheidungen auf Dauer nicht hinhalten lassen[10].

Keine Frage: Industriesoziologie wird in zunehmendem Maße genutzt! Keine Frage auch: Die zunehmende Nutzung hängt eng zusammen mit einer zunehmenden Integration von Industriesoziologie in unterschiedliche Funktionsbereiche der gegenwärtigen Gesellschaft – die Ausdruck findet in einer steigenden Differenzierung von Industriesoziologie als Praxis. Der hiermit verbundene „Strukturwandel" von Industriesoziologie ist Ausdruck beider oben kurz angemerkter Entwicklungen: einer Soziologisierung der allgemeinen gesellschaftlichen Problemwahrnehmung bezüglich industrieller Arbeitswelt und einer zunehmenden Vergesellschaftung von Soziologie, einer Einbindung von ausgebildeten Industriesoziologen und auch von industriesoziologischer Forschung in verschiedene betriebliche und überbetriebliche Handlungs- und Entscheidungsbereiche.

Die Auswirkung und funktionale Differenzierung von Sozialwissenschaft wurde zunächst von den Vertretern der industriesoziologischen Forschungsinstitute auf dem Hintergrund des Wunsches nach Konsolidierung und Kapazitätsausweitung und auch einer sozialkritischen und sozialreformerischen Orientierung der Mehrzahl der Industriesoziologen begrüßt. Sehr bald aber – spätestens seit Mitte der 70er Jahre – sahen sich führende Vertreter der Industriesoziologie genötigt, deutlich auf Grenzen der Leistungsfähigkeit von Industriesoziologie und vor allem der Verantwortbarkeit soziologischen Einflusses auf praktische Politik hinzuweisen.

Der weitaus überwiegende Teil der Forschungsmittel wurde nämlich in kurzfristig angesetzte Projekte investiert; lediglich ein geringer Teil des zusätzlichen Finanzvolumens industriesoziologischer Forschung in den 70er Jahren konnte für langfristig angelegte Forschungen etwa im Grundlagenbereich zur Stabilisierung der Disziplin umgesetzt werden. Eine „traditionelle" Strukturschwäche der deutschen Industriesoziologie wurde hierdurch weiter verschärft. Aufgrund der relativ geringen Entwicklungen und finanziellen Unterstützungen der Industriesoziologie als einer Forschungsdisziplin in den 50er und 60er Jahren gab es nur eine relativ kleine Gruppe von erfahrenen Wissenschaftlern und Forschern; nur wenige Forschungsgruppen hatten „know how" in den speziellen Gegenstandsbereichen einer „Anwendung" der Disziplin akkumuliert. Es ist offensichtlich, daß die Entwicklung der objektiven – materialen und institutionellen – Bedingungen für soziologische Forschung hinter der Expansion von Forschungsaktivitäten der Industriesoziologie weit zurückblieb: Während der 70er Jahre wird eine nennenswerte Anzahl von industriesoziologischen Studien außerhalb des Netzwerkes professioneller Kontrolle durchgeführt. Es gab eine wachsende Zahl von Forschungen auf qualitativ niedrigem Niveau einfach deshalb, weil es an qualifizierten und erfahrenen Wissenschaftlern und Forschern auf diesem Gebiet fehlte. Darüber hinaus sind Tendenzen von mehr oder weniger nicht professionell verstandener, primär politisch motivierter Forschungsaktivität in der westdeutschen Industriesoziologie unverkennbar. Einige Entwicklungen weisen deutlich in Richtung auf eine Reduktion der deutschen Industriesoziologie in Service-Funktionen und Service-Einrichtungen für den Staat, für die Gewerkschaften und/oder für Management bzw. Arbeitgeberverbände. Nicht unerhebliche Anteile der Forschungskapazität sind heute objektiv abhängig von ökonomischen und politischen Interessengruppen.

Außerordentlich problematisch ist das in den 70er Jahren gestiegene Erwartungsniveau gegenüber der Erklärungskraft von industriesoziologischen Forschungsergebnissen. Die Industriesoziologen selbst sind allerdings daran nicht unschuldig, wenn heute von Vertretern der Verbände und Institutionen, die soziologische „Expertise" nachfragen, Rezepte für Problemlösung und Handlungsanleitung in Sachen „soziale Probleme" vehement eingeklagt werden. Schließlich hat man früher allzu häufig das wohlwollende Interesse und die Förderbereitschaft mit unklaren und manchmal auch unseriösen Leistungsangeboten zu wecken gesucht.

In diesem Zusammenhang hat beispielsweise *Burkart Lutz* wiederholt vom „Risiko eines Vernutzungszwanges" von Industriesoziologie gesprochen – ein Risiko, das vor allem dann hoch ist, wenn der Anwendungsbezug von industriesoziologischer Forschung mit der Notwendigkeit enger pragmatischer Anpassung an von außen vorgegebene Forschungsfragestellungen verbunden ist oder wenn industriesoziologische Forschung gar direkt als Instrument der Interessenorientierung verstanden und praktiziert wird. Schon vor 20 Jahren warnte *René König* vor einer „praktisch-pragmatischen" Überforderung der soziologischen Forschung; heute scheint es (wieder) nötig, zusätzlich vor einem „politisch-pragmatischen" Mißverständnis gegenüber soziologischer Forschung zu warnen – einem Mißverständnis, das neuerdings etwa in Anstrengungen um Begriff und Programm einer sogenannten „arbeitnehmerorientierten Sozialforschung" zum Ausdruck kommt[11].

III

Sozialwissenschaftliche Industrieforschung hat, das kann man ohne Blauäugigkeit und professionelle Anmaßung wohl sagen, in der Vergangenheit sozialen Fortschritt auch gestützt, und der Anwendungsbezug von Industriesoziologie scheint angesichts der gegenwärtigen Probleme industrieller Arbeitswelt nötig: Folgeprobleme rascher technisch-organisatorischer Veränderungen und neuer Technologien in Fertigung und Verwaltung, wirtschaftlicher Strukturwandel, neue Ansprüche an „Arbeitsqualität" und hierüber neue Inhalte betrieblicher und überbetrieblicher Interessenkonflikte – Sozialpolitik und rationale Interessenverfolgung erfordern das Interesse an und die Umsetzung von industriesoziologischen Forschungserkenntnissen. In diesem Sinne ist der „pragmatische" Einsatz von Industriesoziologen im *König*schen Verständnis zu fordern: Die Nutzung von soziologischer Reflexion und von soziologischen Forschungsresultaten und Analyseverfahren in Betrieben und Verwaltung – die Tätigkeit von industriesoziologisch Ausgebildeten in der Industriewirtschaft, in der öffentlichen Verwaltung und in den Verbänden.

Mit dem zunehmenden Anwendungsbezug industriesoziologischer Forschung sind allerdings für die Organisation und für die erfolgreiche Kontinuisierung von Forschungspraxis neben Chancen auch, oben bereits angedeutete, ernste Probleme gegeben, die ich im folgenden unter Bezugnahme auf die seit Mitte der 70er Jahre stark ausgebaute soziologische Begleitforschung zu betrieblichen ,,Humanisierungsmaßnahmen" kurz konkretisieren möchte.
Die starke Beteiligung der Industriesoziologie an der Umsetzung des Aktionsprogrammes der Bundesregierung zur ,,Humanisierung des Arbeitslebens" ist wohl der wichtigste Vorgang in der neueren Entwicklung dieses Faches gewesen[12]: Obwohl Industriesoziologie im Programm der Bundesregierung nur eine bescheidene Rolle gespielt hat, ist das Programm für die Entwicklung der Industriesoziologie von entscheidender Bedeutung gewesen: Seit 1975 sind industriesoziologischer Forschung rund 20 Millionen DM zugeflossen, und der größte Teil dieser Forschungsförderung ist eng verbunden mit einem neuen Projekttyp – Begleitforschung –, der durch ein spezifisches Profil von Handlungsanforderungen an den Wissenschaftler gekennzeichnet ist[13]: Forschungsarbeit im traditionellen Sinne, unterstützende Beratung von Management, Vertretern der betrieblichen und überbetrieblichen Interessenvertretung im Hinblick auf eine spezifische Veränderungsmaßnahme im Betrieb und schließlich die professionell orientierte Bewertung der Durchführung und Resultate von betrieblichen Veränderungsmaßnahmen in bezug auf generalisierte politisch-normative Standards, wie sie in den Grundlagen des Förderungsprogrammes ausgedrückt sind. Der Industriesoziologe ist zudem eingespannt in ein für die Durchführung von sozialwissenschaftlicher Forschung neuartiges Beziehungsnetz zwischen einer speziellen staatlichen Steuerungsinstanz ,,Projektträger Humanisierung des Arbeitslebens", dem Betrieb, seiner Rolle in einem in der Regel interdisziplinären Forschungsteam und einem multidisziplinär zusammengesetzten Gutachterausschuß, dem außer unterschiedlichen Fachvertretern auch noch Repräsentanten der Tarifpartner und der Bundesregierung angehören.

Für die beteiligten Industriesoziologen ist die Mitarbeit an Projekten sozialwissenschaftlicher Begleitforschung im oben skizzierten Sinne mit folgenden neuen Leistungsanforderungen in der Linie einer tendenziellen Veränderung ihrer professionellen Definition verbunden:
- Entwicklung von und Beteiligung an der Formulierung von Normen für die Gestaltung von Arbeitsbedingungen (z. B. Schutzdaten, Mindestnormen für Arbeitsinhalte usw.),
- fachwissenschaftliche Beratung der Betriebsparteien,
- Produktion von übertragbaren Forschungsergebnissen,
- Umsetzung ,,gesicherter" Forschungsergebnisse in die betriebliche Praxis,
- interdisziplinäre Zusammenarbeit mit anderen Sozial- und Technikwissenschaften.

Wichtig zur ,,Verortung" der neuen Projektform ist zudem: Begleitforschungsprojekte sind an einzelbetriebliche, mit Mitteln des Aktionsprogramms geförderte Umstellungsmaßnahmen gekoppelt, die direkt oder indirekt den betrieblichen Arbeitskräfteeinsatz betreffen und verändern. Begleitforschungsprojekte sind in ihrer Zielsetzung eindeutig an betriebliche Definitionen von Problemen und Veränderungsabsichten gebunden. Die mit Begleitforschung verknüpften Leistungserwartungen an den Industriesoziologen stehen in beträchtlicher Spannung zu wichtigen, bisher vornehmlich über empirische Projekte fundierte Forschungsorientierungen in der westdeutschen Industriesoziologie[14].

Zunächst lassen sich im Zuge der Durchsetzung des neuen Projekttypus ,,Begleitforschung" durchaus ,,positive" Entwicklungschancen für die Forschung nennen[15]:

1. Über Begleitforschung wurde in einem zuvor nicht dagewesenen Maße Forschungsfeld für Industriesoziologen eröffnet. Darüber hinaus wurde der Zugang zum Forschungsfeld durch extern definierte und vereinbarte formale Regeln garantiert. Die Forschungsgruppen sind „formell“ nicht gänzlich abhängig vom „goodwill“ des Managements.

2. Kennzeichen der Projekte ist, daß sie über eine längere Periode in einem Betrieb oder einer Verwaltungseinheit ablaufen und somit dem Forscher die günstige Gelegenheit geben, ein „Objekt“ über einen längeren Zeitraum hinweg kontinuierlich zu analysieren. Die Möglichkeit zu Längsschnittuntersuchungen eröffnet für industriesoziologische Forschung sowohl neue Themen wie auch neue Möglichkeiten der Methodenentwicklung.

3. Die „erzwungene“ Kooperation zwischen Industriesoziologen und Betriebs- und Verwaltungspraktikern ist nicht zuletzt als ein Lernprozeß auch gerade für die Forscher zu werten. Insbesondere kann diese Kooperation zu einer wechselseitigen Wahrnehmungskorrektur im Sinne einer De-Ideologisierung bzw. „Aufklärung“ führen.

4. Ohne Zweifel ist einer der wichtigsten positiven Aspekte des neuen Typus „Begleitforschung“, daß die Begleitforschung in der Regel als interdisziplinärer Forschungszusammenhang institutionalisiert ist. Der hierüber erzielbare Lerneffekt auch gerade für Industriesoziologen kann kaum überschätzt werden.

5. Schließlich werden Forscher im Rahmen von Begleitforschungsprojekten in unmittelbarer Weise mit beabsichtigten und nicht beabsichtigten Folgen und Nebenwirkungen ihrer eigenen Forschungstätigkeit „am Objekt“ konfrontiert. Diesbezügliches Erfahrungslernen kann nicht zuletzt auch Sensibilität der Forscher für ihr eigenes Rollenverhalten schaffen und Methodenkritik fördern.

Insgesamt gesehen kann kein Zweifel darüber bestehen, daß Industriesoziologie durch sozialwissenschaftliche Begleitforschung zu Humanisierungsmaßnahmen nicht nur eine erhebliche Ausweitung erfahren hat, sondern daß über diese Projekte auch Chancen der Weiterentwicklung von Methoden, analytischen Konzepten und Theorieansätzen gegeben sind. Im Zuge der Ausweitung der Beteiligung von Industriesoziologen an sozialwissenschaftlicher Begleitforschung zu betrieblichen Humanisierungsmaßnahmen – heute sind ganz erhebliche Anteile der Forschungskapazität an solche Begleitforschungsprojekte gebunden – werden freilich auch ernsthafte Strukturprobleme der Disziplin deutlich, und es werden auch neue Probleme einer Weiterentwicklung und Konsolidierung der Disziplin geschaffen:

1. Erhebliche Kapazitäten der Forschung sind objektiv abhängig von spezifischen ökonomischen und politischen Interessengruppen. Es lassen sich für Westdeutschland eine ganze Reihe von Forschungsgruppen angeben, die mehr oder minder darauf angewiesen waren und sind, über längere Zeiten hinweg Aufträge zur Bearbeitung von sozialwissenschaftlicher Begleitforschung zu erhalten. Dieser Umstand bindet die betreffenden Forschungsgruppen an Interessenten.

2. Zunehmende Anerkennung von Industriesoziologie korrespondiert mit einer zunehmend wirksamen Widersprüchlichkeit der Interessenbesetzung der Forschung: Kennzeichnend

ist, daß Industriesoziologen in sogenannten Humanisierungsprojekten tendenziell zerrieben zu werden drohen zwischen allgemeinen gesellschaftspolitischen Zielsetzungen des Programmes und den partikularen betriebsbezogenen Interessenzielen, auf die hin jeweils die Einzelprojekte „zugeschnitten" sind. Vor vielen Jahren hat *L. Baritz* die radikale De-Professionalisierung von Teilen der amerikanischen Industriesoziologie unter der Formel „Servants of Power" beschrieben. Kein Zweifel besteht darüber, daß das Humanisierungsprogramm für die deutsche Industriesoziologie Herausforderung und Verführung im Sinne dieser Formel darstellt[16].

3. Mit der Beteiligung an Begleitforschungsprojekten verbinden sich für Industriesoziologen häufig weit überzogene Erwartungen von seiten der Betriebe und/oder der Vertreter der Gewerkschaften hinsichtlich der Erklärungskraft und der faktischen Umsetzbarkeit von Forschungsergebnissen. Manager, Regierungsvertreter wie Gewerkschaftsfunktionäre erwarten prinzipiell vom Industriesoziologen, daß er ein nützlicher „Techniker" angesichts aktueller sozialer Probleme im Betrieb ist. Die gewährte „Anerkennung" von industriesoziologischer Forschung ist in hohem Maße von der vermuteten „Problemlösungskapazität" der Forschung abhängig.

4. Außerordentlich gefährlich ist die durch die Projektstruktur und den Projektprozeß häufig gegebene Verführung für den Forscher, sich aktiv in betriebliche Entscheidungs- und Willensbildungsprozesse einzuschalten. Zuweilen ist es für den Industriesoziologen gar nicht vermeidbar, in das innerbetriebliche Politikgeschehen einbezogen zu werden[17]. Der Industriesoziologe läuft Gefahr, von seiten der Betriebsvertreter in weit höherem Maße, als er dies auf dem Hintergrund seiner Fachkompetenz rechtfertigen kann, als Experte zur Lösung der anstehenden sozialen Probleme wahrgenommen zu werden. Die für sozialwissenschaftliche Forschung konstitutive Differenz zwischen der Kompetenz zu „Problemdiagnose" und der Verfügung über Rezeptewissen wird an der „Front" sozialwissenschaftlicher Begleitforschung häufig nicht gesehen und akzeptiert. Hierüber besteht für den forschenden Industriesoziologen in solchem Projektzusammenhang eigentlich immer die Gefahr, daß er professionell „über seine Verhältnisse" lebt.

Auf dem Hintergrund der problematisierten Entwicklung von Industriesoziologie im Zeichen des verstärkten Engagements an Projekten sozialwissenschaftlicher Begleitforschung zu betrieblichen Humanisierungsmaßnahmen scheinen mir zunächst drei allgemeine Anmerkungen angebracht: Es scheint erstens nötig zu sein zu betonen, daß wir zu vielen objektiv wichtigen Fragen von seiten der Soziologie sehr wenig wissen, und dies insbesondere hinsichtlich der Anwendungsaspekte! Erinnert sei etwa an den Problemkreis „Belastung/Beanspruchung" oder auch an die ganz andere Frage der Einführung sogenannter „neuer Arbeitsstrukturen" in Industrie und Verwaltung. Es fehlt uns an Kenntnis der tatsächlich wirksamen Erfahrungen und der individuellen und kollektiven Erfahrungsverarbeitung auf seiten der Arbeitnehmer; es fehlt uns an Kenntnis über die betrieblich-strukturellen Voraussetzungen für Erfolg oder Nichterfolg bestimmter technisch-organisatorischer Veränderungen unter dem Signum „Humanisierung"; es fehlen uns schließlich auch Kenntnisse von Konzepten erprobter und übertragbarer Formen der Umsetzung von Veränderungsprogrammen – vor allem, wenn diese Veränderungsmaßnahmen als Prozesse zu organisieren sind, die nicht über die Köpfe der Arbeitskräfte hinweggehen sollen, sondern ihre Beteiligung sinnvoll mit aufnehmen sollen.

Kurz gesagt: Es fehlen sozialwissenschaftliche Forschungen und Erkenntnisse zu Prozessen der Anwendung von Forschungsergebnissen[18].

Zweitens ist mir die Forderung wichtig, daß forschende Industriesoziologie, die häufig sehr dicht herangerückt ist an Prozesse der faktischen Veränderung betrieblicher Verhältnisse, sich neben der Orientierung an aktuellen gesellschaftlichen und betrieblichen Problemen immer wieder zu vergewissern hat einer binnenwissenschaftlich rückzukoppelnden theoretisch-analytischen Substanz der Arbeit. Gerade weil sie „so praktisch" wird, muß Industriesoziologie auf theoretischer Entwicklung beharren.

Zum dritten erscheint es mir schließlich sinnvoll, die Frage gesellschaftlich bedingter prinzipieller Probleme der Leistungsfähigkeit, des verantwortbaren Angebotes industriesoziologischer Forschung in der Diskussion zu halten.

Es wird schwierig sein, die eingetretene institutionelle und organisatorische Differenzierung soziologischen Forschungsengagements professionell zu kontrollieren – und verfügbar zu halten, woran *König* auch vor 20 Jahren schon erinnern mußte: „Aufgabe der Soziologie als Wissenschaft und des Gelehrten ist die Erfassung gesellschaftlicher Strukturen und Prozesse in einer Objektivität, die durch ein Minimum an Interessen belastet ist."

Ohne Frage wird die Ausweitung der Industriesoziologie im Bereich der betriebsorientierten Begleitforschung ernsthafte negative Rückwirkungen auf die Struktur der Profession haben, wenn die neue Nachfrage nach Forschung innerhalb der professionellen Organisation nicht „abgefangen" werden kann. Stärkere Förderung der Forschungsausbildung von Soziologen an den Hochschulen ist sicher eine notwendige Forderung angesichts der sich abzeichnenden Probleme. Am wichtigsten aber wird wohl die verstärkte Stabilisierung von kontinuierlicher und kumulativer Forschungskapazität sein. Nur bei gesicherter und sich entwickelnder Kapazität für Grundlagenforschung wird es möglich werden, eine wachsende Nachfrage nach kurzfristiger klientenorientierter Forschung mittel- und langfristig erfolgreich letztlich auch im Sinne der Interessen der Nachfrager durchzuführen.

Angesichts einer sich ausbreitenden Enttäuschung – die häufig allein eine Ent-Täuschung im engeren Wortsinn ist – über den Nutzen soziologischen Forschens bei einigen Gewerkschaftern und bei Teilen der staatlichen Forschungs-Bürokratie und angesichts einer unverkennbaren Differenzierung des Tuns von Industriesoziologen scheint es mir schließlich zunehmend wichtig, die differenten Voraussetzungen und Formen sowie hiermit verknüpfte Sinn- und Handlungsgrenzen von Soziologie als Element beruflichen Handelns zu präzisieren und vor allem „Soziologie als Forschung" in kritischer Anerkennung ihrer je besonderen historisch-gesellschaftlichen Bedingtheit als professionelles Handlungsprojekt gegenüber vielfältigen anderen Formen sozial integrierter Soziologen-Praxis auszugrenzen.

IV

Industriesoziologische Forschung ist dann unsolide, wenn Soziologen versuchen, ihre Ergebnisse im Sinne einer Umsetzung für politisch-praktische Lösungen als „Rezepte" auszugeben. Industriesoziologische Forschung kann die politische Auseinandersetzung zwischen Interessenten um die Lösung gesellschaftlicher Probleme nicht ersetzen, und der Industriesoziologe kann nicht beanspruchen, gesellschaftliche Synthesen zu erarbeiten[19]. Industriesoziologen „verspielen" ihren Kredit, wenn sie sich in Forschungsprojekten als Funktionäre „engagieren" (lassen). Industriesoziologen sind darüber hinaus als „Apotheker" überfordert, und sie müßten eigentlich in Kenntnis um ihr entzaubertes Unvermögen und angesichts der gegenwärtigen gesellschaftlichen Bedingungen wissen, daß sie miserable Medizinmänner sind.

Soziologische Forschung kann Handlungsvoraussetzungen und Handlungsmöglichkeiten verdeutlichen, soziologische Forschung kann helfen, Handlungsfolgen präziser in den Griff zu bekommen – sie befähigt uns auch zu sachlich begründeter Kritik. Soziologische Forschung kann möglicherweise auch in begrenztem Umfange dazu beitragen, Folgen bestimmter Handlungsweisen auf dem Hintergrund bekannter Konstellationen zu prognostizieren. Industriesoziologische Forschung – Soziologie insgesamt – kann aber eines nicht – und in diesem Punkte ist, meine ich, die Erinnerung an *Max Weber* sinnvoll –, sie kann nicht Wertstandpunkte (er)setzen, und Wertstandpunkte sind letztlich die Verantwortungsinstanzen für das menschliche Handeln.

Die starke Ausweitung der Tätigkeit von Industriesoziologen und die deutlich fortgeschrittene Integration der sozial-wissenschaftlichen Intelligenz in die arbeitsteilige Struktur der modernen Industriegesellschaft sollte den originären Anspruch sozialwissenschaftlicher Forschung nicht unkenntlich machen, ein Anspruch, den *René König* vor 20 Jahren mit Hilfe einer Formulierung *Emile Durkheims* bekräftigt hat: „Nous ne voulons pas tirer la morale de la science, mais faire la science morale, ce qui est bien différent[20]."

Anmerkungen

1 Siehe *M. Rainer Lepsius*, Die Entwicklung der Soziologie nach dem Zweiten Weltkrieg 1945–1967, in: KZfSS, Sonderheft 21, 1979, S. 25–70.

2 Vgl. *Bernhard Badura* (Hrsg.), Seminar: Angewandte Sozialforschung, Frankfurt/M. 1976; darin *ders.*, Prolegomena zu einer Soziologie der angewandten Sozialforschung, S. 7–27.

3 *René König*, Wandlungen in der Stellung der sozialwissenschaftlichen Intelligenz, in: *A. Busch* (Hrsg.), Soziologie und moderne Gesellschaft, Stuttgart 1959; – Wiederabdruck in: *René König*, Studien zur Soziologie, Frankfurt 1971, S. 87–102.

4 *René König*, a.a.O., S. 89.

5 Vgl. *König*, a.a.O., S. 100f.

6 Vgl. die Enquête für die Deutsche Gesellschaft für Soziologie zur Lage der Lehre von Industriesoziologie an den westdeutschen Hochschulen – bearbeitet von *D. Seibel*, *S. Metz-Göckel* und *G. Schmidt* (unveröffentlichtes Manuskript, Dortmund 1977).

7 Vgl. hierzu *Joachim Bergmann*, Organisation und Finanzierung der industriesoziologischen Forschung in der Bundesrepublik (unveröffentlichtes Manuskript, Darmstadt 1979). Der Eindruck vom Ausmaß des Ausbaus industriesoziologischer Forschung binnen eines Jahrzehntes sollte jedoch nicht darüber hinwegtäuschen, daß es erstens einen ungeheuren Nachholbedarf an Forschungskapazität gegeben hat, und daß zweitens die Gesamtförderung für industriesoziologische Forschung im Vergleich zu anderen Forschungszweigen, etwa Medizin, Produktionstechnologie etc., nach wie vor geradezu winzig ist.

8 Auch im Programm „Humanisierung des Arbeitslebens" der Bundesregierung spielt die Soziologie, was die Fördermittel anbelangt, mit einem Anteil von rund 12% freilich eine relativ bescheidene Rolle.

9 Siehe *Burkart Lutz* und *Gert Schmidt,* Industriesoziologie, in: *René König* (Hrsg.), Handbuch der empirischen Sozialforschung, Bd. 8, Stuttgart 1977, S. 217ff.

10 Vgl. hierzu *W. Pöhler,* Neue Technik und soziale Verantwortung, in: *R. Koschnitzke* und *H. G. Rolff* (Hrsg.), Technologischer Wandel und soziale Verantwortung, Essen 1980, S. 11–19.

11 Vgl. z. B. *Siegfried Katterle* und *Karl Krahn* (Hrsg.), Wissenschaft und Arbeitnehmerinteressen, Köln 1980.

12 Eine ausführliche Darstellung und Würdigung des Programmes, seiner politischen Zielsetzungen, der institutionellen Struktur, der Prozeduren der Projektvergabe etc. kann hier nicht erfolgen – verwiesen sei auf *W. Pöhler,* ...damit die Arbeit menschlicher wird, Bonn-Bad Godesberg 1979.

13 Als Versuch einer stärker analytisch orientierten Diskussion des Projekttypus „Begleitforschung" vgl. *H. J. Braczyk* und *Gert Schmidt,* Industriesoziologie in Anwendung – Zu Problemen sozialwissenschaftlicher Begleitforschung in: *Ulrich Beck* (Hrsg.), Sonderheft Probleme angewandter Sozialforschung, Soziale Welt, 1981.

14 Vgl. *H. J. Braczyk* und *Gert Schmidt,* Industriesoziologie in Anwendung, a.a.O., S. 5f.

15 Vgl. *Gert Schmidt,* The Federal Programme 'Humanization of Work' and Industrial Sociology in the Federal Republic of Germany, Vortrag aus Anlaß der Lazarsfeld-Konferenz in Wien "The Political Realization of Social Science Knowledge and Research", Wien, 18.–20. 6. 1980 (Veröffentlichung in Vorbereitung).

16 *L. Baritz,* The Servants of Power, Middletown 1960.

17 Vgl. hierzu *J. v. d. Knesebeck,* Probleme der Evaluierung im Humanisierungsprogramm der Bundesregierung, Vortrag anläßlich des Politologenkongresses in Augsburg 1979 (erscheint demnächst).

18 Erste Erkenntnisse in diesen Wirkungsbereichen ermittelt zu haben, ist sicher Verdienst der Forschungsarbeiten der Gruppe um *Werner Fricke* (Friedrich-Ebert-Stiftung). Problematisch ist es allerdings, der Arbeitsweise von *Fricke* u. a. den Status übertragbarer Forschungsmethoden zuzuschreiben und in Verbindung damit gar – wie auch immer in Worte gefaßte – „alte", „traditionelle" Industriesoziologie gegen – ebenfalls wie auch immer anders adjektivierte – „neue" Industriesoziologie zu setzen. *Fricke* selbst ist in seiner Einschätzung vorsichtiger als mancher seiner „Anhänger" – vgl. *Fricke* in: *W. Pöhler,* ...damit die Arbeit menschlicher wird, a.a.O., S. 84–102.

19 Vgl. hierzu auch *M. Rainer Lepsius,* Gesellschaftsanalyse und Sinngebungszwang, in: Mannheimer Berichte, Heft 5, Juli 72, S. 111–117.

20 *Emile Durkheim,* De la division du travail social, 5. Aufl. Paris 1926, S. 37, zitiert in *René König,* a.a.O., S. 101.

III. Soziologische Analysen

CONSCIENCE COLLECTIVE – HEUTE*

Von Karl Otto Hondrich

Unter Bezugnahme auf *Talcott Parsons* hat *René König* bei seinem Versuch, die Ideen *Emile Durkheims* in differenzierter Weise in der deutschen Nachkriegssoziologie bekanntzumachen, die Doppeldeutigkeit eines *Durkheim*schen Zentralbegriffs herausgearbeitet: Der Begriff der *conscience collective* meint zum einen soziales Bewußtsein als gemeinsame Glaubens- und Wertvorstellungen, die als transzendentale Bedingung sozialer Ordnung immer gegeben sein müssen; zum andern bezieht er sich auf eine bestimmte Art von Bewußtsein, die als mechanische Solidarität in traditionellen Gesellschaften vorherrschte und in der modernen Gesellschaft einer andern Art von Bewußtsein, dem Individualbewußtsein, weicht. *König* hält beide Konzepte theoretisch für unvereinbar *(René König* 1965, S. 28 ff.; 1976, S. 323 ff.). Demgegenüber läßt sich zeigen, daß eine von *Durkheim* bereits eingeleitete, aber bis heute nicht weitergeführte Analyse des Begriffs der conscience collective in verschiedenen Dimensionen nicht nur eine Lösung des theoretischen Problems, sondern interessante Forschungshypothesen zum Bestandsproblem von sozialen Systemen ebenso wie zu Entwicklungsproblemen moderner Gesellschaften nahelegt.

Ich möchte *Durkheim* so wenig wie nötig auslegen und kritisieren, sondern mich von ihm inspirieren lassen. Wie erweitert sich unser Begriffsverständnis von conscience collective, wenn man sein Denken fortsetzt? Was kann der Begriff für eine allgemeine Theorie des Sozialen leisten? Welche Hypothesen für sozialen Wandel in zeitgenössischen Gesellschaften lassen sich mit seiner Hilfe entwickeln? Schließlich: Welche Fragen für die Forschung ergeben sich daraus? Dies sind die Punkte, unter denen ich meine Überlegungen gliedern werde.

Der Begriff der conscience collective

Durkheim definiert das ,,kollektive oder gemeinsame Bewußtsein" als ,,die Gesamtheit der gemeinsamen Glaubensvorstellungen und Gefühle des Durchschnitts der Mitglieder ein und derselben Gesellschaft". Diese Gesamtheit bildet ein ,,System, das ein Eigenleben hat" (1922, S. 35 f.). Betrachten wir die Bestandteile dieser Definition im einzelnen.

* Überarbeitete Fassung eines Referats auf der Arbeitstagung ,,Emile Durkheim" der Sektion Soziologische Theorien in der Deutschen Gesellschaft für Soziologie in Münster, Januar 1981. Anregungen von dieser Tagung sind in den Text eingegangen.

Bewußtsein ist ein psychologisches Phänomen. Und *Durkheim* meint es auch so. Psychologie und Soziologie haben es beide mit psychischen Zuständen und Prozessen zu tun – mit Individualbewußtsein die erstere, mit Kollektivbewußtsein die letztere. Beide Bewußtseine zusammen bilden „das" Bewußtsein, ein Gesamt-Bewußtsein, das im Prinzip bei jeder Person und in jedem Kollektiv feststellbar ist. Kollektivbewußtsein ist nicht das schwer begreifliche Bewußtsein des Kollektivs, sondern der Teil des Gesamtbewußtseins einer Person, den sie mit andern Mitgliedern des Kollektivs gemein hat. *Durkheim* hat diesen Gedanken von *Albert Schäffle* übernommen, wie *Lore Heisterberg* in einer verdienstvollen Dissertation gezeigt hat (1980, S. 224), und er hat ihn stark gemacht, um den Gegenstand der Soziologie von dem einer individualistischen Psychologie abzugrenzen, ohne in Anti-Psychologie oder Hypostasierung von Totalitäten zu verfallen.

Man kann *Durkheim,* wenn man genau hinsieht, sogar eher das Gegenteil vorwerfen: einen genetischen methodologischen Individualismus, der Kollektivbewußtsein aus schon vorhandenen Einzelbewußtseinen ableitet. (Der Versuch, *Durkheim* als methodologischen Individualisten und psychologischen Reduktionisten zu lesen, ist übrigens in anderem Zusammenhang von *Viktor Vanberg* [1975] gemacht worden.) „Zweifellos kann keine kollektive Erscheinung entstehen, wenn kein Einzelbewußtsein vorhanden ist; doch ist diese notwendige Bedingung allein nicht ausreichend. Die einzelnen Psychen müssen noch assoziiert, kombiniert und in einer bestimmten Art kombiniert sein; das soziale Leben resultiert also aus dieser Kombination und kann nur aus ihr erklärt werden. Indem sie zusammentreten, sich durchdringen und verschmelzen, bringen die individuellen Psychen ein neues, wenn man will, psychisches Wesen hervor, das jedoch eine psychische Individualität neuer Art darstellt. In der Natur dieser Individualität, nicht in jener der sie zusammensetzenden Einheiten müssen also die nächsten und bestimmenden Ursachen der Phänomene, die sich dort abspielen, gesucht werden. Die Gruppe denkt, fühlt und handelt ganz anders, als es ihre Glieder tun würden, wären sie isoliert" *(Durkheim* 1965, S. 187 f.). Ein konsequenter, an *Georg Simmel* und *George Herbert Mead* geschulter methodologischer Kollektivist, besser: Interaktionist, würde den Anfang dieses Zitats genau andersherum fassen: ‚Zweifellos kann kein Einzelbewußtsein entstehen, wenn keine kollektive Erscheinung vorhanden ist' – aus der Assoziation und aus dem Überlappen sozialer Kreise bildet sich erst, wie *Simmel* uns gelehrt hat, die Individualität.

Die hier zutagetretende Widersprüchlichkeit löst sich indessen auf, wenn man den Begriff des Einzelbewußtseins von einer Doppeldeutigkeit befreit: Einzelbewußtsein kann sein das Gesamtbewußtsein eines einzelnen Menschen bzw. Lebewesens, also die Summe von gemeinsam geteilten (= kollektiven) und persönlich einzigartigen (= individuellen) Bewußtseinselementen eines Einzelnen. Oder es kann mit Einzelbewußtsein gemeint sein: nur die einzigartigen Bewußtseinsbestandteile, durch die sich der Einzelne vom Durchschnitt der Kollektivmitglieder unterscheidet, sein Besonderes. Im ersten, weiteren Sinn, als Gesamtbewußtsein einzelner Lebewesen sozusagen zu deren organischer Gesamtausstattung gehörend, soll *Durkheims* Begriff des Einzelbewußtseins verstanden werden – *Durkheims* zitierte Behauptung besagt dann nicht mehr, als daß es keine Vergesellschaftung ohne Einzelne geben kann. Scharf davon zu unterscheiden ist die zweite, engere Wortbedeutung, für die wir uns deshalb auf den Begriff des individuellen Bewußtseins festlegen wollen. Das individuelle

Bewußtsein ist der Teil des Gesamtbewußtseins, durch den der Einzelne seine vom Durchschnitt des Kollektivs abweichende Individualität erhält. Individuelles Bewußtsein ist, genetisch gesehen, ein soziales Produkt, es bildet sich in Vergesellschaftungsprozessen.
Wir können das Verhältnis dieser drei Bewußtseinsbegriffe mit folgendem einfachen Schema verdeutlichen:

Einzelbewußtsein
(als Gesamtbewußtsein eines jeden Einzelnen)

kollektives Bewußtsein — individuelles Bewußtsein

Wie viele Bestandteile eines Einzelbewußtseins kollektiv, das heißt mit anderen Kollektivmitgliedern geteilt, wie viele individuell-einzigartig sind, kann natürlich nur durch einen Vergleich verschiedener Einzelbewußtseine festgestellt werden. Stellt man sich vor, man könne diese Einzelbewußtseine wie Blätter von gleicher ovaler Form, aber verschiedener Größe aufeinanderlegen, um ihren kollektiven und ihren individuellen Gehalt vergleichsweise zu ermitteln, so gelangt man zu einem Bild, das schematisch einer Margeritenblume gleicht:

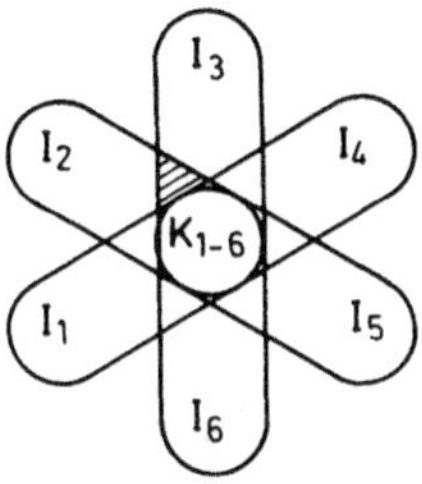

Dort, wo sich die Einzelbewußtseine aller sechs Individuen, die im schematischen Beispiel assoziiert sind, überdecken, ist ihr Kollektivbewußtsein $K_{1/6}$ zu lokalisieren. Es entspricht, um im Bild zu bleiben, dem Blütenboden. Die auseinanderstrebenden „Blütenblätter" I_1, I_2 etc. stehen jeweils für den Teil der Einzelbewußtseine, den wir mit Individualbewußtsein gekennzeichnet haben. Teilweise überlappen auch noch Stücke dieser Individualbewußtseine, zum Beispiel von I_1 und I_2 und I_3 (schraffiert). Diese bilden dann zum Gesamtkollektiv noch ein Subkollektiv. Das Gesamtbewußtsein einer Gesellschaft oder eines sozialen Systems (im Gegensatz zum Gesamtbewußtsein einer einzelnen Person) ergibt sich aus dem Kollektivbewußtsein bzw. den Bewußtseinen aller Subkollektive, vermehrt um alle Individualbewußtseine. Stellt man sich den Vorgang graphisch vor, dann wächst das soziale Gesamtbewußtsein (= Gesamtbewußtsein in einem sozialen System) nicht durch Addition der Einzelbewußtseine, sondern entweder durch die Vergrößerung des Kollektivbewußtseins und/oder durch die Vermehrung oder Vergrößerung der Individualbewußtseine. Auf eine Formel gebracht: Gesamtbewußtsein eines sozialen Systems = Kollektivbewußtsein plus Anzahl mal Größe der Individualbewußtseine.
Wenn *Durkheim* davon spricht, daß die gemeinsamen Vorstellungen ein System bilden, das ein Eigenleben hat, dann ist damit zum einen gemeint, daß die Bestandteile der conscience

collective miteinander in eine zumindest psychologische Konsonanz gebracht werden müssen; zum anderen, daß sie auf Grund ihrer gleichzeitigen Verankerung in vielen Personen nicht durch die Anstrengung einer Person ohne weiteres verändert werden können. Es ist diese Verfestigung des Kollektivbewußtseins, die ihm gegenüber den Individualbewußtseinen ein Eigenleben, ja einen gewissen Zwangscharakter verleiht. Der Einzelne kann es weder ändern noch sich ihm entziehen – er müßte schon eine ungewöhnliche charismatische Stellung haben und günstigste Bedingungen sozialer Beeinflussung vorfinden.

Aufgrund dieser Bestimmung des kollektiven Bewußtseins lassen sich die Dimensionen erarbeiten, in denen es variieren und problematisch werden kann. Es sind dies:

- die zahlenmäßige *Reichweite* des kollektiven Bewußtseins, das heißt die Zahl der Personen, auf die es sich erstreckt;
- der *Umfang* des kollektiven Bewußtseins im Verhältnis zum individuellen Bewußtsein, also der Anteil des Kollektivbewußtseins am Gesamtbewußtsein des durchschnittlichen Einzelnen;
- die *Intensität* oder Stärke kollektiven Bewußtseins (im Verhältnis zur Intensität individuellen Bewußtseins);
- der *Abstraktionsgrad* kollektiven Bewußtseins;
- die *Vervielfältigung* kollektiver Teil-Bewußtseine;
- der *Bewußtheitsgrad* kollektiven Bewußtseins und
- der Anteil von *emotionalen* und *kognitiven* Elementen im kollektiven Bewußtsein.

Ich werde auf diese Dimensionen im übernächsten Abschnitt eingehen und Variationen in den verschiedenen Dimensionen in ihren Auswirkungen auf die Funktion kollektiven Bewußtseins untersuchen. Zuvor ist diese Funktion zu erörtern.

Zur Funktion der conscience collective

Es ist die Funktion der conscience collective, Vereinigung oder Zusammenhalt von Lebewesen zu ermöglichen. Oder: Ohne gemeinsame Vorstellungen von Einzelnen kann es nichts Soziales geben. Dies heißt allerdings weder, daß die conscience collective dem sozialen Leben vorausgeht, noch, daß sie mit ihm identisch ist. „Im Gegensatz dazu glauben wir, daß die Rolle des Kollektivbewußtseins, wie die des individuellen Bewußtseins, sich darauf beschränkt, Tatsachen festzustellen, ohne sie hervorzubringen. Sie reflektieren mehr oder weniger alles, was sich in der Tiefe des Organismus abspielt. Mehr tun sie nicht" – so zitiert *Lore Heisterberg* (1980, S. 227) *Durkheims* Besprechung einer Schrift von *Herbert Spencer* (1886), und sie fährt treffend fort: „Also nicht das Kollektivbewußtsein als solches bringt Veränderungen hervor, sondern allein die Assoziation; daher läßt sich auch von ‚Arten' des Kollektivbewußtseins sprechen, die aus unterschiedlichen ‚Arten der Assoziation' hervorgehen. Kollektivbewußtsein ist bereits Wirkung einer sozialen Ursache; im Zusammentreffen von mehreren Einzelwesen, in der Gruppe, der Partnerschaft oder der Gesellschaft entsteht etwas Neues: Alles, was diese gemeinsame Ursache hat, gehört zum Bereich des Sozialen. Die Kreativität der Assoziation ist die Bedingung für alle sozialen Phänomene – auch für das Kollektivbewußtsein." Die *Durkheim*schen Überlegungen stehen in Übereinstimmung mit der modernen Evolutionstheorie, wonach sich Bewußtsein durch Selektionsprozesse „aus der Tiefe der Organismen" bildet. In der funktionalistischen Sicht der gegenseitigen oder kreisförmigen Bedingung von Wirkungsfaktoren wird das im Zusammenschluß von Lebewesen erzeugte kollektive Bewußtsein zur Bestandsbedingung des Zusammenschlusses: ohne kollektives Bewußtsein kann Soziales nicht bestehen.

Diese These von der elementaren Funktion der conscience collective kann allerdings nur aufrechterhalten werden, wenn conscience nicht im engeren wahrnehmungspsychologischen Sinn als ein Bewußtheitsphänomen, sondern, naturhafter, auch vor-reflexiv verstanden wird. Dies entspricht durchaus der *Durkheim*schen Idee von Soziologie als einer Naturwissenschaft. Und *René König* hat im Vorwort zur deutschen Ausgabe der „Regeln der soziologischen Methode" ausdrücklich hervorgehoben, daß, nach *Durkheim*, das Kollektivbewußtsein im Bewußtsein des Einzelnen im Zustand des „Unbewußten" existiert. Es ist für den Akteur „undurchsichtig", so daß er der Illusion erliegt, selbst geschaffen zu haben, was ihm in Wahrheit von außen auferlegt wurde *(König* 1965, S. 44). Man könnte also, statt vom gemeinsamen Bewußtsein, auch vom gemeinsamen Unbewußtsein sprechen. *Durkheims* Wahl des Bewußtseins-Begriffs ist unglücklich, ja geradezu irreführend. Für das, was gemeint ist, muß man bewußtseins-neutralere Begriffe wie „gemeinsam geteilte Vorstellungen" oder „gemeinsame Interessen" suchen. Mir scheint der Begriff „Übereinstimmung" – Über-Ein-Stimmung – am treffendsten. (Im soziologischen Sprachgebrauch, der sich durchgesetzt hat, scheinen die Begriffe Wert und Norm dem von *Durkheim* Gemeinten am nächsten zu kommen.)

Worin besteht Übereinstimmung? Sie kann in einer Gleichheit/Ähnlichkeit des Aussehens, des Körpergeruchs, der Sprache bestehen, wodurch Lebewesen einander anziehen. Sie kann auch in einer Gleich-Richtung der Trieb- oder motivationalen Energie bestehen, die Lebewesen auf ein und dieselbe Nahrungsquelle oder dasselbe Sexualobjekt lenken, um die sich eine Konkurrenzbeziehung entwickelt. Sie kann in der Gleichheit allgemeiner, diskursiv entfalteter Wertvorstellungen liegen, die Einzelnen gemein sind und sie verbinden. Oder, am anderen Ende der Bewußtseinsskala: im Gleichheitsgrad von genetischen Informationen, wodurch Soziobiologen den Grad verwandtschaftlicher Solidarität zu erklären versuchen. Man braucht sich auf eine Diskussion dieser umstrittenen Konzepte an dieser Stelle nicht einzulassen. Festzuhalten ist hier, was die theoretische Bedeutung des *Durkheim*schen Begriffs der conscience collective angeht: Es gibt keine Vergesellschaftung, wenn ihr nicht, unterhalb der Ebene bewußter Interessen-Gleichheit oder Interessen-Gegensätze, eine Übereinstimmung oder Gemeinsamkeit anderer Art unterliegt. *Durkheim* hat dies, in der Auseinandersetzung mit den Utilitaristen seiner Zeit, noch spezifischer gefaßt, indem er die „nichtkontraktuellen Elemente des Vertrags" betont hat. Mir scheint es notwendig, diesen Gedanken zu verallgemeinern, um die volle Neuartigkeit und Eigenartigkeit der *Durkheim*schen Idee von Soziologie im Gegensatz zu den konstitutiven Ideen der älteren Sozialwissenschaften von der Politik und von der Ökonomie herauszuarbeiten.

Den Unterschied zwischen den drei Wissenschaften kann man anhand ihrer historisch unterschiedlichen Problemstellungen bestimmen; er wird aber auch augenfällig, wenn man fragt, welche unterschiedlichen Antworten sie auf ein und dasselbe Problem: wie ist das Zusammenleben von einzelnen Menschen geregelt? oder : wie ist soziale Ordnung möglich?, geben.

Die politische Wissenschaft betont die auf ungleicher Verfügung über physische Zwangsmittel begründete Macht als entscheidenden Regelungsmechanismus; die Ökonomie den auf ungleichen Nutzenkalkülen beruhenden Tausch; die Soziologie in der *Durkheim*schen Fassung die Gleichheit oder Gemeinsamkeit von Vorstellungen, also Übereinstimmung, conscience collective. Die Bedeutung dieses Regelungsmechanismus war auch den älteren Politikwissenschaftlern und Nationalökonomen bekannt – bereits 1759 war *Adam Smith*' „Theorie der moralischen Gefühle" erschienen. Ins Zentrum einer Sozialwissenschaft von der Moral wurde er jedoch erst von *Durkheim* gestellt – vielleicht dadurch erklärbar, daß im 19. Jahrhundert ein Grad von Vergesellschaftung als sozialer Differenzierung erreicht war, der die bisher fraglos funktionierende Sozialregelung durch Übereinstimmung in Frage stellte. Es ist höchst stimulierend, über eine solche Erklärung weiter nachzudenken: Schwächte sich der Konsens ab? Oder wuchs er nur nicht in dem Maß, in dem Konsensbedarf (auf Grund von sozialer Differenzierung) stieg? Konnte die schwache conscience collective nicht ausreichend durch komplementäre Regelungsmechanismen, also Zwangsmacht und Tauschkalküle ergänzt werden? Oder ist der Gedanke von der Komplementarität der Regelungsmechanismen überhaupt abwegig, weil ein Mehr an Macht und/oder Nutzenrechnung auch ein Mehr an Übereinstimmung erfordert, um Ordnungsfunktionen erfüllen zu können?

Begreift man Zwang, Tausch und Übereinstimmung als drei elementare, zwar weiter differenzierungsfähige, aber nicht aufeinander reduzierbare Regelungsmechanismen, die zusammen die Funktion erfüllen, soziale Ordnung herzustellen und aufrechtzuerhalten, dann ist zu klären, wie sich diese Mechanismen zueinander verhalten. Dazu kann ein dem heutigen Theoriestand angemessenes, wenn auch nicht unproblematisches Modell von vermaschten kybernetischen Systemen herangezogen werden. Eingaben und Ausgaben eines jeden Sozialsystems (die Leistungen, die es von anderen erhält und die Funktionen, die es für andere erfüllt) kann man sich über Tausch und/oder Zwang geregelt vorstellen. Was aber genau und wieviel ein soziales System „produzieren" und für andere Systeme (soziale und/oder personale und ökologische etc.) leisten soll, kybernetisch: sein Soll-Wert, muß ihm mitgeteilt werden. Den Soll-Wert kann man sich als bestimmt vorstellen durch die conscience collective: durch die Interessen, die allen am System Beteiligten gemeinsam sind. Diese Übereinstimmungen kann man auch als die Identität des jeweiligen Sozialsystems betrachten. Soll-Wert, conscience collective, Identität – in jedem Fall setzt sich das Phänomen aus etwas zusammen, das von außerhalb des sozialen Systems kommt: Aus den Interessen der Einzelnen, die in irgendeiner Weise am System beteiligt sind; moderne Systemtheoretiker wie *Niklas Luhmann* haben oft genug darauf hingewiesen, daß Personen und ihre Interessen nicht innerhalb eines sozialen Systems lokalisiert werden können, sondern im strengen Sinn zur Umwelt – zur interessierten Umwelt – gehören. Diese von außen Beteiligten oder Anteilnehmenden sind, kybernetisch gesprochen, die „Führungsgröße des Systems" – so wie jeder Inhaber einer thermostatischen Heizungsanlage Führungsgröße für seinen Thermostaten ist. Und dessen variabel einstellbarem Sollwert, 18 oder 20 oder 25 Grad Raumtemperatur, entspricht, wendet man den Blick auf soziale Systeme, die das jeweilige System identifizierende conscience collective: die Vorstellungen, in denen alle am System irgendwie Interessierten übereinstimmen.

Auf drei Bedenken gegen diese Überlegungen will ich kurz eingehen: daß soziale Systeme gar keine Identität im Sinne von Soll-Werten kybernetischer Systeme haben; daß ihre Identität jedenfalls nicht analog zu der biologischer Systeme mit Geburt und Tod feststellbar sei; und daß conscience collective zur Bestimmung einer sozialen Systemidentität nicht ausreiche. Stellen wir uns ein Universitätsseminar vor, in dem nur politisch agitiert wird, eine Familie, in der keiner mehr mit dem anderen spricht – dann ist mit Sicherheit voraussagbar, daß ein unmittelbar Beteiligter oder ein interessierter Außenstehender über kurz oder lang erklären wird: „das ist kein Seminar (keine Familie) mehr!" – womit gewöhnlich entweder ein kybernetischer Prozeß einer Rückkehr zu vorgestellten Soll-Werten eingeleitet oder als gescheitert erklärt wird. Soll-Werte gibt es also, sonst wäre der ganze uns allen wohlvertraute Vorgang nicht denkbar. Aber: wie sind die Soll-Werte feststellbar, wenn unter den Beteiligten selber zwei oder mehr widersprechende Ansichten darüber vorherrschen, wenn der eine gar keine und der zweite viel politische Diskussion zulassen will und der dritte sie auf zehn Prozent der Zeit beschränken will, um noch von einem Seminar als wissenschaftlicher Veranstaltung sprechen zu können? Die Antwort lautet: durch die Ermittlung der Ansichten aller, auch der mittelbar Interessierten an der Veranstaltung: übrige Studenten, Dozenten, Dekan, Universitätsgremien, Kultusminister, Zeitungen, „interessierte Öffentlichkeit". Deren vorherrschende „Durchschnitts"-Meinung stellt in bezug auf das zur Debatte stehende Problem die conscience collective dar.

Wenn so die conscience collective praktisch auf dem Weg der Meinungs-Ermittlung bei den relevanten Bezugsgruppen eines Systems festgestellt wird, greift jedoch sofort das dritte Bedenken, daß nicht die Vorstellungen der Mehrheit, sondern die mächtiger Minderheiten oder einzelner die Soll-Werte des Systems bestimmen. Wenn zum Beispiel der Kultusminister gegen die conscience collective aller verfügt, daß Seminare mit politischer Diskussion nicht mehr als Seminare anerkannt und ausgesetzt werden, dann wird ein wesentlicher Teil des Soll-Werts von Universitätsseminaren gerade nicht durch Übereinstimmung, sondern durch die Zwangsmacht einer politischen Institution fixiert; conscience collective ist also offenbar nicht ausreichend, um die tatsächlichen Soll-Werte eines sozialen Systems zu bestimmen. Diese Soll-Werte sind umfassender. Sie setzen sich zusammen aus den kollektiven Interessen und den auf das System einwirkenden Individualinteressen, gewichtet mit deren Macht.

Für das Machtphänomen ist die conscience collective offenbar unempfindlich. Sie erfaßt es nicht, sie berücksichtigt es nicht, sie zielt im Gegenteil sogar darauf ab, die Nicht-Macht-Elemente in Machtbeziehungen zu begreifen. Deshalb läuft sie auch der „Gesellschaftskritik des gesunden Menschenverstandes" zuwider, von der sich Sozialwissenschaftler heute nicht selten lenken lassen. Dieser Kritik geht es darum, unter der Oberfläche formaler Gleichheiten, etwa dem Wahlrecht, der Rechtsgleichheit, der erklärten Gleichheit der Bildungschancen bleibende oder sich verstärkende faktische Ungleichheiten bzw. Macht aufzudecken. Die Analyse der conscience collective entdeckt dagegen unter der Offensichtlichkeit von Ungleichheit/Macht/Konflikt das Gemeinsame, das auch noch die unterschiedlichsten Menschen oder Rollen verbindet, vergesellschaftet. Herr und Knecht mögen in allem entgegengesetzte und ungleiche Interessen haben – solange sie ein übereinstimmendes Interesse haben, nämlich am Überleben des Knechts, ist dieses die hinreichende Minimalbedingung ihrer gegenseitigen Vergesellschaftung. (Ein gemeinsames Interesse am Überleben beider, also auch des Herrn, enthält schon einen „Überschuß" an gesellschaftsnotwendiger conscience collective, denn die Herr-Knecht-Beziehung kann auch ohne das Interesse des Knechts am Überleben des Herrn auskommen, solange dieser sich kraft [gewaltsamer] Überlegenheit gegen den Knecht schützen kann. Beschränkt sich auf der anderen Seite das gemeinsame Interesse beider nur auf das Überleben des Herrn und überläßt das Überleben des Knechts dessen Individualinteresse, dann ist die conscience collective in diesem Fall unzureichend, um das dyadische Sozialsystem zu sichern, weil der überlegene Herr den Knecht sterben lassen oder verjagen kann, ohne sich selber zu schädigen.)

Zurück zum Problem der Identität sozialer Systeme. Wenn wir ein Herr-Knecht-System identifizieren durch das Kollektivinteresse am Überleben des Knechts, dann haben wir damit implizit eine Aussage über den hohen Grad von Ungleichheit und Einseitigkeit gemacht, der dieses System kennzeichnet. Kollektive Interessen sind in ihm minimal, es überwiegen einseitig die Interessen des Herrn, und die fehlende Übereinstimmung, das folgt daraus logisch, muß durch einen hohen Grad an Zwangsregelung wettgemacht werden.

Dieser Zustand dürfte indessen selbst für ein Herr-Knecht-Verhältnis untypisch sein. Eine historisch-empirische Untersuchung würde wahrscheinlich zeigen, daß die Interessenübereinstimmung meist viel größer ist und das Wohlergehen des Herrn mit einschließt, das der Knecht im eigenen Interesse auch zum eigenen Interesse macht. Das Beispiel zeigt allerdings auch, daß eine Identitätsbestimmung sozialer Systeme nur über Grad und Inhalt der in ihnen herrschenden conscience collective ein einseitiges Bild ergäbe. Die andere Seite kommt erst in den Blick, wenn man die Individualinteressen, gewichtet mit ihrer jeweiligen Macht, zusätzlich einblendet.

Soziologische Analysen heute konzentrieren sich als Konfliktanalysen auf die zweite Perspektive. Mir sind keine Untersuchungen von realen Sozialsystemen bekannt, die den Grad und die Dimensionen von bewußten und unbewußten Übereinstimmungen thematisieren – ausgenommen die Provokations-Experimente der Ethnomethodologen, die aber auch eher den Elementartatbestand latent vorhandener Übereinstimmungen überhaupt sichtbar machen als diesen Übereinstimmungen systematisch nachzugehen. Daß in der Tradition marxistischer Konfliktanalysen die conscience collective nie ernsthaft zum Programm erhoben, sondern allenfalls als falsches Bewußtsein denunziert wurde, läßt sich dadurch erklären, daß die für Marxisten banalen Akteure in der sozialen Realität, etwa in Tarifverhandlungen und Festreden, aus offensichtlichen Eigeninteressen Gesamtinteressen beschwören und damit conscience collective vordergründig als reines Ideologieprodukt erscheinen lassen. Das der Soziologie von *Durkheim* mitgegebene Thema, die conscience collective in ihrer Untergründigkeit und Vielschichtigkeit, wartet noch auf seine Bearbeitung.

Wandlungen der conscience collective

Zur Reichweite der conscience collective. Durkheims zentrale, wenn auch implizit bleibende Ausgangshypothese über den Zusammenhang von gesellschaftlichem Strukturwandel und conscience collective besagt, daß mit zunehmendem Volumen und Verdichtung von Gesellschaften (die ja auch für die soziale Arbeitsteilung ursächlich sind) die conscience collective die Bewußtseine von immer mehr Personen einbeziehen muß. Anders gesagt: Da immer mehr Menschen miteinander vergesellschaftet werden, muß auch der gemeinsame Bewußtseins-Nenner von einer entsprechend größeren Personenzahl gefunden werden. Denkt man daran, daß die Personen in sich differenzierenden Gesellschaften ebenfalls immer unterschiedlicher werden, dann erscheint es statistisch wahrscheinlich, daß der gemeinsame Nenner, das Kollektivbewußtsein, immer kleiner und immer schwerer zu finden sein wird. Theoretisch muß es aber immer vorhanden sein, weil sonst Vergesellschaftung nicht denkbar ist bzw. Gesellschaft in unzusammenhängende Individuen auseinanderfällt – eine apokalyptische Zukunftsperspektive, die bei *Durkheim* nicht zu finden ist.

Zum Umfang des kollektiven Bewußtseins. Was *Durkheim* jedoch bewegt, ist die Frage nach dem Umfang des kollektiven Bewußtseins im Vergleich zum Umfang der Individualbewußtseine. Um im oben eingeführten Bild zu bleiben, ist das die Frage, wie groß der Blütenboden, in dem sich alle Blütenblätter überlappen, im Vergleich zu den daraus hervorragenden Blütenblättern ist. *Durkheim* setzt seine Überlegungen dazu sehr vorsichtig an. Zunächst konstatiert er, daß „die starken und deutlichen Zustände des gemeinsamen Bewußtseins die Wurzeln des Strafrechts" sind. Aus dem von ihm untersuchten relativen Rückgang des Strafrechts im Vergleich zum Vertragsrecht will er aber empirisch noch nicht folgern, daß auch das gemeinsame Bewußtsein entsprechend zurückgewichen ist, denn, so *Durkheim*, es kann ja sein, daß die nicht im Strafrecht zum Ausdruck kommenden Teile des Kollektivbewußtseins angewachsen sind. *Durkheim* vermutet vielmehr, daß sowohl die gemeinsamen als auch die individuellen Interessen größer geworden sind. „Wenn es mehr Dinge gibt, die allen gemeinsam sind, so gibt es auch viel mehr, die Eigentum eines jeden einzelnen sind. Man kann sogar annehmen, daß die letzteren stärker zugenommen haben als die anderen, denn die Unähnlichkeiten zwischen den Menschen sind in dem Maß stärker geworden, in dem die Menschen kultivierter wurden. Wir haben gesehen, daß sich die Spezialtätigkeiten stärker entwickelt haben als das gemeinsame Bewußtsein. Es ist also wahrscheinlich, daß sich in jedem Bewußtsein die persönliche Sphäre viel stärker entwickelt hat als die andere. Auf alle Fälle ist aber das Verhältnis zwischen ihnen wenigstens das gleiche geblieben" *(Durkheim* 1977, S. 193f.).

Zu Intensität oder Stärke kollektiven Bewußtseins. Damit können zwei Dinge gemeint sein: zum einen die emotionale Erregung oder Energie, die bei der Verletzung eines kollektiven Gefühls frei wird; zum anderen die Sicherheit oder Unerschütterlichkeit, mit der an gemeinsamen Interessen/Gefühlen festgehalten wird. *Durkheim* sieht die Wirkung kollektiven Bewußtseins um so stärker, je ‚lebendiger' dieses ist. Evolutionär konstatiert er mit der Zunahme der Arbeitsteilung und dem relativen Rückzug des Strafrechts auch eine Intensitätsabschwächung kollektiver Gefühle (1977, S. 193f.). Man kann das vielleicht so interpretieren, daß mit steigender Reichweite kollektiven Bewußtseins auf immer mehr Menschen die Bindungen zwischen den Menschen weniger gefühlsstark werden und die Solidarität insgesamt abnimmt. Indessen sind zwei Überlegungen dagegen anzuführen: Im Hinblick auf bestimmte, besonders stark emotional geladene Gemeinschaftsgefühle, zum Beispiel Liebe, kommt es zu gleicher Zeit zu einer Steigerung in vielen kleinen Gemeinschaften, Liebespaaren, Freundschaften, Ehen; das weitergespannte Kollektivgefühl löst sich in viele kleine, aber besonders intensive auf. Muß dem aber eine Schwäche derjenigen Kollektivgefühle entsprechen, die gesellschaftsumfassend sind? Das ist nicht folgerichtig. Zwar kann man annehmen, daß, wie oben erörtert, der relative Umfang der kollektiven Interessen um so kleiner wird, je größer Gesellschaft wird: Der Einzelne stimmt dann mit immer mehr Leuten in immer weniger Dingen überein. In diesen wenigen Dingen, zum Beispiel in der Ablehnung von Geiselnahmen oder Kindesmißhandlungen, kann aber die Übereinstimmung auch der vielen besonders stark sein. Die Konformismus-Forschung bestätigt die Vermutung, daß eine Einstellung durch das Gefühl der Übereinstimmung mit anderen bestärkt wird – auch wenn über eine kritische Größe hinaus der Verstärkungseffekt weiterer Gruppenmitglieder nachläßt. Jedoch zeigt sich bei Massen-Ansammlungen, daß inhaltlich und zeitlich punktuell die große Zahl zu einer für das Individuum sonst nicht erreichbaren, ja unheimlichen Verstärkung kollektiver Bewußtseinsphänomene führen kann.

Zum Abstraktionsgrad kollektiven Bewußtseins. Unter dem Stichwort der Deutlichkeit oder Festigkeit gemeinsamer Interessen entwickelt *Durkheim* den Gedanken, daß mit der Vergrößerung der Gesellschaft die Bilder, die das Gemeinsame repräsentieren, zunehmend unanschaulicher und unbestimmter, also allgemeiner bzw. abstrakter werden (*Durkheim* 1977, S. 193 f., S. 328 ff.). Man kann die These von der zunehmenden Abstraktion gemeinsamer Interessen zwingend aus Arbeitsteilung bzw. funktionaler Differenzierung ableiten. In jedem Vertrag oder Tausch zwischen Ungleichen muß ein gemeinsames Interesse mitgedacht oder auch ungedacht vorausgesetzt werden. Ja sogar in extremen Zwangsverhältnissen wie in der oben erörterten Herr-Knecht-Beziehung ist ein gemeinsames Interesse am Überleben des Knechts auszumachen. Je verwickelter und umfangreicher nun sowohl die Tausch- als auch die Herrschaftsverhältnisse in arbeitsteiligen Gesellschaften werden, um so schwieriger ist in ihnen eine gemeinsame Interessengrundlage auszumachen, um so allgemeiner und vieldeutiger müssen die „obersten" Interessen oder Werte werden, die das Ganze noch repräsentieren und zusammenhalten. Um so mehr muß, in *Durkheims* Worten, „die individuelle Überlegung eingreifen", um das allgemeine Interesse auf die besonderen Fälle anzuwenden (1977, S. 193).

Hier wird meines Erachtens das Hauptproblem der Veränderung von conscience collective in zunehmend arbeitsteiligen Gesellschaften sichtbar. Es liegt im *Auseinanderfallen von Gemeinschaft und Gemeinsamkeit.* Während die Gemeinsamkeit der Interessen einer großen Zahl vorhanden ist und zumindest kognitiv bewußtgemacht werden kann, wird diese Gemeinsamkeit nicht mehr von der anschaulichen Gemeinschaft mit ihren unmittelbaren Interaktionen gedeckt. Gemeinschaften bleiben zwar erhalten, ja sie vermehren sich sogar und erlauben und erfordern in vielen Zweierbeziehungen eine Emotionalisierung, die in traditionalen Gesellschaften mit elementaren Existenzzwängen undenkbar war – aber die Gemeinschaft, die dem Gesamtnetz der Vergesellschaftung entspräche, ist unmöglich geworden.

Zur Vervielfältigung kollektiver Teil-Bewußtseine. Derselbe Vorgang kann auch in der Weise verstanden werden, daß die in funktionaler Differenzierung angelegte Vervielfältigung sozialer Kreise zur Auffächerung der conscience collective in viele Teilinteressen bzw. Teilloyalitäten führt. Es wird zwar leichter, meine kollektiven Interessen mit meinem Ehepartner, meinen Kindern, Freunden, Vereinsmitgliedern etc. zu definieren. Aber die Gemeinsamkeiten mit anderen in der großen Organisation, in der ich arbeite, mit der politischen Gesellschaft der Bundesrepublik, der DDR, Europas, der Dritten Welt etc., mit den japanischen Arbeitern und den hungernden Menschen im Sahel – bis wohin reichen sie, wie sind sie miteinander in Einklang zu bringen, wem schulde ich im Konfliktfall mehr Loyalität? Das kollektive Bewußtsein, so kann man folgern, gliedert sich mit fortschreitender Arbeitsteilung in kollektive Teil-Bewußtseine: Teil-Gemeinsamkeiten unterschiedlichen Gemeinschaftsgrades. Man mag *Durkheims* Hoffnung in die moralisch-integrative Funktion von professionellen Gruppen so verstehen, daß er es für leichter hielt, das abgeschwächte und unanschaulich gewordene Gesamtkollektivgefühl über eine Reihe von Teil-Kollektivgefühlen wiederherzustellen.

Zum Bewußtheitsgrad der conscience collective. Solange die Eigenschaften, die man mit anderen gemeinsam hat, seien es genetische Informationen oder kulturell interpretierte verwandtschaftliche Ähnlichkeiten, sei es die Gleichheit der Vorurteile oder die Gleichheit der Feinde, selbstverständlich vergesellschaftend funktionieren, brauchen sie nicht gewußt zu werden, und sie sind auch in der Regel nicht bewußt. Ein intaktes kollektives Bewußtsein ist ein unbewußtes. Wird kollektives Bewußtsein bewußt, dann ist es, pointiert gesagt, kein kollektives mehr – zumindest nicht mehr, was seine traditionelle Reichweite angeht. Die beschwörenden Versuche der Verständigung zwischen Alten und Jungen, zwischen Gastarbeitern und Einheimischen, zwischen Schwarzen und Weißen sind ein untrügliches Zeichen dafür, daß hier eine vorhandene Übereinstimmung aufgelöst oder eine neue (noch) nicht hergestellt wurde. Es ist überhaupt fraglich, ob kognitive und zweckrationale Versuche, die Gemeinsamkeit von Interessen zu konstruieren, etwa über die Formel: „es liegt in unserem wirtschaftlichen Interesse, den Entwicklungsländern humanitär zu helfen", den erwünschten Erfolg, eine bewußt gelehrte conscience collective zeitigen können. Für *Durkheim* jedenfalls bedurfte conscience collective einer tieferen, unbewußten Verwurzelung, die allerdings von Zeit zu Zeit und in gebührendem Maß im Negativen, durch abweichendes Verhalten und Reaktionen darauf, verlebendigt werden muß.

Zu emotionalen und kognitiven Elementen im kollektiven Bewußtsein. In *Durkheims* conscience collective sind emotionale und kognitive Bestandteile noch nicht ausdifferenziert. Der Wortwahl und der Bedeutung nach überwiegen die Gefühle, so wie in der Sicht der Evolutionstheorie seit *Darwin* Gefühle eine ursprünglichere Steuerungsfunktion haben als Gedanken. Das Problem moderner Gesellschaften liegt darin, daß auf Grund größerer Reichweite der conscience collective diese als Globalbewußtsein immer mehr emotionale Qualität einbüßt und daß die an ihre Stelle tretende eher kognitiv-rationale Konstruktion von übergreifenden Werten und Normen die Kraft der gefühlvollen Vereinigung nicht ohne weiteres hat.

Ich fasse die Ergebnisse der vorangegangenen dimensionalen Analyse der conscience collective, *Durkheim* interpretierend und fortführend, zusammen: Strukturwandel in modernen Gesellschaften, verstanden als Teilung der sozialen Arbeit, verändert „Übereinstimmung" oder „Kollektivbewußtsein" in folgenden Richtungen: Übereinstimmung

- erstreckt sich auf immer mehr Menschen;
- nimmt aber in ihrem Umfang relativ zu den nicht übereinstimmenden, individuellen Elementen des Bewußtseins ab;
- verliert an Intensität *(Durkheims* These); gewinnt im Hinblick auf immer weniger werdende übereinstimmende Elemente an Intensität (meine These);

- wird allgemeiner und unanschaulicher oder: verliert als globale Gemeinsamkeit von Vorstellungen die Basis von Gemeinschaft;
- vervielfältigt sich in Teil-Übereinstimmungen von Teil-Kollektiven (darunter auch zahlreichen Gemeinschaften);
- wird bewußter oder: verliert die Stärke des Unbewußten;
- wird zunehmend kognitiv konstruiert oder: verliert Gefühlskraft.

Die beiden letzten Tendenzen müssen in Zusammenhang mit der davor genannten gesehen werden: sie beziehen sich auf zunehmend globale Vergesellschaftungsprozesse und besagen nicht, daß das Unbewußte und Emotionale überhaupt zurückgeht, sondern nur, daß es in den heute fast weltumspannenden Vergesellschaftungen schwer zu verwirklichen ist. In Teil-Kollektiven dagegen wird Unbewußtes und Emotionales immer wieder neu produziert und verstärkt.

Ich kann jetzt auf die von *René König* eingangs zitierte scheinbare Unverträglichkeit der zwei Konzepte von conscience collective zurückkommen. Sie löst sich auf, wenn man den allgemeineren Begriff der conscience collective, den der Gemeinsamkeit oder Gleichheit von Vorstellungen als transzendentale Bedingung des Gesellschaftlichen zugrunde legt und weiterhin annimmt, daß diese Gemeinsamkeit viele Gestalten haben kann, wie in der obigen Dimensionsanalyse erörtert. Gemeinschaft oder mechanische Solidarität früher Gesellungsformen ist demnach nur eine, wandelbare Erscheinung der conscience collective – diese selbst verschwindet nicht, sondern verändert nur ihre Gestalt.

Fragen für die Forschung

Auf die Frage, ob conscience collective in sich wandelnden sozialen Assoziationsformen ihre Funktion bei der Bestimmung sozialer Identität und Regulierung sozialen Zusammenhalts erfüllen kann, ist damit noch keine beruhigende Antwort gegeben. Die angedeuteten Veränderungen der conscience collective können zu schnell oder zu langsam, sie können zu weit oder nicht weit genug gehen, es kann zu verspannten, asynchronen Entwicklungen zwischen den verschiedenen Dimensionen kommen. Der *Durkheim*schen Vorstellung von sozialen Pathologien ist also Spielraum vorgezeichnet. Für die Forschung ergeben sich daraus zwei Arten von Fragen: Welches ist die conscience collective, die sozial relevante Übereinstimmung in verschiedenen Sozialsystemen, und wie verändert sie sich in bestimmten Zeiträumen? Und welche Folgeerscheinungen als Funktionsbeeinträchtigungen und soziale Kontrollen sind zu beobachten, wenn die Wandlungen der conscience collective Schwellenwerte überschreiten – lassen sich übrigens letztere bestimmen?

Das *Durkheim*sche Programm erfordert also, Fragen in eine andere Richtung zu stellen als heute üblich. Klassen-, Herrschafts-, Rollen-Konflikte – wichtige Themen, unbestritten; aber welches sind die Übereinstimmungen, die Interessen-Gemeinsamkeiten, die den Konflikten unterliegen? Und unter welchen Bedingungen werden sie brüchig und als problematisch bewußt? Welches sind die zum Funktionieren eines sozialen Systems jeweils wichtigsten Inhalte, über die eine unausgesprochene oder bewußte Übereinstimmung herrschen muß? Wie viele Personen von allen zum System gehörenden weichen auch von diesen wichtigen Übereinstimmungen ab, gehören also nicht zum ,,normalen Durchschnitt" der Gesellschaftsmitglieder, und wie viele solcher Abweichler kann die Gesellschaft anteilsmäßig verkraften, ohne entweder Sanktionsmechanismen zur Gegensteuerung einzusetzen oder ihre durch Kollektivinteressen konstituierte Identität zu ändern oder desintegrieren? Für Gesellschaften wie die Schweiz oder die Bundesrepublik etwa, zu deren bislang stiller und neuerdings politisch artikulierter conscience collective es gehört, daß sie kein Einwanderungsland für ethnische und sprachliche Minderheiten sind, scheinen Gastarbeiter ein Identitätsproblem zu werden, wenn sie einen kritischen Anteil von zehn bis 15 Prozent der Gesamtbevölkerung überschreiten – eine Schwelle, die in der Bundesrepublik noch nicht erreicht ist, während sie in der Schweiz abwehrende ,,Überfremdungsinitiativen" ausgelöst hat. Diese Reaktion ist nicht zwangsläufig. Denkbar ist als Alternative auch eine Öffnung der conscience collective in der Weise, daß geographische Herkunft, Hautfarbe, Sprache, islamische Religion etc. für ein deutsches oder schweizerisches Kollektivgefühl nicht mehr konstituierend bzw. ausschließend sind, daß sie irrelevant werden zugunsten abstrakterer Prinzipien der Übereinstimmung, wie Toleranz, Leistungsbereitschaft, Mitmenschlichkeit, Gesetzestreue. Man muß sehen und untersuchen, was das in der Abstraktions-Dimension der conscience collective heißt: Es besagt, daß Gemeinsamkeit bzw. Übereinstimmung als Grundlage und regulierendes Element von Gesellschaft sich von so relativ körperlichen und anschaulichen Dingen wie Hautfarbe, Sprache, Eßgewohnheiten, Alltagsbräuchen und Riten abstrahiert und auf so allgemeine Verhaltensmaximen übergeht wie: ,,Akzeptiere und achte jeden als deinen Nächsten, sofern er nur seinerseits Toleranz, Leistungsbereitschaft etc. praktiziert." Mit anderen Worten: Hier wird uns conscience collective unter Verzicht auf Gemeinschaft abverlangt, hier muß Nahesein und Interaktion kognitiv erlernt werden ohne die Unterstützung, die sie jahrtausendelang aus biologisch-genetischer und kulturell interpretierter Ähnlichkeit erfahren haben.

Die Gefahr der Regression auf solche kollektiven Gefühlselemente wie Rasse, Religion, Volksgemeinschaft, die früheren Stadien der Arbeitsteilung und Assoziation angemessen waren, ist dabei größer als die Chance der Öffnung für abstraktere Prinzipien der Übereinstimmung, die auf heutigen Stufen tendenziell weltweiter Vergesellschaftung erforderlich sind. Wie abstrakt muß und kann die conscience collective sein, damit sie die Weltgesellschaft funktionsfähig erhält? Die Frage ist nicht in schnellem empirischem Zugriff zu beantworten. Sie stellt vielmehr ein funktionalistisches Programm einer Wissenschaft von der Moral im *Durkheim*schen Geist dar, ein Programm, das in der komparativen Analyse von Wertsystemen ermitteln kann, welche im Trial-and-error-Verfahren der Evolution sich als zu abstrakt, welche als zu gemeinschaftsnah erwiesen haben. Die nationalsozialistische Gemeinschaftsideologie und -praxis mit der Konstruktion von furchtbaren Anschaulichkeiten des Einschlusses und des Ausschlusses aus Gesellschaft ist ein Beispiel für regredierte conscience collective: Über Gemeinschaftlichkeiten und Gefühle sollte mehr geregelt werden, als auf gegenwärtigem Stand der Arbeitsteilung geregelt werden kann. Zugleich aber zeigt das Beispiel, welcher Energie-Mobilisierung im Bösen wie im Guten eine gemeinschaftlich (und nicht abstrakt) gestaltete conscience collective fähig ist und welche Probleme fortschreitende Vergesellschaftung hat, wenn sie auf Gemeinschafts-Mobilisierungen im großen verzichten soll. *Durkheim* sah zu seiner Zeit wohl mehr die Probleme, die ein Gemeinschafts- und Gefühlsverlust der conscience collective mit sich bringt. Wir sehen heute eher die Gefahren, die sich ergeben, wenn die Gemeinschaftserlebnisse einer vergangenen Form von conscience collective zumindest punktuell und massenhaft in der politischen und weltanschaulichen Schwärmerei wiedererweckt werden. Was hier gefährlich wird, ist aber nicht die conscience collective schlechthin, wie *Theodor W. Adorno* in einem unqualifizierten Angriff auf *Durkheim* und seinen Begriff suggeriert (1967, S. 17), sondern eine pathologische Erscheinungsform. Wie die Erscheinungsformen der conscience collective sich ändern und wie dadurch ihre zeitlose Funktion der sozialen Regelung berührt wird, verdiente ein differenzierteres Nachdenken.

Literaturverzeichnis

Theodor W. Adorno, Einleitung zu *Emile Durkheim,* Soziologie und Philosophie, Frankfurt 1967.

Emile Durkheim, De la division du travail social, 4. Aufl., Paris 1922.

Ders., Über die Teilung der sozialen Arbeit, eingeleitet von *Niklas Luhmann,* Frankfurt 1977.

Ders., Die Regeln der soziologischen Methode, herausgegeben und eingeleitet von *René König,* 2. Auflage, Neuwied und Berlin 1965.

Ders., Les études de science sociale, in: Revue philosophique XXII, 1886, S. 61–80.

Lore Heisterberg, Emile Durkheims Wissenschaft von der Gesellschaft, Dissertation, Manuskript, Hamburg 1980.

René König, Einleitung zu *Emile Durkheim,* Die Regeln der soziologischen Methode, 2. Auflage, Neuwied und Berlin 1965.

Ders., Emile Durkheim. Der Soziologe als Moralist, in: *Dirk Käsler* (Hrsg.), Klassiker des soziologischen Denkens, Erster Band, München 1976, S. 312–364.

Viktor Vanberg, Die zwei Soziologien. Individualismus und Kollektivismus in der Sozialtheorie, Tübingen 1975.

ÜBER ZUFALL, EIGENDYNAMIK UND INSTITUTIONALISIERBARKEIT ABSURDER PROZESSE

Notizen am Beispiel einer terroristischen Gruppe

Von Friedhelm Neidhardt

Terrorismus ist gewalttätiges politisches Handeln von Minderheiten. Er will erschrecken, die vorhandene soziale Ordnung durcheinanderbringen und auf diese Weise bei Mehrheiten eine Stimmung erzeugen, die auf Umsturz drängt. Es geht dabei ums Ganze. Dies schon deshalb, weil die Anmaßung von Gewalt mit den Ansprüchen auf Gewaltmonopol kollidiert, mit denen moderne Staaten ihren exzeptionellen gesellschaftlichen Status begründen. Diese Ansprüche bewußt zu verletzen, gibt terroristischem Handeln eine systemsprengende Größe. Terrorismus ist ein totaler Angriff.

Westliche Gesellschaften erleben diesen Terrorismus seit einigen Jahren, und zumindest in Italien und der Bundesrepublik Deutschland besitzt er inzwischen eine endemische Systemqualität. An den Rändern oppositioneller Bewegungen erreicht er, links wie rechts, einen gewissen Institutionalisierungsgrad: Er bildet Traditionen und Theorien, baut seine Klassiker auf und schafft Rollen und Organisationen, die in gewissem Ausmaß Anhängerschaft mobilisieren und Nachwuchs heranziehen. Auf der anderen Seite richtet sich auch die Verfolgung ein, professionalisiert Experten, gründet Abteilungen, schafft Sondergesetze.

Gerät der Soziologe an diese Vorgänge, so begegnet ihm ein exquisites Lernfeld. Analysiert er lange genug und durch alle Affekte hindurch, die ihn staatsbürgerlich verpflichten, so stößt er gerade an der Außerordentlichkeit dieses Falles auf Allgemeines, das er vorher nicht oder nicht so genau gesehen hat. Gerade weil Terrorismus Selbstverständlichkeiten verletzt, nimmt seine Analyse Voraussetzungen wahr, deren Variabilität normalerweise verborgen bleibt. Davon soll im folgenden mit der Reflexion einiger empirischer Erfahrungen die Rede sein. Es geht dabei nicht um eine spezielle Soziologie des Terrorismus, die seine unterschiedlichen Bedingungen, Formen und Schicksale berücksichtigen müßte[1], sondern um allgemeine Soziologie am Beispiel von Terrorismus.

Dabei wird von einem Material her argumentiert, das in einer Fallstudie über die sogenannte Baader-Meinhof-Gruppe der „Roten-Armee-Fraktion" (RAF) andernorts ausführlicher berichtet ist[2]. Diese Gruppe entstand 1970 als Ausfallprodukt der vorwiegend studentischen Protestbewegungen der sechziger Jahre. Sie agierte mit zahlreichen Delikten zuerst in Berlin, später vor allem in den Räumen von Frankfurt, Stuttgart und Hamburg. Im Juni 1972 wurde sie mit der Inhaftierung ihrer führenden Mitglieder auseinandergesprengt, endete aber erst mit deren Selbstmorden im Mai 1976 bzw. Oktober 1977. Seitdem gibt es bis heute Nachfolgegruppen der RAF, die sich deren Gründern in Theorie und Praxis stark verpflichtet fühlen.

Die Baader-Meinhof-Gruppe kann auch insofern als die einflußreichste und politisch interessanteste terroristische Gruppierung in Deutschland gelten.

Eskalationen

Obwohl prominente Soziologiemodelle, z. B. Systemtheorie und symbolischer Interaktionismus, die alltagsweltlichen Kausalitätstheorien sozialen Handelns längst zugunsten komplexerer Bedingungskonzeptionen aufgegeben haben, tut sich die Soziologie bei konkreten Analysen immer noch schwer, Ursache-Wirkungs-Assoziationen zu vermeiden. Dies um so mehr, je weniger sie sich (z. B. als ,,angewandte" Forschung) selber vom Alltagskontext sozialen Handelns distanziert hat. Unter Handlungsdruck erweisen sich Ursache-Wirkungs-Modelle nämlich nicht nur als besonders handlich, sondern auch als praktisch hilfreich. Sie sichern hohe und schnelle Handlungsfähigkeit, indem sie von irritierender Komplexität entlasten, und sie verweisen auf Verantwortlichkeiten, an die man sich halten kann: Sie liefern Instanzen, die sich fordern, und Schuldige, die sich brandmarken lassen.
Es ist denn auch nicht verwunderlich, daß der umfängliche Projektzusammenhang, der in den vergangenen Jahren vom Bundesministerium des Innern zur Terrorismusforschung veranlaßt und unterstützt wurde, ausdrücklich als ,,Ursachenforschung" deklariert worden ist. Die Erwartung war, es müßten sich Faktoren finden lassen, die als ,,unabhängige Variable" dem Erklärungsobjekt Terrorismus vorgelagert seien und ihn als ,,abhängige Variable" bestimmten. Dabei belegt gerade die schon vorliegende Terrorismusforschung die Unergiebigkeit mechanistischer Erklärungsmodelle. Psychologische Recherchen, die nach auslösenden Persönlichkeitseigenschaften, und soziologische Expertisen, die nach sozialstrukturellen Determinanten suchten, brachten nur magere Ausbeute[3]. Terrorismus entsteht mit einem durchschnittlichen Sortiment von Leuten unter den unterschiedlichsten gesellschaftlichen Ausgangsbedingungen. Das Entscheidende liegt offensichtlich nicht in individuellen und soziostrukturellen Prädispositionen, sondern in Prozeßabläufen, in denen zahlreiche Bedingungen ein Handlungssystem begründen und in ,,zirkulären Interaktionen"[4] aufeinander und auf sich selber einwirken. Sie sind Ursache und Wirkung zugleich, und zwar in Abhängigkeit von den wechselnden Konstellationen, mit denen sie aufeinandertreffen. Ursachenforschung dreht sich gleichsam im Kreise. ,,Das System ist dann seine eigene beste Erklärung"[5] – und es kommt deshalb alles darauf an, es zu begreifen.
Untersucht man dieses System für den Fall von Terrorismus, so ist erkennbar, daß es sich über mehrere Stufen aus zivilen Konfliktzusammenhängen eines politischen Gemeinwesens ausdifferenziert. Terrorismus besitzt eine Vorgeschichte, und diese vollzieht sich relativ häufig im Rahmen einer Protestbewegung am linken oder rechten Rand des politischen Spektrums – und zwar dann, wenn deren Positionen von den etablierten Kräften des politischen Systems (Parteien z. B.) nicht mehr oder noch nicht integriert und repräsentiert werden. Für die Radikalisierung solcher uninstitutionalisierter Bewegungen bis hin zu einer Schwelle, an der terroristische Gruppierungen sich abspalten, sind dann Rückkopplungsprozesse verantwortlich, die den Konflikt aufschaukeln. Terrorismus ist neben allem anderem Eskalationsprodukt.

Eskalationen sind Prozesse zirkulärer Interaktionen, bei denen sich alle Beteiligten in Richtung wachsender Abweichung stimulieren. Jeder Schritt der einen Seite erfährt positiven feed-back durch die andere. Es ereignen sich Reiz-Reaktions-Sequenzen, mit denen der Konflikt in sich verstärkende Turbulenzen trudelt. Dabei ist es schwierig, vielleicht prinzipiell unmöglich, den Anfang des Prozesses festzustellen und den „eigentlich Schuldigen" zu fixieren, denn für jedes Tun der einen Seite lassen sich auslösende Bedingungen der anderen Seite behaupten. Typisch ist deshalb auch für die Selbstdeutung der Beteiligten die Existenz „diskrepanter Interpunktionen"[6]: Jeder schiebt dem anderen den Anfang zu. All dies läßt sich gut dokumentieren mit den Konfliktverläufen, die sich rund um die studentische Protestbewegung der sechziger Jahre vor allem in West-Berlin abspielten[7].

Fragt man nach strukturellen Bedingungen für die Wahrscheinlichkeit eskalierender Konfliktverläufe, so lassen sich aus der Entstehungsgeschichte terroristischer Gruppierungen vor allem drei Umstände bezeichnen: a) Wertkonflikte, in denen es um Dimensionen von Gut und Böse geht, neigen eher zur Aufschaukelung als Interessenkonflikte, bei denen die Konkurrenz um den Besitz ein und derselben Sache vorliegt[8]. Dies aus mehreren Gründen. Die Kompromißfähigkeit ist erschwert dadurch, daß anders als beim Interessenkonflikt, bei dem der Kampfpreis notfalls sich teilen läßt, oder aber, wenn unteilbar, rotieren kann, in Wertkonflikten eine Konsensusformel aus diskrepanten Überzeugungen und Ansichten schwerer erreichbar ist. Hinzu kommt, daß Wertedissensus, wenn einigermaßen generalisiert und subkulturell eingebettet, Kommunikationsprobleme mit sich bringt. Die Wahrscheinlichkeit von Mißverständnissen wächst. Außerdem ermöglicht die Moralisierbarkeit der Kampfpositionen, daß alle Seiten auch angesichts zunehmender Schadenswirkungen ihres Handelns ein gutes Gewissen behalten können. Moralisierung erlaubt Fanatisierung bis zur Militanz.

Kommunikationsprobleme und Kompromißschwierigkeiten werden verstärkt, wenn b) „dritte Parteien" fehlen, die sich vermittelnd, schlichtend und kontrollierend in den Konflikt einschalten[9]. Konflikte geraten immer leicht außer Rand und Band, wenn sie zu Zwei-Parteien-Auseinandersetzungen werden. Eine Institutionalisierung von Augenmaß in der Konfliktgestaltung, Metakommunikation über Sinn und Folgen des Konfliktverlaufs, dabei Abwägung der relativen Rechte beider Seiten – dergleichen läßt sich wohl nur verläßlich sichern, wenn unbetroffene Dritte sich engagieren und sich notfalls auch gegen den Widerstand der Konfliktparteien einmischen. Letzteres ist allerdings besonders schwierig dann, wenn politische Bewegungen Staat und Gesellschaft insgesamt angreifen, so daß deren Instanzen und Organe (Polizei, Gerichte, Presse etc.) selber zu Konfliktbeteiligten werden. Dann werden genau diejenigen in die Turbulenzen hineingerissen, die auf Konfliktregulierungen als „neutrale Dritte" spezialisiert sind. Wer übernimmt dann ihre Funktion?

Das Fehlen „dritter Parteien" ist um so folgenreicher und die Wahrscheinlichkeit von Eskalation liegt um so höher, je stärker c) die Unbestimmtheit der Situation im Hinblick auf Kampfstärken und Konfliktausgänge ist. Keine Seite kann dann zuverlässig wissen, was richtig ist zu tun. Eine solche Unbestimmtheit entsteht, wenn Konflikte und Konfliktfronten neu sind, wenn sich die Konfliktaustragung nicht in institutionalisierte Bahnen einfädeln läßt und wenn beide Parteien massenhaft und heterogen zusammengesetzt sind. Dann entsteht eine Fülle von Unwägbarkeiten – und zwar im Innen- wie im Außenverhältnis der beteiligten Gruppen.

Betrachtet man diese Situation aus der Perspektive sozialer Bewegungen, so ist einerseits nach innen festzuhalten, daß diese in aller Regel aus unterschiedlichen Segmenten und Fraktionen bestehen. Da gibt es ‚harte Kerne', die nicht selten miteinander rivalisieren; da existieren Halb- und Viertelengagierte sowie auch Opportunisten, die mitlaufen, solange das Spaß macht oder aber etwas einbringt. Wie das gemischt ist, kann eine Bewegung selber nicht genau wissen, wenn sie nicht immer wieder die Probe aufs Exempel macht. In diesem Zusammenhang mag es ausdrückliche Eskalationsstrategien geben, die eine gezielte Flucht nach vorn mit sich bringen. Erst in sich steigernden Kämpfen, so heißt es dann, merkt man, was man ist und wieviel man kann. Und deshalb sucht man solche Kämpfe und ihre Steigerung. Man will die Unzuverlässigen aussondern, die Unentschiedenen einbinden, dabei auch die inneren Widersprüche überdecken. Die Erfahrung eines gemeinsamen Feindes kann die eigene Solidarität erhöhen. Solche Effekte lassen sich allerdings nur spekulieren. Konfliktsteigerung ist im Hinblick auf die innere Konsolidierung einer politischen Bewegung meistens ein Vabanque-Spiel. Sie kann dabei auch zusammenbrechen. Und deshalb gibt es zu solchen Strategien der Eskalation Ambivalenzen und Kontroversen. Wer sich dabei durchsetzt, entscheidet manchmal nur der Zufall.

Man kann andererseits annehmen, daß ein inneres Bedürfnis nach Eskalation in einer sozialen Bewegung um so eher handlungsbestimmend wird, je mehr sie auch die andere Seite als unsicher, zerstritten und inkonsequent erlebt. Des Gegners Ambivalenzen und Kontroversen lassen sich als Erfolgserfahrung nutzen, gelten als Indizien für die Brüchigkeit des herrschenden Systems, ermutigen dann auch, noch ein paar Schritte weiterzugehen.

Entscheidend ist freilich, daß solche Definitionen der Situation von den strukturellen Bedingungen des Konflikts nur möglich gemacht, nicht aber stark determiniert sind. Unbestimmtheit der Situation, Fehlen dritter Parteien und die Sprachprobleme eines Wertkonflikts – alle diese strukturellen Merkmale eskalierender Konfliktlagen enthalten ja Momente, die den Bewertungen von Gegebenheiten und Chancen einen großen Spielraum mit durchaus gegensätzlichen Annahmen und Folgerungen lassen und deshalb auch eine hohe Wahrscheinlichkeit von Mißverständnissen einschließen. Konflikte sind unter diesen Bedingungen Spekulationsprojekte aller Beteiligten, und was am Ende herauskommt, ist in hohem Maße das Resultat von Fiktionen. Alle haben sich irgendwie verrechnet.

Fehlkalkulationen ergeben sich z. B. recht häufig aus den unsicheren Effekten verstärkter Drohung und forcierten Angriffs. In diesem Zusammenhang stehen auch die staatlichen Instanzen bei ihrer Reaktion auf Provokationen politischer Protestbewegungen vor Imponderabilien, die sich aus der paradoxen Wirkung der Verfolgung ergeben: Verfolgung verursacht nämlich gleichzeitig Angst (und Resignation) sowie Empörung (und weitere Mobilisierung), kann also sowohl abschrecken als auch aufputschen. Wahrscheinlich ereignet sich beides. Dann ist es möglich, daß sich die Protestbewegung auf einer bestimmten Eskalationsstufe spaltet und zersplittert. Steigt unter dem wachsenden Druck der Verfolgung die Gefährdung für die Mitglieder der Bewegung, dann bröckeln die Ränder ab, die Mitläufer steigen aus, und auch den Engagierten mag Fanatismus von einem bestimmten Punkt an als so teuer erscheinen, daß sie die Front verlassen. Auch ein solcher Erosionsprozeß ereignet sich allerdings nicht automatisch[10]. Er ist um so wahrscheinlicher, je differenzierter die Verfolgung eingreift und Anlässe zu reaktiver Solidarisierung meidet, den Gegner also diversifiziert[11].

Wichtig ist darüber hinaus, daß sie auf der Gegenseite die Ausgangsstellen nicht verstopft. Der Aussteiger, der die Konfliktfront verläßt, muß in der Etappe verschwinden können, ohne anhaltend (z. B. über „Berufsverbote") gebrandmarkt zu sein; man muß ihm subjektiv befriedigende Alternativen zur Militanz offenhalten.
Allerdings ist auch eine solche Amnestierungsstrategie hinsichtlich ihrer Wirkungen ambivalent. Sie erleichtert nicht nur den Ausstieg aus eskalierenden Konflikten; sie wirkt auch einladend zur Teilnahme, insofern sie durch annoncierten Sanktionsverzicht die Risikolosigkeit des eigenen Handelns verspricht. Es dürfte schwer sein, den einen Effekt ohne den anderen auszulösen. Hier muß in jedem Einzelfall situationsspezifisch balanciert und dosiert werden. Auch dann noch bleiben Spielräume für diskrepante Interpretationen der anderen Seite. Sanktionsverzichte wie auch Überreaktionen lassen sich z. B. sowohl als Schwäche als auch als Stärke des Gegners auslegen und dienen deshalb als Begründung für gegensätzliche Antworten. Welche Reaktion in den internen Deutungskonkurrenzen obsiegt, dürfte neben allem anderen von unbestimmten Stimmungslagen und mancherlei Zufällen abhängen.

Ereignisse und Personen

Die Prozeßbedeutung solcher Imponderabilien zu betonen, erscheint als nicht trivial angesichts des Umstandes, daß ihnen nicht nur im Rationalisierungsbetrieb der Konfliktparteien, sondern auch in theoretischen Soziologiemodellen kaum Platz gelassen wird. Die Suche nach Gesetzmäßigkeiten eskamotiert das Zufällige und Unbestimmbare an den Abläufen. Prozesse werden als „Mechanismen" interpretiert, Geschichte als „Evolution" – beides bestimmt durch Strukturen und Funktionen. Derlei Vorstellungen sind sicher kein bloßes Artefakt. Soziale Systeme, die Prozesse steuern und Geschichte machen, sind Einrichtungen gegen Kontingenz, und je stärker sie sich institutionalisiert haben, um so resistenter werden sie gegenüber der Wirkung bloßen Zufalls. Zu bestimmen, in welcher Weise das gelingt, gehört sicher zu den Hauptaufgaben der Soziologie, und Strukturanalyse erweist sich dafür als unabdingbar. Aber auch in institutionalisierter Gestalt sind soziale Systeme nicht gegen Ereignisse gefeit, die sich vorher nicht prognostizieren und hinterher auch nicht völlig erklären lassen. Die Kraft solcher Institutionen hängt gerade davon ab, mit solchen Ereignissen zu rechnen und jenseits aller Planungsrationalität Eigenschaften auszubilden, die Sensibilität für Überraschungen sichern, auch eine gewisse Kontingenztoleranz.
Die soziologische Theorie darf gegenüber dieser Art Realismus nicht zurückstehen. Sie braucht Neugier, Perspektiven und Kategorien, um der konstitutiven Bedeutung von Unwägbarkeiten sozialen Handelns gerecht zu werden[12]. Worauf es dabei ankommt, drängt sich dem Soziologen natürlich in besonderem Maße auf, wenn er auf Prozesse stößt, deren Ablauf einen relativ geringen Institutionalisierungsgrad besitzt. Soziale Konflikte, die sich im Umkreis sozialer Bewegungen abspielen, gehören zu dieser Kategorie. In diesem Falle sind die Motive der Beteiligten labil, ihre Aspirationen diffus. Keine Seite ist ihrer Möglichkeiten völlig sicher. Die Themen schwanken, blähen sich auf oder spitzen sich zu. Spielregeln werden kontrovers. Verlagert sich die Auseinandersetzung zudem auf Straßen und Plätze, so bietet auch die Ökologie des Konflikts keine festen Strukturen und Grenzen. Es wird unklar, wer oder was noch dazugehört. Das System franst aus.

Der Soziologe, der dazu empirische Beispiele zu rekonstruieren versucht, gerät in Schwierigkeiten mit einer Methode, die die „bloße Deskription" minderwertig macht, weil sie Erklärungen vorschreibt und für Erklärungen den Rekurs auf allgemeine Gesetze fordert. An prozeßbestimmenden Handlungsschwellen stößt er auf Ereignisse, deren Zufälligkeit er eigentlich nur noch erzählen, nicht aber richtig analysieren kann[13]: daß einer einem bestimmten anderen zu einer bestimmten Zeit begegnete; daß einer in einer bestimmten Situation die Nerven verlor und schoß; daß der Schuß einen anderen verletzte; daß der Verletzte starb – all dies ist sehr häufig weder geplant noch von den Umständen determiniert und konnte doch einen Wirbel von Folgen auslösen.
Daß solche Folgen entstehen, erscheint allerdings ebensowenig zwingend. Es bedarf bestimmter Definitionen der Situation, um den Ereignissen eine symbolische Bedeutung zuzuschreiben, mit denen sie zu Systemfaktoren aufgewertet werden. Eine solche Aufwertung ist allerdings nicht untypisch in Situationen, deren Struktur vage und deren Grenzen unklar sind – zumal dann, wenn sie Bestandteil sozialer Konflikte sind und alle Parteien ein Interesse an Kausalattribuierungen haben, die die andere Seite belasten. Einem gesteigerten Konfliktbewußtsein paßt nicht die Kategorie des Zufalls, wenn dieser dem Gegner passiert. Es kommt zu einer *Fiktion der Intentionalität von Ereignissen,* in Zusammenhang damit auch zu einer Mystifizierung des Systemcharakters der Gegenseite: Was sie tut, hat sie beabsichtigt und geplant. Der Schuß des Polizisten Kurras, an dem bei Berliner Demonstrationen des Jahres 1967 der Student Benno Ohnesorg starb, galt der Protestbewegung als Indikator für Strategien, deren Herkunft nicht nur beim Berliner Polizeipräsidenten, sondern letztlich in den Zentralen des internationalen Monopolkapitals gesehen wurde. In diesem Sinne heißt es später bei *Ulrike Meinhof* über die „ersten Schüsse" der Polizei, daß sie „kein privater Faschismus (Kurras) waren, sondern Produkt systematischen imperialistischen Terrors"[14]. Umgekehrt galten dann auch die Aktionen einzelner Studenten oder Studentengruppen der Berliner Bevölkerung, vorab der Springerpresse, als von Pankow oder Moskau oder aber von der PLFO entworfen. Auf beiden Seiten ergab sich mit verschwörungstheoretischen Kausalitätsfiktionen eine aufgeblähte Gefährdungsvorstellung, die Anlaß und den Anschein von Recht zu weiteren Aufrüstungen und militanteren Gegenschlägen gab. Der Determinationsgrad der beobachtbaren Ereignisse wurde anhaltend überschätzt.
Dabei ist gerade in turbulenten Konfliktverläufen die Wahrscheinlichkeit für ein hohes Prozeßgewicht einzelner Personen und ihrer mehr oder weniger spontanen Affekte größer als in normativ eindeutig geregelten Prozessen. Die normative Struktur eines Systems immunisiert ja nicht nur gegenüber dem Einfluß externer Ereignisse, sie schützt auch vor der diffusen Einwirkung von Subjektivität. Werden diese inneren Abgrenzungen eines Systems brüchig, so drängen mannigfaltige individuelle Motive und Spontaneitäten in die sozialen Prozesse. Geschieht dies inmitten der Dynamik sozialer Bewegungen, werden auf diese Weise zusätzliche Irritationen ausgelöst. Individuelle Idiosynkrasien bekommen sozialen Rang und übernehmen vielleicht sogar Steuerungsfunktionen, etwa in Gestalt von Führerschaft. Man denke etwa an die herausragende Rolle Dutschkes für die Studentenbewegung der sechziger Jahre oder an den bestimmenden Einfluß von Meinhof und Mahler für die Entstehung sowie später von Baader und Ensslin für die Organisation der terroristischen Bewegung der RAF. Führerschaft ist ein funktionales Äquivalent für Struktur. Wo sie sich herauskristallisiert, er-

halten soziale Prozesse eine individuelle Note. Man kann sie nicht mehr erklären, ohne auf Personen einzugehen.

Die Bedeutung des „subjektiven Faktors" wird auch in dem Zerfallsprozeß sozialer Bewegungen erkennbar – und zwar an den Stellen, an denen sich z. B. unter dem Druck wachsender Verfolgung die Geister scheiden, die einen aussteigen und andere weitermachen. Die Gegenläufigkeit ihrer Entscheidungen ist aus strukturellen Kontexten meistens nicht befriedigend zu erklären. Bleibt am Ende von Erosionsprozessen ein harter Kern der Bewegung zurück – und das trifft etwa für die Startgruppen der terroristischen Szene, nämlich RAF und „Bewegung 2. Juni" zu – so bleibt auch bei bemühter Analyse rätselhaft, was die Ausgangsbedingungen seiner Mitglieder von denen der drop-outs unterschied. Man muß annehmen, daß an den Kreuzungsstellen vorterroristischer Karrieren die besondere Subjektivität einiger der beteiligten Personen für die Ausdifferenzierung terroristischer Militanz verantwortlich war, und zwar um so mehr, je unwahrscheinlicher diese Reaktion angesichts der geringen Erfolgsaussichten ihres Weges war. Sie haben sich entschieden – aus was für Motiven auch immer; sichtbar wird nur deren kalkulierte Fassade. Wo andere stehenblieben oder zurückwichen, sind sie weitergegangen, und dies war objektiv nicht zwingend, vielleicht nicht einmal subjektiv vorbestimmt; sicher gab es hinter allem Anschein von Entschlossenheit eine Menge Ambivalenzen. Was gab letztlich den Ausschlag?

Prozeßstufen, Handlungssprünge

Fragt man nach sozialstrukturellen Bedingungen für Situationen, die für gegensätzliche Entscheidungen in hohem Maße offen sind und deren Ausgang entsprechend unbestimmt ist, so reicht die Unterscheidung zwischen mehr oder weniger institutionalisierten Handlungsvollzügen nicht aus. Es wird erforderlich, die Mikrostruktur sozialer Prozesse zu untersuchen und dabei zu beachten, daß diese im Zeitablauf um so variabler ist, je unbestimmter ihre makrostrukturellen Vorgaben ausfallen. Da gibt es eingezäunte Wegstrecken sozialen Handelns, die sich aber dann in einem unübersichtlichen Gelände verlaufen. Da gibt es Schleifen und Zirkel, die Redundanzen erzeugen und den Aufbau von Routinen gestatten, bis sie gesprengt und die Teilnehmer aus der Bahn geworfen werden. Unmarkierte Kreuzungen tauchen auf, wo es gleichermaßen nach links und nach rechts gehen kann. Da gibt es gerade Strecken, aber auch Zickzack-Kurs. Auf- und Abstiege mögen gleichmäßig verlaufen oder aber in Stufen und Sprüngen. Solche Metaphern deuten wenigstens an, womit die Analyse sozialer Prozesse rechnen muß. Ihre erste Aufgabe wird es sein, dafür geeignete Begriffe zu schaffen.

„Sprünge" bezeichnen z. B. den abrupten Wechsel von Prozeßqualitäten. Prozesse steigen oder fallen an bestimmten Punkten auf ein neues Niveau, auf dem andere Gesetzmäßigkeiten gelten. So mag durch einen radikalen Einschnitt eine vorher offene Situation, in der alle Beteiligten mannigfache Alternativen besaßen, in ein nach außen und innen geschlossenes System überspringen, dessen Mitglieder sich auf einmal ohne Optionen erleben. Anlaß dazu kann ein außergewöhnliches Ereignis sein, aber dieses bedarf, um so folgenreich zu werden, einer ausdrücklichen Dramatisierung durch entsprechende Definitionen der Beteiligten.

Wann solche Dramatisierungen einsetzen, ist durch die Ereignisse selber nicht voll determiniert. Das läßt sich z.B. an der Etikettierung eines Verhaltens als terroristisch illustrieren. Wenn Terrorismus ein Verhalten ist, das durch Gewalttätigkeit erschrecken will, bleibt empirisch offen, wann die andere Seite zu erschrecken beginnt und was sie in Abhängigkeit davon als terroristisch begreift. Wo wird auf einer Skala steigender Militanz die Grenze gezogen? Wenn bei Demonstrationen Farbeier fliegen oder Fahrzeuge demoliert oder Schaufenster eingeschmissen oder Molotow-Cocktails geworfen oder Sprengstoffe gelegt werden – kleine oder große? Hängt es davon ab, wer verletzt wird: Zuschauer, Polizisten, Politiker? – oder wie viele? – oder wie schwer? Hat einen Einfluß, mit welchen Reden und Erklärungen die Akteure dergleichen kommentieren? Wie umstürzlerisch müssen sie klingen, damit ihre Gewalttat als terroristisch gilt?

Hierzu lassen sich mit gleichem Recht unterschiedliche Markierungspunkte denken. Wo die Etikettierung des Terrorismus einsetzt, hängt nur zum Teil von den Handlungen ab, die bewertet und sortiert werden. Wenn sie aber einsetzt, schafft sie neue Tatsachen. Sie setzt auf einer Skala wachsender Militanz differentia specifica, mit denen zusammenhängende Prozesse auseinandergenommen und ungleichen Niveaus zugewiesen werden. Der Prozeß „springt" in eine andere Dimension. Nun wird die Verfolgung total. Andere Abteilungen und neue Einheiten werden zuständig. Die Kampfmittel werden aufgerüstet, neue Gesetze geschaffen, Minister ausgewechselt. Und dieser Reaktionswechsel wirkt auf die Akteure politischer Militanz zurück, schafft ihnen neue Rollen, fixiert sie in den Untergrund, prägt neue Gruppenformationen und zwingt ihnen auch eine Korrektur ihrer Handlungsstrategien auf.

Das Sprunghafte von Prozeßkarrieren sowie ihre Brechungspunkte lassen sich recht gut am Beispiel der Entstehung der Baader-Meinhof-Gruppe verdeutlichen. Ihre anfänglich etwa ein Dutzend Mitglieder waren überwiegend Teil der Protestbewegung der sechziger Jahre gewesen, kamen irgendwie und aus verschiedenen Richtungen in das Berliner Milieu dieser Bewegung, sprangen in deren Zirkeln und Fraktionen hin und her, kreuzten dabei einander, verbanden sich aber erst um die Jahreswende 1969/70, zu einem Zeitpunkt also, als sich die Protestbewegung schon aufgelöst und in zahlreiche miteinander rivalisierende oder aber auch nur koexistierende Gruppen und Grüppchen zersplittert hatte. Die Kristallisierung der Baader-Meinhof-Gruppe bahnte sich erst an, als Andreas Baader am 4. April 1970 verhaftet wurde und sich einige andere aus seinem Umkreis zusammentaten, um ihn aus der Haft zu befreien. Am 14. Mai 1970 gelang die Befreiung Baaders aus dem Zentralinstitut für Soziale Fragen in Berlin-Dahlem, wohin er aus der Haftanstalt Tegel auf Antrag seines Anwalts Mahler gebracht worden war, um – so der Vorwand – mit Ulrike Meinhof Recherchen für eine gemeinsame Publikation betreiben zu können. Mindestens fünf spätere Gruppenmitglieder waren an dieser Aktion direkt beteiligt, andere hatten an den Vorbereitungen mitgemacht.

War die Befreiung sorgfältig geplant, so war doch nicht vorgesehen, daß einer der Akteure einen unbewaffneten älteren Angestellten des Instituts mit einer Schußwaffe schwer verletzte, und zwar ohne Notwehr, offensichtlich aus Angst und in Panik. Dieser Vorgang trieb die Beteiligten geschlossen in den Untergrund. Wahrscheinlich entstand die Baader-Meinhof-Gruppe erst in diesem Moment. Denn von nun an erhielt sie durch kollektive Verfolgung ein geschlossenes Identitätsgefühl und eine scharfe Markierung ihrer Gruppengrenze. Mitglied konnte von nun an nur sein, wer mit den anderen die Situation der Illegalität vorbehaltlos teilte. Sofort setzten nämlich Fahndungsmaßnahmen ein, die aus der Gruppe eine Art Schicksalsgemeinschaft machten. Bald galt sie als „Staatsfeind Nr. 1". Sie hatte etwas getan, was sich als terroristisch etikettieren ließ. Mit dieser (im vorliegenden Fall sicher gut begründbaren) Zuschreibung wechselt der Konflikt zu einer Art Krieg.

Die Eigendynamik sozialer Prozesse

Was im Fortgang dieser Geschichte an der Baader-Meinhof-Gruppe vor allem auffällt, ist: daß der Konfliktablauf sehr schnell die Motive überlagert, die zu seiner Entstehung gebraucht wurden. Es wird bald ungewiß, worum es eigentlich geht. Sekundäre Motive werden wider Willen dominant. Der Prozeß verzehrt seine ersten Gründe, bringt neue hervor und stabilisiert sich mit ihnen. Es entsteht die Eigendynamik des Konflikts; er treibt sich selber weiter.

Sucht man Bedingungen und Eigenarten für die Eigendynamik sozialer Prozesse, so lassen sich am Beispiel des Schicksals der Baader-Meinhof-Gruppe einige Auffälligkeiten entdekken, die zur Entwicklung allgemeiner Hypothesen benutzt werden können. Als erstes ist hervorzuheben, daß sich die Eigendynamik sozialer Prozesse am ehesten in relativ geschlossenen sozialen Systemen entwickelt – und das in zweierlei Hinsicht. Einerseits ist anzunehmen, daß externe Störungen des Prozesses ausbleiben, daß also keine neuen Themen, keine intervenierenden Motive und keine konterkarierenden Tendenzen sich einmischen und aufdrängen. Dieser Zustand ergab sich in der Terroristenverfolgung sehr schnell dadurch, daß beide Seiten eine gegenseitige Kriminalisierung betrieben und damit die Thematik des Konflikts erfolgreich bestimmten. Im Kampfverlauf wurden politische, soziale und moralische Gesichtspunkte zunehmend abgeworfen und tabuiert. Sich in die Angriffs- und Verfolgungsterminologie einzupassen, geriet auf beiden Seiten zu einer Loyalitätsfrage, und es gab keine Gruppen und Instanzen, die kräftig genug waren, diese Ab- und Ausgrenzung erfolgreich zu durchbrechen.

Entwickelt sich Eigendynamik, so ist anzunehmen, daß die Geschlossenheit des Handlungssystems andererseits auch bedeutet, daß keiner der Beteiligten heraus kann. Sie sind aufeinander fixiert, und keiner kann aus dem Felde gehen, so als sei nichts gewesen. Staatliche Instanzen und gesellschaftliche Institutionen fühlten sich, als Terroristen das Recht auf Gegengewalt nicht nur reklamierten, sondern auch praktizierten, im Nerv getroffen. Terroristenverfolgung wurde zu einer Identitätsfrage. Umgekehrt erzeugten Art und Ausmaß dieser Verfolgung für die Terroristen eine Situation, in der sie weder die Chance sehen konnten, einfach unterzutauchen, noch glauben mochten, es bestehe bei Kapitulation die Gewähr eines fairen Prozesses. Die Rede von „Justizterror" und „Isolationsfolter" schuf hier zusätzliche Barrieren. Sie sahen sich verstrickt.

Allerdings waren es auch in diesem Falle nicht nur negative Momente, die durch Erschwerung von Flucht oder einfacher Passivität die Konstellation stabilisierten. Für die Eigendynamik sozialer Prozesse kommt als die wahrscheinlich wichtigste Bedingung hinzu, daß alle

Beteiligten sich fortlaufend gegenseitig stimulieren, im Feld zu bleiben und weiterzumachen. Der Prozeß erzeugt die Motive seiner Fortsetzung – und zwar unabhängig davon, ob dieser Effekt gewollt ist oder nicht. Im vorliegenden Beispiel brachte erst die Verfolgung die Baader-Meinhof-Gruppe unter den Druck, sich zu organisieren, diese Organisation durch Rechtfertigungskonstrukte zu ideologisieren und die Ernsthaftigkeit der Ideologie durch Aktionen dann auch zu beweisen. Gleichzeitig gelang es der Verfolgung, die Gruppe zu isolieren. Ihre Untergrundexistenz wurde durch steigende Angst vor Entdeckung und hektische Fluchtbewegungen geprägt. Jeder Fremde mochte ein Feind sein. Unter diesen Bedingungen konnte die existenzielle Erfahrung der eigenen Umwelt das vorhandene Bild von der dehumanisierenden Miserabilität der Gesellschaft ständig bestätigen und dem Angriff auf deren Repräsentanten fortlaufend neue Motive geben. In diesem Untergrund braucht man bald gar nicht mehr die Motive, die in ihn hineinführten; er erzeugt seine eigenen.
Es läßt sich dann auch im gegebenen Fall beobachten, daß die ursprünglichen Motive und die eigentlichen Zwecke des Kampfes auf beiden Seiten sich ablösen, verdrängt werden und zum Teil nur noch rhetorische Funktionen erfüllen. Eigendynamik bringt Zielverschiebungen und dabei nicht selten paradoxe Wendungen und widersprüchliche Entwicklungen mit sich. Die Verfolgungsbehörden gerieten bei ihrer Verteidigung einer liberalen Gesellschaft in die Gefahr, selber immer illiberaler zu werden. Auf der anderen Seite verloren auch die Terroristen immer deutlicher ihre ursprünglich politische Orientierung. Das läßt sich in zweierlei Hinsicht nachweisen. Erstens ist erkennbar, daß die Baader-Meinhof-Gruppe, die ausgezogen war, die Gesellschaft zu befreien, unter dem Zwang, angesichts eines überlegenen Gegners eine technisch anspruchsvolle Logistik aufbauen zu müssen, und unter den Bedingungen einer Verfolgung, die dies unvorhergesehen schwierig machte, auch innerlich zunehmend damit beschäftigt war, neben trivialen Vorkehrungen bloßen Überlebens ihre technische Aufrüstung zu betreiben, darunter massenhaft ganz kleine Dinge[15]. Dies führte unter Bedingungen des Untergrunds auch dazu, daß sich der Elan der Gruppe über lange Phasen hin mit der Ausübung „gemeiner Kriminalität" erschöpfte: etwa mit Bankraub, Diebstahl, Fälschungen, der betrügerischen Anmietung von Autos etc. Zweitens ist erkennbar, daß die strategischen Zwecksetzungen immer reaktiver wurden. Schon im Jahre 1972 waren die terroristischen Aktionen überwiegend defensiv und wurden es danach noch mehr. So konnte *Fritz Teufel* von der „Bewegung 2. Juni" mit vollem Recht über die RAF-Gruppen spotten: „Ihre gegenwärtige Theorie und Praxis beschränkt sich darauf, Befreiung für die lebendigen und Rache für die ermordeten Gefangenen zu fordern ... – ideologisch eingebettet in das Gerilja-Konzept der ‚Befreit-die-Gerilja-Gerilja' ..."[16]. Die Gruppe wurde unter dem Druck der Verfolgung immer stärker auf sich selbst zurückgeworfen. Die Eigendynamik des terroristischen Kampfes hat sie überrollt.

Sinnkonstruktionen im Widersinn

In einer objektiv nicht umsturzreifen Gesellschaft wurde die Baader-Meinhof-Gruppe unter dem Druck überlegener Verfolgung zunehmend isoliert, in Kriminalität verstrickt und von ihren politischen Zielsetzungen abgetrieben. Je mehr sie unternahm, um so aussichtsloser wurde ihr Kampf. Sie befand sich insofern in einer absurden Situation. Und dennoch gab sie sich nicht auf. Von ihren etwa 40 Mitgliedern ist auch nach Inhaftierung der meisten von ihnen nicht mehr als nur eine Handvoll wirklich ,,abgesprungen". Sie endete erst mit dem Tod ihrer zentralen Figuren.

Fragt man nach Gründen für diese verrückte Widerstandsfähigkeit, so reichen die Faktoren nicht aus, die schon genannt wurden, obwohl auch sie zu der Antwort gebraucht werden: Die Eigendynamik des Prozesses stabilisierte die Gruppe. Sie versperrte Ausstiegsstellen und erzeugte fortlaufend sekundäre Motive für die Fortsetzung des Kampfes. Zu diesen sekundären Motiven gehört, was bislang nicht erwähnt und an anderer Stelle ausführlicher beschrieben wurde[17], nämlich eine gruppendynamisch anwachsende Kohäsion der Verfolgten. Sie empfanden sich als Schicksalsgemeinschaft. Spürte jemand Gründe, die Gruppe zu verlassen, so intervenierte etwas, was einer, der dabei war, ,,die Feigheit vor dem Freund" genannt hat[18]: Man kann die anderen nicht sitzen lassen; sie haben es bei zahllosen Gelegenheiten, als man auf sie angewiesen war und in Gefahr stand, auch nicht getan.

Allerdings wäre es sicher falsch, das soziale Argument, das die Bedeutung von Gruppenloyalität unterstreicht, bloß auf Affekte abzustellen. Menschen sind komplexe Wesen, für deren Handlungen zumindest dann, wenn diese außergewöhnlich sind und an den Grenzen aller Selbstverständlichkeiten liegen, einzelne Motive auf die Dauer nicht ausreichen. Man muß seine Gefühle nicht nur empfinden, sondern auch respektieren, um sie gegen Widerstand durchsetzen zu können, und für die eigene Moral braucht man nicht nur verinnerlichte Überzeugungen, sondern auch gute Argumente, um sie in schwierigen Lagen festhalten zu können. Einzelne Motive bedürfen ihrer gegenseitigen Abstützung in *Sinnsystemen*, die dem Subjekt seine Welt einigermaßen schlüssig deuten und sein Handeln für es selber legitimieren. Gerade wenn die subjektive Situation widersprüchlich und belastet ist, wird man erwarten können, daß dem Gelingen solcher Sinnsysteme eine verstärkte Bedeutung zukommt. Weicht der einzelne von Konformität ab, so bricht er mit der Selbstverständlichkeit kollektiver Deutungsschemata, die dem, der sich in ihnen widerspruchslos bewegt, kaum bewußt zu sein brauchen. Erst der Widerspruch erzeugt das individuelle Bedürfnis nach Ausdrücklichkeit und Konsistenz der Sinnsysteme, und es ist deshalb auch nicht verwunderlich, zu sehen, daß die Baader-Meinhof-Gruppe mit deren Konstruktion fortlaufend beschäftigt war. Das schlägt sich in zahlreichen Dokumenten nieder, z. B. in den vor allem von *Ulrike Meinhof* und *Horst Mahler* geschriebenen Texten, in den Gruppenerklärungen zu Anschlägen, nicht zuletzt in den Zellenzirkularen, die nach der Inhaftierung der Mehrzahl der Gruppenmitglieder über ein von Anwälten getragenes Info-System ausgetauscht wurden[19].

Versucht man eine strukturelle Rekonstruktion und funktionale Bewertung wesentlicher Elemente des von der Baader-Meinhof-Gruppe entwickelten, freilich auch immer wieder korrigierten Sinnsystems ihres terroristischen Handelns, so darf man natürlich nicht davon ausgehen, daß es sich dabei um eine Theorie im akademischen Sinne handeln könne. Mißt man sie an Maßstäben von Wissenschaftlichkeit[20], so sind die gravierenden Defizite an logischer Stringenz und empirischer Gültigkeit auffällig genug, um vernichtende Kritik rechtfertigen zu können. In Wirklichkeit ging es aber natürlich gar nicht um theoretische Erkenntnis-, sondern um praktische Handlungsinteressen. Es ging nicht um Diagnose, sondern um Denunziation, nicht um Gründe, sondern um Schuldige, nicht um Erklärung, sondern um

Rechtfertigung, nicht um Prognose, sondern um Hoffnung. Es handelte sich um den Aufbau von *Alltagstheorie*, und diese bestimmt ihre Funktion generell nicht nach den Kriterien von Systematik, Widerspruchsfreiheit und Präzision; es reicht der „Schein genügender Kohärenz, Klarheit und Konsistenz"[21] – genügend zur Konstitution subjektiv überzeugender Handlungsfähigkeit.

Das muß einer Gruppe allerdings um so schwerer fallen, je deutlicher die Indizien für ihr objektives Scheitern sind. Um dennoch mit voller Überzeugung weitermachen zu können, bedarf es einer alltagsweltlichen Handlungstheorie, die u. a. leisten muß, die objektiven Falsifikatoren des eigenen Handlungsprogramms außer Kraft zu setzen – sei es durch Umdeutung, sei es durch Entwertung von Realität. Im ersten Fall soll hier von Rationalisierungstechniken, im zweiten Fall von Immunisierungsstrategien gesprochen werden.

Rationalisierungstechniken dienen auf der kognitiven Ebene dem Ziel, bestimmte Annahmen, die zur eigenen Identitätssicherung als zentral erscheinen, zu axiomatisieren, d. h. zu „unkorrigierbaren Aussagen" zu machen: „Eine unkorrigierbare Aussage ist eine Aussage, die man niemals für falsch halten darf, was auch immer geschehen mag, sie sagt deshalb auch nichts darüber aus, was in der Welt geschieht ... Der Wahrheitswert einer unkorrigierbaren Aussage ist mit jeder wahrnehmbaren Sachlage kompatibel[22]." Das trifft im Falle der Baader-Meinhof-Gruppe z. B. mindestens auf folgenden Satz von Aussagen zu:

1. Die gesellschaftliche Realität ist voller Elend; sie muß verändert werden. 2. Die Ursachen des Übels liegen im Kapitalismus und seiner internationalen Erscheinungsform des Imperialismus; beide müssen zerstört werden. 3. Alle reformistischen Veränderungsversuche der kleinen Schritte sind falsch, da sie nur zu einer Stabilisierung des Unrechtssystems führen; deshalb ist Revolution unabdingbar. 4. Da es in diesem Land noch keine Massenbasis für Revolution gibt, muß sie erst noch geschaffen werden; Guerillaaktionen terroristischer Gruppierungen sind ein geeignetes Mittel dazu.

Mag man die empirischen Bestandteile dieser Sätze für respektable Hypothesen halten, so entstehen Probleme mit ihrer Axiomatisierung insofern, als nun der Zwang besteht, alle denkbaren Einwände in jedem Fall verwerfen zu müssen, auch wenn sie überzeugende Gegenevidenzen aufbringen. Diesem Zweck dienen z. B.: Pauschalierung von Einzelbeobachtungen, welche die eigenen Annahmen stützen; verschwörungstheoretische Kausalzuschreibung bei ihrer Erklärung; die moralische Diskreditierung alternativer Deutungen und deren Träger; der Aufbau von Erfolgsfiktionen. Als flankierende Maßnahmen erweisen sich passend ausgewählte Zitate und Illustrationen, selektive Rückgriffe also auf einschlägige Autoritäten (*Marx, Mao, Ché Guevara* etc.) und Empirie. Vor Mißerfolgserfahrung schützt überdies das Abstrakthalten eigener Zielkonzepte.

Insofern die Durchsetzung eines mit solchen Hilfskonstruktionen abgesicherten kognitiven Deutungsmusters zu abweichendem Verhalten führt und nicht bloß akademisch bleibt, müssen auch die moralischen Konsequenzen faktischer Normbrüche verarbeitet werden. Für die Baader-Meinhof-Gruppe ging es dabei um die Rationalisierung von Kriminalität bis hin zu Mord. Neben dem Anschein guter Argumente bedarf es eines guten Gewissens, um Widersinn als sinnhaft verinnerlichen zu können. Gutes Gewissen ist dabei erreichbar über Rechtfertigungsmethoden, die *Gresham M. Sykes* und *David Matza* als „Techniken der Neutralisierung" sowie *Martin B. Scott* und *Stanford M. Lyman* als einen speziellen Typ von „Verantwortung" gedeutet haben[23]. Auch im Falle der Baader-Meinhof-Gruppe läßt sich zeigen[24], daß die verschiedenen Neutralisierungsmodi gebraucht werden: „Ablehnung der Verantwortung", „Verneinung des Unrechts", „Leugnung des Opfers", „Berufung auf höhere Instanzen". Insbesondere das letztere ist für die Konstitution einer revolutionären Moral vortrefflich funktional: „Die Welt ist schlecht, tagtäglich unendliches Leid, Mord, Totschlag. Das müssen wir ändern. Das geht nur mit Gewalt, das erfordert auch Opfer; aber unterm Strich weniger Opfer als die Fortdauer des bestehenden Zustands[25]." Man definiert sich in einen Ausnahmezustand, der eine kühne Moral erfordert. Es ist eine soldatische Moral, die dem Krieg um eine gute Sache würdig ist. Die von der Baader-Meinhof-Gruppe eingeführte und von späteren terroristischen Gruppierungen übernommene Kriegsformel hatte vor allem die Funktion, normale Skrupel zu suspendieren. Für ihre Auseinandersetzungen den Kriegszustand zu reklamieren, machte es möglich, für sich selber das lockere Moralsystem des Völkerrechts in Anspruch zu nehmen. Sich im Krieg zu fühlen, rechtfertigt den moralischen Ausnahmezustand und entlastet durch Analogien, die die Schlachtfelder der Geschichte in großer Zahl anbieten. Der Gegner ist Feind, ihn zu töten, ist soldatische Pflicht. Moralische Konsequenzen lassen sich ins Technische wenden. Morden heißt dann einfach „Verluste zufügen".

Allerdings blieb auch hier ein Widerspruch: Man gestand der anderen Seite nicht zu, was man sich selber nahm. Die Terroristen forderten dem Staate, den sie bekämpften, die Normen ab, von denen sie sich selber distanzierten. Sie verpflichteten ihn darauf, bürgerlicher Rechtsstaat zu sein, während sie ihn selber nach Kriegsrecht behandelten. War das Moralsystem des Krieges für die Konstitution terroristischer Moral also komfortabel, so erwies sie sich auch im eigenen Gebrauch nicht als generalisierungsfähig.

Man kann annehmen, daß nicht nur die moralischen, sondern auch die kognitiven „Hilfskonstruktionen des Glaubens"[26] unter den faktischen Bedingungen der Baader-Meinhof-Gruppe deren Mitgliedern selber nicht als vollkommen überzeugend erscheinen konnten. Pauschalierungen, Kausalitäts- und Erfolgsfiktionen – sie mochten nach innen hin glaubwürdig erscheinen in dem Maße, in dem sich die Gruppe von ihrer Umwelt isolierte und sich in exterritorialer Abgehobenheit aller Realitätskontrolle zu entziehen vermochte[27]. Dann konnte fortlaufende Selbstagitation die aberwitzigsten Realitätsannahmen ungestört glaubhaft machen. Eine solche Isolation ließ sich aber mit dem politischen Anspruch der Gruppe schlecht vereinbaren. Insofern die dominanten Bestätigungskriterien für politisches Handeln in Wirkung und Erfolg zu suchen sind, mußte auch der Baader-Meinhof-Gruppe durch alle Fiktionen hindurch als eine Falsifikation ihres Anspruchs erscheinen, daß selbst die ehemaligen Genossen und die sogenannten Sympathisanten als *politische* Unterstützer terroristischer Programme zunehmend ausfielen. Die Handlungstheorie der Baader-Meinhof-Gruppe erwies sich nicht als vermittelbar. Wollte sie dennoch weitermachen, mußte sie sich auch gegen diese Erfahrung noch schützen. In dem Maße, in dem diese Erfahrung aber nicht einfach zu leugnen oder aber ins Gegenteil umzudeuten war, konnte die Gruppe sich nur noch durch deren Entwertung immunisieren. Und dieser Vorgang läßt sich nun auch beobachten.

Von Rationalisierungstechniken unterscheiden sich *Immunisierungsstrategien* dadurch, daß Realitätserfahrungen nicht umdefiniert, sondern als gegenstandslos und irrelevant behandelt werden. Geht es bei Rationalisierung vor allem um Manipulation, so bei Immunisierung um die Entwicklung von Indifferenz. Damit läßt sich der höchste Grad an Unfalsifizierbarkeit erreichen: Auf Wirkungen kommt es nun gar nicht mehr an. „Die bewaffnete Aktion ist in jedem Fall auch ein politischer Sieg der Revolutionäre, egal ob Sieg oder Niederlage“, schrieb *Gudrun Ensslin* in einem Zellenzirkular – an anderer Stelle auch: „Wir haben nix zu beweisen, sondern zum Ausdruck zu bringen.“ Und in einem Kassiber der Gruppe schreibt ein Inhaftierter einem anderen: „‚der sinn des kampfes‘ – du fragst nach sinn, effektivität, wie so'n banker, identität z. b. sagt dir gar nichts, oder wie?“

In solchen Sätzen wird deutlich, wie Immunisierung durch Wechsel von politisch instrumentellen Zwecksetzungen auf Ausdruck, Beispiel, Gesinnung erzielt wird. Wertrationalität macht unempfindlich gegen Handlungsfolgen, Gesinnungsethik genügt sich selber – dies um so mehr, wenn sie sich auf ehrwürdige Werte beruft, z. B. auf „Freiheit – Gleichheit – Brüderlichkeit“. Dann erhält sogar der Terror noch den Glanz der Tugend[28].

Auch die Baader-Meinhof-Gruppe sah sich am Ende weniger als reales Medium einer Befreiung, denn als Beispiel für Selbstbefreiung. Sie ideologisierte sich zum Fanal und verstand sich als Muster dafür, „daß leute handeln, ohne sich von den zwängen des systems bestimmen zu lassen“[29]. Gruppenloyalität konnte mit dieser Wendung dann auch als sehr viel mehr denn bloße Anhänglichkeit und Kameraderie interpretiert werden. Sie war Bindung an eine große Sache, und gerade in dem Maße, in dem das Scheitern offenkundig wurde, konnte das Durchhalten um so heroischer erscheinen. Gerade die Erfahrung des Absurden konnte Sinn machen und auch Bewunderung auslösen, wenn sie im Namen großer Tugenden konsequent und unerschrocken angenommen wurde. Auf diese Weise gelingt Sinnkonstitution durch Widersinn.

Anmerkungen

1 Ein Versuch dazu in *Friedhelm Neidhardt,* Linker und rechter Terrorismus. Empirische Ansätze zu einem Gruppenvergleich. Ms. Köln 1981. Die in den Fußnoten 1, 2 und 7 zitierten Manuskripte werden veröffentlicht in: *W. v. Bayer-Katte, D. Claessens, H. Feger* und *F. Neidhardt,* Gruppenprozesse, Bd. 3 der Reihe „Analysen zum Terrorismus“, hrsg. v. Bundesministerium des Innern, Opladen 1982.

2 *F. Neidhardt,* Soziale Bedingungen terroristischen Handelns. Das Beispiel der ‚Baader-Meinhof-Gruppe‘ (RAF). Ms. Köln 1981.

3 Vgl. *Walter Laqueur,* Terrorismus, Kronberg 1977.

4 *Herbert Blumer,* Social Unrest and Collective Protest, in: Studies in Symbolic Interaction, Bd. 1, 1978, S. 1–54, hier bes. S. 5 und 18 ff.

5 *Paul Watzlawick, Janet H. Beavin* und *Don D. Jackson,* Menschliche Kommunikation. Formen, Störungen, Paradoxien, Bern/Wien 1969, S. 124.

6 Ebd., S. 58 ff.

7 Interessantes Material dazu bei *Dieter Claessens* und *Karen de Ahna,* Das Milieu der Westberliner ‚scene‘ und die ‚Bewegung 2. Juni‘. Ms. Berlin 1981.

8 Hierzu *Vilhelm Aubert,* Interessenkonflikt und Wertkonflikt, in: *Walter L. Bühl* (Hrsg.), Konflikt und Konfliktstrategie, München 1972, S. 180 ff. – Ähnlich mit der Differenzierung norm- und wertorientierter Bewegungen *Neil J. Smelser,* Theorie des kollektiven Verhaltens, Köln 1972, S. 242 ff. und 274 ff.

9 Hierzu mit einschlägigen Literaturhinweisen z. B. *Walter L. Bühl,* Einleitung: Entwicklungslinien der Konfliktsoziologie, in: *Ders.* (Hrsg.), Konflikt und Konfliktstrategie, a.a.O., bes. S. 30 ff.

10 Vgl. dazu *Arthur A. Stein,* Conflict and Cohesion. A Review of the Literature, in: Journal of Conflict Resolution, 20, 1976, S. 143ff.

11 *Heinrich Popitz* hat diesen Prozeß als „Staffelung" beschrieben. (*Ders.,* Prozesse der Machtbildung, Tübingen 1968, S. 24ff.).

12 Die herausragende Bedeutung *Robert K. Mertons* liegt an dieser Stelle. Er hat auf systematische Weise und immer wieder den Mechanismusvorstellungen der Strukturtheorie gegengesteuert, z. B. mit Kategorien wie Latenz, Äquivalenz und Ambivalenz; siehe dazu einige Beiträge in: *Lewis A. Coser* (Hrsg.), The Idea of Social Structure. Papers in Honor of Robert K. Merton, New York 1975.

13 Über die Bedeutung von „dramatic events" für den Fall von „social unrest and collective protest" auch *H. Blumer,* a.a.O., S. 17f. – Gegen die in der Soziologie verbreitete „Konstruktion einer ereignisfreien Geschichte" formuliert beachtliche Argumente *Friedrich H. Tenbruck,* Die Soziologie vor der Geschichte, in: *Peter Christian Ludz* (Hrsg.), Soziologie und Sozialgeschichte. Sonderheft 16 der Kölner Zeitschrift für Soziologie und Sozialpsychologie, Opladen 1972, S. 40ff.

14 *Ulrike Meinhof,* Die Aktion des Schwarzen Septembers in München, in: „texte: der RAF", Malmö 1977, S. 435.

15 Typisch für diese Entwicklung ist, daß sich mit den Zielverschiebungen in der Gruppe innerhalb ihrer Führungsschicht Mobilitäten vollzogen: Auf Kosten der politisch-theoretisch orientierten Ulrike Meinhof ergab sich ein Autoritätszuwachs Andreas Baaders, der für das couragierte Arrangement praktischer Bedingungen und für die militärischen Notwendigkeiten des Guerillakampfes die überlegene Gruppenfigur war.

16 *Fritz Teufel,* Indianer weinen nicht – sie kämpfen, in: *K. H. Roth* und *F. Teufel,* Klaut sie! (Selbst-) Kritische Beiträge zur Krise der Linken und der Guerilla, Tübingen 1979, S. 23. – Ähnlich heißt es bei Jochen Reiche: „Unter der Hand war aus einer ‚Volksguerilla' eine ‚Befreit-die-Kader-Guerilla' geworden." (*Ders.,* Zur Kritik der RAF, in: *B. Herzbruch* und *K. Wagenbach* (Hrsg.), Jahrbuch Politik 8, Berlin 1978, S. 22).

17 *F. Neidhardt,* Soziale Bedingungen terroristischen Handels, a.a.O., bes. Kap. 6 und 7.

18 *Horst Mahler,* in: „Der Spiegel", 33, 1980, S. 34f.

19 Nicht alle dieser Dokumente sind veröffentlicht. Die wichtigsten prinzipiell zugänglichen Quellen sind: „texte: der RAF", Malmö 1977; *H. Mahler,* Die neue Straßenverkehrsordnung, Berlin 1971; *Bundesministerium des Innern* (Hrsg.), Dokumentation über Aktivitäten anarchistischer Gewalttäter in der BRD, Bonn o. J.

20 Das hat in einer glänzenden Analyse z. B. *Herfried Münkler* unternommen; siehe *ders.,* Revolutionäres Subjekt und strategischer Ansatz, In: *Iring Fetscher* und *Günter Rohrmoser,* Ideologien und Strategien, Bd. 1 der Reihe „Analysen zum Terrorismus", Opladen 1981, S. 38–183; vgl. auch *F. Neidhardt,* Soziale Bedingungen terroristischen Handelns, a.a.O., bes. Kap. 5.

21 *Alfred Schütz,* Gesammelte Aufsätze. Bd. II: Studien zur soziologischen Theorie, hrsg. von *A. Brodersen,* Den Haag 1972, S. 57.

22 *Douglas Gasking,* zit. in *Hugh Mehan* und *Houston Wood,* Fünf Merkmale der Realität, in: *Elmar Weingarten* und *Fritz Sack* (Hrsg.), Ethnomethodologie. Beiträge zur Soziologie des Alltagshandelns, Frankfurt/M. 1976, S. 31.

23 *Gresham M. Sykes* und *David Matza,* Techniken der Neutralisierung: Eine Theorie der Delinquenz, in: *Fritz Sack* und *René König* (Hrsg.), Kriminalsoziologie, Frankfurt/M. 1968, bes. S. 366ff.; *Marvin B. Scott* und *Stanford M. Lyman,* Verantwortungen, in: *H. Steinert* (Hrsg.), Symbolische Interaktion, Stuttgart 1973, S. 924ff.

24 *F. Neidhardt,* Soziale Bedingungen terroristischen Handelns, a.a.O., Kap. 7.2.

25 So in nachträglicher Charakterisierung *H. Mahler* in: „Der Spiegel", 53, 1979, S. 37.

26 *D. E. Evans-Pritchard,* Witchcraft, Oracles, and Magic among the Azande, London 1973, S. 330.

27 Dieses soziale Moment betonen auch *L. Festinger, H. W. Riecken* und *S. Schachter,* When Prophecy fails, University of Minnesota 1956, z. B. S. 4. Vgl. auch *Jane Allyn Hardyck* und *Marcia Braden,* Ein weiterer Fall widerlegter Prophezeiung, in: *H. Steinert* (Hrsg.), Symbolische Interaktion, a.a.O., S. 62ff.

28 Darüber *Hermann Lübbe,* Freiheit und Terror, in: *Ders.,* Philosophie nach der Aufklärung. Von der Notwendigkeit pragmatischer Vernunft, Düsseldorf/Wien 1980, S. 239ff.

29 *U. Meinhof,* „rede von ulrike zu der befreiung von andreas", in: „texte: der RAF", a.a.O., S. 70.

DAS PHÄNOMEN DES BRIGANTENTUMS IN SÜDITALIEN NACH DER NATIONALEN EINIGUNG (1860–1870)

Von Carlo Tullio-Altan

I. Die Ereignisse

Das Phänomen des Brigantentums nach der nationalen Einigung verkörpert in der italienischen Nationalgeschichte weitaus mehr als nur eine bedeutende Episode. Tatsächlich stellt es ein Ereignis dar, in dem auf hervorragende Weise ein Charakterzug der italienischen Gesellschaft in Erscheinung getreten ist, dessen Entwicklungen und Folgen wir noch heute wahrnehmen können: diese charakterisieren einen guten Teil des kulturellen, sozialen und politischen Lebens unseres Landes. Das Brigantentum war keine neue Sache in Mittel- und Süditalien. Über örtlich begrenzte Erscheinungen der vorausgegangenen Jahrhunderte hinaus verdichtete sich dieses Phänomen auf besondere Weise während der Periode französischer Präsenz im Königreich Neapel. Es hatte eine seiner historisch bekanntesten Ausprägungen anläßlich der von Kardinal Ruffo im Jahre 1799 durchgeführten Expedition gegen die Republik Partenopea, die unter französischer Ägide in Neapel gegründet worden war. Unter jenen Umständen bediente sich der bourbonische Kardinal auf breiter Basis der Hilfe zahlreicher Banden von Briganten, die in den Landstrichen Kalabrien und der Basilicata operierten.

Die ersten Aufstandsbewegungen fanden in der Folgezeit des nationalen Zusammenschlusses statt, als die Eroberung des Königreiches Neapel von seiten der garibaldinischen Streitkräfte noch nicht abgeschlossen war. Diese hatten sich im Frühjahr 1860 mit Richtung auf Neapel in Sizilien an Land begeben. Im August desselben Jahres hatte tatsächlich eine gewalttätige und blutige Erhebung in Matera stattgefunden, die sich anschließend auf Apulien und die Basilicata ausdehnte und die gegen die Vertreter des Mittelstandes, gegen Beamte und liberale Eigentümer gerichtet war, die dem Prozeß der nationalen Einigung mit Wohlwollen gegenüberstanden. Diese Bewegungen wurden von Briganten-Banden angeführt, die eine breite Masse von Bauern aufgenommen hatten, meistenteils Tagelöhner. In jener Periode verteidigte sich Francesco II., König von Neapel, noch auf der Höhe des Flusses Volturno, gestützt auf die Festung Capua, während die Streitkräfte Garibaldis mit Erreichen Neapels große Teile ihres Schwunges und ihrer Geschlossenheit verloren hatten. In dieser Phase formierten sich auf Vermittlung lokaler Grundbesitzer liberaler Gesinnung allmählich die ersten Korps der Nationalgarde gegen das Brigantentum und zur Unterstützung Garibaldis[1]. Dies war der Augenblick, in dem sich die bourbonische Monarchie entschlossen der bäuerlichen Aufstandsbewegung bediente, um sich dem neuen Bürgertum zu widersetzen, das für die Unitaristen Partei ergriffen hatte.

In der zweiten Septemberhälfte 1860 fanden in Roccaromana und Caiazzo die ersten Bauernaufstände zur Unterstützung des Bourbonenheeres statt. Unmittelbar danach wurde eine Organisation irregulärer Streitkräfte in Gang gebracht, geleitet von neapolitanischen Militärs, die in ihren Reihen Gendarmen, versprengte Soldaten und Bauern sammelten mit dem deutlichen Auftrag, sich der nationalen Einigungsbewegung zu widersetzen, um mit Unterstützung der Kirche die alte, politisch-soziale Ordnung wiederherzustellen. Diese Initiativen hatten einen umwälzenden Erfolg und führten seitens der Bourbonen zu einem schnellen Wiedergewinn ausgedehnter Landstriche des „Terra di Lavoro" genannten Territoriums, desgleichen von Molise und Sannio. Dort wurde mit den ansässigen liberalen Grundbesitzern durch die Bauern eine wahre Menschenjagd inszeniert.

Nach der Kapitulation von Francesco II. im Februar des Jahres 1861 sammelte sich der Rest des bourbonischen Heeres auf der Festung Gaeta und in dessen römischem Exil. Die piemontesischen Generale, die im Gefolge von Victor Emanuel II. in den Süden vorgestoßen waren, zeigten sich bereit, zwar die Offiziere des bourbonischen Heeres in ihre Reihen aufzunehmen, nicht aber die Truppen, die sich ausschließlich aus der alten Monarchie ergebenen Bauern zusammensetzten. Diese verweigerten überdies den Beitritt zum italienischen Heer, dem sie entschieden feindselig gegenüberstanden. Sie schlossen sich vielmehr den Briganten an.

Zur selben Zeit entstand im Süden auch eine ernste Wirtschaftskrise infolge der schwierigen politischen Situation und des drückenden Zustandes der Unsicherheit auf dem Lande. Unter diesen Umständen war die Bestellung der Felder wegen der bewaffneten Konflikte, wegen der Erhebungen und überraschenden „Reaktionen" der Bauern sowie wegen der ständigen Repressionen stark behindert, wenn nicht völlig unterbrochen. Dies war natürlich ein weiterer Grund, der viele Bauern aus dem Süden veranlaßte, sich den Brigantenbanden anzuschließen, um in bestimmten Fällen dort die Mittel zum Überleben zu suchen.

Unter derartigen Bedingungen sah sich die italienische Regierung vor die zentrale Aufgabe gestellt, die explosiv gewordene Situation der Südprovinzen unter Kontrolle zu bekommen. Die Kapitulation von Gaeta kennzeichnete den Beginn des antiunitarischen Brigantentums in seiner ureigenen Form. Die ersten Massenerscheinungen von Brigantenattacken nahmen in der Basilicata ihren Anfang, in der Gegend von Potenza und Melfi, in einem Dutzend von Ortschaften, die sich gegen die liberalen Eigentümer erhoben und gegen die Milizen, die von diesen zum Selbstschutz in den umliegenden Ländern angeworben worden waren. Mit 500 Personen, die ihn zu ihrem Führer gewählt hatten, trat am 7. April in Lagopesole der Banditenführer Crocco, Carmine Donatelli, in Erscheinung: ein ehemaliger Tagelöhner und bourbonischer Soldat, der desertiert war, nachdem er für die Tötung eines Kriegskameraden verurteilt worden war, ein Bandit, der sich in der Hoffnung auf eine Rehabilitation der garibaldinischen Bewegung zur Befreiung des Südens angeschlossen hatte und, in dieser Erwartung durch die Wiederaufnahme seiner Strafsache enttäuscht, zum legitimistischen Brigantentum übergewechselt war. Crocco, eine exemplarische Figur des südlichen Brigantentums, und seine Statthalter, die Bandenführer Ninco-Nanco, Coppa, ein französischer Abenteurer namens Langlais, Caruso und andere, erschienen in den folgenden Jahren bei vielfachen Gelegenheiten als Protagonisten einer Reihe von tragischen Episoden der südlichen Guerilla. Im April des Jahres 1861 setzten sie mit dem Einfall in die Stadt Melfi praktisch den Auftakt zur Geschichte des südlichen Brigantentums. Sie wurden dort von der gesamten Bevölkerung enthusiastisch empfangen, mit den lokalen, legitimistischen Aristokraten an der Spitze, die Crocco mit großen Ehren in ihren Häusern empfingen[2]. Bei dieser Gelegenheit wurden von Crocco die neuen städtischen Ämter benannt und einigen Notabeln anvertraut, während der Klerus, mit dem Bischof Selitti an der Spitze, der Aufstandsbewegung seine volle Unterstützung gewährte[3]. Alle Zeugnisse, die zu diesen Fakten gesammelt wurden – und sie sind zahlreich –, rücken vor allem das geheime Einverständnis ins Licht, das zwischen Briganten, Bauern und Eigentümern mit Billigung der Kirche gegen die Liberalen und die Piemonteser existierte.

Völlig analoge Ereignisse trugen sich im August desselben Jahres in Apulien, in Gioia delle Colle zu, anläßlich von Unruhen, die ein ehemaliger bourbonischer Sergeant namens Pasquale Romano anführte, der später dann ein berühmter Bandit wurde. Etwa dreißig Banden formierten sich im selben Zeitraum außerdem in Casertano unter der Führung des Bandenchefs Cipriano La Gala. Sie kontrollierten die Verbindungswege zwischen der Campagna, Apulien und der Basilicata. Im Monat Juli wurde selbst die Stadt Neapel von handstreichartigen Überfällen legitimistischer Bourbonen und der Briganten bedroht. Am 7. Juli hißten einundzwanzig Gemeinden des Gebiets um Avellino die weiße Fahne der Bourbonen. In weiten Landstrichen der südlichen Halbinsel wütete die Guerilla allenthalben mit Tausenden, unablässig wiederholten Gefechten, in Terra di Lavoro, im Gebiet von Nola, von Benevento, in Molise, in den Abruzzen, im Gebiet von Avellino, in der Basilicata, in Gargano, um Bari und Otranto, in Kalabrien.

Die Briganten hielten sich bei ihren Aktionen meistens fern von den bewohnten Zentren, sie operierten mit schnellen Handstreichen und Hinterhalten gegen die militärischen Formationen und die Verbindungslinien, wobei sie mit raschen Stellungswechseln den Feind irrezuführen suchten. Privat betroffen von den Briganten-Aktionen waren die liberalen Eigentümer, deren Gehöfte und Vieh; ihnen gegenüber praktizierte man auch Freiheitsberaubung und Erpressung. Die Brigantenverbände größeren Ausmaßes bewegten sich zu Pferde und manövrierten mit großer Wendigkeit, sie suchten die regulären Truppen überraschend zu schlagen und durchstreiften das Hinterland des Apennins, auf dessen Territorium sie sich wie Fische im Wasser bewegten, im Gegensatz zu ihren Widersachern, die von der Bevölkerung durch tiefreichende kulturelle Unterschiede getrennt waren und in deren Augen sie fremdländische Feinde darstellten. Viele Bandenführer zeigten sich im Besitz eines ureigenen taktischen und strategischen Talents ersten Ranges, verbunden mit einer Haltung, die ebenso mutig wie grausam war[4].

Für die Zeit zwischen 1861 und 1870, auf die sich die Periode des Brigantentums begrenzen läßt, ist eine Gesamtheit von 388 operierenden Banden errechnet worden, darunter ist lediglich von 153 die Gesamtstärke ihrer Mitgliedschaft bekannt. Die großen Banden, die sich aus über hundert Personen zusammensetzten, beliefen sich auf 33; jene mit mittleren Dimensionen machten etwa 50 aus, und etwa 60 hatten einen kleineren Umfang, d. h. 5–10 Briganten; für die restlichen Brigantenformationen liegen keine Zahlenangaben vor. Die globalen Zahlen über die Verluste der Aufständischen vom 1. Juni 1861 bis zum 31. Dezember 1865 sehen folgendermaßen aus: 5212 erschossene oder im Kampf gefallene Briganten, 5044 festgenommene und eingekerkerte, 3597, die sich der Obrigkeit ergeben hatten, also eine Gesamtheit von 13 853 Personen, die dem Kampfgeschehen entzogen waren. Diese Daten sind das Ergebnis von Untersuchungen auf der Basis von Dokumenten, die von Militärbehörden zusammengestellt worden waren oder aus Presseberichten des Kriegsministeriums und der Abgeordnetenkammer stammen. Sie sind unvollständig und liegen mit Sicherheit unter den tatsächlichen Werten[5].

Die mit der Niederschlagung beauftragten Truppen beliefen sich Mitte Juli 1861 auf 22 000 Mann, die gegen Monatsende auf 40 000 und gegen Ende Dezember ständig weiter steigend auf eine Gesamtheit von 50 000 anwuchsen. Diesen Streitkräften schlossen sich jene der Nationalgarde an, zusammengesetzt aus Handwerkern, Tagelöhnern, kleinen Landeigentümern und Pächtern, deren Interessen vom Brigantentum besonders betroffen waren. Dennoch gab es in diesen Formationen beträchtliche Unterschiede, sofern es sich um ständige Gruppen handelte, die unter der Kontrolle der kommunalen Verwaltungen aufgestellt worden und im allgemeinen völlig von der bourbonischen Reaktion beeinflußt waren, oder um mobile, von General Cialdini gegründete Einheiten, der dabei auf Elemente aus liberalen und demokratischen Kreisen sowie auf ehemalige Garibaldi-Anhänger zurückgriff. Die letzteren waren Einheiten, die in Übereinstimmung mit mobilen Einheiten des regulären Heeres handelten und innerhalb kurzer Zeit die Zahl von einigen 10 000 Mann, im Alter zwischen 18 und 40 Jahren, erreichten.

Die bewaffnete Unterdrückung war äußerst hart. Im August 1861 wurden allein an sechs Tagen im Gebiet von Teramo 526 Bauern auf der Stelle erschossen, weil sie mit Waffen in den Händen aufgegriffen worden waren. Während des Sommers 1862 dehnten sich die Unruhen aus und nahmen einen äußerst virulenten Charakter an, der ihnen die Bezeichnung „großes Brigantentum" eingebracht hat. Während des Herbstes war der General La Marmora gezwungen, in ganz Süditalien den Belagerungszustand auszurufen, der bis zum 16. November desselben Jahres andauerte. Die Unterdrückung wandte sich entschieden gegen die sozialen Basen der Umsturzbewegung, die deren notwendige, nunmehr völlig offensichtliche Stütze bildeten, mit Zentren auf dem Lande wie auch in den Städten.

Das Heer sah sich mit Aufgaben konfrontiert, die in keinem Verhältnis zu seinen Kräften standen, und durchlief einen schrecklichen Abnutzungsprozeß in einem schwierigen Augenblick, als es gerade eine radikale Änderung vollzog, um den neuen Anforderungen des Nationalstaates genügen zu können. Im Süden mußte sich das Heer über ein Territorium von 92 941 qkm praktisch auf gut Glück bewegen, wobei es lediglich ein Gebiet in einer Ausdehnung von 12 420 qkm kontrollierte. Überdies fand es sich bar jeder Information aufgrund des geschlossenen Schweigens („omertà") der ansässigen Bevölkerung und deren Verweigerung jeglicher Unterstützung, die sie statt dessen großzügig den Briganten zukommen ließ. Diese kannten das Kampfterrain Stein für Stein schon recht gut. Die Streitkräfte des Heeres wurden ständig erweitert, bis sie im Winter 1862/63 die Größe von 105 200 Mann erreichten; das entsprach zu diesem Zeitpunkt zwei Fünfteln des gesamten italienischen Heeres.

Im Dezember 1862 ernannte die Deputiertenkammer nach einer langen und quälenden Debatte eine Kommission mit dem Auftrag, die Situation im Süden mit Bezug auf das Phänomen des Brigantentums zu untersuchen. Diese machte sich unverzüglich an die Arbeit und lieferte der Regierung Minghetti wertvolles Material für die Formulierung einer neuen Politik zur Unterdrückung des Phänomens, die zur Auflösung des Brigantentums führen sollte.

Die Kommission sammelte viele Dokumente, auf deren Basis ein Sondergesetz gegen das Brigantentum ausgearbeitet wurde. Aus den Zeugenaussagen gut informierter Personen und aus Berichten von örtlichen Militärkommandanten, die von der Kommission gesammelt worden waren, können wir ein hinlänglich genaues Bild des Brigantentums in seinem sozialen Milieu gewinnen.

Die besitzenden Stände unterstützten auf unterschiedliche Weise das Wirken der Briganten, mit mehr oder weniger freiwilligen finanziellen Zuwendungen, mit Lieferungen von Nahrungsmitteln und Kleidungsstücken, mit Unterkünften auf den Landgütern, mit Waffen und Informationen, gesammelt in den städtischen Zentren, wo die taktischen und strategischen Maßnahmen im Unterdrückungskampf beschlossen wurden, zu denen die lokal einflußreichen Personen wiederum Zugang hatten. Das Phänomen des Brigantentums, das in der Gesellschaft des Südens endemische Züge trug, war übrigens in der Vergangenheit häufig von den Lehensherren benutzt worden, um ihre privaten Interessen zu verteidigen und denen ihrer Rivalen Schaden zuzufügen. Gleichermaßen intensiv waren die Beziehungen zur Kirche schon seit den Zeiten der Expedition des Kardinals Ruffo gegen die Republik Partenopea und anschließend im Jahr 1848, als die Briganten des Südens eine wichtige Funktion bei der Errichtung eines operativen Kontaktes zwischen den bäuerlichen Massen und der Monarchie hatten, die wiederum eng an die Kirche und den römischen Papst gebunden war und in Opposition zu den liberalen Unitaristen stand. Diese waren zu einem gewissen Teil durch ,,galantuomini" (Ehrenmänner[5a]) der südlichen Provinzen repräsentiert. Die Unterstützung durch die große Mehrheit des Klerus war wichtig für den Brigantenkampf, bei der gegebenen Verfaßtheit der kirchlichen Organisation im Königreich Neapel. Nach Angaben aus dem Jahr 1848 zählte man dort 39 klösterliche Orden mit 848 Häusern und 12000 Patres; Frauenklöster gab es 250 mit 5000 Nonnen. Ferner gab es dort 20 Erzbischöfe und 77 Bischöfe mit riesigen Patrimonien und Reichtümern jeder Art, abgesehen von einem engmaschigen Netz an Pfarreien, die über das gesamte Territorium verstreut waren. Die von General Cialdini geförderte antilegitimistische Politik hatte tiefreichende Konsequenzen für den Klerus und rief einen wahren Exodus in den Spitzen der Hierarchie hervor; von den 97 bischöflichen und erzbischöflichen Residenzen blieben infolge der Flucht ihrer Titulare ganze 71 leer zurück[6]. Auch in den lokalen Verwaltungen ist die Verbindung mit dem Brigantentum sehr eng gewesen. Aus den Angaben der parlamentarischen Untersuchung geht hervor, daß sich ungefähr zwei Drittel der lokalen Administrationen in Händen von legitimistischen, bourbonenfreundlichen Elementen befanden, während die öffentlichen Ämter ebenfalls von Reaktionären wimmelten. In Anbetracht der Tatsache, daß die nationalen Garden in Gemeinden unter Kontrolle der Verwaltungen rekrutiert wurden, bot ein guter Teil dieser Abteilungen nur wenig Garantien ihrer Schlagkraft. Im Mai des Jahres 1863 wurden 89 kommunale Räte und 85 Korps der Nationalen Garden aufgelöst, weil sie der Kollaboration mit den Briganten verdächtig waren[7].

Man braucht nicht besonders hervorzuheben, wie der Beitrag der bäuerlichen Massen zum Brigantentum ausgesehen hat: sie waren dessen Herz. Wenn man sich allerdings ihr numerisches Gewicht innerhalb der Gesellschaft des Südens insgesamt überlegt, verwundert es nicht, daß sie die große Manövriermasse der antiunitaristischen Guerilla bildeten.

Dies alles gab einer breiten Kollektivbewegung der Unterstützung und aktiven Hilfeleistung an die Briganten und an die Landguerilla Gestalt und Bestand, bezeichnet mit dem Terminus „manutengolismo" (Helfershelfertum). Dazu schreibt *Molfese:* „Doch auf dem Gebiet des Brigantentums war das Phänomen des ‚manutengolismo' so verbreitet, sozial artikuliert und mitunter politisch qualifiziert, daß es nicht möglich war, es mit Hilfe von Strafmaßnahmen zu treffen und zu reduzieren, ob diese nun einfacher oder außergewöhnlicher Natur gewesen wären. In seiner Gesamtheit konnte der ‚manutengolismo' auch als eine antiunitaristische, autonomistische Haltung erscheinen, und mitunter auch als liberalistische eines Teils der Agrarbourgeoisie, während er andererseits eine Unterstützungsform darstellte, die dem Brigantentum von den bäuerlichen Massen gewährt wurde, welche in widersprüchlicher und primitiver Weise ihren unbefriedigten Wunsch nach Land, nach Brot, nach Gerechtigkeit und Freiheit ausdrückten[18]."

Der bourbonische Legitimismus lieferte seinerseits einen wesentlichen Beitrag zur Gestaltung des antiunitarischen Blocks. Aus Dokumenten – von einem Engländer, James Bishop, konfisziert – geht hervor, daß sich im April des Jahres 1862 das Netz der bourbonischen Verschwörer auf 80702 Personen beziffern ließ, von denen, ohne Berücksichtigung der Mitläufergruppen, 16353 bewaffnet waren[9].

Im Sommer 1863 wurde das Sondergesetz gegen das Brigantentum erlassen, das den Gesetzesnamen Pica von jenem Abgeordneten trägt, der es der Kammer vorgelegt hatte. Die Anordnung, bestehend aus fünf Artikeln, erklärte in allen Provinzen des Mezzogiorno außer der von Neapel und des Gebiets um Otranto, den Zustand des Brigantentums. Sie leitete eine Reihe von Militärtribunalen in Potenza, Foggia, Avellino, Caserta, Campobasso, Gaeta, Aquila, Cosenza ein, als Ergänzung zu den in Bari, Catanzaro, Chieti und Salerno bereits bestehenden. Diese Militärtribunale sollten die ordentlichen Gerichte ersetzen, die sich zur Lösung ihrer Aufgabe als unfähig erwiesen hatten, da sie vor allem von bourbonenfreundlichen Elementen durchsetzt waren und es Schwierigkeiten bereitete, bei der allgemeinen Verschwiegenheit im lokalen Milieu strafrechtlich gültige Beweise zu Lasten der Angeklagten zu sammeln. Gleichzeitig wurde ein radikaler Wechsel in der Strategie der Militäroperationen vollzogen. Die Kommandos wurden umgruppiert, und man vermied dabei eine übertriebene Zerstückelung der einzelnen Kompetenzbereiche, um es auf diese Weise den militärischen Formationen zu ermöglichen, die großen Banden über lange Strecken zu verfolgen, die sich längs der Apenninkette über große Distanzen verteilt hatten. Das Kommando über die mobilen Einsatzgruppen wurde in Capitanata dem General Pallavicini übertragen, der sich der ihm anvertrauten Aufgabe gewachsen zeigte: Es gelang ihm, die von dem Briganten Caruso angeführte Bande zu zerschlagen. Nach einer dichten Serie von Gefechten, geleitet von demselben Pallavicini, der von Capitanata in das Gebiet von Melfi verlegt worden war, wurden im Jahre 1864 ferner die von Crocco befehligten Banden zerschlagen. Dieser flüchtete sich über die Grenzen des Kirchenstaates, wo er festgenommen wurde. Nach einigen Wechselfällen fiel der berühmte Banditenführer den Italienern in die Hände, die ihn 1870 in einem päpstlichen Gefängnis fanden.

Von 1864 an löste sich das Phänomen des Brigantentums allmählich auf, und die Brigantenbewegung wurde noch von kleineren Gruppen fortgesetzt, die ein Brigantentum fast ausschließlich krimineller Art praktizierten und dieses auch auf die Territorien des Kirchenstaates ausdehnten.

II. Interpretationen des Brigantenphänomens

Zum Phänomen des Brigantentums und über seine möglichen Interpretationen sind häufig sich widersprechende Thesen formuliert worden. Unter diesen verdient jene keine längere Erörterung mehr, die bestrebt war, im Brigantentum ein bloßes Phänomen überbordernder Kriminalität auszumachen, das bestimmten Ländern und Völkern aufgrund ihrer Natur eigen sei. Die Gefahr ist wohl bekannt, dieser Erscheinung einen ethnischen und geradezu rassisch bedingten Ursprung zuzuschreiben, ganz im Geiste der italienischen sozialanthropologischen Schule des späten 19. Jahrhunderts, die unter den Einwohnern des Südens und der italienischen Inseln eine biologische Veranlagung der Inferiorität mit einer allgemeinen Neigung zu verbrecherischen Handlungen entdeckt hatte[10]. Diese Schlußfolgerung wird nicht nur aus wissenschaftlichen Motiven und aus Prinzip vermieden, sondern deshalb, weil eine derartige Interpretation, die eine verständliche und legitime Gefühlsreaktion der Ablehnung hervorruft, darauf hinausläuft, das Problem des Brigantentums selbst der Aufmerksamkeit der Kritiker zu entziehen, so daß es ungelöst bleibt. Gegenwärtig wird dieses Problem eng verbunden mit jenem der tiefgreifenden historischen Unterschiede der kulturellen und sozialen Strukturen, die zwischen den verschiedenen italienischen Regionen existieren – nicht nur zwischen dem Norden und dem Süden der Halbinsel –, mit all ihren weitreichenden Konsequenzen im Leben der italienischen Gesellschaft.

Aldo de Jaco stellt sich in seiner Studie über das südliche Brigantentum die Frage, ob ein derartiges Phänomen in die Nähe der Vendée während der Französischen Revolution gestellt werden könne[11]. *Benedetto Croce* und *Giustino Fortunato* hatten sich für eine Interpretation dieser Art ausgesprochen. Eine einfache Gleichstellung der Phänomene ist gewiß illegitim, weil die entsprechenden Bedingungen, unter denen diese Prozesse in Frankreich und Italien mit einem Abstand von 70 Jahren abliefen, sehr unterschiedlich gewesen sind. Im ersteren Fall ist es die Erhebung einer in ihren überkommenen Traditionen und ihrer sozialen Struktur angegriffenen Region gegen die politisch-sozialen Folgen der Revolution von Paris, im anderen Fall der Widerstand durch die Vermittlung Piemonts und der übrigen nördlichen Regionen der Halbinsel gegen die Annexion seitens des Königreichs Neapel, das in vielerlei Hinsicht seinem historischen Profil nach ein grundsätzlich andersartiges Land war, wenn auch ein Teil der sozialen Eliten des Südens sich einer literarischen Sprache bediente, die sie mit den Eliten der übrigen Gebiete Italiens gemeinsam hatte.

Gino Doria machte in seinem Aufsatz über das südliche Brigantentum[12] einen Unterschied zwischen diesen historischen Formen, wobei er der Bewegung in der Vendée einen heroischen Charakter zuschreibt und dem Brigantentum des Südens einen kriminellen. Diese Art von Unterscheidung ist insofern entschieden abzulehnen, als sie sich auf rhetorische Kategorien stützt, die auf dem Felde der Geschichtsschreibung völlig untauglich sind.

Bezugnehmend auf das Brigantentum und die Ursachen, die sein Entstehen bewirkten, spricht *Molfese* von „einer verworrenen, aber eingewurzelten bäuerlichen Ideologie", die den ländlichen Einwohnern des Südens eigen sei, eng verbunden mit den Geschicken der bourbonischen Monarchie durch einen Pakt traditioneller Treue, die sie dazu veranlaßt habe, für ihre Verteidigung und gegen den nationalen Einigungsprozeß einzutreten[13]. Das kann stimmen, aber es bleibt noch zu erklären, was die Ursprünge einer derartigen „Treue" sind, da sich Gemütszustände und affektives Verhalten nicht von selbst erklären, sondern ihrerseits wieder die Folgen historischer Verknüpfungen sind, die genau untersucht werden sollten; sie sind die Epiphänomene einer darunterliegenden komplexen Struktur, die mit Begriffen wie „Tradition", „Aberglauben" oder „Ignoranz" nicht zu erklären sind. Die Ignoranz ist in der Tat immer eine ungleiche Art des „Wissens" im Verhältnis zu einem anderen, der sich zu Recht oder zu Unrecht für überlegen hält.

Mehr Licht auf die Frage wirft auch ein Mythos nicht, der in diesem Zusammenhang immer wieder formuliert worden ist: der Mythos von den „ungezähmten Energien", die die bäuerlichen Erhebungen antreiben und die objektiv einem im Kern revolutionären Potential zugeschrieben werden können. Eine ähnliche anthropologische Reduktion der bäuerlichen Kämpfe auf das Äußere des genauen historischen Gesamtzusammenhanges, innerhalb dessen sie entstanden sind, ist gewöhnlich kein kritisches Vorgehen, sondern vom romantischen, literarischen Typus, der einer Mode unserer Zeit entgegenkommt, voller Nostalgie und nicht frei von Gefahren. Vor ihrer Verwendung als Kanon der Geschichtsschreibung wäre es sehr nützlich, sie einer sorgfältigen Analyse zu unterziehen.

Selbst *Franco Molfese* entzieht sich an vielen Stellen seiner Geschichte des Brigantentums nicht der Faszination dieses Mythos, zu dessen Formulierung der Historiker und Soziologe *Hobsbawm* in seinem Werk „I banditi i rebelli"[14] einen bemerkenswerten Beitrag geleistet hat. Mit einer paradoxen Argumentation behauptet der englische Wissenschaftler, daß das Brigantentum objektiv und wesentlich eine revolutionäre Unternehmung zur Verteidigung der traditionellen Ordnung in der Gesellschaft des Südens war, dessen Pfeiler die bourbonische Monarchie einerseits und die katholische Gefolgschaftstreue gegenüber dem Papst andererseits bildeten; das Revolutionäre äußerte sich in der gewaltsam umstürzlerischen Weise, auch wenn das, was jene Aufstände zu bewahren sich anschickten, genau das Gegenteil von dem war, was sich in einem derart historischen Verlauf als revolutionäres Vorhaben darstellen konnte. Dies ist so ähnlich wie die Identifikation der Oktoberrevolution mit der Reaktion der Kulaken in Rußland!

Gaetano Cingari kritisiert diese widerspruchsvolle Position insofern, als sie den Unterschied nicht berücksichtigt, der historisch zwischen den verschiedenen Formen der bäuerlichen Rebellion gemacht werden muß im Verhältnis zu den großen historischen Bewegungen, durch die die realen strukturellen Veränderungen der Gesellschaften reifen, die nur über einen klaren politischen und sozialen Entwurf angeregt werden können[15].

In jüngster Zeit ist man von dieser wesentlich populistischen Sichtweise zu einer eigenen Version in Begriffen des Klassenkampfes übergegangen, wobei man auf mechanische Weise die Dichotomie „herrschende Klassen – subalterne Klassen" als fundamentale Kategorie zur Interpretation des historischen Phänomens des Brigantentums im Süden anwendet[16].

De Jaco begreift den Briganten als einen lokalen Vertreter des revolutionären Proletariats. Er spricht in bezug auf das Brigantentum von einer „äußerst harten – und aussichtslosen, wegen der Bedingungen, unter denen man sie ausführte – Klassenauseinandersetzung"[17]. Dieselben Einwände, die man gegen die populistischen Thesen vorbringen kann, sind auch in diesem Fall gültig: Um eine Auseinandersetzung zwischen sozialen Gruppen mit dem Begriff des Klassenkampfes belegen zu können, ist es notwendig, daß diese über eine eigene präzise Klassenphysiognomie verfügen, und zwar in dem Sinne, den dieser Begriff im historischen

Materialismus erhalten hat. Dies ist aber nicht der Fall, wenn man sich die besondere Schichtung der südlichen Gesellschaft jener Zeit ansieht. *Molfese* stellt die These auf, daß das Brigantentum ein Bauernkrieg gewesen sei und daher eine Klassenbewegung aufgrund der Tatsache, daß der soziale Gehalt des Brigantentums trotz der ursprünglich reaktionären Orientierung seiner politischen Richtung vielmehr per se progressiv war und schließlich mit der Zeit über die reaktionären Aspekte dominierte. Aber die bedingungslose Identifikation von „bäuerlichem sozialem Gehalt" und „revolutionärem und progressivem Anspruch" verweist hier genau wieder auf jenen mythischen, populistischen Horizont, dessen Grundfehler bereits herausgestellt worden sind, und sie neigt dazu – wie gezeigt wurde –, etwas vorzugeben, was das Brigantentum durchaus nicht ist. Dies steht außerdem im krassen Gegensatz zu dem, was *Molfese* wenige Zeilen vorher sagt, wenn er behauptet, daß „die einzigen politischen Programme, die den bewaffneten Kampf (gegen das Brigantentum) rechtfertigen, jene der bourbonisch klerikalen Restauration sind"[19].

In diesem Zusammenhang scheint die Interpretation von *Carlo Levi* in „Christus kam nur bis Eboli", die *Molfese* als zu simplifizierend abtut, viel erhellender, nach dem die „bäuerliche Welt des Südens ein Universum für sich bildet", das sich zu seiner Zeit mit Hilfe des Brigantentums dem „anderen Italien" in einem grausamen und verzweifelten Krieg widersetzte. Damit, behauptet *Molfese,* vernachlässige *Levi* das Moment des Klassenkampfes. Aber dieser Einwand kann umgekehrt werden, und man kann sagen, daß die Position von *Molfese* simplifiziert erscheint, da er nicht in angemessener Weise die globale historische Gegenposition zweier Zivilisationstypen berücksichtigt, die das Brigantentum in bezug auf seine Gehalte an sozialen Konflikten und Klasseninteressen in erster Linie repäsentierte. Jene globale historische Gegenposition hat dem Brigantentum seine spezifische Charakteristik gegeben und nicht der schwache Schimmer von sozialem Kampf, der sich dort manifestierte. *Levis* Gegenüberstellung von bäuerlicher Gesellschaft und moderner Gesellschaft wird sicherlich besser erklärt, sofern sie nicht von dem piemontesischen Schriftsteller ausgeht, dessen Erzählung vor allem, wenn auch sicherlich nicht ausschließlich, Frucht einer literarischen Sichtweise des komplexen Problems ist. Die bäuerliche Welt, die sich nach *Levi* dem anderen Italien mittels des Brigantentums widersetzt, war keine starre Welt und befand sich nicht außerhalb der Geschichte, sie war obendrein nicht eine ausschließlich „bäuerliche" Welt, weil sie in einer organischen Einheit sowohl die ausgebeuteten bäuerlichen Massen wie auch die ausbeuterischen Klassen und parasitären Gruppen umfaßte, zusammen mit den traditionellen Institutionen des monarchischen Legitimismus und der Kirche, die eine artikulierte und gemeinsame kulturelle Perspektive einte.

Eine ganze historische Formation, die sich in einem Millenium relativ autonomer Ereignisse als ein ökonomisch-soziales und politisch-kulturelles System herausgebildet hatte, wurde zum ersten Male in einen direkten Konflikt mit jenem Teil der italienischen Gesellschaft gestürzt, der gerade schrittweise die parafeudalen Strukturen hinter sich ließ, in denen er vom 16. bis zum 18. Jahrhundert gelebt hatte; es ergab sich dank der unmittelbaren Einflüsse der bewegten europäischen Gesellschaft eine neue ökonomische Klassenkonfiguration. Eine produktive Bourgeoisie war dort im Entstehen, gänzlich verschieden von der traditionellen Bourgeoisie, die von der Rente lebte, und es begann sich auch schon das Profil eines neuen,

modernen Proletariats abzuzeichnen, das in den letzten zwanzig Jahren des Jahrhunderts als soziales Resultat des Industrialisierungsprozesses auftreten sollte. Dies ist der reale Rahmen der blutigen Auseinandersetzung gewesen, wie sie das Brigantentum repräsentierte.
Um die Grenzen des Problems zu klären, scheint es an dieser Stelle angebracht, zu einigen Überlegungen über die Klassenstruktur in der südlichen Gesellschaft zur Zeit des Brigantentums überzugehen. Die Struktur der südlichen Gesellschaft artikulierte sich selbst in der Variation der in den verschiedenen lokalen Situationen existierenden Formen wesentlich auf der Basis von drei Elementen: der Klasse der Adligen und großbürgerlichen Landbesitzer einerseits, den bäuerlichen Massen andererseits, weitgehend zusammengesetzt aus Tagelöhnern und landlosen Bauern, und einem mittleren Stand, der sich historisch im Laufe der Jahrhunderte herausgebildet hatte, bestehend aus einer Vielzahl von Positionen (Zöllnern, Kommissionären, Juristen, Ärzten, Apothekern, Polizisten etc.), die zur Gestaltung der Beziehungen zwischen den zwei Klassen der von der Rente lebenden Eigentümer und der ausgebeuteten Bauern beitrugen. Es war dies ein Stand, in dem sich im Laufe des 18. bis 19. Jahrhunderts allmählich die Kategorie der sogenannten „Ehrenmänner" („galantuomini") herausgebildet hatte, kleine und mittlere Eigentümer eines Denominalgutes. Aus dieser Kategorie wiederum schälte sich eine neue Figur des Intellektuellen heraus, der, im wesentlichen dem traditionellen Klassensystem entwurzelt, künftig die Gruppen des radikalen Extremismus bevölkern sollte. Die Ehrenmänner waren praktisch vor allem die lokalen Träger der Macht, die von ihnen im Auftrag des Großgrundbesitzes mit besonderen Methoden auf der Basis von sehr engen Klientelbeziehungen verwaltet wurde.
In diesem System gab es – außer in Einzelfällen – nichts, was der neuen kapitalistischen und produktiven Bourgeoisie des europäischen Typus ähnlich gewesen wäre. Der Terminus Bourgeoisie kann in der Tat voneinander abweichende Realitäten ausdrücken, und das südliche Großbürgertum der Zeit, das selbst fast ausschließlich von Renten lebte, erschien als ein heterogenes Moment im Verhältnis zu den neuen Unternehmerkategorien in der Landwirtschaft und der ersten Textilindustrie des Nordens. Mit Blick auf den Süden sprach man von einer „jakobinischen" Bourgeoisie; tatsächlich verweist dieses Adjektiv nicht direkt auf eine soziale Realität, wie sie während der heroischen Epoche der Französischen Revolution aufgetreten ist, sondern es wurde in diesem Zusammenhang gebraucht, um jene Gruppe von Personen zu bezeichnen, gewöhnlich Käufer von Denominal- oder Kirchengütern, die in bezug auf ihre neue Eigenschaft als Eigentümer politisch und sozial, wenn auch nicht ökonomisch, die Haltung von Erneuerern angenommen hatten. In ihrer Ausgangssituation waren diese Haltungen zwar von französischen Beispielen beeinflußt, aber viel mehr von aufklärerischen nichtjakobinischen Typs. Diese „neue" bürgerliche Kultur war nicht im Süden Italiens entstanden, in der Funktion einer wesentlichen Umgestaltung der sozialen Produktionsbeziehungen, sondern weitaus eher durch Mimesis und die Übernahme neuer Inhalte aus einer fremden Umgebung. Dies hatte einer Klasse zum Leben verholfen, die induziert worden war und nicht aus einem organischen Prozeß endogener Entwicklung mit deutlicher ökonomischer produktiver Kehrtwendung entstanden war. Diese Einfügung in ein Geflecht vollzog sich so, daß dieses in seiner sehr archaischen Gesamtheit bestehenblieb. Die Tatsache der Präsenz einer neuen Kategorie von jüngeren und nichtadeligen Eigentümern genügte mit anderen Worten allein noch nicht, um die Existenz einer Bourgeoisie im modernen Sin-

ne, orientiert an Risiko und Profit, zu bewirken. Ein lehenfreies Eigentum dieser Art gab es auch im traditionellen feudalen System, ohne daß dieses deshalb seine Natur verändert hätte. Unter diesen Voraussetzungen verwundert es nicht, daß der größere Teil des Besitzbürgertums im Süden den Traditionen der lokalen Gemeinschaft auch auf der politischen Ebene verhaftet blieb und im Konflikt gegen den Norden Italiens für die legitimistische Partei eintrat. Ein überzeugender Beleg für diese Tatsache besteht im Ausmaß der Beteiligung dieses Besitzstandes am Phänomen des „manutengolismo". *Racioppi* spricht bezüglich des Bürgertums des Südens von einer Form des „bürgerlichen Neofeudalismus" – ein sehr treffender Ausdruck, in dem die Synthese aus scheinbarer Erneuerung und wesentlichem Traditionalismus, wie ihn diese soziale bürgerliche Kraft des Südens repräsentierte, zusammengefaßt ist[21].

Die Angaben über die Angeklagten der Militärtribunale zwischen 1864 und 1865 liefern uns einige interessante Beurteilungselemente. Sie signalisieren uns in der Tat die geringe Teilnahme der Arbeiter an der Brigantenbewegung, im Gegensatz zu der massenhaften Teilnahme der Bauern, während die übrigen sozialen Kategorien unter denjenigen, die das Brigantentum unterstützten, annähernd in demselben Maße wie in der Gesellschaft ihrer Zeit vertreten waren. Mit anderen Worten: Aus den Angaben, die wir hier erwähnt haben, geht nicht hervor, daß das Brigantentum eine Erscheinung gewesen ist, die ausschließlich die „bäuerliche Welt" zum Ausdruck brachte, sondern die gesamte zeitgenössische Gesellschaft des Südens mit ihren eigenen Strukturen und Gruppierungen, aus denen sie sich zusammensetzte. Es war nämlich kein Phänomen, das man nur einer Klasse zuschreiben kann, sondern allen Klassen, proportional zu ihrem Bestand in der sozialen Gesamtheit. Unter diesen Umständen erweist sich der Gebrauch des Terminus „bäuerliche Guerilla", um damit das Phänomen des Brigantentums zu bezeichnen, als unangemessen, und er sollte ersetzt werden durch die Bezeichnung „antiunitarische Guerilla" reaktionären, traditionalistischen und ländlichen Ursprungs. Es ist also eher ein Kulturkampf als ein Klassenkampf gewesen.

Der Süden war – außer in einem relativen Sinne – keine unterentwickelte und rückständige Zone, sondern er war vor allem eine andersartige Gesellschaft, sehr geschlossen in ihrer globalen Struktur, wodurch sie heute unseren Augen anachronistisch erscheinen mag, und versehen mit einer sehr zähen Form traditioneller Kultur, in der sich die unterschiedlichen Klassen wiedererkannten. Herzlich wenig hätte die parlamentarische Regierung der Rechten nach der Annexion der Südprovinzen unternehmen können, um einen gefährlichen Zusammenstoß, wie jenen mit dem Brigantentum, unter den Bedingungen großer politischer Schwierigkeiten, in denen sie sich damals bewegte, zu vermeiden. Letztendlich signalisierte das historische Phänomen des Brigantentums im Süden schon von Beginn an die Präsenz eines strukturellen Dualismus in der historisch sozialen Gestaltung Italiens, der sich aus der Gleichzeitigkeit zweier verschiedener historischer Realitäten innerhalb einer Gesellschaft herleitete. Er übt noch heute einen beträchtlichen Einfluß im nationalen Leben Italiens aus. Es sind vor allem zwei Formen, in denen sich diese dualistische Struktur auf noch bezeichnendere Weise manifestiert. Die erste der Formen ist durch die Koexistenz zweier sozial inkompatibler Denkweisen gegeben, die sich in der Führung eines großen, umfassenden Sozialsystems, wie es nunmehr die italienische Gesellschaft der Gegenwart ist, anwenden ließen. Die eine dieser Denkweisen greift auf die parafeudale Tradition zurück, die im Gefüge des Staates überlebt hat; die andere dagegen ist jenen modernen Sektoren eigen, die sich in Harmonie mit dem Rest der europäischen Gesellschaft des Abendlandes entwickelt haben. Weite Teile aktueller Auflösungserscheinungen der italienischen Gesellschaft können auf diese historische Ursache zurückgeführt werden.

Die zweite dieser Formen ist durch die Fragilität des sozialen Gewebes Italiens gegeben, das aus der qualitativ und quantitativ schwachen Konsistenz einiger sozialer Sektoren herrührt – Sektoren, wie sie modernen westlichen Demokratien eigen sind, die eine homogenere Entwicklung durchlaufen haben –, in erster Linie auch der produktiven Bourgeoisie, ausgestattet mit einem starken Gefühl sozialer Mitverantwortlichkeit. Statt dessen hat sich auf übermäßige und abnorme Weise als Erbe jenes strukturell verantwortungslosen Mittelstandes, der sich zwischen die bäuerlichen Massen und das „neofeudalistische Bürgertum" des Südens geschoben hat, ein uferloses Kleinbürgertum entwickelt, von dem uns *Gaetano Salvemini* eine sehr bittere, aber sehr wahrheitsgetreue Vorstellung gegeben hat[22]. Aber dies ist offensichtlich ein Gesprächsfaden, der uns vom Thema dieses Aufsatzes zu weit wegführen würde.

Anmerkungen

1 *F. Molfese,* Storia del brigantaggio dopo l'Unità, 5. Aufl. Mailand (Feltrinelli) 1979, S. 11 ff.
2 *A. de Jaco,* Il brigantaggio meridionale, Rom (Editori Riuniti) 1976, S. 31 ff.
3 *De Jaco,* a. a. O., S. 104.
4 *Molfese,* a. a. O., S. 136 ff.
5 Ebenda, S. 362–382.
5a Der Begriff „galantuomini" kennzeichnet Elemente des Mittelstandes, der jeweiligen sozialen Lage und der Ausübung lokaler Macht.
6 *Molfese,* a. a. O., S. 84 f.
7 Ebenda, S. 233 ff.
8 Ebenda, S. 273.
9 *F. Ciasca,* Stichwort „Brigantaggio", in: Enciclopedia Italiana Treccani.
10 Die wesentlichen Exponenten dieser aktuellen Auseinandersetzung waren *P. Ornano, A. Niceforo, E. Ferri, G. Sergi, C. Lombroso.* Vgl. *M. L. Salvadori,* Il mito del buongoverno, Turin (Einaudi) 1960, S. 184 ff.
11 *De Jaco,* a. a. O., S. 15 ff.
12 *G. Doria,* Per la storia del brigantaggio nelle province meridionali, Historisches Archiv der Provinz Neapel, Bd. XIII, 1931.
13 *Molfese,* a. a. O., S. 16.
14 *E.J. Hobsbawm,* I Banditi. Il banditismo sociale nell'età moderna, Turin (Einaudi) 1972, S. 21.
15 *G. Cingari,* Brigantaggio, proprietari e contadini nel sud (1899–1900), Reggio Calabria (Editori Meridionali Riuniti) 1976, S. 30 und 113.
16 *M. R. Cotrufelli,* L'Unità d'Italia. Guerra contadina e nascita del sottosviluppo del sud. Verona (Bertani) 1974.
17 *De Jaco,* a. a. O., S. 20.
18 *Molfese,* a. a. O., S. 341–342.
19 Ebenda, S. 342.
20 *Carlo Levi,* Cristo si è fermato a Eboli, Turin (Einaudi) 1949.
21 *Cingari,* a. a. O., S. 203.
22 *G. Salvemini,* Movimento socialista e questione meridionale, Mailand (Feltrinelli) 1968, S. 20 f.

Aus dem Italienischen übersetzt von *Roland Scharff.*

KONTINUITÄT UND WANDEL IN DER „KULTUR DER ARMUT" DER OBDACHLOSEN NICHTSESSHAFTEN WIENS

Ein Beitrag zu einer „kulturanthropologisch" ausgerichteten Soziologie

Von Roland Girtler

Programm

Tradierte und verschwundene Kulturmuster des sozialen Handelns der obdachlosen Nichtseßhaften Wiens sind Gegenstand des vorliegenden Aufsatzes. Dieser setzt bei der Frage an, ob und inwieweit überhaupt in einer solchen „Kultur der Armut" historische Kontinuitäten bestehen.

In Verbindung mit dieser Themenstellung soll auf die Notwendigkeit einer „kulturanthropologisch" orientierten Soziologie, wie sie diese Studie anleitet und wie sie auch im Sinne der Arbeiten von *René König* zu begreifen ist, rekurriert werden.

Nach der Publizierung der von mir verfaßten Arbeit über die obdachlosen Nichtseßhaften Wiens, die auf „teilnehmender Beobachtung" basiert *(Girtler* 1980), fielen mir mehr oder weniger durch Zufall drei Bücher aus der Zeit zwischen 1904 und 1908 in die Hände, von deren Existenz ich bis dahin nichts wußte und die sich ebenso mit den obdachlosen Nichtseßhaften Wiens befassen.

Diese Bücher habe ich in Wiener Antiquariaten aufgefunden und in ihnen einige interessante Parallelen zu meiner Untersuchung festgestellt. Zwei eher dünne Bücher stammen von *Max Winter,* einem späteren Abgeordneten im österreichischen Reichsrat. *Winter* hatte als Redakteur der Wiener „Arbeiterzeitung" die Wiener Obdachlosigkeit in vielen Details untersucht und dabei die Obdachlosen in ihrer Lebenswelt selbst kennengelernt. Diese „Lebenswelt" war die Welt der Kanäle und der Elendsquartiere, die *Winter* betroffen machte und die ihn veranlaßte, die damalige Gesellschaftsordnung der Kaiserstadt Wien vehement zu kritisieren. *Winter* verfolgte mit seinen Büchern humanitäre und politische Absichten, die allerdings erst spät Früchte zeitigten.

Bevor *Winter* jedoch seine beiden Bücher „Im dunkelsten Wien" (1904) und „Im unterirdischen Wien" (1905) veröffentlichte, hatte er bereits in der „Arbeiterzeitung" dem Schicksal der Obdachlosen Wiens eine Artikelserie gewidmet, die er dann zu den beiden Büchern verarbeitete. Es war echte „teilnehmende Beobachtung", die *Winter* anstellte, um zu seinem Datenmaterial zu kommen. Nicht uninteressant ist, daß er in seinen Arbeiten auch über die Probleme des Interviews reflektierte.

Das dritte Buch, welches mir auch neu war, hatte der damalige Student *Emil Kläger* im Jahre 1908 publiziert. Auch er hat mit den Obdachlosen Wiens gelebt und ihre Probleme bzw. ihre

Kultur studiert. Über seine Erfahrungen hat er Vorträge in der Wiener Urania, einem für die Jahrhundertwende und die Zeit danach sehr wichtigen Volksbildungshaus, gehalten. Unter dem Titel „Durch die Wiener Quartiere des Elends und Verbrechens" erschienen diese Vorträge abgerundet als Buch.
Im Rahmen dieses Aufsatzes will ich nun diese drei Arbeiten mit meiner Studie in Beziehung setzen bzw. einige Unterschiede und Ähnlichkeiten herausarbeiten. Ziel dabei ist, gewisse Traditionen bzw. einzelne Grundtendenzen der Kultur (bzw. „Subkultur") der obdachlosen Nichtseßhaften Wiens, die in Wien als *Sandler* bezeichnet werden, darzustellen. Auch sollen in diesem Kontext die verschiedenen historischen Hintergründe und damit die Gründe für die Nichtseßhaftigkeit skizziert werden.
Einer solchen Analyse möchte ich jedoch noch einige Gedanken zur „kulturanthropologischen Perspektive" der Soziologie voranstellen. Dies mache ich in der Absicht, da ich meine, daß gerade von einem solchen Prinzip aus sich einige interessante Überlegungen für die hier zu behandelnde Thematik ergeben, nämlich für das soziale Handeln *und* die Lebenswelt – die „Kultur" – der obdachlosen Nichtseßhaften Wiens.

I. Soziologie als „Kulturanthropologie"

Die Notwendigkeit der Kulturanthropologie für die Soziologie hat *René König* so festgehalten: „Warum heute wieder Kulturanthropologie? Ich finde sie nötiger als vorher und wundere mich nur, wie man sich darüber wundern kann" (*König* 1972, S. 10). Mit dieser Frage verbindet sich schließlich das Postulat einer intensiven und eingehenden Befassung auch mit Subkulturen der eigenen Gesellschaft, sowie mit den Kulturen der Länder der „Dritten Welt". Eine solche Ausrichtung zwingt uns, so *König*, „von neuem zu einer differentiellen Erforschung von Werteinstellungen" (a. a. O., S. 8).
In diesem Sinne könne eine praxisorientierte Kulturanthropologie eine möglichst reibungsfreie und gegenseitige Integration bzw. Akkulturation möglich machen. Denn über eine detaillierte Kenntnis fremder (anderer) Verhaltensweisen und Wertvorstellungen wird der Weg zu einer nur schwer zu erreichenden, aber durchaus möglichen, konfliktlosen Kommunikation mit den Trägern fremder Verhaltensmuster erst möglich (a. a. O.). Genau in dieser Intention bewegt sich auch unsere Überlegung, daß eine Auseinandersetzung mit „Subkulturen" – also mit sozialen Gruppen, die durch ihr Handeln und ihre „Kultur" in einem gewissen Widerspruch zu der Gesamtgesellschaft stehen, wie Gastarbeiter, bestimmte Religionsgemeinschaften und auch die obdachlosen Nichtseßhaften – eine prinzipiell kulturanthropologische ist. Unter Kultur ist in diesem Zusammenhang in Anlehnung an *Tylors* Buch „Primitive Culture" jener Inbegriff von Wissen, Gewohnheiten und Fähigkeiten zu verstehen, welche der Mensch als Glied einer Gruppe sich angeeignet hat (vgl. *Tylor*, 1871, S. 1).
Der Ausführung *Königs* wohnt, dies ist leicht zu sehen, ein gewisses Maß an Kritik an einer Soziologie inne, die das soziale Handeln nicht in seinem gesamten kulturellen Kontext sieht bzw. über das Feststellen von Einstellungen oder das Zeichnen von Strukturen kaum hinaus-

gelangt. In gewisser Weise befindet sich *König* mit seinem Plädoyer für die Kulturanthropologie in der Tradition bei *Park* und anderen Vertretern der Chicagoer Schule der Soziologie. Die kulturanthropologische Ausrichtung von *Park* drückt sich u. a. bereits in seiner Forderung aus, daß dieselben „geduldigen Methoden der Beobachtung", welche von den Anthropologen wie *Boas* und *Lowie* beim Studium der nordamerikanischen Indianer angewendet wurden, ebenso fruchtbar bei der Erforschung der Sitten, Glaubensvorstellungen, sozialen Praktiken und allgemeinen Lebensbetrachtungen in „Little Italy" an der North Side Chicagos sein können wie bei der Beschreibung der gekünstelten Lebensweise der Einwohner von Greenwich Village und der Leute, die in Nachbarschaft zum Washington Square in New York leben (*Park* 1952, S. 15).

In dieser Überlegung verbindet sich das Postulat von einer eingehenden Untersuchung des kulturellen Seins einer sozialen Einheit mit dem Herausstreichen der besonderen Bedeutung der „teilnehmenden Beobachtung" als der klassischen Methode der Ethnologie (bzw. Kulturanthropologie) für die Soziologie. Die Relevanz der Beobachtung und der eigenen Erfahrung wird so in den Mittelpunkt einer Soziologie gerückt, die alle (!) Details des sozialen (kulturellen) Lebens offenbar machen will.

In direkter Tradition der Chicagoer Schule *Parks* stehen auch *Robert* und *Helen M. Lynd* mit ihren „Middletown"-Studien (1919, 1935). Auch *Warner* folgt in den von ihm geleiteten Studien zur „Yankee-City" der kulturanthropologischen Prämisse. Interessant ist, daß *Warner* lange Jahre bei den Murngin NW-Australiens zugebracht hatte, um deren Leben und deren Sozialstruktur zu untersuchen. Auch die berühmte Arbeit *Whyte's* „Street Corner Society" (1943), die auf teilnehmender Beobachtung basiert, ist in dieser kulturanthropologischen Orientierung zu verstehen.

Festzuhalten ist noch ein Aufsatz von *Banton* aus dem Jahre 1964, in dem der Autor nachzuweisen sucht, daß eine Unterscheidung von Soziologie und Kulturanthropologie in sich problematisch ist. Denn, so zeigt er auf, die Einschränkung der Kulturanthropologie auf das Studium aliteraler Völker, wie es gemeinhin versucht wird, hat den Protest amerikanischer „Anthropologen" hervorgerufen, da auch komplexe Gesellschaften des europäisch-amerikanischen Kulturkreises mit „kulturanthropologischen" Methoden untersucht werden. Damit wird einer Definition, die die „Kulturanthropologie" als Soziologie „primitiver" Völker sieht, widersprochen. Vielmehr ist die Kulturanthropologie als eine umfassende Disziplin zu orten, die die kulturellen Strukturen und einzelnen Handlungsstrategien in ihrer kulturellen Ausformung, unabhängig vom Stand der Technologie oder der Bildung einer sozialen Einheit, festzuhalten und zu analysieren sucht.

Damit wird aber auch ein humanistisches Postulat verbunden, welches den Absolutheitsanspruch einer Kultur (oder eines Volkes) negiert (siehe auch die Diskussion um den Gegenstandsbereich und die Aufgabe der Kulturanthropologie in: *Girtler* 1979, S. 39 ff).

II. Der obdachlose Nichtseßhafte als „der Fremde" im Sinne Simmels

Solchermaßen versteht sich auch die Auseinandersetzung mit den Subkulturen einer Gesellschaft, also mit „echten" Kulturen, die mit der führenden Kultur in einer für die Individuen z. T. problematischen Auseinandersetzung stehen können.
Zu dieser Thematik sind *Georg Simmels* Überlegungen zum „Fremden" von einigem Interesse. *Simmel* meint, daß nicht der wandernde Fremde für eine Gesellschaft zum Problem wird, der „heute kommt und morgen geht", sondern der Fremde, „der heute kommt und morgen bleibt – sozusagen der potentiell Wandernde ..." *(Simmel* 1958, S. 509). Die Stellung dieses Fremden wird in dem sozialen Umkreis, in den er eingewandert ist, dadurch gekennzeichnet, „daß er nicht von vorneherein in ihn gehört, daß er Qualitäten, die aus ihm nicht stammen und stammen können, in ihn heinträgt" (a. a. O.). Das heißt also, daß der Fremde in der Aufnahmegesellschaft durch sein anderes kulturelles Sein (vgl. Gastarbeiter) Spannungen erzeugt und daß sein Auftreten ihr die Illusion raubt, Universalgesellschaft zu sein. Der Fremde macht den Absolutheitscharakter der Aufnahmekultur fragwürdig, er deckt das auf, was *Karl Mannheim* die „Verdeckungsinstrumente des Alltags" genannt hat, durch die „das zufällige Sosein des Alltags zum Absoluten hypostasiert werden soll" *(Mannheim* 1929, S. 43). Damit wird der Fremde „gefährlich", sei es als Jude, als Zigeuner, als Gastarbeiter oder eben als Sandler oder Penner, auf den ich mich hier näher beziehen will.
Die „Gefährlichkeit" obdachloser Nichtseßhafter besteht somit darin, daß sie durch ihr Handeln und ihre Symbolik (z. B. die Sprache) sich vom Großteil der Personen einer Gesamtgesellschaft unterscheiden. Ihre Strategien des Überlebens und sozialen Handelns werden in der „Subkultur" der obdachlosen Nichtseßhaften geformt, den jeweiligen sozialen Situationen angepaßt und tradiert. Charakteristisch übrigens gerade für den obdachlosen Nichtseßhaften (Sandler) ist, daß er aufgrund irgendwelcher persönlicher Schwierigkeiten (nach Gefängnisaufenthalten, familiären Problemen u. ä.) den Kontakt zu anderen obdachlosen Nichtseßhaften gesucht und gefunden hat, bei denen er die ihm woanders versagte soziale Anerkennung oder soziale Identität garantiert bekommt. Der Sandler muß dabei eine Zahl von kulturellen Verhaltensmustern lernen, um mit anderen Sandlern effizient handeln zu können bzw. um von anderen Sandlern überhaupt verstanden zu werden. Dazu gehören neben der Sprache und bestimmten Handlungsformen auch Tätowierungen, welche über die Erfahrungswelt des Sandlers etwas aussagen (siehe dazu *Girtler* 1980, S. 105 ff).
Durch sein „anderes" Handeln, also seine „andere" Kultur, wird der Sandler gerade von Angehörigen der Mittel- und Oberschicht als negativ oder „unmenschlich" stigmatisiert. Eine Einstellung, die übrigens auch in der soziologischen Literatur zur Lebenswelt des obdachlosen Nichtseßhaften deutlich wird. So heißt es u. a., daß die obdachlosen Nichtseßhaften passiv, undiszipliniert oder schwachsinnig seien (siehe z. B. *Aderhold* 1974, S. 104). Einem solchen Denken ist ein gewisser Grad von Ethnozentrismus vorzuwerfen, da implizit dem Sandler als anders Handelndem so etwas wie Kultur gar nicht zugestanden wird. Und insofern ist der obdachlose Nichtseßhafte, der durch seine Lebensform dem kulturellen Handeln der Gesamtgesellschaft latent widerspricht, der „Fremde" im Sinne *Simmels.* Er ist „gefährlich", nicht bloß durch seine Existenz, sondern eben dadurch, daß er noch andere

Handlungsmöglichkeiten, z. B. übermäßigen Alkoholkonsum, anbietet, die dem Alltagsverständnis des Normalbürgers als falsch erscheinen müssen. Dem kulturellen Handeln des Sandlers entspricht es jedoch, durch eine Art Selbststigmatisierung den Definitionen anderer sozialer Schichten zu begegnen (s. u.).
Im folgenden soll nun gezeigt werden, wie mit dem historischen Hintergrund das Handeln des obdachlosen Nichtseßhaften im Gebiet der Großstadt Wien sich in einigen Belangen wandelte. Es sollen aber auch jene kulturellen Muster des Handelns festgehalten werden, die bis in die Gegenwart tradiert worden sind.

III. Die obdachlosen Nichtseßhaften Wiens zur Zeit der Jahrhundertwende

1. Max Winter: „Im dunkelsten Wien" (1904) und: „Im unterirdischen Wien" (1905)

Der engagierte Journalist der „Arbeiterzeitung" *Max Winter* schrieb sehr beeindruckende Sozialreporte über die Lebenswelt der Armen und Obdachlosen Wiens. Um einen direkten Kontakt zu den täglichen Problemen des Überlebens dieser Menschen zu erhalten, kroch er mit Obdachlosen durch die Kanäle Wiens, übernachtete mit ihnen an den Ufern des Donaukanals und ließ sich mit ihnen in den Polizeiarrest sperren. Bei seinen Forschungen, die durchaus den Vergleich zu modernen soziologischen Arbeiten zum Thema „Armut" nicht zu scheuen brauchen, stellte er so u. a. fest, daß viele Männer ihren Lebensunterhalt dadurch verdienten, daß sie im Abwassersystem Wiens nach dem „Strandgut der Großstadt" suchten. Mühselig krochen diese Männer durch die oft engen Kanalröhren auf der Suche nach verlorenen Hellern und Kreuzern, nach Metallgegenständen oder nach anderen achtlos weggeworfenen Dingen, die für sie eventuell von Wert sein konnten. Manche dieser Kanalstrotter sammelten alte Knochen, von denen sie mindestens 60 Kilo finden mußten, um einen Gulden zu verdienen. Bei seiner Forschung sah *Winter,* daß die Obdachlosen – vor allem Männer – eine Vielzahl von Übernachtungsmöglichkeiten sich geschaffen hatten, um ungestört schlafen zu können. So nächtigten viele Obdachlose in den Zillen am Donaukanal. Ihr „Bettzeug" bestand aus Fetzen, Stroh und Hobelscharten. Andere verbrachten ihre Nächte damit, daß sie sich in die Misthaufen der Gärtnereien eingruben. Und wieder andere suchten in den Kanälen Wiens ihren Unterschlupf. Ihre Unterkünfte nannten die obdachlosen Nichtseßhaften „Hotels", ein Terminus, der sich auch heute noch in dieser Lebenswelt findet (s. u.). So z. B. versteckte sich hinter dem Terminus „Hotel Ringofen" die Ziegelbrennerei am Rande Wiens (zum Problem des Übernachtens siehe: *Winter* 1904, S. 56 ff).
Ein großes Problem stellte für die obdachlosen Nichtseßhaften der Jahrhundertwende – ähnlich wie auch heute – die Polizei dar, die sie immer wieder in ihren Schlupfwinkeln aufspüren konnte.
In der Einführung zu seinem Buch „Im unterirdischen Wien" charakterisierte *Winter* die Subkultur der obdachlosen Nichtseßhaften so:

„Wien hat einige tausend Obdachlose, die Nacht um Nacht in den unglaublichsten Schlupfwinkeln unterkriechen, um vor den Unbilden des Wetters doch einigen Schutz zu finden. Sie sind die Überzähligen, die weder im Asyl für Obdachlose noch in einem städtischen Asyl und Werkhaus aufgenommen werden.

Für diese Parias ist nirgends Platz. Auch sie sind Menschen und lange nicht die schlechtesten, wie ich es bei meinen Entdeckungsreisen in das unterirdische Wien vielfach zu beobachten Gelegenheit hatte. In Wirklichkeit und bildlich ist es das unterirdische Wien, in das ich den Leser dieses Buches einführen will: Nach dem Orte und nach der sozialen Schichtung dieser Ausgestoßenen."

Der Autor machte es sich nun zur Aufgabe, diese „Menschen in ihren Schlupfwinkeln und Höhlen, in den Kloaken und Misthaufen, in den Ziegelöfen und auf dem freien Feld zur Winterszeit aufzuspüren und die Unkultur (!) aufzuzeigen, die neben glänzenden Palästen solches Elend duldet". *Winters* Programm war ein durchaus soziologisches, mit welchem er das öffentliche Gewissen der Millionenstadt Wien aufrütteln wollte. Auch für die moderne Soziologie ist *Winters* Versuch von Relevanz, die sozialen bzw. kulturellen Elemente und Strukturen der Subkultur der obdachlosen Nichtseßhaften, welche er allerdings und treffend als „Unkultur" definierte, festzuhalten und zu analysieren. *Winter* gibt damit einen gelungenen Einblick in ein durchaus komplexes soziales System, in welchem bestimmte erlernte und weitergegebene Strategien die soziale und physische Existenz sichern helfen.
Es sind nicht bloß einzelne Strategien, die für den obdachlosen Nichtseßhaften der Jahrhundertwende wichtig waren, sondern auch ein Netz an Kommunikationsmöglichkeiten, die ein Überleben „am Rande" des großstädtischen Lebens mehr oder weniger garantierten.
Winter hat in seiner Untersuchung, die er zwar als Journalist durchführte, mit der er aber auch politische Konsequenzen beabsichtigte, die ganze Problematik eines in sich widersprüchlichen Systems reflektiert. Diese Problematik äußerte sich schließlich darin – wie es z. T. auch heute noch ist –, daß durch den Einsatz von Polizei das Thema der Obdachlosigkeit sich auf politischer Ebene nicht stellen konnte. Um dem jedoch einen politischen Gehalt zu geben, riet *Winter* einmal einer Vielzahl von obdachlosen Nichtseßhaften, sich von der Polizei nicht vertreiben, sondern sich in das Gefangenenhaus bringen zu lassen. *Winter* beabsichtigte damit, die besondere Lage dieser Menschen eindrucksvoll demonstrieren zu können.
Grundsätzlich läßt sich zu der Untersuchung *Winters* festhalten, daß er vor allem aus einem politischen Anliegen heraus versucht hat, die Obdachlosigkeit zu beschreiben. *Winter* gelang es aufzuzeigen, daß von der Sozialpolitik her wesentliche Schritte notwendig sind, um des Problems der Obdachlosigkeit Herr zu werden. Nach dem Zerfall der Monarchie wurde auch eine Menge in dieser Richtung getan, so daß heute weite Bereiche der Obdachlosigkeit als beseitigt angesehen werden können. Allerdings blieb das Problem der obdachlosen Nichtseßhaften – der sogenannten Sandler – bestehen, da für diese keine effizienten sozialpolitischen Maßnahmen gesetzt wurden. Der Polizei blieb weiter die Aufgabe zugeteilt, diese Form von Obdachlosigkeit zu stigmatisieren und zu sanktionieren (s. u.). Die auch heute besonders unterprivilegierte Position des obdachlosen Nichtseßhaften zeigt sich besonders deutlich in Biographien und in der Alltagswelt der sogenannten Sandler, die innerhalb der Gesamtgesellschaft so gut wie keine politischen Rechte haben (s. u., vgl. *Girtler* 1980).
Der journalistische Einsatz *Winters* mit seinen soziologischen Reflexionen bewirkte also, daß man sich zwar auf politischer Ebene Gedanken zur Armut und zur Obdachlosigkeit machte, jedoch, wie sich heute zeigt, bestimmte Personengruppen (so vor allem die sogenannten Sandler) weiter grundsätzlich unterprivilegiert und chancenlos blieben, was allerdings von Sandlern, gerade wenn sie den sozialen Kontakt zu anderen sozialen Gruppen fliehen, auch als Schutz und Garantie, „unter sich" zu bleiben, positiv bewertet werden kann.

2. *Emil Kläger: „Durch die Wiener Quartiere des Elends und Verbrechens – Ein Wanderbuch aus dem Jenseits" (1908)*

Von einer weniger politischen, aber sehr klaren und betonten humanistischen Perspektive her versuchte *Emil Kläger*, ein junger Student, die ihn persönlich sehr berührende Obdachlosigkeit im Wien der Monarchie um und nach 1900 zu beschreiben. Ihm war es vordringlich, auf die furchtbare Armut und die ungünstige Lebenssituation vor allem der obdachlosen Nichtseßhaften hinzuweisen, um die Wiener Oberschicht, aus der *Kläger* kam, „aufzurütteln". In einer gewissen Weise ist die Arbeit von *Kläger* meiner Forschung strukturell ähnlich, denn *Kläger* wollte u. a. auch von einzelnen Biographien her das Phänomen der obdachlosen Nichtseßhaftigkeit in den Griff bekommen. Auch er ging den einzelnen Strategien dieser Personen nach und zeichnete sie auf. *Kläger*, der kein Journalist war, verband mit seiner Untersuchung, die er in einer echten „teilnehmenden Beobachtung" durchführte, also ein eher soziologisches Interesse als einen politischen Anspruch.
Ich möchte nun auf einige Kernaussagen und wichtige Überlegungen *Klägers*, die durchaus soziologisch wichtig sind, verweisen, denn dem Ansatz *Klägers* wohnt die spezifische Absicht inne, zwar romanhaft aber doch soziologisch wichtig, Alltagsstrukturen und Alltagsstrategien vor allem der obdachlosen Nichtseßhaften aufzuzeichnen und zu analysieren. Also von Personen, die eng, wie auch heute noch, mit Kriminalität in Verbindung zu bringen sind, und für die Kriminalität in einem gewissen Rahmen als akzeptabel erscheinen mag.

a) Gründe für die Nichtseßhaftigkeit. Die von *Kläger* gesammelten Lebensläufe obdachloser Nichtseßhafter deuten an, daß die Lebensform der Obdachlosigkeit zu einem Teil eine gewollte ist, daß also der künftige Nichtseßhafte die Distanz zu einer Gesellschaft sucht, die ihn enttäuscht hat. Das Kapitel, in welchem *Kläger* sich mit dieser Thematik befaßt, hat er mit dem Titel „Generalien und Typen" überschrieben. Dies wohl in der Absicht, herauszuarbeiten, ob es gewisse Kausalitäten gibt, die ein Individuum zu einem obdachlosen Nichtseßhaften, einem sogenannten „Griasler", wie man um 1900 diese Personen zu bezeichnen pflegte, macht.
Charakteristisch für die Karriere als „Griasler" erschien *Kläger* die Biographie eines Josef Weber, dem er ein gewisses Maß an Intellektualität zusprach und der sein Leben und Handeln, hier kurz skizziert, so sah und interpretierte:

Seine Mutter war die Tochter eines Magistratsbeamten, die mit einem Deutschmeistersoldaten ab 1872 ein mehrjähriges Verhältnis hatte. In dieser Zeit gebar sie dem Soldaten fünf Kinder, die alle in der Findelanstalt geboren wurden. Josef Weber wuchs in einer Bauernfamilie in einem steirischen Gebirgsort auf, wo er „in Kost" war. Mit den Bewohnern des Dorfes und der Familie, bei der er wohnte, hatte er beträchtliche Schwierigkeiten. An seinem zehnten Geburtstag brachte man ihn in das Findelhaus nach Wien zurück. Weber betont, daß bei seinem Abschied von den Ortsbewohnern ihm nur ein „Findling" „warm die Hand schüttelte". Vom Findelhaus wurde Weber durch den Magistrat einer Polizeiagentenswitwe „zur Kost" gegeben. In der Schule wurde er wegen seines steirischen Dialekts geärgert und er wurde auch „wieder der Stein des Anstoßes". Für den weiteren Lebensweg Webers war schließlich ein Treffen mit seiner Mutter bestimmend, welche ihm als ein zerlumptes und „abgehärmtes Weib" begegnete und der gegenüber er „kein Gefühl hatte". Seinen Vater bezeichnete Weber als Alkoholiker und eine „stark reduzierte Jammergestalt".

Seinen Eltern stand Weber also ohne jede positive Emotion gegenüber, er wollte sie nicht. Da man ihn „fortwährend wegen seiner bäuerlichen Aussprache hänselte", stahl Weber seiner Kostfrau Geld, um wieder in die Steiermark fahren zu können. Er wurde auf dem Weg dorthin jedoch von einem Gendarmen aufgegriffen und nach Wien zurückgebracht. Er kam zu einem Drechsler in die Lehre und arbeitete in diesem Handwerk ohne Probleme bis zu seinem 21. Lebensjahr. Nach der daran anschließenden Militärzeit konnte Weber keine Beschäftigung mehr finden. „Und da geschah es", so schreibt *Kläger*, „daß er aus einem arbeitsamen Menschen urplötzlich zu einem professionellen Vagabunden wurde" (*Kläger* 1908, S. 116 ff).
Für Weber erschien nun die „Kultur" des Vagabunden oder obdachlosen Nichtseßhaften als eine günstig zu bewertende Alternative. *Kläger* schildert in eindrucksvollen Worten diesen Prozeß des kulturellen Lernens und kulturellen Wissens, um in einer sozialen Gruppe, wie der „Subkultur" der obdachlosen Nichtseßhaften, problemlos leben zu können, so: „Er (Weber) kannte ja diesen Weg schon. Er lag glatt vor ihm und er wußte, was unten seiner harrte und wie man sich zurechtfindet. Darum ließ er sich wurstig hinabgleiten. Unten gab es ja auch ein Leben. Und der tägliche Kampf, der mit allem Scharfsinn geführt werden mußte, um das Lebensminimum zu erhaschen, machte ihm Spaß. Später wurde er ihm förmlich zum Bedürfnis. Daß der nächste Tag voll verborgenen Möglichkeiten und Gefahren vor ihm lag, daß er ihn für sich erobern mußte mit List oder Gewalt, hielt ihn in angenehmer Erregung. Und die eroberten Tage wurden Jahre, verflossen rasch, und Josef Weber fand in der Obdachlosigkeit eine Heimat, fand in der Existenzlosigkeit ein Leben, das er mit keinem anderen tauschen wollte" (*Kläger* 1908, S. 122 f).

Diese Biographie Webers zeigt, daß Weber im kulturellen Bereich der obdachlosen Nichtseßhaften (der Griasler) ein gewisses Maß an sozialer Anerkennung fand, die er woanders vermissen mußte. Unter den „Griaslern" konnte er sich eine Identität aufbauen, die er als für sein Leben adäquat ansehen konnte. Der Zugang zur Kultur der obdachlosen Nichtseßhaften ist hier also als Alternative zu einem Leben zu interpretieren, in dem der Griasler Weber, der von *Kläger* als sehr intelligent und als schriftstellerisch veranlagt beschrieben wird, so gut wie nichts zu erwarten hat. Die Kultur der Griasler wird der der führenden sozialen Schichten gegenübergestellt und für den Griasler als annehmbar und möglich empfunden.
Auch in den anderen Biographien, die *Kläger* bringt, wird die Tendenz deutlich, daß der Griasler – in mehrerer Weise gezwungen – mit seiner Lebenswelt grundsätzlich einverstanden ist bzw. er sie gesucht hat.

Typisch für die Karriere eines Griaslers ist auch die Biographie von Josef M., der als Fabrikarbeiter bei einer „Witfrau", wie es um die Jahrhundertwende und auch lange Zeit danach üblich war, als „Bettgeher" sein Quartier hatte. Kläger schreibt: „Da er sein gemietetes Bett in der Küche stehen hatte und Frau Maier allein in einem Doppelbett schlief, lud sie ihn ein, es mit ihr zu teilen – wegen des Plauderns ..." (*Kläger* 1908, S. 126). Aus der Verbindung entwuchs eine Tochter. Als jedoch eines Abends Josef M., der müde von der Fabrik heimkehrte, Frau Maier mit einem anderen Mann ertappte, verließ er die Wohnung, hörte zu arbeiten auf und wurde Griasler. *Kläger* beschreibt dies so: „Er ging und sein Leben war zerbrochen. Aus dem fleißigen Arbeiter ist aus Gram ein Griasler geworden" (a. a. O., S. 127).

Aus den anderen Biographien geht weiter hervor, daß Arbeitslosigkeit, persönliche Schwierigkeiten, Kriminalität und auch Abenteuerlust es sind, die einzelne zu Griaslern werden ließen.
Charakteristisch für die soziale Gruppe der Griasler, wie sie *Kläger* beschreibt, ist, daß sich keine Frauen in direktem Kontakt zu ihnen befinden; lediglich mit heruntergekommenen Prostituierten wird bisweilen kommuniziert. Bei einigen Griaslern ist, nach den Darstellun-

gen von *Kläger*, kriminelles Handeln üblich. Solche Griasler sind in den sogenannten „Plattn" (d.h. Banden) miteinander verbunden. *Kläger* berichtet als Beispiel von der „Scherzer-Plattn", deren Mitglieder ihm von den diversen Verbrechen, wie Einbrüchen u. ä. erzählten und die ihm auch für die Photographien, die *Kläger* in seinem Buch wiedergibt, kriminelle Aktionen vorspielten.
Grundsätzlich ist jedoch festzuhalten, daß unter den obdachlosen Nichtseßhaften, wie sie *Kläger* sieht, die kriminellen Individuen eher in der Minderheit sind, daß die meisten Griasler, so der oben zitierte Josef Weber, viel mehr daran interessiert sind, durch ein unauffälliges Verhalten den Kontakt zur Polizei zu vermeiden.

b) Strategien des Überlebens. In seiner Arbeit geht *Kläger* auch den eingeübten und tradierten Alltagsstrategien der obdachlosen Nichtseßhaften nach, die darauf abzielen, die physische Existenz zu sichern. Zu den wohl wichtigsten Problemen der Griasler gehört das Problem der Nächtigung bzw. des Aufenthaltes, um sich ausruhen oder zurückziehen zu können. *Kläger* erforschte, verkleidet in Vagabundenkleidung, die verschiedenen Möglichkeiten der Nächtigung oder des Unterschlupfs der obdachlosen Nichtseßhaften. Während seiner Forschungen begleitete ihn auch ein Richter, der, ebenso verkleidet, ein erhebliches Interesse an diesen Menschen hatte. Dieser Richter war übrigens auch ein ausgezeichneter Photograph, der für das Buch *Klägers* die sehr anschaulichen Lichtbilder, die er mit Blitzlicht anfertigte (um 1907!), lieferte. *Kläger* besuchte mit diesem Richter u. a. die „Obdachlosenlager" in den Kanalschächten Wiens.

Kläger schildert einen Besuch in einem solchen Kanalschacht so: „Wir öffneten die eiserne Türe zum Kanalschachte, deren zertrümmerte Fenster mit Papier und Werg verstopft waren, und Wellen furchtbarer Ausdünstung schlugen uns ins Gesicht. In der Mitte des zimmergroßen Raumes brannte ein qualmendes Holzfeuer, um das ein Dutzend meist junger Burschen herumsaßen oder lagen. Von unserem Eintreten nahmen sie fast keine Notiz. Nur im Hintergrunde meldete sich eine polternde Stimme: ‚Ah, no drei Passaschere' (Ah, noch drei Passagiere). Mit einem halben ‚Guten Abend' drückten wir uns in einen Winkel und setzten uns auf die Erde, die teilweise mit schmutzigen Fetzen und Streu bedeckt war. Über uns hingen auf einem Strick verschiedene Fragmente von Kleidungsstücken, die naß waren und von denen stete Tropfen herabfielen. Still waren die Menschen alle ... In allen diesen Gesichtern aber stand der Hunger. Ich sah auch intelligente Züge, aber entweiht durch blutzehrende, häßliche Armut" (*Kläger* 1908, S. 44 f).

Die plastischen Schilderungen *Klägers* geben gut die soziale Situation der damaligen Obdachlosen wieder und sie zeigen auch das Kommunikationssystem auf, das für ein Minimum an Überlebenschancen notwendig war. Für die den Kanalschacht bewohnenden Griasler erschien es offensichtlich als selbstverständlich, daß die Neuankömmlinge Schicksalsgenossen sind und auch denselben Wissensstand haben, nach dem ihnen die Möglichkeit der Übernachtung in den Kanälen bzw. in diesem bestimmten Kanal bekannt sein mußte. *Kläger* berichtet auch von den Obdachlosenlagern in Booten und Zillen an der Donaulände, die vor allem im Sommer besucht wurden, und von solchen Lagern im Gestrüpp des Praters, in Strohschobern und in den Ziegelöfen (a.a.O., S. 142 ff; vgl. oben den Bericht *Max Winters*).
Zu dem Problem der Nahrungsvorsorge berichtet Kläger vor allem von der Möglichkeit der „Klostersuppe", eine Einrichtung, die auch noch heute Aktualität besitzt (s. u.; vgl. *Girtler* 1980, S. 49 ff). Für Griasler bestand ein gut funktionierendes System, um zu Adressen von

Klostersuppen zu kommen. Viele Griasler verbrachten offensichtlich einen Großteil ihrer Zeit damit, Klöster aufzusuchen und um die Klostersuppe zu betteln. Ihr Tagesprogramm war an diesen Absichten orientiert. *Kläger* schreibt über einen dieser obdachlosen Nichtseßhaften:

„Er ist ein sogenannter ‚Taxameterbärsch', das ist ein Griasler, der regelmäßig mit einem alten Blechtopf, den er irgendwo aufgelesen hat, früh morgens und abends zu den Klöstern wandert, um dort seine Suppe in Empfang zu nehmen. Unter dem rechten Arm hält der Mann seine ‚Gerechtigkeit', wie in der Sprache der Taxameterbärsche der Löffel bezeichnet wird" (*Kläger* 1908, S. 129).

Kläger versteht es in seinem Buch, aufgrund seiner Forschung, die durchaus den Vergleich zu anderen Arbeiten, wie sie von Soziologen verfaßt wurden, nicht zu scheuen braucht, soziale Strukturen, Strategien und Alltagswissen, welche für das Überleben notwendig sind, darzustellen und auch zu analysieren. Ihm gelingt es so, einsichtig zu machen, daß der obdachlose Nichtseßhafte nicht wie ein „Tier" lebt, sondern ein nicht gerade einfaches System des Überlebens, also eine bestimmte Form von Kultur, geschaffen hat, die z. T. noch heute weiterlebt. Auch *Kläger* geht bereits in Ansätzen dem Problem der Identität des obdachlosen Nichtseßhaften nach, er sieht, daß der Griasler versucht, sich eine eigene Autonomie zu schaffen, die ihm ein soziales Leben und eine „akzeptable" Existenz sichern hilft. Der Griasler wird also bei *Kläger* als jemand dargestellt, der sehr wohl über sich verfügen kann und der mit seiner Umwelt auch fertig wird. Damit widerspricht *Kläger* implizit Ansichten, die mehr aus Legitimationsgründen, um sich z. B. um den Griasler „nicht kümmern zu müssen", den Griasler als Nichtmenschen oder als nicht zurechnungsfähig definieren.
In diesem Sinn ist die Interpretation seiner Alltagswelt durch einen Griasler selbst, die *Kläger* in seinem Buch bringt, zu sehen: Auf die Frage *Klägers,* warum er im Gesträuch am Rand der Stadt wohne, meinte der Griasler:

„Ich weiß nicht, die rechten Großstadt- und Berufsmenschen, denen ist die Natur wie ein großes Sanatorium, das man bei allem Komfort nur ungern aufsucht. Man steckt die Nase in den Wald, um ein paar Züge Gesundheit mitzunehmen. Man steigt auf die Berge, um das Schlemmerfett abzurackern, höchstens um herabzuschauen auf die anderen, die da nicht mitkommen können. Aber alle heimliche Schönheit der Natur bleibt ungenossen, wächst einsam für die paar Taugenichtse, die in dem rasselnden Kampfspektakel des Lebens versagen und flüchtig werden" *(Kläger* 1908, S. 136).

Seine Beziehung zur Natur, also zu den Sträuchern, in denen er zu nächtigen pflegt, wird durch die besondere Betonung der Naturliebe gerechtfertigt. Mit dieser Überlegung verbindet derselbe Griasler schließlich auch eine Kritik an der führenden Gesellschaftsschicht mit ihren Werten und Normen:

„Aber in den Herzen der Menschen, wie ich sie meine, kann so etwas wie Sehnsucht gar nicht aufkommen. Dergleichen ist ihnen mit dem Drill genommen worden. Denn zuerst kommt die Erziehung und macht sie krumm, dann die engherzige Schule und hämmert an ihrer armen Seele herum und knetet an ihrem Kopf, daß er ja nur ein recht platter Bürgerschädel werde. Alle Illusionen werden zum Teufel gejagt und an Stelle aller echten und natürlichen Menschenempfindungen werden die vorgeschriebenen Gefühlswalzen gesetzt" (a. a. O., S. 136 f).

Dieser Griasler, der vielleicht über ein nicht geringes Maß an Bildung verfügte, beabsichtigte also offensichtlich, seinem Leben Sinn und Inhalt zu geben, vor dem seine Biographie als po-

sitiv interpretiert werden sollte. *Kläger,* dem der Griasler dies erzählte, sollte also den Eindruck erhalten, er hätte es mit einem obdachlosen Nichtseßhaften zu tun, der durchaus zufrieden, also autonom ist, weil er eben andere, bessere Welteinsichten hat.
Für die heutige Diskussion um das Problem der obdachlosen Nichtseßhaften ist auch *Klägers* Überlegung zur Idealisierung der Griasler oder Vagabunden durch die Angehörigen oberer Gesellschaftsschichten von Interesse. *Kläger* meinte für seine Zeit:

„Wohl waren die Vagabundenschicksale in den letzten Jahren in der Gesellschaft Trumpf. Daran trägt die Mode, diese fixe Idee der Gesellschaft, schuld. Ihre Tragik wurde in Jausengesprächen zwischen zwei Sandwiches gewürdigt und erschöpft und war leider nur ein pikantes Spielzeug. Man empfand dabei seinen eigenen warmen Platz im Leben doppelt zufrieden, die Nerven konnten sich ein bißchen vergnügen" (a. a. O., S. 145 f).

Für eine Soziologie bzw. Kulturanthropologie, die sich an den mit dem Handeln verbundenen Symbolen ausrichtet, bieten *Klägers* Schilderungen ein interessantes Forschungsfeld, denn er versucht auch, die besondere Bedeutung von Worten für die Kommunikation zwischen den Griaslern herauszustreichen. In seinen Schilderungen bezieht er sich immer wieder auf solche, nur in dieser sozialen Lebenswelt gebrauchten Worte, deren Kennen die Zugehörigkeit zu dieser explizierte. Der Griasler mußte also diese Worte kennen, um überhaupt unter den Griaslern sozial anerkannt zu werden und entsprechende Informationen zu erhalten. Zu solchen Worten, die *Kläger* bringt, gehören u. a. folgende: „Krim" für Landesgericht, „Pfiff" für Schlaf, „Dack-n" für Heimatschein, „schalnen" für kleiden, „Zauck" oder „Gschaml" für Prostituierte usw. *Kläger,* der von dem besonderen Charakter und der Ausschließlichkeit dieser Sprache wußte und diese kennenlernte, bezeichnete diese Sprache daher als „Griasler-" oder „Kundensprache". Die symbolische Bedeutung der von den Griaslern gebrauchten Worte, die *Kläger* bereits sah, wird in einem eigenen Vokabular dieser Sprache, die Kläger im Anhang zu seinem Buch bringt, hervorgehoben. Die soziologische Relevanz dieser Worte zeigte sich ja darin, daß ein wirksames Handeln von Griaslern im wesentlichen vom Kennen der Bedeutung solcher Worte abhing, was *Kläger* selbst erfahren mußte.
Mit seinen Darstellungen und seinen vielfältigen Überlegungen gibt *Kläger* einen intensiven Einblick in die Lebenswelt der obdachlosen Nichtseßhaften in Wien zur Zeit um und nach 1900. Bemerkenswert ist an *Klägers* Vorgehen, daß er nicht nur seine eigene Interpretation mit einbringt, sondern auch festhält, wie die einzelnen obdachlosen Nichtseßhaften ihre eigene soziale Situation selbst interpretieren und ihr soziales Handeln rechtfertigen. Eine ähnliche Intention lag auch meiner Forschung zugrunde, mit der ich es unternommen habe, die obdachlosen Nichtseßhaften (Sandler, wie man sie heute nennt) in ihrer Alltagswelt zu untersuchen.

IV. Die obdachlosen Nichtseßhaften (Sandler) im Wien der Gegenwart

Meine Untersuchung der obdachlosen Nichtseßhaften, die hier nur angedeutet werden soll (siehe näher *Girtler* 1980), versteht sich zwar vor einer anderen historischen Situation als die Arbeiten von *Winter* und *Kläger,* es sind jedoch gewisse Kernprobleme die gleichen geblie-

ben. Im Vergleich zur gegenwärtigen sozialen Lage waren zweifellos die obdachlosen Nichtseßhaften zur Zeit der Jahrhundertwende schlechter als heute gestellt. So gab es keine Form von Unterstützung durch öffentliche Stellen.
Das Bemühen öffentlicher Stellen in der Republik um die Beseitigung der allgemeinen Obdachlosigkeit war wohl von großem Erfolg, doch blieben und bleiben die obdachlosen Nichtseßhaften der Gegenwart weiter von einer effizienten politischen Hilfe, die ihnen einen wirklichen Zugang zu anderen Lebensbereichen möglich macht, ausgeschlossen, wie ich es in meiner Arbeit zeigen konnte. Es gibt zwar diverse Möglichkeiten für Sandler, die Fürsorge u. ä. Einrichtungen in Anspruch zu nehmen, doch ist die Effizienz eher gering. Dies vor allem darum, weil öffentliche Instanzen Sandler eher willkürlich behandeln, diese also „offene Personen“ *(Goffman)* sind, die selbst keine Sanktionen setzen können. Es fehlt ihnen nämlich vor allem an wirtschaftlicher Macht und politischem Einfluß (siehe näher bei *Girtler* 1980, S. 111 ff). (Es mag von Interesse sein, daß, veranlaßt durch meine Studie, sich in Wien Personen, die mit der Sozialarbeit befaßt sind, zusammengetan haben, um die Interessen von obdachlosen Nichtseßhaften zu vertreten.) Daher sind die obdachlosen Nichtseßhaften, die Sandler, heute noch weiter in einer ähnlichen sozialen Situation wie ihre Vorgänger zur Jahrhundertwende. Es wundert so nicht, daß gewisse Strategien des Überlebens sich bis heute erhalten haben.

1. Die Kontinuität prinzipieller Kulturmuster in der Welt der obdachlosen Nichtseßhaften Wiens

Ähnlich wie die obdachlosen Nichtseßhaften früher, ist auch der heutige obdachlose Nichtseßhafte daran interessiert, in Abbruchhäusern oder auch in Neubauten „Quartier“ – vor allem während des Winters – zu beziehen. Keineswegs unternimmt er es heute jedoch, in den Kanälen Wiens zu nächtigen. Eine direkte Notwendigkeit besteht dazu wohl nicht. Sie würde vielleicht bestehen, wenn keine Abbruchhäuser sich für ein Quartier anböten.
Identisch für den Griasler um 1900 und den Sandler von heute sind die Bezeichnungen für ihre Quartiere, die „Hotels“ genannt werden, so z. B. „Hotel Abbruch“ für ein Abbruchhaus, „Hotel Schiene“ für einen abgestellten Eisenbahnwaggon o. ä. (vgl. oben). Auffallend ist schließlich, daß auch gewisse Strategien die gleichen geblieben sind, so z. B. der regelmäßige Besuch von Klöstern wegen der sogenannten „Klostersuppe“ (vgl. *Girtler* 1980, S. 34 ff). Auch finden sich in beiden Lebenswelten, in der um 1900 und der jetzigen, die Versuche von Griaslern bzw. Sandlern, sich eine eigene Autonomie oder Identität zu geben, indem sie ihr Anderssein herausstrichen bzw. herausstreichen, um so ihrem Handeln und sozialen Sein Sinn und Rechtfertigung zu geben (vgl. a. a. O., S. 117 ff).
Diese Versuche der Identitätsgebung hängen schließlich auch mit den Karrieren dieser Personen zusammen. Für einen Großteil der Sandler (vgl. die von mir gesammelten Biographien: a. a. O., S. 11 ff), trifft zu, daß sie den Kontakt zu anderen Sandlern und deren Lebenswelt suchten und suchen, denn sie erhielten und erhalten hier die ihnen woanders versagte soziale Anerkennung, bzw. sie wollten und wollen einer Sozialwelt entfliehen, die sie nicht will oder die sie enttäuscht hat. So finden sich unter Sandlern Personen, die aus persön-

lichen Schwierigkeiten – nach unglücklichen Ehen o. ä. – den Zugang zu einer anderen sozialen Umwelt mit einer anderen „Kultur" in Kauf nahmen, um so unter Individuen sein zu können, die ihnen eine Identität geben, mit der sie einverstanden sind. Auch die von *Kläger* gesammelten biographischen Erzählungen weisen in diese Richtung. Als wichtig für das soziale Handeln in der Subkultur (Kultur) der Griasler und Sandler konnten *Kläger* und auch ich die Notwendigkeit des Kennens von sprachlichen Symbolen ausmachen. Bei meiner Untersuchung wurde mir einigemale deutlich bewußt gemacht, daß erst der Gebrauch und das Kennen von bestimmten sprachlichen Ausdrücken die Zugehörigkeit zum sozialen Bereich der Sandler statuierte.

Kläger maß dem eine solche Bedeutung bei, daß er, wie ich schon oben erwähnt habe, im Anhang seines Buches versucht hat, ein Vokabular der „Griaslersprache" zu erstellen. In den Bereich der Symbolik gehört auch die Kleidung, durch die der obdachlose Nichtseßhafte in seinen Aktionen stigmatisiert wird, d. h. Polizisten und andere orientieren sich an der ungepflegten Kleidung, um deren Träger als obdachlosen Nichtseßhaften zu definieren (vgl. *Girtler* 1980, S. 52f). Auch bei *Kläger* wird diese für das soziale Handeln des obdachlosen Nichtseßhaften relevante Thematik unterstrichen. *Kläger* zitiert in seinem Buch folgende zwei Sätze in der Griaslersprache, die dies zum Ausdruck bringen:

„Kaum daß ma si vom Pfiff o'beutelt und si dö Gugorell'n riebelt, stößt am schon a Höhmann auf's Gradi. Wann ma g'schaint war und net z'begelt, hätt'r kan Pris, dos ma Pfiffpagat is" (Kaum, daß man aufsteht und sich noch die Augen reibt, beanständet einen schon der Wachmann aufs Geratewohl. Wenn man bessere Kleider hätte und nicht so herabgekommen aussehen würde, hätt er keine Ahnung, daß man ein Unterstandsloser ist. – *Kläger* 1908, S. 179).

V. *Abschließende Überlegungen*

Zentral wurde im Rahmen dieses Aufsatzes darzustellen versucht, daß in der „Kultur der Armut" der obdachlosen Nichtseßhaften Wiens eine gewisse Kontinuität in bezug auf einzelne Strategien der Lebensbewältigung und der Symbole besteht. Hinsichtlich des Prinzips des sozialen (kulturellen) Handelns konnte angedeutet werden, daß diese Personen bemüht sind – nach irgendwelchen für sie problemhaften Erlebnissen oder Erfahrungen – sich eine Identität, die im Sinne *Goffmans* zunächst eine „beschädigte" ist, aufzubauen.

Grundsätzlich läßt sich festhalten, daß die heute lebenden obdachlosen Nichtseßhaften – ebenso wie ihre Vorgänger um die Jahrhundertwende – negativ stigmatisiert sind. D. h. es gibt keine wirklich effiziente Sozialpolitik für diese Leute und die Instanzen der öffentlichen Gewalt gehen eher willkürlich gegen sie vor (vgl. *Girtler* 1980, S. 82ff). Es wurde hier also versucht aufzuzeigen, daß eine spezifische „Kultur der Armut", die die soziale und physische Existenz garantieren hilft, besteht und auch in ihren Prinzipien tradiert wird. Der in einigen wesentlichen Schwerpunkten unternommene Vergleich der unmittelbar nach der Jahrhundertwende entstandenen Arbeiten von *Max Winter* und *Emil Kläger* mit meiner 1980 publizierten Studie sollte diese Thematik im Grundsätzlichen reflektieren.

Mit dieser besonderen auf die „Kultur der Armut" der Wiener Sandler (oder Griasler) bezogenen Fragestellung wurde im Kontext dieses Aufsatzes auch das Postulat einer kulturanthropologischen Ausrichtung der Soziologie vertreten, d.h. einer Soziologie, die über theoretische Reflexionen hinaus konkret die Symbolwelt, die Alltagswirklichkeiten, die diese einsetzenden Wertvorstellungen und die kulturelle Ausformung des Handelns reflektiert. Ein solcher Ansatz geht notwendig über das bloße Festhalten von Einstellungen hinaus, wie es charakteristisch für nicht wenige, auf Quantifizierung sich berufende empirische Arbeiten der Soziologie ist (vgl. dazu die Kritik von *Herbert Blumer* 1973, S. 112f).

In diesem Zusammenhang ist auch auf die Überlegungen des großen Feldforschers und Anthropologen, *Bronislaw Malinowski,* neben *Radcliffe-Brown* Begründer der englischen „social anthropology", zu verweisen. *Malinowski* war es nämlich, der verlangte, man müsse die jeweilige „soziale Situation" festhalten, um überhaupt etwas über die betreffende Kultur aussagen zu können. In diesem Sinn vertrat auch *Malinowski* vehement die „teilnehmende Beobachtung" als die Methode schlechthin für die Sozialwissenschaften *(Malinowski* 1926, S. 146).

Denn erst ein solches methodisches Vorgehen ermöglicht einen brauchbaren Zugang zum zu untersuchenden sozialen (kulturellen) Bereich mit seinen typischen Wertvorstellungen und Handlungsmustern, womit sich auch implizit ein humanistisches Postulat verbindet, das irgendwelchen ethnozentristischen Überlegungen widerspricht. In diesem Sinn versteht sich auch die angedeutete Kernaussage dieses Aufsatzes, nach der die obdachlosen Nichtseßhaften keineswegs – ähnlich einem Tier – bloß in den Tag hineinleben, sondern selbst ein nicht einfaches Sozialsystem mit einer charakteristischen Symbolik geschaffen haben.

Damit glaube ich, auch einem Postulat *René Königs* entsprochen zu haben, der es als Aufgabe einer wirksamen „Kulturanthropologie" ansieht, nicht nur die Werteinstellungen der Völker der Dritten Welt zu erforschen, sondern auch die kulturellen Minderheiten unserer Gesellschaft *(König* 1972, S. 273). So wird erst eine Kommunikation zwischen den verschiedenen kulturellen Ebenen bzw. Subkulturen möglich, die dazu angetan ist, auch unsere eigenen Kulturwerte zu relativieren.

Denn über eine detaillierte Kenntnis fremder Verhaltensweisen und Wertvorstellungen öffnet sich ein Weg zu einer durchaus möglichen konfliktlosen Kommunikation mit den Trägern „fremder" Verhaltensmuster (vgl. *König* 1972). Solche Träger von „fremden" Verhaltensmustern und einer „fremden" Symbolik sind die obdachlosen Nichtseßhaften, deren „Kultur der Armut" in ihrem Wandel, aber auch in ihrer Stabilität hier zu skizzieren versucht wurde.

Literaturverzeichnis

Dieter Aderhold, Nichtseßhaftigkeit, Stuttgart 1970.

Ders., Ursachen der Nichtseßhaftigkeit, in: *Alfred Bellebaum* und *Hans Braun* (Hrsg.), Reader Soziale Probleme, I. Empirische Befunde, Frankfurt 1974.

Herbert Blumer, Der methodologische Standort des symbolischen Interaktionismus, in: *Arbeitsgruppe Bielefelder Soziologen* (Hrsg.), Alltagswissen, Interaktion und gesellschaftliche Wirklichkeit, Reinbek 1973, S. 80 ff.

Roland Girtler, Kulturanthropologie – Entwicklungslinien, Paradigmata, Methoden, München 1979.

Ders., Vagabunden in der Großstadt – Teilnehmende Beobachtung in der Lebenswelt der Sandler Wiens, Stuttgart 1980.

Emil Kläger, Durch die Wiener Quartiere des Elends und Verbrechens – Ein Wanderbuch aus dem Jenseits, Wien 1908.
René König, Vorwort, in: *René König* und *Axel Schmalfuß* (Hrsg.), Kulturanthropologie, Düsseldorf 1972.
Robert S. Lynd und *Helen M. Lynd*, Middletown. A Study in Contemporary American Culture, New York 1929.
Dies., Middletown in Transition. New York 1935.
Bronislaw Malinowski, Myth in Primitive Psychology, New York 1926.
Karl Mannheim, Ideologie und Utopie, Bonn 1929.
Robert E. Park, Human Communities, Chicago 1952.
Georg Simmel, Soziologie, München 1958 (1. Auflage 1908).
Edward B. Tylor, Primitive Culture, New York 1871.
Max Winter, Im dunkelsten Wien, Wien 1904.
Ders., Im unterirdischen Wien, Großstadtdokumente, Band 13, Berlin 1905.
William F. Whyte, Street Corner Society, Chicago 1943.

SPIEL UND SOZIALE KONTROLLE

Prolegomena zu einer Soziologie des Spiels

Von Heine von Alemann

I. Vorbemerkung

Im folgenden sollen einige Skizzen zu einer Soziologie des Spiels vorgelegt werden. Das Studium von Spielen scheint für Soziologen interessant zu sein, weil hier relativ einfache und überschaubare normativ geregelte soziale Prozesse untersucht werden können. Spiele stellen Handlungssysteme dar, an denen insbesondere das Problem der Geltung von sozialen Normen und das Problem der sozialen Kontrolle untersucht werden kann. Um zu vermeiden, daß bei einer Soziologie der Spiele nur an Kinderspiele gedacht wird, ist ein Hinweis auf Planspiele und die mathematische Theorie der Spiele angebracht.

Setzt man Kinderspiele und die durch die Spieltheorie definierten strategischen Entscheidungssituationen antithetisch gegeneinander, so wird deutlich, daß man zwei extrem verschiedene Typen von Spielen auseinanderhalten muß[1]. Beim Kinderspiel dominiert das Element des Zweckfreien, bei den von der Spieltheorie definierten Spielen dominiert Regelhaftigkeit, die Ausrechenbarkeit der Situation trotz aller verbleibenden Zufallselemente usw. Zwei vollständig voneinander verschiedene Spieltypen scheinen hier gegeben zu sein, der eine gewissermaßen kultursoziologisch gemütlich und ziemlich altertümlich; der andere Spieltyp hat jedoch eine gänzlich andere Erscheinungsform: hier werden Spiele rational, fortschrittlich und strategisch einsetzbar. Es wird ein Modell von komplexen Wettbewerbs- und Entscheidungssituationen entworfen, das kalkülisierbar ist und nur durch moderne Datenverarbeitung in allen Konsequenzen „durchgespielt" werden kann. Im Schachspiel kann man noch beides beobachten: Da wird es einerseits als „königliches Spiel" am Mahagonibrett ohne großen Aufwand im Wohnzimmer zum Zeitvertreib betrieben und dient an anderer Stelle den Programmierern von Großrechenanlagen dazu, die Leistungsfähigkeit der Rechner und der Programme zu demonstrieren. So verliert das Spiel seinen zweckabgehobenen und spontanen Charakter und wird technologisch brauchbar und instrumentalisiert. Dieser Doppelcharakter des Spiels ist zu beachten, wenn im folgenden einige Notizen zur Soziologie des Spiels entwickelt werden.

II. Kleiner Streifzug durch die Literatur

Sucht man nun in der soziologischen Literatur nach Arbeiten, die explizit das Spiel thematisieren, so ist eine fast vollständige Fehlanzeige zu vermelden[2]. Einen einzigen Titel konnte ich bisher ausmachen, in dem Soziologie und Spiel miteinander direkt verknüpft sind: eine Broschüre von *Karl Fuxloch* aus dem Jahre 1930 mit dem Titel: Das Soziologische im Spiel des Kindes. Die folgende Literaturübersicht enthält daher keine eigene Rubrik zur Soziologie des Spiels.

1. Analytische Philosophie: von Kant zu Wittgenstein. Philosophische Untersuchungen zum Spiel können hier nur angedeutet werden. Bemerkungen zum Spiel finden sich nach *Ingeborg Heidemann* bei *Kant* vor allem in der „Kritik der Urteilskraft" und in einem nachgelassenen Manuskript „Reflexionen zur Anthropologie". Spiel wird bestimmt als eine Beschäftigung, die aus dem Unterschied zur Arbeit definiert wird und die in sich selbst angenehm ist *(Heidemann* 1968, S. 140). „Spiel ist Aktivität, in seiner Emotion belebend, in seinem Selbstzweck Distanz zum Gegenständlichen. Dem Leben als solchem verbunden und seinem Prinzip entsprechend, fördern die Spiele indirekt die Zwecke der Vernunft, weil sie die Zwecke des Lebens fördern. ... Und sie bewirken Gemeinschaft, da der Mensch in den Spielen verwiesen ist auf den Mitspieler und auf den Zuschauer" *(Heidemann,* S. 141). In den nachgelassenen Manuskripten *Kants* findet sich eine vierfache Bestimmung des Spiels: Spiel als Handlung, Spiel als Form des Sinnlichen, Spiel als Gefolge und Spiel als Anordnung *(Heidemann,* S. 157). Besonders in den beiden Kennzeichnungen von Spiel als Handlung und Spiel als Anordnung erfolgt die Unterscheidung gegenüber Nichtspielen vor allem aus der Abwesenheit von direkten Zwecksetzungen. Im ersten Falle werden explizit Spiele und Geschäfte voneinander unterschieden: „Eine jede Handlung ist entweder ein Geschäft (was einen Zweck hat) oder ein Spiel (was zur Unterhaltung dient, zwar eine Absicht hat, aber keinen Zweck). In dem letzteren hat die Handlung keinen Zweck, sondern sie ist selber der Bewegungsgrund" (zitiert bei *Heidemann,* S. 157 f.).
Macht man nun einen großen Sprung in das zwanzigste Jahrhundert, so wird die Spielthematik dort vor allem von *Ludwig Wittgenstein* wieder aufgenommen, insbesondere in den „Philosophischen Untersuchungen" (1971). Allerdings geht *Wittgenstein* hier nicht so sehr die Form insgesamt an, sondern er ist vor allem an den Regeln interessiert. Die Sprache selbst, durch die hindurch wir die Welt sehen, wird für *Wittgenstein* zum „Sprachspiel" (Bemerkung 23), weil diese Sprache Regeln aufweist, die absichtslos gelernt werden. „Das Spiel soll doch durch die Regeln bestimmt sein" (Bemerkung 567), formuliert *Wittgenstein,* aber er formuliert auch: „Einer Regel folgen, das ist analog dem: einen Befehl befolgen" (Bemerkung 206). Damit ist also innerhalb des Spiels, einem, das einmal angefangen wurde, ein gewisser zwanghafter Charakter hervorgehoben: Die freiwillig angenommenen Regeln werden innerhalb des Spiels zur bindenden Verpflichtung.
Diese wenigen Bemerkungen sollen hier genügen. Sie machen noch kaum deutlich, daß *Wittgenstein* in den „Philosophischen Untersuchungen" immer wieder das Phänomen des Spiels einzukreisen versucht. Daraus wird in der Mitte des 20sten Jahrhunderts ein neues und breites Interesse von Philosophen am Spiel deutlich. So formuliert *Heidemann:* „Nicht die nachweisbare Eignung der Spiele für die Bewältigung des Daseins oder die Gleichgültigkeit alles menschlichen Spielens und mit ihm der Last und Sorge des Lebens vor der Idee eines Unendlichen bestimmen das Interesse am Spiel, sondern das Spiel als Problem und Modell der Erkenntnis und als die Repräsentation des Zeitlichen seiner formalen Struktur nach ..." *(Heidemann,* S. 142).

2. *Sozialphilosophie und Ästhetik: Schiller und Huizinga.* In den Abhandlungen *Friedrich Schillers* „Über die ästhetische Erziehung des Menschen" wird das Spiel an eine zentrale Stelle gerückt. Das Schlüsselzitat lautet: „Der Mensch spielt nur, wo er in voller Bedeutung des Worts Mensch ist, und er ist nur da ganz Mensch, wo er spielt" (Insel-Schiller, Bd. 4, S. 238). Auch hier kann nicht im einzelnen nachgezeichnet werden, wie Spiel mit *Schillers* ästhetischem Zentralproblem verbunden wird, nämlich der Erziehung zu Schönheit. Von ihm wird Spiel übrigens nicht der Arbeit entgegengestellt, sondern dem Sinnlichen. Der Spieltrieb wird verbunden mit einem Formtrieb. Der Spieltrieb laut *Schiller* „wird das Gemüt zugleich moralisch und physisch nötigen; er wird also, weil er alle Zufälligkeit aufhebt, auch alle Nötigung aufheben und den Menschen sowohl physisch als moralisch in Freiheit setzen" (S. 233). Damit gewinnen aber Spiel und Spieltrieb bei *Schiller* auch in bezug auf Freiheit einen bedeutenden Stellenwert.

Eine der wichtigsten Untersuchungen über die Bedeutung des Spiels stammt von *Johan Huizinga.* Er entwickelt aus seinen Untersuchungen zum Spiel eine systematische Kultursoziologie: „Kultur beginnt nicht *als* Spiel und nicht *aus* Spiel, vielmehr *in* Spiel. Die antithetische und agonistische Grundlage der Kultur ist im Spiel gegeben, das älter und ursprünglicher ist als alle Kultur." „Die Kultur wird nach und nach ernsthaft und räumt dem Spiel nur noch eine Nebenrolle ein" *(Huizinga,* S. 78). *Huizinga* betont das Nicht-Ernste am Spiel. Er definiert schließlich wie folgt: „Spiel ist eine freiwillige Handlung oder Beschäftigung, die innerhalb gewisser festgesetzter Grenzen von Zeit und Raum nach freiwillig angenommenen, aber unbedingt bindenden Regeln verrichtet wird, ihr Ziel in sich selber hat und begleitet wird von einem Gefühl der Spannung und Freude und einem Bewußtsein des ‚andersseins' als das ‚gewöhnliche Leben'" (S. 34). Bei *Huizinga* bekommt das Spiel also eine umfassende kultursoziologische Bedeutung, es wird durch den „homo ludens" an eine wichtige Stelle für die gesellschaftliche Evolution gerückt[3].

3. *Piaget und Caillois.* Der Schweizer Psychologe und Pädagoge *Jean Piaget* gibt in seinem Buch „Das moralische Urteil beim Kinde" eine der detailliertesten Beschreibungen eines Kinderspiels, die in der Literatur zu finden ist. Untersucht wird das Murmelspiel von schweizerischen Knaben im Alter zwischen sechs und etwa vierzehn Jahren. Es werden genauestens die Regeln des Spiels beschrieben und der Entwicklungsprozeß, den die Jungen selbst durchmachen beim allmählichen Erlernen der Regeln bis zu ihrer schöpferischen Auslegung. *Piaget* entdeckt im Murmelspiel der Kinder bereits Vorstellungen vom Wesen der Zusammenarbeit und von juristisch-moralischen Normen. Wie ist es möglich – so fragt er –, daß die Demokratie im Murmelspiel 11- bis 13jähriger Knaben so fortgeschritten ist, während sie den Erwachsenen auf vielen Gebieten noch so wenig vertraut ist? *(Piaget* 1973, S. 79.) An anderer Stelle sagt *Piaget* aber selbst, daß er keine Soziologie des Murmelspiels geschrieben habe, daß also die Verbreitung und Entwicklung des Spiels nicht untersucht wurde. Was er im Murmelspiel der schweizerischen Knaben findet, entspricht auffällig den Werten der schweizerischen Basisdemokratie. Da wäre es interessant, das gleiche Spiel in anderen Kulturen mit einem ganz anderen politischen System zu untersuchen. *Piaget* interessiert sich für das Spiel bei Kindern hauptsächlich unter der Fragestellung, wie sich Regelbewußtsein entwickelt und wie die Regeln eines bestimmten Spiels schließlich selbständig angewendet werden.

Eine mehr morphologisch-typologische Untersuchung über die Spiele hat *Roger Caillois* vorgelegt. Er unterscheidet vier Formen des Spiels, die er mit Bezeichnungen aus der griechischen Mythologie belehnt. Er berücksichtigt damit eine Beobachtung, die immer wieder gemacht wird, daß es nämlich eine außerordentlich große Vielfalt von Spielen gibt, die sich zudem von Ort zu Ort und im Zeitablauf ständig verändern. *Caillois* unterscheidet Wettkampfspiele (Agôn), Glücksspiele (Alea), Rollenspiele (Mimikry) und ekstatische Spiele (Ilinx) sowie zwei unterschiedliche Formen des freien gelösten Spiels, nämlich das Kinderspiel (paidia) und das Gesellschaftsspiel (ludus). „Im *Agôn* verläßt sich der Spieler nur auf sich selbst, und er strengt alle Kräfte an, um sein Bestes zu geben; im *Alea* verläßt er sich auf alles, nur nicht auf sich selbst, und er unterwirft sich Mächten, die er nie kontrollieren kann; im *Mimikry* stellt er sich vor, daß er ein anderer in Wirklichkeit ist und erfindet sich ein fiktives Universum; *Ilinx,* die vierte Grundtendenz, ist eine Reaktion auf das Bedürfnis, Stabilität und Gleichgewicht des Körpers vorübergehend gestört zu fühlen, der Tyrannei der Wahrnehmung zu entfliehen und das Bewußtsein zu betäuben" *(Caillois,* in: *Lüschen/Weis* 1976, S. 51). Insgesamt werden die Spiele unter der Tendenz zum Spannungsabbau betrachtet, ihre psychische Funktion für die Person steht im Mittelpunkt.

4. *Mead: Play, the Game, and the Generalized Other.* Diese psychologisierende Tendenz ist auch bei *George Herbert Mead* deutlich. Er führt den Spielbegriff (ähnlich wie *Piaget,* nur im Grunde weniger soziologisch) an einer zentralen Stelle seines Werkes ein (und zwar in seinen beiden Konnotationen von game und play) und weist ihm eine zentrale Rolle bei der Personwerdung zu. Das kann hier nicht im Detail ausgeführt werden. In einem frühen Aufsatz aus dem Jahre 1896 weist *Mead* dem Spiel einerseits eine wichtige Funktion zu, grenzt das Spiel aber zugleich als Sonderbereich des Verhaltens aus, das vor allem durch Spontaneität gekennzeichnet ist. *Mead* formuliert dort lapidar: „Es gibt drei Arten der menschlichen Tätigkeit: Arbeit, Kunst und Spiel" *(Mead* 1980, S. 419).

5. *Das Spiel der Tiere: Verhaltensforschung.* Empirische Untersuchungen zum Spiel gibt es auf einer Reihe von Gebieten – allerdings wurden sie bisher nicht von Soziologen durchgeführt. Über die „Spiele der Tiere" liegt in deutscher Sprache bereits ein Buch aus dem Jahre 1886 vor – von *Karl Groos* –, das erheblichen Einfluß ausgeübt hat. Die jüngere Verhaltensforschung hat verschiedentlich über die spielerischen Elemente im Verhalten von Tieren berichtet.

6. *Das Spiel der Kinder: Psychologie und Pädagogik.* Über die Untersuchungen von *Piaget* hinaus hat sich eine Reihe von Psychologen und Pädagogen mit den Spielen der Kinder beschäftigt. Zu nennen ist hier insbesondere *Hildegard Hetzer,* die verschiedene Untersuchungen vorgelegt hat. Im Zusammenhang mit dem neuerdings entwickelten Rollenspiel hat sich eine breite Spielpädagogik entwickelt, die sich neben diesen psychologischen Quellen auch aus einer älteren pädagogischen Tradition speist. Hier sind in Deutschland vor allem *Andreas Flitner* und *Hans Scheuerl* tätig gewesen.

7. *Die Spiele der Völker: Kulturanthropologische Forschungen.* Daneben gibt es eine Vielzahl von Untersuchungen über die Spiele der Naturvölker. Diese sind jedoch vielfach sehr deskriptiv angelegt und mehrheitlich von einem eher volkskundlichen Ansatz getragen. Her-

ausragende Forschungsarbeiten hat hier vor allem *Brian Sutton-Smith* geleistet, der in Deutschland durch seine zusammenfassende Studie zur „Dialektik des Spiels" bekannt geworden ist (*Sutton-Smith* 1978). Er ist ein universaler Kenner von Spielen aller Art.

8. Spiele und die Naturwissenschaften: Zufall und Notwendigkeit. Der Genetiker *Manfred Eigen* hat ein Buch veröffentlicht, das programmatisch den Titel „Das Spiel" trägt. Hier wird der Spielbegriff übertragen auf Abläufe in der Natur. Es wird ganz grundlegend formuliert: „Das Spiel ist ein Naturphänomen, das von Anbeginn den Lauf der Welt gelenkt hat: die Gestaltung der Materie, ihre Organisation zu lebenden Strukturen wie auch das soziale Verhalten der Menschen" (*Eigen* und *Winkler* 1975, S. 17). Als Elemente des Spiels werden Zufall und Regeln bestimmt (S. 18). Das Spiel setzt sich durch die Regeln von der Außenwelt ab (ebd.). Zusammenfassend wird formuliert: „Im Glücksspiel, im strategischen Spiel wie auch in der Kombination dieser beiden Kategorien ist die „historische" Einzigartigkeit jedes Spielverlaufs durch die Vielzahl gleichwertiger Entscheidungsmöglichkeiten garantiert. Die kontinuierliche Abfolge der Spielzüge bedingt komplizierte Verzweigungen im Entscheidungsbaum. Die Zufälligkeit der Wahl der Route hat ihre Ursache in der Unbestimmtheit eines Würfelentscheids sowie in der wechselseitigen Unkenntnis der vom Partner gewählten Strategie. Die Spieltheorie legt die Kriterien der Optimalstrategie in Anpassung auf die jeweilige Spielsituation fest. Solche Kriterien gelten gleichermaßen für Probleme der Wirtschaft und Politik" (S. 21).

9. Die mathematische Theorie der Spiele und ihre Anwendungen. Damit sind wir zugleich bei der sogenannten modernen Spieltheorie angelangt, die erstmals 1928 durch *John von Neumann* formuliert wurde und ihre mathematische Grundlegung später in dem Buch von *Oskar Morgenstern* und *John von Neumann* „Theory of Games and Economic Behavior" fand (zuerst 1944). Diese Theorie ist außerordentlich einflußreich geworden, sie hat zur Grundlegung der mikroökonomischen Theorie beigetragen und ist heute in der allgemeinen Entscheidungstheorie aufgegangen.
Anatol Rapaport formuliert sehr griffig die Grundannahmen der Spieltheorie: „Ein Spiel – wie die Spieltheorie es definiert – ist eine genaue Folge von Schritten, in denen einer oder der andere der Spieler aus einer genau definierten Menge von Alternativen eine einzige auswählen muß. Die Auswahlmöglichkeiten und die Zuordnung der Wahlreihenfolge sind in den Spielregeln festgelegt. Diese Regeln bestimmen außerdem eine Reihe von Ergebnissen, bei deren Eintreten das Spiel als beendet gilt. Jedes Ergebnis ist verbunden mit einem Gewinn, d. h. einem numerischen „Wert" (positiver oder negativer Art) für jeden Spieler" (*Rapaport* 1969, S. 1096). „Schließlich wird angenommen, daß jeder Spieler danach strebt, seinen Gewinn zu maximieren und daß er während des Spiels über die Informationen verfügt, welche die Spielregeln erlauben. Alle diese Annahmen können folgendermaßen zusammengefaßt werden: 1. eindeutige Regeln; 2. Existenz numerischer Gewinne; 3. rationales Verhalten der Spieler" (S. 1097). Ihre außerordentliche Stärke bezieht die Spieltheorie daraus, daß sie aufgrund der gegebenen Spielregeln und der Existenz der numerischen Gewinne eine sogenannte Auszahlungsmatrix festlegen kann, aus der sich die maximalen Verluste und die minimalen Gewinne für jeden einzelnen Spielteilnehmer errechnen lassen. Ihre Dynamik erhält die Spieltheorie aber dadurch, daß sich hier definieren läßt, was die sogenannte „Strategie"

eines Spielers ausmacht. „Eine Strategie eines Spielers für ein bestimmtes Spiel ist ein vollständiger Verhaltensplan, der für jede mögliche Situation, in die der Spieler im Verlaufe einer Partie des Spiels gelangen kann, das Verhalten des Spielers, d.h. die in dieser Situation zu treffende Entscheidung festlegt" (*Ewald Burger* 1959, S. 10).
Die Spieltheorie ist, wie angedeutet, inzwischen außerordentlich komplex geworden und kann an dieser Stelle deshalb nur in einer allerersten Annäherung gekennzeichnet werden durch einige ihrer Grundprinzipien. Es werden insbesondere in der Theorie die Eigenschaften von Zwei-Personen-Spielen gegenüber den immer komplexer zu behandelnden n-Personen-Spielen untersucht und bei den Zwei-Personen-Spielen eindeutig bestimmte Spiele von nicht eindeutig bestimmten Spielen unterschieden. Außerdem wichtig ist die Unterscheidung von Nullsummen- und Nichtnullsummenspielern, wobei bei den ersteren die bei Spielende auszuzahlenden Gewinne oder Verluste sich ausgleichen, also der Gewinn des einen Spielteilnehmers den Verlust des anderen ausmacht, während bei Nichtnullsummenspielen „echte" Gewinne oder Verluste auftreten können.

10. Strategiespiele des Militärs und des Managements. Militärische Planspiele sind zunächst unabhängig und früher als die Spieltheorie entstanden. Sie entwickelten sich aus dem Bedürfnis nach vorausschauender Planung in komplexen Situationen und wendeten Elemente der Simulation an. Militärmanöver setzen in Friedenszeiten derartige Planspiele immer voraus. Sie haben einige Eigenschaften mit der Spieltheorie gemeinsam, sind aber nicht mit dieser identisch. Auch die neuerdings vielfältig angewendeten Planspiele des Managements, die an oligopolistischen Märkten angewendet werden, sind sicherlich nur zum Teil durch die mathematische Spieltheorie beeinflußt worden und werden in ihrer faktischen Ausprägung wohl eher den Planspielen des Militärs vergleichbar sein als den mathematischen Entscheidungsmodellen der Spieltheoretiker.

11. Rollenspiel. Aus der soziologischen Rollentheorie, soziometrischen Ansätzen und psychologischen Therapievorstellungen hat sich neuerdings eine insbesondere bei Pädagogen verbreitete Rollenspielbewegung herausgebildet, in der sogenannte Rollenspiele, also die spielerische Übernahme von Situationen, systematisch erprobt und zu therapeutischen Zwecken sowie zur Erreichung von Lernzielen eingesetzt werden[4]. Hier entwickelt sich möglicherweise so etwas wie eine sozialtechnologische Verwendung des Rollenspiels. (Als Beispiel vgl. *Josef Broich* 1980.)

12. Die Schauspiele der Hochkulturen: Theater, Konzert und Sport. Der Überblick über die Theorieansätze wäre nicht vollständig, wenn nicht wenigstens noch auf das spielerische Element im Sport hingewiesen würde. Hier ist inzwischen eine eigene Sportsoziologie tätig geworden, die den grundlegenden Spielbegriff des Sports verschiedentlich aufgearbeitet hat (vgl. zusammenfassend *Lüschen* und *Sage* 1981, *Röhrs* 1981, aber auch *Helmuth Plessner* 1966). Es gibt dazu inzwischen eine breite empirische Forschung (z. B. *Klaus Cachey* 1978, *Günther Lüschen* 1966). In diesem Zusammenhang kann aber auch auf das Theaterspielen und auf die Musik hingewiesen werden, wo ganz ähnlich wie beim Schau-Sport eine Ritualisierung des Spiels stattfindet.

III. Elemente zu einer Soziologie des Spiels

Dieser Überblick über Theorieansätze strebt keine Vollständigkeit an, er zeigt aber bereits, daß eine breite Menge von Disziplinen sich bisher mit dem Phänomen „Spiel" beschäftigt hat. Insbesondere sollte gezeigt werden, daß eine Beschäftigung mit dem Phänomen Spiel nicht auf die sogenannten weichen Wissenschaften beschränkt ist, sondern inzwischen auch auf die „harten" Naturwissenschaften übergegriffen hat[5]. Die Soziologie hat aber bisher zu einer Theorie des Spiels nur wenig beigetragen.
Es ist vermutlich problematisch, bei der Vielzahl von möglichen Spielformen, wie sie im vorgehenden sichtbar werden sollten, eine einheitliche Soziologie des Spiels entwickeln zu wollen. Die folgenden Bemerkungen können daher nur einen Idealtyp des Spiels entwerfen. Damit heben sie die von *Caillois* unterschiedenen Spieltypen zunächst wieder auf. Damit soll das Ziel erreicht werden, eine Art von soziologischer Gegenstandsbestimmung zu versuchen. In einem zweiten Schritt müßten dann erneut Differenzierungen nach Spieltypen vorgenommen werden. Es sollen die folgenden sechs Elemente von Spielen kurz charakterisiert werden: 1. die Regeln, 2. die Spieler, 3. die Spielzüge im Spiel, 4. der Einsatz im Spiel, 5. der Ausgang des Spiels und 6. die Regelauslegung des Spiels. Schließlich soll kurz auf Integration und Anomie im Spiel eingegangen sowie ein methodisches Problem einer Empirie des Spiels behandelt werden.

1. Regeln und Regelerfinder. Wie beim Überblick über die Literatur immer wieder deutlich geworden ist, bilden die Regeln das wichtigste Element der Spiele. Ohne Regeln keine Spiele. Soziologisch interessant ist nun, wie sich Regeln im Spiel von sozialen Normen unterscheiden, die in anderen Verhaltensbereichen das Verhalten steuern. Regeln sind prinzipiell explizite Normen, ihnen fehlt grundsätzlich die Ambivalenz, die sozialen Normen in anderen Bereichen eigen ist. Die Spielregeln müssen auch nicht notwendig auf akzeptierte Werte zurückgeführt werden können: sie gelten kraft Akzeptierung durch die Teilnehmer am Spiel. Diese Befreiung von Werten und auch von sozialen Normen macht Spiele außerordentlich flexibel. Solange nämlich die Regeln des Spiels gelten, also während des Spielverlaufs, können andere soziale Normen außer Kraft treten. So kommt es beispielsweise, daß Vorgesetzter und Untergebener gleichberechtigt Schach spielen können und zeitlich begrenzt die Anordnungsbefugnis außer Kraft gesetzt wird.
Wenn gesagt wurde, daß Regeln explizite Normen sind, dann schließt dies jedoch nicht ein, daß alle Mitspieler immer auch alle Regeln kennen müssen. Die Mitspieler müssen nur anerkennen, daß sie sich in einem explizierbaren Spiel befinden; sie akzeptieren damit die Autorität derjenigen, die die Regeln kennen oder zu kennen vorgeben. Regeln können natürlich auch weiterentwickelt werden. Dies ist jedoch während eines Spiels grundsätzlich ausgeschlossen. Ist die Vereinbarung über das Spiel abgeschlossen, so dürfen die Regeln im Spiel nicht mehr verändert werden. Der Regelerfinder bleibt damit grundsätzlich außerhalb der Spielsituation. Für die Spieler selbst wird er zu einer anonymen Figur. Ein Regelerfinder besitzt damit immer nur eine indirekte Macht: die Macht nämlich, ein Spiel zu erfinden und dessen Regeln zu kodifizieren, nach denen sich dann womöglich jahrzehntelang die Menschen richten.

2. *Spieler und Zuschauer.* Daß zu einem Spiel auch Spieler gehören, mag zunächst einmal als eine triviale Voraussetzung erscheinen. An einem Spiel nimmt man jedoch nur teil aufgrund eines Selbstselektionsprozesses. Dieser Prozeß sorgt für die Spontaneität des Spiels. Erzwungene Spiele scheinen außerordentlich selten zu sein. Der Selbstselektionsprozeß erleichtert die Selbstverpflichtung auf die Regeln (das commitment). Die Teilnahme am Spiel schließt damit eine grundsätzliche Bereitschaft zur Regelakzeptanz ein. Dies unterscheidet Spiele von vielen anderen Handlungszusammenhängen.
Viele Spiele finden zugleich vor Zuschauern statt. Wie der Regelerfinder, so bleiben jedoch die Zuschauer dem Spiel grundsätzlich äußerlich, sie sind für den Spielablauf prinzipiell irrelevant.

3. *Spielzüge und Strategie.* Die Regeln des Spiels definieren für jeden Spieler die legitimen Spielzüge im Spiel. Spiele sind dadurch gekennzeichnet, daß manche auch möglichen Spielzüge verboten sind. Spielregeln sind somit Handlungsanweisungen an die Spieler über die erlaubten und die verbotenen Handlungen während des Spiels. Es ergibt sich eine Art von Abgrenzungsproblem: Erlaubte Spielzüge werden von den verbotenen abgegrenzt. So werden im Schach detailliert die Zugmöglichkeiten der einzelnen Figuren festgelegt, im Fußball wird prinzipiell nur der Fußkontakt zum Ball erlaubt (und insbesondere das Handspiel verboten). Auf der Basis der Regeln und der erlaubten Spielzüge kann jeder einzelne Spieler (oder bei kooperativen Spielen: die Mannschaft) eine Spielstrategie entwickeln. Wie oben für die Spieltheorie beschrieben, legt eine solche Strategie einen Verhaltensplan fest.

4. *Einsatz und Risiko: Zeit, Geld und Leistung.* Jedes Spiel erfordert von den Spielteilnehmern einen gewissen „Einsatz". Dieser Einsatz kann in Geld geleistet werden, wie bei den meisten Glücksspielen, er kann aber auch in einer körperlichen Leistung bestehen, wie vor allem beim Sport. Der minimale Einsatz, der in Spielen geleistet werden muß, ist Zeit. Dieser Einsatz wird vor allem bei den sogenannten „Gesellschaftsspielen" fällig. *Adolf Portmann* (1975) ist aufgrund dieser Beobachtung dazu gekommen, Spiele als „gestaltete Zeit" zu bezeichnen. Der Einsatz bei Gesellschaftsspielen besteht also vor allem darin, daß man seine Zeit in der Gesellschaft von anderen Menschen verbringt. Neben einer körperlichen Leistung kann aber auch eine geistige oder intellektuelle Leistung in das Spiel eingebracht werden. Bei einem Schachspiel kommen somit eine erhebliche Zeit und intellektuelle Leistung zum Einsatz; beim „Mensch-ärgere-dich-nicht" kommt fast ausschließlich eine bestimmte Zeitdauer zum Einsatz; bei einem Glücksspiel wie Lotto kommt fast ausschließlich eine gewisse Geldmenge zum Einsatz. Die Ungewißheit darüber, ob man im Spielverlauf ein Äquivalent für die Leistung zurückerhält, bestimmt die Höhe des Risikos, die man im Spiel eingeht. Ein Spiel ist dabei immer dadurch gekennzeichnet, daß der Einsatz erbracht werden muß, bevor die Gegenleistung erfolgt. Damit ist mit einem Spiel immer ein Risiko verbunden; Spiele können nicht versichert werden.

5. *Gewinn und Verlust, Anfang und Ende.* Spiele sind weiterhin dadurch gekennzeichnet, daß sie einen Anfang und ein Ende haben. Auch dadurch unterscheiden sie sich von anderen Handlungssystemen. Der Beginn des Spiels wird durch Einigung auf die Regeln und durch Einlegung des Einsatzes markiert. Das Ende des Spiels wird dadurch festgelegt, daß Gewinn

und Verlust (oder Sieg und Niederlage) festgestellt werden. Spiele gewinnen damit eine binäre Qualität. Zwar ist vielfach auch ein Unentschieden definiert, aber eine unentschiedene Partie verlangt nach einer Fortsetzung, in der erneut ein Gewinn oder Verlust festgestellt werden kann. Vielfach sind Einzelspiele in Spielsysteme eingebettet, so daß Gewinn und/oder Verlust erst nach einer Abfolge von Spielen festgestellt werden kann. Wurde der Einsatz im Spiel durch Geld oder durch geldwerte Leistung erbracht, dann kommt bei Gewinn oder Verlust ebenfalls eine derartige Leistung zur Auszahlung. Spiele erbringen somit ein Ergebnis, das als Gewinn oder Verlust festgestellt werden kann und das häufig auch feste Auszahlungen vorsieht. Das macht den Einsatz beim Spiel kalkulierbar, und hierdurch wird das Risiko des Spielausgangs begrenzt.

6. *Regelauslegung und Spieldynamik.* Nicht immer ist damit zu rechnen, daß alle Spieler gleichermaßen in der Regelkenntnis bewandert sind, nicht immer ist auch garantiert, daß Spieler im Verlauf des Spiels nach den gleichen Regeln zu spielen gewillt sind. Ist der Einsatz im Spielverlauf in Gefahr, dann haben diejenigen Spieler, denen Verlust droht, sehr häufig die Tendenz, die Spielregeln zu ihren Gunsten abzuändern. In vielen Spielen sind daher besondere Rollen definiert worden, denen eine Regelüberwachung übertragen wird. Die Schiedsrichter im Sport sind ein besonders gutes Beispiel. Der Schiedsrichter begrenzt so die Spieldynamik auf eine Weise, daß die Regeln des Spiels selbst nicht in diese Dynamik aufgenommen werden.

Ist kein Schiedsrichter definiert, dann bleibt es den Selbstregulierungstendenzen der Mitspieler überlassen, zu einer Übereinkunft über die Regeln zu gelangen. Ein Streit um die Regeln des Spiels ist daher bei vielen Kinderspielen an der Tagesordnung. Ist eine Übereinkunft über die Spielregeln nicht möglich, dann löst sich das Spiel von selbst auf, das Regelgefüge zerbricht, es kommt dann nicht mehr zur „Auszahlung", d.h. zur Feststellung von Gewinn und Verlust. Spiele dieser Art bilden also eine besonders gute Gelegenheit, Anomie zu studieren. Eine solche anomische Situation führt in der Regel zu Spannungen und Aggression. Nicht-Übereinstimmung über Regeln, wenn zunächst ein Spiel nach Regeln intendiert war, markiert eine Situation der Frustration. Daher ist der Verlierer eines Spiels, das nach den Regeln gewissermaßen „ordnungsgemäß" zu Ende gespielt worden ist, meist viel weniger frustriert und in der Folge aggressiv, als es der wirre Haufe derjenigen ist, die sich nicht auf Spielregeln einigen konnten. Das Spiel integriert somit auch den Verlierer und weist ihm eine akzeptable Rolle zu.

Spiele stellen somit dynamische Handlungssysteme dar, die durch ihre Regeln und die Höhe der Einsätze der Spieler sowie durch die definierten Spielzüge in ihrer Komplexität eingegrenzt sind. Diese Regelungsmechanismen dürfen nun nicht zu rigide definiert sein, weil sonst ein Spiel nach kurzer Zeit uninteressant sein würde. Das Regelsystem und die definierten Spielzüge müssen den Spielern so viele Variationsmöglichkeiten liefern, daß sich auch vielfach gespielte Spiele nicht wiederholen.

7. *Empirie des Spiels.* Bei einer Empirie des Spiels ist zu beachten, daß die allein von außen vorgenommene Beobachtung des Spielverlaufs ohne vorhergehende Kenntnisse der Regeln und der definierten Spielzüge meist nur sehr begrenzte Aufschlüsse über den Charakter des Spiels liefern kann. Nicht immer kann angenommen werden, daß der externe Beobachter

überhaupt die Regeln des Spiels erkennen wird, er mithin den „Sinn“ des Spiels erfassen kann. Zwar wird es dem externen oder dem Fremdbeobachter in der Regel möglich sein, das Ergebnis des Spiels festzustellen. Ob er aber allein aus der Fremdbeobachtung auch die Regeln des Spiels vollständig wird erschließen können, erscheint als fraglich. Bei empirischen Untersuchungen von Spielen muß sich der Forscher zunächst einmal über Informanden ein zumindest grundlegendes Verständnis über die Regeln des Spiels verschaffen, bevor er dann das Verhalten der Spieler im einzelnen zu untersuchen beginnt[6].

IV. Verstreute Probleme einer Soziologie des Spiels

1. Regeln, Normen, Werte. Im Spiel wird deutlich, wie in diesem Handlungssystem Normen und Werte auseinandertreten. Sind die Regeln (die Normen) eines Spiels einmal akzeptiert, dann ist zugleich auch ein bestimmtes Wertsystem übernommen und der Ablauf des Spiels findet auf der Basis des in den Regeln geronnenen Wertekonsensus statt, so daß andere Wertbezüge während der Spielzeit beiseite gestellt werden von den Teilnehmern des Spiels. Das Spiel selbst findet dann faktisch in einem wertneutralen Raum statt. Die Festlegung der Normen und ihre Explizierung in einem Regelwerk ersetzt den Wertbezug und kann zugleich verdecken, daß die Einigung über die Regeln durchaus von unterschiedlichen Motivlagen her erfolgen konnte. Das Spiel findet in diesem Sinne in einem von Werten entlasteten Freiraum statt. Dies ist eine Chance und eine Gefahr für das Spiel zugleich.

Die Chance besteht zunächst darin, daß Menschen aus ganz verschiedenen Kulturen und aus verschiedenen Wertbezügen stammend zu einem gemeinsamen Spiel zusammenfinden können. Die besten Beispiele in dieser Hinsicht sind der Sport, insbesondere die Olympischen Spiele, und das Schachspiel. Die Spiele werden damit zwar noch nicht selbst wertefrei, aber der Wertebezug wird neutralisiert und die Infragestellung der Werte muß den Weg nehmen über die Veränderung des Regelwerks. Die Wertentlastung im Spiel kann somit Menschen aus verschiedenen Schichten, Kulturen und Nationen zum gemeinsamen Handeln zusammenbringen. Das Spiel stiftet eine soziale Gemeinsamkeit auf der Basis einer grundlegenden Gleichheit der Spielteilnehmer, die durch die Akzeptanz der für alle gleichermaßen gültigen Spielregeln vermittelt wird. Dies ist die vermittelnde Funktion des Spiels.

Die Gefahr durch das Spiel besteht darin, daß die wertneutrale Sphäre des Spiels entweder in einen Wertnihilismus führen kann oder zur Manipulation des Spiels einlädt. Wenn das Regelsystem eines Spiels auf Dauer nur um seiner selbst willen aufrecht erhalten bleibt, dann kann schließlich die Wertneutralität so weit getrieben werden, daß eine Wertbasis des Spiels überhaupt nicht mehr erkennbar wird. Es gerät in Vergessenheit, welche Motive und Bedürfnisse das Spiel ursprünglich haben entstehen lassen. Das Spiel wird nur noch wegen einer habitualisierten Geselligkeit aufrechterhalten. Sein Ablauf wird ritualisiert. Immer weniger Spieler (und auch Zuschauer) werden sich bereit finden, das Spiel zu spielen (oder ihm zuzuschauen) und über kurz oder lang wird es entweder ganz verschwinden oder nur noch von einer kleinen Restgruppe von Spielern gespielt.

Das Spiel kann aber auch einen Wertewandel erfahren, der entweder spontan eintritt wie der Wertewandel in vielen anderen gesellschaftlichen Bereichen. Der Wertewandel kann aber

auch manipulativ erzeugt werden, wenn zuvor eine Wertentleerung stattgefunden hat. Voraussetzung dazu ist, daß eine Interessengruppe vorhanden ist, die zunächst die Regeln eines bestimmten Spiels übernimmt, aber das Spiel auf einer neuen Wertebasis spielt. Wenn nun diese neue Wertebasis eine so starke motivierende Kraft besitzt, daß eine große Zahl von Spielern aktiviert und motiviert werden kann, dann wird die alte Wertebasis des Spiels allmählich verdrängt und die neue wird sich durchsetzen. Für eine längere Periode wird es damit zu einer Konkurrenz und gelegentlich auch zur Rivalität zwischen diesen beiden Wertbezügen kommen. Der wertneutrale Raum des Spielablaufs wird mithin eingegrenzt und die unterschiedlichen Wertbezüge werden bei jeder Diskussion über die Regeln und bei allen Aktivitäten sofort sichtbar, die nur mittelbar mit dem Spiel selbst verbunden sind.
Das klassische Beispiel für einen solchen Wertewandel, in dem auch Manipulation eine Rolle spielt, sind die Olympischen Spiele der Neuzeit. Sie wandelten sich von Wettkampfspielen zwischen einzelnen Athleten zum Wettkampf zwischen gesellschaftlichen Systemen. Diese Entwicklung ist inzwischen nahezu abgeschlossen. Sie führt dazu, daß sich nunmehr auch die Organisationssysteme einander angleichen müssen. Das Sportspiel wird zu einer Ressource für das nationale Prestige. Der Sportler kann sich nur noch innerhalb des „Kaders" bewegen. Der Trainer wird im Grunde wichtiger als der Sportler. Eine Vielzahl von derartigen Veränderungen ließe sich anführen. Daran wird deutlich, wie sich die wertmäßige Beziehung der „olympischen Idee" in einem Zeitraum von ungefähr 80 Jahren grundlegend verändert hat. Aus der spielerisch überhöhten Konkurrenzsituation einer gesellschaftlichen Elite ist ein erbitterter Wettkampf zwischen durch tiefe Gräben in den Weltanschauungen getrennte nationale Systeme geworden.

2. *Der Spielverderber.* Nicht nur das Kinderspiel kennt den Spielverderber. Doch außerhalb des Kinderspiels hat er „leichteres Spiel", hat er mehr Möglichkeiten, unertappt zu bleiben. Allerdings ist der Spielverderber zugleich eine Figur, die nur bei jenen Spielen vorkommt, deren Regeln entweder nicht explizit kodifiziert sind oder Leerstellen bzw. Ambivalenzen aufweisen. Im Schachspiel etwa sind die Regeln zu gut definiert, so daß im Spielverlauf kaum die Möglichkeit besteht, über Auslegung oder Manipulation der Spielregeln das Spiel zu verderben. Dennoch gibt es auch hier Möglichkeiten, das Spiel zu verderben: z. B. indem man ein Spiel vorzeitig und für alle unerwartet aufgibt. So war Robert Hübner für die Zuschauer und für Kortschnoj ein Spielverderber, als er das Kandidatenturnier um die Herausforderung des Schachweltmeisters im Frühjahr 1981 kurzerhand aufgab, nachdem er in eine kaum noch gewinnträchtige Situation geraten war. Er verdarb mit seiner Aufgabe Kortschnoj den „echten" Sieg und vor allem verdarb er den Zuschauern die Teilnahme an einigen Partien – ganz zu schweigen von seinem Manager, der von Schach selbst nichts verstand und seinen Schachmatador wie ein Zugpferd vor seine Interessen gespannt hatte.
Der Spielverderber macht sich unbeliebt; er stört den Ablauf des Spiels; er ist der „marginal man"; er markiert den „Schwarzen Peter", den man abschieben möchte. Dennoch ist er aus vielen Spielen kaum fortzudenken; manche Spiele werden gerade durch den „Spielverderber" wieder spannend und offen. Spielverderber zu sein wird in manchen Situationen zur sozialen Rolle. Nirgends ist dies ausgeprägter als im Spiel „Mensch, ärgere dich nicht!". Hier wird das „Spielverderben" geradezu zur zwingenden Vorschrift; das Spiel erprobt die Ab-

weichung und setzt diese Biestigkeit zur Regel des Spiels. Dies Beispiel zeigt zugleich, daß im Spiel nahezu „alles“ möglich wird, zumindest alles, was im Leben als soziales Verhalten möglich wird.

3. Zugzwang und Spielzwang. Im Verlaufe eines Spiels kann ein Spieler in Zugzwang geraten. Dies ist eine Situation, in der er faktisch nicht mehr über Entscheidungsalternativen gebieten kann, sondern in der der Gegenspieler (oder er selbst) ihm ganz bestimmte Spielzüge abverlangt. Er wird unfrei, gerade weil er sich auf die Spielregeln eingelassen hat. Der Spielverlauf läßt ihm keine Alternative mehr offen.
Ein Spieler wird es vermeiden, in eine solche Situation zu geraten. Er wird allerdings versuchen, den anderen, den Gegenspieler, in eine solche Situation zu bringen. Der Zugzwang ist eine bestimmte Situation im Spiel, nachdem man sich einmal freiwillig darauf eingelassen hat. Es ist demgegenüber ein auffälliges Phänomen, daß es geradezu widersinnig erscheint, vom Spielzwang zu sprechen. In der Regel werden Spiele nicht erzwungen. Die Teilnehmer einigen sich freiwillig darauf, ein bestimmtes Spiel zu beginnen. Zwar bedarf es gelegentlich einiger Überredungskunst, manche Teilnehmer zu Mitspielern zu machen, weil sie z. B. lieber ein anderes Spiel beginnen würden (in dem sie geschickter sind). Aber auch diese überredeten Mitspieler müssen vor Spielbeginn, wenn auch widerwillig, in den Konsens über Spielteilnahme und Regelübernahme einwilligen. Spiele werden mithin nicht erzwungen. Ein Diktator kann sie nicht anordnen.
Damit unterscheiden sich Spiele von vielen anderen sozialen Situationen. Es sind zwei Elemente, die man dabei unterscheiden sollte: die Selbstselektion und der Regelkonsens. Diese beiden Elemente zusammengenommen machen den besonderen Charakter des Spiels aus. Gemeinsam sorgen sie dafür, daß Spiele in der Mehrzahl der Fälle friedlich verlaufen. Selbstselektion und Regelkonsens vor jedem einzelnen Spiel sorgen mithin gemeinsam dafür, daß Spiele als befriedete Zone der Gesellschaft angesehen werden können[7].
Wenn allerdings Spiele als befriedete Zone bezeichnet werden, dann soll damit natürlich nicht geleugnet werden, daß im Spielverlauf selbst oft genug Streit und Zank ausbrechen können. Anlässe dazu gibt es genügend. Spiele schulen Konkurrenz und auch Rivalität. Dies sollte nicht übersehen werden[8].

4. Funktionen. Die starke Betonung der Regeln des Spiels, die die Normen des Spiels konstituieren, läßt den Wert des Spiels in den Hintergrund treten. In der Literatur wird daher vor allem der Eigenwert und die Zweckabgehobenheit des Spiels hervorgehoben. Das Spiel wird zum Selbstzweck. Wird es aber auch zwecklos und gar wertlos? Es ist bereits formuliert worden, daß Spiele ihre eigene Handlungsrationalität ausbilden und daß sie mithin auch ihren eigenen Wertekanon hervorbringen. Dies würde jedoch noch immer bedeuten, daß Spiele einen gewissen autarken Handlungsbereich konstituieren, der von der Lebenswelt (Alltagswelt) getrennt ist. Die Frage nach der Funktion von Spielen bleibt offen.
Diese Frage muß auch weiterhin offen bleiben. Zwar ist erkennbar, daß eine Instrumentalisierung des Spiels durchaus möglich ist – und Tendenzen hierzu finden sich in der Pädagogik (Rollenspiel) ebenso wie in der Ökonomik (spieltheoretische Entscheidungsmodelle) und der Militaristik (Planspiele) sowie der Futurologie (Szenarios) –, aber diese verzweckten Spiele umfassen nur relativ schmale Bandbreiten des Totalphänomens Spiel, zumindest bis

heute. In der Mehrzahl der Fälle sind auch heute noch Spiele als institutionalisierte Möglichkeiten des nichtalltäglichen Verhaltens aufzufassen – mit der merkwürdigen Eigenschaft, daß sie explizitere Regelungen aufweisen als eben dies Alltagsverhalten in der Lebenswelt selbst[9].

Natürlich kann man Funktionen des Spiels benennen auch dann, wenn das Spiel keine unmittelbaren Zwecksetzungen zu erfüllen scheint: Spannungsreduktion, Integration durch Rollenantizipation, Simulation normgerechten Verhaltens sind nur einige derartiger Funktionen. Es gibt jedoch keine dauerhaft institutionalisierten Verhaltensbereiche, denen man keine Funktionen zuschreiben könnte. In Frage steht jedoch, ob diese Funktionen nicht bloße Imputationen des Forschers sind, die der Gesellschaft vindiziert werden, und in Frage steht ebenfalls, ob nicht der Handlungsbereich Spiel eine interne Dynamik dahingehend aufweist, daß er sich auch unterschiedlichen Funktionen anzupassen erlaubt[10].

5. *Macht im Spiel.* Im Spiel diffundiert die Macht. Das Spiel könnte als eine akephale Sozialbeziehung bezeichnet werden. Der Gewinner erwirbt nicht die Macht über den Verlierer, weil jedes neue Spiel die Chance von Gewinn und Verlust pari stellt. Sobald sich jedoch herausstellt, daß der eine Spieler dem anderen auf Dauer überlegen ist, wird bei beiden das Interesse am Spiel nachlassen. Es werden sich Spielklassen bilden, in denen jeweils gleichrangige Spieler miteinander umgehen.

Diese Klassen können sich jedoch so deutlich voneinander absetzen, daß daraus eine soziale Schichtung des Spiels entsteht. Es wird dann für die einzelnen Spieler möglich, von Klasse zu Klasse aufzusteigen – oder auch wieder abzusteigen. Eine derartige Klassenbildung ist sehr ausgeprägt im Schach, wo man eine außerordentlich differenzierte Bewertung der Schachspieler nach Leistungskriterien findet und die Klasse der „Großmeister" die Spitzengruppe unter den Schachspielern darstellt. In den meisten Sportarten, in denen regelmäßige Meisterschaften ausgetragen werden, ist ebenfalls eine solche Klassenbildung vorgenommen worden. Dies ist bei Mannschaftssportarten bereits deshalb erforderlich, weil es unzweckmäßig erscheint, Meisterschaftsrunden mit Dutzenden und Hunderten von Mannschaften auszutragen. Es bilden sich vielmehr weit kleinere Gruppen heraus, die häufig zwischen 14 und etwa 22 Mannschaften umfassen und zwischen denen das Spiel „jeder gegen jeden" abgewikkelt wird. Der Gruppensieg ist dann allerdings nur tabellarisch zu ermitteln, wobei elaborierte Verfahren zur Ermittlung des Gruppensiegers üblich sind. Gruppensieg bedeutet dann häufig zugleich den „Aufstieg" in eine andere Gruppe, und der Tabellenletzte muß entsprechend „absteigen" in die nächstniedrigere Spielklasse. Auf diese Weise kommt eine Hierarchie der Spielklassen zustande, so daß in der „höchsten" Spielklasse schließlich ein nationaler Sieger oder ein Sieger aller Klassen ermittelt werden kann. Während in allen anderen Spielklassen mehrere Spielgruppen nebeneinander zu finden sind und entsprechend in der untersten Spielklasse eine Vielzahl von etwa Kreismeisterschaften parallel ausgetragen werden, findet sich in der obersten Spielklasse nur eine Spielgruppe: sie bildet gewissermaßen den Abschluß einer Pyramide von Spielklassen.

Dieses hierarchische System von Spielklassen scheint nun die Behauptung zu widerlegen, daß im Spiel die Macht diffundiere. Ergibt sich denn nicht ganz im Gegenteil eine außerordentlich rigide Schichtung des Spiels, die auch Machtfragen nicht ausschließt? Diese Frage ist sorgfältig zu prüfen. Es geht also um die Frage, ob die Spielklassenbildung zugleich auch Machtdifferenzen hervorruft. Die Frage soll hier auf die Mitspieler eingeschränkt werden. Es sollen also an dieser Stelle die „Funktionäre" des Spiels nicht mitbehandelt werden. Auch die Trainer müssen unberücksichtigt bleiben. Es soll ebenfalls davon ausgegangen werden, daß es sich bei allen Spielern um Amateure handelt, die Profis bleiben also in der Diskussion ebenfalls ausgeblendet. Diese Einschränkungen müßten später wieder aufgehoben werden[11].

Für die Teilnehmer am Spiel besteht ein Interesse daran, das Spiel zu gewinnen (und den Verlust zu vermeiden), wenn es sich um ein Spiel handelt, als dessen Ergebnis Gewinn oder Verlust eindeutig nachgewiesen werden können. Bei derartigen gewinnorientierten Spielen kann bereits derjenige als „Spielverderber" gelten, dem der Spielausgang „egal" ist, der also kein deutliches Interesse am Spielausgang zeigt. Er würde ja den Gewinn eines anderen entwerten. Das Spiel lebt also davon, daß alle Spieler gleichermaßen am Spielausgang interessiert sind.

Alle Spieler sind den gleichen Regeln unterworfen. Mit dem Spielbeginn verpflichten sie sich explizit oder implizit auf die Regeleinhaltung. Die Situation des Spiels schafft damit die Situation der Gleichheit der Mitspieler im Verlauf des Spiels, die durch die Anerkennung der für alle gleichen Spielregeln gestiftet wird. Es darf nicht gemogelt werden: weder zum Ausgleich für Schwächen, noch zum Ausgleich von Stärken eines Spielers[12].

In der Situation des Spiels verlieren alle Spieler somit ihre sonstigen Privilegien: Das Königskind ist den Höflingen gleichgestellt; Kinder konkurrieren mit ihren Eltern auf gleicher Ebene beim Memory (und sind ihnen in einer bestimmten Altersphase meist überlegen) und die Jugendlichen schlagen ihre Eltern beim Monopoly. Wer sich auf das Spiel einläßt, muß daher auch diese Situation der Gleichheit mit anerkennen. Er darf bei Verlust seine sonstigen sozialen Privilegien nicht einklagen. Die Mitspieler müssen also vor Beginn des Spiels die Entscheidung treffen, ob sie am Spiel selbst mitwirken wollen. So waren die meisten Spiele eindeutig standeshöheren Personen früher verboten oder sie durften nur mit annähernd gleichrangigen oder gänzlich außerhalb der Hierarchie stehenden Personen gespielt werden. Ein Königskind früherer Jahrhunderte konnte daher mit „normalen" Kindern nicht spielen, weil es nicht der Situation der Gleichheit ausgesetzt werden durfte, sondern es durfte nur mit ausgewählten „Gespielen" Umgang pflegen, die entweder aus ausgesuchten Familien kamen oder, wie zum Beispiel in Spanien, auch aus Zwergen und Narren bestanden. Gerade mit diesen letzteren war der Umgang deshalb möglich, weil sie nicht zur menschlichen Gesellschaft gezählt wurden: Die Gleichheitsfrage stellte sich hier gar nicht erst.

Somit können zwar die Spieler ihre sozialen Statusunterschiede niemals gänzlich vergessen lassen, aber in der Situation des Spiels bleiben die Statusunterschiede dem Spiel äußerlich. Dies ist zumindest die Grundsituation. Es gibt viele Spiele, in denen in den einzelnen Mannschaften eine Rangdifferenzierung der Einzelspieler, zumindest aber eine Arbeitsteilung erfolgt. Diese ist zwar selten so ausgeprägt wie im amerikanischen „Football", aber bei sehr vielen Mannschaftsspielen kommt es zu derartigen Spezialisierungen. Es bleibt jedoch auch hier dabei, daß die beiden Mannschaften, die sich gegenüberstehen im Spiel, gleichgestellt sind, und diese bilden die beiden (kollektiven) Akteure des Spiels, auf die es ankommt. Kein einzelnes Mannschaftsmitglied kann je für sich allein gewinnen, sondern nur die Mannschaft

als Einheit kann gewinnen oder verlieren. Die Rangdifferenzen innerhalb von Mannschaften liegen also auf einer gänzlich anderen Ebene als die Teilnehmerschaft am Spiel selbst, auch sie sprechen nicht gegen die grundlegende Gleichheit in der Spielsituation.
Ähnlich ist es bei jenen Spielen, in denen man einen Spielleiter findet. Er kommt vor allem bei solchen Spielen vor, in denen die Spielregeln nicht so eindeutig definiert sind, daß entweder die Spieler selbst in der Lage sind, die Regeln von sich aus zu überwachen, oder in denen die Überwachung durch einen Schiedsrichter übernommen wird. Der Spielleiter nimmt also in einer Sonderrolle am Spiel teil – wenn er überhaupt am Spiel selbst teilnimmt und nicht vielmehr das Spiel nur von außen beobachtet. Der Spielleiter überwacht also eher die Situation der Gleichheit unter den Spielteilnehmern, wenn er dem Spiel selbst fernbleibt, und er interpretiert, wann immer dies nötig sein sollte, die Spielregeln. Dies setzt aber voraus, daß durch die Regeln keine hinreichende Definition der Spielsituation erfolgt, daß ein relativ großer „Spielraum" offenbleibt, in dem eine derartige Auslegung der Regeln oder eine Interpretation von Situationen als entweder regelkonform oder regelwidrig notwendig ist.
Daraus kann abgeleitet werden, daß die Situation der Gleichheit im Spiel vor allem deshalb zustande kommt, weil die Regeln festgelegt sind, weil kein Mitspieler die Macht besitzt, die Regeln zu ändern. Es ergibt sich sogar aus dem Spielverlauf, daß die Gewinner des Spiels das geringste Interesse daran haben werden, die Regeln zu ändern. Gerade der Erfolg garantiert damit die Anerkennung der Regeln; gerade die erfolgreichen Spieler erzeugen somit ein gewissermaßen stabilisierendes und konservatives Moment, das an einer Regeländerung nicht interessiert sein wird. Die Spielregeln stabilisieren sich somit durch die Sieger des Spiels. Die Spieler haben keine Macht über das Spiel, weil sie die Spielregeln nicht ändern können. Gewinner und Verlierer spielen unter den gleichen Regeln, die keiner von beiden beeinflussen kann. Es sind die Regelgestalter, die die eigentliche Macht über das Spiel besitzen. Diese bleiben aber den Spielern meist unbekannt. Es sind nicht die Spielgestalter oder die Spielregelerfinder, die die Spieler zum Spielen veranlassen, sondern die Spieler gewinnen Interesse am Spiel allein aus der Sache selbst, weil ein bestimmtes Spiel ihren eigenen Bedürfnissen entgegenkommt. Indem sich die Spieler auf die Spielregeln verpflichten, verzichten sie gegenseitig auf Machtausübung. Sie verzichten allerdings nicht darauf, gegeneinander zu konkurrieren, aneinander die Kräfte zu messen. Gerade die Ausblendung der Machtdimension im Spiel erlaubt es den Spielern, mit äußerster Heftigkeit gegeneinander zu konkurrieren: wobei diese Konkurrenz aber auf die Situation des Spiels bezogen bleibt. Es ist gewissermaßen verboten, die spielerische Konkurrenz auch auf andere außerspielerische Situationen zu übertragen. Jedes Spiel definiert also eine bestimmte soziale Rolle des Mitspielens in einem durch gewisse Regeln gegebenen Spiel: als Schach-, Skat-, Fußball- usw. -Spieler.
Der bessere Spieler kann auf diese Weise Spielkompetenz erwerben und diese dazu verwenden, als Trainer tätig zu werden oder in eine Regelkommission berufen zu werden. Aber der bessere Spieler besitzt keine Macht über den schlechteren Spieler. Dies trifft zu sowohl innerhalb der Spielsituation selbst, wenn der eine Spieler gewinnt und der andere verliert. Der Gewinner gewinnt nur das Spiel selbst und dieser Sieg kann in einer „revanche" sofort wieder verlorengehen. Der „comment" des Spiels sieht vor, daß die Eigenschaft des Gewinnens nicht auf andere Situationen übertragen werden soll: Der Gewinner ist nicht auch der bessere Mensch. Wenn er Prestige erwirbt, so liegt das eher daran, daß er sich als ein kämpferischer Mensch erweist als daran, daß er ein bestimmtes Spiel gewonnen hat.

Auch der Spieler der höchsten Spielklasse hat keine unmittelbare Macht über den Spieler der niedrigsten Klasse. Beide spielen ja exakt nach den gleichen Regeln, insofern bleiben beide Unterworfene, sich freiwillig den Spielregeln Fügende. Der Spieler der höchsten Spielklasse mag den anderen verachten und dieser mag jenen bewundern, aber das betrifft Sozialverhältnisse, die dem Spiel selbst äußerlich bleiben. Als Spieler werden sie wohl in der Regel niemals in einem Spiel mit- oder gegeneinander spielen, weil beiden von vornherein klar ist, daß der eine gewinnen und der andere das Spiel verlieren würde. Aber diese Ungleichheit in der faktischen Spielperformanz kann der bessere nur dazu nutzen, dem anderen Tips zu geben (oder vorzuenthalten), woraus sich ergibt, daß das Kompetenzgefälle bestehenbleiben oder abgebaut werden wird, aber der bessere Spieler ist dennoch nicht der mächtigere Spieler.
Selbst die Spielklassenbildung in vielen Spielarten widerlegt daher nicht unsere Eingangsbehauptung, daß im Spiel die Macht diffundiert. Die Spielregelgestalter und die Trainer mögen Macht über die Spieler haben, wobei es sich jedoch um hier nicht näher zu behandelnde Arten der indirekten Machtausübung handelt. Die Spieler selbst jedoch haben innerhalb der Spielsituation keine Macht übereinander. Die durch eine grundlegende Situation der Gleichheit gekennzeichnete Situation des Spiels ist zugleich eine Situation, in der – unter der Herrschaft der Spielregeln – eine Art von Machtvakuum entsteht[13].

6. *Das Quiz; Spiel um Wissen.* Auf einen Typus des Spiels soll hier in aller Kürze hingewiesen werden, der sich erst in jüngster Zeit entwickelt hat. Es sind die Spiele, die insbesondere im Massenkommunikationsmedium Fernsehen veranstaltet und die als Quiz bezeichnet werden. Es scheint so, als seien diese Spiele bisher noch kaum wissenschaftlich beachtet worden. Sie sind jedoch nicht nur als Phänomen der Massenkommunikation interessant, sondern auch wegen ihrer wissens- und wissenschaftssoziologischen Implikationen.
Nun gibt es bereits so viele Formen des Quiz, daß es verwegen wäre, hier generelle Aussagen zu diesem Thema machen zu wollen. Deshalb verstehen sich die folgenden Bemerkungen nur als ein erster Versuch zur Thematisierung. Fast alle Formen des Quiz kann man als Spiele um Wissen bezeichnen. Ein ausgewählter Kandidat gibt ein bestimmtes Wissensgebiet an, in dem er Experte zu sein behauptet. Ihm werden nun, durch den Quizmaster oder eine andere Person und vor allem nach einem bestimmten Schema oder einer Zufallsauswahl, Fragen gestellt, die zu beantworten sind. Für richtige Antworten kann er Punkte erhalten. Meist stehen mehrere Kandidaten in Konkurrenz zueinander, von denen nur einer gewinnen kann. Das Punktekonto eines jeden Kandidaten zeigt an, wer vorne liegt, also Gewinnaussichten hat. Es sind bestimmte Preise ausgesetzt. Beim Sieg kann ein Kandidat in eine neue Runde gehen – in der nächsten Sendung. So wird Kontinuität – und Spannung – zwischen den Sendungen erzeugt. Manche Kandidaten, wenn sie oftmals von Runde zu Runde „aufsteigen", können in den Rang von Volksschauspielern aufsteigen, die einem Großteil der Bevölkerung über Nacht mit ihren Hobbys, ihrem Namen usw. vertraut sind. Die ausgefallensten Themen können als Wissensgebiete des Kandidaten gewählt werden. Allerdings gibt es in der Publikumsgunst deutliche Unterschiede in der Beliebtheitsskala der Themen: Maria Stuart oder Segelschiffe sind sicher beliebtere Themen für ein Quiz als Spinnen oder ein kaum bekannter Dichter. Dennoch gilt aber, daß eine breite Palette von Themen für ein Quiz aufbereitet werden kann.

Natürlich wird das Quiz zugleich noch durch eine Mehrzahl von anderen Elementen angereichert: Auftritt eines Gesangsstars, bestimmte Spiele der Kandidaten selbst, Einlagen von Kurzschauspielen, usw. Das Frage- und Antwort-Spiel bleibt jedoch zentraler Kern des Quiz.

Dies Phänomen ist zugleich außerordentlich erstaunlich, und man wundert sich darüber, daß diese vielen Quiz-Sendungen eine solch große Popularität erreichen. Erstaunlich ist an den Quiz-Sendungen, welch eine hohe Wertschätzung des Wissens sich hier widerspiegelt. Offenbar ist es außerordentlich populär, über ein ganz bestimmtes Thema sehr vieles zu wissen. Das Fernsehen demonstriert zudem, daß ein solches Wissen jedermann zugänglich ist. Die wahren Experten dürfen ja in der Quiz-Sendung selbst immer nur als Gutachter oder Schiedsrichter auftreten. Es gehört zum Prinzip der meisten Quiz-Sendungen, daß die Kandidaten „Amateure" sein müssen, die sich ihr Wissen in der Freizeit angeeignet haben und es nicht beruflich verwerten. Daher ist der Kandidat ein Mensch wie du und ich. Das Quiz zeigt also, daß jeder sich ein vertieftes Wissen prinzipiell aneignen kann. Die halbe Nation nimmt daran Anteil, was alles der Kandidat M. über Segelschiffe weiß und bei welchen Fragen er passen muß.

Die Grundsituation des Quiz ist die der Prüfung. Hier wird deutlich, daß man sich Prüfungen auch freiwillig unterziehen kann; daß sie keineswegs nur Zwangsinstrumente darstellen, wie es eine bemühte Pädagogik hinzustellen beliebt. Das Quiz greift damit die Schulsituation auf: Lehrer und Schüler werden dargestellt durch Quizmaster und Kandidat. Hier allerdings ist der Kandidat in der Regel klüger als der Quizmaster, weil dieser darauf angewiesen ist, einen gut präparierten Fragensatz zu verlesen. Aber die Schulsituation läßt sich nicht verleugnen. Da jeder Fernsehzuschauer mindestens acht Jahre lang zur Schule gegangen ist, handelt es sich um eine allen Zuschauern hinlänglich bekannte Grundsituation. Dies ist eine wichtige Voraussetzung für die Beliebtheit dieser Sendungen. Zugleich wird die Prüfungssituation entschärft, indem die Kandidaten eigentlich nur gewinnen, nicht aber verlieren können. Die Schulsituation ist also nur „gespielt", sie wird eher travestiert, weil die Kandidaten erwachsen sind, als die eigentlichen Experten auftreten und sich im Grunde – zumindest als erfolgreiche Kandidaten – als klüger erweisen als der Lehrer, der Quizmaster, selbst. Damit wird der Kandidat zur idealen Figur, mit der sich der Zuschauer identifizieren kann: der schlaue Schüler, der mehr weiß als der Lehrer. Im Quiz kann also der Zuschauer die Demütigungen kompensieren, die er selbst in der Schule erleiden mußte. Der Quizmaster als der nette Lehrer und der Kandidat als allwissender Schüler: Dies ist die Travestie der Schulsituation im Quiz und dies ist wohl eine der Grundvoraussetzungen dafür, daß diese Sendungen auf den starken Zuschauerzuspruch stoßen.

Im Mittelpunkt der Sendung bleibt jedoch die Frage um das Wissen. So macht das Quiz deutlich, in welchem Ausmaß das Wissen als Grundbestandteil der Gesellschaft betrachtet wird. Etwas zu wissen, wird im Quiz quasi als sportliches Ereignis inszeniert. Das Quiz demonstriert die Popularität des Wissens. Daß es sich dabei mehr um Wissensfetzen handelt, um trivialisierte Bestandteile eines fundierten Wissens, ist zunächst sekundär. Natürlich bleibt es dem Quiz auch versagt, Bildung zu demonstrieren. Ohne ein breites Interesse daran, daß Wissen ein erstrebenswertes Gut darstellt, könnte das Quiz kaum die Popularität erlangt haben, die es tatsächlich heute besitzt. Das Quiz demonstriert also im Grunde, daß Wissen als Wert betrachtet wird.

7. Kunst und Spiel, Religion. Die Kunst von heute transzendiert das Spiel. Sie will mehr sein als es. Aber sie will auch anders sein als die Arbeit. Dennoch kann sie die Verwandtschaft zum Spiel weniger leugnen als diejenige zur Arbeit. Ihre Autonomiebestrebung ist enorm. Zugleich aber verabscheut sie das „l'art pour l'art"-Prinzip. Sie will also mehr sein, als sie aktuell zunächst ist. Dies ist das heutige Dilemma der Kunst: Schein zu sein, wo sie Sein werden will. Dieser Schein verfällt fatalerweise dem immer vorhandenen Ideologieverdacht. Das Vertrackte an der Kunst ist aber, daß gerade der ästhetisierte Schein eine Wirklichkeit gewinnt, weil seine Sinngebungsqualitäten evident werden. Der Schein überschwemmt das Sein. Die Kunst besetzt das Bewußtsein wie eine Armee von Zinnsoldaten das Bewußtsein des Kindes, das mit deren Hilfe Geschichte erlebt, die sonst unanschaulich bliebe.

Warum die Kunst also nicht Spiel sein will, bleibt eigentlich rätselhaft. Ihre Haupteigenschaften sind heute Originalität, Kreativität, Individualität, Authentizität, Identität. Wenn es aber richtig ist, daß die Haupteigenschaft des Spiels in der Regelhaftigkeit besteht, dann zeigt sich sogleich, daß hier ein ganz anderes Prinzip obwaltet. Der Spielende gewinnt seine Freiheit ja erst innerhalb der Regel, der er sich freiwillig unterwirft, aber damit verzichtet er zugleich darauf, eine nur ihm persönliche, ureigene und eigentliche Regel selbst zu erfinden. Damit unterscheidet sich der Spielende gewissermaßen nur partiell von Mönch und Nonne: Diese unterwerfen sich einer Ordens-„regel", die ihr gesamtes Leben regelt, total – während der Spielende nur in einem zeitlich begrenzten Regel-Rollen-Spiel involviert ist. Allerdings sind auch Mönche keine Spieler – offenbar fast so wenig wie Künstler. Merk-würdig bleibt beides: Die Mönche leben ihr durch die „regula" bestimmtes Leben nicht als ein Spiel – und die Künstler wollen ihr durch Schein bestimmtes Leben offenbar nicht trivialisieren.

So bleibt es bei einer merk-würdigen Trennung von Spiel und Kunst. Selbst das Theater möchte am liebsten die Verwandtschaft zum Spiel, zu den Gauklern, zur Illusion verleugnen. Es will sich selbst autonomisieren: will die Unernsthaftigkeit abstreifen, es will als soziale Tatsache, als soziale Wirklichkeit sui generis begriffen werden. „Nur" Spiel will es nicht sein, sondern vielmehr als „Spiel": die wahre Wirklichkeit. Die wahre verkehrte Welt ist dagegen die Arbeitswelt. Die Wirklichkeit kann nur im Theater (der Schau-Bühne) erkannt werden. Theorie und Realität durchdringen sich wie im Vexierbild: Prismatische Erfahrung, durch Medien gesteuert, verwischt alle Grenzen. Die Unanschaulichkeit wird zum Prinzip.

Spielregel und mönchische „regula" sind nicht total verschieden und nicht total miteinander kongruent. Es gibt Gemeinsamkeiten, die durchaus auffällig sind, aber auch Unterschiede. Das „asketische" Prinzip ist zunächst eine auffällige Gemeinsamkeit: Die Regel „gilt", wenn sie einmal festgelegt ist. Insofern gibt es insbesondere zwischen dem Sport und bestimmten Mönchsorden auffällige Gemeinsamkeiten: Zwischen den Geißelmönchen des Mittelalters und manchen Hochleistungssportlern der Gegenwart, die ihren Körper schinden bis zur Bewußtlosigkeit, bestehen beispielsweise deutliche (und bisher unerforschte) Parallelen.

Dies erweitert jedoch zugleich die Diskussion um den Bereich der Religion. Religion, Kunst und Spiel sind in ihren Ritualen gelegentlich durchaus verwandt. Aber es gibt unwiderrufliche Trennungen, die Spiele im Ritual der Religion verbieten, bzw. das Ritual als Ernst, zumindest aber als weihevoll erscheinen lassen. In der Kirche sind Spiele nur als Leichtgewichte möglich, sie sind nur innerhalb des Ritus erlaubt. Aber ebenso ist es in der Kunst: Auch die Kunst darf durch (frivoles) Spiel nicht einfach bloßgestellt werden, sondern sie muß als sie selbst, als ernsthafte Bemühung, als durch Arbeit errungenes Ziel gewürdigt werden. So separieren sich Spiel, Kunst und Ritus: und nur in seltenen Situationen bleiben sie vereint: etwa in einer Volksprozession, die in kaum einer Lokalgemeinde fehlt, aber als Element einer Ästhetik der Lebenswelt bisher kaum Beachtung gefunden hat.

V. Spiel und soziale Kontrolle

Am Beispiel des Spiels wird oft übersehen, daß Spiele eine eigene Rationalität ausbilden, die vor allem durch die explizierten Regeln ermöglicht wird. Heute kann man beobachten, daß Arbeitsteilung und hochkulturelle Entfaltung einen „Spielboom" hervorgebracht haben, der ohne geschichtliches Vorbild ist. Auch ohne eine systematische quantitative Untersuchung kann behauptet werden, daß noch nie so viel gespielt worden ist wie heute. Die Zunahme der Freizeit ist hier sicherlich ein wichtiger Bedingungsfaktor, aber ebenso wichtig ist wohl auch die Zunahme der Bildung. Spiele sind zu einem beachtlichen Anteil eben auch Intelligenzspiele, was auch für viele Sportspiele zutrifft.

Eine solche Zunahme spielerischer Aktivitäten würde jedoch für sich allein noch keine ausgedehntere soziologische Beschäftigung mit diesem Problembereich rechtfertigen. Deshalb soll an dieser Stelle noch ein anderer Gesichtspunkt angeführt werden, der für eine Soziologie des Spiels sprechen könnte und der die theoretische Bedeutsamkeit der Thematik sichtbar machen soll. Im Spiel werden spezifische Handlungsrationalitäten ausgebildet, Spiele setzen sich deutlich von Nicht-Spielen ab, und sie aktivieren jeweils ein bestimmtes Mitspielerpotential[14]. Alle bekannten kulturwissenschaftlichen Definitionen des Spiels stimmen darüber überein, daß sie durch einen angebbaren Satz von Regeln bestimmt sind. Diese Regeln gewinnen für den Spielablauf die Qualität von sozialen Normen. Damit werden nun Spiele quasi zu einem Experimentierfeld in der Entstehung von Normierungsprozessen, der Normdurchsetzung sowie zugleich auch der sozialen Regellosigkeit und Anomie, wenn in einer Gruppe von Spielern nicht mehr eine Einigung auf Regeln erzielt werden kann. Spiele sind damit ein Gegenstandsbereich der Soziologie, an dem sich das Verhältnis von sozialen Normen und faktischem Verhalten unmittelbar untersuchen ließe. Dies kann hier deshalb so gut geschehen, weil Spiele weitgehend einen spontanen Charakter haben. Es steht mithin ein außerordentlich breites Experimentierfeld zur Untersuchung von Normierungsprozessen zur Verfügung.

Bei einer soziologischen Behandlung des Spiels sollte der Nachdruck gelegt werden auf die Mechanismen der sozialen Kontrolle, die im Spiel eine Rolle spielen. Es sollte also herausgearbeitet werden, daß Spiele ein Experimentierfeld darstellen, an dem man die Probleme der sozialen Kontrolle besonders gut untersuchen kann. Gerade weil sich das Verhalten hier spontan reguliert, können Prozesse der Normbildung, der Normenkontrolle, der Sanktionierung von Abweichung, der Geltung der Normen und der Dissipation von Normen hier besser untersucht werden, als das in vielen anderen gesellschaftlichen Bereichen möglich ist. Nur als These mag hier zusätzlich angefügt werden, daß diese Normierungsprozesse in der

Soziologie gegenwärtig noch sehr mangelhaft verstanden werden, daß hier mithin ein außerordentlich großer Forschungsbedarf besteht. (Es sei zugegeben, daß diese letzte These durchaus noch der zusätzlichen Begründung bedarf.)
Spielen ist im Sozialisationsprozeß eine Methode, um soziale Kontrolle zu lernen. Soziale Kontrolle wird beim Spiel in zweierlei Weise wirksam: als soziale Kontrolle *im* Spiel und als soziale Kontrolle *durch* das Spiel.
Im Falle der sozialen Kontrolle im Spiel handelt es sich darum, daß das Spiel als sozialer Vorgang ein sozial kontrolliertes Handlungssystem darstellt, dessen Regeln im Binnenverhältnis für die Spieler bindend sind. Die Einigung über die Regeln unterwirft alle Mitspieler der gegenseitigen Kontrolle auf der Basis der Regeln. Es mag Unsicherheiten über die Auslegung der Regeln geben, aber dies muß zugleich zu einer Debatte über die Regelauslegung führen, die einen Teil der gegenseitigen Kontrolle darstellt. Im Normalfall wird eine solche Einigung über die Regeln nicht explizit erfolgen, sondern die Teilnahme am Spiel allein gilt als Voraussetzung für die Akzeptierung der Spielregeln. Soziale Kontrolle *im* Spiel bedeutet also, daß sich die Mitspieler ständig gegenseitig im Hinblick auf die Regeleinhaltung kontrollieren.
Soziale Kontrolle *durch* das Spiel soll demgegenüber über die aktuelle Spielsituation hinausweisen und sich darauf beziehen, daß die Teilnahme an Spielen einen sozialisatorischen Effekt hat für andere Situationen, die nicht Spiel sind. In Spielen wird regelbezogenes Handeln gelernt. Die Situation des Spiels kann verwendet werden als ein (idealisiertes) Modell sozialen Verhaltens, das auf andere Verhaltensbereiche übertragen werden kann. Dies ist im wesentlichen die pädagogische Funktion des Spiels, die Grundlage darstellt für die Spielpädagogik und das Rollenspiel. Dies hängt dann jedoch an der Voraussetzung, daß eine derartige „Übertragung" auch tatsächlich erfolgt.
Spiele sind soziale Tatsachen. Sie transzendieren das Individuum. Jedes Frühjahr spielen die Kinder wieder „Hüpfekästchen" in den ersten Tagen des Frühlings, wenn es gerade so warm geworden ist, daß man sich längere Zeit vor der Haustür aufhalten kann. Oder sie spielen „Gummitwist" nach so komplizierten Regeln, die denen des klassischen Balletts vergleichbar sind. Wie diese Regeln über die Kindergenerationen übermittelt, wie sie langsam transformiert werden, das entzieht sich weitgehend unserer Kenntnis. Aber die Regeln sind vorhanden, sie teilen sich auch Kindern auf einsam gelegenen Bauernhöfen mit. Welches Spiel aber nun genau im nächsten Frühjahr von den Kindern gewählt wird, das läßt sich kaum vorhersagen. Aus welchem Fundus hier geschöpft wird, bleibt uns noch weitgehend verborgen. Das „kollektive Gedächtnis" läßt sich hier kaum verleugnen.

Anmerkungen

1 Diese Gegenüberstellung fällt absichtlich hinter die von *Caillois* elaborierte Typologie der Spiele zurück, die später noch einmal kurz erwähnt wird (vgl. Abschn. II, 3.).

2 Es ist zuzugeben, daß sich diese Aussage nur auf die soziologische Fachliteratur im engeren Sinne bezieht und hier allein die Literaturtitel berücksichtigt. Sie bezieht sich auf eine im Entstehen begriffene Bibliographie zur Spiel-Literatur, die gegenwärtig etwa 700 Titel umfaßt, von denen also nur *ein* Titel den Ausdruck „soziologisch" verwendet. Disziplinen, die sich bislang am ehesten mit dem Spiel beschäftigt haben, sind: Philosophie, Pädagogik, Psychologie, Kulturanthropologie, Verhaltensforschung, Entscheidungstheorie.

3 Die Bedeutung *Huizingas* für die „Wiederentdeckung" des Spiels kann mit diesen wenigen Bemerkungen sicher nicht adäquat wiedergegeben werden. Das Buch „Homo Ludens" ist zum locus classicus jeder Beschäftigung mit dem Spiel geworden. Allerdings hat *Huizingas* umfassender Anspruch die Erforschung der Spiele der Gegenwart und insbesondere eine Soziologie des Spiels eher entmutigt, da das Herunterspielen seines kulturphilosophischen Ansatzes auf die „normale" Forschungspraxis leicht als Trivialisierungsprozeß erscheinen mag.

4 Die Literatur zum Thema Rollenspiel ist inzwischen bereits sehr umfangreich, wie die Bibliographie bei *Broich* ausweist. Um so bedauerlicher ist es aber, daß kein soziologischer Rollentheoretiker sich des „Rollenspiels" bisher angenommen hat, sondern hier Pädagogen, Psychologen und Therapeuten einen in den frühen 50er Jahren in der Soziologie entwickelten Rollenbegriff aufgenommen haben, der von der Soziologie seither kaum noch weiterentwickelt worden ist.

5 Wie die Aufzählung zeigt (vgl. auch Anm. 2), sind Spiele offenbar ein Anlaß zur interdisziplinären Forschung gewesen; wobei allerdings hier nicht untersucht werden soll, ob diese verschiedenen Disziplinen nicht z. T. recht unterschiedliche Spielbegriffe verwenden (z. B. Biologie und Pädagogik).

6 Dies setzt einer voraussetzungslosen, rein behavioristischen Empirie der Spiele deutliche Grenzen. Der „Sinn" des Spiels, wie er sich in seinem Regelwerk niederschlägt, muß dem Forscher bekannt sein, bevor er die eigentliche empirische Untersuchung beginnt; zumindest bevor eine quantitative Untersuchung bedeutsame Aussagen ermöglichen kann. Auch ein unmittelbarer Vergleich verschiedener Spiele wird dadurch erschwert.

7 Dies ist es gerade, was die Kulturphilosophen und die Pädagogen am Spiel immer fasziniert hat.

8 Im Gegensatz zur Kulturphilosophie und zur Pädagogik betont die Sportsoziologie gerade die Konfliktbeladenheit des Sports. Deshalb wird von manchen Autoren der Sport nicht mehr als Spiel definiert.

9 Spiele sind insbesondere „besser" geregelt als Arbeit. Dennoch empfindet man Spiele meist weniger als eine Zwangssituation als die Arbeit. Konsensuale Freiwilligkeit erhält im Spiel die Qualität von Freiheit.

10 Diese Schwierigkeit, dem Spiel eindeutige gesellschaftliche Funktionen zuzuweisen, macht vielleicht plausibel, weshalb gerade von den „Funktionalisten" meines Wissens keine Beiträge zu einer Soziologie des Spiels erbracht wurden.

11 Was hier aus Platzmangel jedoch nicht möglich ist.

12 Um jedoch auch ein Spiel zwischen sehr ungleichen Spielpartnern zu ermöglichen, kennen manche Spiel- und Sportarten das „handicap" (z. B. im Golf), durch das der bessere Spieler mit einem wohlerwogenen Nachteil in das Spiel geht.

13 *William Foote Whyte* berichtet in „Street Corner Society" (1943) allerdings, wie eine der untersuchten Gangs den Anführer Doc in eine Situation brachte, daß er nicht verlor, indem die eigentlich besseren Spieler ihre Talente verleugneten. Hier blieb also die Machtdimension auch während des Spiels erhalten. Man muß wohl annehmen, daß in nicht differenzierten Sozialsystemen (und die untersuchte Gang kann sicher als „totale" Gruppe bezeichnet werden) eine Dissoziation von Spielsituation und Lebenswelt der Gruppe nicht als möglich erscheint. Die Ausblendung der Machtdimension aus dem Spiel setzt damit einen gewissen Grad der Ausdifferenzierung sozialer Institutionen in einer Gesellschaft voraus.

14 Dies Mit*spieler*potential besitzt jedoch keinen geschlossenen Mit*gliedschafts*charakter. Die Mitglieder organisieren sich prinzipiell für jedes Spiel neu. Deshalb kann man Spiele nicht als *soziale* Systeme bezeichnen, sondern nur als *Handlungs*systeme.

Ausgewählte Literatur

Josef Broich, Rollenspiel mit Erwachsenen, Anleitungen und Beispiele für Erwachsenenbildung, Sozialarbeit, Schule. Mit Bibliographie zur Spielpädagogik, Reinbek 1980.

Ewald Burger, Einführung in die Theorie der Spiele, Berlin 1959.

Klaus Cachey, Sportspiel und Sozialisation. System- und Rollentheoretische Analyse am Beispiel des Hallenhandballspiels, Schorndorf 1978.

Roger Caillois, Die Spiele und die Menschen, München 1962.

Manfred Eigen und *Ruthild Winkler*, Das Spiel. Naturgesetze steuern den Zufall, München 1975.

Andreas Flitner, Spielen – Lernen. Praxis und Deutung des Kinderspiels, 5. Aufl., München 1972.
ders. (Hrsg.), Das Kinderspiel – Texte, München² 1978.
Karl Fuxloch, Das Soziologische im Spiel des Kindes, Leipzig 1930.
Karl Groos, Die Spiele der Thiere, Jena³ 1930, (zuerst 1886).
ders., Die Spiele der Menschen, Jena 1899.
Kurt Hammerich und *Klaus Heinemann* (Hrsg.), Texte zur Soziologie des Sports, Schorndorf 1975.
Ingeborg Heidemann, Der Begriff des Spieles und das ästhetische Weltbild in der Philosophie der Gegenwart, Berlin 1968.
Hildegard Hetzer, Das volkstümliche Kinderspiel. Wiener Arbeiten zur pädagogischen Psychologie, Berlin und Wien 1927.
Hildegard Hetzer, *Lieselotte Benner* und *Lieselotte Pie*, Kinderspiel im Freien, München, Basel 1966.
Johan Huizinga, Homo Ludens. Vom Ursprung der Kultur im Spiel, Reinbek 1956.
Günther Lüschen (Hrsg.), Kleingruppenforschung und Gruppe im Sport. Sonderheft 10 der Kölner Zeitschrift für Soziologie und Sozialpsychologie, Köln und Opladen 1966.
Günther Lüschen und *Kurt Weis* (Hrsg.), Die Soziologie des Sports, Neuwied 1976.
Günther Lüschen und *George H. Sage* (Hrsg.), Handbook of Social Science of Sport, Champaign, Ill. 1981.
George H. Mead, Play, the Game, and the Generalized Other, in: *ders.*, Mind, Self and Society, Chicago 1962, Kap. 20, S. 152ff. (Die Begriffe werden bereits vorher, S. 150, eingeführt.)
ders., Das Verhältnis von Spiel und Erziehung, in: *ders.*, Gesammelte Aufsätze, Bd. 1, herausgegeben von *Hans Joas*, Frankfurt/M. 1980, S. 419–429 (zuerst 1896).
John v. Neumann, Zur Theorie der Gesellschaftsspiele, in: Mathematische Annalen, 100, 1928.
Jean Piaget, Das moralische Urteil beim Kinde, Frankfurt/M. 1973.
Helmuth Plessner, Spiel und Sport, in: *ders.*, Diesseits der Utopie, Düsseldorf 1966, S. 160–172.
Adolf Portmann, Das Spiel als gestaltete Zeit, in: Zeitschrift für Pädagogik, 21, 1975, S. 335–340, auch in: Bayerische Akademie der Schönen Künste (Hrsg.), Der Mensch und das Spiel in der verplanten Welt, München 1976.
Anatol Rapaport, Art. Spieltheorie, in: W. Bernsdorf (Hrsg.), Wörterbuch der Soziologie, Stuttgart 1969, S. 1096–1099.
Hermann Röhrs, Spiel und Sportspiel – ein Wechselverhältnis, Hannover 1981.
Hans Scheuerl, Das Spiel. Untersuchungen über sein Wesen, seine pädagogischen Möglichkeiten und Grenzen, Weinheim 1979 (zuerst 1954).
ders. (Hrsg.), Theorien des Spiels, 10. Aufl. von „Beiträge zur Theorie des Spiels“, Weinheim und Basel 1975.
Friedrich Schiller, Werkausgabe in vier Bänden, Bd. 4, Frankfurt/M. 1966.
Brian Sutton-Smith, Die Dialektik des Spiels. Eine Theorie des Spielens, der Spiele und des Sports, Schorndorf 1978.
William F. Whyte, Street Corner Society, Chicago 1943.
Ludwig Wittgenstein, Philosophische Untersuchungen, Frankfurt/M. 1971.

SCHLANGEN

Exkursion in den Quellsumpf der Theorien

Von Lars Clausen

I

,,Ihr habt das ja nicht nötig" – und ein Kontrollblick auf den Westbesucher kommt hinzu, der den Kopf doch glatt hat schütteln müssen: *Schon wieder eine Schlange!*

Den DDR-Blick, den verstehen wir ein andermal; jetzt geht es erst einmal um Schlangen. Es scheint mir, daß sie uns, den Soziologen, mehr verraten können als den Ökonomen. Denn dem Ökonomen scheint es wohl problemlos: Güter sind knapp, da stehen die Leute Schlange[1]. ,,Nach Fünfundvierzig haben wir auch Schlange gestanden" (wir = Westzonler). Immer fiel wer um, die eine Frau im Fischgrätmantel oder der eine alte Mann in Jackett und Schal. Man lehnte sie/ihn an die Mauer und hielt eine kleine Weile den Platz frei. Nach der Währungsreform hörten die Schlangen auf – vor dem Ortsamt (um die Lebensmittelmarken), vor den Läden (um die Zuteilung), auf den Bahnsteigen (um hamstern zu fahren). Das war 1948 auch so etwas, was einem Mut machte, woran man sah, daß die schlimme Zeit vorbei war. In der SBZ blieb ja noch lange alles knapp. Wenn man heute hinreist, unwillkürlich: ,,Mein Gott, immer noch Schlangen."

Erster Versuch einer korrekten Erinnerung: Schlangen gibt es doch auch hierzulande. Ökonomisch gesehen, wird manches auch hier kurzfristig knapp: Nur 1 Bahnbeamter am Schalter, aber viele wollen ihre Fahrkarte. Am Postschalter. An den klug unterbesetzten Kassen im Supermarkt: Gekauft haben die Kunden, jetzt kann man an Personal sparen und Zigaretten und Schnoopkram an die Schlange loswerden. Darf unsereins eigentlich ein Stück von sich (den Wagen) stehen lassen und ganz kurz noch ein Pfund Zucker nachholen? Wie lang dürfte man wegbleiben? Was droht, wenn man zurückkommt – ein aus der Reihe geschobener Trolley, der einem den Platz nicht mehr hält? Nur ein mißvergnügter Seitenschritt dessen, der gerne aufgerückt wäre? Wenn er inzwischen bedient wird, ist der Warteplatz vor ihm erloschen?

Wieder eine Rückerinnerung an die DDR: Wie oft sich da einer vordrängelt, geht einfach nach vorne vorbei. Erstaunlich duldsam die Schlange. Typische Westfrage: ,,Hat der denn Beziehungen?" und (etwas arrogant): ,,Nehmen alle das so hin?" Wieder ein schwer lesbarer Antwortblick. Wenn man scharf überlegt, gibt es ja auch ‚im Westen' Vordrängler: Die Kinder, die mit einer Kokosstange halb hinter der Kasse stehen und sich dann nach einer Weile (,,es ist ja nur 1 Sache") hineinschieben, sofern ein halb interesseloser, halb ,,freundlicher" Schlangesteher sie vorläßt. Etwas massiver die berufstätige Hausfrau: ,,Nur dies Brot!" –

(Foto: Rosemarie Clausen)

Das Ziel dieser Klassischen Schlange am Hamburger Schauspielhaus, etwa April 1957, sind Eintrittskarten zur Gustav-Gründgens-Inszenierung von Goethes „Faust".

auch sie darf vor. Man erkennt, daß es eigentlich nur an dem unmittelbar zurückgesetzten Wartenden hängt – die hinter ihm Stehenden sind der *collective action,* sprich des Protestes, eigentümlich unfähig. Als ob die Benachteiligung durch Vordrängler sich auf viele verteilt hätte – während der Zeitverlust doch jeden voll trifft (und sich abstrakt multiplizieren läßt). Die etwas banale soziologische Beobachtung, daß bei vorhersehbarem Unterschreiten der zivilisationseigenen Körperdistanz eine ostentative Nichtbeachtung, eine gestisch-mimische Erklärung des Zudringlichen zur Unperson, Stil ist, hilft weiter. Das ist bekannt aus Fahrstühlen, aus der Stadtbahn im Berufsverkehr, in der Linie vor den Pißbecken (nur bei Männern) – man meidet stereotyp den Blicktausch mit dem Allzunahen, der ja fremd bleiben soll. (Man könnte hinterher diesen Nachbarn gar nicht gut schildern, obwohl er einem auf Tuchfühlung stand.) Vielleicht ist *dieser kulturspezifische Gestus der Distanzierung* für Schlangesteher eine Behinderung, wenn sie sich untereinander zu raschem Protest gegen einen Vordrängler einigen müßten? Dem unmittelbar Zurückgesetzten bleibt es vorbehalten. Vielleicht ist es in der DDR doch nicht nur angebracht, die West-Assoziation zu bemühen: „Knappheit – und dazu hinter jedem Schalter ein ‚Vorgesetzter' (reichsdeutsches Überbleibsel) – und jeder Tresen ein Schalter – allgemeine Duckmäuserei – also gemeinsames Vorkommen von Schlangen und von Vordränglern" –? Sondern auch: Vielleicht sind viele DDR-Bürger – ohnehin die besseren Alltagssoziologen, d. h. Verhaltensbeobachter – einfach routinierter, die Solidaritätsschwäche *aller* Schlangen auszunützen? Wie bei uns eben die Kinder.

Also eine geringfügige Erweiterung der Erklärung, d. h., zur *Knappheit als Routine* kommt noch: *Schlangen sind wenig solidaritätsfähig.* Sind wir nach Auffinden dieser – mittlerweile – naheliegenden Koppelidee aus (1) „Prozeß der Zivilisation" (Erhöhung der Schamschwelle dank Staatsabsolutismus plus Gewaltverbot) und aus (2) Symbolischem (Nicht-)Interaktionismus (Blicksperre bei neutral zu haltendem Engkontakt) soziologisch mit „der Schlange" durch?

In der Tat könnte man sich jetzt dem zuwenden, was sie immerhin leisten, am günstigsten bei einigermaßen etablierten Schlangen, vielleicht im angelsächsischen Bereich. Hier hat *Leon Mann* es 1967 versucht: Gleichzeitiger Vorverkauf für 4 Spiele, 10000 Interessenten, 22 Schlangen vor den Kartenverkaufsstellen im australischen Melbourne. Er hat dann auch die Herausbildung unterschiedlicher Rollen und Positionen festgestellt (Fans, bloße Platzhalter, Spekulanten); die Entstehung eines Rechts- und Pflichtensystems (bei dem man es sich durch Warten verdienen mußte, vorübergehend seinen Platz verlassen zu dürfen); und damit auch schon eigene Symbole (z. B. der Schlafsack als Platzhalter), Normen und Werte, kurz, ein „soziales System" in Anlehnung an *Talcott Parsons*[2].

Und bei einem anderen Einordnungsversuch hat sich *Erving Goffman* auf diese Untersuchung gestützt, als er eine generellere soziale Erscheinung, die „Reihenposition", erschloß. Zu ihr gehören dann auch die durch Merkzeichen vom aktuellen Stehen entlasteten Schlangen, etwa der benummerten Patienten im Wartezimmer oder der notierten Bezugsrechtsanwärter unter der Bankkundschaft. Hier hat übrigens bei einem Kieler Seminar zum „symbolischen Interaktionismus" eine Schlangenbeobachterin, *Cornelia Klink,* referieren können, daß eine aktuelle (stehende) Schlange Regelverletzungen eher verhütet als eine durch Merkzeichen (z. B. durch laufende Nummern) markierte Schlange[3].

II

Womit ich wieder zum *Problem der Regelungsschwäche* zurückkehre, das mir bedeutungsvoller erscheint. Denn, warum nur mögen sich Menschen überhaupt auf so eine schwache Ordnung einlassen?

Dazu sind wir – beim gleichen Seminar – noch auf einen anderen Beobachtungssplitter gekommen. Unser Thema war damals nämlich nicht eigentlich „die Schlange" gewesen, sondern der bei ihnen vermutete *Auf- und Abbau von Kurztraditionen*. Man kann derlei gut beobachten, wenn viele durch eine enge Schwingtür wollen, z. B. in einen U-Bahnhof. Blicklos drängelt jeder voran und läßt die Schwingtür zurückschnellen, bis der eine kommt, der sie dem Hintermann aufhält. Dieser übernimmt die Geste und gibt sie auf gleichem Wege nach hinten dem nächsten weiter – *eine Tradition ist entstanden*, deren Lykurg längst untergetaucht ist. Wie sie untersuchen? Sie wird ebenso abrupt beendet, wenn einer („ungeduldig", „beide-Hände-voll", „unhöflich") den Türflügel wieder zurückschnappen läßt; und nach ihm die anderen. (Jetzt ist die Tradition t+1 vorerst eingerichtet.)

Hier schienen uns die Symbolischen Interaktionisten gute banale Wegweiser, und zwei Kommilitonen wurden zur Kieler Förde geschickt, um mit einem sogenannten Butterdampfer auf die Reise zu gehen (kurz raus aus der Dreimeilenzone, also ins billige Zollausland, nominelles Anlegen in einem dänischen Hafen, zurück mit Butter/Zigaretten/Alkohol/Parfüm in großen Plastiktaschen durch den vorbeiwinkenden Zoll). Bei diesen zusammengewürfelten Passagieren eines Dreivierteltages erwarteten wir uns Beobachtungen und Aufschlüsse zu Kurzzeittraditionen.

Gunter Hesse und *Wolfgang Kirsten* berichteten denn auch, wie die Gelangweilten schichtenweise Kaffee tranken und an den Sitzen in der Restauration klebten, Tüten und Taschen um die Stuhlbeine; wie die Kinder quakten; und wie, ohne aufzublicken, Dreier- und Vierer-Gruppen Metastasen der deutschen Skatkultur bildeten. Dann aber fiel ihnen auf: *wie früh* sich doch hie und da einer erhob – wie er eine gar nicht zu unterdrückende Unruhe um sich herum stiftete –, wie andere also auch aufstanden, in Ärmel fuhren und sich zuknöpften, nach ihren Siebensachen griffen – wie alle diese mittschiffs eine imposante Schlange aufbauten, knäulig und die Gänge verstopfend, und mit Blick auf eine Relingfuge, wo man noch lange nicht aussteigen konnte. Die Fähre hatte noch nicht angelegt, noch nicht einmal das Tempo gedrosselt – halbstundenlang wurde so gewartet, und noch eins so unbequem, wie es der Bordaufenthalt vorher gewesen war[4].

Woher diese Schlange? Die diskutierenden Seminarteilnehmer erkannten sie wieder, sie hatten sie schon erlebt: Wenn in den D-Zügen sich erst einmal einer erhebt und fürs Aussteigen fertig macht, lange bevor die Lok mit dem Brems-Glissando alle alarmiert; und wie sie dann im Seitengang stehen, stur blickvermeidend; mit kleiner Aversion gegen die, die aus den Coupés gar nicht anders können, als sich dazwischenzudrängen oder jeweils drinnen Kleinschlangen markieren. Der Hauptbahnhof ist noch in weiter Ferne, und der Zug ist doch nach eigenem Erleben noch nie mit einem Aussteigwilligen wieder abgefahren. Was ist denn nur am Ziel so knapp? Die Gepäckkarren? Die Taxen? Schön, ein Anschluß mag knapp sein, aber es ist auch nicht unbekannt, daß die Bundesbahn Anschlüsse will und abwartet.

Der nächste Seminarbeitrag: Schlangen vor dem Abflug. Flugerfahrene erinnern sich: Die Stewardeß kommt, gelangweilt, zögert mit kleinen Gesten herum (Kordel abhängen, Tür aufschließen), steht erstmal und wartet, der Abholerbus ist noch gar nicht an der Rampe. Alles erhebt sich. Bis jetzt ist hier noch keiner hintengeblieben; und man weiß doch auch, wie relativ wenig man nachher vom Platz am Bullauge hat; und womöglich ist die Lounge schwach besetzt. Dennoch ist im Nu die Schlange erstellt. Wer auf den Klappsitzen weiter wartet und auch nur die Zeitung liest, weicht ab. Ähnliches wiederholt sich im Flugzeug bei der Landung. Obwohl man sich doch nicht abschnallen sollte, bevor die Maschine steht, windet sich alles in die Mäntel und verstopft dann den Mittelgang. Woher diese Reisendenschlangen?

Wiederum die ökonomische Überlegung: Sowenig es wert erscheint, als erster oder doch relativ früh durch den Zoll oder aus dem Zug oder in den Flugfeldbus zu kommen, so ist es doch immer noch wertvoller als die Gammelzeit auf dem „Sonnendeck", in der 2. Klasse, im Warteraum B 11. Wenn die Wartezeit geradezu nichts wert ist, dann müßte doch auch ein marginaler Anreiz genügen, sie zu quittieren, um eine marginale Verzögerung bei der Abfertigung (als einen Verlust) zu vermeiden. *Homo oeconomicus* minimiert den Zeitaufwand, indem er Schlange steht.

Gegenfrage: Warum wäre die Wartezeit denn „gar nichts" wert? Man denke an die Unbequemlichkeit des Stehens und die vorher so flott eroberten und gehaltenen Sitze; an die Möglichkeit, das Fördeufer vorbeiziehen zu sehen; sich zu unterhalten. Ist es denn selbstverständlich, daß diese Frist verachtet wird; oder was? (Sie geht doch immerhin vom Leben ab.) Es gibt hier wenig empirische Möglichkeiten, Motive zu erhellen, fast so wenig wie bei den Traditionen (t, t+1, ... t+n) in der Schwingtür. Im Seminar trugen wir immerhin kraft Selbstbeobachtung die unbestimmte *Ängstlichkeit* bei, mit der man sich an die zur Schlange Aufbrechenden anschließt. „Diffuse Ängstlichkeit" läßt aber unbefriedigt, obwohl „diffus" (in der Leipziger Schule der Soziologie heißt es „flottierend") richtig beobachtet sein kann. Es gibt doch auch ebenso unbestimmte *positive* Erwartungen: Der Anreißer mit den Patentputzmitteln auf dem Klapptisch muß nur Einen anhalten machen – dann kriegt er Zulauf, Gedrängel, hinten schließen sich immer mehr an. Die Werbepsychologie kennt das aus dem Wahlkampf und bringt die diffuse Hoffnung auf einen Begriff mit Stempelglanz: *„bandwagon effect"*. Aber woher die Disposition dazu? Wenn dies Wort eine Erklärung andeutet, so bespricht es doch nur, daß die Leute *folgen;* nicht aber, warum die ersten *so früh aufbrechen,* noch, warum sich die anderen *so bereitwillig* anschließen.

Die Seminardiskussion stieß nicht viel weiter vor als bis zu der Erläuterung, daß diffuse Furcht und diffuse Hoffnung ihren Grund in einem *diffusen sozialen Mißtrauen oder Vertrauen* hätten. Das entpsychologisiert die Begriffe zwar etwas und ist der Zunft angemessen – Soziales nur durch Soziales erklären (Persil spricht nur über Persil) – aber Mißtrauen wogegen? Vertrauen auf was?

Die Erklärungen kehrten lieber zu den „mißtrauischen" Schlangen zurück und verloren sich in der hilflosen Umgangssprache der kulturkritischen Essays. „Mißtrauen gegen die anonymen Apparate" wurde vorgeschlagen. Anonym – Stena Line, Deutsche Bundesbahn, Lufthansa? Eben nur Firmennamen für Großorganisationen, von denen man das Gefühl hat, sie machten mit ihren Passagieren doch, was sie wollten. Am krassesten sei doch die Erfahrung

bei den Fluggesellschaften – die gingen mit der Wartezeit ihrer Kundschaft, die es doch definitionsgemäß eilig haben müßte, so üppig um wie die Lungensanatorien. Und alles liefe über Blinklichter, Pfiffe, signalisierende Maschinengeräusche, die die auslösenden Menschen tarnten – in solcher Umgebung sei Mißtrauen normal. Es sei eher bemerkenswert, daß solche Reaktionen der Vorsicht sich trotz aller Werbung für Butterfahrten, schienengebundenen Verkehr und Flugsicherheit noch erhielten.
Eine vervollständigende Beobachtung kam noch hinzu: Diese abstrakt umregelten Situationen, in der fast alle Kommandos ,,in Gestalt der Technik" *(v. Borries)*[5] erfolgten, träfen auf eine durchaus eigentümliche Menschenansammlung. Sie sei für ihre gemeinsame Zielorientierung zugleich zu kopfreich und zu unterorganisiert. (Sprechend die Floskel: ,,Windhundprinzip".) Die Teilnehmer kennten zwar große Menschenansammlungen (Typ: Ladenstraße), aber dort wolle nicht jedermann durch das gleiche Öhr, und kollektive Ungeplantheit ,,schade" keinem. Und andere kopfreiche Gruppen, die ein gemeinsames Ziel zwar hätten (Belegschaftsgruppen, Truppenverbände), die wären straff vororganisiert.
Demnach sind die beobachteten, wenig solidarischen, stumpfsinnig wirkenden Schlangen immerhin eine – relativ – besser sozialstrukturierende Zuflucht, als es die (Warte-)Situation sonst zuläßt? Leicht zusammengewehte Dünenketten in einer ganz unterbestimmten Flugsand-Wüste der Sozialerfahrungen des Publikums? Trockener: Hilflose Strategie der Gegen-Normierung in einer – von Großorganisationen ,,technisch" so eingeplanten – fast schon *anomischen* Großgruppensituation?
Übertragen wir unsere Fragen vorerst auf eine sensationelle Riesenschlange.

III

,,An diesem trüben Wintertag parken hinter der Ruine der Frauenkirche unzählige Busse und Autos, Absperrungen sind vor dem Eingang zum Albertinum errichtet, der Besucherstrom ist ... ungeheuerlich, im Keller, vor den Garderoben stehen die Menschen lange an. Durch die beiden Säle im Erdgeschoß zieht ein Publikum, das wie zur Andacht gekommen zu sein scheint, ein fast religiöser Schimmer liegt auf vielen Gesichtern. Eng aneinander aufgereiht die zumeist nicht großen Bilder, böhmische Landschaft aus Weimar und Stuttgart nebeneinander, die Namen der leihgebenden Städte werden wie ein wichtiges Buch ... studiert – es sind fünf ausländische Städte, elf Städte der Bundesrepublik und 14 der DDR". Der Leser hat es schon erkannt: *Die Caspar-David-Friedrich-Ausstellung,* November 1974. Allerdings in Dresden. Eine Viertelmillion Besucher: bis heute der Weltrekord bei einer Gemäldeausstellung. Mehr noch als in Hamburg.
Jedoch hat gerade die *Hamburger* Caspar-David-Friedrich-Ausstellung unsere Zunft blamiert: *Wir haben sie nicht vorausgesagt.* (Daß es anschließend auch in Dresden voll werden würde, das konnten sogar die Museumsleute als Faustregelsoziologen prognoszieren.) Aber nicht einmal anschließend haben wir dieses Massenereignis untersucht, vielmehr das Hin- und Hersinnieren den Feuilletons überlassen.
Vom 14. September bis 3. November 1974 besuchten 218910 Interessenten ausweislich des Kartenverkaufs diese Ausstellung der Hamburger Kunsthalle. Im ersten Stock zirkulierten

Mengen, die jedes museumseigentümliche Anschauen unmöglich machten. Mehr als eine Stunde sollte man nicht unter den Bildern zubringen. Für Rausgehende wurden die Exponaträume gleich wieder vom Kopf der Schlange her aufgefüllt, einer Schlange, die sich durchs ganze Treppenhaus abwärts wand, bis ans Drehkreuz. (Immerhin gab es hier erzieherische und – angesichts des ohnehin unermeßlichen, stummen Andrangs – eher geschwätzig-anbiedernd wirkende Wandtafeln die Menge). Die Schlange reichte also durch die Zentralhalle im Erdgeschoß, durch das Foyer bis vors Haus; sie schlang sich links um die Ecke, ganz an der Kunsthalle entlang und bis über die lange Ernst-Merck-Brücke, die die ausgefächerten Einfahrtgleise zum Hauptbahnhof überspannt: Wer da ankam, erschrak erst einmal des Todes und stellte sich dann still für Stunden hinzu (für drei bis fünf, es gab natürlich Optimierungsstrategien, aber wer hatte sie antizipieren können, wenn er in Blankenese, Rahlstedt oder Harburg aufbrach?).

Auffällig war die Schweigsamkeit in der Schlange. Die Kleinrituale des ‚komischen Entsetzens' (gut aus dem Werbefernsehen bekannt) beim Anschließen und die sympathischen Antworten der grad auch erst Eingetroffenen brachen zwar das Eis, man richtete sich ein. Aber dann wenig Gespräch, weniger vielleicht, als in Berlin oder Köln üblich gewesen wäre. Kleine Techniken, wie der Schichtwechsel von Familienangehörigen, der garderobefähige Klapphocker, die mit Nachbarn verabredete Schlangen-Pause, nicht zu lang, bei Würstchen oder Kaffee um die Ecke – das kennt man auch von den vorhersagbaren Riesenschlangen (bei Meisterschaftsspielen oder Staatsbesuchen) –, aber gab es etwas dieser nie erhörten Schlange Eigentümliches?

Ich habe mich, der Soziologe ist immer im Dienst, auch „weich" umgehört: „Haben Sie so etwas schon erlebt?" und „Was meinen Sie, wird es sich lohnen?" und „Was uns wohl erwartet?" und was so offene Fragen mehr sind, in der Hoffnung, der Attraktion behutsam auf die Sprünge zu kommen. Es schien mir methodisch fragwürdig, nun mit dem Notizblock auf und ab zu gehen und mit gezielten (‚jeden 5.') und harten Fragen die – wie ich vermutete – eher dumpfverborgene Motivation zurückzuschrecken[7]. Mich warnte die jetzt schon von Reportern übernommene Unart mancher Demoskopen, hanebüchene Derivate („geschlossene Fragen") zur Alternative zu stellen, *à la* „Sind Sie hier, weil Sie eine heile Landschaft suchen, oder mehr, weil Sie eine Zuflucht brauchen?"; im Grunde Fragen, die einem das Maul verbieten, damit der Interviewer seine Interpretation retten kann, und völlig komplementär zu den Techniken des scheinantwortenden Verschweigens bei den beruflich meistinterviewten Politikern und Showgeschäftsleuten und zu den Techniken des Verweigerns sonst im Publikum. Ich fürchtete also, daß dieser Stil gegenseitiger Hilflosigkeit in einer allen Wartenden eher rätselhaften Massenansammlung nur Verlegenheitserklärungen erbringen würde. „Ich bin hierhergekommen, weil ich in der Schule viel über den Maler gehört habe" und „Eine Ausstellung ... zu der Bilder aus Leningrad und Dresden geholt wurden, bekommt man nie wieder zu sehen" und „Ich habe mir gedacht, wo so viele Leute hingehen, mußt du auch gewesen sein". So stand es nämlich dann auch in der „Welt"[8]. Als wir später im Kieler Forschungsseminar darüber sprachen, waren die ersten Reaktionen auch innerhalb dieses Musters. *Rolf Ziegler* wird sich erinnern.

Ich fragte also nicht schlangauf schlangab *(„judgement sample")*, sondern trachtete hinzusehen, Zeit hatte ich, und war von mir enttäuscht: Ich fand so wenig. Höchstens konnte mir die

Geduld der Besucher auffallen. Also keine leicht gereizte Drängelsucht, keine Bei-Fuß-Kommandos für die durchaus mitgebrachten Kinder. Überhaupt die ganze – sonst selten derart zielvereinte – Altersskala zwischen Kind und Greis, und, unerwartet, zwischen allen ein Hauch von Wohlwollen, der sich hielt bis zu den Bildern und friedlich alle dann auseinandergehen ließ.

So blieb das Frappante *die Unvorhersehbarkeit* dieser Caspar-David-Friedrich-Schlange. Auch hatte die Presse nichts groß angeheizt, etwa das örtlich mächtige „Hamburger Abendblatt". Was erhitzt schon eine Überschrift wie „Star-Gäste sind mit 50 Millionen DM versichert" (31. 8. 1974)? Die Redaktion hatte sich nicht einmal dessen erinnert, daß sie selbst zwei Jahre zuvor (am 9. 9. 1972) einen immerhin anständigen Erfolg der Friedrich-Ausstellung in der Tate Gallery (vom 6. 9. bis 15. 10. 1972) gemeldet hatte (Überschrift: „London feiert deutschen Romantiker"). Und auch andere örtliche Überschriften waren geradezu matt: „Daten zu einer säkularen Retrospektive" („Die Welt", 6. 9. 1974) und „Alles gehört zum ganzen ..." (dieselbe, 16. 9.), „Radikale Modelle" („Der Spiegel" vom 18. 9.) und, noch am sensationellsten, „Polizeischutz für einen Romantiker" („Welt am Sonntag", 8. 9.). Dies war jedenfalls keine medieninduzierte Sensation.

Das war der Branche übrigens gar nicht recht. Der häufige kleine beleidigte Ton im Feuilleton, der die Erklärungsstereotypen variiert, ist unüberhörbar. Schön, wenn man einen Auslaß fand.

„Während der Senat", so schrieb *Hermann Peter Piwitt* dann in der „Frankfurter Rundschau" am 11. 11. 1974, „... in Finkenwerder eine der letzten heilen, citynahen Gartenlandschaften verkommen läßt, zeigt man in der städtischen Kunsthalle die farbigen Konterfeis solcher heilen Landschaften als Narkotika ... Der Anblick der mehrere hundert Meter langen Menschenschlangen ... war nicht weniger trostlos als der einer Opiumhöhle." *Sic!* Und es „hat auch gezeigt, wie zerschlagen (die Menschen) sind und unfähig, sich in der Realität wieder zurückzuerkämpfen, was sie sich im künstlerischen Surrogat verschaffen können ... Caspar David Friedrich: ein Trip, einer von den vielen, die man heute so schmeißt[9]."

Abgesehen aber vom Gefühl der Kränkung, die den Autor hier sogar zu dem After-Pleonasmus „*künstlerisches Surrogat*" treibt (ein Pleonasmus nur zur Zeit des ApO-Katers), ist seine Stellungnahme dennoch lehrreich: in einem Versagen, und in einer richtigen Beobachtung. Sie versagt, weil sie sich nicht versagen kann, sich auf Caspar David Friedrich als Künstler einzuschießen. Die Friedrich-Schlange ist aber weder ein Kunst-Trip von vielen noch überhaupt ein kunstsoziologisches Problem. *Hermann Peter Piwitt* hat recht, das Gorch-Fock-Motiv „Finkenwerder" zu zitieren; wenngleich mit engstirniger Eile.

Ich meine, man sollte sich zuvor an ganz andere und desgleichen *unerwartete* Riesenschlangen erinnern. Ich nehme einmal weitere sieben norddeutsche Ereignisse und zähle auf. Dabei behaupte ich, daß diese insgesamt acht spektakulären Massenansammlungen zusammengehören und daß daher das Medium der Gemälde Caspar David Friedrichs nicht die Hauptsache ist[10].

IV

Es ist alles schon etwas her:

1. Als Vorläufer rechne ich den Stapellauf des Tankers ,,Tina Onassis" am Sonnabend, dem 15. Juli 1953. Mit 45000 BRT war dies der bis dato größte Tanker der Welt, ein Nachkriegsrekord zumal für Hamburg. (Man erinnere sich, daß in den frühen 50er Jahren ,,Hamburg" weit mehr als heute ,,Hafen und Schiffahrt" bedeutete, und als eine Entwicklung, daß die deutschen Reeder einmal vor der deutschen Arbeitsgesetzgebung per Ausflaggen flüchten würden, noch ganz undenkbar war.) 45000–50000 Zuschauer, weit mehr als vorausgesehen, erschienen zu diesem Ereignis vor der Werft, und ein erstaunter Lokalpatriotismus verzeichnete es.

2. Der gleiche Reeder, Aristoteles Onassis, gab den Hamburger Howaldt-Werken mit einem 47000-BRT-Tanker wieder einen Weltrekordhalter in Auftrag, der Pfingstsonnabend 1954 (7. Juni) mit noch erheblicherem Andrang vom Stapel lief: ,,Hunderttausende hielten den Atem an" (,,Die Welt", 8. 6. 1954), als eine Fürstin Bismarck drei Würfe brauchte, ehe die Taufflasche brach: ,,Al-Malik Saud Al-Awal"[11].
Zehn Monate später wurde die Jungfernfahrt angekündigt. ,,Weißes Riesenschiff ,König Saud I' geht in See" mit Untertitel: ,,Morgen können die Hamburger die bildschöne Schwester der ,Tina Onassis' vom hohen Elbufer bewundern", hatte ,,Die Welt" dann am 30. 4. 1955 überschrieben, und die Zeitungen hielten alle fest, sie werde nie wiederkehren (mit Ölfracht lag sie für die Elbe zu tief). Der Andrang überstieg dennoch alles, was Hamburg seit dem vorigen Frieden gesehen hatte. Die Leute standen von Övelgönne bis zum Süllberg wie die Mauern und noch einmal bis Schulau, als das Tankschiff mit unerhörter Heckwelle hinaussteuerte.
Gewiß, dies war ein Rekordschiff; gewiß hatten die Medien vorher geklingelt; gewiß war es der traditionell ausflugsverdächtige 1. Mai. Dennoch: Ich war als Mulus dabei und vollkommen von dieser unabsehbaren, friedlich-angetörnten Menge und der mit dem Riesen elbab laufenden Jubelwelle verdutzt. (Vielleicht sollte man dazu sagen, daß für einen Jahrgang 1935 mit unmittelbar überzeugtem Nachkriegs-Antinazismus eine kopfreiche Demonstration nicht etwa ,,Fortschritt" bedeutete, sondern enorm mißtrauisch machte: Unsereins hatte gelernt, daß Massenversammlungen ein Hitlerpatent gewesen waren, und Massenbegeisterung auch. Daß ,,Massen" erst einmal als antidemokratisch gelten müssen, dachten daher ich und die Väter des Grundgesetzes gleichermaßen, und erst die mittsechziger Jahre sollten dies durcheinanderbringen, jedenfalls bei mir.)

3. Das 1964er Feuerwerk zur 775-Jahr-Feier von Hamburg gehört in diese Reihe, obwohl es das auch zu bedenkende Beispiel einer *abortierten* Schlange hervorrief. Fast die Hälfte (?) der Bevölkerung machte sich auf den Weg, mit dem Resultat, daß sowohl der öffentliche Nahverkehr (S-Bahn, Hochbahn, Straßenbahn, Busse) zusammenbrach als auch die Autos alle Straßen blockierten. 800000 Interessenten wurden geschätzt – ,,nur ein Bruchteil von ihnen hat das lichtfunkelnde Schauspiel wirklich sehen können. Die anderen blieben stecken, in Autos, überfüllten Verkehrsmitteln und auf verstopften Straßen" (,,Hamburger Abendblatt", 8. 5. 1964).

4. Allgemein erinnerlich wird demgegenüber wohl die Windjammerparade im deutschen Olympiajahr 1972 sein. „Selbst Bundespräsident Gustav Heinemann, dem sonst nur schwer spontane Begeisterung auch in Worten zu entlocken war, wiederholte ein ums andre Mal, was auch rund 250000 Menschen an den Ufern der Förde und auf See an diesem Tag empfanden: ‚So etwas Schönes habe ich noch nie gesehen.‘“[12] Und das hatte die Viertelmillion doch vorher gar nicht *so* wissen können, wie die rund 70 Vollschiffe, Barken, Schoner, Yachten und Jollen (backbord voran allein 6 Dickschiffe) die Kieler Förde hinaufseilen würden. Um mit *Gert Kistenmacher* („Süddeutsche Zeitung“, 5. 9. 1972) fortzufahren: „Bereits am Vortag hatten sich die ersten Seh-Leute an der Förde eingefunden. Windjammer-Fans verbrachten die Nacht in ihrem Wagen, auf Feldbetten oder Luftmatratzen an Parkplätzen. Darunter zahlreiche Kraftfahrzeuge mit Kennzeichen sogar aus München, Frankfurt oder Düsseldorf. Um sieben Uhr morgens setzte dann am Sonntag ein Strom von Besuchern ein, der in der Kieler Innenstadt um elf Uhr zur Verkehrsstufe 5 – völliger Zusammenbruch – führte. Auch zu beiden Seiten der Förde herrschte ein Verkehrschaos. Die Ufer waren schwarz von Menschen. Bis Mittag schätzte die Kieler Verkehrspolizei rund 170000 Menschen und 45000 Kraftfahrzeuge.“ Eine Stunde Warteflug über Kiel-Holtenau vor Landeerlaubnis, ein Hauptbahnhof voller Sonderzüge und vor Kiel alle erreichbaren Ostseefähren, 400 Segelboote allein aus dem benachbarten Dänemark, usw. usw. – „an Land brannte eine Feldscheune ab. Niemand kümmerte sich darum. Auch die Feuerwehrleute blickten wie gebannt auf das Gewirr von Masten, Segeln und Schiffsleibern.“

5. Herbst 1974 war dann die Caspar-David-Friedrich-Ausstellung in Hamburg gewesen, und gleichzeitig wurde

6. alle Organisation noch einmal unerwartet überrannt: Am 20. September 1974 erschienen im abgelegensten Werkteil des Hamburger Hafens, wohin nur die allerwenigsten beruflich und die Hamburger sonst praktisch nie kommen, runde 100000 Besucher[13]. Sie wollten, zur Eröffnung, die neue Autobrücke über den Köhlbrand begehen, über einen abgelegenen Wasserarm also, der sich von der Alten Süderelbe trennt und südnördlich zur Norderelbe führt, für die höchsten Schiffsaufbauten passierbar bleiben mußte und bis dahin kümmerlich durch ein Trajekt bedient worden war. Eine reine Anbindung Harburgs an die Nord-Süd-Autobahn Flensburg–Maschen, die wenigsten Besucher würden sie künftig befahren. Gewiß, die Presse hatte die Schönheit des weitgeschwungenen, hochführenden Bauwerks, seine asymmetrische Eleganz betont; gewiß, es war Publikumszudrang geplant (Medaillen wurden ausgegeben); aber dennoch war man nicht darauf gefaßt gewesen, daß Kopf an Kopf zwei kilometerlange und fahrbahnbreite Ströme sich hinwärts und herwärts über die Brücke schoben, auf der einen Seite durch ununterbrochen fahrende Elbfähren, auf der anderen durch S-Bahn-Sonderzüge zu nie erhörten Güterhaltepunkten bedient. (Die Schlangen fingen schon am Sonder-Fahrkartenschalter des Hamburger Hauptbahnhofs an.) Beim Richtfest, am 25. Oktober 1973, hatte es bloß rund 500 Schaulustige gegeben[14].
Abermals hatte es eine recht unbequeme Anfahrt, und dann noch den sich (für einen Ortsunkundigen) unbekannt lang hinziehenden Anmarschweg bis zur Brücke selbst gekostet – von der man freilich schönen Blick über die Häfen und Höfte hatte. Trotz der Molesten aber (und

der völlig zusammenbrechenden Medaillen-Ausgabe) war diese Menge unaggressiv, gutgelaunt, drang vor, ohne zu drängeln, wartete geduldig auch nachher stundenlang auf Abtransport.

7. Zur Erstbegehung des neuen Elbtunnels hatte man nun einiges gelernt; sie fand vom 26. bis 30. Dezember 1974 statt, und diesmal peilte die Presse es ganz direkt an: „Was tun Hamburger zwischen Weihnachten und Neujahr? Den Elbtunnel besichtigen" („Die Welt", 9. 11. 1974), und es waren wieder an die 100000. Man mag hier endgültig vom „*bandwagon effect*" murmeln und sich weitere Überlegungen sparen, und gewiß war es die dritte Großgelegenheit des Jahres 1974, Schlange zu stehen. Aber hier fehlten die mildernden Umstände fast völlig, und deswegen sei dieser Anlaß doch festgehalten: Es war kalt. Keine weiße Tankermajestät, kein Feuerzauber, kein segelüberflockter Kieler Fjord, kein „Kreuz im Gebirge" und kein Blick über die „Stadt der Türme, Stadt der Masten" – nur ein kilometerlanger Unterwassertunnel für Klaustrophoben, mehrspurig gewiß und ausgeleuchtet, aber in ganz Norddeutschland wohl keine absurdere Tour für Fußwanderer. Dennoch: Andrang.

8. Im Mai 1975, es sei das letzte Beispiel, war noch einmal das Elbufer gepackt voller Zuschauer, um zwei unauffällige Frachter (9365 BRT, Bj. 1960, und 8656 BRT, Bj. 1958) einkommen zu sehen. Sie scharten sich schon in Stade, Lühe und Wedel, besetzten ab Blankenese und Finkenwerder die Anleger, standen die Uferböschungen und -straßen hoch, füllten mit rund 200 Booten den Strom, schwangen Laken und Badetücher aus den Fenstern, und die „Serviererinnen der kleinen Restaurants am Hafen hatten eilig die Tischtücher von den Tischen gezogen und winkten den Heimkehrern damit zu"[15]. Das war für die „Münsterland" von der Hapag-Lloyd und die „Nordwind" von der Nordstern-Reederei, die vom 4. Juni 1967 bis jetzt, 2867 Tage, mitten im gesperrten Sueskanal festgesessen hatten, im Großen Bittersee. Am 24. Mai 1975 machten sie nun endlich an Schuppen 73 fest, die einzigen Schiffe von damals 14, die noch aus eigener Kraft hatten nach Hause fahren können. Auch hier, und nach den vorangegangenen Ansammlungen voraussagbar, ist der Faktor der Werbung zu beachten: Für Medien ist ein selbstgemachtes „Ereignis" immer das handlichste. Das Boulevardblatt „Morgenpost" hatte, als am 7. Mai die Befreiung endlich sicher war, eine Serie der (recht eintönigen) Geschicke der Frachter im Bittersee gebracht; im „Hamburger Abendblatt" hieß es am 7. 5.: „Nach acht Jahren Kurs auf Hamburg" und – lockender – am 14. 5.: „Volksfest für die Bittersee-Frachter". „Bild" veröffentlichte am Tag der Heimkehr – am 24. Mai, einem Sonnabend, auf S. 3 – den ungefähren Zeitplan elbaufwärts. Man mag immer einwenden, dies Ereignis gehöre bereits nicht mehr zu den überraschenden Ansammlungen. Jedenfalls wurden die malerisch rostigen Spätheimkehrer von einem „Spalier von mehreren hunderttausend Zuschauern" („Nordsee-Zeitung" vom 26. 5. 1975) „auf der Elbe und bei ihrem Einlaufen in den Hafen begrüßt wie selten ein Schiff zuvor" („Stör-Bote" vom 26. 5. 1975).

V

Zugleich kann man erklären, daß es Gruppen religiöser Phänomene geben kann, die keiner konstituierten Religion angehören: sie sind eben nicht oder noch nicht in ein religiöses System integriert. *(Emile Durkheim)*

Diese Ereignisse gehören für mich zusammen, und doch fällt es mir schwer, dasjenige in der nötigen Klarheit herauszuholen, was uns Soziologen erlauben würde, sie wiederzuerkennen und vorauszusagen. Die Hauptschwierigkeit scheint mir darin zu liegen, daß es um *Superzeichen sehr langwelliger sozialer Prozesse* zu gehen scheint, für die kulturell kein institutionell abgesichertes Problembewußtsein besteht. Das soll heißen, diese unerwarteten Riesenreihen geduldig Wartender versprechen sich die Erfüllung eines Bedürfnisses, das zugleich unartikuliert und massenhaft verbreitet ist. Für dieses Bedürfnis steht sonst keine erwartbare zivilisatorische Vorkehrung bereit, die es nach verläßlich erwartbaren Regeln stillen könnte. So bilden sich bei diesen seltenen Gelegenheiten Probe-Institutionen, soziale „Erlkönige"[16]. Es dürfte demnach um Bedürfnisse gehen, die selbst unsere auf Langfristigkeit angelegten Großorganisationen nicht miterfüllen, und sei es nur als Nebenfolge ihrer anderen Aktivitäten. Weder – in abnehmender Langlebigkeit – die Kirchen noch die etablierten Großfirmen, noch unsere Verwaltungen, noch unser föderaler Staat scheinen es zu erbringen. Es dürften aber zugleich auch Hoffnungen sein, die in den lebensbegleitenden (gesamtgesellschaftlich kürzerlebigen) Primärgruppen keinen Anker finden: weder – in abnehmender Begleitdauer für den einzelnen – in der Gattenfamilie noch beim Arbeitsplatzgeber, noch im Kreis der Nachbarschaft, noch in der Herkunftsfamilie, noch in einer sog. *peer group,* noch in der Schulklasse.

Solche Bedürfnisse sind in unserer Kultur allenfalls Stoff ernsthafter Spekulation; sie äußern sich bei geschickter Titelwahl als Bucherfolge. (Was in den 40er/50er Jahren der „Verlust der Mitte" und „Der unbehauste Mensch" waren, sind jetzt in den 60er/70er Jahren halt der „Eindimensionale Mensch" und „Der Garten des Menschlichen" gewesen. Unser ratloser Fachspott über diese essayistische Kulturkritik hat dabei durchaus Ambivalenz, schon seit *Arnold Gehlen* fallenließ, daß, wer die Mitte verloren habe, wenigstens den Rand halten solle[17]).

Ich möchte für den Makro-Bereich der Riesenschlangen die Begriffe aufnehmen, die sich im Mikro-Bereich der Butterdampfer anboten: Vermutlich sind diese Ansammlungen eine *relativ besser* strukturierte Zuflucht für eine ganz besonders geartete, nationale Anomie. Sie fallen als Kontrast auf, aber weil die Anomie stumm geblieben ist, werden sie auch nicht als Antwort auf Anomie erkannt. Dennoch sind sie Versuche sozialer Formgebung, und ihr Wichtiges ist für uns: sie könnten uns Genaueres über diese besondere (von mir vermutete) Anomie lehren. Die Anomie selbst ist dabei, um ein Bild zu brauchen, eine derart flache und langwellige Dünung, daß ihre Ursachen zu erforschen uns methodisch sehr schwer fallen muß. Die hier zusammengestellten Spektakula mögen als Schaumwipfel etwas mehr verraten.

Um zu analysieren, bediene ich mich keiner exotischen Überlegungen, sondern möchte nur einiges theoretisch Bekannte und einiges aktuell Beobachtbare zusammenstellen:

Theoretisch gehe ich davon aus, daß die Riesenschlangen zu einer *gewollten Feier* gehören. Dieses Wort soll daran erinnern: Es ist, zumal ethnologisch, belegt, daß eine von den Teilnehmern als gelungen beurteilte Feier diese Beteiligten erhoben hat, *indem sie einen im Alltag ausgehaltenen Widerspruch wiederholend und festlich zugespitzt aufnahm.* Das beste Beispiel dafür ist die Arbeitsabschlußfeier: Sie ist so mühsam (in der Vorbereitung) wie die Arbeit, und sie ist ebenso lebenswichtig; sie zitiert – spöttisch-bunt und/oder glorreich-bunt – die Mühe ebenso wie die Wichtigkeit; sie ist zeitlich verdichtet: ekstatisch-erhebend und zu Tode ermüdend; sie ist eben *symbolisch.* (Zivilisationen, die diesen Zusammenhang zerstört haben, halten anschließend Symbole für Warenzeichen.) So wie also eine „gelungene" Arbeitsabschlußfeier (die Rückkehr von der Robbenjagd, das Erntedankfest, die Abiturfête) symbolisch die *Genugtuung* verdichtet, die – freilich! – den Arbeitsgängen zuvor bei aller Mühsal nicht hat fehlen dürfen[18], so muß man *in den Anlässen,* die zu unseren Riesenschlangen führten, *nach Verdichtungen suchen.*

Falls diese Feier-Hypothese trägt, so braucht es einen auch nicht mehr zu wundern, daß die Teilnehmer Mühen auf sich nehmen, geduldig und untereinander duldsam sind, daß sie sich mit erhebenden Kurzszenen als Klimax begnügen, friedlich dann auseinandergehen und noch lange davon erzählen.

Was nun wurde hier verdichtet? Ich hebe dreierlei heraus: *Hochkomplexe Mühe; Unwiederbringlichkeit; Wohlschaffenheit.*

Komplexe Mühe – das ist im Bereich hocharbeitsteiliger und arbeitszusammengesetzter Großprodukte wie Tanker, Brücken oder Flußtunnel evident. Sie sind eine harte Koordinationsaufgabe und dauern bis zur Unübersichtlichkeit lange. (Man ersieht das schon aus der Notwendigkeit, den Prozeß durch Zwischenfeiern – wie Richtfest oder Stapellauf – markant zu gliedern.) Es gilt aber auch für die Windjammerparade und die Caspar-David-Friedrich-Ausstellung. Nicht nur sind Segelschiffe und Friedrichsche Gemälde hochkomplexe mühevolle Kunst; sie waren auch aus der ganzen Welt langwierig und mühselig zu orten, einzuwerben und herzubringen. So stellt sich eine Parade oder Exhibition in ihrem schwierigen Aufbau durchaus auch *selber* aus und nicht nur ihre Exponate – so wie eine Braut nicht nur das Mädchen, sondern auch die Mühe, es zu schmücken, wohlgefällig symbolisiert. Das gilt für alle acht Anlässe.

Unwiederbringlichkeit – das ergab sich, und dazu brauchte es keiner Presseaufmacher. Man las es zwischen den Zeilen, wenn es in den Ankündigungen nicht vorkam: Dieses hier wird viel zu schnell vorbei sein. Größte Schiffe der Welt werden nicht wieder ihrem Element übergeben und kommen nimmer wieder diesen Fluß hinauf. (Die Wirklichkeit darf nicht antizipiert werden – die „Al-Malik Saud Al-Awal" kam unbeachtet und halbausgebrannt am 22. Dezember 1966 nach Hamburg zum Abwracken zurück[19].) Ein Feuerwerk wird verschossen, die Segler gehen bald unter, Brücken und Tunnel werden künftig nur noch von Autos befahren werden, der verlorene Sohn kehrt nur einmal vom Bittersee heim. Man kriegt auch nicht mehr soviel Bilder von Caspar David Friedrich zusammen. (Und nun möchte ich doch nicht verschweigen, daß das in der bildenden Kunst wohlbekannte Motiv der Unwiederbringlichkeit, dargestellt etwa durch Totentanz, *Nature morte* oder – *e contrario* – in Warholschen Serien, bei Friedrich eine besonders blickfangende und wie bei einem Umkippbild hin- und herziehende Motivik hergibt: Wer vor seinen Bildern steht, sieht die einmaligen [„malenswerten"] Vuen und sieht zugleich auf den Rücken derer, die sie auch ‚dies eine Mal' sehen; zwischen sich selbst und sich-in-denen wird man, hin- und her-reflektierend, gebannt; und der Christus am „Kreuz im Gebirge" ist sogar höher angeschlagen als die Kuppen, die uns Betrachtern den Ausblick begrenzen. Er sieht über sie hinweg; oder sah noch eben, denn vielleicht ist er schon tot.)

Wohlschaffenheit – wie soll man das Signal sonst näher bezeichnen, als mit einer verwitterten Vokabel? Nicht unnütz prächtig und nicht häßlich nötig; die Arbeit wird aufgeführt als ein mit seinem eignen Sinn vertontes Libretto; das Große ist unbedrohlich, das Vertrauenerweckende muß nicht setzkastenklein sein. Dies ist wohlgetan und tut wohl.

Als sehr gründlich also, sehr zeitverdichtet (beschleunigt), sehr magisiert präsentieren sich diese Anlässe, mittels komplexer Mühe, Unwiederbringlichkeit, großer Schöne. Es muß sich also bei der gesuchten langwelligen Anomie um ein Bedürfnis *im Extrembereich dieser sozialen Dimensionen* (Radikalität, Rapidität, Ritualität) handeln[20]. In der Tat finden wir in den Materialien kluger Kulturkritik dazu korrespondierende Klagen: über sinnloses Stückwerk in der menschlichen Arbeit und das Puzzle der Lebensphasen; über den Serientalmi von Arbeit & Freizeit; über den PR-Effekt aller Institutionen fürs Schöne-Gute-Wahre. Also anstatt Gründlichkeit variable Oberflächen, anstatt Unwiederbringlichkeit Ewigdasselbe, anstatt Schönheit säkularisierte Reklame. Womöglich kann man jetzt an den seltenen und unvorhergesehenen Großansammlungen sehen, daß manche dieser Kultur-Kritiken nicht nur Gymnasiasten-Wehwehchen meldeten.

Der Vorwurf verblasener Wehleidigkeit gegen Kulturkritiker kann auch fehlplaziert sein. Er ist verständlich als umgeleiteter Unwille gegen solche, die angesichts ihres undeutlichen Objektes – einer langwelligen Anomieausbildung – allzuoft mit der Stange im Nebel rührten. Selbstverständlich rühren bei dieser Problemlage die Scharlatane am häufigsten mit. Vielleicht, wenn man sich gründlicher den Ansammlungen zuwendete, wie sie hier erörtert wurden, wird man die Scharlatane los, und man erkennt, daß manche Zeitkritik immerhin Probleme behandelt, deren – auch uns zugängliche! – Signale wir bislang mißachteten.

VI

Sollte das Schlangestehen nach Superzeichen somit ein nichtzufälliger Bestandteil unserer Kultur sein, so würden wohl auch andere Signale in diesen Zusammenhang gehören. Man müßte sich rechtzeitig nach Vergleichbarem in anderen Zusammenhängen umsehen. In diesem – ich weiß es – notwendig vorsichtig andeutenden Zusammenhang wären zwei europäische Phänomene einbeziehbar.

Einmal hat es bereits verschiedentlich langwellige Anomie-Syndrome gegeben, die historisch zum Aufsuchen von Superzeichen geführt haben. Aus größerer historischer Entfernung sehen sich diese Ansammlungen wie einmalige Abweichungen an, z. B. im 13. Jahrhundert die Albigenser, der Kinderkreuzzug oder die Flagellanten. Sehr viel aufschlußreicher und beobachtbarer ist aber die Weise, in der früher Unruhen dieser Art institutionell aufgefangen wurden. Wahrscheinlich fehlt es uns jetzt nur an einer hinreichend empirischen Soziologie der Wallfahrt.

Zum anderen dürfte es geboten sein, sich nicht nur auf *positive* Superzeichen einzustellen. Elemente der komplexen Gründlichkeit, der Unwiederbringlichkeit und der nun freilich höchsten Abscheulichkeit (Anti-Schöne) ziehen desgleichen Riesenzüge von untereinander kameradschaftlichen, mühselig sich ans Ziel heranbewegenden, auf einen eher abstrakten Höhepunkt hin orientierten Teilnehmern an. (Einen Höhepunkt, den polizeilich zu symbolisieren man sehr vorsichtig sein sollte.) Man nähert sich dem in einer bereits ungewohnten Generations-, Geschlechter- und Berufsmischung. Ich meine die Brennpunkte der Bürgerbewegungen, zumal gegen die Atomkraftfabriken. (So wie ihre Grundsteinlegung zu Demonstrationen führte, wird es demgemäß ihre Inbetriebnahme tun.) Es scheint, daß diese Demonstrationen ein Signal der gleichen säkularen Anomie sind, und – je nach Erfolg – eine relativ sinnlose oder sinnvolle Unternehmung, um etwas mehr Nomos ins Leben der Teilnehmer zu bringen. Die Fernperspektive sich darauf beziehender sozialer Bewegungen (in der Religionsgeschichte am ehesten wiederfindbar) wird dann auch erklären, warum die relativ nahen Terminen verpflichteten, staatsbezogenen Organisationen (von den Exekutiven bis zu den Parteien) sich mit der Domestikation dieser Bewegungen so schwer tun.
Gegenüber der Caspar-David-Friedrich-Ausstellung war man staatlicherseits genauso hilflos; doch argwöhnte man darin keine Herausforderung.

VII

Zurück zu den Schlangen: Aus einer *anomischen Egalität der Not* (meinethalben ,,Knappheit") flüchtet man sich in diese immer noch primitiven, etwas geordneteren (oligonomischen) Formationen. Die Nöte können kulturell anerkannt sein – dann werden die Schlangen erwartet, sie haben einen Stil. Die Nöte können – im mikro- wie makrosozialen Bereich – aber auch nur sprachlos, brauchlos, dumpf gefühlt werden. Dann überraschen uns die Schlangen. Höchste Zeit, ihre Wege zu lernen.

Anmerkungen

1 Als ökonomische Metapher begegnet es einem überall, sobald man nur anfängt darüber nachzudenken, *à la GEWOS* e. V. Warteschlangen vor den Wohnungsämtern, Hamburg 1980. Als betriebswirtschaftliches Konzept dient es dem mathematisierten Operations Research (Warteschlangentheorie, Queuing Theory).

2 *Leon Mann,* Queue Culture: The Waiting Line as a Social System, American Journal of Sociology, Jg. 75, 1969, S. 340–354.

3 Vgl. *Erving Goffman,* Das Individuum im öffentlichen Austausch, Frankfurt am Main 1974, S. 63 ff. Einige Fragestellungen von *Cornelia Klink* sind im Auge zu behalten, z. B.: *Gegen wen* richtet sich der Zorn beim Vordrängeln? (Gegen Vordrängler *und* Gatekeeper). Wo wird ohne Versuch der Schlangenbildung rücksichtslos gedrängelt?

4 Es handelte sich um eine nicht verdeckte Beobachtung auf der ,,Langeland" am 21. Januar 1978, einem Sonnabend. Die Dänen (für die die ,,Hin"-Fahrt die Rückfahrt war) wurden 45 Minuten vor Anlegen unruhig; die Deutschen dann auf ihrer Rückfahrt begannen 50 Minuten vorher mit Einpakken und Anziehen. Die Schlangen zum Verlassen des Schiffs bildeten sich stumm eine halbe Stunde vorher, indes die Käuferschlangen (während der Überfahrt, vor den Schiffskiosken) entspannt waren, man einander sogar beriet usw.

5 Vgl. *Volker v. Borries,* Technik als Sozialbeziehung, München 1980, S. 81 f., 210 f.

6 *Wolfgang Paul,* Nun also Dresden, in: Der Tagesspiegel vom 9. 12. 1974.

7 Das *kann* eine sekundäre Rationalisierung sein, denn ich gebe zu, ich war mit Familie da.

8 *G.B.*, Das letzte Rätsel des Malers Caspar David Friedrich, in: Die Welt vom 31. 10. 1974.

9 *Hermann Peter Piwitt,* Nachbemerkung zu CDF, in: Frankfurter Rundschau vom 11. 11. 1974.

10 Einen anderen Forschungsweg ist man in Wien nach dem Erfolg der Ausstellung „Archäologische Funde der Volksrepublik China" vom Frühjahr 1974 gegangen. *Leopold Rosenmayr* hat darauf hingewiesen, wie man hier vermöge kulturpolitischer Forschungsaufträge (in noch unveröffentlichten Berichten) zu kluger Museumsdidaktik vordringen konnte – allerdings verweist er gerade die „Aura des Großartigen und Einmaligen" ins Unbedeutende, indem er ihre Ursachen in Nebenbemerkungen auf „sensationell aufgemacht" und „Werbeaufwand" reduziert. (In: Durch Praxisrelevanz zu neuem Theoriebezug? Kölner Zeitschrift für Soziologie und Sozialpsychologie, Jg. 33, 1981, S. 32 f.) Vgl. auch den Beitrag von *Leopold Rosenmayr* in diesem Buch.

11 *Claus Lafrenz,* Dreimal flog die Flasche, in: Die Welt vom 8. 6. 1954.

12 *Gert Kistenmacher,* Das letzte Fest der alten Königinnen, in: Süddeutsche Zeitung vom 5. 9. 1972.

13 Polizeischätzung lt. Die Welt vom 21. 9. 1974. Bild (vom gleichen Tag) nannte 150000.

14 Die Welt vom 26. 10. 1973.

15 Goslarsche Zeitung vom 26. 5. 1975. Wie immer bei unvorhergesehenen Entwicklungen haben sich auch die Journalisten hier nicht optimal einstellen können und hielten sich an die von den Presseabteilungen vorbereiteten Blickpunkte. Anschließend ist die Rekonstruktion schwierig. Andere Schätzungen zum Ansturm liegen niedriger („über 100000" lt. Harburger Anzeigen und Nachrichten vom 26. 5. 1975). Zum Andrang in Stade und Lühe vgl. das Stader Tageblatt vom 26. 5. 1975. Zur Vorgeschichte vgl. am gedrängtesten Hapag-Lloyd aktuell, Ausgabe 17, Juni 1975, S. 1–3. Am Kai wurden die Schiffe übrigens nachts von Souvenirräubern völlig ausgeplündert (vgl. Morgenpost vom 30. 5. 1975); und nur die größere der beiden Schiffsglocken, die von der „Münsterland", fand man später im Hafenbecken wieder (war wohl ohne Winsch zu schwer gewesen).

16 Auf den Autobahnen identifizieren Kenner zuweilen eine noch gar nicht gehandelte Automarke bei einer Probefahrt – einen „Erlkönig".

17 Orale Tradition.

18 Vgl. *Lars Clausen,* Die Wiederkehr der Arbeit, in: *Lars Clausen* und *Franz Urban Pappi* (Hrsg.), Ankunft bei Tönnies, Kiel 1981.

19 *Günter Niemeyer,* Traurige Heimkehr der „König Saud I.", in: Hamburger Abendblatt vom 23. 12. 1966.

20 Vgl. *Lars Clausen,* Tausch, München 1978, S. 139 ff. (teilweise in den Fußstapfen von *Ralf Dahrendorf*). Eine hübsche Engführung unserer Themen, von der „Schlange als Alltagsbrauch" bis zum „Superzeichen", findet sich bei *Michael Binyon,* Soviet Union mesmerized by lust for gold, in: The Times vom 25. 3. 1981.

ZWERGE AUF DEN SCHULTERN EINES RIESEN?

Neuere Beiträge der Theorien abweichenden Verhaltens und sozialer Kontrolle in der Tradition Emile Durkheims

Von Günter Albrecht

„Die Größe Durkheims liegt darin, daß er unentwegt Fragen stellte, selbst wenn er keine Antworten oder nur ungenügende Antworten für sie wußte. Was zeitgebunden war an ihm, ist heute sicher weitgehend belanglos geworden. Aber der Mut und die Kraft des beständigen Fragens bleiben sein Vermächtnis an die Gegenwart und die Zukunft" (*René König*, 1976, S. 364).

I. Vorbemerkung

Die letzten Jahrzehnte haben die Soziologen durch Anwendung ihrer Theorien und ihrer Forschungsmethoden auf sich selbst zur schmerzhaften Einsicht gebracht, daß auch der Fortschritt (oder besser: die Entwicklung) ihrer Wissenschaft nicht als einliniger, zielgerichteter und gradliniger, kumulativer und allein an den eigenen wissenschaftlichen Kriterien orientierter Prozeß zu sehen ist. Sie haben erkennen müssen, daß Wissenschaftstheorie und Methodologie hier und tatsächliche Theorieentwicklungs- und Forschungspraxis dort zwei Paar verschiedene Schuhe darstellen, daß systematische Weiterentwicklung oder auch nur Wahrung schon erreichten theoretischen und empirischen Wissens zwar vom wissenschaftlichen Ethos gefordert, unter Prestigegesichtspunkten und Originalitätsansprüchen aber geradezu gefährliche individuelle Arbeitsprinzipien darstellen.

All das zeigt sich beispielhaft am Umgang der Soziologen mit ihren „Klassikern". Um mit der Redewendung zu sprechen, die wir in Orientierung an *Robert K. Mertons* genialischem Brief „Auf den Schultern von Riesen. Ein Leitfaden durch das Labyrinth der Gelehrsamkeit" mit in den Titel einbezogen haben, seien die Fragen, die uns leiten, in die folgende ungewohnte Form gebracht: 1. Stehen die heutigen theoretischen und empirischen Arbeiten der Forscher im Bereich des abweichenden Verhaltens und der sozialen Kontrolle „auf der Schulter eines Riesen"? 2. Haben sie es überhaupt geschafft oder zu schaffen versucht, die Schulter des Riesen zu erklimmen oder (um im viele hundert Jahre alten Wortspiel, dessen Geschichte *Merton* so präzise und humorvoll untersucht hat, zu bleiben) „tanzen sie dem Riesen auf der Nase"? 3. Was tun die Zwerge heute, wenn sie den Eindruck haben, daß der Riese strauchelt? 4. Können oder könnten die Zwerge von heute auf den Schultern des Riesen von gestern wirklich weiter sehen?

Wir wollen und müssen uns nicht lange mit der Frage aufhalten, ob *Emile Durkheim* von jener „wissenschaftlichen Statur" ist, die ihn in die Kategorie der Riesen einzureihen erlaubt, denn darüber gibt es keinen Zweifel[1]. Andererseits hat *Durkheim* keine systematische Theorie der Devianz – er verwendet nicht einmal das Konzept – oder der sozialen Kontrolle verfaßt, so daß sich zumindest in bezug auf dieses speziellere Feld theoretisch die Frage nach seinem Gigantentum stellt, obwohl es sich vielleicht geradezu daran bewährt, für möglichst viele verschiedene speziellere soziologische Fragestellungen Antworten bzw. richtungsweisende Anregungen zu geben.

II. Die Ausgangslage

Betrachten wir deshalb den engeren Bereich der Devianz und der sozialen Kontrolle, so haben wir durch die Arbeit von *Stephen Cole* (1975) über die Bedeutung der verschiedenen Autoren in der amerikanischen Soziologie abweichenden Verhaltens und sozialer Kontrolle erste Hinweise, auch wenn diese Studie primär auf die Rolle von *Robert K. Merton* in dieser Sparte abstellte. Hier zeigt sich, daß *Durkheim* in den Jahren von 1950–1954 praktisch ohne Bedeutung war (während sich der Einfluß von *Merton* schon deutlich zu erkennen gab), daß *Durkheim* in den Jahren von 1955–1959 in die Spitzengruppe der Autoren von Einfluß vordringt (Platz 10 gemeinsam mit *Sheldon Glueck* unter 51 relevanten Autoren), die von *Parsons* und *Merton* in gleicher Weise angeführt wird. In den Jahren 1960–1964 verharrt *Durkheim* im Mittelfeld, während *Merton* seine Spitzenstellung weit ausbaut. In der Zeit zwischen 1965–1969 behauptet *Merton* diese führende Position, und *Emile Durkheim* rückt wieder mit in die Spitzengruppe. Während der Zeit von 1970–1973 fällt *Merton* dann weit ins Mittelfeld zurück, wohingegen *Durkheim* einen Platz am unteren Ende der Spitzengruppe behaupten kann. Wir haben auf eine Fortführung der immensen quantitativen und qualitativen Inhaltsanalysen und Zitationsstudien *Coles* bis in die letzten Jahre verzichtet, können aber insbesondere auf der Basis der Faktorenanalyse *Coles* für die behandelten Zeiträume eine erste, wenn auch relativ spekulative Interpretation wagen. Das Werk *Emile Durkheims* erlebte nach dem Zweiten Weltkrieg in den USA eine Renaissance bzw. stieß auf erneutes Interesse nahezu ausschließlich durch die Umdeutung bzw. Weiterentwicklung der Anomietheorie durch *Robert K. Merton*. Während aber *Merton* schon 1965–1969 nicht mehr beim „Anomiefaktor" in relevantem Maße „lädt" – Hinweis auf den unspezifischen Gebrauch der *Merton*schen Arbeiten durch die anderen Kollegen –, ist *Durkheim* noch durchaus vertreten. Für die Zeit von 1970–1973 erbringt die Faktorenanalyse nicht einmal mehr einen „Anomiefaktor", dafür jedoch erstmals einen Faktor „Symbolic Interaction, Labeling". *Merton* fällt quantitativ deutlich zurück, aber *Durkheim* behauptet sich relativ gut. Bei genauerem Hinsehen zeigt sich, daß jene Autoren, die dem Labeling Approach nahestehen bzw. mit ihm im Streit liegen und sich gleichzeitig konstruktiv und/oder kritisch mit *Durkheim* auseinandersetzen, an Boden gewinnen (beispielsweise *Jack P. Gibbs*, *Erving Goffman*, *Kai T. Erikson*, *Walter Gove* und *Jack D. Douglas*). Wir wagen hier die These: Nachdem *Durkheim* zunächst durch die Starthilfe von *Mertons* „SS & A" ins Gespräch gebracht worden war, hat er sich alsbald zum „Selbstläufer" entwickelt. Er wird auch von anderen „Paradigmen" entdeckt und „benutzt"; doch dazu inhaltlich später mehr.

Durkheim ist jedenfalls in der Mitte der 50er Jahre als „Klassiker" auch von der Theorie abweichenden Verhaltens und der Theorie der sozialen Kontrolle entdeckt worden, und sein theoretisches Werk muß sich damit jene Behandlung gefallen lassen, die *Cole* (1975, S. 215) so deutlich herausgearbeitet hat: Da eine Funktion von Theorie ist, die Arbeit ihrer Verwender zu legitimieren, werden die bedeutenden Theoretiker zitiert, um der eigenen Arbeit höhere Glaubwürdigkeit und Ansehen zu verschaffen. Da die empirische Forschung häufig nicht unternommen wird, um Theorien zu prüfen, wird die Theorie nur verwendet, um den Resultaten einen Sinn zu geben oder abzugewinnen, und wir fügen hinzu: dies auch dann, wenn es schwerfällt. Besonders kritisch wird es jedoch für klassische theoretische Beiträge, wenn man die empirisch abgesicherte Aussage von *Cole* beachtet: „*A theory is not rejected when negative empirical evidence is discovered unless there is a better theory available to take its place*" (*Cole*, 1975, S. 214) und mit seiner weiteren Beobachtung verknüpft: „*The growth of theory has its own internal dynamic and often proceeds independently of empirical investigation.* If this is true, we would expect to find new theoretical developments being primarily influenced by past theoretical work rather than empirical work" (*Cole*, 1975, S. 215). Zugespitzt könnte man also sagen: Die klassischen theoretischen Beiträge werden nicht empirisch geprüft, sondern als Legitimationshilfen verschlissen. Ihre Aussagen werden so lange strapaziert und gewendet, bis sie einen Sinn oder auch *Un*sinn ergeben. Sie werden nicht geprüft, verbessert und abgewandelt, sondern durch alternative Theorien verdrängt, die sich in der Handhabung als flexibler und gefügiger erweisen, aber vielleicht dennoch nicht richtiger sind – zumal die empirische Prüfung von Theorien in der Wissenschaft eine viel geringere Rolle spielt, als diese immer vorgibt.

Wir sehen, daß dies nichts Gutes für die Behandlung klassischer soziologischer Beiträge bedeuten kann, und tatsächlich ist dies am Beispiel des Werkes von *Emile Durkheim* in den letzten Jahren sehr deutlich geworden. *Talcott Parsons* hat in seiner eminent wichtigen Arbeit „The Structure of Social Action" (1937) das Werk *Emile Durkheims* als voluntaristische Handlungstheorie vorgestellt und interpretiert, *Durkheims* wissenschaftstheoretische Position als mehrfach wechselnd, vom Positivismus bis zum Idealismus sich radikal wandelnd dargestellt und eine Konvergenz mit der Position *Max Webers* in mehreren wichtigen Punkten aufzeigen zu können geglaubt. Mehr als dreißig Jahre, ja nahezu vierzig Jahre hat sich diese Sichtweise mehr oder weniger unangefochten behauptet. Erst durch die scharfe, im Detail aber sehr kenntnisreiche, wenn auch gelegentlich vielleicht die Gegeninterpretation übertreibende Kritik durch *Whitney Pope, Jere Cohen* und *Lawrence E. Hazelrigg* (vgl. *Pope*, 1975; *Cohen*, 1975; *Cohen, Hazelrigg* und *Pope*, 1975a und 1975b; *Pope, Cohen* und *Hazelrigg*, 1977) sind wir auf die Zweifelhaftigkeit dieser Interpretation aufmerksam gemacht worden, die wohl nicht mehr haltbar ist, denn sowohl die Einschränkung von *Cohen* (1975) gegenüber *Pope* (1973) als auch die Antworten von *Parsons* an seine Kritiker (*Parsons*, 1975a und 1975b; *Parsons*, 1976) stellen unseres Erachtens keine völlig überzeugende Zurückweisung dieser Kritik dar. Doch auch diese neue Sichtweise wird nun durch *Warner* (1978) in ihre Schranken verwiesen und durch eine alternative aufgehoben, die sich durch eine Revision des handlungstheoretischen Bezugsrahmens gewinnen läßt. In diesen gehen zwar auch *Parsons'* Konzepte der „Norm" und der „normativen Orientierung" ein, aber sie werden entkoppelt, so daß Normen als Verhaltensvorschriften und -verbote definiert werden, die von der sozialen Umwelt gestiftet, mit Verbindlichkeit ausgestattet und durch informelle und formelle Sanktionen durchgesetzt werden. Dabei ist das Ausmaß, in dem diese Verbindlichkeit von den Akteuren wahrgenommen und akzeptiert wird, eine empirische Frage, die „normative Orientierung" ist damit jener Teil der Orientierung des Akteurs, die durch ein Gefühl des Sollens regiert wird. Zu den kognitiven Orientierungen des Akteurs gehören jene Tatbestände, die vom Akteur als „gegeben" erfahren werden, ob dies simple Bewertungen bzw. Wahrnehmungen der Situation, metaempirische Vorstellungen vom „Göttlichen" oder Sollensvorstellungen, unter ihnen Normen von anderen Akteuren sind. Innerhalb dieser „redefinierten Handlungstheorie" finden außer dem Akteur selbst Elemente Berücksichtigung, wie: *Ziele seines Handelns* (teilweise konstituiert durch die normativen Orientierungen des Akteurs, teilweise durch seine kognitive Orientierung und teilweise durch exogene Elemente), die *Situation* (gebildet aus *Bedingungen,* also Aspekten der Situation, über die der Akteur keine Kontrolle hat, und aus den *Mitteln,* jenen Aspekten der Situation, die der Akteur manipulieren kann). Dies alles geschieht innerhalb des Rahmens der normativen und kognitiven Strukturierung, die auf wechselnde Weise teilweise die Ziele des Handelns determiniert, den Handlungsmitteln Beschränkungen auferlegt und das Bild von der Handlungssituation strukturiert.

Warner (1978) glaubt, in dieser redefinierten Handlungstheorie die Theorien von *Durkheim* und *Weber* im rechten Licht erscheinen zu lassen und den von ihm unterstellten Fehler von *Parsons* und *Pope,* nämlich die *kognitive* Dimension nicht adäquat zu berücksichtigen, überwunden zu haben. Der Umstand, daß sowohl *Parsons* als auch *Pope* gegen diesen neuen Vorschlag heftige Bedenken anmelden und ihre jeweilige *Durkheim*-Interpretation mit vielen und auch einleuchtend scheinenden Argumenten verteidigen (*Parsons,* 1978; *Pope,* 1978), macht nun die Verwirrung komplett und zeigt deutlich: Von einer alle Quellen berücksichtigenden und ohne Rücksicht auf eine eigene, durch Rückgriff auf *Durkheim* abzusichernde (oder zu immunisierende) umfassende theoretische Konzeption stark selektive und verzerrende „Rekonstruktion" des Werkes von *Emile Durkheim* sind wir noch weit entfernt. Das besondere Verdienst von *Robert Alun Jones* (1977) besteht sicher darin, am Beispiel der Rezeptions- und Interpretationsgeschichte von *Durkheims* „Les formes élémentaires de la vie religieuse" gezeigt zu haben, welche absurden Schlußfolgerungen sich durch die allgemein gebräuchliche, nicht an den Kunstregeln historischen Forschens und Argumentierens gebundene Theorierezeption und Theoriegeschichtsschreibung ergeben. Wenn *Johnson* (1978/79) dem entgegenzuhalten versucht, daß es in der Theorierezeption nicht primär darum geht, einen früheren Autor zu „verstehen", sondern seine Ideen für die Weiterentwicklung eigener Theorien zu nutzen, so hat er damit zwar vordergründig recht, aber er übersieht wohl, daß der Rezipient – ohne ein Verständnis des benutzten Autors und ohne diesen als legitimen Interpreten seiner Ideen zu akzeptieren – große Gefahr läuft, Theorieelemente zu verwenden, die in Wirklichkeit nicht für den ihnen zugedachten Zweck geeignet sind, da sie anders begründet, anders gemeint sind und vielleicht auch anderes aussagen, als der Rezipient annimmt.

III. Kriterien der Analyse

Wenn wir uns dennoch an die Sichtung von theoretischen und empirischen Arbeiten begeben wollen, die sich einer bestimmten Tradition verpflichtet fühlen, so deshalb, weil wir die Soziologie als empirische Wissenschaft verstehen und Theorien vor allem daran messen, wie sie sich gegenüber der Realität bewähren. Unter Bewährung wollen wir dabei nicht nur das enge Kriterium des Überstehens von Falsifikationsversuchen verstehen, sondern auch das Potential an relevanten Fragen an die Realität, das von einer Theorie zur Verfügung gestellt wird, in die Bewertung einbeziehen.

Wir verfolgen unsere Analyse mit dem Ziel, die Bedeutung der Fragen, die *Durkheim* gestellt und angeregt hat, am Beispiel der neueren Diskussionen zur Theorie abweichenden Verhaltens und sozialer Kontrolle deutlicher herauszuarbeiten. Eine präzise Bilanz der empirischen Forschung können und wollen wir nicht versuchen, aber wir glauben zeigen zu können, daß der Ertrag der Forschung erheblich größer wäre, wenn das Werk *Durkheims* nicht wie ein ungeordneter Steinbruch oder wie eine idyllische Landschaft genutzt würde.

IV. Die Selbstmordforschung

Wir beginnen unsere Sichtung der neueren Arbeiten bei einem Problemkreis, der durch *Emile Durkheim* zu einem klassischen Teil der Soziologie abweichenden Verhaltens geworden ist: der Erforschung des Selbstmordes. Hier kommen wir zu der überraschenden Feststellung, daß relativ wenige empirische und theoretische Arbeiten in der *Durkheim*-Tradition vorgelegt wurden, mit Ausnahme der Serie von Arbeiten von *Jack P. Gibbs* und *Walter T. Martin* über Statusintegration und Selbstmord (1964), die sich ganz ausdrücklich und konsequent um die Aufbereitung *Durkheim*scher Hypothesen bemühen und den großen Vorzug aufweisen, Einsichten aus dem Selbstmordwerk und aus der „Arbeitsteilung" zu verknüpfen und einen expliziten Bezug zur sozialen Morphologie herzustellen. Die Umformulierung des Kernstückes der *Durkheim*schen Theorie, der Anomietheorie, durch *Robert K. Merton*, mit der wir uns noch eingehender befassen müssen, hat offensichtlich die Analyse des Selbstmordes mit anomietheoretischen Konzepten an den Rand des Interesses gerückt, deutlich dokumentiert durch die Tatsache, daß sich im höchst bedeutsamen Sammelband von *Marshall B. Clinard* (1964) zum Verhältnis von Sozialstruktur und Anomie, der sich ganz stark auf die *Merton*sche Theorie konzentriert, kein eigenständiger Beitrag zum Selbstmord findet, wohl aber zum Alkoholismus, zur Delinquenz, zur „psychischen Krankheit" etc. *Hans Hartwig Bohle* (1975) hat dies durch die Konzentration der Theoriebildung auf den Zusammenhang zwischen Sozialstruktur und Anomie erklärt, durch die die soziale Schichtung zu einer zentralen Variablen wird, die bei der Selbstmordforschung weitgehend unbeachtet blieb und bleibt.

Nun, wir wollen uns einigen ausgewählten unter den wenigen empirischen Arbeiten zuwenden und ihre Erträge und ihre Probleme herausarbeiten.

Einen interessanten makro-soziologischen und den sozialen Wandel, insbesondere Veränderungen der Arbeitsteilung berücksichtigenden Beitrag der Daten aus 32 Ländern heranzog,

haben *James D. Miley* und *Michael Micklin* (1972) beigesteuert. Die Autoren gingen in Fortführung *Durkheim*scher Überlegungen von den Thesen aus, daß das Ausmaß der Bevölkerungszunahme und das Ausmaß des „technologischen Wachstums“ zu einer Erhöhung der Arbeitsteilung, die Arbeitsteilung zu einer Verringerung der sozialen Integration und die Verringerung der sozialen Integration zu einer Erhöhung der Selbstmordrate führen werden. Ihre Studie kommt zu dem Schluß, daß das Bevölkerungswachstum negativ mit der Arbeitsteilungszunahme korreliert, während für das technologische Wachstum das Gegenteil gilt. Von besonderem Interesse für uns ist jedoch, daß eine eindeutige Beziehung zwischen Änderung der Arbeitsteilung und der Statusintegration und zwischen dieser und den Selbstmordraten nachgewiesen werden konnte, ja die höchste nachgewiesene Korrelation zwischen der Veränderung der Arbeitsteilung und der Selbstmordrate auftrat. Auch wenn einige der postulierten Beziehungen nicht bestätigt, sondern sogar ausdrücklich widerlegt wurden und damit gegenüber dem theoretischen Gesamtgebäude Vorsicht geboten scheint, erreichen *Miley* und *Micklin* eine auf den ersten Blick erstaunliche Stützung für die *Durkheim* verpflichtete Selbstmordtheorie. Dennoch scheint uns ratsam, die Arbeit gewissenhaft zu wiederholen. Es ergeben sich gravierende Einwände gegen die Operationalisierung der zentralen theoretischen Variablen (technischer Fortschritt, Arbeitsteilung und Statusintegration)[2].
Eine Weiterführung dieser makro-soziologischen Erforschung des Selbstmordes in der *Durkheim*-Tradition wurde jüngst von *Steven Stack* (1981) geleistet, der unter Rückgriff auf Statusintegrationstheorie, Anomietheorie und Industrialisierungstheorien für 45 Nationen die Zusammenhänge zwischen Industrialisierung und ökonomischem Wachstum und dem Ausmaß der Beteiligung der Frauen am Arbeitsmarkt (als Indikator für Statusintegration) auf der einen und der Selbstmordrate auf der anderen Seite untersuchte. Postuliert waren direkte und indirekte, über die Statusintegration vermittelte Effekte der unabhängigen Variablen Industrialisierung und Wirtschaftswachstum auf die Selbstmordrate. Tatsächlich zeigt sich bei einer multiplen Regressionsanalyse auf der Basis von Daten für 1970 (bzw. bei den Prozeßvariablen von 1960 bis 1972), daß alle drei Variablen bei Kontrolle der Effekte der jeweils anderen beiden Variablen statistisch hochsignifikante und starke Beziehungen zur Selbstmordrate aufweisen (Beta-Koeffizienten zwischen 0,399 und 0,257), unter denen diejenige zwischen der Statusintegration (Beteiligung der Frauen am Arbeitsmarkt) und Selbstmordrate besonders hoch ist (0,399). Insgesamt erklären die drei Variablen 43 Prozent der Varianz der Selbstmordraten und ergeben damit eine deutliche Bestätigung für die Bedeutung der entwickelten theoretischen Argumentation, auch wenn hier ebenfalls gegenüber dem Design der Studie und der Operationalisierung der Variablen Bedenken angemeldet werden müssen: Obwohl eine anomietheoretische Interpretation versucht wird, wird die Variable „Anomie“ nie direkt zu erfassen gesucht, sondern einfach *unterstellt*, wirtschaftliches Wachstum und Industrialisierung produzierten Anomie und diese bewirke steigende Selbstmordraten. Der Autor tendiert darüber hinaus dazu, aus den Gruppen- bzw. Aggregatkorrelationen auf Individualkorrelationen zu schließen, ganz in der Tradition der *Durkheim*schen Analysen, aber während man *Durkheim* diesen häufig polemisch angeführten Fehlschluß nachsehen muß, sollte er heute nicht mehr auftreten.
Ergeben diese mit makro-strukturellen Variablen arbeitenden Studien tendenziell eine überraschend deutliche Bestätigung der theoretischen Aussagen auf der Linie der Theorie der

„Arbeitsteilung" und des „Selbstmordwerkes", so wendet sich eine andere neuere Studie dem genaueren Studium der geschlechtsrollen- und der familienspezifischen Variablen zur Erklärung des Selbstmordes, insbesondere der Selbstmordrate von Frauen zu. *Gideon Vigderhous* und *Gideon Fishman* (1976) gehen von der *Durkheim*schen Beobachtung aus, daß der Familienstand von ganz erheblicher Bedeutung für die Höhe der Selbstmordrate ist, daß insbesondere die Scheidungsrate stark mit der Entwicklung der Selbstmordrate korreliert. Allerdings zeigt sich bei einem internationalen Vergleich insbesondere europäischer Gesellschaften der Gegenwart, daß *Durkheims* Feststellung, daß vor allem die Männer durch die Ehescheidung negativ betroffen werden und sich daraus eine Erhöhung der Selbstmordraten der Männer ergibt, während der Effekt bei den Frauen eher genau umgekehrt ist, heute nicht mehr gilt, so daß sich eine differenzierte Untersuchung der geschlechtsspezifischen Selbstmordrate unter besonderer Berücksichtigung der Entwicklung der familialen Integration (insbesondere der Ehescheidung) und der gesellschaftlichen Stellung der Frau als sehr vordringlich erweist. Die beiden Autoren haben auf der Basis von 20 Gesellschaften (vorwiegend europäische Gesellschaften unter Einschluß von Kanada, Australien und Neuseeland) unter Einbeziehung einiger relevanter Variablen zur Erfassung der gesellschaftlichen Stellung der Frau (Anteil der Frauen mit weiterführender Schulbildung, Geschlechtergleichheit in bezug auf die Berufsstruktur, Beteiligung der Frauen am Arbeitsmarkt, Anteil der Frauen in professionalisierten Berufen und Geburtenrate) untersucht, welche Variablen zur Kennzeichnung der Stellung der Frau unter Berücksichtigung der Ehescheidungsrate die beste Erklärung der Selbstmordrate von Frauen zu leisten vermögen. Eine multiple Regressionsanalyse ergibt zunächst, daß die Scheidungsrate einen signifikanten Effekt auf die Selbstmordrate nur ausübt, wenn jeweils die anderen Variablen kontrolliert werden. Die Suche nach möglichen *indirekten* Effekten der verschiedenen Dimensionen der gesellschaftlichen Stellung der Frau auf die Selbstmordrate der Frauen (vermittelt über die Variable Scheidungsrate) ergibt den interessanten Befund, daß die Scheidungsrate statistisch signifikant negativ mit der geschlechtlichen Gleichheit in bezug auf die Berufsstruktur, aber statistisch signifikant positiv mit dem Anteil an Frauen in professionalisierten Berufen korreliert. Diese Befunde sind nicht leicht zu interpretieren, doch kann man vielleicht die These formulieren, daß die berufliche Mobilität von Frauen an sich die familiale Integration nicht negativ beeinträchtigt, wohl aber das Vordringen von Frauen in die professionalisierten Berufe. Die Daten insgesamt lassen die Schlußfolgerung zu, daß die Veränderungen in der gesellschaftlichen Stellung der Frau nicht an und für sich die Selbstmordrate erhöhen, sondern daß die problematischen Effekte der „Emanzipation" (hier gemessen an der Selbstmordrate) über die Auflösung der familialen Integration bewirkt werden. Allerdings muß auch hier der erkennbaren Tendenz der Autoren entgegengetreten werden, aus den Gruppenkorrelationen direkt und unbedacht auf Individualkorrelationen zu schließen.

Einen besonders bedeutsamen, wenn auch nicht unumstrittenen theoretischen und empirischen Beitrag zur Selbstmordforschung in der *Durkheim*-Tradition hat *Whitney Pope* (1976) beigesteuert. Wir müssen hier darauf verzichten, seine sehr strenge, aber auch ergiebige Kritik und Neuformulierung von *Durkheims* „Suicide" nachzuzeichnen und teilweise zu korrigieren[3], und wenden uns statt dessen einer gemeinsam mit *Danigelis* verfaßten neueren empirischen Arbeit auf der Basis der Neuformulierung der *Durkheim*schen Theorie zu (*Pope*,

1976; *Danigelis* und *Pope*, 1979). Als zentralen Mangel der theoretischen Argumentation in „Suicide" hatte *Pope* die unklare Beziehung zwischen Egoismus und Anomie herausgestellt. Während viele frühere Interpreten die weitgehende Überlappung zwischen Egoismus und Anomie herausgearbeitet hatten (vgl. beispielsweise *Gibbs* und *Martin*, 1964), bestreiten *Pope* (1976) und *Johnson* (1965) jeden soziologisch relevanten Unterschied zwischen beiden Konzepten. Wieder andere Autoren haben lebhaft um die tatsächliche oder vermeintliche Differenz zwischen „Integration" und „Regulierung" gestritten (*Coser*, 1971; *Giddens*, 1971; *Hynes*, 1975; *Lukes*, 1972; *Nisbet*, 1966; *Nisbet*, 1974; *Parsons*, 1937; *Wallwork*, 1972), aber keinerlei Einigkeit darüber erzielt, vor allem aber in der empirischen Forschung – wie *Durkheim* selbst – auf die statistische Kontrolle des jeweiligen zweiten „Faktors" bei ihren Analysen verzichtet. *Danigelis* und *Pope* (1979, S. 1083 f.) sehen sich berechtigt, ähnlich pragmatisch vorzugehen und untersuchen folgende Kausalkette: Je größer die Zahl der Personen in einer Gruppe, desto höher die Rate der Interaktion und desto stärker die kollektiven Gefühle, desto stärker die Integration/Regulation bzw. desto schwächer die Anomie und der Egoismus. Je stärker die Integration/Regulation, desto stärker sehen die Individuen einen Lebenssinn. Je ausgewogener das Verhältnis zwischen Mitteln und Bedürfnissen ist, desto zufriedener sind die Individuen und desto niedriger ist die Selbstmordrate. Auf der Basis von *Durkheims* eigenen Daten über Oldenburg und Frankreich, Daten der WHO über 13, vor allem westeuropäische Länder sowie von den Autoren neuberechneten Daten aus Frankreich aus den Jahren 1886 bis 1931 untersuchen sie unter Verwendung eines verbesserten standardisierten Selbstmorddifferenzkoeffizienten, der die Mängel von *Durkheims* „Erhaltungs"- und „Verschlechterungskoeffizienten" vermeidet, die Relevanz der Variablen Alter, Geschlecht, Ehe- und Familienstand, eheliche und familiale Integration und kommen bei drei von vier Hypothesen auf der Basis der *Durkheim*schen Theorie zu einer eindeutigen Bestätigung, während in bezug auf die Relation zwischen den Selbstmordraten von Verwitweten bzw. Geschiedenen auf der einen und den Unverheirateten auf der anderen Seite eine erklärungsbedürftige Widerlegung der Hypothesen zu beobachten ist. *Durkheims* These von der „akuten Anomie" in der Folge von Scheidung und Verwitwung hält den Daten nicht stand, die These von dem Fortwirken der Effekte der Ehe bei den Geschiedenen kann ebenfalls nicht befriedigen, weil diese ein Ansteigen über die Rate für die Unverheirateten nicht erklären könnte, und auch die *Durkheim*sche Theorie der chronischen Anomie bewährt sich nicht. Ergibt sich – bis auf diese noch näher zu klärende Ausnahme – eine gute Bestätigung der *Durkheim*schen Theorie, so bleibt ihre schwache Stelle die Erklärung geschlechtsspezifischer Unterschiede, die immer wieder in aller Deutlichkeit beobachtet werden. Seine eigenen Daten hatte *Durkheim* dahingehend interpretiert, daß Frauen stärker biologisch und weniger sozial geprägte Kreaturen seien. Wegen ihrer einfacheren Bedürfnisse seien Frauen unempfindlicher gegenüber dem Unvermögen des sozialen Lebens, die komplexeren und stärker sozial geprägten Bedürfnisse zu befriedigen (*Durkheim*, 1973, S. 345): Weniger betroffen durch die gesellschaftlichen Ursachen des Selbstmordes, würden Frauen auch entsprechend seltener Selbstmord begehen. Hier nun aber tauchen viele theoretische und empirische Schwierigkeiten auf, denn die geringere Einbindung von Frauen in das gesellschaftliche Leben müßte eigentlich bedeuten, daß sie weniger integriert sind als Männer und folglich eine höhere Selbstmordrate aufweisen müßten. Vor allem aber verfällt *Durkheim* mit dieser Argumentation einem biologischen Reduktionismus, der seinem eigenen Wissenschaftsprogramm radikal widerspricht. Eine empirische Überprüfung der Integrationsthese würde die Erfassung der Gesamtintegration von Männern und Frauen (inner- und außerhalb der Familie) voraussetzen – und tatsächlich deuten sich dann erste brauchbare soziologische, nicht biologische Erklärungen an. *Danigelis* und *Pope* (1979, S. 1100) verweisen auf die größere Integration von Frauen in bestimmten Kontexten, von denen *Durkheim* selbst einen Schutz vor Selbstmord nachgewiesen hatte (Familie, Religion), während sie in geringerem Maße in soziale Kontexte integriert sind, die *Durkheim* als selbstmorderzeugend erwiesen hatte (Tätigkeit in den freien Berufen, Welt des Handels und der Industrie, insbesondere in den höheren beruflichen Stellungen). Tatsächlich hatten wir gerade genau das auch an der Studie von *Vidgerhous* und *Fishman* (1976) nachweisen können. Es ergibt sich also die Zwischenbilanz, daß die *Durkheim*sche Theorie bei aller Ergänzungs- und Präzisionsbedürftigkeit einen sehr fruchtbaren und brauchbaren Erklärungsansatz zur Verfügung stellt, der auch für jene Spezialprobleme, die *Durkheim* nur unter Rückgriff auf an sich von ihm selbst überwundene biologische Theorien lösen zu können glaubte, gegen ihn selbst weiterentwickelt werden könnte[4].

Als schwieriges theoretisches und methodologisches Problem fiel jedoch schon oben die angemessene Konzeptualisierung und Messung der sozialen Integration auf. *Gibbs* und *Martin* (1964) haben unter Verwendung eines spezifischen Aspektes der sozialen Integration, der Statusintegration, die *Durkheim*sche Theorie zu spezifizieren und weiterzuentwickeln versucht. Ihre theoretische Deduktion läßt sich sehr verkürzt so darstellen, daß die Selbstmordrate in einer Gesellschaft von der Stabilität der sozialen Beziehungen, diese wiederum vom Ausmaß der Konformität gegenüber den Forderungen und Erwartungen der anderen abhängt. Letztere wird als Funktion des Ausmaßes der Rollenkonflikte verstanden, die sich als Konsequenz der Inhaberschaft inkompatibler Status einstellen, die nun wiederum als Korrelat bzw. Folge des Ausmaßes der Statusintegration in der Bevölkerung zu interpretieren ist. *Gibbs* und *Martins* Theorie ist seit vielen Jahren einer Vielzahl von Tests unterworfen worden und hat sich in der Regel relativ gut bewährt. *Schalkwyk, Lazer* und *Cumming* (1979) haben nun kürzlich anhand neuer Daten zu zeigen versucht, daß der Bewährungsgrad der Theorie überschätzt wird, daß viele theoretische Ungereimtheiten bleiben und vor allem der Bezug zur *Durkheim*schen Theorie unklar ist. Die Argumentation in bezug auf den empirischen Bewährungsgrad haben *Gibbs* und *Martin* (1981) im Detail zurückgewiesen und mit der Gegenfrage gekontert, welche alternative Theorie auch nur annähernd einen vergleichbaren, wenn auch bescheidenen Bewährungsgrad vorweisen kann. Wir wollen diese Auseinandersetzung hier nicht vertiefen, sondern die Verbindung zur *Durkheim*schen Theorie kurz näher betrachten. *Schalkwyk, Lazer* und *Cumming* (1979, S. 1076f.) heben hervor, daß *Gibbs* und *Martin* (1964) ihre Theorie zwar mit der Aussage *Durkheims* einleiten: ,,Suicide varies inversely with the degree of integration of the social groups", aber leider nicht das Ende des Zitates anfügen, ,,of which the individual forms a part". Sie kritisieren wohl zu Recht, daß das Aggregatdatum ,,Ausmaß der Statusintegration" von begrenzter Aussagekraft über die tatsächlichen sozialen Beziehungen der Individuen ist, die ja letztlich die Selbstmordrate bestimmen. Sie führen aus: ,,The result of balancing this combination of individual and population characteristics, however, is that the concept of a social relationship is obscured" (*Schalkwyk*, *Lazer* und *Cumming*, 1979, S. 1077). Tatsächlich lebt die Argumentation von *Gibbs* und *Martin*, die zur Stützung einer zentralen These *Durkheims* entwickelt wird, von einer Reihe von *Brückenannahmen*, deren Haltbarkeit schwer prüfbar, aber durch Plausibilitätsprüfung annäherungsweise beurteilbar ist. Zweifellos täte eine Prüfung der Brückenannahmen gut, und eine Modifikation aufgrund empirischer Prüfung könnte möglicherweise den jetzt schon passablen Bewährungsgrad erhöhen.

Setzen wir unsere Analyse der Bedeutung der gesellschaftlichen Integration für die Entwicklung der Selbstmordraten fort, so verfügen wir durch die Arbeit von *Marshall* (1981) über einen interessanten Test einer klassischen *Durkheim*schen These: Während großer nationaler Kriege erhöhe sich die gesellschaftliche Integration, das Individuum denke weniger an sich und mehr an das kollektive Schicksal. Die gesteigerte gesellschaftliche Integration führe zu einem deutlichen Rückgang der Zahl der Selbstmorde und damit zu einem Sinken der Selbstmordrate (*Durkheim*, 1973, S. 226, 414). Dies gelte nur für den großen nationalen Krieg, nicht für rein politische „Kriege", die das Volk nicht einigten und seine Emotionen nicht in Wallung brächten. Neben die alternative Interpretation durch *Henry* und *Short* (1954), die von einem relativ *konstanten* Aggressionspotential ausgeht, das sich entweder in Mord- oder Selbstmordhandlungen äußert und in Kriegszeiten zu einer Reduktion der Selbstmorde zugunsten der Zahl der Morde tendiert, stellt *Marshall* nun eine dritte rivalisierende Theorie. Das Sinken der Selbstmordraten in Zeiten von Kriegen gehe nicht auf die von *Durkheim* herausgestellte Erhöhung der gesellschaftlichen Integration, insbesondere der politischen Integration, zurück, sondern vielmehr auf die in Kriegszeiten generell beobachtbare Belebung des Wirtschaftslebens und die daraus sich ergebende Senkung der *Arbeitslosenquote*. *Indirekte* Effekte des Krieges, vermittelt über den Arbeitsmarkt, würden jedenfalls *direkte* Effekte dieser Theorie zufolge übertreffen.

Eine empirische Überprüfung der rivalisierenden Theorien durch *Marshall* an historischen Daten über die Vereinigten Staaten für die Jahre 1933–1976 ergibt nun eine ganz eindeutige Bestätigung der Thesen von *Marshall* und eine Widerlegung der beiden anderen Interpretationen. *Marshall* hält den Einwand, daß die amerikanische Gesellschaft und ihre Kriege vielleicht ungeeignet seien, diese Theorie fair zu prüfen, da sie von allen Kriegen relativ wenig betroffen gewesen sei (alle fanden sehr weit weg vom Heimatland statt), für nicht zwingend, aber wir würden es dennoch für dringend geboten halten, die Untersuchung an direkt betroffenen Gesellschaften zu wiederholen. Im übrigen scheint *Marshall* nicht auf den Gedanken gekommen zu sein, daß die Reduktion der Arbeitslosenquote nicht nur als *ökonomische* Verbesserung für einen Teil der Bevölkerung angesehen werden kann, sondern durchaus als gesellschaftliche *Integration* von quantitativ erheblichen Bevölkerungsgruppen, die bis dahin weitgehend desintegriert waren. Damit wäre die *Durkheim*sche These zumindest teilweise verteidigt.

Seit *Durkheims* Lebzeiten hat er sich immer wieder dem Mißverständnis ausgesetzt gesehen, daß er von einem dogmatischen Anti-Psychologismus besessen gewesen sei. *René König* hat immer wieder deutlich gemacht, daß hier eine Fehlinterpretation vorliegt, die nur vor dem spezifischen Diskussionszusammenhang verstanden werden kann, in dem *Durkheim* gestanden hat. Hier hat die permanente Kontroverse mit *Gabriel Tarde* (vgl. *Lukes*, 1973, S. 303–313) eine besondere Rolle gespielt – und dabei vor allem der Streit um die *Tarde*sche

Nachahmungstheorie, der von *Durkheim* jeglicher Erklärungswert abgesprochen wurde. Um so interessanter ist es für uns, daß *David P. Phillips* (1979, 1980) in neuester Zeit zwei empirische Studien vorgelegt hat, die herauszufinden versuchen, ob von Selbstmorden eine suggestive Wirkung ausgeht, die eine signifikante Erhöhung der Selbstmordziffern auslöst. *Phillips* hat diese Frage am Beispiel von Selbstmorden in der Form willentlich herbeigeführter Auto- und Flugzeugunfälle untersucht, über die in den Massenmedien berichtet worden war. Auf die Einzelheiten dieser sorgfältig und einfallsreich durchgeführten Studien können und wollen wir hier nicht eingehen. Jedenfalls ergibt sich ganz zweifelsfrei, daß eine Suggestivwirkung im oben genannten Sinne nachgewiesen werden kann. Die Schwäche der Arbeiten von *Phillips* besteht darin, daß er nur unzureichende theoretische und theoriegeschichtliche Bezüge zwischen seinen empirischen Forschungsergebnissen und der Grundlagendebatte um eine sozialwissenschaftlich angemessene Erklärung des Selbstmordes herstellt. Die empirische Bestätigung von Nachahmungseffekten beim Selbstmord darf keinesfalls dahingehend mißverstanden werden, daß *Durkheims* Zurückweisung einer Nachahmungstheorie durch sie überwunden sei. Im Gegenteil: Die Imitation von Vorbildern kann nur dann von bestimmten Ereignissen ausgelöst werden, wenn die sozialen Ursachen dafür gegeben sind – und auf deren Analyse stellt die Soziologie des Selbstmordes ab. *Durkheim* (1961, S. 107f.) hat durch die theoretische Analyse der sogenannten „sozialen Strömungen" die Grundlagen dafür gelegt, die besonderen Wirkungen von bestimmten Auslösern mit sozialen und sozialpsychologischen Bedingungen und Prozessen zu verknüpfen, wenn er in Ergänzung zu jenen Elementen des Kollektivbewußtseins, die zu festgesetzten Glaubensvorstellungen und Gebräuchen kristallisiert sind, ausführt, daß es durchaus vergleichbare soziologische Tatbestände ohne bestimmte Organisation gebe:

„Doch weisen auch andere Erscheinungen, die nicht in diesen kristallisierten Formen auftreten, dieselbe Gegenständlichkeit und dieselbe Gewalt über das Individuum auf. Es sind dies die sogenannten sozialen Strömungen. So entstehen im Verlaufe einer Versammlung die großen Ausbrüche des Enthusiasmus, der Entrüstung und des Mitleides nicht im Sonderbewußtsein der einzelnen. Sie treten an jeden der Teilnehmer von außen heran und sind imstande, sie auch wider ihren Willen fortzureißen." Konkret auf den Selbstmord angewendet: „Die Behauptung, daß jede menschliche Gesellschaft eine mehr oder weniger betonte Neigung zum Selbstmord hat, ist keine Metapher, sondern in der Natur der Dinge begründet. Jede soziale Gruppe hat tatsächlich einen Grad der Kollektivanfälligkeit für diesen Akt, der einen ihrer Charakterzüge bildet, und die individuellen Neigungen leiten sich davon ab, statt, wie oft angenommen, ihrerseits Ursache zu sein. Die Elemente dieser Neigung sind vielmehr die in der jeweiligen Gesellschaft vorherrschenden Strömungen von Egoismus, Altruismus oder Anomie, zusammen mit den Tendenzen zu melancholischem Dahindämmern, zum aktiven Verzicht oder zu verzweifelter Apathie als deren Folgeerscheinungen. Die Kollektivneigungen sind es, die den einzelnen zum Selbstmord bestimmen" (*Durkheim*, 1973, S. 346).

V. *Die Kriminalitätsforschung*

Die theoretische und empirische Forschung über Kriminalität im Rahmen *Durkheim*scher Theoreme hat, wie wir schon am Beispiel des Einflusses der *Merton*schen Arbeiten zur Anomietheorie erkennen konnten, seit dem Ende der 60er und dem Anfang der 70er Jahre einen schweren Rückschlag erlitten. Die Zahl der Arbeiten in dieser Tradition ist sehr stark zurückgegangen, fast bis zur Bedeutungslosigkeit. *Cole* (1975) hat diese Entwicklung, die er mit besonderem Bezug auf die Arbeiten *Mertons* nachgewiesen hat, die sich aber für die Anomietheorie insgesamt generalisieren läßt, darauf zurückgeführt, daß sich die Anomietheorie in der *Merton*schen Version sehr stark auf die Herausarbeitung der Zusammenhänge zwischen Sozialstruktur und Anomie konzentriert, ,,gesamtgesellschaftliche Anomie" dagegen mehr oder weniger aus den Augen verloren habe.

Ein zweiter Grund für die Stagnation der Anomieforschung dürfte darin zu sehen sein, daß mit der Erstellung der Bilanz der Anomieforschung durch die Autoren des Sammelbandes von *Clinard* (1964) einerseits der Eindruck entstanden ist, daß sich die Grenzen der Fruchtbarkeit der Anomietheorie in der *Merton*schen Version angesichts der bescheidenen Bewährung in der empirischen Forschung deutlich gezeigt hätten, vor allem aber andererseits, daß auf absehbare Zeit zu diesem Thema nicht mehr viel Neues gesagt werden könnte.

Beide Argumentationsstränge weisen eine deutliche Verknüpfung mit der Diskussion um Ursachen und Verlaufsmuster von Paradigmenwechseln auf, die wir hier nicht aufgreifen wollen.

Wir fassen uns angesichts dieser Lage in bezug auf die anomietheoretisch angeleitete Kriminalitäts- und Delinquenzforschung sehr kurz, zumal durch die ausgezeichneten Arbeiten im Sammelband von *Clinard* (1964), vor allem aber durch die Untersuchungen von *Bohle* (1975) und *Lamnek* (1977, 1979) das wichtigste Material schon aufbereitet vorliegt, und konzentrieren uns dabei auf *makro*-strukturell orientierte Forschungsbeiträge, von denen wir einige ausgewählte Beispiele vorstellen.

Die Mehrheit dieser Studien bemüht sich um die Verknüpfung von Theoremen aus *Durkheims* ,,Arbeitsteilung" und aus dem ,,Suicide", wobei jedoch das Werk über die Arbeitsteilung die ergiebigere Quelle darstellt. Die Überlegungen knüpfen an die zentralen Aussagen *Durkheims* an, daß durch das Fortschreiten der Arbeitsteilung und durch die Auflösung der mechanischen Solidarität die starke soziale Kontrolle des Individuums durch das Kollektivbewußtsein ausgehöhlt wird und durch die Arbeitsteilung selbst ersetzt wird, wenn auch nur tendenziell:

> ,,Trotzdem besteht der soziale Fortschritt nicht aus einer stetigen Auflösung, im Gegenteil, je mehr man fortschreitet, desto tiefer sind sich die Gesellschaften ihrer selbst und ihrer Einigkeit bewußt. Es muß also ein anderes soziales Band geben, das dieses Ergebnis erzwingt. Nun gibt es aber kein anderes als jenes, das sich aus der Arbeitsteilung ableitet... Die Arbeitsteilung übernimmt immer mehr die Rolle, die früher das Kollektivbewußtsein übernommen hatte. Sie hält hauptsächlich das soziale Räderwerk der höheren Typen zusammen" (*Durkheim*, 1977, S. 214).

Die Komplexität der *Durkheim*schen Theorie wird ersichtlich, wenn man die Beziehungen zwischen der Entwicklung der Arbeitsteilung, der dazu erforderlichen größeren Individualität, der Intensität normativer Regelungen und der Devianz herausarbeitet. Mit zunehmender

Größe, Heterogenität, Komplexität und mit Entwicklung der organischen Solidarität durch arbeitsteilige Interdependenz einer Gesellschaft geht die Autorität des kollektiven Bewußtseins zurück und die individuelle Variabilität nimmt zu, ja, sie wird sozial akzeptabler. Eine Zunahme der individuellen Unterschiedlichkeit oder der Devianz steht also zumindest am Anfang dieses Prozesses zu erwarten. *Webb* (1972, S. 644) verweist allerdings entschieden darauf, daß *Durkheim* an keiner Stelle der „Arbeitsteilung" eine Zunahme der Kriminalität mit zunehmender Arbeitsteilung postuliert hat. Dies werde durch seine Definition von Kriminalität – Verletzung von zentralen Elementen des Kollektivbewußtseins – auch ausgeschlossen. Bei organischer Arbeitsteilung dominierten Regeln und Gesetze, die praktisch ohne den Hintergrund des Kollektivbewußtseins festgestellt seien, so daß ihre Verletzung nicht den Charakter des Verbrechens aufweisen könne (vgl. *Durkheim*, 1977, S. 154). Gleichzeitig sah *Durkheim*, daß die „Kriminalitätsziffern" (jedenfalls die offiziell registrierte Kriminalität) in den modernen Gesellschaften deutlich anstiegen (*Durkheim*, 1961, S. 156), ein Umstand, den er logisch durch eine andere Fassung seines Kriminalitätsbegriffes hätte formal beheben können (vgl. *Webb*, 1972, S. 645); allerdings unter Aufgabe wesentlicher Einsichten – doch dazu später.

Unter Auslassung einiger Argumentationsschritte lassen sich auf der Basis der *Durkheim*schen Theorie folgende Hypothesen über den Zusammenhang zwischen Arbeitsteilung und Kriminalitätsraten formulieren: Steigende Bevölkerungszahlen, steigende Bevölkerungsdichte und steigende „soziale Dichte" (Interaktionsdichte) führen zum Fortschreiten der Arbeitsteilung, die wiederum einen Anstieg der Devianz bewirkt (*Webb*, 1972, S. 645). *Webb* unterstellt darüber hinaus indirekte Beziehungen zwischen den drei genannten „morphologischen" Variablen und dem Ausmaß der Devianz (S. 646), allerdings ohne diese Beziehungen begründet aus *Durkheims* Konzeption abzuleiten. Die von ihm durchgeführte Untersuchung verwendet US-amerikanische Daten (Gemeinden über 25 000 Einwohner) aus dem Jahre 1960 zu den Variablen „schwere Eigentumsdeliktraten", „schwere Verbrechen gegen die Person und wider das Leben", „Bevölkerungszahl", „Einwohnerdichte", „soziale Dichte" und „Arbeitsteilung" und stellt somit keine Prozeß-, sondern eine Querschnittsanalyse dar. Eine einfache Korrelationsanalyse ergibt nur recht schwache Beziehungen zwischen der Arbeitsteilung und der Eigentums- bzw. der Gewaltdeliktrate (.21 bzw. .10), während die Bevölkerungszahl relativ stark mit beiden Deliktraten korreliert (.35 und .44). Bei einer multiplen Regressionsanalyse zeigt sich, daß bei Kontrolle der jeweils anderen unabhängigen Variablen nur die Bevölkerungszahl einen relevanten Beitrag zur Erklärung der Varianz der beiden abhängigen Variablen leisten kann (r = .3073 bzw. .4245), vor allem aber, daß die antezedenten morphologischen Variablen nahezu allein die Varianz der abhängigen Variablen erklären, die Arbeitsteilung *selbst* nahezu bedeutungslos ist.

Webb hält das *Durkheim*sche Theorem angesichts der Befunde zwar nicht für widerlegt, aber doch für stark erweiterungs- und modifikationsbedürftig, auch wenn er selbst eine Reihe von methodischen Einwänden einräumt (z. B. Begrenzung der berücksichtigten Gemeindegrößenklassen, Querschnitt- statt Längsschnittstudie). Zweifellos stellt sich die Frage, inwieweit es sich lohnt, mit einem differenzierteren Theorieentwurf auf der Grundlinie der *Durkheim*schen Argumentation weiterzuarbeiten. Betrachten wir die Studie von *Webb* genauer, so kann man neue Hoffnung schöpfen, denn *Webb* hat sowohl bei der Messung und

Konzeptualisierung der unabhängigen als auch der abhängigen Variablen beträchtliche Fehlerquellen nicht ausgeschlossen: Die Kriminalitätsraten weisen Meßfehler auf, die mit der Größe der Gemeinden systematisch korrelieren[5] – dies erklärt auch die unverständlich große Erklärungsleistung der Bevölkerungs*zahl* im Vergleich zur Vervölkerungs*dichte*. Das Maß der Arbeitsteilung erfaßt nicht die Interdependenz, sondern die Gleichmäßigkeit der Verteilung über die verschiedenen Wirtschafts- und Berufsgruppen, und die Messung der sozialen Dichte unterscheidet nicht zwischen Interaktionschancen und Interaktionen, zwischen „systemexternen" und „systeminternen" Interaktionschancen etc. Hier kann nur systematische Verbesserung der Indikatoren weiterhelfen, die jedoch überaus schwierig ist, da die offizielle Statistik dazu kaum Ansatzpunkte bietet.
Ähnliche Probleme werden auch deutlich bei den beiden Studien von *Krohn* (1974 und 1978), von denen wir hier nur die aus dem Jahre 1978 näher betrachten können. *Krohn* bewegt sich insgesamt innerhalb der gleichen Argumentation wie *Webb* (1972), unterscheidet aber im Sinne *Durkheims* zwischen den beiden Fällen der „erzwungenen Arbeitsteilung" und ihren problematischen Auswirkungen (deren nähere Analyse *Durkheim* möglicherweise zu ähnlichen Analysen wie *Marx*' Entfremdungstheorie geführt hätte) und den Fällen, in denen die Arbeitsteilung ihre „normale" Entwicklung nimmt, aber die Entwicklung eines angemessenen normativen Systems nur verzögert einsetzt und damit eine Kontrolle der mit der Arbeitsteilung einhergehenden gesteigerten individuellen Variation und Innovation gefährdet ist (*Durkheim*, 1977, S. 340). *Krohn* greift ergänzend auf die These *Durkheims* zurück, daß der Mensch unersättlich in seinen Wünschen und Begierden ist, daß er also in seinen Bedürfnissen und Ansprüchen gesellschaftlichen Normen unterworfen werden muß, wenn kein Zustand der Anomie sich einstellen soll (vgl. *Durkheim*, 1973, S. 290, 329)[6]. Auch wenn die Beurteilung des anomischen Gesellschaftszustandes als Ausnahme- oder als Regelfall arbeitsteiliger Gesellschaften durch *Durkheim* sich im Laufe der Zeit wandelte (*Nisbet*, 1965; *Marks*, 1974), so hat *Krohn* (1978, S. 656) zweifellos recht, wenn er mit *Gouldner* (1962), *Nisbet* (1965) und *Parsons* (1937) große Teile des *Durkheim*schen Werkes als eine Reaktion auf den Umstand ansieht, daß die organische Solidarität nicht mit der Ausweitung der Arbeitsteilung einherging.
Krohns Modell sieht eine positive Beziehung zwischen Bevölkerungswachstum und moralischer Dichte vor, wobei moralische Dichte als Urbanisierungsgrad gefaßt wird. Letzterer setzt eine effiziente Produktionsweise voraus sowie einen hohen Grad an Arbeitsteilung. Da die Arbeitsteilung eine Aushöhlung des Kollektivbewußtseins voraussetzt und gleichzeitig auch bewirkt und die normative Regulierung der unersättlichen Bedürfnisse des Menschen dadurch deutlich beeinträchtigt sein kann, dürfte mit dem Fortschreiten von Industrialisierung und Arbeitsteilung das Ausmaß der Anomie gesteigert werden, die wiederum zur sozialen Desorganisation (Kriminalitätsrate) führt.
Krohns Studie war als international-vergleichende Analyse angelegt, die auf offizielle statistische Daten für 33 Länder der verschiedensten Entwicklungsstufen zurückgreifen konnte. Die Operationalisierung der Variablen weist auch in diesem Falle u. E. erhebliche Mängel auf. So wird z. B. die „moralische Dichte", obwohl ihre verschiedenen Dimensionen von *Krohn* durchaus gesehen wurden, aus pragmatischen Gründen durch den Urbanisierungsgrad gemessen, die Industrialisierung durch den schon mehrfach für andere Variablen heran-

gezogenen Energieverbrauch pro Kopf, und die Arbeitsteilung einmal mehr durch das schon oben als mängelbehaftet erkannte Maß von *Gibbs* und *Martin* (1964). Besondere Probleme bereitet jedoch die Variable „Anomie". Sie selbst wird gar nicht zu messen versucht, sondern statt dessen stellt *Krohn* auf die Erfassung jener Randbedingungen ab, unter denen *theoretisch* Anomie resultieren sollte, nämlich unter der Bedingung des Auseinanderklaffens von Ansprüchen und Ressourcen zur Erfüllung dieser Ansprüche. Unabhängig von dieser unzulässigen „Ersatzlösung" ist auch die Erfassung dieser Diskrepanz sehr unzulänglich und bezieht Dimensionen ein, die eher bei der Variablen „moralische Dichte" hätten Berücksichtigung finden können.

Angesichts dieser Einwände scheint es nicht angemessen, sich hier auf die Befunde der Untersuchung im Detail einzulassen. Erwähnenswert erscheint jedoch, daß die Variable „Anomie" nicht nur keine relevante Erklärungsleistung beisteuern kann, sondern die *Richtung* der Beziehung den Hypothesen widerspricht.

Läßt man die so gemessene Variable „Anomie" weg – und angesichts der theoretisch unangemessenen Konzeptualisierung dürfte dies ohnehin geboten sein – so kann das theoretische Modell einen mittleren Erfolg bei der Erklärung der Varianz der abhängigen Variablen erzielen. Das spricht nun allerdings nicht dafür, die Variable „Anomie" aus dem Modell zu verbannen, im Gegenteil. Aber sie sollte als „kulturelle", „normative" Variable konzeptualisiert werden und nicht als ein sozialstruktureller Tatbestand. Des weiteren verdient hervorgehoben zu werden, daß hier im Gegensatz zu der Studie von *Webb* (1972) die Bevölkerungszahl ohne Bedeutung gewesen ist. Bedenken wir die weiter oben vorgetragenen Einwände gegen die Berechnung der gemeindespezifischen Kriminalitätsraten auf der Basis der gemeindlichen Einwohnerzahl, so leuchtet ein, warum die Bevölkerungszahl bei der Analyse von Gesamtgesellschaften in diesem Zusammenhang keine Rolle spielt. Von besonderer Bedeutung ist jedoch, daß im Rahmen des von *Krohn* modifizierten Modells die Arbeitsteilung sehr wohl einen von den antezendenten Variablen unabhängigen Erklärungsbeitrag zu leisten vermag – im Gegensatz zur Studie von *Webb* (1972).

Ziehen wir eine knappe Zwischenbilanz, so zeigt sich bei allen Vorbehalten gegen die von *Krohn* gewählten Operationalisierungen, die durch die Spezifikation des Modells partiell reduziert wurden, eine erstaunliche Bestätigung der theoretischen und empirischen Fruchtbarkeit der makro-soziologischen Kriminalitätstheorie *Durkheims*.

VI. Die Anomietheorie

Die Anomietheorie der Kriminalität im ursprünglichen *Durkheim*schen Sinne (als Theorie auf der Basis seiner Thesen aus der „Arbeitsteilung" und dem „Selbstmord") macht (anders als *Merton*) keine Aussagen über das Verhältnis von Sozialstruktur (im Sinne von sozialer Schichtung) und Anomie und scheint damit in ihrer Bedeutung für die Erklärung von Kriminalität und insbesondere von Kriminalitätsraten *nicht* wie die *Merton*sche Theorie von dem vermeintlichen Nachweis der schichtunspezifischen Verteilung der Kriminalität völlig erschüttert[7]. Seit Mitte der 60er Jahre wurde das frühere soziologische Dogma einer starken negativen Korrelation zwischen Schichtzugehörigkeit und Delinquenz- bzw. Kriminalitäts-

belastung durch eine Reihe von empirischen Studien auf der Basis von Self-Report-Erhebungen stark angeschlagen. Diese Entwicklung hat vor allem dem Labeling Approach zu seinem Durchbruch verholfen und die Anomietheorie, die bis dahin nahezu mit *Mertons* Ansatz identisch zu sein schien, scheinbar zu einem Anachronismus werden lassen.
Einen Höhepunkt erreichte diese „Demontage" einer der wichtigsten Prämissen der *Merton*schen Anomietheorie in den Arbeiten von *Ch. R. Tittle* (*Tittle* und *Villemez*, 1977; *Tittle* und *Smith*, 1978), die auf der Basis der Bilanzierung der thematisch relevanten Forschungen aus mehreren Jahrzehnten zu dem Ergebnis zu kommen schienen, daß der früher behauptete Zusammenhang zwischen der Zugehörigkeit zu unteren sozialen Schichten und höheren Kriminalitätsraten ein *Mythos* ist. Ihre Arbeit scheint jedoch den Bogen überspannt zu haben, denn unmittelbar darauf erschienen zwei Gegendarstellungen, die nicht nur die Interpretation der Daten zurückwiesen, sondern auf der Grundlage von erheblich mehr empirischen Studien sogar den genau gegenteiligen Schluß als plausibel nachweisen konnten (vgl. *Clelland* und *Carter*, 1980; *Braithwaite*, 1981).
Aber damit nicht genug: Aufgrund anderer neuer Forschungsergebnisse erscheinen viele der früheren Arbeiten, die auf der Basis von Self-Report-Studien zu einer Zurückweisung der postulierten Beziehung zwischen sozialer Schichtzugehörigkeit und Delinquenzbelastung gekommen waren, nämlich in einem neuen Licht. Die Self-Report-Studien hatten nahezu durchweg keine schicht-spezifischen Unterschiede herausgefunden. *Hindelang*, *Hirschi* und *Weis* (1979) haben nun in einer sorgfältigen Arbeit gezeigt, daß dies sehr plausibel durch die Besonderheiten der Self-Report-Items und ihre Auswahl erklärt werden kann. Während bis dahin allenfalls gewisse Anhaltspunkte für eine schichtspezifische Unterschiede potentiell verdeckende Selektivität der ausgewählten Items entdeckt worden waren, führen die genannten Autoren hier den empirischen Nachweis Punkt um Punkt. Darüber hinaus werden sie unabhängig davon durch eine weitere Arbeit bestätigt, die den gleichen Nachweis nicht nur für die Schicht-, sondern auch für die rassische bzw. ethnische Zugehörigkeit führt (*Elliott* und *Ageton*, 1980). Eine erneute Bilanzierung der empirischen Bewährung der Anomietheorie, die nach den oben genannten Forschungsergebnissen dringend geboten wäre, steht noch aus. Sie kann aber eigentlich nur mit einer Rehabilitierung der Anomietheorie enden!
Entlastung wird der vielgeschmähten Anomietheorie aber auch an einer anderen Front zuteil, nämlich dadurch, daß sie an *Merton* vorbei auf die Ideen *Durkheims* zurückgreift und nicht mehr nur auf die Situation abstellt, in der zwischen gesellschaftlich und normativ vermittelten internalisierten Zielen und den Chancen bzw. Mitteln zur Erreichung dieser Ziele eine Kluft auftritt, sondern auch den *Überfluß* als potentielle Quelle gesellschaftlicher Anomie näher betrachtet.
Simon und *Gagnon* (1976) haben sich in einer neueren Arbeit systematisch um die Frage bemüht, welche Konsequenzen sich aus einer Situation ergeben, in der bei gegebener Verpflichtung der Individuen auf den gesellschaftlich geteilten Wert des materiellen Erfolges die Mittel zur Erzielung dieses Erfolges praktisch uneingeschränkt zur Verfügung stehen. Die Mittel zur Erreichung des Erfolges verlieren also ihre Problematik, die bei *Merton* so in den Vordergrund gerückt war, und statt dessen wird die Verpflichtung auf die Ziele prekär, vor allem aber die Fähigkeit der Zielerreichung, eine angemessene Belohnung abzugeben, Zufriedenheit zu bewirken (*Simon* und *Gagnon*, 1976, S. 369). Sowohl in bezug auf das Weiter-

bestehen der Verpflichtung des Individuums auf die gesellschaftlich vermittelten Ziele als auch in bezug auf die belohnende Wirkung des Erfolges bzw. der Zielerreichung lassen sich verschiedene Anpassungsformen vorstellen, die jeweils unabhängig voneinander auftreten können. Aus den verschiedenen Anpassungsformen in beiden Dimensionen läßt sich – ähnlich der bekannten *Merton*schen Typologie – eine differenzierte Typologie entwickeln, die zur Bildung einer Reihe von Hypothesen anregt. Die beiden Autoren formulieren eine Reihe von Hypothesen, die eng an der Theorie *Durkheims* orientiert sind und einmal mehr belegen, daß die theoretische Fruchtbarkeit der allgemeinen Theorien *Durkheims* keinesfalls ausgeschöpft ist.

Eine erste systematische empirische Untersuchung macht deutlich, daß wir bei der Anwendung der auszuformulierenden Theorien vor einer Reihe von interessanten Überraschungen stehen dürften. So konnte *Abrahamson* (1980) zeigen, daß bei überraschend hohen Gewinnen im Glücksspiel nach ca. ein bis eineinhalb Jahren durchaus so etwas wie eine individuelle Anomie (Anomia) des Erfolges bzw. plötzlichen Reichtums eintritt, die direkt mit der Höhe des Gewinns korreliert, daß aber dann, wenn die Gewinner aufgrund des Erfolges ihr Anspruchsniveau nicht erhöhen, sondern eine positive Einstellung zum Genuß ihres Reichtums entwickeln, die Anomie durch den Erfolg nicht ansteigt, sondern sich eher positiv entwikkelt; und diese Tendenz zur Senkung der Zielsetzungshöhe und zur eher permissiven Haltung gegenüber dem Genuß der Annehmlichkeiten des Lebens ist deutlich ausgeprägt und korreliert mit der Höhe des Gewinnes. Damit wäre die in Anlehnung an *Durkheim* formulierte These von der anomieerzeugenden Wirkung plötzlichen Reichtums zunächst einmal falsifiziert. Der Autor vermag eine u. E. recht plausible Erklärung dafür zu geben, indem er in Anlehnung an *Mizruchi* (1969) auf die Relevanz der Normen des umfassenderen Kontextes verweist, die heute vermutlich völlig anders sind als zu *Durkheims* Zeiten: Der Genuß des Reichtums wird nicht verteufelt, sondern erwartet; die Beibehaltung eines intensiveren Erfolgsstrebens angesichts schon gegebenen Wohlstandes dagegen negativ vermerkt. Nun, wie immer es sei, daß hier ein fruchtbares Forschungsfeld zu entdecken ist, das *Durkheim* durch seine Fragen und Überlegungen schon einer ersten Sichtung unterzogen hat, dürfte deutlich geworden sein. Auch wenn seine weiteren Antworten noch nicht richtig waren oder heute nicht mehr richtig sind, darf man diese Leistung nicht übersehen.

Es scheint sich also zu lohnen, die Anomietheorie nicht ad acta zu legen, sondern an ihrer Weiterentwicklung zu arbeiten. Dabei wird eine wesentliche Schwierigkeit sein, das theoretische Konzept „Anomie" genauer zu fassen[8]. Die inhaltlichen Umschreibungen dessen, was Anomie eigentlich sei, sind sehr vielfältig und widersprüchlich, und entsprechend schwer war es, in der empirischen Forschung brauchbare und überzeugende Operationalisierungen des theoretischen Konzeptes zu entwickeln. Zentrales Problem der Diskussion war die Frage nach dem Verhältnis von „Anomie" als dem anomischen Zustand eines Sozialsystems und Anomia als dem anomischen Zustand eines Individuums (*Merton*, 1964, S. 227–228), nach ihrer zeitlichen Reihenfolge und ihrer korrelativen und/oder kausalen Beziehung. *Merton* selbst (1964, S. 225ff.) macht Meßvorschläge, die seiner theoretischen Bestimmung des Verhältnisses der beiden Variablen logisch widersprechen, wenn er Anomie als „the *visible estrangement* from [the society's] goals and rules among the others one confronts" und Anomia als „one's *private estrangement* from the goals and rules laid down by society" bestimmt (1964, S. 234–235). Anomie und Anomia können damit weitgehend unabhängig voneinander variieren, eine Voraussetzung, von der nur wenige der vielen empirischen Studien explizit ausgegangen sind, so daß sie mit großer Vorsicht interpretiert werden müssen[9].

Von besonderer Bedeutung für die Weiterentwicklung der Anomietheorie in der *Merton*schen und in der *Durkheim*schen Version dürfte die subtile Klärung des Verhältnisses des Wertkonfliktes, der sich als Auseinanderklaffen von Zielen und Mitteln verstehen läßt und der den Ausgangspunkt des Prozesses darstellt, zur Anomie, zur Anomia und zu den Anpassungsformen des individuellen bzw. des gruppenspezifischen Verhaltens sein, die von *Byrne* (1977) in einer sehr erhellenden Analyse vorangetrieben worden ist. *Byrne* (1977, S. 6f.) unterstreicht sehr deutlich, daß die Anomie von *Merton* keinesfalls mit dem Wertkonflikt selbst identifiziert wird, aber auch nicht mit den Anpassungsreaktionen auf diesen Konflikt. Sie wird zeitlich und kausal zwischen beiden Phänomenen eingeordnet. Eine genauere Prüfung der Texte läßt die Relationen zwischen den Variablen deutlicher werden: Das strukturelle Auseinanderklaffen von Zielen und Mitteln führt zu sozialen Spannungen, die wiederum die individuelle Anomie (Anomia) hervorrufen. Die individuelle Anomie ruft bei den Mitgliedern eines Sozialsystems den Eindruck gesellschaftlicher Anomie hervor und verstärkt damit die individuelle Anomie (Anomia), d.h. Anomie und Anomia stehen in einer Interdependenz- bzw. Interaktionsbeziehung. Die Anomie löst bei den Individuen Anpassungsreaktionen aus, u.a. auch deviante Reaktionen, die wiederum sowohl die gesellschaftliche Anomie als auch die soziale Spannung erhöhen. Genau besehen stehen sowohl Anomie und Anomia, Anpassungsformen und Anomie, Anpassungsformen und Anomia als auch soziale Spannungen und Anomie in einem Interdependenzverhältnis. Lediglich die Anomia steht mit den „nicht-anomischen" sozialen Spannungen in einer einfachen Kausalbeziehung, wenn man nur die direkte Beziehung betrachtet. Über die Interdependenzbeziehung zur Anomie ergibt sich dann allerdings ebenfalls eine reflexive Verknüpfung zwischen sozialer Spannung und Anomia. *Byrne* (1977, S. 8a) hat diese komplexen Relationen in einer klärenden Darstellung zum Ausdruck gebracht:

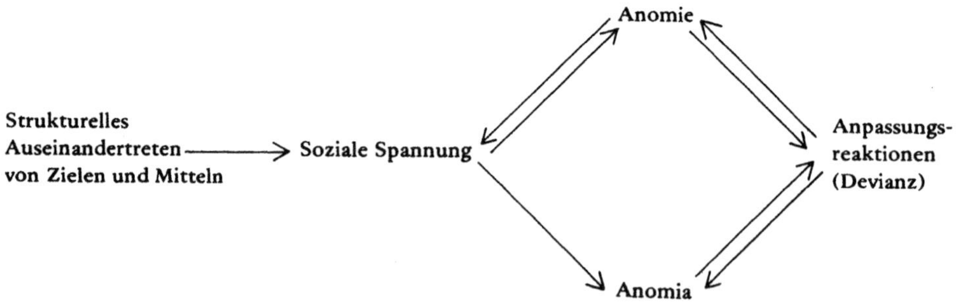

Wer die vielen bisher vorliegenden empirischen Studien zur Überprüfung von anomietheoretisch abgeleiteten Hypothesen genauer kennt, der sieht sofort, daß sie sowohl von ihrer Hypothesenbildung, der Operationalisierung der theoretischen Variablen und vom Untersuchungsdesign her keinesfalls dieser komplexen theoretischen Struktur angemessen waren.

Diese Kritik trifft selbstverständlich die Falsifikationen und Verifikationen in der empirischen Forschung, wenn nicht in gleicher, so doch in ähnlicher Weise. Dies ist ein weiterer Grund, die anomietheoretisch orientierte Forschung nicht unbesehen zu akzeptieren oder zu ignorieren, sondern neu zu entdecken.

Ein besonderes Verdienst der Untersuchung von *Byrne* besteht darin, nicht nur die theoretische Struktur der Anomietheorie *Mertons* sehr genau rekonstruiert, sondern den originären Entwurf *Durkheims* herausgearbeitet zu haben, der durch *Merton* eher verdeckt als deutlich gemacht wurde. *Byrne* (1977, S. 11f.) erinnert daran, daß die „Anomie" bei *Durkheim* (1973) konzipiert ist als ein Pol der bipolaren Dimension „soziale Regulierung", wie sich an der Skizzierung von Anomie als „Zustand des Ungeregeltseins" (1973, S. 286ff.) erkennen läßt. Auf den anderen Pol der „sozialen Regulierung" kommt *Durkheim* in Zusammenhang mit dem „fatalistischen Selbstmord" zu sprechen, der sich als Folge einer „exzessiven Regulierung" (exzessiven Reglementierung, *Durkheim*, 1973, S. 318, Fußnote 29) ergibt. Indem *Byrne* den Versuch macht, diese beiden polaren Zustände sozialer Systeme, nämlich Anomie als Fehlen sozialer Regeln und Reglementierungen und Fatalismus als exzessive Regelung und Reglementierung, auch in ihren Korrelaten auf der Mikroebene zu bestimmen, kommt er zu einigen Feststellungen, die geeignet sind, das Verhältnis von *Durkheim*scher und *Merton*scher Anomietheorie in einem neuen Licht sehen zu lassen. Während dem gesellschaftlichen Zustand der Anomie auf der individuellen Ebene die Korrelate „unkontrollierte Leidenschaften", „desorientiertes und sinnloses Handeln", „extreme Unsicherheit", „Unvorhersehbarkeit der Zukunft" und „Fehlen einer Basis für Selbstdefinition" entsprechen, finden sich zur näheren Bestimmung der Bedingungen, unter denen sich Fatalismus einstellt, Aussagen wie „mitleidlose Vermauerung der Zukunft", „Erstickung des Trieblebens durch eine bedrückende Disziplin" (*Durkheim*, 1973, S. 318, Fußnote 29). Fatalismus ist also auf der individuellen Ebene verknüpft mit dem Gefühl der Machtlosigkeit als Folge sozialer Kontrolle, der Bedeutungs- und Sinnlosigkeit von vollständig reglementierten Handlungen, der Selbst-Entfremdung und dem Gefühl der Isolation, das mit einer zu rigide aufgezwungenen sozialen Identität verknüpft ist (*Byrne*, 1977, S. 11f.).

So wie *Durkheim* aber schon im Werk über die Arbeitsteilung wichtige Aussagen zum Anomiekonzept gemacht hatte, so lassen sich auch Aussagen dort finden, die sich auf den Gegenpol von Anomie beziehen, die „erzwungene Arbeitsteilung" (*Durkheim*, 1977, S. 416–429), die vor allem durch *Zwänge* gekennzeichnet ist. Während sich die anomische Arbeitsteilung durch mangelhafte oder völlig fehlende soziale Regelung auszeichnet, reicht es nach *Durkheim* auch nicht aus, daß Regeln existieren: „Denn manchmal sind es die Regeln selbst, die die Ursache für das Übel sind" (*Durkheim*, 1977, S. 416), vor allem dann, wenn die Regeln so beschaffen sind, daß sie mit *Gewalt* durchgesetzt werden müssen.

Es läßt sich mithin zeigen, daß sowohl für die Anomie als auch für den Fatalismus die normative *Legitimation* der entscheidende Punkt ist, auch wenn er sich für beide unterschiedlich darstellt. *Durkheim* postuliert in bezug auf die Verhinderung von anomischen gesellschaftlichen Zuständen die Notwendigkeit der „Gerechtigkeit der Schranken für die individuellen Wünsche", der „Gerechtigkeit der Hierarchie der sozialen Funktionen" und der allgemeinen Billigung von Mobilitätsnormen (*Durkheim*, 1973, S. 283, 285) und für den Fall der Verletzung dieser Gerechtigkeitsprinzipien die Auflösung der „spontanen" oder konsensuellen

Regelung, den Übergang zur Anomie, da die Macht der Regeln auf den Respekt und nicht auf Angst gegründet sei (1973, S. 287).
Der Zwang – Kennzeichen der gesellschaftlichen Situation in der erzwungenen Arbeitsteilung – tritt dann auf, wenn die Regelung nur mit Gewalt durchgesetzt werden kann (*Durkheim,* 1977, S. 419). Soziale Regelung ist bei *Durkheim* also keinesfalls immer das Produkt des Zwanges, sondern im ,,Normalfall" erfolgt sie durch konsensuelle, spontane Leitung, durch legitimierte, akzeptierte Verhaltensregeln (vgl. dazu die sehr interessante Studie von *Prager* (1981) zu *Durkheims* und *Webers* Demokratietheorie). Zwang dagegen ist jene gesellschaftliche Regierungsform, die mit Gewalt operieren muß, weil ihr die Legitimation durch die Regierten abgesprochen wird. Sie ruft den Fatalismus hervor. Das Problem der Anomie ist demnach der *Verlust* bzw. die Nichtexistenz von Verhaltensregeln, während der Fatalismus durch die Zurückweisung von aufgezwungenen Regeln und Gesetzen gekennzeichnet ist, wie sie sich im Verlauf von Klassenkämpfen beobachten läßt (*Durkheim,* 1977, S. 416).
Byrne (1977) kann durch genaue Analyse der *Merton*schen Texte (insbesondere *Merton,* 1964, S. 217–218 und 226–227) zeigen, daß dieser im Prinzip zwei verschiedene Konzeptionen von Anomie entwickelt hat. Die erstere (1964, S. 217f.) faßt Anomie als Resultat der Kluft zwischen gesellschaftlich betonten Zielen und legitimierten Mitteln, der sozial-strukturell bedingten gesellschaftlichen Spannung also, und identifiziert sie weitgehend mit Entfremdung und Isolation, Normlosigkeit, Machtlosigkeit und Sinnlosigkeit. *Merton* setzt sie also keineswegs mit *Durkheims* Anomiekonzeption gleich, sondern entwickelt sie so, daß sie dem Fatalismus bei *Durkheim* entspricht – anscheinend ohne dies selbst zu bemerken.
Die zweite Konzeption von Anomie bei *Merton* (*Merton,* 1964, S. 226f.) korrespondiert nun wiederum der *Durkheim*schen Konzeption der Anomie, indem sie Merkmale herausstellt wie Unvorhersehbarkeit von sozialen Entwicklungen, Desorientierung, Konfusion, extreme Unsicherheit, Verlust der normativen Legitimität. Von besonderer Wichtigkeit ist jedoch, daß diese ,,*Durkheim*sche Konzeption" einen anderen theoretischen Stellenwert hat, als die Anomie in der *Merton*schen Theorie sonst zu haben schien. Sie ist nicht kausal und zeitlich vor den devianten Anpassungsreaktionen einzuordnen, sondern *Folge* derselben.
Greifen wir nun – so wie das *Byrne* (1977, S. 20) vorschlägt und ausführt – den oben schon angedeuteten Gedankengang *Durkheims* auf, daß in modernen Gesellschaften, die durch Komplexität, Spezialisierung und hochgradige Arbeitsteilung charakterisiert werden, die Gleichheit der Zugangschancen zu den Mobilitätskanälen für alle gegeben sein muß, wenn nicht Unzufriedenheit resultieren soll, die schwer kontrollierbar ist: ,,Die soziale Organisation verliert immer mehr den transzendenten Charakter, der sie über die menschlichen Interessen stellte, und sie hat nicht mehr die gleiche Widerstandskraft, während sie immer mehr angegriffen wird. Da sie ein völlig menschliches Werk ist, kann sie sich nicht mehr so gut der menschlichen Ansprüche erwehren. Je stärker die Flut wird, desto mehr ist der Damm erschüttert: um so gefährlicher ist sie geworden" (*Durkheim,* 1977, S. 422). Diese Problematik ist nur dadurch aufzufangen, daß Gleichheit des Zugangs zur Chancenstruktur gewährleistet wird. Hier wird also schlagartig klar, daß das Auseinanderklaffen von gesellschaftlich vorgeschriebenen Zielen und institutionalisierten Mitteln zur Erreichung dieser Ziele bei *Merton* eine genaue Entsprechung in der erzwungenen Arbeitsteilung bei *Durkheim* aufweist, *Durkheim* demnach – wenn auch nur in noch zusammenzusetzenden Bruchstücken – alle Elemente der *Merton*schen Anomietheorie schon vorweggenommen hatte.

Wir wollen und müssen darauf verzichten, die hier in starker Anlehnung an *Byrne* (1977) entwickelte Argumentation weiter zu verfolgen, und wollen uns statt dessen zu einigen spekulativen Überlegungen verleiten lassen: Was ließe sich aus einer Anomietheorie entwickeln, die sich nicht wie die *Merton*sche auf einen einzigen Typ von Gesellschaft, ja sogar an sich nur auf eine Gesellschaft beschränkte[10]? Welche Fruchtbarkeit könnte eine solche Theorie gewinnen, die die evolutionistische Perspektive, die bei *Durkheim* gegeben ist, konsequent ausbaute? Welche theoretischen Ideen vermag dieser allgemeine Theorieentwurf noch anzuregen, der weitaus eingehender sozial-strukturelle Aspekte berücksichtigt als die späteren Versionen, der dazu noch den Zusammenhang mit dem politischen System herstellt und die Entwicklung der gesellschaftlichen Normen und Werte selbst im Rahmen dieser Theorie angeht? Nun, wir wollen nicht versuchen, hier darauf eine Antwort zu geben, aber auch nicht verleugnen, daß wir sehr positive Erwartungen hegen[11].

VII. Kriminalität und Grenzerhaltung

Gerade der letzte Gedanke, daß die Analyse und Erklärung von gesellschaftlichen Werten und Normen und auch von Prinzipien ihrer Anwendung im Rahmen der sozialen Kontrolle zum Theorieprogramm *Durkheims* gehört, macht seinen großen Reiz in der gegenwärtigen Situation aus. Tatsächlich hat dieser Umstand *Durkheim* auch angesichts des Vordringens des Labeling Approach im Blickpunkt des Interesses gehalten, auch gerade von Forschern, die diesem Ansatz nahestehen. Symptomatisch dafür ist die Untersuchung von *Kai T. Erikson* über „Die widerspenstigen Puritaner" (*Erikson,* 1978), die an *Durkheims* klassischer These der Beziehung zwischen repressiver Justiz und mechanischer Solidarität anknüpft und behauptet, daß die plötzliche Zerstörung der Solidarität innerhalb einer Gesellschaft, die sich als „boundary crisis" bezeichnen ließe, einen ebenso plötzlichen und dramatischen Anstieg der repressiven Tätigkeiten der Justiz auslöst, eine Kriminalitätswelle. *Erikson* hat seine Thesen mit historischem Material aus dem 17. Jahrhundert über Vorgänge in Massachusetts zu belegen und zu beweisen versucht. Eine Reihe von methodologischen und statistischen Gegenargumenten hat die Haltbarkeit seiner Darstellung allerdings immer wieder in Zweifel gestellt. Um so erfreulicher war es, daß in neuerer Zeit ein weiterer Versuch unternommen wurde, anhand anderer, methodisch gesicherterer Daten eine Überprüfung dieser Thesen zu versuchen. Es handelt sich um die Studie von *James A. Inverarity* (1976) über die durch eine populistische Bewegung in Louisiana 1889–1896 heraufbeschworene boundary crisis der „gesellschaftlich relevanten Gruppen" in diesem Bundesstaat und die darauf – so *Inverarity* – einsetzende Lynchjustiz als extremer Form repressiver „Strafgerichtsbarkeit". Diese auf den ersten Blick faszinierende, mit ökonometrischen Verfahren arbeitende Studie hat allerdings, wie die Arbeit von *Erikson,* lebhafte Kritik erfahren. Sie reicht vom Vorwurf der unangemessenen statistisch-mathematischen Operationen (tatsächlich wäre die Bestätigung der Thesen noch besser ausgefallen) bei *Bagozzi* (1977) über alternative Erklärungen (z. B. als kollektive Gewalt in der Folge von politischen Wandlungen) bei *Wasserman* (1977) bis zur Zurückweisung der Prämissen (Vorliegen von mechanischer Solidarität bei der weißen Bevölkerung Louisianas) und zur Kritik an der unklaren Handhabung der *Durkheim*schen

Thesen bei *Pope* und *Ragin* (1977). Historische Studien zu Untersuchungen des Zusammenhanges zwischen plötzlicher Zerstörung der mechanischen Solidarität und massiven „Rückfällen" in repressive Justiz haben bisher also noch keine *eindeutige* Auskunft über die Brauchbarkeit der Theorie erbringen können. Andererseits findet diese Theorie in der experimentellen sozialpsychologischen Forschung eine sehr deutliche Stützung (vgl. *Pat Lauderdale*, 1976), und aus der ethnologischen und kultur-anthropologischen Forschung verfügen wir über eine Vielzahl von Daten und Informationen, die eine funktionale Beziehung zwischen Devianz, Sanktion und sozialer Integration in Stammesgesellschaften bestätigen. *Robert A. Scott* (1976) hat unter Verwendung einer reichen ethnographischen und ethnologischen Quellenbasis für afrikanische Stammesgesellschaften gezeigt, daß dann, wenn bei einem Rechtsstreit die Parteien Mitglieder von eng verknüpften sozialen Einheiten sind, die Devianz und die Sanktionsmechanismen die soziale Integration innerhalb und zwischen den beteiligten sozialen Einheiten erhöhen, während dann, wenn es sich bei den streitenden Parteien um Mitglieder von nur entfernt oder weitläufig miteinander verbundenen sozialen Einheiten handelt, die Devianz und die Sanktionsmechanismen die soziale Distanz und die gegenseitigen Abneigungen erhalten bzw. verstärken (vgl. generell zur rechtssoziologischen Untersuchung des Rechtsstreites in Gesellschaften unterschiedlichsten Typs *Abel*, 1973/74).

VIII. Die Durkheimsche Rechtstheorie

Es scheint uns jedoch bei gegebenem Stand der Rezeption der *Durkheim*schen Rechtstheorie unangemessen, allzu viele Mühen in die empirische Forschung über die Zusammenhänge zu investieren. Statt dessen plädieren wir zunächst einmal für eine sorgfältige Prüfung der Aussagen von *Durkheim* zur Rechtsentwicklung, zur Funktion abweichenden Verhaltens, vor allem aber auch zur Definition von Kriminalität. Wie wir sehen werden, gibt es hier eine Reihe von Mißverständnissen auszuräumen.

Beginnen wir unsere Ausführungen mit dem Versuch *Durkheims*, in seinem Werk über die Arbeitsteilung eine angemessene Definition der Kriminalität zu entwickeln. Auch wenn *Durkheim* an einigen Stellen (*Durkheim*, 1977, S. 395) in die konventionelle Sicht des Verbrechens und des Verbrechers verfällt, indem er z. B. das Verbrechen als „Negation der Solidarität" und den Verbrecher als eine Art Parasiten bezeichnet, so dringt er doch insgesamt zu einer Sicht des Verbrechens vor, die erst sieben Jahrzehnte später „neu entdeckt" wird. Kriminelle Handlungen sind Handlungen, die „starke" und „eindeutig" definierte Zustände des Kollektivbewußtseins verletzen (*Durkheim*, 1977, S. 120, 122): „Wir können also zusammenfassend sagen, daß eine Handlung kriminell ist, wenn sie die starken und bestimmten Zustände des Kollektivbewußtseins verletzt" (S. 122). Kriminalität ist also keine inhärente Eigenschaft einer bestimmten Klasse von Handlungen, sondern das Ergebnis eines sozialen Definitionsprozesses: „Mit anderen Worten: man darf nicht sagen, daß eine Tat das gemeinsame Bewußtsein verletzt, weil sie kriminell ist, sondern sie ist kriminell, weil sie das gemeinsame Bewußtsein verletzt. Wir verurteilen sie nicht, weil sie ein Verbrechen ist, sondern sie ist ein Verbrechen, weil wir sie verurteilen" (*Durkheim*, 1977, S. 123). *Durkheim* hat diese Argumentation, die auf eine ganz eindeutige Vorwegnahme einer zentralen Aussage des Labeling Approach hinausläuft, in den ,,Regeln der soziologischen Methode" nahezu wörtlich wiederholt. Um so erstaunlicher ist es, daß seine revolutionäre Einsicht glattweg übersehen worden ist und auch heute – selbst von Labeling-Theoretikern – mehr oder weniger unbeachtet bleibt[12]. Andererseits ist *Durkheim* dieser Spur nicht konsequent gefolgt, obwohl ihm gerade im Zuge seiner Krisenanalyse der damaligen europäischen Gesellschaften die Fruchtbarkeit dieser Sichtweise hätte auffallen müssen, denn der Zerfall der einheitlichen Wertmaßstäbe und die gesellschaftliche Differenzierung der Glaubens- und Wertvorstellungen ist ihm sonst ja nicht verborgen geblieben. Dadurch, daß *Durkheim* die Devianz in Relation zu einem undifferenzierten Kollektivbewußtsein setzte, hat er sich relevante Einsichten verschlossen. Der Weg dazu war durch die Theorie *Durkheims* über die Quellen der gesellschaftlichen Integration verbaut.

Der Gedanke *Durkheims*, daß deviante Akte von konformen Akten dadurch unterschieden werden können, daß erstere negative Sanktionen auslösen, führte ihn zu einer Funktionsanalyse der Strafe. Dabei stieß er auf die Tatsache, daß die Strafe sich nicht nach dem Schaden richtet, den die Tat angerichtet hat, sondern nach der Verletzung der Kollektivgefühle. Die Art der Strafe, die ein Gesetz vorsieht, dient *Durkheim* dazu, seine Typologie der Gesetze zu entwickeln und deren historische Wandlungen zu untersuchen, die ihn ein Fortschreiten von repressiven zu restitutiven Gesetzen mit zunehmender Arbeitsteilung erkennen zu lassen schienen. Nachdem *Durkheim* schon seine Interpretation der Devianz als pathologisch mit den ,,Regeln der soziologischen Methode" aufgegeben und sie als integralen Bestandteil der Gesellschaft erkannt hatte, sah er auch seit dem Ende der 90er Jahre, daß das oben erwähnte Entwicklungsgesetz von der Repression zur Restitution bei fortschreitender Arbeitsteilung nicht haltbar war (*La Capra*, 1972, S. 102), nichtsdestoweniger hat er an seinem von ihm selbst erkannten Irrtum insoweit festgehalten, als er in seinem Aufsatz ,,Zwei Gesetze der Entwicklung von Strafe" diese Position erneut vertrat. *T. Anthony Jones* (1981, S. 1014) hat diesen *Durkheim*schen Irrtum, der durch seine Daten gestützt wurde, durch das von *Durkheim* herangezogene Sample zu erklären versucht: Es umfaßte keine kleinen vorliterarischen Gesellschaften, sondern solche mit einer *relativ* hohen Komplexität; da *Durkheim* die Möglichkeit einer kurvilinearen Beziehung angesichts seiner theoretischen Voreingenommenheit gar nicht bedacht hatte, erschien ihm der potentielle methodische Fehler offensichtlich als keine reale Möglichkeit. *Durkheim* hielt mithin an seiner Position aus dem Werk über die Arbeitsteilung fest und ergänzte bzw. modifizierte seine Theorie allenfalls durch Einführung der Variablen ,,Ausmaß der politischen Zentralisierung"; eine Modifikation, die nur unter Schwierigkeiten möglich war, weil die Form der politischen Organisation einer Gesellschaft unabhängig von der Komplexität variiert. *Durkheim* formuliert auf der Basis dieses komplexeren Entwicklungsmodells sein erstes Gesetz, das des quantitativen Wandels: ,,The intensity of punishment is the greater the more closely societies approximate to a less developed type – and the more the central power assumes an absolute character" (1973b, S. 285). *Durkheim* bindet die Intensität der Strafe also auch an den Staat, aber er erarbeitet nicht die Beziehung zwischen der politischen Struktur und der gesellschaftlichen Komplexität. Seine historische Analyse der Entwicklung der Strafe nutzt diesen Mangel, indem er alle von seinem Gesetz abweichenden Fälle auf die unerklärt gelassene Kategorie des politischen Autoritarismus zurückführte, auf Zufallsschwankungen, die in keinem kausalen Verhältnis zur gesellschaftlichen Komplexität standen. Seine erste These konnte unter diesen Bedingungen der Falsifikation entgehen und das zweite „Gesetz" vorbereiten: „Deprivations of liberty, and of liberty alone, varying in time according to the seriousness of the crime, tend to become more and more the normal means of social control" (*Durkheim*, 1973b, S. 294). Diese Entwicklung wird sowohl durch den „Kult des Individuums" in Gesellschaften mit fortgeschrittener Arbeitsteilung, der die Verletzung des „geheiligten" Individuums durch die Strafe als unerwünscht erscheinen ließ, als auch durch die mit dem Wandel der Normen und Gesetze logisch einhergehende Veränderung der Art der Kriminalität (weg von den „religiösen Verbrechen" und hin zu den Verstößen gegen Personen) bedingt. Bei allen Widersprüchen, die auch in dieser Arbeit erhalten bleiben, so scheint doch gerade dieser Beitrag *Durkheims* für die Entwicklung einer soziologischen Theorie der Kriminalität und des sozialen Wandels die fruchtbarsten Anregungen zu geben (vgl. *Jones*, 1981, S. 1016).

In den letzten Jahren setzte nun endlich die Forschung ein, um diesen *Durkheim*schen Entwurf weiterzuentwickeln und auf der Basis umfassenderer empirischer Studien Modifikationen zu entwickeln, die eine realitätsnähere Theorie anstreben sollten. Nach den ersten fruchtbaren quantitativen rechtssoziologischen Untersuchungen über die oben erläuterte *Durkheim*sche Theorie durch *Schwartz* und *Miller* (1964; vgl. auch *Baxi*, 1973/74; *Schwartz*, 1974), die zwar keinen ganz eindeutigen Schluß erlaubten, aber doch deutlichen Zweifel an der Haltbarkeit dieser Theorie auf der Basis von Daten über 51 Gesellschaften nahelegten, hat *Spitzer* (1975) auf der Basis von Daten aus den Human Relations Area Files über 48 Gesellschaften unter ausdrücklicher Einbeziehung der oben als relevant herausgestellten Variablen eine Replikation vorgenommen und als Ergebnis herausgefunden, daß im Gegensatz zu *Durkheims* Theorie die Strafen mit zunehmender Arbeitsteilung zunehmen. Andererseits ergab sich auch eine gewisse Stützung *Durkheims* in bezug auf seine Einschätzung der Auswirkungen des politischen Absolutismus, wenn auch seine Behauptung, daß dies unabhängig vom Komplexitätsniveau der Gesellschaft sei, nicht bestätigt wurde. *Spitzer* (1979) hält aufgrund seiner Studien und aufgrund rivalisierender Theorien angesichts der Vielfalt vorindustrieller ökonomischer und politischer Strukturen die Suche nach einem unilinearen oder einfachen kurvilinearen Modell der Strafentwicklung für müßig und damit auch das von *Sheleff* (1975) vorgestellte revidierte unilineare Modell auf der Linie der *Durkheim*schen Theorie für gänzlich ungeeignet. *Jones* (1981, S. 1019) räumt hingegen einem kurvilinearen Modell Chancen ein, denn tatsächlich hat *Durkheim* mit der Beobachtung recht, daß der Umfang und die Schärfe der Strafen im Gefolge der Industrialisierung abgenommen haben und daß die Freiheitsstrafen in den Vordergrund gerückt sind. Bei der Suche nach den Gründen für diesen kurvilinearen Verlauf – so *Jones* (1981, S. 1019) – kann *Durkheim* selbst möglicherweise wichtige Hinweise geben. Liegt die Abnahme der Strafhärte in der Phase der weit fortgeschrittenen Arbeitsteilung an der Aufweichung des Kollektivbewußtseins, am wachsenden Individualismus, an der Notwendigkeit des Konsensus und der Legitimität im modernen Staat oder an den kulturellen Werten jener Gruppen, die den Staat kontrollieren, oder an der steigenden Effektivität der routinisierten Kontrollen? *Jones* (1981, S. 1019/20) hält eine Kombination dieser erklärenden Variablen für angemessen, deren Zusammenhänge andererseits bisher von keinem so deutlich herausgearbeitet worden sind wie von *Durkheim* selbst. Unsere These wäre also, daß man mit *Durkheim* selbst über ihn hinausgehen könnte und sollte, um jene Fragen, auf die *Durkheim* keine brauchbare Antwort geben konnte, heute besser zu beantworten. *Jones* bemerkt dazu sehr treffend: „It would be a pity if, while trying to go beyond Durkheim's contribution, we were to neglect the very factors to which he gave most emphasis, namely the general structural and cultural characteristics of society" (1981, S. 1020). *Jones* selbst bringt einen Vorschlag ein, der durch die weiter oben erläuterten Befunde von *Scott* (1976) unmittelbar einleuchtend scheint. Fragt man sich, welche negativen Konsequenzen bei harten Strafen als Resultat der Verletzung eines als zentral definierten Zustandes des Kollektivbewußtseins eintreten würden, so gälte: „Given what we know about the ways in which complex webs of kinship obligations function to integrate societies with a low division of labor, it may be expected that punitive sanctions... would severely disrupt the network of obligations..." (*Jones*, 1981, S. 1021). Wir können hier darauf verzichten, diese alternative Analyse fortzuführen, da ihr wesentlicher Gedanke deutlich geworden sein dürfte. Die Soziologie der Strafentwicklung verspricht ein gutes Beispiel dafür zu werden, wie die Soziologie durch Aneignung klassischer Ideen *Durkheims* über diesen selbst hinauswachsen könnte.

Nachdem wir mit einer gewissen Ausführlichkeit der *Durkheim*schen Theorie der Rechts- und der Strafentwicklung nachgegangen sind, wollen wir im folgenden in aller Kürze noch einmal einige Hinweise darauf geben, in welche Richtung sich die *Durkheim*sche Kriminalitätstheorie weiterentwickeln ließe und an welchen Stellen sie rivalisierende theoretische Programme befruchten oder gar vor gravierenden Fehlern bewahren könnte. Zunächst einmal befassen wir uns mit der in verschiedenen Devianz- und Kontrolltheorien fast schon zum Glaubenssatz gewordenen These von der Funktionalität des Verbrechens, die eine genauere Betrachtung verdient, weil sie oft leichtfertig vertreten zu werden scheint[13].

IX. Funktionale Kriminalitätstheorie

Die ganze Diskussion um die Grenzerhaltungsfunktion abweichenden Verhaltens bzw. repressiver Justiz als Reaktion auf abweichendes Verhalten stützt sich auf *Durkheim*sche Äußerungen, ohne diese genauer zu prüfen. Eine zentrale Aussage *Durkheims* dazu in den „Regeln der soziologischen Methode" lautet:

> „Das Verbrechen unter die Erscheinungen der normalen Soziologie einzureihen, bedeutet nicht bloß, die Ansicht vertreten, daß es eine unvermeidliche, wenn auch bedauerliche Erscheinung ist, die der unverbesserlichen Böswilligkeit der Menschen zugeschrieben werden muß; es schließt auch die Behauptung ein, daß es einen Faktor der öffentlichen Gesundheit, einen integrierenden Bestandteil einer jeden gesunden Gesellschaft bilde. Dieses Ergebnis ist auf den ersten Blick so überraschend, daß es uns lange Zeit hindurch selbst bedenklich gestimmt hat. Hat man jedoch einmal den ersten, bestürzenden Eindruck überwunden, so fällt es nicht schwer, die Gründe aufzufinden, die den normalen Charakter des Verbrechens erklären und zugleich bestätigen. Zunächst ist das Verbrechen deshalb normal, weil eine Gesellschaft, die frei davon wäre, ganz und gar unmöglich ist" (*Durkheim*, 1961, S. 157).

Interessanterweise hat sich die Mehrheit der Autoren, die im Anschluß an *Durkheim* die Funktionalität des Verbrechens postuliert haben, nicht auf diese wichtige Passage, sondern auf einen Abschnitt aus der „Arbeitsteilung", den sie aber – so z. B. *Erikson* (1978) – in unzulässiger Weise interpretierten, gestützt.

Es lohnt sich aber, so hat uns die kleine Studie von *Roshier* (1977) gelehrt, alle diese Textstellen genauer anzusehen. Im Text der „Regeln" (s. o.) werden zur „Normalität" die Merkmale der Unvermeidbarkeit und der „Notwendigkeit" gerechnet, aber sie werden deutlich voneinander unterschieden – mit Recht, denn zu zeigen, daß eine Sache *unvermeidlich* ist, heißt nicht zeigen, daß sie *notwendig* ist. *Durkheim* verursacht dann – so lautet das Argument von *Roshier* weiter – eine Konfusion, denn er gibt auf den folgenden Seiten ausschließliche Gründe dafür an, weshalb Kriminalität unvermeidlich ist, zieht aber den Schluß: „Das Verbrechen ist also eine notwendige Erscheinung; es ist mit den Grundbedingungen eines jeden sozialen Lebens verbunden und damit zugleich nützlich. Denn die Bedingungen, an die es geknüpft ist, sind ihrerseits für eine normale Entwicklung des Rechtes und der Moral unentbehrlich" (*Durkheim*, 1961, S. 159). Der Nachweis der Notwendigkeit des Verbrechens ist damit zweifellos nicht geführt, aber bei genauerer Analyse erweist sich auch die Argumentation zum Nachweis der Unvermeidbarkeit von Kriminalität als nicht sehr stichhaltig (*Roshier*, 1977, S. 319f.), aber wir wollen uns auf die Frage der Notwendigkeit und der Funktionalität des Verbrechens konzentrieren. Betrachten wir die Passage in der „Arbeitsteilung", die von *Erikson* (1978) herangezogen wird (*Durkheim*, 1977, S. 144):

„Das Verbrechen bringt das Gewissen aller ehrbaren Leute zusammen und verdichtet es. Man braucht nur zu sehen, wie es, besonders in einer kleinen Stadt, zugeht, wenn sich ein Moralskandal ereignet hat. Man bleibt in der Stadt stehen, man besucht sich, man trifft sich an bestimmten Orten, um über das Ereignis zu reden, und man empört sich gemeinsam. Aus allen diesen einander ähnlichen Eindrücken, die ausgetauscht werden, aus all dem Zorn, der ausgedrückt wird, entsteht ein mehr oder weniger bestimmter Einheitszorn, der der Zorn eines jeden ist, ohne der Zorn eines einzelnen zu sein; der öffentliche Zorn."

Erikson hat daraus eine Anpassungs- und eine Grenzerhaltungsfunktion der Kriminalität bei *Durkheim* ableiten wollen, aber der genaue Sinn der Passage ergibt sich durch den Abschluß dieser Ausführungen zum sozialen Charakter der Reaktion auf Kriminalität:

„Wenn also ein Verbrechen geschieht und die Gewissen, die es verletzt hat, vereinigen sich nicht, um sich gegenseitig zu bezeugen, daß sie in Verbindung bleiben und daß dieser besondere Fall eine Anomalie ist, dann kann es nicht ausbleiben, daß sie auf die Dauer erschüttert werden. Sie müssen sich stärken und gegenseitig versichern, daß sie immer im Einklang stehen. Das einzige Mittel ist die gemeinsame Reaktion. Da das gemeinsame Bewußtsein verletzt ist, muß es Widerstand leisten, und folglich muß der Widerstand kollektiv sein" (*Durkheim*, 1977, S. 144).

Roshier (1977, S. 313) weist mit Recht darauf hin, daß zunächst einmal das Verbrechen selbst keinesfalls die Stabilität, Anpassung, Integration etc. erhöht, sondern durchaus *gefährdet* hat. Erst die Prozesse der *sozialen Kontrolle* leisten die Grenzerhaltungs- und Integrationswirkungen, und so gesehen macht es tatsächlich nicht viel Sinn, einer sozialen Erscheinung eine besondere Funktion zuzuschreiben, wenn diese darin besteht, den „Schaden", den sie selbst angerichtet hat, wieder zu beheben. Es sei denn – und dies übersieht *Roshier* offensichtlich – die gesellschaftlichen Reaktionen wären so gestaltet, daß sie den „angerichteten Schaden" mehr als gutmachen können. Eine Reihe von Textstellen bei *Durkheim* ließe sich finden, in denen dies aufzuscheinen scheint, aber hier wird die Theoriebildung, aber auch die empirische Forschung über den gesamten Apparat der Instanzen sozialer Kontrolle noch sehr viel Arbeit leisten müssen. Die Brücken zwischen der *Durkheim*schen Theorie und rivalisierenden Ansätzen, insbesondere zum Labeling Approach, werden in ersten Studien über derartige Fragestellungen bereits sehr deutlich (vgl. z. B. *Hagan, Hewitt* und *Alwin,* 1979). Einen bisher noch nicht in den wünschenswerten Kontakt mit der *Durkheim*schen Straf- und Rechtstheorie gebrachten Theoriebereich haben wir in der sich in den letzten Jahren erneut entwickelnden *Abschreckungstheorie* vor uns (vgl. z. B. *Gibbs,* 1975; *Zimring* und *Hawkins,* 1973; *Gibbs,* 1977; *Erikson, Gibbs* und *Jensen,* 1977; *Jensen, Erikson* und *Gibbs,* 1978; *Parker* und *Grasmick,* 1979; *Grasmick* und *Bryak,* 1980; kritisch dazu *Williams,* 1977; *Alcorn,* 1977; *Meier* und *Johnson,* 1977; *Brown,* 1978; *Pontell,* 1978), die in ihrer simplen Form die Kriminalitätsrate als Funktion von Sanktionswahrscheinlichkeit, Sanktionsschwere und Sanktionsgeschwindigkeit ansieht und in ihrer komplexeren Ausprägung jeweils die subjektive Wahrnehmung dieser Größen sowie die subjektive normative Bewertung von potentiellen Delikten als relevante Größen zur Erklärung der Kriminalitätsrate ausweist. Wir erkennen sehr schnell die Berührungspunkte zu *Durkheim*schen Theorien: Welche Beziehung besteht zwischen Fatalismus im *Durkheim*schen Sinne und dem Konsens über die Bewertung von Delikten; welche Beziehung ergibt sich zwischen der Verschärfung der Sanktion und dem Fatalismus; welche Beziehung ergibt sich zwischen der Wahrnehmung hoher Deliktraten und geringer Sanktionswahrscheinlichkeit und Anomie im *Durkheim*schen Sinne? Wir wollen die Aufzählung hier abbrechen, weil deutlich geworden sein dürfte, daß sich die Abschreckungstheorie als eine besondere Spielart der Kontrolltheorie wesentliche Einsichten, zumindest aber fruchtbare Anregungen entgehen läßt, indem sie das Werk *Durkheims* nahezu gänzlich ignoriert.

Sie käme aus der von ihr selbst gesehenen theoretischen Sackgasse anderenfalls möglicherweise wieder heraus.

X. Schlußbemerkung

Brechen wir unsere Überlegungen hier ab, da wir unser Ziel erreicht zu haben glauben. Verzichten wir auf die Prüfung der Frage nach der Relevanz der *Durkheim*schen Vorschläge für die Überwindung anomischer gesellschaftlicher Zustände (vgl. *Marks,* 1975/76, 1977) und ihre potentielle Kritik in der Neo-Korporatismus-Debatte, verzichten wir auf die Darstellung der bei *Durkheim* nicht ganz so oberflächlichen Auseinandersetzung mit dem Staat, die für die Analyse sozialer Kontrolle unerläßlich wäre (vgl. *Pisier-Kouchner,* 1977; *Birnbaum,* 1976), verzichten wir auf den Nachweis, daß *Durkheim* dabei war, zu einem Norm- und Regelverständnis vorzudringen, das gewisse Parallelen zur Ethnomethodologie erkennen läßt (vgl. *Mulligan* und *Lederman,* 1977), verzichten wir auf die Prüfung der konflikttheoretischen Elemente in *Durkheims* devianz- und kontrolltheoretischen Arbeiten, die *Zeitlin* (1973) und in neuerer Zeit insbesondere *Cherkaoui* (1976, 1981) in anderen Schriften *Durkheims* nachgewiesen haben.

Es müßte auch so deutlich geworden sein, daß das Werk von *Durkheim* für die allgemeine Devianz- und Kontrolltheorie nach langer Zeit des relativen Vergessens wieder entdeckt worden ist. Bisher ist dieses ungeheure Theoriepotential allerdings noch weitgehend ungenutzt. Die Theoretiker der letzten Jahrzehnte haben sich als „Zwerge" hinter dem breiten

Rücken des „Riesen" versteckt; dort schienen sie sicher zu sein, aber sie haben selbstverständlich aus dieser Position keine besseren Einsichten gewinnen können. Haben wir erst einmal die Schultern des Riesen erreicht, wird sich das ändern.

Anmerkungen

1 Wir verzichten bewußt auf eine übersichtsartige Würdigung des Gesamtwerkes oder einen die Einzelheiten terminologischer und konzeptueller Streitereien der Literatur nachzeichnenden Abschnitt. Zu den wichtigen Gesamtdarstellungen siehe *Bellah* (1973), *Collins* (1975), *Coser* (1972), *Douglas* (1967), *Giddens* (1971, 1972, 1976, 1979), *König* (1961, 1973, 1976, 1978), *LaCapra* (1972), *Lukes* (1973), *McCloskey* (1978), *Nisbet* (1975, 1977), *Peacock* (1981), *Pope* (1976), *Prager* (1981), *Ritzer* und *Bell* (1981), *Tiryakian* (1975, 1978), *Wallwork* (1972) und *Zeitlin* (1973). Die Arbeiten von *Giddens, Lukes* und insbesondere *König* sind von höchster Detailkenntnis und zeugen von meisterhafter Handhabung des theoretischen Rüstzeuges.

2 Vor allem die Messung der Arbeitsteilung bereitet erhebliche Probleme. Siehe weiter unten sowie die kleine kritische Studie von *Smith* und *Snow* (1976), die die Mängel der hier durchgängig verwendeten Arbeitsteilungsmaße herausarbeitet. Auch die Variable „Technischer Fortschritt" ist auf problematische Weise operationalisiert – wie auch in den weiter unten noch behandelten Studien –, nämlich als „Energieverbrauch pro Kopf der Bevölkerung". Vor mehr als einem Jahrzehnt durfte man vielleicht noch glauben, den Technologiefortschritt damit vernünftig erfaßt zu haben. Heute müßte man sicher ein komplexeres Maß verwenden, das den Energieverbrauch pro Kopf auf eine inhaltlich sinnvolle Basis bezieht, wenn man nicht Energieverschwendung zum Fortschrittsmaß machen will.

3 Wir verzichten hier auch bewußt auf eine Diskussion des mittlerweile schon alten Streites um die Vertretbarkeit des methodologischen Vorgehens von *Durkheim* inseinem Selbstmordwerk. Es scheint schon Mode geworden zu sein, die Kritik von *Douglas* (1967) blind zu wiederholen (vgl. *Baechler*, 1975, aber auch *Giddens*, 1979). Demgegenüber bleiben gut abgesicherte Gegenargumente – vgl. *Bradshaw* (1973) und vor allem *Besnard* (1976) – weithin ungehört.

4 *Besnard* (1973) kann anhand von *Durkheims* Daten und anhand eines acht Jahre nach dessen Selbstmordwerk erschienenen Aufsatzes zeigen, daß *Durkheim* sehr wohl über die Daten zur induktiven Entwicklung einer Theorie des Selbstmordes, die auch die Frauen systematisch miteinbezogen hätte, verfügte, daß er aber wegen eines theoretischen Bruches bzw. Wandels in seiner Arbeit diese Spur nicht weiterverfolgt hat (erkennbar an der stiefmütterlichen Behandlung des fatalistischen Selbstmordes).

5 *Gibbs* und *Erickson* (1976) weisen nach, daß die Kriminalitätsbelastungsziffern in Metropolitangebieten notorisch falsch berechnet werden. Die Risikopopulation ist durch die Pendelbewegungen der Bevölkerung im tageszeitlichen Rhythmus ungleich größer als sie bei der Kriminalitätsbelastungsberechnung berücksichtigt wird.

6 Diese von vielen Autoren auch vertretene Konzeption des *Durkheim*schen „homo duplex" bedarf einer genaueren Prüfung. *Hawkins* (1977) hat aufgezeigt, daß *Durkheim* diese Konzeption in solcher Klarheit erst ab 1895 und ganz deutlich erst ab 1912 in den „Elementarformen" entwickelt hat. Vor 1895 findet sie sich nicht und von 1895 bis 1912 bleibt sie nicht ohne Widersprüchlichkeiten und Unklarheiten.

7 Noch heute gibt es ein fast blindes Streiten um die Frage, zeigt sich bei dieser oder jener Phase der „Delinquenzgenese" bzw. der Entwicklung einer kriminellen Karriere oder aber – und das ganz besonders – beim selektiven Handeln der Instanzen sozialer Kontrolle ein Zusammenhang mit der Schicht? In bezug auf das Wirken der Strafjustiz ist die Forschung besonders intensiv. Vgl. z. B. *Black* (1976), *Black* (1979), *Braithwaite* und *Biles* (1980), *Chiricos* und *Waldo* (1975, 1977), *Gottfredson* und *Hindelang* (1979a, 1979b, 1980), *Greenberg* (1977), *Hagan, Hewitt* und *Alwin* (1979), *Hagan, Nagel* und *Albonetti* (1980), *Hagan, Silva* und *Simpson* (1979), *Hopkins* (1977), *Krohn* u. a. (1980), *Bernstein, Kelley* und *Doyle* (1977), *Bernstein* u. a. (1977).

8 Ein weiterer systematischer Versuch dazu liegt von *Johnson* und *Turner* (1977) vor, der zu einem gegenüber den konventionellen Rezeptionen erheblich differenzierteren Hypothesenkatalog kommt.

9 Vergleichsweise theoretisch und empirisch sauber gelöst wurde diese Problematik bei *LeParte* (1976).

10 Vgl. dazu als *Merton*-Kritik von einem sehr guten *Durkheim*-Kenner *Besnard* (1978).

11 Das immer wieder zu beobachtende Auftauchen von Widerlegungen der Anomietheorie in Einzelaussagen kann vor dem Hintergrund der Aussagen über die ungerechtfertigte Simplifizierung der theoretischen Zusammenhänge bei der Umsetzung in die empirische Forschung nicht mehr verwundern. Vgl. als Beispiele *Carr* und *Hauser* (1976) sowie *Fischer* (1977).

12 Dies gilt erstaunlicherweise auch für *Sack* (1979), der sich ansonsten sehr erfolgreich für die Rezeption *Durkheim*scher Gedanken und Theorien in der Kriminalsoziologie eingesetzt hat.

13 An dieser These hat sich ein heftiger Streit zwischen *Taylor, Walton* und *Young* (1975) und insbesondere zwischen *Taylor* und *Walton* (1975) und *Hirst* (1975a, 1975b) entwickelt, der sich jedoch dann auf den Streitpunkt verlagert hat, ob mit Recht auch bei *Karl Marx* eine funktionalistische Verbrechenstheorie angenommen werden kann. *Taylor, Walton* und *Young* (1973, S. 67–90, 214–215, 237, 261 f., 279 und 281) gehören zu den Kriminologen, die sich besonders intensiv um eine Verknüpfung von Labeling-Theorie und *Durkheim*scher Soziologie bemüht haben.

Literatur

Richard L. Abel, A Comparative Theory of Dispute Institutions in Society, in: Law and Society Review, Bd. 8, 1973/74, S. 217–304.

Mark Abrahamson, Sudden Wealth, Gratification and Attachment: Durkheim's Anomie of Affluence Reconsidered, in: American Sociological Review, Bd. 45, 1980, S. 49–57.

D. S. Alcorn, A Social Psychological Perspective of Deterrence: Development and Test of a Causal Model, Diss. Brigham Young University, 1977.

Jean Baechler, Suicides, Oxford, 1979 (zuerst Paris, 1975).

Richard P. Bagozzi, Populism and Lynching in Louisiana, in: American Sociological Review, Bd. 42, 1977, S. 355–358.

William C. Bailey, Deterrence and the Celerity of the Death Penalty: A Neglected Question in Deterrence Research, in: Social Forces, Bd. 58, 1980, S. 1308–1333.

A. Balog, Konfliktregelung im Strafrecht, in: Kriminalsoziologische Bibliografie, Bd. 7, 1980, S. 48–64.

Upendra Baxi, Comment-Durkheim and Legal Evolution: Some Problems of Disproof, in: Law and Society Review, Bd. 8, 1973/74, S. 645–651.

Robert N. Bellah (Hrsg.), Emile Durkheim on Morality and Society, Chicago, 1973.

Richard A. Berk, Kenneth J. Lenihan und *Peter H. Rossi,* Crime and Poverty: Some Experimental Evidence From Ex-Offenders., in: American Sociological Review, Bd. 45, 1980, S. 766–786.

I. N. Bernstein, W. R. Kelly und *P. A. Doyle,* Societal Reaction to Deviants: The Case of Criminal Defendants, in: American Sociological Review, Bd. 42, 1977, S. 743–755.

I. N. Bernstein, E. Kick, J. T. Leung und *B. Schulz,* Charge Reduction: An Intermediary Stage in the Process of Labelling Criminal Defendants, in: Social Forces, Bd. 56, 1977, S. 362–384.

Philippe Besnard, Durkheim et les femmes ou le *Suicide* inachevé, in: Revue française de sociologie, Bd. 14, 1973, S. 26–61.

Ders., Anti-ou anté-durkheimisme? Contribution au débat sur les statistiques officielles du suicide, in: Revue française de sociologie, Bd. 17, 1976, S. 313–341.

Ders., Merton à la recherche de l'anomie, in: Revue française de sociologie, Bd. 19, 1978, S. 3–38.

Pierre Birnbaum, La conception durkheimienne de l'Etat: l'apolitisme des fonctionaires, in: Revue française de sociologie, Bd. 17, 1976, S. 247–258.

Donald Black, The Behavior of Law, New York, 1976.

Ders., Common Sense in The Sociology of Law, in: American Sociological Review, Bd. 44, 1979, S. 18–27.

Hans Hartwig Bohle, Soziale Abweichung und Erfolgschancen. Die Anomietheorie in der Diskussion, Neuwied–Darmstadt, 1975.

Tom Bottomore, A Marxist Consideration of Durkheim, in: Social Forces, Bd. 59, 1981, S. 902–917.

Alfred D. Bradshaw, The Social Construction of Suicide Rates, Diss. Syracuse University, 1973.

John Braithwaite, The Myth of Social Class and Criminality Reconsidered, in: American Sociological Review, Bd. 46, 1981, S. 36–57.

Ders. und *David Biles,* Empirical Verification And Black's *The Behavior of Law* (Comment on Gottfredson and Hindelang, ASR, Febr. 1979), in: American Sociological Review, Bd. 45, 1980, S. 334–338.
Don W. Brown, Arrest Rates and Crime Rates: When Does a Tipping Effect Occur?, in: Social Forces, Bd. 57, 1978, S. 671–682.
Noel Byrne, The Anomie-Anomia Nexus: A Re-examination, Paper Prepared For Presentation at the 72nd Annual Meetings of the American Sociological Association, Chicago, Sept. 1977.
Leslie G. Carr und *William J. Hauser,* Anomie and Religiosity: An Empirical Re-Examination, in: Journal for the Scientific Study of Religion, Bd. 15, 1976, S. 69–74.
Ronald L. Carter und *Kim Quaila Hill,* Criminals' and Noncriminals' Perceptions of Urban Crime, in: Criminology, Bd. 16, 1978, S. 353–371.
B. C. Cartwright und *R. D. Schwartz,* The Invocation of Legal Norms: An Empirical Investigation of Durkheim and Weber, in: American Sociological Review, Bd. 38, 1973, S. 340–354.
Barbara G. Cashion, Durkheim's Concept of Anomie and Its Relationship To Divorce, in: Sociology and Social Research, Bd. 55, 1970, S. 72–81.
William J. Chambliss, The Political Economy of Crime: A Comparative Study of Nigeria and the USA, in: *Ian Taylor, Paul Walton* und *Jock Young* (Hrsg.), Critical Criminology, London, 1975, S. 167–180.
Ders., Contradictions and Conflicts in Law Creation, in: Research in Law and Sociology, Bd. 2, 1979.
François Chazel, De quelques composantes de l'alienation politique, in: Revue française de sociologie, Bd. 17, 1976, S. 101–115.
Mohamed Cherkaoui, Socialisation et conflict: les systèmes éducatifs et leur histoire selon Durkheim, in: Revue française de sociologie, Bd. 17, 1976, S. 197–212.
Ders., Consensus or Conflict? Return to Durkheim's Proteiform Theory, in: Theory and Society, Bd. 10, 1981, S. 127–138.
Theodore G. Chiricos und *Gordon P. Waldo,* Socioeconomic Status And Criminal Sentencing: An Empirical Assessment of a Conflict Proposition, in: American Sociological Review, Bd. 40, 1975, S. 753–772.
Dies., Reply To Greenberg, Hopkins, And Reasons, in: American Sociological Review, Bd. 42, 1977, S. 181–185.
Donald Clelland und *Timothy J. Carter,* The New Myth of Class and Crime, in: Criminology, Bd. 18, 1980, S. 319–336.
Marshall B. Clinard (Hrsg.), Anomie and Deviant Behavior. A Discussion and Critique, New York–London, 1964.
Herman Coenen, Developments in the Phenomenological Reading of Durkheim's Work, in: Social Forces, Bd. 59, 1981, S. 951–965.
Jere Cohen, Moral Freedom Through Understanding in Durkheim (Comment On Pope, ASR, Aug. 1973), in: American Sociological Review, Bd. 40, 1975, S. 104–106.
Ders., Lawrence E. Hazelrigg und *Whitney Pope,* De-Parsonizing Weber: A Critique of Parsons' Interpretation Of Weber's Sociology, in: American Sociological Review, Bd. 40, 1975a, S. 229–241.
Ders., Lawrence E. Hazelrigg und *Whitney Pope,* Reply to Parsons, in: American Sociological Review, Bd. 40, 1975b, S. 670–674.
Lawrence E. Cohen und *Marcus Felson,* Social Change and Crime Rate Trends: A Routine Activity Approach, in: American Sociological Review, Bd. 44, 1979, S. 588–608.
Ders. und *James R. Kluegel,* The Detention Decision: A Study of the Impact of Social Characteristics and Legal Factors in Two Metropolitan Juvenile Courts, in: Social Forces, Bd. 58, 1979, S. 146–161.
Stephen Cole, The Growth of Scientific Knowledge: Theories of Deviance As A Case Study, in: *Lewis A. Coser* (Hrsg.), The Idea of Social Structure. Papers in Honor of Robert K. Merton, New York etc., 1975, S. 175–220.
Randall Collins, Conflict Sociology. Toward An Exploratory Science, New York etc., 1975.
Ders., On the Microfoundations of Macrosociology, in: American Journal of Sociology, Bd. 86, 1981, S. 984–1014.
Lewis A. Coser, Masters of Sociological Thought, New York etc., 1972.
F. Th. Cullen, The Structuring of Deviant Behavior: Deviance Theory Reconsidered, Diss. Columbia University, N.Y., 1979.

Nick Danigelis und *Whitney Pope*, Durkheim's Theory of Suicide as Applied to the Family: An Empirical Test, in: Social Forces, Bd. 57, 1979, S. 1081–1106.
Jack D. Douglas, The Social Meanings of Suicide, Princeton, N.J., 1967.
Emile Durkheim, Regeln der soziologischen Methode, hrsg. und eingeleitet von *René König*, Neuwied–Berlin, 4. Aufl., 1976 (zuerst Paris, 1895; im Text zitiert nach der ersten deutschen Auflage von *R. König*, 1961).
Ders., Suicide, A Study in Sociology, Glencoe, Ill., 1951, London, 1952 (zuerst Paris, 1897).
Ders., Der Selbstmord, Neuwied und Berlin, 1973 (zuerst Paris, 1897).
Ders., Selected Writings, hrsg., übersetzt und eingeleitet von *Anthony Giddens*, Cambridge, 1972.
Ders., The Division of Labor in Society, New York, 1933 (zuerst Paris, 1893).
Ders., Über die Teilung der sozialen Arbeit, Frankfurt, 1977 (zuerst Paris, 1893).
Ders., The Elementary Forms of the Religious Life, London, 2. Aufl., 1976.
Ders., Die elementaren Formen des religiösen Lebens, Frankfurt, 1981 (zuerst Paris, 1912).
Ders., Two Laws of Penal Evolution, in: Economy and Society, Bd. 2, 1973, S. 285–306.
Dennis R. Eckhart und *Roger Durand*, The Effect of Context in Measuring Anomia, in: Public Opinion Quarterly, Bd. 39, 1975, S. 199–206.
Delbert S. Elliott und *Suzanne S. Ageton*, Reconciling Race and Class Differences In Self-Reported and Official Estimates of Delinquency, in: American Sociological Review, Bd. 45, 1980, S. 95–110.
Maynard L. Erickson, Jack P. Gibbs und *Gary F. Jensen*, The Deterrence Doctrine and the Perceived Certainty of Legal Punishments, in: American Sociological Review, Bd. 42, 1977, S. 305–317.
Kai T. Erikson, Die widerspenstigen Puritaner. Zur Soziologie abweichenden Verhaltens, Stuttgart, 1978 (zuerst als „Wayward Puritans: A Study in the Sociology of Deviance", New York, 1966).
Claude S. Fischer, On Urban Alienation and Anomie: Powerlessness and Social Isolation, in: American Sociological Review, Bd. 38, 1973, S. 311–326.
Elizabeth M. Fischer, Social Change and Anomie: An Empirical Application Of Durkheim's Theory of Social Integration, Paper Prepared For Presentation at the 72nd Annual Meeting of the American Sociological Association, Chicago, Ill., 1977.
Elizabeth Garnsey, The Rediscovery of the Division of Labor, in: Theory and Society, Bd. 10, 1981, S. 337–358.
M. Geerken und *W. R. Gove*, Deterrence, Overload, and Incapacitation: An Empirical Evaluation, in: Social Forces, Bd. 56, 1977, S. 424–447.
Jack P. Gibbs, Social Control, Deterrence, and Perspectives on Social Order, in: Social Forces, Bd. 56, 1977, S. 408–423.
Ders., Another Rush To Judgment On the Deterrence Question, in: Criminology, Bd. 16, 1978, S. 22–30.
Ders. und *Maynard L. Erickson*, Crime Rates of American Cities in an Ecological Context, in: American Journal of Sociology, Bd. 82, 1976, S. 605–620.
Ders. und *Walter T. Martin*, Still Another Look at Status Integration and Suicide, in: Social Forces, Bd. 59, 1981, S. 815–823.
Ders. und *Walter T. Martin*, Status Integration and Suicide, Oregon, 1964.
Anthony Giddens, Capitalism and Modern Social Theory. An Analysis of the Writings of Marx, Durkheim and Max Weber, Cambridge, 1971, insbes. S. 65–118.
Ders., Classical Social Theory and the Origins of Modern Sociology, in: American Journal of Sociology, Bd. 81, 1976, S. 703–729.
Ders., Central Problems in Social Theory. Action, Structure and Contradiction in Social Analysis, London, 1979.
Michael R. Gottfredson und *Michael J. Hindelang*, A Study of *The Behavior of Law*, in: American Sociological Review, Bd. 44, 1979(a), S. 3–18.
Dies., Theory and Research in the Sociology of Law, in: American Sociological Review, Bd. 44, 1979(b), S. 27–37.
Dies., Trite But True (Response To *Braithwaite* and *Biles*), in: American Sociological Review, Bd. 45, 1980, S. 338–340.
Alwin W. Gouldner, Introduction, in: *Emile Durkheim*, Socialism, New York, 1962.
Walter R. Gove und *Michael Hughes*, Reexamining the Ecological Fallacy: A Study in Which Aggregate Data are Critical in Investigating the Pathological Effects of Living Alone, in: Social Forces, Bd. 58, 1980, S. 1157–1177.

Clive Grace und *Philip Wilkinson*, Sociological Inquiry and Legal Phenomena, London, 1978, insb. S. 45–61, 79–84.
Harold G. Grasmick und *George J. Bryak*, The Deterrent Effect of Perceived Severity of Punishment, in: Social Forces, Bd. 59, 1980, S. 471–491.
David F. Greenberg, The Incapacitative Effect Of Imprisonment: Some Estimates, in: Law and Society Review, Bd. 9, 1974/75, S. 541–580.
Ders., Socioeconomic Status and Criminal Sentences: Is There an Association? (Comment on *Chiricos* and *Waldo*, ASR, Dez. 1975), in: American Sociological Review, Bd. 42, 1977, S. 174–176.
John Hagan, John D. Hewitt und *Duane F. Alwin*, Ceremonial Justice: Crime and Punishment in a Loosely Coupled System, in: Social Forces, Bd. 58, 1979, S. 506–527.
Ders., Ilene H. Nagel (Bernstein) und *Celesta Albonetti*, The Differential Sentencing of White-Collar Offenders in Ten Federal District Courts, in: American Sociological Review, Bd. 45, 1980, S. 802–820.
Ders., E. T. Silva und *J. H. Simpson*, Conflict and Consensus in the Designation of Deviance, in: Social Forces, Bd. 56, 1977, S. 320–340.
V. Lee Hamilton und *Steve Rytina*, Social Consensus on Norms of Justice: Should the Punishment Fit the Crime?, in: American Journal of Sociology, Bd. 85, 1979/80, S. 1117–1144.
G. Hanak, Vermittlung als Alternative zur strafrechtlichen Konfliktregelung, in: Kriminalsoziologische Bibliografie, Bd. 7, 1980, S. 5–47.
Warren Handel, Normative Expectations and the Emergence of Meaning as Solutions To Problems: Convergence of Structural and Interactionist Views, in: American Journal of Sociology, Bd. 84, 1979, S. 855–881.
Timothy F. Hartnagel, The Perception and Fear of Crime: Implications for Neighborhood Cohesion, Social Activity, and Community Affect, in: Social Forces, Bd. 58, 1979, S. 176–193.
M.J. Hawkins, A Re-Examination of Durkheim's Theory of Human Nature, in: Sociological Review, Bd. 25, 1977, S. 229–251.
Larry A. Hembroff, Sociology: Specialization, Fatalism, and the Need For a Theoretical Synthesis, unveröff. Paper, Washington State University 1977.
Andrew F. Henry und *James F. Short*, Suicide and Homicide. Some Economic, Sociological, and Psychological Aspects of Aggression, New York–London, 1954.
R. L. Henshel, Consideration on the Deterrence and System Capacity Models, in: Criminology, Bd. 16, 1978, S. 35–46.
Michael J. Hindelang, Travis Hirschi und *Joseph G. Weis*, Correlates of Delinquency: The Illusion of Discrepancy Between Self-Report and Official Measures, in: American Sociological Review, Bd. 44, 1979, S. 995–1014.
Paul Q. Hirst, Marx and Engels on Law, Crime and Morality, in: *Ian Taylor, Paul Walton* und *Jock Young* (Hrsg.), Critical Criminology, London, 1975 (a), S. 203–232.
Ders., Radical Deviancy Theory and Marxism: A Reply To Taylor and Walton, in: *Ian Taylor, Paul Walton* und *Jock Young* (Hrsg.), Critical Criminology, London, 1975 (b), S. 238–244.
Arlie R. Hochschild, Emotion Work, Feeling Rules, and Social Structure, in: American Journal of Sociology, Bd. 85, 1979/80, S. 551–575.
Andrew Hopkins, Is There A Class Bias In Criminal Sentencing? (Comment On *Chiricos* and *Waldo*, ASR, Dez. 1975), in: American Sociological Review, Bd. 42, 1977, S. 176–177.
E. Hynes, Suicide and Homo Duplex: An Interpretation of Durkheim's Typology of Suicide, in: Sociological Quarterly, Bd. 16, 1975, S. 87–104.
J.A. Inciardi, Introduction, in: *Ders.* (Hrsg.), Radical Criminology. The Coming Crisis, Beverly Hills–London, 1980, S. 7–18.
James M. Inverarity, Populism and Lynching in Louisiana, 1889–1896: A Test of Erikson's Theory of the Relationship Between Boundary Crises and Repressive Justice, in: American Sociological Review, Bd. 41, 1976, S. 262–280.
Ders., Reply To *Bagozzi, Berk, Bohrnstedt, Pope, Ragin* and *Wasserman*, in: American Sociological Review, Bd. 42, 1977, S. 663–667.
Alvin L. Jacobson, Crime Trends in Southern and Nonsouthern Cities: A Twenty-Year Perspective, in: Social Forces, Bd. 54, 1975, S. 226–242.

Gary F. Jensen, Maynard L. Erickson und *Jack P. Gibbs,* Perceived Risk of Punishment and Self-Reported Delinquency, in: Social Forces, Bd. 57, 1978, S. 57–78.

Barbara A. Johnson und *Jonathan H. Turner,* Anomie Theory Revisited Again: Classifying Key Concepts and Propositions, Paper Presented at the Annual Meetings of the American Sociological Association, Chicago Sept. 1977.

Barclay D. Johnson, Durkheim's One Type of Suicide, in: American Sociological Review, Bd. 30, 1965, S. 875–886.

Harry M. Johnson, Comment On Jones's „On Understanding A Sociological Classic", in: American Journal of Sociology, Bd. 84, 1978/79, S. 171–174.

Robert Alun Jones, On Understanding a Sociological Classic, in: American Journal of Sociology, Bd. 83, 1977, S. 279–319.

Ders., Subjectivity, Objectivity, and Historicity: A Response to *Johnson,* in: American Journal of Sociology, Bd. 84, 1978/79, S. 175–181.

Jones T. Anthony, Durkheim, Deviance and Development: Opportunities Lost and Regained, in: Social Forces, Bd. 59, 1981, S. 1009–1024.

Ders. und *A. T. Scull,* Durkheim's Two Laws of Penal Evolution: An Introduction, in: Economy and Society, Bd. 2, 1973, S. 278–284.

Robert E. Kapsis, Black Ghetto Diversity and Anomie: A Sociopolitical View, in: American Journal of Sociology, Bd. 83, 1978, S. 1132–1153.

T. D. Kemper, The Division of Labor. A Post-Durkheimian Analytical View, in: American Sociological Review, Bd. 37, 1972, S. 739–753.

Ders., Emile Durkheim and the Division of Labor, in: Sociological Quarterly, Bd. 16, 1975.

David R. King, The Brutalization Effect: Execution Publicity and the Incidence of Homicide in South Carolina, in: Social Forces, Bd. 57, 1978, S. 683–687.

Gary Kleck, Capital Punishment, Gun Ownership, and Homicide, in: American Journal of Sociology, Bd. 84, 1979, S. 882–910.

S. Kobrin, The Deterrent Effectiveness of Criminal Justice Sanction Strategies, Diss. University of Southern California 1973.

René König, Einleitung zu *Emile Durkheim* „Regeln der soziologischen Methode", in: *Emile Durkheim,* Regeln der soziologischen Methode, Neuwied–Berlin, 4. Aufl. 1976, S. 15–82 (zuerst 1961).

Ders., Nachwort, in: *Emile Durkheim,* Der Selbstmord, Neuwied–Berlin, 1973, S. 469–502.

Ders., Emile Durkheim. Der Soziologe als Moralist, in: *Dirk Käsler* (Hrsg.), Klassiker des Soziologischen Denkens, Bd. 1: Von Comte bis Durkheim, München, 1976, S. 312–364, 401–444, 501–508.

Ders., Emile Durkheim zur Diskussion. Jenseits von Dogmatismus und Skepsis, München–Wien, 1978.

Marvin D. Krohn, Social Change and Social Disorganization: A Cross-Polity Study of the Effects of Social Change on Indices of Crime and Suicide, Diss. The Florida State University 1974.

Ders., A Durkheimian Analysis of International Crime Rates, in: Social Forces, Bd. 57, 1978, S. 654–670.

Ders., Ronald L. Akers, Marcia J. Radosevich und *Lonn Lanza-Kaduce,* Social Status and Deviance. Class Context of School, Social Status, and Delinquent Behavior, in: Criminology, Bd. 18, 1980, S. 303–318.

Dominick LaCapra, Emile Durkheim: Sociologist and Philosopher, Ithaca–London, 1972.

Siegfried Lamnek, Kriminalitätstheorien – kritisch, München, 1977.

Ders., Theorien abweichenden Verhaltens, München, 1979.

Pat Lauderdale, Deviance and Moral Boundaries, in: American Sociological Review, Bd. 41, 1976, S. 660–676.

Michael G. LeParte, Anomie and Alienation: An Empirical Study of Relationship, Diss. The Pennsylvania State University 1976.

Niklas Luhmann, Arbeitsteilung und Moral. Durkheims Theorie, Einleitung zu *Emile Durkheim* „Über die Teilung der Sozialen Arbeit", Frankfurt, 1977, S. 17–35.

Steven M. Lukes, Emile Durkheim. His Life and Work. A Historical and Critical Study, London, 1973.

David McCloskey, On Durkheim, Anomie, and the Modern Crisis, in: American Journal of Sociology, Bd. 81, 1975/76, S. 1481–1488.

Ders., Anomie, Egoism, and the Modern World: Suicide, Durkheim and Weber, Modern Cultural Traditions, and the First and Second Protestant Ethos, 3 Bde, Diss. University of Oregon 1978.

Peter K. Manning, Police Work: The Social Organization of Policing, Cambridge, Mass., und London, 1977.

Stephen R. Marks, Durkheim's Theory of Anomie, in: American Journal of Sociology, Bd. 80, 1974, S. 329–363.

Ders., Durkheim's Theories of Anomie Reconsidered – A Reply to *McCloskey,* in: American Journal of Sociology, Bd. 81, 1975/76, S. 1488–1494.

Ders., Multiple Roles and Role Strain: Some Notes On Human Energy, Time and Commitment, in: American Sociological Review, Bd. 42, 1977, S. 921–936.

James R. Marshall, Political Integration and the Effect of War on Suicide: United States, 1933–1976, in: Social Forces, Bd. 59, 1981, S. 771–785.

Bruce H. Mayhew, Structuralism Versus Individualism (2 Teile), in: Social Forces, Bd. 59, 1980, S. 335–375, 456–491.

Robert F. Meier und *Weldon T. Johnson,* Deterrence As Social Control: The Legal and Extralegal Production of Conformity, in: American Sociological Review, Bd. 42, 1977, S. 292–304.

Robert K. Merton, Anomie, Anomia, and Social Interaction: Contexts of Deviant Behavior, in: *Marshall B. Clinard* (Hrsg.), Anomie and Deviant Behavior. A Discussion and Critique, New York–London, 1964, S. 213–242.

Ders., Auf den Schultern von Riesen. Ein Leitfaden durch das Labyrinth der Gelehrsamkeit, Frankfurt, 1980 (zuerst New York 1965).

James D. Miley und *Michael Micklin,* Structural Change and the Durkheimian Legacy: A Macrosocial Analysis of Suicide Rates, in: American Journal of Sociology, Bd. 78, 1972, S. 657–673.

Ephraim H. Mizruchi, Romanticism, Urbanism, and Small Town in Mass Society, in: *P. Meadows* und *E. H. Mizruchi* (Hrsg.), Urbanism, Urbanization and Change, Reading, Mass., 1969, S. 243–251.

Glenn Mulligan und *Bobbie Lederman,* Social Facts and Rules of Practice, in: American Journal of Sociology, Bd. 83, 1977, S. 539–550.

Robert A. Nisbet (Hrsg.), Emile Durkheim, Englewood Cliffs, N. J., 1965.

Ders., The Sociological Tradition, New York, 1966.

Ders., The Sociology of Emile Durkheim, London, 1975 (insb. S. 209–237 zur Devianz).

Jerry Parker und *Harold G. Grasmick,* Linking Actual and Perceived Certainty of Punishment. An Exploratory Study Of an Untested Proposition in Deterrence Theory, in: Criminology, Bd. 17, 1979, S. 366–379.

Robert Nash Parker und *M. Dwayne Smith,* Deterrence, Poverty, and Type of Homicide, in: American Journal of Sociology, Bd. 85, 1979/80, S. 614–624.

Talcott Parsons, The Structure of Social Action, New York 1937.

Ders., Moral Freedom Through Understanding in Durkheim-Comment On „Parsons' Interpretation of Durkheim" and on „Moral Freedom Through Understanding in Durkheim" (Comment on *Pope* and *Cohen,* ASR, Aug. 1973), in: American Sociological Review, Bd. 40, 1975 (a), S. 106–111.

Ders., On „De-Parsonizing Weber" (Comment On *Cohen* et al., ASR, April 1975), in: American Sociological Review, Bd. 40, 1975 (b), S. 666–670.

Ders., Reply to *Cohen, Hazelrigg* and *Pope,* in: American Sociological Review, Bd. 41, 1976, S. 361–365.

Ders., Comment on *R. Stephen Warner's* „Toward a Redefinition of Action Theory: Paying the Cognitive Element Its Due", in: American Journal of Sociology, Bd. 83, 1978, S. 1350–1358.

James L. Peacock, Durkheim and the Social Anthropology of Culture, in: Social Forces, Bd. 59, 1981, S. 996–1008.

David P. Phillips, Suicide, Motor Vehicle Fatalities, and the Mass Media: Evidence toward a Theory of Suggestion, in: American Journal of Sociology, Bd. 84, 1979, S. 1150–1173.

Ders., Airplane Accidents, Murder, and the Mass Media: Towards a Theory of Imitation and Suggestion, in: Social Forces, Bd. 58, 1980, S. 1001–1024.

W. S. F. Pickering (Hrsg.), Durkheim: Essays On Morals and Education, London, 1979.

Evelyne Pisier-Kouchner, Perspective sociologique et theorie de l'Etat. Remarques à propos d'un article de Pierre Birnbaum, in: Revue française de sociologie, Bd. 18, 1977, S. 317–330.

Henry N. Pontell, Deterrence. Theory Versus Practice, in: Criminology, Bd. 16, 1978, S. 3–22.

Whitney Pope, Classic On Classic: Parsons' Interpretation of Durkheim, in: American Sociological Review, Bd. 38, 1973, S. 399–415.

Ders., Parsons On Durkheim, Revisited (Reply To *Cohen* und *Parsons*), in: American Sociological Review, Bd. 40, 1975, S. 111–115.
Ders., *Jere Cohen* und *Lawrence E. Hazelrigg*, On the Divergence Of Weber and Durkheim: A Critique Of Parsons' Convergence Thesis, in: American Sociological Review, Bd. 40, 1975, S. 417–427.
Ders., Durkheim's Suicide. A Classic Analyzed, Chicago–London, 1976.
Ders., *J. Cohen* und *L. E. Hazelrigg*, Reply To Parsons, in: American Sociological Review, Bd. 42, 1977, S. 809–811.
Ders. und *Charles Ragin*, Mechanical Solidarity, Repressive Justice, and Lynchings In Louisiana (Comment On *Inverarity*, ASR, April 1976), in: American Sociological Review, Bd. 42, 1977, S. 363–369.
Ders. und *Jere Cohen*, On *R. Stephen Warner's* „Toward a Redefinition of Action Theory: Paying the Cognitive Element Its Due", in: American Journal of Sociology, Bd. 83, 1978, S. 1359–1367.
Jeffrey Prager, Moral Integration and Political Inclusion. A Comparison of Durkheim's and Weber's Theories of Democracy, in: Social Forces, Bd. 59, 1981, S. 918–950.
Charles C. Ragin, Social Structure and Emergent Phenomena: The Unit of Analysis Problem In Sociology, unveröffentl. Msk. Indiana University, Bloomington 1977.
Charles E. Reasons, On Methodology, Theory and Ideology (Comment On *Chiricos* and *Waldo*, ASR, Dez. 1975), in: American Sociological Review, Bd 42, 1977, S. 177–181.
Myer S. Reed, Jr., *Jerry Burnette* und *Richard R. Troiden*, Wayward Cops: The Function of Deviance in Groups Reconsidered, in: Social Problems, Bd 24, 1977, S. 565–575.
George Ritzer und *Richard Bell*, Emile Durkheim: Exemplar for an Integrated Sociological Paradigm?, in: Social Forces, Bd. 59, 1981, S. 966–995.
Paul Rock, Deviant Behavior, London, 1973.
Robin Room, Ambivalence as a Sociological Explanation: The Case of Cultural Explanations of Alcohol Problems, in: American Sociological Review, Bd. 41, 1976, S. 1047–1065.
Bob Roshier, The Function of Crime Myth, in: Sociological Review, Bd. 25, 1977, S. 309–323.
William A. Rushing, Deviance, Interpersonal Relations and Suicide, in: Human Relations, Bd. 22, 1969, S. 62–76.
Fritz Sack, Probleme der Kriminalsoziologie, in: *René König* (Hrsg.), Handbuch der empirischen Sozialforschung, Bd. 12: Wahlverhalten, Vorurteile, Kriminalität, 2. Aufl. Stuttgart, 1978, S. 192–492.
Johanna Schalkwyk, *Charles Lazer* und *Elaine Cumming*, Another Look at Status Integration and Suicide, in: Social Forces, Bd. 57, 1979, S. 1063–1080.
Richard P. Schwartz, Legal Evolution and the Durkheim Hypothesis: A Reply To Professor *Baxi*, in: Law and Society Review, Bd. 8, 1973/74, S. 653–668.
Herman Schwendinger und *Julia Schwendinger*, Defenders of Order or Guardians of Human Rights?, in: *Ian Taylor*, *Paul Walton* und *Jock Young* (Hrsg.), Critical Criminology, London, 1975, S. 113–146.
Robert A. Scott, Deviance, Sanctions, and Social Integration in Small-Scale Societies, in: Social Forces, Bd. 54, 1976, S. 604–620.
L. S. Sheleff, From Restitutive Law to Repressive Law: Durkheim's „The Division of Labor in Society" Revisited, in: Archives européennes de sociologie, Bd. 16, 1975, S. 16–45.
Shlomo Shinnar und *Reuel Shinnar*, The Effects of the Criminal Justice System on The Control of Crime: A Quantitative Approach, in: Law and Society Review, Bd. 9, 1974/75, S. 581–611.
James F. Short und *Robert F. Meier*, Criminology and the Study of Deviance, in: American Behavioral Scientist, Bd. 24, 1981, S. 462–478.
Susan Shott, Emotion and Social Life: A Symbolic Interactionist Analysis, in: American Journal of Sociology, Bd. 84, 1979, S. 1317–1334.
William Simon und *John H. Gagnon*, The Anomie of Affluence: A Post-Mertonian Conception, in: American Journal of Sociology, Bd. 82, 1976, S. 356–378.
David L. Smith und *Robert E. Snow*, The Division of Labor: Conceptual and Methodological Issues, in: Social Forces, Bd. 55, 1976, S. 520–528.
Ders., *Robert DuRant* und *Timothey J. Carter*, Social Integration, Victimization, and Anomia, in: Criminology, Bd. 16, 1978, S. 395–402.

Steven Spitzer, Punishment And Social Organization: A Study of Durkheim's Theory of Penal Evolution, in: Law and Society Review, Bd. 9, 1974/75, S. 613–637.
Steven Stack, Suicide: A Comparative Analysis, in: Social Forces, Bd. 57, 1978, S. 644–653.
Ian Taylor, Paul Walton und *Jock Young*, The New Criminology: For a Social Theory of Deviance, London, 1973.
Dies., Critical Criminology in Britain: Review and Prospects, in: *Dies.* (Hrsg.), Critical Criminology, London, 1975, S. 6–62.
Dies. (Hrsg.), Critical Criminology, London, 1975.
Ian Taylor und *Paul Walton*, Radical Deviancy Theory and Marxism: A Reply to *Paul Q. Hirst's* Marx and Engels on Law, Crime and Morality, in: *Ian Taylor, Paul Walton* und *Jock Young* (Hrsg.), Critical Criminology, London, 1975, S. 233–237.
Edward A. Tiryakian, Durkheim's Two Laws of Penal Evolution, in: Journal of the Scientific Study of Religion, Bd. 3, 1964, S. 261–266.
Ders., Neither Marx nor Durkheim... Perhaps Weber, in: American Journal of Sociology, Bd. 81, 1975, S. 1–33.
Ders., Emile Durkheim, in: *Tom Bottomore* und *Robert A. Nisbet* (Hrsg.), A History of Sociological Analysis, New York, 1978, S. 187–236.
Ders., Sexual Anomie, Social Structure, Societal Change, in: Social Forces, Bd. 59, 1981, S. 1025–1053.
Charles R. Tittle und *Wayne J. Villemez*, Social Class and Criminality, in: Social Forces, Bd. 56, 1977, S. 474–503.
Ders., Wayne J. Villemez und *Douglas A. Smith*, The Myth of Social Class and Criminality: An Empirical Assessment of the Empirical Evidence, in: American Sociological Review, Bd. 43, 1978, S. 643–656.
Ders., Comment On „Deterrence: Theory Versus Practice", in: Criminology, Bd. 16, 1978, S. 31–35.
Jonathan H. Turner, Critical Moments in the Emergence, Ascendance, and Decline of Functionalism, unveröffentl. Msk. University of California at Riverside 1977.
Gideon Vigderhous und *Gideon Fishman*, Socio-Economic Determinants of Female Suicide Rates: A Cross National Comparison, in: Paper Prepared for Presentation at the 72nd Annual Meeting of the American Sociological Association, Chicago, Sept. 1976.
E. Wallwork, Durkheim: Morality and Milieu, Cambridge, Mass., 1972.
R. Stephen Warner, Toward a Redefinition of Action Theory: Paying the Cognitive Element Its Due, in: American Journal of Sociology, Bd. 83, 1978, S. 1317–1349.
Mark Warr, The Accuracy of Public Beliefs About Crime, in: Social Forces, Bd. 59, 1980, S. 456–470.
Ira M. Wasserman, Southern Violence and The Political Process (Comment On *Inverarity*, ASR, April 1976), in: American Sociological Review, Bd. 42, 1977, S. 359–362.
Stephan D. Webb, Crime and the Division of Labor: Testing a Durkheimian Model, in: American Journal of Sociology, Bd. 78, 1972, S. 643–656.
L. D. Wilcox, Social Class, Anomie and Delinquency, Diss. Colorado State University 1969.
F. P. Williams, III, Conflict Theory and Differential Processing: An Analysis of the Research Literature, in: *J. A. Inciardi* (Hrsg.), Radical Criminology. The Coming Crisis, Beverly Hills–London, 1980, S. 213–232.
K. R. Williams, Deterrence and Knowledge of Legal Punishment, Diss. The University of Arizona 1977.
Marvin E. Wolfgang, Robert M. Figlio und *Terence P. Thornberry*, Evaluating Criminology, New York–Oxford, 1978.
Charles Wright und *R. E. Hilbert*, Value Implications of The Functional Theory of Deviance, in: Social Problems, Bd. 28, 1980/81, S. 205–219.
Irving M. Zeitlin, Rethinking Sociology. A Critique of Contemporary Theory, New York, 1973.
Richard A. Zeller, Arthur G. Neal und *H. Theodore Groat*, On the Reliability and Stability of Alienation Measures: A Longitudinal Analysis, in: Social Forces, Bd. 58, 1980, S. 1195–1204.

IV. Zur Standortbestimmung der Soziologie

DIE UNBEWÄLTIGTEN SOZIALWISSENSCHAFTEN*

Von Friedrich H. Tenbruck

In wenigen Jahrzehnten sind die Sozialwissenschaften wie ein Naturereignis über die westliche Welt hereingebrochen. Der Vorgang läßt sich nicht anders beschreiben, weil es nirgends gelungen ist, ihn geistig zu bewältigen, am wenigsten in der Bundesrepublik, die ihn mangels eigener Traditionen nicht einmal einzudämmen vermochte. Das Versagen gründet in der Eigenart unserer westlichen Kultur, der die Vorstellung, eine Wissenschaft bedürfe der geistigen Bewältigung, fehlt und ihrer Überlieferung nach auch fehlen muß, worüber noch zu sprechen sein wird. Umgekehrt verkörpert für uns die Wissenschaft recht eigentlich die geistige Bewältigung. Und weil uns die Idee einer unbewältigten Wissenschaft absurd erscheint, vermögen wir die Tatsache nicht wahrzunehmen.

Wissenschaft soll Licht, sie soll Aufklärung bringen, dieser Glaube gehört zum Erbe unserer Kultur. Deshalb darf jede neue Wissenschaft erfolgreich mit dem Anspruch werben, mehr Licht und weitere Aufklärung zu verbreiten. So wie sie im Namen des Fortschritts Förderung verlangt, brandmarkt sie Einspruch, Zweifel und Zurückhaltung als geistige Dunkelmännerei und konservative Reaktion. Auch die Sozialwissenschaften sind mit diesem Wind zu ihren Siegen gesegelt. Doch man muß sich fragen, ob das für unser Gemeinwesen und unsere Kultur nicht ein Pyrrhussieg geworden ist. Bisher jedenfalls ist die Rechnung nicht aufgegangen, weil die Sozialwissenschaften im ganzen eher Verwirrung als Aufklärung, eher Dunkelheit als Licht gebracht haben. Ihre geistige Bewältigung ist bislang nirgends gelungen – nicht in der Gesellschaft, nicht in der Kultur und nicht einmal in der Wissenschaft. Wie ein gefährlicher Fremdkörper hat sich ihr Wissen in die Köpfe der Menschen, in die Einrichtungen der Gesellschaft, in den geistigen Haushalt der Nation und in unser Weltbild hineingefressen. Am eigenen Leib hat jedermann erlebt, wie diese Wissenschaften unaufhaltsam in unser Leben drängten. Sie haben Schule, Bildung, Universität, Sprache, Literatur, Theater, Kulturbetrieb und Massenmedien verändert, aber auch öffentliche Meinung, Politik, Ver-

* Der folgende Artikel wurde seinerzeit von der FAZ (9. 3. 1979) in gekürzter Fassung unter dem Titel: „Die Gesellschaftswissenschaften stürzen die Gesellschaft ins Abenteuer. Politische Wirkungen der Soziologie" wiedergegeben und wird hier in seinem ursprünglichen Wortlaut veröffentlicht. Die ungewohnte Fragestellung, die für sich selbst sprechen mag, habe ich unter dem gleichen Titel in einem zweiten Artikel fortgeführt, der 1980 in der Zeitschrift für Politik, Jahrgang 27, Heft 3, und in dem von *Michael Zöller* 1980 herausgegebenen Band „Aufklärung heute. Bedingungen unserer Freiheit" erschienen ist.

waltung, Arbeit, Beruf, Alltag und Kirche. In zwei Jahrzehnten haben sie die Welt durch eine Kulturrevolution verunsichert, die noch immer neue Bewegungen und Gruppen, Fraglichkeiten und Streitigkeiten aus sich entläßt. Welche Stellung soll das neue Wissen in Schule und Bildung, in Lehre und Forschung, in Politik und öffentlicher Meinung, in Familie und Alltag, überhaupt im Leben der Nation einnehmen? Wie ein roter Faden hat sich diese Frage durch alle Reformen der beiden letzten Jahrzehnte hindurchgezogen. Sie taucht bei fast jedem neuen Gesetz, weil dafür sozialwissenschaftlicher Fachverstand berufen wird, wieder auf und ist den meisten kulturellen, geistigen und politischen Parteiungen beigemischt. Das Gemeinwesen ist über diesen Fragen gespalten. Wie die Sozialwissenschaften in tausend Formen in alle Bereiche des privaten und öffentlichen Daseins eingedrungen sind, das haben die einen stolz mit missionarischem Eifer betrieben, die anderen dumpf oder ohnmächtig, wie eine schicksalhafte Überwältigung erlebt.

Was ist hier geschehen? Wieso fügen sich die Sozialwissenschaften nicht in die Erwartungen, die wir mit dem Fortschritt der Erkenntnis verbinden? Wie konnte unsere Kultur mit den erprobten Mitteln der Wissenschaft eine neue Lebensmacht produzieren, auf die wir so wenig vorbereitet waren, daß wir sie weder bewältigen noch auch nur wahrnehmen können? Wo ist die Wissenschaft vom Wege abgekommen, den unsere Tradition ihr vorgezeichnet hatte? Wann sind wir auf dem Mythos unserer Überlieferung sitzengeblieben, über welche die Entwicklung bereits hinwegschritt?

So fremd uns diese Fragen auch erst einmal klingen mögen, sie müssen dringlich gestellt werden. Denn keine Kultur kann leben, wenn sie nicht mehr in der Lage ist, ihre Störungen und Verwirrungen zu verarbeiten und also erst einmal zu erfassen. Es ist deshalb höchste Zeit, nicht über die Sozialwissenschaften zu rechten, wohl aber über sie zu reden. Warum sprengen diese Disziplinen unsere herkömmlichen Vorstellungen über die Wirkungen der Wissenschaft? Und wieso ist uns diese Tatsache bisher entgangen?

Um den Umriß dieser ungewohnten Fragen auch nur anzudeuten, muß man ausholen. Bestenfalls kann man dadurch zu der überfälligen Besinnung über die unbewältigten Sozialwissenschaften anstoßen, niemals aber ihre geistige Verarbeitung besorgen, die eine Herausforderung unserer Kultur bleibt. Denn wie die Sozialwissenschaften dadurch zu einer unbewältigten Lebensmacht geworden sind, daß sie in die verschiedenen Wissenschaften, in die Schulen und Bildungseinrichtungen, in die Erziehung und Sozialarbeit, in die Massenmedien und in die Politik, in die Akademien und Kirchen, in die Verwaltung und Politik eingedrungen sind, so können sie auch erst dann bewältigt werden, wenn alle diese Mächte sich der Aufgabe zu ihrem Teil stellen.

Eins jedoch sollte in dieser Lage vorweg klar sein. Die herkömmliche Weisheit der Fakultäten und Ministerien, überhaupt der Wissenschaftsförderung und Wissenschaftspolitik hat sich im Umgang mit den Natur- und Geisteswissenschaften gebildet und versagt vor den Sozialwissenschaften. Diese nämlich sind nicht bloß ein neuer Zweig am alten Baum der Wissenschaft, gesondert allein durch die Richtung ihres Gegenstandes und ihrer Methode, sie markieren vielmehr eine revolutionäre Entwicklung im Kosmos der Wissenschaften wie im gesellschaftlichen Dasein. Als unbewältigte Wissenschaften entziehen sie sich den Regeln unserer Überlieferung, nach denen die Förderung und Verbreitung neuer Wissenschaften Pflicht und Gewinn bedeutet. Sie werfen somit offensichtlich ganz neue Probleme der Wissenschaftspolitik auf, weil sie nach anderen Regeln funktionieren und andere Wirkungen produzieren, welche eine Revision unserer überlieferten Grundsätze über den Umgang mit Wissenschaft erfordern. Wer das nicht weiß, sollte die Finger von einer Sache lassen, für die man sich eine Verantwortung heute nur deshalb einbilden kann, weil man mangels der nötigen Diskussion über die wirkliche Stellung und Bedeutung dieser Wissenschaften im System des Wissens und im gesellschaftlichen Dasein nicht unterrichtet ist, also auch die Folgen der Maßnahmen, mittels derer man diese Fächer in Lehre und Bildung institutionalisiert, in Berufen aktualisiert und in der Forschung expandiert, nicht zu veranschlagen weiß. Argumente über die Dringlichkeit des Bedarfs an Sozialwissenschaften und Beschlüsse zur Ausdehnung dieser Fächer in Lehre, Beruf oder Forschung setzen sich, wenn sie das Ergebnis einer überfälligen Diskussion nicht abwarten wollen, dem Verdacht aus, ahnungslos oder willfährig im Strom der Zeit mitzuschwimmen, wo vielmehr Rückfrage, Prüfung und Besinnung zur Verantwortung gegenüber Wissenschaft und Gesellschaft vonnöten gewesen wären.

1. Die herkömmliche Weisheit als Erbe der Aufklärung

Unser Verhältnis zur Wissenschaft ist von der Aufklärung geprägt worden. Diese entfaltete sich selbst unter dem Zwang, die revolutionären Ergebnisse der frühen Naturwissenschaften zu bewältigen, welche nicht nur das überlieferte Weltbild sprengten, sondern in eine ungewisse Zukunft wiesen. In der Überzeugung, daß die Vernunft, nachdem sie die Natur entschlüsselt hatte, auch dazu berufen sei, die rechte Ordnung anderer Bereiche zu entdecken, übernahm damals die Philosophie diese Aufgabe einer völligen Reorientierung. Sie konstruierte ein vielschichtiges und vielgesichtiges Weltbild, das im ganzen eine fortdauernde geschichtliche Schubkraft entwickelte, im einzelnen aber zwiespältig und umstritten, und nicht zuletzt in erkennbar verschiedene nationale Strömungen geteilt blieb. Auch dessen radikalste Ausformung, welche die französische Revolution vergeblich zu verwirklichen versuchte, ist nie Gemeingut der Aufklärung gewesen oder geworden. Einige Ideen setzten sich durch, andere, wie den Deismus, ließ man still fallen. Als Rest blieb ein revolutionäres Potential, das von politischen oder intellektuellen Trägergruppen reklamiert, den Zeitläufen angepaßt und in geeigneten Lagen frisch entfacht werden konnte.

Über alle Zwiespältigkeiten und Sonderungen hinweg gehört hingegen der Glaube an die Wissenschaft zum von der Aufklärung gestifteten Gemeinerbe unserer Kultur. Seither gilt es grundsätzlich als selbstverständlich, den Fortschritt der Forschung ebenso zu fordern und zu fördern, wie die nachträgliche Verbreitung und Nutzung ihrer Ergebnisse. Diese (wie immer ihrerseits bedingte) unbedingte Entscheidung für den Erkenntnisfortschritt ist der eigentliche Motor der neuzeitlichen Entwicklung; deren lautstarker Anwalt ist seither die progressive Intelligenz gewesen, die ohne Ausnahme und Unterbrechung den staunenswerten Siegeszug der Wissenschaft als Unterpfand des Fortschritts begrüßt hat. Sie hat insbesondere auch bedingungslos die Förderung und Nutzung der naturwissenschaftlichen Forschung verlangt in der Überzeugung, daß der Mensch die Herrschaft über die Natur erringen müsse, um seine eigene Bestimmung zu erreichen, und alle Bedenken gegen diesen Traum eifernd als konservative Dunkelmännerei und Reaktion verfolgt. Allein, die progressive Intelligenz war ihrer Zeit stets nur um Worteslängen voraus. Sie trug das Banner einer Weisheit voran, die im Grunde bereits herkömmlich geworden war. Die Grundsätze dieser Weisheit waren das Erbe der Aufklärung: Förderung der Wissenschaft auf der ganzen Linie und Verbreitung ihrer Ergebnisse um jeden Preis. Dieses geschah durch den Ausbau des Bildungssystems, jenes durch den Ausbau der Forschung. Beides zusammen markiert die Linie, auf der sich die moderne Gesellschaft entwickelt hat: ein ständig verbreitertes und vertieftes fachliches Berufswissen, das Erkenntnis in Daseinsverhältnisse verwandelte. Der Vorrang gehört dabei notwendig dem Vortrieb der Forschung, welche erst die durch Bildung zu verbreitenden und durch Berufe umzusetzenden Erkenntnisse liefern muß.

2. *Die Problematisierung der Wissenschaftsförderung*

Um die eigenartige Problematik der Sozialwissenschaften zu verstehen, muß man daran erinnern, wie sich die Formen der Wissenschaftsförderung gewandelt und kompliziert haben. Solange die Forschung vom einzelnen Gelehrten getragen wurde, blieb ihre Förderung unproblematisch. Es genügte, geeignete Personen für die Arbeit freizustellen. Das geschah ab 1800 durch die neuen Universitäten, deren Professoren sich die Forschung zum Beruf machten, hernach durch Errichtung weiterer Lehrstühle für neue Fächer. Diese mußten bald in Instituten organisiert werden, weil die Naturwissenschaften zunehmend auf Apparate, Assistenten und Sachmittel angewiesen waren. Schließlich tauchten dringliche Probleme auf, die bei der an allen Universitäten gleichen Facheinteilung nicht mehr dem freien Spiel der Entscheidungen der Forscher überlassen bleiben durften. Außerhalb der Universitäten wurden besonders ausgestattete Spezialinstitute gegründet, die durch eine Art Monopol außerordentlichen Einfluß besaßen, zumal sie sich teils den Bedürfnissen der Grundlagenforschung, teils den praktischen Sorgen um die Sicherung der Lebensgrundlagen verdankten. Die bekanntesten Beispiele sind die Institute der Kaiser-Wilhelm- und späteren Max-Planck-Gesellschaft. Aus dem exponentialen Wachstum der wissenschaftlichen Produktivität bei laufender Spezialisierung und schneller Überalterung des Wissens ergaben sich neue Probleme für Lehre, Studium, Forschung und Organisation der Wissenschaft. Die Entscheidungen wurden schwieriger und rückten auf höhere Ebenen. So entstanden die Apparate der Wissenschaftsbürokratie und Wissenschaftspolitik mit ihren Stiftungen, Gremien, Ministerien und Kommissionen.

In der Bundesrepublik hat vor allem der Wissenschaftsrat versucht, die Konsequenzen zu ziehen. Man rückte aus pragmatischen Erwägungen, nicht zuletzt wegen der Begrenztheit der Mittel, von der allseitigen Förderung der Wissenschaft zugunsten der Auslese, Konzentration und Schwerpunktbildung ab. Man hielt also grundsätzlich an der herkömmlichen Weisheit fest, obschon bei fortlaufender Verwissenschaftlichung aller Lebensbereiche bereits abzusehen war, daß auf diese Weise schließlich alle Berufe und Tätigkeiten in die Universität hineindrängen und sie in eine Gesamthochschule verwandeln würden. Man übernahm unbesehen den Grundsatz, daß dringliche Aufgaben durch verstärkte Forschung zu erledigen seien, ohne sich zu fragen, ob es für Fächer nicht eine optimale Größe gäbe oder ob eine verstärkte zentrale Förderung nicht auf einen gefährlichen Dirigismus hinauslaufen

würde. Auf der Basis der bisherigen Erfahrung mit den Natur- und Geisteswissenschaften schrieb man stillschweigend die Überzeugung fest, daß mehr Wissenschaft auch mehr Licht bringe. Und man unterstellte ohne jede Überlegung, daß alle diese Grundsätze auch für die eben aufgetauchten Sozialwissenschaften gelten müßten, denen man demgemäß als neuen Wissenschaften besondere Unterstützung versprach.
Und doch hätte die Lage bereits damals Anlaß zur kritischen Überprüfung der herkömmlichen Weisheit geben sollen.

3. Der erschütterte Glaube an die Wissenschaft

Gestützt auf die Überzeugung der Aufklärung, welche den Fortschritt der Wissenschaft mit dem Fortschritt der Menschheit gleichgesetzt hatte, hat die progressive Intelligenz den Vortrieb der Wissenschaft in Forschung und Lehre stets bedingungslos vertreten und alle Bedenken dagegen eifernd als eine Verhinderung von Aufklärung und Fortschritt verfolgt. Diese leidenschaftliche Unterstützung hat sie gerade auch der Naturwissenschaft geliehen, von der sie recht eigentlich den Sieg über die Reste des Aberglaubens erwartete. Hier nun hat sich aus bekannten Gründen das Blatt inzwischen gewendet. Die progressive Intelligenz ist heute eher bereit, die Natur auf den Barrikaden der Demonstrationen und Bürgerinitiativen zu verteidigen. Nach ihrem Willen soll nun die Naturwissenschaft, bisher der Stolz der Aufklärung, in der Forschung gelenkt und in der Nutzung beschränkt werden, ja sie wird nachgerade bereits als ein verhängnisvolles Experiment verdammt, das der Mensch in seiner Hybris mit dem Ziel unternommen habe, die Natur zu beherrschen. Diese Wandlung in der Einstellung zur Wissenschaft hat natürlich auch außerordentliche Folgen für die Politik, die damit ins Lavieren geriet zwischen ihrem Gebot der vorausblickenden Daseinssicherung, dem neuen Widerstand gegen den technischen Fortschritt und dem alten Verlangen nach Wohlstand – ein Beispiel dafür, wie unsere Gesellschaft auf dem Glauben an die Wissenschaft aufruht und von dessen Schwankungen sogleich erschüttert wird.
So oder so ist der Traum von der Beherrschung der Natur begraben worden. Angesichts von Atomwaffen und Naturzerstörung, Energiesorgen und Übervölkerung, inmitten all der Konvulsionen, welche der durch den wissenschaftlichen Fortschritt ausgelöste gesellschaftliche Wandel in und zwischen den Völkern bewirkt hat, ist der Glaube der Aufklärung, auf dem unsere Kultur aufgebaut ist, in einem entscheidenden Punkt widerlegt worden. Fortschritt und Verbreitung der Wissenschaft sind keine Versicherung über den menschlichen Fortschritt. Das provozierte die bekannten Versuche, mit dieser Bedrohung nach ihrer physischen wie nach ihrer geistigen Seite fertig zu werden: den moralischen Protest des Forschungsmoratoriums, *Habermas'* Beschwörung der angeblich von der Wissenschaft verratenen Aufklärung, die daraus abgeleiteten, ebenso berüchtigten wie törichten Forderungen des Hessischen Hochschulgesetzes (Meldepflicht und Strafbarkeit aller nicht dem Gemeinwohl dienenden Forschung!) und natürlich die bekannten Kreuzzüge der Protestbewegung gegen die Auftragsforschung bis hin zu der neuen Erklärung, daß nur der Kapitalismus die Wissenschaft pervertiere, welche im Sozialismus ihre menschliche Kraft zurückgewinnen werde.

Die Ahnungslosigkeiten sind vom Zwang der Verhältnisse, in denen uns die Leistungen der Naturwissenschaften mehr denn je lebensnotwendig sind, fortgeweht worden; die unmittelbaren Sorgen sind durch Umweltschutzgesetze, Versprechen verstärkter Kontrolle der Nutzung der Wissenschaft und Gründung eines Max-Planck-Instituts zur Erforschung der Lebensbedingungen der wissenschaftlich-technischen Welt beschwichtigt worden. Geblieben aber ist die Erschütterung des Glaubens an die Naturwissenschaft, also eine Verunsicherung unseres Weltbildes, die sich in dem überall merklichen Irrationalismus spiegelt. Zwar kann die Wissenschaft darauf verweisen, daß nicht schon die Erkenntnis als solche gesellschaftliche Verhältnisse schafft; sie kann auch segensreiche Errungenschaften und ihre praktische Unentbehrlichkeit vorweisen; sie kann mit gutem Grund bestreiten, daß ihre Suche nach Erkenntnis aus technischer Hybris motiviert sei; sie mag noch anfügen, daß der Wille zur Erkenntnis selbst ein Wert und jedenfalls ein Fundament unserer westlichen Kultur sei. Dennoch bleibt die epochale Lehre, daß man sich über Folgen und Nutzen der Wissenschaft sehr lange irren kann, daß man sie nicht vorauszusehen vermag. Unversehens ist die Wissenschaft uns hier über den Kopf gewachsen, und geheimnisvoll hat sie sich in fragliche Daseinsverhältnisse verwandelt, die so niemand gewollt hat. Nichts führt an dem Schluß vorbei, der den herkömmlichen Glauben widerlegt: Indem die Wissenschaft Probleme zu lösen versucht, erzeugt sie Probleme, die sie nicht zu lösen weiß. Diese Erfahrung hat das Selbstvertrauen unserer Kultur erschüttert, weil sie den Kern ihres Weltbildes traf. Als unbewältigte Beunruhigung und Ratlosigkeit zieht sie sich deshalb durch unser Leben.

Hier spätestens wäre eine Revision des überlieferten Weltbildes, eine ernsthafte Überlegung über die tatsächliche Rolle der Wissenschaft, eine neue Legitimation der Erkenntnis und eine realistische Analyse der geheimnisvollen Umwandlung von Erkenntnis in Daseinsverhältnisse, eine klare Darstellung der Wissenschaft als Verursacherin von Daseinsproblemen fällig gewesen. Doch diese Probleme sind kaum gesehen, geschweige denn in Angriff genommen worden. Vielmehr hat man sich mit der offensichtlich ungenügenden Notauskunft begnügt, daß nicht die Wissenschaft selbst, sondern nur deren Nutzung problematisch sei. Oder man hat die Frage in die Ethik und Politik abgeschoben. Und im ganzen hat man eher die überkommene Weisheit bekräftigt und das Problem verdrängt. Durch mehr Wissenschaft sollte die Beunruhigung aus der Welt geschafft werden. Wenn die Naturwissenschaften für sich nicht in der Lage waren, ihre Folgen vorauszusehen, dann mußten sie mit den Sozialwissenschaften zusammengespannt werden, um wieder ihr Versprechen erfüllen zu können. Das „Max-Planck-Institut zur Erforschung der Lebensbedingungen der wissenschaftlich-technischen Welt" war Ausdruck dieser Hoffnungen. Man hatte das Problem verdrängt, um an dem Glauben festhalten zu können, daß die Wissenschaft Probleme nur lösen, nicht schaffen kann. So geriet man auf einen Weg, der nur tiefer in die Verwirrung führen konnte.

4. Die Sozialwissenschaften als ein gesellschaftliches Experiment

Denn unvermerkt scheinen wir bereit zu sein, das nachträglich den Naturwissenschaften verübelte Experiment mit der Beherrschung der Natur an der Gesellschaft zu wiederholen. Der kometenhafte Aufstieg, den die Sozialwissenschaften einschließlich der Humanwissenschaften in wenigen Jahrzehnten genommen haben, verdankt sich jedenfalls jenen enormen Problemen, die mittels naturwissenschaftlicher Erkenntnisse nicht gelöst werden können, obschon sie aus deren Nutzung entstanden sind. Die Forderungen und Angebote der Sozialwissenschaften zielten speziell auf diesen Punkt. So kündigte die Soziologie um die Jahrhundertmitte an, daß sie nunmehr in der Lage sei, die Gesellschaft zu planen und insbesondere die sozialen Folgen des technischen Fortschritts abzufangen. Alle Sozial- und Humanwissenschaften sehen ihren praktischen Wert in der Lösung der typischen Probleme der modernen Gesellschaft und verlangen verstärkte Förderung und Nutzung mit dem Argument, daß diese Probleme mit zunehmender Komplexität der Verhältnisse wachsen werden. Sie glauben an ihre Berufung, die Gesellschaft mittels der Sozialwissenschaften und den Menschen mittels der Humanwissenschaften aus unsicheren und bedrückenden Verhältnissen zu befreien. Ihr Ideal ist es, nun Gesellschaft und Leben mittels Wissenschaft zu gestalten. Nachdem die Naturwissenschaften sich von ihrem Fortschrittsversprechen auf ihr Ressort zurückgezogen haben, sind jetzt die Sozialwissenschaften zu einem neuen Experiment größeren Stils bereit. Und die gleiche progressive Intelligenz, die nachträglich die Hybris der Naturwissenschaften verteufelt, setzt nun alle ihre Fortschrittshoffnungen auf dieses neue Experiment. Das alles läuft nach dem groben Grundsatz herkömmlicher Weisheit: Mehr Probleme verlangen mehr Wissenschaft.

Die Voraussetzungen für das Experiment mit der Gesellschaft sind jedenfalls alle gegeben. Die Sozial- und Humanwissenschaften warten ungeduldig auf die Ausweitung ihres praktischen Einsatzes, nachdem sie bereits in den Mittelpunkt unseres Weltbildes gerückt sind, das um „die Gesellschaft" kreist. Daß es nun vorerst mit der Planungsbegeisterung und den großen Reformen vorbei ist, besagt dabei gar nichts. Auch die Hoffnungen auf die Durchsetzung der Naturwissenschaften haben ihr Auf und Ab gehabt. Zudem wartet die progressive Intelligenz Gewehr bei Fuß auf Geld im Staatssäckel, um mit ihren Reformen fortzufahren, die allemal auf eine Verstärkung der Sozialwissenschaften hinauslaufen, in Lehre, Forschung, Bildung und Beratung. Die Sozialwissenschaften haben ihre bisherige Expansion nur mit neuen Forderungen quittiert. Sie verlangten 1973 „einen qualitativen Sprung ihrer Forschungskapazität". Die Deutsche Gesellschaft für Soziologie forderte 1976 „eine Erhöhung der Leistungsfähigkeit der Soziologie", deren institutionelle Basis „heute noch in keinem Land ausreichend entwickelt ist". Was die Lehre angeht, so haben die Sozialwissenschaften längst das ganze Bildungssystem durchdrungen. Ebenfalls strebt man überall die Verfestigung in eigenen Berufen an, wie etwa die Psychologie auf der gesetzlichen Anerkennung als Heilberuf besteht, was entsprechende Weiterungen im Gesundheits- und Sozialwesen nach sich ziehen muß. Der Staat hat längst die Hand zu dieser Entwicklung gereicht. Schon mit Blick auf das Kanzleramt schrieb *Willy Brandt* 1965, Politiker und Wissenschaftler seien übereingekommen, „Forschungsergebnisse der Wissenschaft und Gestaltungsmöglichkeiten der Politik genauer aufeinander zu beziehen". Woher der Wind wehte, war deutlich genug: „Die Umsetzung wissenschaftlicher Ergebnisse in die politische Praxis verlangt eine Übersetzung eigener Art, wie Professor Habermas bemerkt." In der Tat sind ja alle Reformen der letzten Jahrzehnte das Ergebnis solcher Umsetzungen gewesen, auf welche die sozialwissenschaftliche Intelligenz meist herrisch genug gedrängt hatte, und wieder ist bei den anstehenden Gesetzen über Familie und Jugendhilfe die Handschrift der Soziologen un-

verkennbar. Die Bundesregierung nahm sich 1972 im Forschungsbericht besonders der Sozialwissenschaften an, die 1973 sogar in der Regierungserklärung auftauchten.
Die meist von den Sozialwissenschaften getragene Kritik hat den Naturwissenschaften vorgeworfen, daß ihr Glaube an die unbefleckte reine Erkenntnis ahnungslos sei, weil alles Wissen nun einmal nach Anwendung dränge. Das „sweet problem", dem die Technik, was immer die Folgen, nicht widerstehen könne, ist sprichwörtlich geworden. Aber wie naiv kann man denn sein zu glauben, daß das Wissen der Sozialwissenschaften nicht nach Anwendung drängen würde? Die Auseinandersetzungen um die Gesetze und Reformen der letzten Jahrzehnte sind doch vor allem ein Streit um die Ahnungslosigkeit einer Sozialtechnik gewesen, die es an Hybris mit der nun verdammten Siegeszuversicht der Naturwissenschaften des 19. Jahrhunderts gewißlich aufnehmen kann; nur scheint diesmal das Problem noch „süßer" und der Glaube noch leidenschaftlicher zu sein. Denn jedenfalls konnte die Naturwissenschaft des 19. Jahrhunderts sich doch noch im Glauben an den technischen Sieg wiegen, während die Sozialtechnik sich sogar durch ihr sichtbares Fiasko nicht zur Bescheidung und Besinnung veranlaßt sieht. Und wo die Technik mittels der Naturwissenschaft immerhin ihr primäres Ziel erreicht und erst die unvorhersehbaren Folgen problematisch werden, erreicht die Sozialtechnik meist nicht einmal ihre unmittelbaren Ziele, geschweige daß sie die Folgen vorauszusehen in der Lage wäre.
Aber das Problem der Nutzung der Erkenntnis erfaßt gar nicht das Wesentliche. Die Umwandlung der Erkenntnis der Naturwissenschaften in Daseinsverhältnisse ist mit einem so vagen Begriff wie „Nutzung", der dem Problemverständnis des 19. Jahrhunderts entspricht, überhaupt nicht zu erfassen. Der Prozeß hat sich real an den Berufen als dem eigentlichen Umschlagplatz vollzogen. Durch die Ausbildung wandert die Erkenntnis aus der Forschung heraus und durch Berufe in die Gesellschaft hinein, und das kann bei den Sozialwissenschaften nicht anders sein. Es ist unsinnig, Personen die Anwendung ihres Wissens zu verbieten, wenn man sie zum entsprechenden Beruf ausgebildet und wenn man die entsprechenden Berufe eingerichtet hat. Die Kontrolle der Nutzung der Wissenschaft, wie sie jetzt im Umweltschutz einsetzt, beginnt erst, wenn die Erkenntnis durch Berufe bereits zur allgemeinen Technik geworden ist, und kann dann allerhöchstens die schlimmsten Folgen kupieren. Die Verwandlung des Objekts in einen technischen Gegenstand ist aber dann bereits nicht mehr rückgängig zu machen. Die Daseinsverhältnisse sind im ganzen in unvorgreifbarer Weise geändert worden. So sind die Dinge bei den Naturwissenschaften gelaufen, und anders können sie auch bei den Sozialwissenschaften nicht laufen. In dem Maße, wie wir das Wissen der Sozialwissenschaften in Berufen und Halbberufen benutzen, entsteht die künstliche Gesellschaft, so wie uns die Naturwissenschaften die technische Umwelt beschert haben.
Die herkömmliche Weisheit verschleiert das Problem auch mit der Auskunft, die Wissenschaft sei doch nur ein Mittel, das uns die Wahl anheimstelle. Im Fall der Sozialwissenschaften: Diese könnten in Ansehung aller Umstände ja doch selbst gegen eine geplante Gesellschaft stimmen. Aber das heißt, noch im Stil einer herkömmlichen Weisheit denken, welche die Folge einer benutzten Erkenntnis als deren kommensurables Ergebnis betrachtet. Die Erfahrung mit den Naturwissenschaften hat gerade diese Annahme überholt. Die historische Lehre, daß die gesellschaftliche Verbreitung und Förderung der Wissenschaft in Lehre, Forschung und Beruf für sich selbst Folgen hat, welche sich von den Inhalten der Erkenntnis lö-

sen, steht als Menetekel an der Wand. Was eine wissenschaftlich geleitete Eheberatung sagt und wie das über die Jahre wechselt, ist erst einmal zweitrangig gegenüber der Tatsache, daß es so etwas überhaupt gibt. Aber was immer Ziel oder Empfehlung solcher Beratung sein mag, stets wird sie ihren wirklichen oder vermeintlichen Erfolg durch mehr Wissenschaft, mehr Lehre, Forschung und Beruf abzusichern, stets wird sie sich im Dienste ihres gesellschaftlichen Auftrags auszudehnen wissen. Und so durch alle Bereiche hindurch: mehr Experten vor Gericht, in Gesetzgebung, Politik und öffentlicher Meinung, und folglich mehr Forschung, Lehre und Ausbildung in den Sozial- und Humanwissenschaften, die nun wieder weiter in die gesellschaftlichen Einrichtungen eindringen. Alles am einzelnen Punkt mit der plausiblen und moralischen Rechtfertigung, daß hier persönliche Hilfe, politische Information, gesellschaftliche Aufklärung geleistet würde. Nicht anders hat sich die Technik entwickelt, denn jedes einzelne Vorhaben war eminent vernünftig und wohltätig und wurde entsprechend als ein nur von Reaktionären bezweifelbarer Fortschritt begrüßt. Nur ist im Resultat eine problematische technische Welt herausgekommen, die niemand gewollt hat.

Nicht anders liegt die Sache im Fall der Sozialwissenschaften. Die künstliche, die sozialtechnisch geregelte Gesellschaft beginnt nicht erst dann, wenn die Sozialwissenschaften die geplante Gesellschaft empfehlen und betreiben. Sie entsteht unvermerkt und im Namen der Freiheit und Humanität, der alle Maßnahmen einzeln genommen gelten, obschon sie im ganzen die Gesellschaft mit einem immer dichteren Netzwerk sozialtechnischer Einrichtungen und Regelungen überziehen – alles mit der Legitimation der Wissenschaft. Auf diesem Wege sind wir – unvermerkt, wie zu erwarten – schon ein gehöriges Stück fortgeschritten. Wie die Dinge in allen Bereichen laufen, dafür bieten gerade die Betreuungsdienste eine faßliche Illustration. Da entwickelt sich alles nach dem Gesetz, daß der Bedarf an Betreuern mit der Zahl der Betreuten wächst, und nicht anders steht es in den übrigen Gebieten, auf denen die Sozial- und Humanwissenschaften sich zuständig fühlen. Während man die Befreiung von der Gesellschaft betreibt, errichtet man unversehens die von einer Expertokratie abhängige bürokratisierte Betreuungsgesellschaft.

Die Wissenschaft wird in ihrer gesellschaftlichen Wirkung nicht erst dort problematisch, wo der Zweifel darüber beginnt, ob sie die Folgen ihres speziellen Gebrauchs vorherzusehen oder, wie bei den Sozialwissenschaften, auch nur ihre primären Ziele zu erreichen vermag. Ihre Problematik beginnt bereits mit jeder Art der Verbreitung der Wissenschaft, und hier insbesondere mit der beruflichen und quasi-beruflichen. Die linke Kritik macht heute viel davon her, daß die Naturwissenschaft als Technik zur Produktivkraft geworden sei und sich entsprechende Steuerungen gefallen lassen müsse, fordert aber im gleichen Atemzug die verstärkte Durchsetzung aller gesellschaftlichen Institutionen, ja deren Inpflichtnahme durch die Sozialwissenschaften, ohne den Widerspruch auch nur zu bemerken. Es ist die gleiche progressive Intelligenz, die im vorigen Jahrhundert die allseitige Durchsetzung der Naturwissenschaften befürwortet hat, ohne die Folgen auch nur zu ahnen. Und wie damals hat ihnen die herkömmliche Weisheit auch heute nichts oder bestenfalls ein ungutes Gefühl entgegenzusetzen. Die Gesellschaft wird durch die Ausbreitung der Sozialwissenschaften ebenso institutionell verändert, wie sie durch die Verbreitung der Naturwissenschaft verwandelt worden ist, und diese Veränderung zur künstlichen und regulierten Gesellschaft ist unabhängig von den Erkenntnisinhalten der Sozialwissenschaften.

Für die Aufklärung war die Wissenschaft als Erkenntnis immer nur ein neutrales Mittel, und das Problem begann bei der Anwendung und Nutzung. Aber wo beginnt die Anwendung? Wo setzt sich Erkenntnis in Daseinsverhältnisse um? Mit dem Problem der „Nutzung" und deren Kontrolle erfaßt man allenfalls einige Endpunkte eines Vorgangs, der viel früher und gradweise einsetzt. Die herkömmliche Weisheit verfährt weiterhin nach dem Grundsatz, daß die Wissenschaft als ein neutrales Mittel die Situation in jedem Fall verbessert, und mehr Wissenschaft sie noch mehr verbessert, und so verstricken wir uns mit mehr Anstrengung in neue Experimente. Die überfällige Revision dieser Weisheit muß mit der Einsicht beginnen, daß die Verbreitung der Wissenschaft in Lehre, Forschung und Beruf bereits auf einen gesellschaftlichen Strukturwandel hinausläuft, noch unabhängig von spezifischen Anwendungen und Inhalten. Dann aber wird es fraglich, ob jede Wissenschaft als Wissenschaft ihre Ausweitung in Lehre, Forschung und Beruf fordern und ihre Grenze dafür nur an verfügbaren Mitteln und gesellschaftlichen Dringlichkeiten finden darf. Umgekehrt liegen die Verhältnisse in Wirklichkeit so, daß das einer Wissenschaft zugestandene Quantum an Lehre, Forschung und Beruf in gesellschaftliche Qualitäten umschlägt. Mit anderen Worten gibt es für jede Wissenschaft optimale Grenzen, die nicht überschritten werden dürfen, wenn die Wissenschaft noch ein Instrument der Gesellschaft und ein Moment der Aufklärung sein soll. Wächst sie in andere Größenordnungen, so ist sie gesellschaftlich (oder geistig, wovon noch zu sprechen sein wird) nicht mehr zu bewältigen. Die Gesellschaft gerät unter Zwänge und Veränderungen, welche niemand gewollt hat, und welche auch noch vom Inhalt der Erkenntnisse und deren spezifischer Nutzung unabhängig sind.

Das kann hier nicht mehr als ein Hinweis auf eine dringliche Revision unserer Grundannahmen der Wissenschaftspolitik sein, die ungeprüft und stillschweigend als herkömmliche Weisheit übernommen wurden. Es gilt, die von der Aufklärung ererbten Vorstellungen über die gesellschaftliche Rolle und Bedeutung der Wissenschaft zu korrigieren, weil sie unhaltbar geworden sind. Ohne ein realistisches Verständnis der Vorgänge, in denen sich Wissenschaft, längst vor ihrer Nutzung, hinterrücks in unbeabsichtigte Daseinsverhältnisse verwandelt, bleiben wir vor der Alternative, mit einem naiven Szientismus in Sackgassen zu geraten oder in einem neuen Irrationalismus zu versinken. Die Revision ist besonders dringlich im Hinblick auf die unbewältigten Sozialwissenschaften, mit denen uns ein neues Abenteuer ins Haus steht, während wir gegenüber den Naturwissenschaften bereits durch lange Erfahrung gewitzigt sind. Es handelt sich jedoch noch um grundsätzliche Fragen nach den Folgen, welche Wissenschaft durch unterschiedliche Grade ihrer Institutionalisierung bewirkt. Die spezifische Problematik der Sozialwissenschaften, der wir uns nun zuwenden müssen, beginnt freilich erst dort, wo man deren Eigenart ins Visier nimmt.

5. Der Aufstieg der Sozialwissenschaften

In wenigen Jahrzehnten haben die bei der Gründung der Bundesrepublik noch unbekannten Sozialwissenschaften einen unerhörten Aufstieg erlebt. Ihre verschiedenen Fächer, darunter die Politik- und Erziehungswissenschaften, werden von der Soziologie verklammert und vertreten. Teilgenommen an ihrem Aufstieg haben auch die Humanwissenschaften, welche sich um die Psychologie gruppieren. Sozial- und Humanwissenschaften gehören zusammen, weil sie sich untereinander das aufteilen, was ihnen als die eigentliche Wirklichkeit gilt. Es geht um den Menschen, aber dessen Schicksalsort scheint die Gesellschaft zu sein, die somit an die erste Stelle rückt. Das Thema der Zeit, der Mensch als Gesellschaftswesen, ist auch ihr Thema.

Wenn hinter akademischen Mauern neue Wissenschaften entstehen, ist das gewöhnlich eine Sache für Fachleute. Drängt ihr Wissen jedoch hinaus in die Köpfe der Menschen, in den geistigen Haushalt der Nation und deren gesellschaftliche Einrichtungen, dann ist eine neue Lebensmacht entstanden, welche eine geistige Bewältigung erfordert. Tatsächlich war der Aufstieg der Sozialwissenschaften keine bloß akademische Angelegenheit, die nur durch gelegentliche Meldungen aus dem Leben der Forschung nach außen drang. Im Gegenteil hat jedermann ohne Ansehen von Bildung und Beruf am eigenen Leibe die Kulturrevolution miterlebt, welche diese Wissenschaften durch ihr Hineindrängen in alle Lebensbereiche bewirkt haben. Im Lehrplan der Schulen, in den Programmen des Fernsehens und der Massenmedien, im Kulturbetrieb und in der öffentlichen Meinung, in der Welt der Politik und der Arbeit, zwischen Eltern und Kindern, zwischen den geistigen, religiösen, kulturellen und politischen Gruppierungen steht, bewundert viel und viel gescholten, unbewältigt das Wissen, welches diese Fächer repräsentieren. Offensichtlich lassen sich die Sozialwissenschaften nicht ohne weiteres als neue Fächer rubrizieren, deren Wissen in den Kanon der Erkenntnisse aufgenommen und deshalb gelernt werden muß. Als neue Lebensmacht sind sie über das Gemeinwesen gekommen und bislang weder existentiell noch institutionell bewältigt worden. Welche Stellung sollen oder dürfen wir ihnen in unserem Alltag, in unseren Institutionen, in unserem Gemeinwesen einräumen? Mit diesen Fragen sind alle befaßt. Der Umgang mit den Sozialwissenschaften ist unsicher geblieben, die neue Lebensmacht ist nirgends bewältigt worden.

Die Sozialwissenschaften als Lebensmacht – das bedeutet, daß alle Bestände des praktischen Wissens, das unser alltägliches und berufliches, unser privates und öffentliches Handeln leitet, durch die neuen Fächer grundlegend verändert worden sind, so daß sich die Welt innerhalb zwei Dezennien für uns gewandelt hat. Sie ist nicht nur selbst anders geworden, wir sehen und erleben sie anders. Eine solche Wirkung kann keine Einzelwissenschaft erreichen, die die bisherige Wissenschaft bloß erweitert und fortsetzt. Wir haben es mit einem Komplex von Fächern zu tun, der die bisherigen Wissenschaften revolutioniert hat. Der Aufstieg der Sozialwissenschaften hat unsere gesamten Wissensbestände soziologisiert. Wer heute ein Vorlesungsverzeichnis zur Hand nimmt, kann anhand der Ankündigungen schnell feststellen, daß die Mehrzahl der „soziologischen" Veranstaltungen nicht von der soziologischen Fachwissenschaft, sondern von den übrigen Fächern angeboten wird. Und das ist nur ein Indiz für die substantielle Soziologisierung, welche sogar bis in die Naturwissenschaft hineinreicht. Wie der formal den Sozialwissenschaften vorbehaltene Gegenstand in den Geisteswissenschaften die diesen traditionell eigenen Gegenstände verdrängt und ersetzt hat, bedarf hier keiner ausführlichen Darlegung. Es genügt, daran zu erinnern, daß in der Theologie oft mehr von der Gesellschaft als von Gott, in der Literaturwissenschaft mehr von Klassen und Politik als von der Dichtung, in der Historie mehr von sozialen als von geschichtlichen Vorgängen die Rede ist. Die bekannten Bindestrich-Soziologien, von der Religions- und Kunstüber die Literatur- und Musiksoziologie bis zur Sportsoziologie und Soziolinguistik stehen in hoher Gunst, und kein Thema geht mehr ohne die Soziologie als Aufhänger. Wichtige Fächer haben sich eilig zu Sozialwissenschaften erklärt, wie die in „Erziehungswissenschaft" umgetaufte Pädagogik, oder ein rivalisierendes Gegenkonzept sozialwissenschaftlicher Art entworfen, wie die „Theologie der Revolution". Unübersehbar sind in kürzester Zeit alle überlieferten Wissensbestände im Feuer der Soziologie eingeschmolzen und dabei entweder so gut wie vernichtet oder jedenfalls wesentlich verformt worden.

Eine solche rapide und umfassende Revolution, die in der Geschichte ihresgleichen sucht, kann nicht das Werk normaler Einzelwissenschaften sein. Wenn unsere Kultur die Revolution, welche sie erschüttert hat, nicht zu bewältigen, wenn sie sie nicht einmal wahrzunehmen vermochte, so liegt das zuerst einmal daran, daß wir die Sozialwissenschaften als den normalen Neuzugang von Einzelwissenschaften klassifizieren. Das entspricht dem herkömmlichen Verständnis vom Gang der Wissenschaft. Dabei nehmen die Sozialwissenschaften selbst eine zwielichtige und objektiv unaufrichtige Position ein, weil sie sich mit aller Macht als bloße Einzelwissenschaften repräsentieren und von ihrer revolutionären Gesamtwirkung nicht Notiz nehmen wollen, obschon sie diese ausgelöst und betrieben haben. Solange diese Täuschung aufrechterhalten wird, ist an eine geistige Bewältigung der Sozialwissenschaften nicht zu denken, und so lange können sie auch mit sich selbst nicht ins Reine kommen.

6. Über die geistige Bewältigung neuer Wissenschaften

Daß eine Wissenschaft noch einer geistigen Verarbeitung bedarf, mutet uns fremd an, sehen wir doch in ihr die nur noch fortzutreibende Bewältigung eines Problems, deren Ergebnis bloß durch Lernen übernommen werden muß. Solche Meinung orientiert sich allerdings an einem seit langem eingespielten Wissenschaftsbetrieb, der kaum Probleme dieser Art aufwirft.

Anders sieht das freilich aus, sobald man in die Geschichte der Naturwissenschaften hineinleuchtet, die den Menschen ja sogleich den Sturz eines Weltbildes und die fortlaufende Revision einer damit verbundenen Religion abverlangten. Die Trennung von gewohnten Vorstellungen ist gewiß Ziel und Preis des Strebens nach Erkenntnis, nur sollte man nicht so tun, als ob die Frucht dieser Mühen dem Einzelnen und der Gesellschaft nicht sehr bitter schmecken könnte.

Es geht jedoch, wenn neue Wissenschaften entstehen, nicht nur um den existentiell und geistig zu bewältigenden Verzicht auf Überkommenes. Jede neue Wissenschaft steht unsicher im Raum und muß sich erst ihrer selbst versichern, was nur durch Ideen geschehen kann, die notwendig über die Aussagen der Wissenschaft hinausgehen. So hat die frühe Naturwissenschaft sehr lange geglaubt, daß ihre Ergebnisse die Ordnung der Welt durch einen weisen und gütigen Schöpfer verbürgen. Wer das für metaphysische Kinderkrankheiten einer noch unfertigen Wissenschaft hält, verkennt die Zwangsläufigkeit, mit der jede Wissenschaft zusätzlich Ideen produziert, die nicht zum offiziellen Bestand ihrer Theorien gehören, aber nichtsdestoweniger jeweils als unverbrüchlich gelten. Als Beispiel mag der feste Glaube der

Naturwissenschaft des vorigen Jahrhunderts dienen, daß die Natur einer ausnahmslosen kausalen Gesetzmäßigkeit unterläge, deren endliche Kenntnis überdies zur sicheren Herrschaft über sie führen werde. Solche grundlegenden Vorstellungen winden sich unvermeidlich um jede Wissenschaft und vorzüglich um neue Wissenschaften von grundlegender Bedeutung. Denn jede Wissenschaft muß nun einmal abschätzen, was aus ihr werden und was man mit ihr anfangen kann, wie auch, welche Struktur ihr Gegenstand letztlich besitzt. Die geistige Bewältigung, welche die Wissenschaft sich selbst schuldet, wird nicht schon durch die Entwicklung und Prüfung ihrer eigenen Theorien bewerkstelligt. Jede Wissenschaft produziert stille Annahmen, die nicht in ihre Theorien eingehen, und die Geschichte der Wissenschaft lehrt nachdrücklich, welche schicksalsträchtigen Wirkungen von solchen Annahmen ausgehen können. Der Glaube an die ausnahmslose Gesetzmäßigkeit der Naturvorgänge und demgemäß die Erwartung, daß sich die Natur bei Kenntnis ihrer Gesetze eines Tages vollständig beherrschen lassen werde, gehörten nicht zur ausdrücklichen Theorie der Naturwissenschaft. Doch sie galten als Selbstverständlichkeiten und übten enorme Wirkungen aus. Es wäre naiv zu meinen, daß die Sozialwissenschaften ohne solche stille Annahmen auskämen. Man verschweigt sie nur, vor sich und anderen, wenn man die Aufmerksamkeit auf die ausdrücklichen Theorien einschränkt.

7. Die Wissenschaft als geistiger Lebensraum

Obschon die Wissenschaft seit langem zum geregelten Fachbetrieb geworden ist, bestimmt sie nach wie vor den geistigen Raum des gesellschaftlichen Lebens. Darin vor allem besteht ihre Kulturbedeutung, zumal seit sie in der Neuzeit zur unabdingbaren Quelle aller Legitimität geworden ist. So hatten die Naturwissenschaften, längst ehe sie die Technik aus sich entließen, jene gewaltigen Bewegungen in Gang gesetzt, welche die moderne Kultur seither schicksalhaft bestimmen: Aufklärung und Säkularisierung. Damit mußte auch das nun von seinen theologischen Vorgaben abgelöste Wissen über den Menschen auf eine neue Grundlage gestellt, mußte dessen Auslegung in die Kompetenz einer anderen Institution übergehen. Die Philosophie übernahm die eine Aufgabe, die neuzeitliche Intelligenz kristallisierte sich an der zweiten heraus. Aus ihrer Arbeit entwickelte sich schließlich die Einteilung in Natur- und Geisteswissenschaften, die zwar in den Universitäten organisiert, aber mehr als eine akademische Organisation des Wissensstoffes waren. Die Wirklichkeit war – einmal grob gesprochen – geteilt in das Reich der ursächlichen Notwendigkeiten, welchen die Sachen gehorchten, und in das Reich der Freiheit, die dem Menschen in Sinn, Bedeutung und Zweck seines Handelns gegeben und aufgegeben war. Diese durch die Einteilung der Wissenschaften fundierte Auffassung erlaubte und gebot dem Menschen, sich selbst und seinesgleichen als freies, geistiges und sittliches Wesen zu verstehen. In diesem Selbstverständnis hat sich die moderne Gesellschaft entwickelt.

Aus der klassischen Zweiteilung ist mit dem Auftritt der Sozialwissenschaften eine neue Dreiteilung geworden, die wir bisher bloß administrativ und organisatorisch zur Kenntnis genommen haben, während es sich um nichts weniger als den Umsturz des Weltbildes handelt, das die Wissenschaft nach dem Umsturz des mittelalterlichen Weltbildes durch die Naturwissenschaften für die säkulare Gesellschaft entwickelt hatte. Die Sozialwissenschaften haben die grundlegenden Vorstellungen vom Charakter der Wirklichkeit, insbesondere von der Natur und Stellung des Menschen, seiner Freiheit, Geistigkeit und Sittlichkeit, von den Mächten, mit denen er rechnen muß, und von den Dingen, um die es ihm geht, revolutioniert. Hier gilt *Hegels* Satz, daß die Wirklichkeit nicht lange standhalten könne, wenn erst das Reich der Ideen revolutioniert sei. Und so sind die Sozialwissenschaften im Maße ihrer Institutionalisierung zur Lebensmacht geworden bis in den Alltag aller Menschen, die von Wissenschaft nichts gehört haben.

Ein so epochaler Umbruch kommt nicht von ungefähr. Sicher erfährt der Mensch heute seine gesellschaftliche Abhängigkeit akuter als früher. Fraglos haben uns die Sozialwissenschaften auch früher unbekannte Einsichten in diese Abhängigkeit verschafft. Aber das drängende Problem besteht doch in der Frage, ob die tatsächlichen Erkenntnisse der Sozialwissenschaften ein Weltbild legitimieren, in dem der Mensch zum totalen Gesellschaftswesen wird, das in seinem Handeln bloß von gesellschaftlichen Umständen getrieben und in seinem Sinnen bloß auf eben diese Umstände gerichtet ist. Diese Frage läßt sich durch alle Fächer hindurch buchstabieren. Geht es in der Dichtung, geht es in der Kunst, geht es in der Religion, geht es in der Geschichte, geht es in der Politik nur um die Gesellschaft? Zur Beantwortung dieser Fragen sind alle Fächer herausgefordert, und die Bewältigung der Sozialwissenschaften kann nur dann gelingen, wenn alle Fächer diese Herausforderung annehmen. Für die Sozialwissenschaften ergibt sich dabei die Pflicht, die Soziologisierung der überlieferten Wissensbestände nicht länger hinter der vorgehaltenen Hand der Einzelwissenschaften zu betreiben. Sie werden sich selbst Grenzen ziehen müssen.

Das ist nur eine Andeutung der Aufgabe, die vor uns liegt. Doch man sollte sich nicht darüber täuschen, daß der Lauf, den unsere Kultur (und also: unsere Gesellschaft) nehmen wird, davon abhängen wird, ob und wie wir diese Aufgabe ergreifen und lösen. ,,Wir", das ist zuerst einmal die Intelligenz und vornehmlich die Wissenschaft, welche die unbewältigten Sozialwissenschaften auf die Menschen abgewälzt hat. Hier liegt die dringendste Aufgabe der Wissenschaftsförderung. Jede Ausweitung der Sozialwissenschaften als Einzelwissenschaften kann die Verwirrung nur vergrößern, solange der geistige Rechtsanspruch dieser Wissenschaften offen steht.

8. Zur Praxis der Förderung sozialwissenschaftlicher Forschung

Es bleibt eine besondere Schwierigkeit zu besprechen, welche die Sozialwissenschaft in ihrer Rolle als Informant und Ratgeber für politische Entscheidungen spielt. Darüber ist viel geschrieben worden, was hier nicht wiederholt zu werden braucht. Es geht vielmehr darum, daß auch in dieser Hinsicht die herkömmliche Weisheit versagt und Verwirrung stiftet, wo sie Klarheit sucht.

Wir sind es gewohnt, die Wissenschaft gezielt dort einzusetzen, wo dringende Probleme gelöst und schwierige Entscheidungen gefällt werden müssen. Die Mittel dazu sind Forschungsaufträge oder Spezialinstitute, welche sich solchen Problemen widmen sollen. Diese Mittel werden eingesetzt in der Erwartung, daß die Ergebnisse der Forschung eine bessere

Einsicht und eine gegründetere Entscheidung erlauben. Dieser Grundsatz hat sich im Umgang mit den Naturwissenschaften bewährt, ist jedoch auf die Sozialwissenschaften nur bedingt anwendbar. Die Eigenart dieser Fächer bringt es mit sich, daß hier der gezielte Einsatz von Mitteln in Verstrickungen führt, welche die Freiheit und Sachlichkeit der Entscheidung herabsetzen, ja zerstören können.

Zwei Eigenarten wirken zu diesem paradoxen Befund zusammen. Die eine kann man grob auf die Aussage bringen, daß die Sozialwissenschaften nun einmal keine eindeutige Theorie besitzen, ihre Aussagen also in sich selbst unbestimmt und auch unter Fachgenossen umstritten sind. Es gibt keinerlei Erkenntnisse, die, einmal der Fachwelt vorgelegt, einheitlich angenommen oder verworfen werden. Es gibt also auch keine Forschungsergebnisse, die sich zur unmittelbaren Nutzung qualifizieren. Erst aus langen Diskussionen und in der Balancierung von Forschungen und Gegenforschungen geht, wenn überhaupt, ein gewisser Konsensus hervor. Erst nachdem Theorien von verschiedenen Schulen und Richtungen geprüft und kommentiert worden, von verschiedenen Gesichtspunkten abgeklärt worden sind, läßt sich ein abgewogenes Urteil erreichen, das dann noch immer unbestimmt bleibt. Die Sozialwissenschaften besitzen einen Grundstock von Ideen, Problemen, Begriffen und Verfahren. Aber sie sind keine Wissenschaften im Sinne der Naturwissenschaften und dürfen deshalb auch nicht nach Grundsätzen behandelt werden, die sich im Umgang mit den Naturwissenschaften bewährt haben. Ohne Geduld und Urteilskraft geben sie nichts her, und mit diesen bleiben sie auch noch unsicher.

Gezielte Aufträge und Spezialinstitute nun sind geeignet, den Wert der Sozialwissenschaften zu zerstören, sobald sie auf Probleme angesetzt sind, die von unmittelbarer politischer Aktualität sind. Eben das jedoch ist meistens der Fall. Alle Reformen der letzten Jahrzehnte sind im Schutz solcher durch Forschungsaufträge und Spezialinstitute vorgelegten Ergebnisse politisch vertreten und durchgesetzt worden. Selbst wenn solche Aufträge und Institutsgründungen nicht absichtlich bestimmten Schulen und Personen zugespielt werden oder ihnen tatsächlich zufallen, die ein gewisses Ergebnis erwarten lassen, wird der besondere Meinungsbildungsprozeß zerstört, von dem der Wert und die Verläßlichkeit sozialwissenschaftlicher Auskünfte abhängen. Denn unter dem Druck akuter Fragen und des öffentlichen Meinungsdrucks werden die politischen Entscheidungsträger die vorgelegten Ergebnisse verwenden, ohne das Ergebnis der Meinungsbildung des Faches abzuwarten. Auf diese Weise setzen sich die politischen Gremien selbst unter einen Druck, dem sie nicht mehr widerstehen können. Die großen Reformen der letzten Jahrzehnte, die sich meist bald als unüberlegt erwiesen, sind weitgehend auf diese Weise zustande gekommen, quer durch die Parteien hindurch. Und noch gefährlicher wird die Sache dort, wo Spezialinstitute die Freiheit besitzen, sich die Stelle des politischen Drucks selbst auszusuchen.

In allen diesen Fällen wird der Prozeß der wissenschaftlichen Meinungsbildung, von dem die Verläßlichkeit und Ausgewogenheit sozialwissenschaftlicher Auskünfte abhängt, unterbunden. Jeder Auftrag und jedes Spezialinstitut dieser Art besitzt auf Jahre hinaus einen Vorsprung und ein Monopol. Beobachtung lehrt, daß es gewöhnlich fünf Jahre oder mehr dauert, bis die Fachgenossen mit eigenen Forschungen nachziehen können. So wird die nötige Kritik und Diskussion ausgeschaltet. Forschung, die Klarheit bringen sollte, schafft Einseitigkeit, Zwang und Monopol.

Die Sozialwissenschaft darf nicht nach Grundsätzen organisiert werden, welche sich in den Naturwissenschaften bewährt haben. Forschungsaufträge und Spezialinstitute sind hier nicht das geeignete Mittel, um über wichtige Fragen wissenschaftliche Klarheit zu gewinnen. Der Grundsatz, daß dringende Fragen durch gezielte Forschung besser gelöst werden könnten, trifft hier nicht, jedenfalls nicht ohne weiteres, zu. Verläßliche Meinungsbildung ist in den Sozialwissenschaften nur möglich, solange im Grundsatz alle Forscher die Chance besitzen, sich selbst mit ihrer Forschung rechtzeitig in die Diskussion einzuschalten. Das bedeutet freilich auch, daß man sich von der Vorstellung, die Sozialwissenschaften könnten sofort verwertbare Ergebnisse liefern, abkehren muß. Und das täte nicht nur der Gesellschaft, sondern auch den Sozialwissenschaften gut. Denn ihren Rang als verläßliche Ratgeber setzen sie aufs Spiel, je mehr sie sich als solche anpreisen.

NEUE TRENDS IN DER MAKRO-SOZIOLOGIE

Von S. N. Eisenstadt

I

Makrosoziologische Analysen stellten schon seit den Anfängen der Entwicklung moderner Soziologie einen wichtigen – ja sogar zentralen – Teil soziologischer Theorie und Forschung dar; über eine lange Zeitspanne bildeten sie, in den Anfangsphasen der Entwicklung der Soziologie, den bedeutendsten Schwerpunkt soziologischer Analyse und Theorie.

Auch wenn später viele andere Forschungsgebiete in die zentrale soziologische Tradition einbezogen und zu autonomen Schwerpunkten theoretischer soziologischer Analyse wurden, so dauerte doch die Beschäftigung mit makro-soziologischen Problemen, ob implizit oder explizit, als ganz wesentliches Gebiet der Soziologie an. Unterschiedliche soziologische Theorien wurden im großen und ganzen getestet entsprechend ihrer Fähigkeit, sich in makro-soziologischer Analyse zu bewähren; und gerade diese Fähigkeit bildete den bedeutendsten Schwerpunkt der Selbstüberprüfung der Soziologie durch Soziologen während der Geschichte der Disziplin bis zu neueren, zeitgenössischen theoretischen und ideologischen Kontroversen und Diskussionen.

Diese makro-soziologische Analyse konzentrierte sich auf drei Hauptprobleme: erstens, die Analyse allgemeiner Merkmale von „Gesellschaft" oder sozialer Ordnung, hinsichtlich oben genannter theoretischer Probleme; zweitens, die vergleichende Analyse verschiedener Arten von Gesellschaften und institutioneller Bereiche; drittens, die Erklärung solcher Veränderlichkeiten hinsichtlich einiger sozialer oder „natürlicher" Kräfte oder Mechanismen.

Schon viele Vorläufer, und vor allem die Begründer der Soziologie, wandten sich solchen Vergleichen zu, und der erste große Höhepunkt solcher Studien bestand in den Schulen der Evolution und der Positivisten und in den Kontroversen, die sich um diese konzentrierten.

Der anfängliche Hauptschwerpunkt dieser vergleichenden makro-gesellschaftlichen Analysen bestand darin, die besonderen „quantitativen" und „deskriptiven" Merkmale vor-moderner europäischer und außereuropäischer Gesellschaften zu verstehen und sie mit den modernen (ursprünglich europäischen) Gesellschaften zu vergleichen oder zu kontrastieren.

Bei der Annäherung an diese Probleme unterschieden sich die verschiedenen Gelehrten in ihrer jeweiligen Betonung des vergleichenden Ansatzes gegenüber der detaillierten Analyse der modernen sozialen Ordnung oder in der Betonung der institutionellen Analyse gegenüber der Suche nach der „Qualität" moderner Ordnung.

Insbesondere waren es die großen Persönlichkeiten des Evolutionsgedankens, z. B. *Auguste Comte* und *Karl Marx,* die versuchten, für diese beiden Problembereiche eine Synthese anzubieten, indem sie durch eine vergleichende Analyse von Gebräuchen oder Institutionen

zeigten, was ihnen ein allgemeiner Trend in der Entwicklung der menschlichen Gesellschaft hinsichtlich der Ausweitung von Freiheit, Rationalität und Fortschritt zu sein schien.
Sogar nach dem Zusammenbruch der verschiedenen evolutionären Synthesen – ob positivistisch oder marxistisch – waren es vor allem makro-sozietale vergleichende Analysen, die den kritischen Schwerpunkt analytischen Interesses an Soziologie darstellten. Selbst *Emile Durkheim*, der einer der schärfsten Kritiker der positivistischen evolutionären Soziologie war, bewahrte bei seiner Unterscheidung zwischen mechanischer und organischer Arbeitsteilung seinen vergleichenden und evolutionären Schwerpunkt und sein Interesse.
Auch in den Arbeiten von *Ferdinand Tönnies* wurde die vergleichende evolutionäre Perspektive stark betont durch die Unterscheidung zwischen Gemeinschaft und Gesellschaft, durch die er nicht nur reine Idealtypen sozialer Ordnung bestimmte, sondern diese auch noch einer evolutionären Perspektive zuordnete – einer Perspektive, die später auf die Unterscheidung zwischen „traditionalen" und „modernen" Gesellschaften übertragen wurde.
Man kann die besonders klar ausgedrückte „nach-evolutionäre" Kombination dieser beiden Ansätze gegenüber vergleichenden Studien in den Arbeiten von *Max Weber* finden. Statt einen allgemeinen und universellen Entwicklungstrend für alle Gesellschaften zu postulieren und zur Illustration vergleichende Analysen zu verwenden, wandte er den Ansatz an, um den besonderen Trend aufzuzeigen, der in einer Gesellschaft oder einer Gruppe von Gesellschaften vorherrschend ist, wobei er annahm, daß die Analyse eines solchen Trends dann Aufschluß geben könnte im Hinblick auf ähnliche oder gegensätzliche Trends in anderen Gesellschaften. Jedoch war er bei diesen Studien, implizit oder explizit, an der Realität moderner Gesellschaften und der Beziehung zwischen ihren qualitativen und deskriptiven Merkmalen interessiert.

II

Das Interesse an der Makro-Soziologie ließ in der Zeit zwischen den beiden Weltkriegen nach, um nach dem Zweiten Weltkrieg neu zu entstehen.
Der entscheidende Schwerpunkt dieses neuen makro-gesellschaftlichen und vergleichenden Interesses bestand darin, wie man die unterentwickelten Gesellschaften „entwickeln" könnte; dies ließ eine ganze Flut von sozialwissenschaftlichen Studien entstehen, die neuartige analytische Ansätze und neue methodologische Untersuchungsinstrumente anwendeten – nach-keynesianische und ökonometrische Studien in der Ökonomie, Umfrageforschung, demographische und ökologische Forschung und Analysen der Soziologie und politischen Wissenschaft. Diese neuen Methoden wurden verbunden mit einigen der wichtigsten theoretischen Entwicklungen in Soziologie und politischer Wissenschaft, insbesondere mit „systemischen" Ansätzen, wobei Gesellschaften oder Regierungsformen als Systeme angesehen wurden. Insbesondere wurden sie mit dem von *Talcott Parsons* in der Soziologie entwickelten struktural-funktionalen Ansatz verbunden und von *Gabriel Almond, David Easton* und anderen in der politischen Wissenschaft aufgegriffen und weiter ausgearbeitet[1].
Diese Kombination von Entwicklung in soziologischer Theorie und Forschung mit ihrem Interesse an der „Dritten Welt" führte zu verbesserten und differenzierteren Ansätzen der

vergleichenden makro-gesellschaftlichen Analyse im allgemeinen und zur Untersuchung von sozialem Wandel. Die ganze Palette von Sachverhalten, die an die Hauptprobleme der soziologischen Theorie grenzen, die ursprünglich durch klassische soziologische Analyse entwickelt worden war, wurde wieder sichtbar: Bedingungen von Veränderung und Stabilität verschiedener Typen von Gesellschaft, Beschreibungen der Merkmale und internen Dynamik dieser verschiedenen Typen, der Prozeß des Übergangs von einem Typus zu einem anderen und das Ausmaß, in dem sich solch ein Übergang als eine evolutionäre Tendenz erweist, die in relativ allgemeinen Stadien analysiert werden kann.

Diese Forschungen bemühten sich ursprünglich um eine gründlichere Ausarbeitung der grundlegenden Merkmale traditionaler und moderner Gesellschaften und der Unterschiede zwischen diesen beiden, eine Ausarbeitung, die in hohem Maße von den verschiedenen methodologischen und analytischen Fortschritten in den Sozialwissenschaften profitierte. Dabei war die Entwicklung verschiedener Indizes von besonderer Bedeutung, nach denen diese beiden umfassenden Kategorien von Gesellschaften unterschieden werden konnten.

Die Forschung, die sich aus diesen Bemühungen entwickelte und die die vergleichenden Studien in den Sozialwissenschaften in den 50er und 60er Jahren beherrschte, versuchte zunächst die Unterschiede zwischen traditionalen und modernen Gesellschaften herauszustellen. Diese wurden auf viele Weisen definiert, indem man soziodemographische Indizes wie Verstädterung, Berufsstruktur, Verbreitung von Kommunikationsmedien und ähnliches benutzte. Sie wurden auch definiert im Sinne von strukturellen Unterschieden: Traditionale Gesellschaften wurden charakterisiert, um die Terminologie von *Parsons* zu verwenden, durch partikularistische und zugeschriebene Kriterien der Rollenverteilung, und moderne Gesellschaften durch universalistische und Leistungskriterien. Diese Unterschiede zwischen traditionalen und modernen Gesellschaften wurden in den meisten Studien in Begriffe des jeweiligen Bereichs der systemischen Probleme eingekleidet, mit denen sie fertig werden konnten, oder dem der Umwelten – sowohl interner (sozialer, kultureller) als auch externer (technologischer, ökonomischer) –, die sie „meistern" konnten.

Aus dieser Perspektive wurden traditionale Gesellschaften als grundsätzlich sehr eingeschränkt und begrenzt wahrgenommen, wohingegen moderne Gesellschaften als viel expansiver und anpassungsfähiger an einen sich erweiternden Bereich interner und externer Umwelten und Probleme gesehen wurden. Besonderes Gewicht legte man auf die Fähigkeit, ganz allgemein mit Wandel fertig zu werden, und insbesondere mit ökonomischer Entwicklung und Industrialisierung. Eigenschaften des modernen Lebens wie Rationalität, Freiheit oder Fortschritt, mit denen sich die Klassiker der Soziologie stark beschäftigt hatten, wurden hier als „expansive" „systemische" Eigenschaften von Gesellschaften zusammengefaßt. Wenn auch diese anderen Eigenschaften der modernen Ordnung nicht ganz vernachlässigt wurden, so wurden sie doch, wirklich oder vermeintlich, als solche betrachtet, die sich auf natürliche Weise aus der Fähigkeit ergeben, zu wachsen und Wandel aufzufangen.

Die Sichtweise des historischen Prozesses, die mit all diesen Entwicklungen verbunden war, entsprach sehr stark der klassisch-evolutionären Sichtweise – indem sie besonders den Übergang betonte, den die meisten Gesellschaften durch relativ ähnliche Stadien vollziehen in Richtung auf das gemeinsame Endstadium der Modernität.

III

Ausgehend von den frühen und besonders mittleren 60er Jahren gab das Forschungsmoment und auch die Entwicklung in der Welt Anlaß zu weitreichenden Kritiken an diesen Annahmen. Diese Kritiken entstanden aus einer Vielzahl von Angriffspunkten, und sie berührten nicht nur die Probleme der Entwicklung und Modernisierung, sondern auch einige zentrale Fragen soziologischer Analyse. Hinter einem Großteil der Debatte zeichneten sich auch politische und ideologische Differenzen ab, manchmal mit Nachdruck geäußert. Die beiden wichtigsten Schwerpunkte dieser Kritiken waren die vermeintliche Ungeschichtlichkeit sowie der Eurozentrismus als Ausgangsmodell der Modernisierung und die eng damit verbundenen Zweifel an der Gültigkeit der Dichotomie von Tradition und Modernität.
Die Behauptung der Ungeschichtlichkeit und der westlichen Zentrierung dieses Modells wurde in zwei konkrete Richtungen hin entwickelt, die direkt das Problem der Dynamik von Zivilisationen betreffen. Eine dieser Richtungen wies auf die Neubeurteilung der Bedeutung historischer Kontinuität hin, die die Konturen gesellschaftlicher Entwicklung formt.
Während dies nicht der Ort ist, die ganze Flut von Kritiken an den Modernisierungstheorien und an der Konvergenz von Industriegesellschaften, die sich entwickelt haben, detailliert zu analysieren, mag es sich doch lohnen, einige der Höhepunkte herauszustellen. Der entscheidendste Aspekt dieser Kritiken mag, erstens, die Erkenntnis der systemischen Lebensfähigkeit der sog. Übergangssysteme gewesen sein; zweitens, die sehr genau angepaßte Erkenntnis der Wichtigkeit traditionaler Elemente sowie möglicherweise der verschiedenen internationalen Faktoren, die die Konturen dieser Regime formen.
Eine der wichtigsten Entwicklungen in diesem Zusammenhang war evtl. die Konzeption des „Patrimonialismus", um politische Regime einiger neuer Staaten zu beschreiben. Der Gebrauch des Begriffes „patrimonial" zur Beschreibung vieler gegenwärtiger Regime deutete auf die Unangemessenheit zentraler Konzepte und Annahmen in den wichtigsten Studien über Modernisierung hin, indem man erstens zeigte, daß viele dieser Gesellschaften und Staaten sich nicht in Richtung auf moderne europäische Nationalstaaten hin entwickelten; indem man zweitens deutlich machte, daß diese Gesellschaften sich nicht notwendigerweise in einer „traditionalen" Phase befänden, auf einem unvermeidlichen Weg in Richtung auf diesen Typ von Modernität; indem man drittens darauf hinwies, daß es gleichwohl eine interne „Logik" in ihrer Entwicklung gab; und indem man schließlich betonte, daß zumindest ein Teil dieser Logik oder dieses Modells auf Traditionen dieser Gesellschaften selbst zurückgeführt werden kann.
So betonten diese Kritiken an dem Ursprungsmodell der Modernisierung die Wichtigkeit, zeitgenössische Entwicklungen in verschiedenen Gesellschaften im Begriffsrahmen einer „Entfaltung" inhärenter traditionaler Kräfte zu analysieren, anstatt ihre vermeintliche Bewegung auf einen festen Endzustand hin zu unterstreichen.
Die andere – und in gewissem Sinne gegensätzliche – Richtung, in die diese Kritiken wiesen, neigte dazu, die einzigartige historische Erfahrung der modernen Ära hervorzuheben. Dieser Ansatz, der besonders in den Arbeiten vieler moderner Marxisten oder Semi-Marxisten deutlich wurde, betonte, daß der Modernisierungsprozeß nicht universal oder inhärent in der Natur jeder Gesellschaft angelegt sei. Vielmehr wurde herausgestellt, daß dies eine

einzigartige historische Situation darstelle, die verbunden sei mit den verschiedenen Aspekten europäischer Expansion, insbesondere mit der Expansion des Kapitalismus und mit der nachfolgenden Errichtung eines neuen internationalen Systems, das sich aus hegemonialen und abhängigen Gesellschaften zusammensetze.
Aus dem letzteren entwickelte sich die starke Betonung der Notwendigkeit, verschiedene moderne und sich modernisierende Gesellschaften vom Gesichtspunkt ihrer Stellung im internationalen Weltsystem (besonders im kapitalistischen System) aus zu untersuchen und herauszufinden, wie ihre Stellung in diesem System ihre institutionelle Kontur und Dynamik beeinflußt.

IV

Die Neubeurteilung von Modernisierungstheorien wurde in enge Beziehung gesetzt zu einigen der wichtigsten analytischen Kontroversen in den Sozialwissenschaften im allgemeinen und in der Soziologie im besonderen – von denen sich viele aus Kritiken an der strukturell-funktionalen Schule bzw. dem strukturell-funktionalen Ansatz entwickelt haben, und mit den Grenzen seiner Anwendbarkeit auf die Analyse eines sozialen und historischen Wandels – um so der Neubeurteilung makro-soziologischer Analysen Gestalt zu verleihen.
Die großen Kontroversen in der Soziologie gaben Anlaß zum Aufstieg einer Vielzahl neuer Modelle und Ansätze, wie z. B. das Konfliktmodell, für das sich *Ralf Dahrendorf* einsetzt; das Austauschmodell, für das *George C. Homans* und in gewissem Maße auch *Peter Blau* eintreten; und das symbolisch-strukturalistische Modell, für das *Claude Lévi-Strauss* einsteht; oder zur Bestätigung und Weiterentwicklung älterer Modelle – das symbolisch-interaktionistische, aus dem sich die Ethnomethodologie entwickelte; und das marxistische Modell. Die Diskussionen über diese verschiedenen Modelle und insbesondere die Konfrontation dieser Modelle mit dem strukturell-funktionalen Ansatz bildeten den Schwerpunkt theoretischer Diskussionen und Kontroversen innerhalb der Soziologie im allgemeinen und in makrosoziologischer Analyse im besonderen.
Alle diese Modelle behaupteten, daß das strukturell-funktionale Modell dazu tendiere, die Autonomie von Individuen und Subgruppen, ihre Interessen und Konflikte, und die der kulturellen oder symbolischen Dimensionen menschlicher Aktivität einzuschränken; und daß es diese insgesamt den organisatorischen Bedürfnissen oder Dringlichkeiten des sozialen Systems unterordne.
Was auch immer die Unterschiede zwischen diesen Modellen ausmacht im Hinblick auf Aspekte menschlicher Aktivität, die sie betonen, alle gemeinsam behaupten auch, daß das strukturell-funktionale Modell nicht in der Lage sei, Konflikt und Wandel zu erklären. Dies geschah ihnen gemäß wegen der Grundannahmen, vor allem der starken Betonung der engen Interrelation zwischen den verschiedenen Teilen einer Gesellschaft; der grenzerhaltenden Mechanismen sozialer Kontrolle; des sozialen Konsensus über gemeinsame Werte und Ziele; und der impliziten Minimierung der Bedeutung von Macht und Zwang als Mittel sozialer Integration. Die meisten dieser anderen Modelle behaupteten, daß aus all diesen Gründen das strukturell-funktionale Modell historische Gesichtspunkte außer acht lasse und daß inner-

halb des Modells die Erklärung einer jeden konkreten historischen Situation oder eines Phänomens im Sinne von früherem Einfluß oder Prozessen aufgegeben worden sei zugunsten einer ,,statischen" oder ,,zirkulären" erklärenden Theorie mit sehr stark konservativer Neigung.

In enger Beziehung zu diesem Streitpunkt stand die Abneigung der meisten dieser Ansätze, die ,,natürliche" Gegebenheit eines jeden einzelnen institutionellen Arrangements zu akzeptieren, im Hinblick auf die organisatorischen oder systemischen Bedürfnisse des sozialen Systems, dem es angehörte. Jedes gegebene institutionelle Arrangement – sei es die formale Struktur einer Fabrik oder eines Krankenhauses, die Arbeitsteilung in der Familie, die offizielle Definition abweichenden Verhaltens, der Stellenwert eines Rituals in einem gegebenen sozialen Rahmen, oder die in diesem Rahmen entwickelten Verhaltensmuster – wurde nicht länger ausschließlich oder hauptsächlich in bezug auf seinen Beitrag zur Erhaltung einer gegebenen Gruppe oder Gesellschaft hin untersucht. Statt dessen wurde die Einrichtung solcher institutioneller Arrangements von einer Gegebenheit zu einem Problem transponiert, das noch zu erklären ist, oder es wurde problematisiert; und es wurde danach gefragt, welche Kräfte hinter den organisatorischen Bedürfnissen einer Gesellschaft stünden, die ihre wichtigsten institutionellen Arrangements erklären könnten.

Die verschiedenen Modelle unterschieden sich in ihren Vorschlägen, wie man mit diesem Problem fertig werden, wie man eine konkrete institutionelle Ordnung erklären könnte. Einer dieser Ansätze, der vor allem in den individualistischen und den Konfliktmodellen zu finden war, wie auch im symbolischen Interaktionismus, betonte, daß jede solche institutionelle Ordnung sich entwickelt, sich erhält und sich wandelt in einem Prozeß dauernder Interaktion, Verhandlung und Auseinandersetzung zwischen denjenigen, die daran beteiligt sind. Bei diesem Ansatz wurde betont, daß die Erklärung eines jeden institutionellen Arrangements versucht werden muß im Begriffsrahmen der Machtverhältnisse und Verhandlungen, der Machtkämpfe und Konflikte und der Koalitionen, die in solchen Prozessen gebildet werden. Gleichzeitig wurde ein starker Nachdruck auf die Autonomie einer jeden Subformation gelegt – eine Untergruppe oder ein Subsystem, die Ausdruck finden könnten in der Definition von Zielen, die sich von denen einer breiteren organisatorischen oder institutionellen Formation unterscheiden, wie auch von den ,,Umwelten", innerhalb derer die soziale Formation arbeitet – und vor allem wurde Nachdruck gelegt auf das internationale System von ,,Gesamt"-Gesellschaften oder makro-gesellschaftlichen Ordnungen.

Der zweite, scheinbar widersprüchliche Ansatz konnte vor allem unter den Strukturalisten und den Marxisten gefunden werden. Wie oben erwähnt, neigte dieser Ansatz dazu, das Wesen einer jeden vorliegenden institutionellen Ordnung und insbesondere ihre Dynamik im Hinblick auf ,,tiefe" oder ,,verborgene" Strukturprinzipien zu erklären, ähnlich denen, die – Linguisten wie *Noam Chomsky* folgend – eine sprachliche Tiefenstruktur aufweisen. Bei dem Versuch, diese Strukturprinzipien aufzudecken, betonten die Strukturalisten die Bedeutung symbolischer Dimensionen menschlicher Aktivität, inhärenter Regeln menschlichen Geistes.

V

Aus all diesen Entwicklungen entstand die Erkenntnis der Möglichkeit einer neuen Perspektive makro-soziologischer Analyse.

Zunächst wurde es möglich, einige strukturelle Aspekte makro-sozietaler Ordnung und systemischer Qualität der Komponenten neu zu bewerten. Diese Analyse zeigt, daß die Bevölkerung, die innerhalb der Grenze dessen lebt, was gewöhnlich als „Gesellschaft" oder als makro-gesellschaftliche Ordnung bezeichnet wird, normalerweise nicht in einem einzigen „System" organisiert ist, sondern eher in unterschiedlicher Weise und auf verschiedenen Ebenen; daß diese verschiedenen Organisationsebenen sozialer Aktivitäten von verschiedenen Bevölkerungsteilen innerhalb verschiedener Strukturen getragen werden; daß diese Strukturen unterschiedliche Organisationsmuster aufweisen und daß diese Strukturen und Muster sich innerhalb der „gleichen" Gesellschaft in unterschiedlichem Ausmaß oder auf verschiedene Weise in verschiedenen Gebieten des sozialen Lebens ändern können – obwohl sie natürlich untereinander verbunden bleiben.

Diese Analyse verweist sowohl auf einige der wichtigeren Unterscheidungen zwischen solch verschiedenen Aspekten oder Ebenen der Organisation des sozialen Lebens als auch auf einige der Formen, in welchen sie systematisch miteinander verbunden sind. Dies zeigt, daß es, bei den geläufigen Unterscheidungen in soziologischer Literatur von einiger Bedeutung, vom Standpunkt der vergleichenden makro-soziologischen Analyse und des sozialen Wandels erstens diejenigen verschiedenen Kollektivitäten und Organisationen gibt, die in einem gewissen Ausmaß zumindest als „Systeme" oder als Anhäufung von „Systemen" mit ihren verschiedenen jeweilig grenzerhaltenden Mechanismen organisiert sind; und daß es zweitens umfangreichere Kollektivitäten, Gemeinschaften und/oder soziokulturelle Ordnungen gibt, die nicht notwendigerweise als Organisationen strukturiert sind, sondern auf verschiedenen Symbolen kollektiver Identität basieren.

Diese Aspekte oder Ebenen sozialer Ordnung gestalten die Umwandlung grundlegender sozialer Ressourcen in bestimmte institutionelle Einrichtungen oder Muster, d. h. „ökonomische", „politische" usw. – die ausreichend in der soziologischen Literatur analysiert worden sind – und die in unterschiedlichen Mustern organisiert werden können. Aber jeder dieser Aspekte sozialer Ordnung „organisiert" die Umwandlung der Ressourcen durch soziale Aktivitäten von einem unterschiedlichen Standpunkt aus und mit einem anderen Muster und ist kennzeichnend auch für unterschiedliche Muster von Kontinuität oder Wandel.

„Organisatorisch-systemische" Stabilität oder Wandel sozialer Aktivitäten treten am häufigsten bei den Kollektivitäten auf, die als Organisationen oder Mengen von Organisationen strukturiert sind. Politische Systeme oder Regime, wie auch verschiedene organisatorische Substrukturen – von Familien, Arbeitsgruppen, formalen Organisationen usw. – sind die besten Illustrationen dafür.

Ein solches System ist, wie heute genau bekannt ist, einer Reihe von Problemen ausgesetzt, die aus seiner Interaktion mit externen und internen Umwelten herrühren. Diese Probleme sind auf verschiedene Weise in der soziologischen Literatur gekennzeichnet worden – die bekannteste ist die *Parsons*sche Klassifizierung in adaptive, integrative, zielorientierte und mustererhaltende Bereiche.

Diese Probleme wirken auf jede derartige Gemeinschaft ein, aufgrund der Nachfrage ihrer Mitglieder oder Untergruppen nach Ressourcen, nach Zugang zu Positionen und nach Teilnahme in ihrer Mitte und aufgrund externen Drucks und der Bedürfnisse nach Ressourcen und Dienstleistungen von außerhalb ihrer systemischen Grenzen.

Alle diese Kollektivitäten und Organisationen weisen angesichts sowohl externer als auch interner Einwirkungen und der Beziehungen zwischen beiden eine Kombination von homöostatischen gemeinsam mit grenzerweiternden Tendenzen auf, um sich sowohl der gegebenen Umwelt anzupassen – was möglicherweise in großem Maße durch vorangegangene soziale Kreativität verursacht ist – als auch um das Umfeld zu erweitern, eine neue Umwelt zu schaffen. Aus der Interaktion zwischen den Tendenzen solcher Systeme und der Art und Weise, wie sie mit ihren internen und externen Problemen fertig werden, entwickelt sich, wie oft in der Literatur beschrieben worden ist, in jedem „System" oder jeder Organisation ein bestimmtes Muster der Arbeitsteilung und der Macht- und Ressourcenverteilung sowie der Kontrolle über diese, der Zugangskontrolle zu den wichtigsten Positionen und des Setzens ihrer spezifisch systemischen Grenzen, die sie von anderen Organisationen oder von anderen Aspekten ihrer Umwelt unterscheiden.

Die Kontinuität einer jeden solchen Kollektivität, Organisation oder einer Menge von Organisationen ist abhängig von einem bestimmten dynamischen Gleichgewicht zwischen a) den Ressourcen, die ihren Individuen und Gruppen zur Verfügung stehen, b) den privaten Zielen der Individuen und „Subgruppen", c) den kollektiven Zielen der Kollektivität, d) den Ressourcen, die zur Implementierung dieser Ziele und zur Erhaltung der Grenzen der Kollektivität und der Organisation benötigt werden.

Dieses dynamische Gleichgewicht kann im Laufe verschiedener Wandlungsprozesse und durch Eingriffe interner sowie externer Kräfte ständig untergraben werden. Solche Wandlungsprozesse „entlassen" die verschiedenen Ressourcen, die für soziale Aktivitäten verfügbar sind, aus bestehenden Organisationsmustern und aus Grenzziehungen des gegebenen Systems; sie rufen die verschiedenen konkreten Konstellationen allgemeiner Probleme hervor, denen diese Kollektivitäten konfrontiert sind, und sie können in allen institutionellen Gebieten die Entwicklung neuer organisatorischer Ressourcen ermöglichen, die zur Lösung dieser Probleme eingesetzt werden können.

Ein zweiter Aspekt sozialer Ordnung oder eine zweite Ebene der Organisation sozialer Aktivitäten und Umwandlung von Ressourcen kann in Kollektivitäten, Gemeinschaften oder soziokulturellen Ordnungen wie Verwandtschaft, ethnischen Beziehungen, kulturellen Ordnungen wie auch zu einem gewissen Ausmaß in hierarchisch geordneten Schichten gefunden werden – deren systemische Grenzen im Umkreis von Symbolen oder Ähnlichkeiten gemeinsamer Attribute und der Teilnahme an ihnen organisiert oder gestaltet sind, die aber nicht notwendigerweise als Systeme mit eindeutigen Organisationsgrenzen strukturiert sind – obgleich sie sehr häufig zumindest teilweise mit einigen Organisationsstrukturen übereinstimmen – d. h. mit politischen Regimen.

Die wesentlichen Mechanismen, aufgrund deren diese Kollektivitäten oder Ordnungen funktionieren, sind diejenigen, die die Spezifizierung der wichtigsten Attribute regulieren, die die „Ähnlichkeit" oder „Gleichheit" definieren, durch die wiederum die Grenzen der jeweiligen Ordnungen aufrechterhalten werden; die die Rechte und die Grenzen des Zugangs zu solchen Attributen und die daraus folgende Teilhabe an der betreffenden Ordnung oder Kollektivität regulieren; die den Spielraum bedingter und unbedingter Verpflichtungen und Rechte regeln, die bei Mitgliedschaft in solchen Kollektivitäten oder Ordnungen entstehen; und die die daraus folgenden Voraussetzungen bedingten und unbedingten Zugangs zu den verschiedenen Ressourcen und Positionen regeln, die gemäß diesen Kriterien erreichbar sind.

Das in einer solchen Kollektivität oder Ordnung eingerichtete Beziehungsmuster, seine spezifische Art des dynamischen Gleichgewichts kann insbesondere durch Gruppen oder Individuen herausgefordert oder untergraben werden, die verschiedene Attribute der „Ähnlichkeit" oder „Gleichheit" als wesentliche Definitionen der Grenzziehung der Kollektivität oder Ordnung propagieren wollen; durch Nicht-Mitglieder, die Zugang zur Mitgliedschaft verlangen; oder durch Ansprüche auf Änderung der Regeln des Zugangs und der daraus folgenden Verpflichtungen.

Diese Analyse zeigt, daß – entgegen den Annahmen in der soziologischen Literatur – in einer „Bevölkerung" oder „Gesellschaft" keine völlige Konvergenz oder Kongruenz bestehen muß – vielleicht auch nicht bestehen kann – zwischen den größeren Organisationssystemen und denen der verschiedenen soziokulturellen Ordnungen. Verschiedene „Gesellschaften" können hinsichtlich des Ausmaßes einer solchen Kongruenz stark variieren. Darüber hinaus muß auch nicht unbedingt eine Konvergenz zwischen den Grenzen der verschiedenen kulturellen, ethnischen, religiösen oder hierarchischen Ordnungen bestehen; ebensowenig muß sie bestehen zwischen ihren jeweiligen Symbolen kollektiver Identität und den Regeln, die den Zugang zur Mitgliedschaft in diesen Kollektivitäten bestimmen, ihre Pflichten und Verpflichtungen.

Ähnlich muß nicht besonders hervorgehoben werden, daß Wandlungen, aus welchen Gründen auch immer – auf den Ebenen struktureller Differenzierung oder Komplexität innerhalb einer Gruppe oder Bevölkerung –, notwendigerweise zu einem Typus von gleichzeitigen Veränderungen in der Definition der Symbole der Kollektivität und ihren Grenzen führen, dem Wesen des jeweiligen Regimes oder seiner Machtverteilung.

VI

Das Wesen und die Bedeutung der Kontaktpunkte zwischen den verschiedenen Aspekten sozialer Ordnung, die oben analysiert worden sind, kommt deutlicher heraus, wenn wir versuchen, ihre Implikationen für die vergleichende makro-soziologische Analyse im allgemeinen und die Analyse von Wandel im besonderen zu erkennen; insbesondere in der Art und Weise, wie sich in jedem „Typ" von Gesellschaft – zusammengesetzt aus verschiedenen Ebenen struktureller Differenzierung von frei veränderlichen Ressourcen oder kulturellen Inhalten –, wenn auch sicher nicht grenzenlos, eine große Vielfalt verschiedener Modelle sozialer und kultureller Ordnungen entwickeln kann.

Wie wir oben herausgearbeitet haben, sind gewöhnlich einige der Hauptunterschiede zwischen verschiedenen Typen von Gesellschaften – verschiedenen Typen „traditionaler" (wie „archaischer", „historischer") Gesellschaften usw. – und zwischen traditionalen und modernen Gesellschaften – oder anderen ähnlichen Typen – in der soziologischen Literatur gemäß einigen Kriterien struktureller Differenzierung oder entsprechend den Inhalten verschiedener kultureller Symbole oder Bereiche entfaltet und in einer ziemlich taxonomischen Art und Weise dargestellt worden.

Während aber diese Aspekte offensichtlich für makro-soziologische Vergleiche von großem Interesse sind, scheint jedoch unsere Analyse darauf hinzuweisen, daß der wichtigste Aspekt dieser unterschiedlichen Ebenen der Differenzierung vielleicht darin besteht, daß sie das Wesen der Kräftekonstellationen hervorheben, die aus den internen und externen Umwelten einer jeden Gesellschaft hervorgehen und die in diese Kollektivitäten oder Systeme eingreifen. Sie schaffen für sie verschiedene konkrete Probleme und sie versehen sie mit verschiedenen – alten und neuen – Arten von Ressourcen, durch die derartige Probleme bewältigt werden können.

Aber in solchen Situationen des Wandels entwickelt sich nicht nur eine Möglichkeit der Umstrukturierung solcher Ressourcen und Aktivitäten in Richtung auf neue Ebenen der Differenzierung, sondern eine große Vielzahl derartiger Möglichkeiten. Verschiedene Gesellschaften eines allgemeinen Typs, der modernen sowie der sich modernisierenden Gesellschaften (und prinzipiell jede Gesellschaft eines anderen „Typs"), unterscheiden sich nicht nur im Ausmaß der strukturellen Entwicklung, wie es beispielsweise in der Literatur über Modernisierung oft angenommen wurde. Sie unterscheiden sich auch, wie sich mehr und mehr in der Forschung herausgestellt und sich bei unserer Analyse des Patrimonialismus gezeigt hat, in der Art und Weise, in der ihre grundlegenden Probleme wahrgenommen und bewältigt werden – und diese werden, wie wir in unserer vorhergehenden Analyse gesehen haben, besonders beeinflußt durch die verschiedenen Konstellationen von Codes, die in diesen Gesellschaften vorherrschend sind. Innerhalb eines jeden solchen „Typs" von Gesellschaft (traditional oder modern usw.) entwickelten sich verschiedene Modelle sozialer und politischer Ordnung, die verschiedene Parameter von Traditionalität oder Modernität definieren; so wie sich z. B. patrimoniale oder andere („religiöse", militärische) imperialistische Regime in traditionalen Gesellschaften entwickelten, oder solche „neo-patrimoniale", „nationalstaatliche" oder „klassenrevolutionäre" Modelle in modernen Gesellschaften.

Diese verschiedenen Modelle variieren im Hinblick auf die Art und Weise, wie sie ihre „kulturellen" (symbolischen) und organisatorischen Probleme bewältigen; im Hinblick darauf, wie sie diverse Forderungen nach Expansion im allgemeinen und die Kombinationen von verschiedenen Größenordnungen der Expansion im besonderen vereinigen können; in den Beziehungen zwischen Stabilität der Regime und ihren Expansions- oder Regressionstendenzen; im Ausmaß der Verschmelzung der Grenzen verschiedener Systeme und Kollektivitäten – z. B. politisch, kulturell, ethnisch – und ihrer jeweiligen Symbole; und in den unterschiedlichen Graden der Kontinuität dieser verschiedenen Symbole angesichts sich wandelnder Ebenen struktureller Differenzierung sowie in dem Wandel von Regimen.

An dieser Stelle ergeben sich einige Ähnlichkeiten zwischen verschiedenen Gesellschaften, die sich in den Ebenen der Differenzierung, den systemischen und kollektiven Grenzen überschneiden, womit sie auf einen vielfältigeren Ansatz zur vergleichenden Analyse hinweisen.

VII

Neuere Forschungstrends haben es uns auch ermöglicht, einige der Faktoren zu identifizieren, die die konkrete Art und Weise beeinflussen, in der verschiedene Typen von makro-gesellschaftlicher Ordnung geformt werden.

Der wichtigste Einzelaspekt der neuen Perspektive makro-gesellschaftlicher Analyse ist die Anerkennung der Tatsache, daß die institutionelle Dynamik von Gesellschaften in großem Maße durch ihre spezifische historische Erfahrung geformt wird und daß bei der Formung dieser historischen Erfahrung zwei Aspekte von besonderer Wichtigkeit zu sein scheinen: Der eine bezieht sich auf ihre kulturellen Traditionen und der andere auf ihr politisch-ökologisches Umfeld im allgemeinen und auf ihre Stellung im jeweiligen internationalen System oder in den Systemen, an denen sie teilhaben, im besonderen.

Eine derartige neue Perspektive wurde durch die Nachprüfung mehrerer zentraler theoretischer Problempunkte ermöglicht – die beiden wichtigsten waren im gegenwärtigen Zusammenhang (und beide sind auch in früheren Forschungen untersucht worden) die Neubeurteilung des Wesens der Tradition und ihrer Stellung im sozialen Leben sowie die Analyse internationaler Beziehungen und Systeme[2].

Der Begriff der Tradition, der anfänglich in vielen Arbeiten als eine Art allgemeiner Residualkategorie verwendet wurde, um wichtige Aspekte institutioneller Strukturen zu erklären, die nicht im Sinne von Prämissen des ursprünglichen Modernisierungsmodells erfaßt werden konnten, wurde auf spezifischere Weise definiert; die verschiedenen Aspekte der Traditionen wurden differenziert, und ihre Beziehungen zu konkreten institutionellen Mustern wurden spezifiziert.

Es wurde gezeigt, daß Tradition ganz allgemein ausgedrückt vielleicht am besten als der Prozeß betrachtet wird – oder zumindest als Teil des Prozesses –, durch den verschiedene Ebenen von Aspekten der Realität kulturell und sozial konstruiert und auf die Gesellschaft übertragen werden, d. h. als das Reservoir der bedeutendsten sozialen und kulturellen Erfahrung einer Gesellschaft oder Zivilisation.

Dieses Reservoir an Erfahrung ist jedoch nicht eine Art von allgemeinem, undifferenziertem „Vorrat"; vielmehr setzt es sich aus verschiedenen Komponenten zusammen, deren Beziehungen untereinander komplex und oft paradox sind.

Die wichtigsten dieser Komponenten sind: erstens, einige generalisierte Modi oder Orientierungen der Wahrnehmung und die Bewertung der Wahrnehmungsmodi der sozialen Wirklichkeit der kosmischen und sozio-politischen Ordnung, die wir nach Belieben kulturelle „Codes" nennen werden. Zweitens gibt es die Symbole kollektiver Identität und drittens die wichtigsten Modi der Legitimation sozialer und politischer Ordnung.

Eines der wichtigsten Ergebnisse unserer Forschung bestand darin, daß sich diese verschiedenen Aspekte der Tradition mit unterschiedlicher Geschwindigkeit ändern können. Man fand paradoxerweise heraus, daß die verschiedenen kulturellen Orientierungen dazu tendieren, mehr Kontinuität als die Symbole und die „Inhalte" der kollektiven Identität zu besitzen, selbst wenn die letzteren oft als stabiler und dauerhafter angesehen werden.

Zweitens hat diese Analyse aufgezeigt, wie diese Codes einige grundlegende Bereiche der Sozialstruktur beeinflussen und formen. Wir sind in der Lage systematisch darzustellen – über

die ziemlich vagen Angaben in der früheren Literatur über Traditionen oder in soziologischen Analysen hinausgehend –, welche Aspekte der institutionellen Struktur, die nicht vollständig im Sinne der Ebenen technologischer Entwicklung oder der strukturellen Differenzierung und Spezialisierung erklärt werden können, von diesen Codes beeinflußt werden. Die wichtigsten Aspekte unter ihnen sind: Autoritätsstruktur; Rechtsauffassung; Machtstruktur und politische Auseinandersetzung; Grundsätze hierarchischer Sozialordnung; Definition des Ausmaßes von Mitgliedschaft in verschiedenen Gemeinschaften – all diese beeinflussen besonders die wichtigsten Typen und politischen Programme, die in jeder Gesellschaft unternommen werden, sowie die Wahrnehmung sozialer Probleme in ihnen.
Dementsprechend beeinflussen solche Konzepte auch weitgehend die Modi der Integration – moralischer, rechtlicher oder kommunikativer Art – der Gesellschaften, in denen sie vorherrschen, und die wichtigsten Muster ihrer Legitimation.
Derartige kulturelle Prämissen beeinflussen auch weitgehend die „Welten des Wissens", die grundlegenden kognitiven Symbole, die in verschiedenen Gesellschaften vorherrschend sind; sie beeinflussen ebenso den Prozeß der Institutionalisierung kognitiver Aktivitäten und Einstellungen im allgemeinen sowie wissenschaftlicher Einstellungen im besonderen in verschiedenen Gesellschaften.
Drittens werden diese Konzeptionen – und ihre institutionellen Derivate – „getragen" von besonderen Typen von sozialen Akteuren und sozialen Mechanismen – insbesondere durch mehrere Arten von kulturellen, pädagogischen und politischen Eliten und Handlungsrahmen – und diese können häufig verschiedene „konkrete" Gesellschaften durchziehen. Sie entwickeln auch häufig eine Eigendynamik.
Die Hauptmerkmale derartiger Akteure und besonders das Ausmaß ihrer institutionellen Autonomie, ihre innere Solidarität und ihre Beziehungen zu breiteren Schichten sind von besonderer Bedeutung für das Verstehen der Art und Weise, wie verschiedene kulturelle Orientierungen die wichtigen Aspekte des institutionellen Handlungsrahmens formen.
Viertens hat diese Untersuchung aufgezeigt, daß viele dieser institutionellen Aspekte eine Kontinuität gegenüber verschiedenen historischen Bezugsrahmen aufzuweisen scheinen; gegenüber Wandlungen in den Stufen der technologischen Entwicklung, und daß diese Kontinuität auch eng verbunden ist mit dem Fortbestand einiger grundlegender sozialer und kultureller Orientierungen und mit dem Aufbau ihrer Traditionen selbst in einem modernen Umfeld.
Fünftens hat diese Untersuchung auch systematisch gezeigt, daß der Prozeß der Institutionalisierung kultureller Orientierungen möglicherweise Spannungen, Konflikte und Wandel erzeugt. Diese Möglichkeiten sind zunächst fest in den Widersprüchen verwurzelt, die sich innerhalb des Systems oder der Gruppe von Codes entwickeln; sodann in ihrer Anwendung auf breite Komplexe von Institutionen; schließlich drittens in den Unterschieden zwischen verschiedenen Komplexen von Codes und verschiedenen Typen von Institutionen und Interessen. Daher sind Tendenzen zu Spannungen, Konflikten und Protesten in menschlichen Gesellschaften inhärent und sie beeinflussen die Muster der organisatorischen und symbolischen Dimensionen sozialen Wandels. Diese Tendenz erscheint in verschiedenen Mustern von Rebellion, sozialen Konflikten und Heterodoxien, deren Konstellationen weitgehend zwischen verschiedenen Gesellschaften variieren und die in großem Maße ihre spezielle historische Erfahrung und ihre Eigendynamik beeinflussen.

Die Konkretisierung dieser verschiedenen Tendenzen findet jedoch in unterschiedlichen politisch-ökologischen Umfeldern statt. Zwei Aspekte derartiger Umfelder sind von besonderer Bedeutung. Der eine Aspekt, der in der neueren Forschung stark betont wurde, betraf die Bedeutung der internationalen politischen und ökonomischen Systeme im allgemeinen und die Stellung der verschiedenen Gesellschaften in ihnen, sowie die Bedeutung der verschiedenartigen Beziehungen der Hegemonie und Abhängigkeit im besonderen. Der zweite Aspekt betraf die allgemeine Anerkennung einer großen Vielzahl von verschiedenen politisch-ökologischen Umfeldern von Gesellschaften – wie z. B. die Unterschiede zwischen kleinen und großen Gesellschaften, ihre jeweilige Abhängigkeit von internen und externen Märkten und ähnlichem. Diese beiden Aspekte beeinflussen stark die Art und Weise, wie sich institutionelle Konturen und die Dynamik verschiedener Gesellschaften zu entwickeln neigen.
Diese Untersuchung versuchte herauszufinden, wie die Vielzahl der historischen Erfahrung und der Traditionen von verschiedenen Gesellschaften und Zivilisationen die Wege beeinflußt hat, mit denen sie ihren Lauf und ihre Richtung allgemein und besonders in der modernen Welt gestalten, so daß die Neubeurteilung der entscheidenden Dimensionen der makro-gesellschaftlichen Analyse ermöglicht wurde.

Anmerkungen

1 Als zusammengefaßten Überblick der analytischen Ansätze in politischer Wissenschaft, die sich gründen auf oder in bezug stehen zu dem funktional-strukturellen Modell, siehe: *Martin Landau*, The Use of Functional Analysis in American Political Science, in: Social Research, Bd. 35, 1968, S. 48–75. Siehe auch: *Gérard Bergeron*, Structure des fonctionalismes en science politique, in: Canadian Journal of Political Science, Bd. 3 (2), Juni 1970, S. 205–240.

2 Einige dieser neuen Trends und ihre Anwendung wurden analysiert in *S. N. Eisenstadt*, Tradition, Change and Modernity, New York 1973, und *S. N. Eisenstadt*, Revolution and the Transformation of Societies, New York 1978.

Aus dem Englischen übersetzt von *Monika Esser* und *Heine von Alemann*.

INTERNATIONALE SOZIOLOGIE UND INTERNATIONALE POLITIK

Von Tom Bottomore

Es ist besonders angemessen, daß eine Festschrift zum 75. Geburtstag von *René König* auch die internationale Soziologie zum Thema hat, denn kein anderer war in der Nachkriegsperiode aktiver dabei, die Entwicklung der Disziplin auf einer internationalen Ebene zu ermutigen und die internationalen Kontakte zwischen den Gelehrten zu fördern. Ich erinnere mich gut an die Periode von 1953–1959, in der ich „Executive Secretary" der International Sociological Association (ISA) war, wie tatkräftig und erfolgreich *René König* zu der Arbeit des „Executive Committee" beigetragen hat, insbesondere zur Vorbereitung des Weltkongresses in Amsterdam (1956) und in Stresa (1959). Insbesondere denke ich mit großem Vergnügen an ein Treffen des Executive Committee zurück, das er so ausgezeichnet in Köln 1954 organisiert hatte.

Seit diesen jungen Tagen der ISA hat sich viel verändert. Die Soziologie hat sich in der Welt schnell ausgebreitet, insbesondere in den 60er Jahren, und gleichzeitig haben die sozialen und politischen Kontexte, in denen die Soziologen ihre Arbeit verfolgen, eine Vielzahl von Transformationen erfahren. Gerne nehme ich daher als meinen Beitrag zur Festschrift die Gelegenheit wahr, über einige dieser Änderungen zu reflektieren und dabei insbesondere die Situation der ISA zu behandeln (mit der ich seit ihrer Gründung in verschiedenen Eigenschaften verbunden war) als hauptsächlicher institutioneller Ausdruck der Internationalisierung der Soziologie.

Die Änderungen in der Größenordnung der Soziologie sind bemerkenswert gewesen. Am 1. Weltkongreß (Zürich 1950), der zusammen mit der „International Political Science Association" veranstaltet wurde, nahmen nur wenig mehr als 100 Soziologen teil, die ungefähr aus einem Dutzend Länder kamen; am 9. Weltkongreß (Uppsala 1978) waren es mehr als 4000 Teilnehmer aus mehr als 70 Ländern. Während der gleichen Zeit ist die Zahl der Research Committees der ISA, die eine große Rolle bei der Erhaltung und Ausweitung internationaler Kontakte spielen, indem sie den Austausch von Ideen ermöglichen und die international vergleichende Forschung fördern, von einem einzigen Komitee (über soziale Schichtung und soziale Mobilität), das 1950 gegründet wurde, auf 36 Komitees gestiegen, die alle wichtigen Gebiete soziologischen Forschens umfassen.

Diese Änderungen haben, im gleichen Maße wie sie die Internationalisierung der Soziologie kräftig vorangetrieben haben, auch zum Entstehen von Problemen geführt. Zunächst hat die schnell wachsende Mitgliedschaft und Aktivität der ISA dem kleinen Sekretariat große Lasten aufgebürdet – aber ein größeres Sekretariat kann sich eine wissenschaftliche Vereinigung nicht leisten. Andere können über diesen Aspekt kenntnisreicher schreiben als ich das tun kann. Ein zweites Problem betrifft direkt die Forschungsaktivitäten der ISA und insbesondere ihre Weltkongresse; denn mit wachsender Teilnahme ist eine größere Vielfalt der Forschungsinteressen entstanden, die sich in dem niederschlägt, was manche Soziologen als exzessive Fragmentierung des Programms betrachten und als Verlust jeder wirklichen thematischen Einheit, die bereits die Unvereinbarkeit streift. Diese Situation kann jedoch nicht als einfache Konsequenz der wachsenden Größe der Weltkongresse betrachtet werden. Sie entsteht offensichtlich aus einer bestehenden Diversität der theoretischen Ansätze und politischen Orientierungen, und es ist dieser Aspekt, den ich hier weiter untersuchen möchte. Einige Beobachter der letzten Kongresse haben ihre Unzufriedenheit mit der in ihren Augen wachsenden Einschleusung von ,,politischen" oder ,,ideologischen" Interessen in die Arbeit der wissenschaftlichen Vereinigung ausgedrückt. Aber dies enthüllt bloß eine sehr sonderbare Auffassung von der Beziehung zwischen Soziologie (oder jeder anderen Sozialwissenschaft) und Politik und auch ein Mißverständnis der gegenwärtigen Situation. Seit ihrer Gründung sind die Sozialwissenschaften tief einbezogen gewesen in politische Bewegungen und Kämpfe, und es ist genau diese Tatsache, die ihre Bedeutung begründet und der man ihren Einfluß zurechnen kann. Die größten soziologischen Denker – vor allem *Karl Marx, Max Weber* und *Emile Durkheim* – also jene, an deren Werk wir uns immer wieder anlehnen bei unseren Kontroversen über den Bereich und die Methoden der Soziologie, waren alle ausgewiesen durch ihre intensive politische Parteinahme und ihr Eingreifen in die praktische Politik. Ihr Denken wurde angeregt und geformt durch das, was sie als die lebenswichtigen politischen Probleme ihrer Zeit betrachteten, und es sollte einen Beitrag dazu leisten, die Einstellungen und das Handeln der politischen Organe (Klassen, Parteien, Staat) zu beeinflussen und diese Probleme zu lösen. Seit der Gründungsperiode der Soziologie hat es immer wichtige Theoretiker gegeben – die Liste würde sehr lang sein, so daß ich wenigstens erwähnen möchte: *Karl Mannheim, Georges Gurvitch, C. Wright Mills, Georges Friedmann, Theodor W. Adorno, Lucien Goldmann,* und als einen ,,Soziologen ehrenhalber" *Joseph Schumpeter* –, die ihre Aufgabe in der gleichen Weise aufgefaßt haben; und es ist offensichtlich, daß einige der kreativsten soziologischen Denker der Gegenwart, ob sie nun der Linken oder der Rechten in der Politik zuzuordnen sind, bewußt und absichtlich die politische Bedeutsamkeit ihrer Ideen hervorheben und sich der einen oder anderen Tendenz in der Entwicklung ihrer Gesellschaften anschließen.

Wenn man argumentiert, daß es einen notwendigen und verlebendigenden politischen Bezugsrahmen des soziologischen Denkens gibt, soll dies allerdings nicht einschließen, daß solch ein Denken nur eine besonders ausgeklügelte Form der politischen Ideologie ist, eine plausible und zugleich versteckte Annahme von politischen Werturteilen. Die Beziehung zwischen Theorie und Ideologie, Wissenschaft und Werten oder (besonders im marxistischen Denken) Theorie und Praxis ist eine komplexe und umstrittene Angelegenheit in den Sozialwissenschaften.

Ein Ausgangspunkt, um diese Beziehung zu prüfen, ist – vermutlich zusammen mit der marxistischen Auffassung von ,,Praxis", dem allgemeinsten Ausgangspunkt überhaupt – *Max Webers* Konzeption der ,,Wertfreiheit" und ,,Wertbeziehung". *Webers* Sichtweise kann kurz und in einfachsten Begriffen zusammengefaßt werden, daß der Sozialwissenschaftler, wenn er sein theoretisches Schema entwirft, seine Begriffe bildet und die wichtigsten Probleme der Analyse auswählt, mit einigen grundlegenden Wertorientierungen gegenüber der

Welt beginnt. Dies ist nicht in erster Linie eine individuelle Orientierung, wie *Weber* selbst in seiner Freiburger Antrittsvorlesung deutlich gemacht hat, wo er seine eigene Wertorientierung als eine solche darstellte, die von einem ,,Mitglied der Bourgeoisie ... erzogen in ihren Weltbildern und Idealen" stammt und später in einem allgemeineren Zusammenhang, nämlich in der abschließenden Bemerkung seines Aufsatzes über ,,Die ‚Objektivität' sozialwissenschaftlicher und sozialpolitischer Erkenntnis", als *Weber* sich auf jene Perioden des kulturellen Wandels bezog, in denen ,,die Bedeutung der unreflektiert verwerteten Gesichtspunkte" unsicher wird. ,,Das Licht der großen Kulturprobleme ist weiter gezogen. Dann rüstet sich auch die Wissenschaft, ihren Standort und ihren Begriffsapparat zu wechseln" ... (*Max Weber*, Gesammelte Aufsätze zur Wissenschaftslehre, 4. Aufl. Tübingen 1973, S. 214).

Aber diese Wertorientierungen, die wissenschaftsextern sind, werden zu einem bestimmten Ausmaß reguliert und neutralisiert innerhalb der Wissenschaft, die ihre eigenen Werte besitzt (,,Verbesserung des Wissens" oder ,,Streben nach Wahrheit"), die ausgedrückt sind in dem, was wir eine ,,professionelle Ethik" nennen können, die Regeln zusammenfaßt über die Bewertung von Beobachtungen, die Natur von Erklärungen, die Gültigkeit von Argumenten usw. *Webers* Konzeption dieser ,,professionellen Ethik", wie sie in seinem Vortrag ,,Wissenschaft als Beruf" und an anderer Stelle in seinen methodischen Schriften dargestellt wurde, hat viele Ähnlichkeiten mit *Kuhns* jüngeren Vorstellungen von einem wissenschaftlichen ,,Paradigma", in dem sich ein Konsensus der relevanten wissenschaftlichen Gemeinschaft verkörpert über die wichtigen theoretischen Probleme und Forschungsstrategien; ein Konsensus allerdings, der wenigstens im Prinzip offen für Kritik ist und der sehr deutlich beeinflußt ist von einer allgemeineren Konzeption der Welt (in *Webers* Terminologie der ,,Wertorientierungen"). Zusammengefaßt können wir also sagen, daß die Entwicklung der Wissenschaft teilweise autonom erfolgt, wobei sie von ihren eigenen Wertvorstellungen bestimmt wird (ohne die das wissenschaftliche Unternehmen überhaupt nicht bestehen könnte), aber daß sie damit keineswegs hermetisch abgeschlossen ist von der weiteren Welt der Wertorientierungen und Werturteile, die einen philosophischen, politischen oder ästhetischen Ursprung haben; oder, um es in anderen Begriffen auszudrücken, daß sie nicht abgetrennt werden kann von der immer vorhandenen sprachlichen Gemeinschaft, aus der auch die Wissenschaft entsteht. Es ist darüber hinaus allgemein anerkannt, daß die Sozialwissenschaften naturgemäß derartigen externen Einflüssen gegenüber offener sind als die Naturwissenschaften.

Es soll nun betrachtet werden, wie diese Vorstellungen von der Beziehung zwischen Wissenschaft und Werten auf die Entwicklung der ISA als einer internationalen wissenschaftlichen Gemeinschaft angewendet werden können. Zunächst kann unmöglich die einfache Sichtweise akzeptiert werden, daß es eine Art von Bewegung gegeben hat von einer Situation, in der eine ,,reine" Wissenschaft vorherrschte, zu einer anderen, in der es weit mächtigere Einflüsse der politischen und ideologischen Interessen gibt. Es ist vielmehr der Fall, daß in den frühen Jahren der ISA, bis in die 50er Jahre hinein, nur ein begrenztes Spektrum der politischen und kulturellen Erfahrung in den Aktivitäten der Vereinigung repräsentiert war – und zwar im wesentlichen diejenigen der dominanten Gruppen in den liberalen kapitalistischen Gesellschaften Westeuropas und Nordamerikas. Zu jener Zeit gab es nur wenige Äußerungen irgendeiner Art der radikalen Soziologie (die sich in einem bemerkenswerten Ausmaß erst mit dem Entstehen der neuen Linken nach 1965 zu entwickeln begann); marxistische Soziologie existierte nur an den Rändern der Disziplin, die Frauenbewegung hatte noch kaum begonnen; und die Stimmen der Soziologen aus den Ländern der Dritten Welt waren noch kaum zu vernehmen.

Alles dieses hat sich wärend der vergangenen 20 Jahre geändert. Aber was hat sich genau ereignet? Es war nicht so, daß es einen plötzlichen Einfall von politischen Ideologien in die ungebundene und objektive Welt der Wissenschaft gegeben hat, sondern neue kulturelle und politische Interessen sind auf der Bildfläche aufgetaucht und haben ihren Platz neben den bestehenden Interessen gefunden, die bereits ihren Teil gespielt haben in der Gestaltung wissenschaftlicher Vorstellungen der sozialen Welt. Die Erscheinung dieser neuen Interessen hat offensichtlich in einer viel größeren Unterschiedlichkeit der Sichtweisen resultiert, und sie hat eine große Zahl von Kontroversen hervorgerufen. Es kommt hier allerdings darauf an, daß die Kontroversen eine wissenschaftliche Form bewahren; was auf Kongressen und an anderer Stelle geschieht, ist nicht einfach eine Konfrontation zwischen Alternativen, inkompatiblen und möglicherweise inkommensurablen Wertorientierungen, sondern die Darlegung von rivalisierenden Theorien und konzeptionellen Schemata, die insoweit anerkannt werden, als sie offen sind für eine kritische Abschätzung mittels eines allgemein akzeptierten Kanons wissenschaftlicher Vorgehensweisen. Natürlich ist die Situation noch komplexer und verwirrender als dieser zusammenfassende Bericht es anzeigen kann, denn es gibt – wie es heute jedem Sozialwissenschaftler gegenwärtig ist – alternative Wissenschaftsphilosophien, so daß der Kanon selbst weit davon entfernt ist, um als gesichert oder allgemein anerkannt zu erscheinen. Daher tendiert das Gegenüberstellen von rivalisierenden Theorien, soweit als es überhaupt in einer rigorosen Weise vollzogen wird, oft dazu, daß Elemente der Inkommensurabilität entdeckt werden, deren Quellen verdeckt bleiben, anstatt daß die Gegenüberstellung in einer präzisen Bestätigung oder Nicht-Bestätigung einer bestimmten Theorie endet, selbst wenn dies nur versuchsweise geschieht. Von einer Sichtweise aus könnte behauptet werden, daß die Soziologie einen größeren paradigmatischen Wandel in *Kuhns* Sinne durchmacht und daß das gegenwärtige Stadium der Verwirrung eine unausweichliche Begleiterscheinung dieses Prozesses ist (was allerdings, wie in anderen Fällen, nicht-nützliche Forschung in besonderen begrenzten wissenschaftlichen Arbeitsfeldern begrenzt). Eine pessimistischere Sichtweise mag zu der Auffassung kommen, daß der „multiparadigmatische" Charakter der Soziologie mit dieser Diffusion der Disziplin in extrem unterschiedliche kulturelle und politische Sektoren noch ausgeprägter geworden ist und daß es vergeblich ist, das Emporkommen eines neuen kohärenteren und allgemein vorherrschenden Paradigmas in der vorhersehbaren Zukunft zu erwarten.

Meine eigene Sichtweise nähert sich der ersten der beiden Positionen. In *Webers* Sprache würde ich argumentieren, daß das „Licht der großen Kulturprobleme" tatsächlich weitergezogen ist und daß die Soziologie nun vor der schwierigen und beunruhigenden Aufgabe steht, ihren konzeptionellen Apparat gründlich zu revidieren. Dies möchte ich illustrieren und zu rechtfertigen versuchen, indem ich kurz zwei breite Gebiete des begrifflichen Disputs und der Rekonstruktion zu betrachten versuche. Das erste Gebiet betrifft die Bedeutung des Geschlechts in sozialen Beziehungen, die in das Zentrum der soziologischen Debatte weitgehend durch radikale Kritik gebracht wurde, die von Feministen an einem großen Teil der „traditionellen" soziologischen Theorie angebracht wurde. Diese Kritik läuft nicht einfach darauf hinaus, daß Soziologen bisher die Position von Frauen in der Gesellschaft weitgehend vernachlässigt haben als ein spezifisches Untersuchungsproblem; in einer viel fundamentaleren Weise stellt sie fest, daß Soziologie theoretisch und begrifflich als ein Resultat männlicher Dominanz verfälscht wurde.

Die theoretische Bedeutsamkeit derartiger Kritik ist am offenkundigsten in den Kontroversen zwischen radikalen Feministen einerseits und Marxisten auf der anderen Seite, sowie in der Debatte unter Marxisten. Die Ideen der radikalen Feministen scheinen zu einer fundamentalen Rekonstruktion, wenn nicht zu einer vollständigen Auflösung der marxistischen Theorie der Geschichte zu führen, insofern, als die bedeutendsten sozialen Beziehungen als solche zwischen Männern und Frauen gesehen werden, nicht aber als solche zwischen sozialen Klassen. In ähnlicher Weise wird der Geschichte der Familie eine größere Bedeutsamkeit zugeschrieben als der Geschichte der Produktionsverhältnisse. Ob es auf diese Weise möglich ist, eine Theorie der Geschichte zu entwickeln von der Reichweite und der Erklärungskraft der Marxschen, bleibt allerdings zweifelhaft; und es ist gegenwärtig ebenso zweifelhaft, ob eine Kombination von feministischen und marxistischen Konzeptionen in der Erarbeitung eines überlegenen theoretischen Schemas resultieren könnte. Allerdings ist es genau dies, was einige Marxisten versucht haben, und die Debatte über Feminismus in verschiedenen marxistischen Schulen hat ebenso zu einer Neuorientierung von theoretischen Interessen geführt; nicht nur in der größeren Aufmerksamkeit, die jetzt darauf gerichtet wird, was *Marx* und *Engels* (sowie ihre unmittelbaren Nachfolger) tatsächlich über die Familie und die Position der Frauen zu sagen hatten, sondern in den verschiedenen Versuchen, die spezifische soziale Rolle der Frauen in den Bezugsrahmen einer marxistischen Analyse einzubringen, durch die Entwicklung solcher Konzepte wie „Hausarbeit", und durch die Neubestimmung des Begriffs der „sozialen Reproduktion", indem die Rolle der Frauen und der Familie in der Produktion der Arbeitskraft unterstrichen wurde.

Mein zweites Beispiel ist dem großen und zunehmend wichtiger werdenden Gebiet der „Entwicklungs-Studien" entnommen. In diesem Fall ist es ebenfalls evident, daß es eine wachsende theoretische Kontroverse und eine aktive Erarbeitung neuer Konzeptionen gegeben hat, die weitgehend durch marxistische Kritik der theoretischen Orientierungen hervorgerufen wurden, die in den 50er Jahren vorherrschend waren. Man kann hier sagen, daß es eine Bewegung der Ideen gegeben hat, die wegführte von der Vorstellung von „Entwicklungsländern" als Gesellschaften, die ökonomisch und sozial rückständig geblieben waren – durch eine Art von historischem, geographischem oder kulturellem Zufall – und die nunmehr entwickelt werden könnten durch die Diffusion von Kapital, Technologie und angemessenen kulturellen Praktiken; vielmehr hat die Ideenbewegung dahin geführt, diese Länder als koloniale oder abhängige Gesellschaften innerhalb eines kapitalistischen Weltsystems zu sehen, die in vielen Fällen aktiv unterentwickelt gehalten wurden, als eine Konsequenz der schnellen Expansion des nach Investitionen suchenden Kapitals. Dieser Wandel in der theoretischen Orientierung der Soziologen hat eine Vielzahl von neuen Konzepten hervorgebracht – Unterentwicklung als ein *Prozeß,* der die kapitalistische Entwicklung andernorts begleitet, ungleiche Tauschverhältnisse, abhängige Entwicklung, nach-koloniale Produktionsweisen, Neo-Imperialismus – aber anstatt daß diese neuen Konzeptionen bisher zu einem allgemein akzeptierten neuen Paradigma geführt haben, hat dies dazu geführt, daß in der gegenwärtigen Phase weitreichende Kontroversen unter den Marxisten selbst ausgebrochen sind. Dennoch kann m. E. festgehalten werden, daß es ein neues, sehr breites Gebiet des wissenschaftlichen Diskurses gibt, innerhalb dessen die Gespräche über theoretische Schemata und Forschungsstrategien stattfinden, verglichen mit jenen Gebieten, die während der ersten eineinhalb Jahrzehnte nach dem 2. Weltkrieg vorherrschten.

Diese beiden Beispiele, obwohl außerordentlich kurz dargestellt, werden hoffentlich hinreichend das Hauptargument dieses Beitrags illustrieren, daß nämlich politische und kulturelle Bewegungen weit davon entfernt sind, nur eine auflösende und hinderliche Wirkung auf die Sozialwissenschaften auszuüben, sondern ihnen vielmehr Leben und eine Richtung eingeben. Aber beim Eintreten in den Bereich der Wissenschaft werden die Wertorientierungen, die in den von diesen Bewegungen hervorgebrachten Ideen ausgedrückt sind, ihrerseits umgewandelt.

Sie werden Konzeptionen in den theoretischen Schemata, die durch die Werte der Wissenschaft selbst beeinflußt werden; d. h. sie werden den Tests der Wahrheit oder Adäquanz unterworfen. In einigen Umständen allerdings kann eine soziologische Analyse sogar fähig sein, zwischen Wertorientierungen zu entscheiden und einige Werte als „ideologisch" im marxistischen Sinne zurückzuweisen (d. h. einen verfälschten Realitätsaspekt enthaltend), wie *Roy Bhaskar* in „The Possibility of Naturalism" (New York 1979, S. 81) gezeigt hat: „Wenn jemand eine Theorie besitzt, die erklärt, warum falsches Bewußtsein notwendig ist, dann kann er unmittelbar, ohne ein äußeres Werturteil hinzuzufügen, dazu übergehen, eine negative Bewertung des Objekts auszudrücken ..., die dieses Bewußtsein als notwendig hinstellt (und, ceteris paribus, zu einer positiven Beurteilung der Handlung, die rational gerichtet ist auf die Entfernung der Ursachen des falschen Bewußtseins)."

Selbst wenn diese Argumentation akzeptiert wird, bedeutet dies nicht, daß die Wissenschaft in jedem Falle fähig ist, zwischen gegensätzlichen oder unterschiedlichen Werturteilen zu entscheiden oder, weiter gefaßt, daß alle Wertorientierungen vollständig in wissenschaftliche Konzepte und theoretische Schemata transformiert werden können, wenn sie, was tatsächlich geschehen kann, in den Bereich soziologischen Denkens und Forschens geraten. Denn, wie *Bhaskar* ebenfalls beobachtet (S. 82–83): „... Wissenschaft, obwohl sie aufklären kann und muß, kann Fragen der praktischen Moral und des Handelns nicht endgültig ‚lösen', gerade weil es immer – und notwendig – soziale Praktiken außerhalb der Wissenschaft gibt und Werte, andere als kognitive Werte ...". Was mir in der Soziologie zu geschehen scheint (und ebenfalls in anderen Wissenschaften), ist, daß Fragen des Handelns, welches durch notwendige Wertorientierungen vorangetrieben und geleitet wird, tatsächlich erhellt werden – und das Handeln selbst oft modifiziert wird – durch wissenschaftliche Untersuchungen, während die Vorstellungen, die in den Wertorientierungen ausgedrückt sind, teilweise verändert werden in brauchbare wissenschaftliche Konzeptionen. Aber es verbleibt ein gegenseitiger Einfluß und gelegentlich Spannung und Konflikt zwischen Wissenschaft (beherrscht durch den Wert der Wahrheitsfindung) und anderen Wertbereichen. Dies kennzeichnet die spezifische Eigenart der Wissenschaft als eine soziale Praxis, aber es kann und darf sie nicht vollständig von Werten isolieren, die in anderen sozialen Praxisbereichen verkörpert sind.

Was bedeutet dies für die Zukunft? Es ist zu erwarten und zu hoffen, daß eine noch größere Vielfalt von kulturellen Erfahrungen und Wertorientierungen in der Soziologie auftauchen wird und zur kritischen Revision von Begriffen und Paradigmen ihren Beitrag leistet. Die Teilnahme von weiblichen Soziologen und von Soziologen aus der Dritten Welt in der internationalen Soziologie ist bereits viel größer, als sie in den 50er Jahren war. Diese Teilnahme sollte in den nächsten Jahrzehnten weiter wachsen und es ist außerordentlich wünschenswert, daß in Zukunft eine wachsende Einbeziehung derjenigen kulturellen Gebiete und Zivilisationen erreicht werden sollte, die bisher einen unverhältnismäßig kleinen Beitrag zur konzeptionellen und theoretischen Debatte leisten. Die Soziologie wird ihre volle Gestalt nicht erreichen oder ihren praktischen Wert demonstrieren können, wenn sie nicht in der Form der Wissenschaft die politischen und kulturellen Erfahrungen und Erwartungen aller Völker der Erde adäquat repräsentiert, und zwar auf der Basis ihrer Gleichheit.

Aus dem Englischen übersetzt von *Heine von Alemann.*

EINIGE TENDENZEN IN DER GESCHICHTE DER „INTERNATIONAL SOCIOLOGICAL ASSOCIATION“*

Von Kurt Jonassohn

Einführung

In diesem Essay wird über ein laufendes Forschungsprojekt berichtet. Da weder die Datensammlung noch die -analyse bei der Niederschrift abgeschlossen waren, erscheint die Form eines Essay für den Bericht als am angemessensten. Die Diskussion über Tendenzen in der Geschichte der „International Sociological Association“ (ISA) stützt sich indessen auf Daten und nicht auf persönliche Eindrücke oder Meinungen.

Gelehrte scheinen immer eine weltstädtische Tendenz besessen zu haben, sich mit ihren Kollegen zu vereinigen, und zwar unabhängig von geographischer Distanz, um Informationen auszutauschen, die Ergebnisse ihrer Arbeit zu vergleichen und miteinander zu debattieren. Soziologen unterscheiden sich in dieser Hinsicht nicht von anderen Gelehrten.

Die erste internationale Organisation für diesen Zweck wurde durch *René Worms* 1893 als „Institut International de Sociologie“ (IIS) gegründet; die Mitgliedschaft des Instituts scheint deutlich auf lateinische Länder wie Frankreich und Italien bezogen gewesen zu sein, später auch auf Lateinamerika. *Duprat* organisierte im Jahre 1933 eine „International Federation of Sociological Societies and Institutes“ als Teil des IIS, diese Vereinigung war jedoch nicht sehr erfolgreich[1].

Das Interesse an internationalen Kontakten, sei es auf individueller oder auf organisatorischer Ebene, nahm verschiedene Formen an. In der Mehrzahl handelte es sich um Auslandsstudium, informelle und formelle Tagungen, Lesungen, Korrespondenz und Übersetzungen. Erst nach dem Zweiten Weltkrieg und nach der Gründung der ISA wurden diese Kontakte dahingehend ausgeweitet, daß sie die Zusammenarbeit in der vergleichenden Forschung, soziologische Institute und gemeinsame Veröffentlichungen einschlossen. Zu dieser Zeit hatte das IIS einen zeitweiligen Niedergang erlebt, weil einige seiner führenden Mitglieder mit dem Aufkommen des Faschismus in Europa in Verbindung gestanden hatten.

Die Gründung der ISA

Auf Initiative der sozialwissenschaftlichen Abteilung der UNESCO versammelte sich eine Gruppe von Soziologen am 14. Oktober 1948 in Paris, um die Wünschbarkeit und Möglich-

* Die Forschung für dieses Projekt wurde unterstützt durch eine Beihilfe des „Social Sciences and Humanities Research Council“ Kanadas.

keit der Gründung einer aktiven und wirksamen weltweiten Organisation in ihrem Studienfach zu beraten. An diesem Treffen nahmen teil:

Georges Davy (Sorbonne, Paris),
A. N. J. den Hollander (Universität Amsterdam),
Georges Gurvitch (Centre d'Etudes Sociologiques, Paris),
René König (Zürich),
Paul F. Lazarsfeld (Columbia University, New York),
Gabriel Le Bras (Sorbonne, Paris),
Erik Rinde (Norwegian Social Science Association, Oslo),
Louis Wirth (University of Chicago).

Arvid Brodersen, der amtierende Leiter der sozialwissenschaftlichen Abteilung der UNESCO, amtierte als Vorsitzender und wurde unterstützt durch *Otto Klineberg*, den Direktor des „International Tensions Project". *T. H. Marshall* von der „London School of Economics" war vor dem Treffen konsultiert worden, konnte aber nicht daran teilnehmen. Die Gruppe diskutierte den Zustand des Faches Soziologie in Lehre und Forschung in den verschiedenen Ländern der Erde und das Ausmaß der internationalen Zusammenarbeit, das zwischen Soziologen erreicht war, und beendete ihre Arbeit, indem sie ein einstimmiges „Statement" zur Verbreitung und Veröffentlichung herausgab, in dem die Notwendigkeit für eine „International Sociological Association" betont und die Bedeutung der Funktionen nachdrücklich unterstrichen wurde, die eine Vereinigung dieser Art erfüllen könnte. Die Gruppe ernannte *Erik Rinde* zu ihrem Berichterstatter und beantragte personelle und finanzielle Hilfe von UNESCO, um die Arbeit auszuführen, die mit diesem Treffen initiiert werden sollte.

Im November 1948 verabschiedete die Generalkonferenz der UNESCO in Beirut eine Resolution, die den Generaldirektor der UNESCO ermächtigte, Schritte zu unternehmen, die begonnenen Arbeiten fortzusetzen und die endgültige Einrichtung einer internationalen Vereinigung für Soziologie sicherzustellen. Ähnliche Resolutionen wurden für weltweite Vereinigungen in der Ökonomie, der politischen Wissenschaft und dem vergleichenden Recht verabschiedet und eine Summe von 8000 Dollar wurde im Budget der UNESCO 1949 für jede der Vereinigungen bereitgehalten.

Der Berichterstatter nahm weltweit Verbindungen mit Soziologen auf und – nachdem er eine beträchtliche Zahl von positiven Antworten erhalten hatte – berief ein weiteres Treffen des Vorbereitungskomitees am 29. und 30. Juni 1949 ein, auf dem der Beschluß gefaßt wurde, den konstituierenden Kongreß für die ISA vom 5. bis 10. September 1949 in Oslo abzuhalten, auf Einladung der norwegischen Social Science Association. Von den Eingeladenen waren tatsächlich die folgenden anwesend:

Prof. *L. Wirth*, USA (Vorsitzender),
Prof. *G. Davy*, Frankreich (stellv. Vorsitzender),
Prof. *S. Verosta*, Österreich,
Prof. *P. de Bie*, Belgien,
Prof. *D. Dawson*, Kanada,
Prof. *R. Agramonte*, Kuba,
Prof. *Th. Geiger*, Dänemark,

Prof. *A. Zaki*, Ägypten,
Prof. *K. Wikman*, Finnland,
Prof. *L. von Wiese*, Deutschland,
Prof. *J.N. Khosla*, Indien,
Prof. *S.N. Eisenstadt*, Israel,
Prof. *C. Gini*, Italien,
Prof. *A. den Hollander*, Niederlande,
Prof. *S. Holm*, Norwegen,
Prof. *S. Ossowski*, Polen,
Prof. *T. Segerstedt*, Schweden,
Prof. *R. König*, Schweiz,
Prof. *H. Ulken*, Türkei,
Prof. *M. Ginsberg*, England,
Prof. *I. Ganon*, Uruguay,
E. Rinde, Norwegen (Berichterstatter),
G. Duran (Vertreter der UNO),
Dr. *A. Ramos* (Leiter der Sozialwissenschaftlichen Abt. der UNESCO),
B. Kolbourn (Sekretariat der UNESCO),
Prof. *A. Sommerfeld* (Norwegisches Komitee),
Dr. *A. Brodersen* (Norwegisches Komitee).

Dieser Gründungskongreß verabschiedete einstimmig einen Satz von Statuten, konstituierte sich selbst als ein vorläufiger „Council", um die Angelegenheiten der Organisation während der Interimszeit vor dem ersten Konzilstreffen zu erledigen, und erklärte die ISA als begründet. Es wurde ein Arbeitsprogramm verabschiedet, das enthielt: Erleichterung von Kontakten, Verbreitung von Informationen, Forschung sowie Dienstleistungen, die die ISA gegenüber den Vereinten Nationen erbringen könnte. Das erste Komitee, welches gegründet wurde, war ein „Research Committee", das ermächtigt wurde, in verschiedenen Gebieten oder Projekten Unterkomitees zu gründen, wenn ein Bedürfnis oder eine Gelegenheit sich dazu anbot.

Ein provisorisches „Executive Committee" wurde gewählt, das bis zum ersten regulären Treffen des Konzils die Geschäfte übernehmen sollte, wobei bei dieser Gelegenheit die Bestimmungen der Satzung für die Wahl des Vorstandes in Kraft gesetzt werden sollten. Die Ergebnisse dieser Wahl waren wie folgt:

Präsident:	*L. Wirth*,
Vize-Präsidenten:	*G. Davy* und *M. Ginsberg*,
Mitglieder:	*I. Ganon*,
	Th. Geiger,
	J.N. Khosla,
	R. König,
	S. Ossowski,
	A. Zaki.

Dieser vorläufige Vorstand traf sich dann erstmals und wählte einstimmig *Erik Rinde* als geschäftsführenden Sekretär und Schatzmeister der ISA und bestimmte, daß der vorläufige Sitz der ISA sowie seines Sekretariats in Oslo seien. Prof. *Ginsberg* wurde zum Vorsitzenden des Forschungskomitees ernannt und er lud Prof. *Davy* und Prof. *Geiger* als Mitglieder dieses Komitees ein.

Es wurde beschlossen, einen ersten Weltkongreß im September 1950 zu planen, zusammen mit einem Treffen des vorläufigen Konzils. Prof. *René König* gelang es, eine örtliche Unterstützung zu erhalten, um den ersten Weltkongreß vom 4. bis 9. September 1950 in Zürich abzuhalten. Ein lokales Veranstaltungskomitee und ein Kongreßkomitee wurden eingerichtet. Das Thema und die Unterthemen wurden wie folgt vereinbart:

Soziologische Forschung und ihr Verhältnis zu internationalen Beziehungen:

a) Allgemeine und methodologische Probleme;
b) Nationale Eigenarten und nationale Einstellungen;
c) Soziologische Aspekte der Beziehungen zwischen Nationen.

Das Komitee berücksichtigte ebenfalls eine vierte Gruppe von Vorträgen außerhalb dieser Unterthemen, aber es schlug dem Vorstandssekretariat vor, den Vortrag der Aufsätze nicht zu fördern. Formale Einladungen, an dem Kongreß teilzunehmen und Aufsätze für die Diskussion einzureichen, wurden an nahezu 500 Soziologen in 66 Ländern verschickt sowie an eine große Zahl von Universitäten, Forschungsinstituten und Vereinigungen in verschiedenen Ländern. Im August 1950 waren 130 Teilnahmeerklärungen aus 31 Ländern eingegangen, einschließlich ungefähr 60 Aufsätzen, die sich im Rahmen des allgemeinen Kongreßthemas bewegten.

Der erste Weltkongreß fand, wie geplant, vom 4. bis 9. September 1950 in Zürich statt. Mehr als 120 Delegierte aus 30 Ländern nahmen an ihm teil. Die Aufsätze wurden vor dem Kongreß verteilt und nicht verlesen, sondern diskutiert. Trotz gegenteiliger Pläne kam es nicht zur Veröffentlichung der Verhandlungen.

Die ebenfalls neu formierte International Political Science Association entschied sich dafür, ihren eigenen Kongreß zur gleichen Zeit abzuhalten. Die beiden Vereinigungen veranstalteten ein gemeinsames Round-Table-Gespräch über die Rolle von Minderheiten in internationalen Angelegenheiten.

Anders als z. B. das IIS oder die nationalen Vereinigungen basierte die ISA ihre Mitgliedschaft auf sog. kollektive Mitglieder, d. h. nationale Vereinigungen, Institute und Fakultäten. Auf den Geschäftsordnungssitzungen wurden Anträge von 29 soziologischen Organisationen aus 20 Ländern eingereicht, die alle als Mitglieder angenommen wurden. Mehrere der nationalen Vereinigungen, die aufgenommen wurden, waren als direktes Ergebnis der Gründung der ISA eingerichtet worden. Eine beträchtliche Zahl von anderen befand sich in der Gründung und man erwartete, daß sie der ISA im folgenden Jahr beitreten würden. Lateinamerikanische Soziologen ergriffen in Zürich die Initiative, um eine Associacion Latinoamericana de Sociologia ins Leben zu rufen, die formell auf einem lateinamerikanischen Soziologenkongreß gegründet werden sollte, der 1951 in Buenos Aires abgehalten werden sollte.

Die Satzung wurde ergänzt, um eine assoziierte Mitgliedschaft für Organisationen und Institutionen zu ermöglichen, die sozialwissenschaftliche Interessen im weiteren Sinne verfolgen, aber nicht direkt in der Soziologie selbst aktiv sind. Obwohl die bestehende Satzung vorsah, daß „membership in the Association, in principle, shall consist only of sociological organizations", wurde eine große Zahl von Anmeldungen für eine individuelle Mitgliedschaft eingereicht. Der Vorstand und das Konzil setzten allerdings fest, daß eine solche Mitgliedschaft nur vergeben werden sollte, 1. als eine vorläufige Maßnahme, solange als die Gründung und die Eingliederung einer örtlichen oder nationalen Körperschaft im Lande des Bewerbers noch nicht entschieden ist, oder 2. als eine außergewöhnliche Maßnahme in den seltenen Fällen jener Soziologen, die entweder in den relevanten örtlichen oder nationalen Vereinigungen, die der ISA angehören, nicht wählbar sind oder ihnen nicht angehören wollten („Einzelgänger", „sauvages", „lone wolves").

Auf der Basis der ordentlichen Mitgliederschaft wurde ein erstes ordentliches Konzil gegründet, in dem 38 Länder durch Delegierte vertreten waren. Für die Periode von 1950 bis 1953 wurde *Erik Rinde* als geschäftsführender Sekretär und Schatzmeister wiedergewählt, wobei das Sekretariat in Oslo verblieb. Die Wahl für den Vorstand für die Zeit von 1950 bis 1953 ergab die folgenden Resultate:

Präsident:	Prof. *Louis Wirth* (Universität Chicago),
Vize-	Prof. *Fernando de Azvedo* (Universität Sao Paulo),
Präsidenten:	Prof. *Georges Davy* (Universität Paris),
	Prof. *Morris Ginsberg* (London School of Economics and Political Science),
Mitglieder:	Prof. *Pierre de Bie* (Universität Leuwen),
	Prof. *Theodor Geiger* (Universität Aarhus),
	Prof. *G.S. Ghurrye* (Universität Bombay),
	Prof. *René König* (Universität Zürich),
	Prof. *Kunio Odaka* (Universität Tokio),
	Prof. *Stanislaw Ossowski* (Universität Warschau),
	Dr. *Abdel Hamid Zaki* (Cairo School of Social Work).

Die ISA war nunmehr gut in Gang gesetzt: Sie besaß ein Sekretariat, eine Organisationsstruktur, eine Mitgliedschaft und eine Serie von begonnenen Aktivitäten. Um allerdings die Tendenzen in ihrer Geschichte und ihrem Wachstum zu verstehen, ist es wichtig, einige der Entwicklungen zu bedenken, die in der weiteren Welt stattfanden. Diese waren verschiedener Art:

Technologische Veränderungen: Da eines der wesentlichen Ziele der ISA darin besteht, „Kontakte zwischen Soziologen rund um die Welt" zu erleichtern, nehmen Entwicklungen in der Kommunikation eine besonders starke Bedeutsamkeit an.

Wir nehmen das moderne Düsenflugzeug heute als derartig selbstverständlich hin, daß wir leicht vergessen, daß Luftreisen erst sehr jungen Ursprungs sind. So mußte der erste Präsident der ISA um Änderungen in Tagungsterminen bitten, weil das einzige Schiff von New York erst zwei Tage nach dem Beginn einer Veranstaltung angelegt hätte. Das Düsenflugzeug hat Reisen wesentlich schneller, wesentlich häufiger verfügbar und erheblich weniger kostspielig gemacht. Dies hat einen sehr wichtigen Einfluß gehabt auf die Möglichkeit, internationale Tagungen häufiger zu veranstalten, mit geringerem Aufwand und in einer größeren Vielzahl von Orten[2].

Das Flugzeug hat ebenso die briefliche Kommunikation beschleunigt, zumindest, bis sie sich in den letzten Jahren aus anderen Gründen wieder verlangsamte. Ebenso ist die Verständigung mittels Telefon und Telegramm, obwohl beide wesentlich früher als die ISA entstanden, viel besser verfügbar und erheblich weniger kostenaufwendig geworden.

Eine andere, zur Technologie in Beziehung stehende Entwicklung war das Wachstum in der Anzahl von Veröffentlichungen, sowohl Büchern als auch Zeitschriften, und im Sinken ihrer Kosten durch Massenproduktion und durch die Verwendung neuer Drucktechniken. Verbunden mit diesem Trend war die wachsende Verfügbarkeit von Übersetzungen. Der Markt für solche Übersetzungen wurde durch das zunehmende Interesse an der Arbeit von Gelehrten in anderen Ländern hervorgerufen. Deren Produktion wurde durch das Sinken der Druckkosten erleichtert und durch das Prestige, derartige Übersetzungen anzufertigen. Schließlich wurden kommerzielle Computer in den 50er Jahren verfügbar und hatten einen sehr wichtigen Einfluß auf die Entwicklungen von Analysetechniken, die Speicherung und Veränderung großer Datenmengen, und sie haben mittels Time-sharing-Netzwerken über lange Distanzen ebenfalls die Möglichkeiten für Kooperation und vergleichende Forschung vergrößert.

Akademische Entwicklungen: Wir haben es hier mit zwei verwandten Tendenzen zu tun. Die allgemeine Entwicklung bezieht sich auf die sehr große Expansion der Hochschulausbildung in allen Teilen der Welt. Die bestehenden Universitäten expandierten in gleicher Weise als neue Universitäten in vielen Ländern gegründet wurden. Die allgemeine Nachkriegsprosperität und die Nachfrage nach qualifiziertem Personal ließ die akademischen Gehälter ansteigen. Gleichzeitig wurden finanzielle Mittel für die Forschung, für Veröffentlichungen und Tagungen besser und freier verfügbar. Die mehr spezifische Entwicklung bezieht sich auf das Wachstum der Soziologie. Zusätzlich zur Expansion des akademischen Bereichs wurde die Soziologie als Fach anerkannt, das einen wichtigen Beitrag zu leisten habe, und die Soziologie wurde in vielen Ländern eingeführt, in denen sie in der Vorkriegszeit kaum existent gewesen war. Die Verbindung dieser beiden Entwicklungen rief einen dramatischen Anstieg in der Zahl der praktizierenden Soziologen hervor, der Forscher und in den daraus sich ergebenden Veröffentlichungen. Die neu gegründete ISA wuchs und entwickelte sich vor diesem Hintergrund.

Tendenzen im Wachstum der ISA

Ganz allgemein kann man sagen, daß die ISA sich in ihrem mehr als 30jährigen Bestehen fortentwickelte von der Überschwenglichkeit der Jugend zur Verantwortlichkeit des mittleren Alters. Für diejenigen, die einen soziologischen Sprachgebrauch vorziehen, kann man sagen, daß es sich um eine Evolution handelt, die derjenigen analog ist von einer sozialen Bewegung zur Institutionalisierung.

In ihrer Jugend war die ISA erfindungsreich und unternehmend. Der erste Weltkongreß wurde bereits knapp ein Jahr nach der Gründungsversammlung abgehalten. Es handelte sich nicht um ein Treffen mit der Fülle von Vorträgen, wie wir es heute nur allzugut kennen. Statt dessen waren die Sitzungen sorgfältig geplant, die Themen waren definiert und die Teilnehmer waren eingeladen, Vorträge zu halten, welche den Anforderungen des Programms entsprachen. Es ist richtig, daß Vorkehrungen getroffen waren für jene Vorträge, die außerhalb der Themen des Programms lagen; aber der Sekretär sollte diese Vorträge nach Möglichkeit nicht fördern.

Die jugendliche ISA ergriff auch auf verschiedenen anderen Gebieten die Initiative, oft zusammen mit UNESCO. Beispielsweise initiierte das Forschungskomitee internationale und vergleichende Forschungsprojekte. Einige von ihnen waren erfolgreicher als andere; aber es gab einen gewissen Abenteurergeist und Spannung in der frühen Arbeit unserer Kollegen in der ISA, die seitdem geschwunden sind. In ihrem mittleren Alter ergreift die ISA nicht mehr Initiativen. Es wird jeder Versuch unternommen, um die Geschäfte in Gang zu halten und um den Anforderungen zu genügen, die von außen gestellt werden. Vielleicht ist eine solche Entwicklung unvermeidlich; liest man jedoch Schriftstücke aus jenen frühen Jahren, gräbt man sich durch alte Archivbestände durch und spricht mit Kollegen, die in jenen Jahren aktiv waren, so bleibt ein Gefühl der Nostalgie zurück und einiges Bedauern über den Verlust von Phantasie und Unternehmergeist, der in den späteren Jahren offenkundig wird. Vielleicht reflektiert dies zugleich den Zustand der Disziplin. Wie dem auch sei, hier sind einige der Tendenzen, die man in einigen der besonderen Gebiete ihrer Aktivitäten beobachten kann:
Mitgliedschaft: Wie oben erwähnt, hatte die ISA kurz nach der Gründung die Zahl von 20 Ländern in ihrer Mitgliederliste. Sie ermutigte die Gründung von nationalen Vereinigungen in jenen Ländern, in denen sie nicht bereits bestanden, wie sie es heute noch tut. Gleichzeitig breitete sich die Soziologie in Ländern aus, in denen sie noch nicht existierte und wo die Entstehung der Disziplin auch zur Gründung von Organisationen führte. Durch ihre Verbindung mit der UNESCO und ihre ausgedehnten Aktivitäten wurde die ISA schnell als Ort der internationalen, vergleichenden und kooperativen Aktivität in der Soziologie akzeptiert. Mehr als 60 Länder sind heute in der ISA durch ihre nationalen Vereinigungen und andere kollektive Mitglieder repräsentiert. Dies schließt nicht nur Länder ein, in denen Soziologie neu eingerichtet wurde, sondern auch eine Zahl von Ländern, wo Soziologie nach einer Periode der Unterdrückung wieder erschien. Das bedeutendste Beispiel ist die Sowjetunion, die an den Aktivitäten der ISA bis nach dem Tode Stalins nicht teilnahm. Bedauerlicherweise ist die Soziologie in vielen Teilen der Welt noch immer weit davon entfernt, daß ihr jener Status einiger alter Disziplinen zugeschrieben wird, die ihre Arbeit unter dem Schutz von akademischen Institutionen kontinuierlich tun können, unabhängig von Änderungen in der weiteren Gesellschaft. In vielen Ländern führt ein Regierungswechsel zur Unterdrückung der Soziologie oder zu ihrem Wiedererscheinen nach vorhergehender Unterdrückung. Obwohl sich die Soziologie über die meisten Länder der Welt verbreitet hat, wird sie oft als eine gefährliche Disziplin betrachtet und unsere Kollegen werden oft angesehen, als ob sie einen Einfluß hätten, den manche wohl anstreben mögen, aber den sie nur sehr selten erreichen können. In vielen Teilen der Welt wird Soziologie nicht als eine akademische Disziplin angesehen, der erlaubt wird, unter dem Schutze vollständiger akademischer Freiheit zu arbeiten. Eine der fortdauernden Anstrengungen der ISA, die nicht immer erfolgreich ist, besteht darin, als Instanz für die Legitimierung wissenschaftlicher Studien der Gesellschaft zu dienen und für die Praktizierenden derartiger Untersuchungen.

Die Abänderungen der ISA-Satzung, die 1970 in Varna verabschiedet wurden, machten zum erstenmal eine individuelle Mitgliedschaft für alle interessierten Kollegen möglich. Obwohl diese individuelle Mitgliedschaft kein direktes Stimmrecht bei der Kontrolle der Vereinigung ermöglicht, scheint ihre Popularität ein weit verbreitetes Interesse an den Aktivitäten der Vereinigung anzuzeigen. Dies weist allerdings auch auf, daß die ISA den Trends in der

Disziplin ganz allgemein folgt. Sie tendierte in ihren frühen Jahren zu einer gewissermaßen elitären Orientierung; ihre aktivsten Mitglieder waren meist die prominentesten Soziologen ihrer jeweiligen Länder. Die große Ausweitung in der Zahl der Soziologen erzeugte in den 60er Jahren einen eher populistischen Trend, der sich auch in der Mitgliedschaft der ISA niederschlägt. Sie antwortete auf den Druck, indem sie jüngere Kollegen aus allen Regionen der Welt ermutigte, der Arbeit von weiblichen Soziologen zunehmend mehr Vorrang einräumte, sowie auch anderen unterrepräsentierten Minoritätengruppen. Bei diesen Entwicklungen antwortete die ISA auf äußeren Druck und ergriff nur selten die Initiative.

Forschung: Eines der ersten Komitees, das von der neu gegründeten ISA eingerichtet wurde, war ein Forschungskomitee. Zunächst teilte sich dieses in verschiedene Unterkomitees, die jeweils ein anderes Forschungsprojekt behandelten. Dann wurde beschlossen, neue Forschungskomitees zu gründen. In den 60er Jahren entwickelte sich die Tendenz, für jedes Spezialgebiet innerhalb der Disziplin ein besonderes Forschungskomitee einzurichten. Da es allerdings keinen Konsens über die Zahl derartiger Spezialgebiete gibt, hing die Zahl der Forschungskomitees (gegenwärtig 36) von Interessengruppen von Kollegen ab, die ankündigten, in einem bestimmten Gebiet zusammenzuarbeiten. Die Art und Weise dieser Zusammenarbeit änderte sich ebenfalls im Laufe der Zeit. Mehrere vergleichende Forschungsprojekte wurden groß angekündigt; während sie einiges von dem erreichten, was sie ursprünglich gewollt hatten, waren sie doch nicht wirklich erfolgreich. Die Schwierigkeiten, vergleichende Forschung in mehreren Ländern zu organisieren, die Datenerhebungsinstrumente wirklich vergleichbar zu machen, die enormen finanziellen Mittel einzuwerben und das qualifizierte Personal zu finden, erwiesen sich beinahe als unüberwindbar. Seit diesen frühen Anstrengungen haben sich die Forschungskomitees selbst darauf beschränkt, die Ergebnisse der Forschung zu vergleichen, die nicht als multinationales vergleichendes Projekt geplant war. Sie haben es als produktiver gefunden, Seminare und Tagungen mit klar definierten Themen und Zielen zu organisieren. Vergleichende Forschung wurde jedoch am Wiener Zentrum institutionalisiert und einige der ISA-Forschungskomitees nehmen aktiv an dessen Arbeit teil.

Eine der Konsequenzen dieses Wachstums in der Zahl und der Größe der Forschungskomitees war ihr wachsender Einfluß innerhalb der ISA. Ein Forschungsrat wurde 1970 gegründet, zu dem jedes Komitee einen Delegierten entsendet. Dieser Rat wählt ebenfalls Mitglieder des Vorstandes und hat daher einen direkten Einfluß auf die Politik und die Aktivitäten der ISA.

Lehre: In den frühen Jahren der ISA war das Lehren der Soziologie in Ländern, wo sie erst neu begründet wurde, eine wichtige Angelegenheit. Mehrere Untersuchungen, Tagungen und Arbeitstreffen wurden in dieser Zeit organisiert. Es wurden ebenfalls einige Anstrengungen gemacht, um spezialisierte Seminare zu organisieren, besonders in den sich neu entwickelnden Techniken der quantitativen Forschung. Dieser Aktivitätsbereich wurde inzwischen aufgegeben, obwohl es nicht deutlich ist, ob dies geschah, weil das Bedürfnis dafür verschwand oder weil das Interesse daran erlosch. Erst in jüngster Zeit gibt es ein erneutes Interesse an der Lehre, vielleicht als Antwort auf die sinkenden Studentenzahlen und die Finanzkürzungen an den Universitäten in vielen Ländern. Mehrere Sitzungen in diesem Bereich auf dem letzten Weltkongreß waren gut besucht.

Theorie: Auf diesem Gebiet reflektieren die Veränderungen in der ISA wiederum die Wandlungen in der Disziplin. In den 50er Jahren war die dominante Orientierung eine funktionalistische, und die dominanten Methoden waren quantitativ. In den 60er und 70er Jahren wurde diese Dominanz durch verschiedene Richtungen in Frage gestellt[3]. Im Westen wurde die marxistische Theorie wiederentdeckt, und die Teilnahme von sowjetischen Soziologen ermöglichte es, den Rahmen für diese Debatte zu erweitern. Die konkreten Entwicklungsprobleme erzeugten ernste Herausforderungen für die soziologische Theorie aus mehreren Richtungen in verschiedenen Regionen der Welt. Der letzte Weltkongreß im Jahre 1978 in Uppsala war der Auslotung dieser Herausforderungen gewidmet. Quantitative Methoden sind ebenfalls angegriffen worden, und viele andere Ansätze kämpfen neuerdings um Anerkennung. Allerdings scheint bisher kein neuer Konsensus oder eine neue Dominanz zu entstehen. Vielleicht wird eine neue Synthese aus den gegenwärtigen Debatten hervorgehen. Aber in der Gegenwart ist die Vielfalt der Ansätze in Theorie und Methode so mannigfaltig, daß sogar die Natur der Disziplin selbst in Frage gestellt wird.

Veröffentlichungen: Das Anwachsen der Mitgliedschaft erzeugte ein Bedürfnis nach effektiverer Kommunikation innerhalb der ISA. Daher wurde das „ISA-Bulletin" (früher der unregelmäßig herausgegebene „Newsletter") als periodische Veröffentlichung gegründet, das dreimal im Jahr erscheint und Berichte von Tagungen sowie Informationen über alle anderen Aktivitäten enthält. „Current Sociology", das ebenfalls dreimal im Jahr erscheint, wurde inzwischen unabhängig von der „International Bibliography of Sociology" und veröffentlicht weiterhin spezielle Trendreports. Da jeder Trendreport mit seiner Bibliographie ein Heft der Zeitschrift füllt, können sie auch einzeln erworben werden. Seit dem zweiten Weltkongreß wurden „Transactions", also Verhandlungen der Kongresse veröffentlicht. Aber das Wachstum der Weltkongresse, ihre Vielfalt und die Kosten bei der Publikation von vielbändigen „Transactions" erzwangen schließlich ihre Nicht-Weiterführung zugunsten einer Serie von Büchern, die unter dem Titel „Sage Studies in International Sociology" erscheint. Obwohl diese Serie auf der Arbeit der Weltkongresse basiert, veröffentlicht sie ebenfalls Arbeiten der Forschungskomitees. Zusätzlich bringen viele der Forschungskomitees der ISA Rundschreiben, Zeitschriften und Bücher in ihrem eigenen Gebiet heraus. Alle diese Veröffentlichungen zusammengenommen repräsentieren eine Intensivierung und Erweiterung der Aktivitäten der ISA in diesem Bereich, der zur Kommunikation unter den Soziologen beiträgt. Das Potential dieser Publizistik bleibt allerdings unausgeschöpft, weil finanzielle Beschränkungen die Verteilung der Materialien begrenzen.

Sprache der Kommunikation: Bei ihrer Gründung entschied die ISA, daß ihre offiziellen Sprachen Englisch und Französisch sein sollten; dies wurde nicht geändert. Während ihrer frühen Jahre ergaben sich daraus keine Probleme, weil fast alle Teilnehmer vielsprachig genug waren, um in der einen oder der anderen dieser Sprachen kommunizieren zu können. Seitdem hat sich die Dominanz des Englischen als Sprache der internationalen Kommunikation erhöht. Die Entwicklung innerhalb der ISA verlief in Richtung auf einen fast vollständigen Gebrauch des Englischen. Da die Übersetzung von veröffentlichten Materialien und die Simultanübersetzung von Tagungen weit über die bescheidenen finanziellen Ressourcen der ISA hinausgehen, ist die Vereinigung faktisch eine anglophone Vereinigung geworden. Wie die meisten anderen Entwicklungstendenzen in der ISA war dies ebenfalls nicht geplant, sondern geschah ganz spontan. Allerdings hat dies Konsequenzen, die gegen die erklärten Prinzipien der Vereinigung gerichtet sind. Ihr erklärtes Ziel ist, „soziologisches Wissen überall in der Welt zu fördern" (ISA-Satzung, Artikel II). Es lag nicht in der Absicht jener, die die Statuten entwarfen, die „Welt" auf jene zu begrenzen, die eine Kenntnis des Englischen besitzen. Dies ist ein Fall, in dem es sehr deutlich dysfunktional für die Vereinigung wird, wenn sie den Entwicklungen in der weiteren Welt folgt. Vielleicht ist die Zeit für die ISA gekommen, um erneut führend zu werden beim Setzen von Zielen für die internationale Soziologie.

Ein Blick in die Zukunft

Alle zukünftigen Entwicklungen müssen eine Basis in der Gegenwart haben, und es sind daher diese gegenwärtigen Entwicklungen, von denen aus Extrapolationen in die Zukunft gemacht werden können. Es wird allmählich deutlich, daß immer weniger Soziologen vielsprachig sind. Diese Aussage ist zwar offensichtlich beträchtlichen regionalen Variationen unterworfen; aber sie scheint im weltweiten Maßstab empirisch richtig zu sein. Es gibt eine Menge Gründe dafür, und diese Gründe variieren ebenfalls von Region zu Region. Die Zahl der Universitäten wächst, die einen akademischen Grad ohne eine sprachliche Prüfung gewähren; Professoren zögern, Lektürematerial anzugeben in anderen als der Landessprache, weil die Studenten nicht fähig sind, derartige Aufgaben durchzuführen; und Studenten verübeln die Unterstellung, daß sie für einen akademischen Grad mehr als ihre Muttersprache benötigen. In vielen Gebieten wird diese Entwicklung zugleich verursacht und verstärkt durch Ethnozentrismus und Nationalismus. Es gibt keine Anzeichen, daß sich dies in der nächsten Zukunft umkehren wird.

Gleichzeitig gibt es eine wachsende Nachfrage nach der Übersetzung von veröffentlichtem Material; aber in vielen Fällen nehmen derartige Übersetzungen tatsächlich ab. Dies hat teilweise ökonomische Gründe; die Kosten der Übersetzung und Veröffentlichung steigen, während gleichzeitig die Kaufkraft sinkt. Außerdem sind qualifizierte Übersetzer schwerer zu finden. Bis vor kurzem betrachteten viele der besten Soziologen das Übersetzen als Teil ihrer Arbeit, weil sie es als wichtig erachteten, daß gute Arbeiten aus anderen Ländern in ihrer eigenen Sprache zugänglich werden sollten. Es scheint ein Nebenprodukt des „publish-orperish"-Syndroms zu sein, daß Übersetzungen weniger prestigeträchtig geworden sind. Wenige Soziologen machen neuerdings Übersetzungen, weil an vielen Orten die Unterstellung zu herrschen scheint, daß diese dann nichts Eigenes zu sagen hätten.

Diese Entwicklungen ändern sich nicht nur regional, sondern auch je nach der betrachteten Sprache. Es gibt noch eine beträchtliche Menge von Übersetzungen ins Englische, weil der Markt für englische Veröffentlichungen groß ist; dies ist allerdings keine Gewährleistung dafür, daß die bedeutendsten Arbeiten veröffentlicht werden; es sind vielmehr jene Arbeiten, für welche kompetente Übersetzer gefunden werden und bei denen die Verleger entscheiden, daß man ihnen Aufmerksamkeit schenken solle, entweder wegen ihrer Einträglichkeit oder wegen anderer Gründe. Dies impliziert natürlich, daß bestimmte Werke aus bestimmten Sprachen in den englischen Übersetzungen überrepräsentiert werden. Ähnliche Überlegungen lassen sich auf Übersetzungen in andere Sprachen anwenden, mit ähnlichen Resultaten. Trotz der regionalen Unterschiede scheint deutlich zu werden, daß internationale Kommunikation in zunehmendem Maße auf eine vielsprachige Elite beschränkt wird. Die Bedeutung von sprachlichen Befähigungen nimmt im akademischen Bereich ab. Während ein einsprachiger Akademiker bis vor kurzem eine contradictio in adjecto darstellte, wird er/sie zunehmend ein normales und akzeptiertes Phänomen. Wenn meine Analyse der Situation richtig ist, wird sich die ISA zwei sehr einfachen Wahlsituationen gegenübersehen. Wenn sie darin fortfährt, Entwicklungen zu folgen, die aus der Gesellschaft stammen, dann wird sie sich damit abfinden müssen, ihre Bedeutung auf eine schrumpfende vielsprachige Elite zu beschränken; dies stimmt allerdings kaum mit dem Mandat überein, das sie sich im Jahre 1949 gegeben hat. Wenn sie diese Aussichten nicht schätzt, dann bleibt als Wahlmöglichkeit, neue Entwicklungstrends zu setzen, wie sie es tat, als sie noch jung war. Diese neuen Entwicklungen sollten sich darauf konzentrieren, die Aktivitäten der ISA-Kollegen in der eigenen Sprache zugänglich zu machen. Nur in dieser Weise wird die internationale Soziologie in der Zukunft bedeutsam bleiben.

Es ist hier nicht der Platz, um die Wege herauszuarbeiten, auf denen eine solche Tendenz verfolgt werden könnte. Aber um jene Kritik vorwegzunehmen, daß ein solches Programm weit über die finanziellen Ressourcen der ISA hinausgehen würde, möchte ich ganz kurz zwei Möglichkeiten erwähnen, eine solche neue Tendenz zu implementieren, die beide keine ernsthaften finanziellen Konsequenzen mit sich tragen. Diese zwei Möglichkeiten beziehen sich auf mündliche und schriftliche Kommunikation.

Die mündliche Kommunikation bei Treffen, Konferenzen und Seminaren ist jetzt fast ausschließlich auf das Englische beschränkt. Da Simultanübersetzungen viel zu kostspielig sind, gibt es nur einen praktischen Weg, um solche Begegnungen jenen Kollegen zu öffnen, die kein Englisch verstehen: indem man nämlich informelle mündliche Übersetzungen an Ort und Stelle vorsieht. Dies könnte ganz informell durch die Organisatoren derartiger Begegnungen vorbereitet werden; es würde nur das Prestige der ISA benötigt, um dieses neue Vorgehen zu legitimieren.

Schriftliche Kommunikation stellt ein doppeltes Problem dar, weil weder das Geld noch die kompetenten Übersetzer ausreichend verfügbar sind. Ich möchte eine Möglichkeit vorschlagen, die keine großen Geldsummen erforderlich macht und die das Angebot von kompetenten Übersetzern vergrößert. Gegenwärtig gibt es nur sehr wenige Universitäten, die eine Übersetzung als Erfüllung der Erfordernisse für eine akademische Abschlußarbeit akzeptieren würden – trotz der Tatsache, daß nur wenige der Abschlußarbeiten einen eigenständigen Beitrag zum Wissen darstellen. Eine Änderung in diesen Anforderungen würde mehrere Konsequenzen haben. Wenn das zu übersetzende Stück sorgfältig ausgewählt würde in Beratungen mit dem Prüfungsausschuß, dann wäre es wahrscheinlich, daß dieses bedeutende Material in anderen Sprachen verfügbar würde. Wenn der Student eine kompetente Übersetzung abliefert, die ein Vorwort besitzt, welches das Werk in einem intellektuellen Zusammenhang plaziert, dann würde der Student sicherlich genausoviel oder mehr gelernt haben, als wenn er oder sie eine sogenannte Originalarbeit geschrieben hätte. Und wenn der Student als Teil des Studienprogramms einige Kurse im Übersetzen nehmen würde, dann würde er oder sie ebenso manche Fähigkeiten erwerben, die, wenn sie einmal vorhanden sind, mehr als nur einmal genutzt werden könnten. Auch in diesem Falle könnte die ISA ihr Prestige nicht nur der Legitimierung von derartigen neuen Programmen leihen, sondern ebenso, um die institutionelle Unbeweglichkeit der Universitäten bei der Implementierung neuer Programme zu überwinden. Natürlich sollten diese Übersetzungen, wenn sie einmal angefertigt worden sind, nicht in den Regalen und Bibliotheken der Fachbereiche versteckt bleiben. Die ISA könnte eine nützliche Rolle dadurch spielen, daß sie die Veröffentlichung der besten dieser Übersetzungen fördern und daß sie die Verfügbarkeit dieser Übersetzungen bekanntmachen würde.

Die hiermit angeregten Initiativen würden nicht nur die ISA revitalisieren, sondern sie würden sie auch bedeutsamer für die internationale Soziologie in der Zukunft machen.

Schluß

Diese kurze Skizze erhebt keinen Anspruch darauf, einen umfassenden Bericht über die Rolle darzustellen, welche die ISA in der Entwicklung der internationalen Soziologie gespielt hat. Statt dessen hat sie sich auf nur einige wenige hervorstechende Züge beschränkt. Da der vorliegende Band eine „Festschrift" zu Ehren von *René König* darstellt, erscheint es als angemessen, mit einigen Bemerkungen über die wichtige Rolle zu schließen, die er bei der Gründung und der Entwicklung der Vereinigung gespielt hat.

René König ist nach Erziehung und Temperament eine kosmopolitische Persönlichkeit. Er war nicht nur ein Mitglied des Gründungskongresses der ISA in Oslo, sondern er war ebenfalls dabei behilflich, es zu ermöglichen, den ersten Weltkongreß für Soziologie in Zürich nur ein Jahr später abzuhalten. Er hat ebenfalls ein aktives Interesse an der UNESCO seit ihrer Gründung genommen. Da er mehrere Sprachen fließend spricht, ist er immer in einer idealen Lage gewesen, mit Kollegen, die einen sehr verschiedenen Hintergrund hatten, sowohl formell als auch informell zu kommunizieren. Während seiner Karriere hat er immer seine Kollegen und seine Studenten ermutigt, ihren intellektuellen Horizont bis ans Ende der Welt auszudehnen, und er fährt fort, dies zu tun.

René König ist ein Mann von starken Überzeugungen und festen politischen Ansichten. Weder intellektuell noch auf andere Weise ist er jemals Kompromisse mit irgendeiner Form der Begrenzung der Freiheit eingegangen. Gleichzeitig ist er immer ein starker Fürsprecher für die Offenheit der internationalen Soziologie und der ISA allen interessierten Kollegen gegenüber gewesen, unabhängig von ihren politischen Ansichten; er hat immer versucht, die Politik aus der ISA herauszuhalten. Für ihn besteht die charakteristische Eigentümlichkeit der ISA darin, daß sie die erste und einzige Organisation von Soziologen darstellt, die für alle Kollegen der Welt offen ist; und selbst wenn nicht alle ihr beitreten wollen, so ist sie ihnen allen gegenüber geöffnet. Für ihn ist eine wissenschaftliche Gemeinschaft der Weltsoziologie bedeutender als politische und ideologische Unterschiede – vorausgesetzt, daß die grundlegenden Voraussetzungen der Freiheit nicht in Frage gestellt werden. Innerhalb dieser Perspektive repräsentiert er eine Tradition der Offenheit und Toleranz gegenüber divergierenden soziologischen Ansätzen, durch die er sich den Respekt seiner Kollegen gewonnen hat – eine Tradition, die der ISA gut zustatten kommt.

Anmerkungen

1 *Lawrence J. Rhoades,* in: Footnotes, Zeitschrift der American Sociological Association, April 1980, S. 4.
2 *Stein Rokkan,* A Quarter Century of International Social Science: Questions and Reflections, in: *ders.* (Hrsg.), A Quarter Century of International Social Science. Papers and Reports on Developments 1952–1977, Neu-Delhi 1979.
3 *Tom Bottomore,* Sociology in its International Context, in: *Stein Rokkan* (Hrsg.), a. a. O.

Aus dem Englischen von *Heine von Alemann.*

„INTERNATIONAL SOCIOLOGICAL ASSOCIATION“ UND DIE ENTWICKLUNG DER INTERNATIONALEN SOZIOLOGIE

Von Jan Szczepański

Der Begriff „international“ hat viele Bedeutungen, wovon wir uns leicht überzeugen können, wenn wir in Wörterbüchern und Enzyklopädien nachschlagen. In „The International Encyclopedia of the Social Sciences“ wird dieser Begriff in über einhundert verschiedenen Zusammenhängen benutzt, folglich auch in verschiedenen Bedeutungen. Ohne an dieser Stelle eine Analyse der unterschiedlichen Begriffsverwendungen von „international“ vorzunehmen, stelle ich klar, daß ich mit der Bezeichnung internationale Soziologie folgende Vorstellungen verbinde: entweder Kontakte zwischen Soziologen, die in verschiedenen Ländern arbeiten und verschiedenen Nationen angehören, oder Institutionen und Organisationen, die aus Soziologen verschiedener Nationalität zusammengesetzt sind, oder aber soziologische Theorien, deren Inhalt Behauptungen, Hypothesen und Verallgemeinerungen sind, die sich auf Erscheinungen und Prozesse innerhalb verschiedener Nationen beziehen und für die verschiedenen Länder, ihre Gesellschaften und Kulturen deskriptive und erklärende Geltung haben. Im Sinne der zuerst angeführten Bedeutung entstand die internationale Soziologie, als *Auguste Comte* seine ersten Briefe mit *John Stuart Mill* wechselte, da *Comte* sich als Soziologe verstand und der Briefaustausch theoretische und methodologische Konzepte der Soziologie betraf. In ihrer zweiten Bedeutung datiert die internationale Soziologie seit dem Jahre 1893, als von *René Worms* das *Institut International de Sociologie* gegründet wurde und die Zeitschrift *Revue Internationale de Sociologie*, in der Arbeiten von Soziologen verschiedener Nationen erschienen. Die Genese der internationalen Soziologie im dritten Sinne ist viel schwieriger zu bestimmen. In diesem Essay will ich daher lediglich den Versuch unternehmen, einige Aspekte ihrer Entwicklung im Rahmen der *International Sociological Association* aufzuzeigen, obwohl ich mir darüber voll im klaren bin, daß ihre Anfänge viel älter sind und bis ins XIX. Jahrhundert oder sogar noch weiter zurückreichen.

I

Als Gründungsakt der ISA kann meiner Meinung nach der „rapport préliminaire du comité pour la création d'une association internationale de sociologie“ angesehen werden, der am 14. Oktober 1948 auf der Versammlung dieses Komitees angenommen wurde. Das Komitee wurde von der UNESCO eingesetzt, die auch die Arbeiten betreut hatte, die zur Gründung der ISA führten. Im Rapport wurde der Vorschlag gemacht, eine internationale Vereinigung aus nationalen soziologischen Institutionen jener Länder zu bilden, in denen soziologische Forschung betrieben wird. Das Komitee sah vor, daß von der ISA Arbeiten durchgeführt werden, durch die 1. Forschung und Lehre der Soziologie in ihren Mitgliedsländern entwikkelt, 2. die Organisation international vergleichender Forschungsvorhaben unterstützt, 3. der Informationsaustausch erleichtert und 4. über internationale Konferenzen, den Austausch von Soziologen sowie die Veranstaltung internationaler Kongresse die Begegnung von Soziologen organisiert wird.

Im Auftrag der UNESCO richtete im Februar 1949 *Erik Rinde* aus Oslo an viele Länder Briefe mit der Bitte um Informationen bezüglich wissenschaftlicher soziologischer Institutionen, verbunden mit einer gleichzeitigen Einladung zur Teilnahme an einem für den 5.–11. September 1949 organisierten Kongreß in Oslo. Polen wurde auf dieser Konferenz von *Stanislaw Ossowski* vertreten, der im Brief vom 4. IX. 1949 aus Oslo schrieb: „Morgen ist Kongreßbeginn. Frankreich wird von Davy vertreten, USA – Louis Wirth, England – Ginsberg, Holland – Hollander, Kanada – Dawson, Indien – Khosla. Insgesamt 21 Länder. Bin gespannt, was daraus wird." Schon in den folgenden Tagen konnte sich *Ossowski* davon überzeugen, daß daraus die International Sociological Association hervorging, deren stellvertretender Vorsitzender er wurde.

Die Geschichte der ISA ist geläufig, und ich werde an dieser Stelle die bekannten Fakten nicht wiederholen, da mich die Konzeption der internationalen Soziologie interessiert, die sich in ihr entwickelt hat. Zu Beginn der ersten Jahre war die im Rahmen dieser Vereinigung betriebene Soziologie eine Soziologie der industrialisierten, kapitalistischen Länder, da die Vertreter der sozialistischen Länder im Zeitalter des kalten Krieges in ihr keine Rolle gespielt haben und von den indischen Soziologen dieselbe Art von Soziologie betrieben wurde wie in den USA und Westeuropa. Es war somit eine „eurozentrische" Soziologie, und der Gesellschaftstypus sowie die westeuropäische und nordamerikanische Kultur wurden bewußt oder unbewußt als „Normaltypus" angesehen, den im Zuge der Entwicklung alle unterentwikkelten bzw. in der Entwicklung begriffenen Gesellschaften erreichen werden. Der historische Tatbestand, daß im Vergleich zur europäischen Kultur in Asien, Afrika und Amerika um Tausende von Jahren ältere und andersartige Kulturen bestanden und bestehen, hatte das Überlegenheitsgefühl der Europäer und Amerikaner, die die gesellschaftliche Entwicklung mit der Pro-Kopf-Produktion von Stahl und Stromenergie zu messen gewohnt waren, nicht getrübt. Somit war die internationale Soziologie in der Art, wie sie auf den ersten internationalen Kongressen der ISA betrieben wurde, eher eine Soziologie der kapitalistischen Länder. Man könnte daher vielleicht zu ihrer Kennzeichnung den Ausdruck „interkapitalistisch" prägen.

II

Auf dem dritten internationalen Kongreß der Soziologie in Amsterdam im Jahre 1956 erschienen jedoch Delegationen aus den Ländern des politischen Osteuropa, die eine marxistische Soziologie vertraten. Nach der Periode stalinistischer Vorherrschaft innerhalb der Gesellschaftswissenschaften sozialistischer Länder, die von einem eigenartigen Dogmatismus beherrscht waren, kam den Soziologen aus dem Westen die Idee, man könne die marxistische Soziologie auch empirisch betreiben, als ein nicht ernst zu nehmender Witz vor. Erstens schien es ihnen, daß die marxistische Soziologie nur eine Interpretation der Werke von *Marx, Engels, Lenin* und *Stalin* darstelle und die empirische Erforschung osteuropäischer Gesellschaften eine ausschließliche Aufgabe der Sowjetologie, bestenfalls der Anthropologie sei. Zweitens stellte sich für einen Großteil der Soziologen aus dem Westen die Beschaffenheit der Grundordnung, die sich in den sozialistischen Staaten herausgebildet hatte, geradezu als eine „anormale" Ordnung dar, so daß diese Gesellschaften bestenfalls Forschungsgegenstand einer sozialen Pathologie werden könnten.

Es ist wahr, daß die Idee einer marxistischen empirischen Soziologie, die nicht in der Erforschung der Werke von *Marx* oder *Lenin*, sondern in der empirischen Erforschung von Gesellschaften beruht, die von den Ideen des Marxismus-Leninismus geprägt wurden, sich ihren Weg mit viel Mühe gebahnt hat und in einigen sozialistischen Ländern von dogmatischen Marxisten als ideologischer Revisionismus und als der Marxschen Ideologie fremder Import bekämpft wurde. Dennoch hatte die Idee der empirischen marxistischen Soziologie in Polen und dann auch in anderen sozialistischen Staaten sich durchgesetzt, und diese Art von Soziologie wurde Realität. Das führte zu erheblichen Veränderungen im Verständnis der internationalen Soziologie.

In jener Zeit entstand die Idee einer „internationalen soziologischen Bewegung" als eines soziologischen Forschungsprozesses von verschiedenen Gesellschaften mit unterschiedlicher politischer und wirtschaftlicher Verfassung, in dem verschiedene theoretische und methodologische Schulen auftreten, die darum bemüht sind, die Regelmäßigkeiten von Erscheinungen und Prozessen, die in den unterschiedlichen Systemen auftreten, zu erfassen. Bei einer derartigen Soziologie werden nicht so sehr die ideologisch-politischen Unterschiede betont, die das Hauptinteresse einer sowjetologisch orientierten Soziologie ausmachen, sondern das Auftreten ähnlicher Phänomene und die Notwendigkeit ihrer gemeinsamen Lösung durch alle Gesellschaften und Staaten, unabhängig von ihrer Grundordnung. Es wurde auch die Rolle hervorgehoben, die beide Soziologien für die praktische Lösung von solchen Problemen wie wirtschaftliche Entwicklung, Erziehungsprobleme der Jugend, Schutz der natürlichen Umwelt, Erscheinungsformen der gesellschaftlichen Desorganisation u. ä. haben, die in allen Gesellschaften auftreten. Insbesondere die in den 60er Jahren sichtbar werdenden Krisenerscheinungen stellten an die Soziologie neue Anforderungen und bildeten einen praktischen Testfall für den ihr zukommenden Stellenwert in der Gesellschaft.

Die internationale soziologische Bewegung konnte bereits zu jener Zeit unter dem nationalen, regionalen und internationalen Aspekt betrachtet werden. Es konnte der Einfluß der internationalen Zusammenarbeit auf die Entwicklung der Soziologie in den einzelnen Ländern, den einzelnen Regionen der Welt sowie in globaler Hinsicht untersucht werden. Die marxistische Soziologie als die Soziologie einer Region trat in Erscheinung vor allem als Beschreibung von Eigenschaften von Gesellschaften in dieser Region, als methodologische Forschungskonzeption und als allgemeine Theorie des historischen Materialismus. Beim internationalen Kongreß der ISA in Varna im Jahre 1970 wurde diese Auffassung meiner Meinung nach von zahlreichen Soziologien sozialistischer Länder vertreten.

III

Im Rahmen der ISA zeichneten sich jedoch noch andere Tendenzen ab. Auf dem Kongreß in Evian im Jahre 1966 erschien eine große Gruppe von Soziologen aus der Dritten Welt, die nicht die industrialisierten, sondern die Entwicklungsländer vertrat und die hochentwickelte Soziologie westlicher Prägung nicht kannte. Diese Gruppe hatte ein ausgeprägtes Bewußtsein ihrer ethnischen und kulturellen Eigenart und verwarf die europäische Soziologie sowohl liberaler als auch marxistischer Spielart als nicht geeignet für die Beschreibung und Erklärung von Besonderheiten ihrer Gesellschaften und Kulturen. Die radikalen Vertreter dieser Tendenz traten mit dem Entwicklungsprogramm einer Soziologie auf, die auf den authentischen Vorstellungen von Gesellschaft und Kultur, wie sie in der eigenen Tradition entwickelt wurden, aufbaut, auch dann, wenn es sich nur um eine von Generation zu Generation mündlich überlieferte Tradition handelte. Sie machten dementsprechend den Vorschlag, eine neue Terminologie, ein neues Begriffssystem und eine neue Theorie auf der Grundlage eigener traditioneller Bilder von Gesellschaft und Kultur zu entwickeln.
Vielen europäischen und amerikanischen Soziologen erschien dieser Vorschlag sinnlos, ähnlich wie sie seinerzeit der Meinung waren, daß der Versuch, eine empirische marxistische Soziologie zu bilden, jeden Sinnes entbehrt. Auch viele Soziologen-Marxisten waren vom universellen Charakter theoretischer Kategorien des Marxismus zutiefst überzeugt und meinten, daß die Bildung einer solchen Soziologie nicht möglich wäre. Die eurozentrische Soziologie, zu der ich hier auch die von ihr abstammende amerikanische Soziologie zähle, war und ist davon fest überzeugt, daß sie einen universellen Wert besitzt, d. h. daß ihre Begriffe, Theorien und Forschungsmethoden auf alle Arten von Gesellschaften und Kulturen unseres Erdballs anwendbar sind. Unabhängig davon, ob sie als Grundlage von der Annahme der Identität wesentlicher Eigenschaften der menschlichen Natur ausgeht oder aber von der Annahme universeller Regeln, die das zwischenmenschliche Leben bestimmen, oder schließlich von der Annahme universell geltender Gesetze, die die Entwicklungsgeschichte von Gesellschaften leiten – immer kommt diese Soziologie zu dem Ergebnis, daß ihre Begriffe, Methoden und Theorien alle Erscheinungen und Prozesse, die in Gesellschaften und Kulturen auftreten, beschreiben und erklären können. Eben dieser universelle Wert wurde, insbesondere von den radikalen jungen Vertretern afrikanischer Länder, in Frage gestellt.
Aus unterschiedlichen Gründen erfuhr bis heute diese Art von „kulturell nichteuropäischer" Soziologie keine größere Entwicklung, vielleicht, weil an den neuen Universitäten in Afrika und Asien Soziologie hauptsächlich von Europäern bzw. Professoren gelehrt wird, die ihr Diplom in Soziologie an den amerikanischen oder europäischen Universitäten erworben haben, wohl auch, weil die in diesen Ländern zugrundegelegte Theorie der sozioökonomischen Entwicklung vor allem in der Nachahmung von Entwicklungswegen industrialisierter Länder bestand. Für viele „Modernisatoren" bedeutet nämlich die frühere kulturelle Tradition ein Symbol von Rückständigkeit, die es zu überwinden gilt. Von daher haben auch die Konzeptionen einer heimischen Soziologie, die aus der eigenen Tradition hervorgeht, nur geringe Entwicklungschancen. Das heißt allerdings nicht, daß dies ein unwichtiges und in Wirklichkeit sinnloses Problem ist. Die Expansion der „eurozentrischen" Soziologie hat zu einer Vernichtung einer Tradition sozialer Ideen schriftloser Kulturen beigetragen, die zu

retten und zu bewahren sind, da sie, ähnlich wie jede europäische Kultur, einen gleichwertigen Beitrag zur menschlichen Gesamtkultur darstellen, nur mit dem Unterschied, daß (zur Zeit) hinter ihnen keine organisierte wirtschaftliche und politische Macht steht. Zwar sind die Zeiten vorbei, als Kinder in afrikanischen Dörfern rezitierten: „Unsere Ahnen die Gallier hatten helle Augen und blondes Haar ...", die kulturelle Tradition wird jedoch nur langsam und mit Widerstand mit Hilfe wissenschaftlicher Kategorien erfaßt, die diese nicht verfälschen. Diese Tendenz besteht jedenfalls noch fort und stellt einen wichtigen Faktor in der Entwicklung der internationalen Soziologie zur Wissenschaft dar.

IV

Existiert nun ein internationales soziologisches Wissen? Wir geben gern zu, daß eher von einer internationalen Gemeinschaft der Soziologen oder von internationalen soziologischen Institutionen als von einem internationalen soziologischen Wissen gesprochen werden kann. Ich bin daher der Meinung, daß im Grunde die Existenz eines soziologischen Wissens festzustellen ist, das allerdings eher als interkulturell oder auch interethnisch, denn international bezeichnet werden könnte. Mit der Bezeichnung international verbindet sich nämlich ein ganz bestimmter Bedeutungsinhalt, der die Existenz gewisser formaler Sanktionen und eine gewisse Anerkennung seitens formaler Institutionen einer größeren Anzahl von Nationen umfaßt.

Wenn wir von einer interethnischen Soziologie sprechen, dann können wir mit dieser Bezeichnung auch jenes Wissen miterfassen, das von den einzelnen sozialen Gruppen im Laufe der Akkumulation von Lebenserfahrungen gebildet wurde und in Sitten und Bräuchen sowie in der Tradition und im Alltagswissen verkörpert ist. Die Sozialwissenschaften im engeren Sinne des Wortes bestehen erst ca. 150 bis 200 Jahre oder vielleicht weniger, je nachdem von welchen Werken ihr Anfang gezählt wird. Dennoch existierten und existieren über Jahrtausende große Imperien, Staaten, Nationen, Völker und Kulturen, die Bestand hatten und sich weiterentwickeln konnten dank angehäufter Erfahrungen, dank des menschlichen Wissens und der Weisheit, obwohl dieses Wissen und diese Weisheit nicht nach den methodologischen Prinzipien systematisiert waren, die wir in unserer Konvention als die einzig wissenschaftlichen betrachten. Demnach bildet jede soziale Gruppe, die länger andauert, sowie jede Kultur, die sich über Generationen erhält, ein für sich wahres Wissen aus, das als „lebendige Soziologie" bezeichnet werden kann. Dieses Wissen kann kodifiziert, systematisiert, in geschlossene und logisch kohärente Theorien von Erscheinungen und Prozessen, die in diesen Gruppierungen auftreten, zusammengefügt werden. Die Gesamtheit aller dieser Theorien, die in der „lebendigen" Soziologie enthalten sind, kann als System der interethnischen Soziologie betrachtet werden.

Die Aufgabe dieser interethnischen bzw. interkulturellen Soziologie könnte in einem Versuch bestehen, die unterschiedlichen Vorstellungen von Gesellschaft und Kultur, die unterschiedlichen Konzeptionen vom Menschen und seinem Schicksal in Einklang zu bringen. Ist es beispielsweise möglich, eine soziologische Theorie zu entwickeln, die die Begriffe von Gesellschaft, wie sie in der Philosophie des Konfuzius, des Islam, des Marxismus und der Soziologie auf der Grundlage des Liberalismus anzutreffen sind, verbindet und darüber hinaus noch die Vorstellung vom Menschen in den kulturellen Traditionen Afrikas oder des präkolumbianischen Amerika berücksichtigt? Die Ratlosigkeit der eurozentrischen Soziologie beim Verstehen der Renaissance des Islams im Iran gibt Anlaß, über den universellen Wert dieser Soziologie eingehend nachzudenken. Demzufolge ist die in internationalen Organisationen institutionalisierte internationale Soziologie vielleicht vor allem dazu vorbestimmt, Versuche zur Ausbildung einer interethnischen Soziologie zu unternehmen.

Sollten nämlich irgendwann in der Zukunft alle Völker und alle Weltkulturen anerkennen, daß die europäische Kultur mit all ihren Ablegern der einzig mögliche Weg der Entwicklung aller Gesellschaften, Nationen und Staaten, die gegenwärtig auf unserem Erdball existieren, sei und daß es zur Aufgabe der großen internationalen Organisationen, die im Rahmen der UNO bestehen, gehört, zu einer so gearteten Unifikation und Gleichschaltung zu streben, daß all diese Völker den Weg über die Stadien der Industrialisierung, der technischen Zivilisation und der Konsumkultur durchschreiten müssen, dann wäre es selbstverständlich notwendig, den Versuch, die Andersartigkeit von Kulturen zu verstehen, jener Anthropologie zu überlassen, die „primitive Gesellschaften" erforscht, und die Soziologie hätte sich dann mit der Konstruktion von Theorien „entwickelter" Gesellschaften zu befassen. Ich bin der Meinung, daß der Lauf der Geschichte einen anderen Weg nehmen wird und die hier vorgeschlagene Art einer interethnischen Soziologie sich allen eurozentrischen Kulturen zur Rettung ihrer eigenen Identität als sehr nützlich erweisen könnte. Die zivilisatorische Vereinheitlichung der Welt wird sich als Fiktion erweisen, die Vorherrschaft der eurozentrischen Kultur kann plötzlich zu Ende gehen; somit könnte eine interethnische Soziologie für das Verständnis der tatsächlichen Veränderung der modernen Welt von dringender Notwendigkeit sein.

Vielleicht setzt die ISA ein Forschungskomitee zur Untersuchung dieser Problematik ein?

Aus dem Polnischen übersetzt von *Willibald Reschka*.

DIE „INTERNATIONAL SOCIOLOGICAL ASSOCIATION" UND DIE FORTSCHRITTE DER WELTSOZIOLOGIE

Von Reuben Hill

Ich wurde vor nahezu 30 Jahren in die internationale Arbeit der Sozialwissenschaften durch den Gelehrten eingeführt, dem diese Festschrift gewidmet ist. *René König* öffnete die Türen für meine Teilnahme mit einer Anfrage, einen Aufsatz über die Familie in Amerikas veränderlichem Südland für den Dritten Weltkongreß der Soziologie 1956 anzufertigen. Er und *Thomas Bottomore* stießen nach, indem sie mich beauftragten, den ersten internationalen Trendreport mit annotierter Bibliographie über „The Sociology of Marriage and Family Behavior, 1945–56" zu schreiben (London 1958). Anschließend war *René König* bei meiner Wahl behilflich, im Jahre 1959 als Vorsitzender des Family Research Committee (einem der ersten derartigen Komitees der ISA) zu dienen und mich zur aktiven Teilnahme an der Arbeit des Vorstands zu bringen, als er sich von der Präsidentschaft der ISA im Jahre 1966 zurückzog. Ich hätte keine günstigere Starthilfe für eine internationale Karriere erhalten können. Er ist ein immer weiser und stimulierender Mentor für die Gruppe der Gelehrten gewesen, die die zentrale Führung der ISA versah in der Expansionsperiode der 50er und 60er Jahre.

Mein Beitrag zu der *Festschrift* bezieht sich auf vier Themenbereiche und wird sich in der Zeit weitgehend auf die Beiträge der ISA zur Weltsoziologie in den ersten 25 Jahren ihres Bestehens begrenzen (1949–74). Ich beginne mit einer sehr kurzen Geschichte der Organisation der internationalen Vereinigungen für die Förderung der Soziologie, die, wie man sehen wird, mit einer elitären homogenen Gruppe von westeuropäischen Gelehrten zu Beginn des Jahrhunderts begann und die mit einer heterogenen Ansammlung von nationalen und regionalen Assoziationen endete, die mehrere tausend Teilnehmer aus mehr als 80 Ländern umfaßt. Zweitens will ich mich einer Untersuchung des nahezu parallelen Wachstums der Weltsoziologie zuwenden für die gleiche Periode, während der die Disziplin in den Ländern Lateinamerikas, in den sozialistischen Ländern und den Entwicklungsländern von Asien und Afrika entstand, mit unterschiedlichen Wertorientierungen, der Wahl von Forschungsproblemen sowie von Methoden und Theorien. Drittens werde ich aufzeigen, wie die ISA an dieser Entwicklung der Weltsoziologie teilgenommen hat, mit welchen Problemen der Vereinheitlichung und Integration sie es zu tun bekommen hat bei der Förderung der gegenseitigen Kommunikation zwischen den vier verschieden orientierten Gruppen von Gelehrten. Ich werde mit einer Diskussion der strukturellen Reformen der ISA von 1970 schließen und mit den zukünftigen Plänen der ISA.

Eine Bemerkung zur Geschichte

Die Ursprünge der formalen internationalen Organisationen von Soziologen können wahrscheinlich bis zum Institut International de Sociologie (IIS) zurückverfolgt werden, das 1893 gegründet wurde mit Sitz in Paris und mit *René Worms* als seinem ständigen Sekretär. Es war eine elitäre Organisation. Mitglieder mußten gewählt werden, und die Namen neuer Mitglieder wurden jährlich veröffentlicht für alle jene, die noch nicht Mitglieder waren, um es zu sehen und zu beneiden. *Paul F. Lazarsfeld* und *Ruth Leeds*[1] berichten, daß mehrere französische Premierminister, daß Ökonomen und Genetiker wie *Alfred Marshall, Francis Galton* und *Thomas Massaryk* sowie prominente Soziologen frühe Mitglieder waren. Niemals sehr groß und mit einer Mitgliederschaft, die aus jedem Land durch Quoten kontrolliert wurde, hat das IIS ziemlich regelmäßig Kongresse abgehalten, ausgenommen bei Kriegsunterbrechungen. Seine Ziele sind viel stärker elitär als expansionistisch gewesen, und in den letzten Jahren sind als Mitglieder eher Soziologen gewählt worden, die mehr einer humanistischen Sozialphilosophie zuneigen als der Entwicklung einer empirischen Sozialforschung[2].

Die Grundauffassung des IIS, vom Jahre 1895 datierend, ist allerdings durchaus verträglich mit empirischer Forschung gewesen:

1. Alle Arten von sozialen Tatsachen sind eng aufeinander bezogen und keine sollte bei der Forschung ausgelassen werden; 2. bei der Untersuchung jeder sozialen Tatsache sollten eher objektive als subjektive Methoden angewendet werden; 3. die soziale Welt muß verstanden werden, um verbessert werden zu können: „Wissen um zu handeln, aber bevor man handelt[3].“

Viel expansiver in ihrer Orientierung und internationaler im Umfang ihres Auftrages war die International Sociological Association, die 1949 unter den Auspizien der UNESCO in Oslo gegründet wurde, erklärtermaßen in Opposition zum IIS, dessen Amtsträger in den politischen Problemen des Zweiten Weltkrieges zu stark involviert waren, um von den UNESCO-Förderern unterstützt zu werden. Die neue Organisation wurde als eine Föderation von nationalen soziologischen Vereinigungen und Forschungsinstituten gegründet, wobei 21 Länder unter den ursprünglichen Teilnehmern repräsentiert waren. Später sollten sich multinationale regionale Vereinigungen und sogar internationale Vereinigungen der ISA anschließen, einschließlich ihrer Vorgängerin, dem ehrwürdigen Institut International de Sociologie im Jahre 1970.

Die Ziele der neuen soziologischen Vereinigung waren schöpferisch und ehrgeizig und bleiben dabei, Handlungsanweisungen zu liefern[4]:

1. Die Entwicklung der Soziologie in Forschung, Lehre und Gelehrsamkeit weltweit zu fördern;
2. Weltkongresse der Soziologie zu organisieren;
3. soziologische Forschung auf internationaler Ebene zu organisieren;
4. Information und Forschungsergebnisse zwischen soziologischen Institutionen verschiedener Länder auszutauschen;
5. Forschungskomitees als Gruppierungen von Soziologen aus allen Teilen der Welt zu organisieren;
6. Treffpunkt für Soziologen aus allen Ländern zu werden und Sammelstelle für Information über den Zustand und die Entwicklung der Wissenschaft in allen Ländern.

Mehrere von diesen Zielen sind teilweise erreicht worden. Tatsächlich werden bei der Arbeit an einem dieser Ziele zugleich mehrere andere Ziele mit erreicht. Weltkongresse sind beispielsweise ein Mittel gewesen, um die Entwicklung der Soziologie in der Region zu fördern, in der der Kongreß abgehalten wird, und sie haben in einem großen Austausch von Information und Forschungsergebnissen resultiert. Die persönlichen Kontakte auf diesen Kongressen haben ebenso den Weg für Zusammenarbeit und vergleichende Forschung geöffnet. Die Vorbereitung von Aufsätzen für die verschiedenen Kongresse und deren Veröffentlichung sind Gelegenheiten gewesen für eine kritische Einschätzung der Entwicklung der Soziologie in mehreren Ländern, obwohl der formale Weg für diese Einschätzungen durch die Trendreports und die gegliederten annotierten Bibliographien gegeben ist, die regelmäßig zu verschiedenen Themen in der Zeitschrift der ISA, Current Sociology, veröffentlicht werden.
Bis jetzt hat die ISA neun Weltkongresse abgehalten, beginnend in Zürich 1950 mit 120 Teilnehmern und alle drei Jahre fortfahrend bis 1962 sowie alle vier Jahre danach; die Anwesenheit verdoppelte sich beinahe auf magische Weise jedesmal, und sie erreichte 4000 Teilnehmer 1970, welches – worüber die meisten übereinstimmen – die obere Grenze für die Lebensfähigkeit von Kongressen darstellt. Bei den Plenarsitzungen hat ein Thema jeden Kongreß charakterisiert, und es ist bemerkenswert, daß diese Themen einige der hauptsächlichen Problempunkte der internationalen Gemeinschaft vorweggenommen haben. In Zürich war das Hauptthema „Soziologische Aspekte der Beziehungen zwischen Nationen", wobei Dimensionen der Soziologie berührt wurden, die auf den Tagungen der nationalen soziologischen Vereinigungen dieser Zeit nicht behandelt wurden. Soziologen stellten dabei fest, daß sie herzlich wenig sagen konnten, ohne großangelegte Forschung über Nationalstaaten durchzuführen, die allerdings zu dieser Zeit für einzelne unternehmerische Forscher unerschwinglich teuer erschien. Auf dem Treffen in Amsterdam 1956 hatte sich die Leitung dem Thema des sozialen Wandels zugewandt, zu dem viel mehr Forschungen unternommen worden waren, und die Aufmerksamkeit wandte sich den Ländern in schneller Entwicklung als eine hauptsächliche Datenquelle zu. Soziale Planung und die Probleme der Entwicklungsländer waren die Themen auf nachfolgenden Kongressen, und auf dem Kongreß in Varna, Bulgarien, war das organisierende Thema futuristisch, aber noch immer auf soziale Planung bezogen: „Gegenwärtige und zukünftige Gesellschaften: Vorhersage und soziale Planung".
Die ISA ist ebenfalls bis zu einem bestimmten Grad fähig gewesen, vergleichende Forschung auf internationaler Ebene durch ihre aktiveren Forschungskomitees zu fördern, von denen es im Jahre 1980 36 gab[5]. Vergleichende Forschung in zwei oder mehr Ländern über die Soziologie der Familie, politische Soziologie, soziale Schichtung, Soziologie des Sports, Soziologie der Medizin und medizinischen Versorgung, Soziologie der Religion und Soziologie des Militärdienstes wurden in den 60er Jahren organisiert und zu Ende geführt, nachdem sie durch Mitglieder der ISA-Komitees initiiert und entworfen worden waren.
Die Erfahrungen der internationalen Zusammenarbeit sind enttäuschend gewesen, verbunden mit großen Problemen der Kommunikation, der Entscheidungsfindung, der Gleichberechtigung zwischen den Teilnehmern, der Äquivalenz von Forschungsinstrumenten und der Stichprobenziehung, um nur wenige der Probleme zu benennen.
Ich möchte einige Beispiele der Aktivitäten dieser Komitees anführen, wie sie sich allmählich in den vergangenen 15 Jahren entfaltet haben. Eine der ersten entstehenden Gruppen war das

Komitee über soziale Schichtung unter *David Glass,* London School of Economics. Das Komitee stimulierte für eine Reihe von Jahren international vergleichende Untersuchungen über soziale Mobilität[6]. Das Forschungskomitee über politische Soziologie unter der Führung von *Stein Rokkan,* Universität Bergen, und *Seymour Martin Lipset,* Harvard Universität, entwickelte in den 60er Jahren ein wirkungsvolles Programm der Veröffentlichung von vier Bänden von Forschungsergebnissen[7]. Im Forschungsbereich des Komitees über politische Soziologie entwickelte sich ein Forschungszweig über Militarismus und die Soziologie des militärischen Establishments, der später zur Basis eines neuen Forschungskomitees wurde, dessen Aktivitäten zur Veröffentlichung von vier Bänden über den Beruf des Soldaten und militärische Herrschaften führten, die von *Jacques van Doorn* von der Universität Rotterdam herausgegeben wurden[8]. Unter der Leitung von *Morris Janowitz* war diese Gruppe daran beteiligt, einheimischen Forschern zu helfen, ihre eigenen Untersuchungen über die Rolle des Militärs in Entwicklungsländern zu entfalten. Ein anderes Ergebnis des Forschungskomitees über politische Soziologie war die Gruppe über Rechtssoziologie, die von Professor *Renato Treves* (Universität Mailand) geleitet wurde und die seit 1962 ein eigenständiges Forschungskomitee wurde. Mehrere internationale Tagungen wurden organisiert und mehrere Veröffentlichungen wurden herausgebracht, deren jüngste folgende Themen behandelten: 1. Forschungen über Kenntnisse und Einstellungen gegenüber dem Recht, 2. Soziologie des Rechts und rechtlicher Erziehung, 3. die Rolle der Juristen in der Gesellschaft, und 4. die Justizverwaltung in Italien.

Das Komitee über Soziologie des Sports besitzt seine eigene internationale Zeitschrift (International Review of Sports Sociology), die vierteljährlich durch Polish Science Publications (PWN) herausgegeben wird. Im Jahre 1972 veranstaltete es das Dritte Internationale Symposium über „Sport und Sozialisation" in Kanada mit einer Teilnahme von 100 Soziologen und der Diskussion von 30 wissenschaftlichen Vorträgen.

Dasjenige Komitee, dessen Vorsitzender ich von 1959 bis 1970 gewesen bin – das Komitee für Familienforschung – hat seit 1954 18 internationale Forschungsseminare veranstaltet, auf denen erfahrene Forscher und weniger erprobte Mitarbeiter im Rahmen einer Ausbildungs-Werkstatt zusammengebracht wurden, wo Theorie und Methoden der international vergleichenden Forschung erarbeitet wurden, um die Probleme der internationalen Zusammenarbeit zu minimieren. Die weltweite Reichweite dieser Seminare wird deutlich, wenn man einige der Tagungsorte aus den vergangenen Jahren notiert. 1965 tagten wir in Tokio, 1968 in Teheran, 1970 in London, 1972 in Moskau und 1976 in Lomé, Togo. In diesen Seminaren, die zwischen 7 und 10 Tagen dauerten, hat das Komitee über 700 verschiedene Familienforscher aus ungefähr 30 Ländern versammelt. Nunmehr bewegt es sich mit einiger Zuversicht darauf hin, international vergleichende Forschungsprojekte zu organisieren, die in ihrem Mitarbeiterkreis weltumfassend sind. Acht Buchveröffentlichungen sind produziert worden. In eine von ihnen brachte *René König* seine Herausgebertalente ein, in den Band „Families in East and West", herausgegeben von *Reuben Hill* und *René König*[9]. Das Komitee hat ebenfalls ein international vergleichendes Forschungsprojekt unter der Leitung von *Marvin Sussman* gefördert, in dem vergleichende Daten zum Problembereich Familie und Modernisierung in 10 Gesellschaften gesammelt wurden; in allen 10 Gesellschaften waren die Organisatoren der Untersuchung übrigens Absolventen der früheren Ausbildungsseminare

des ISA-Komitees Familienforschung, da die besten Teilnehmer durch diese Seminare in die Familienforschung eingeführt worden waren.
Alle diese Entwicklungen sind nur Illustrationen für den großen Bereich der Aktivitäten der 36 Forschungskomitees, die gegenwärtig in der ISA eingerichtet sind[10]. Man kann sagen, daß die Forschungskomitees gemeinsam die Mehrheit der Themen angeregt und bearbeitet haben, die in der Zeitschrift der ISA, Current Sociology, zwischen 1958 und heute behandelt worden sind. Die durch Current Sociology veröffentlichten Trendberichte und Bibliographien haben eine bedeutsame Rolle dabei gespielt, die soziologische Disziplin zu internationalisieren.
Um die gesamte Reichweite der gerade beschriebenen Aktivitäten zu koordinieren und zu ermöglichen, würde man eigentlich einen großen Stab von Ganztagsbeschäftigten in einem wissenschaftlichen Sekretariat anstellen müssen, wenn man es gut machen wollte. Die ISA besitzt zwar ein Sekretariat, aber es wird nur in bescheidenem Umfange finanziert und ausgestattet durch eine Subvention der UNESCO, die sich heute noch ungefähr auf der gleichen Höhe befindet wie vor 30 Jahren, als die Vereinigung nur einen Bruchteil der heutigen Mitgliedschaft besaß. Das Sekretariat ist darüber hinaus niemals dauerhaft in einer Region lokalisiert gewesen, sondern es zieht ungefähr alle vier bis acht Jahre auf eine Einladung von nationalen Vereinigungen um, die für eine gewisse Zeitspanne die Trägerschaft anbieten. Die Norweger waren die ersten Gastgeber, dann bewegte sich das Sekretariat nach London, nach Leuwen, nach Genf, Mailand und im Jahre 1974 nach Montreal. Während des größten Teils in der Geschichte der ISA war das Budget gerade ausreichend, um eine vollbeschäftigte Sekretärin zu bezahlen, die zudem vielsprachig sein muß, einen halbbeschäftigten geschäftsführenden Sekretär (oft einen Doktoranden) und einen viertelbeschäftigten Generalsekretär, der gewöhnlich ein führender Soziologieprofessor des Gastlandes ist. Durch das Sekretariat werden die Informationsdienste besorgt, und die Kontinuität der Planung zwischen den Kongressen wird sichergestellt, zugleich wird viel von der Koordination der Aktivitäten der Forschungskomitees besorgt.

Das Wachstum der Weltsoziologie

Was ist in der Soziologie als einer weltweiten Disziplin während der ersten drei Jahrzehnte in der Geschichte der ISA geschehen? Ich möchte mich hier auf Beobachtungen stützen, die von meinem Vorgänger als Präsident der ISA, einem hervorragenden polnischen Soziologen, Professor *Jan Szczepański,* gemacht wurden[11], der 1968 die Entwicklung der Weltsoziologie gut zusammenfaßte. *Szczepański* notierte, daß er den Ausdruck „Weltsoziologie" in einem bildlichen Sinne verwende, um die zeitgenössische Soziologie zu kennzeichnen, wie sie weltweit in allen Ländern der Erde verfolgt wird, unangesehen ihrer philosophischen und methodologischen Basis.
In den 40er Jahren war die Weltsoziologie weitgehend auf die Gebiete begrenzt, in denen sie ursprünglich entwickelt wurde: nämlich Westeuropa und Nordamerika. In einigen Ländern, wie Deutschland und Frankreich, befanden sich die soziologischen Institutionen in einem Prozeß der Wiedererrichtung nach der Unterbrechung, die durch den Hitlerismus und den

Krieg verursacht war. Das gleiche trifft zu auf die polnische Soziologie und auf einige andere mitteleuropäische Länder. Aktive soziologische Fachbereiche und Forschungsinstitute bestanden ebenso an Universitäten in Japan, Indien, Australien und in einigen lateinamerikanischen Ländern. Aber die wichtigsten und entschiedensten Einflüsse auf die weitergehende Entwicklung von soziologischer Theorie und ihren Forschungsmethoden ergaben sich in den hochentwickelten und industrialisierten westlichen Ländern. Dieses Ungleichgewicht wurde sehr deutlich in den Vorträgen, die auf den beiden ersten Weltkongressen der Soziologie vorgetragen wurden, die in ihrer überwältigenden Mehrheit aus westlichen Ländern stammten.

Auf dem Dritten Weltkongreß 1956 in Amsterdam und besonders auf dem Vierten Kongreß in Stresa 1959 machte die Anwesenheit einer großen Gruppe von Soziologen aus sozialistischen Ländern ihren Einfluß geltend und zeigte an, daß die Entwicklung der Soziologie auch in Osteuropa voranschritt. Auf dem Kongreß in Washington 1962, der sich mit Entwicklungssoziologie beschäftigte, wurde die Teilnahme von lateinamerikanischen Soziologen sehr deutlich sichtbar und ihr Einfluß bei den Sitzungen des geschäftsführenden Komitees wurde deutlich. Schließlich wurden wir auf dem Sechsten Weltkongreß 1966 in Evian erstmals Zeuge einer Teilnahme von einer bedeutsamen Zahl von Soziologen aus der „Dritten Welt“, die aus Afrika und den Entwicklungsländern Asiens kamen, wo ein schneller Fortschritt soziologischer Forschung und soziologischer Lehre zu verzeichnen war. So hatte sich die Situation der Weltsoziologie in zwei kurzen Jahrzehnten verändert. Die westlichen Länder waren nicht länger die einzigen Zentren, die den Entwicklungskurs dieser Wissenschaft auf weltweiter Ebene bestimmten, obwohl sie noch immer die am meisten entwickelten und spezialisierten soziologischen Institutionen besaßen und die zahlreichsten und einflußreichsten Zeitschriften.

Es würde zuviel sein, behaupten zu wollen, daß die ISA diese Verbreitung und Differenzierung der Soziologie auf weltweiter Ebene hervorgebracht hat. Viele andere machtvolle Kräfte waren am Werk, die bei dieser Gelegenheit nicht analysiert werden können. Aber wir sollten den Anteil darstellen, den die ISA an diesem Prozeß besessen hat. Zunächst und vor allem war sie ein Organisationskern, der Soziologen und Gruppen verschiedener Länder zusammengebracht hat. Es sollte festgehalten werden, daß die Forschungskomitees der ISA mit die ersten Institutionen waren, die international vergleichende Forschung in den Sozialwissenschaften bereits mit Beginn der frühen 50er Jahre organisiert haben. Zusammen mit der Abteilung für Sozialwissenschaften der UNESCO begründete die ISA einen internationalen soziologischen Meinungsbildungsprozeß und trug dazu bei, daß internationale Standards des wissenschaftlichen Fortschritts in der Soziologie begründet wurden.

Szczepański selbst bezeugt als ein Begünstigter und als Beobachter den Einfluß der ISA auf die Entwicklung soziologischer Institutionen für die Forschung und die Lehre in allen sozialistischen Ländern (ausgenommen die Volksrepublik China und Albanien). Für die neu sich entwickelnden Institutionen der soziologischen Forschung und Lehre in vielen Ländern wurde die ISA eine Art von „Bezugsgruppe“ und eine Organisation, an die man sich mit seinen Problemen der Planung und Organisation soziologischer Forschung wenden kann.

In einer mehr analytischen Weise kann die Weltsoziologie betrachtet werden als differenziert in vier unterscheidbare Weltgebiete, die aus unterschiedlichen Gesellschaften und Kulturen herausgewachsen sind und die es deswegen mit verschiedenen soziologischen Problemen zu tun haben, die die Soziologen dieser Gebiete als wichtig betrachten.

Gruppe 1: *Die hochentwickelten westlichen Länder,* im wesentlichen nachindustrielle, auf Massenkonsumtion eingestellte Gesellschaften. Die gegenwärtige Situation der Soziologie reflektiert in gewissem Maße den Entwicklungsstand, den diese Gesellschaften erreicht haben. Alle gegenwärtigen Theorien der technischen Zivilisation, der Massengesellschaft, der sozialen Mobilität und des abweichenden Verhaltens sind in diesen Gesellschaften als Ergebnisse empirischer Untersuchungen der hier sichtbar gewordenen sozialen Probleme entstanden. Hier haben ebenfalls empirische Methoden der Sozialforschung ihren größten Auftrieb bekommen. Der Zustand der Technologie hat die ausgiebige Benutzung von Computern und mathematischen Methoden in der Sozialforschung möglich gemacht. Es gibt natürlich andere soziologische Schulen, aber der wichtigste Trend geht in Richtung auf die wachsende Benutzung der Hardware sowie der Software der Computerwissenschaft, kombiniert mit den Methoden der Problemidentifikation und Problembewältigung, die den technologisch entwickelten sozialen Systemen angemessen sind.

Gruppe 2: *Die sozialistischen Länder,* in denen, ausgenommen Polen und Jugoslawien, empirische Soziologie in ihrer gegenwärtigen Form erst in den 60er Jahren entstand. Diese Länder haben ganz andere Probleme zu gewärtigen als jene in Gruppe 1. Sicherlich teilen diese Länder vielfach die gleichen Prozesse der Entwicklung und des Wandels, da beide Gruppen von Gesellschaften industrialisiert sind und Nutznießer des gleichen Typs von wissenschaftlichem und technischem Fortschritt sind. Aber in den sozialistischen Ländern gibt es eine sozialistische Volkswirtschaft, ganz verschiedene Typen von politischen Institutionen und politischer Ordnung, verschiedene Rangordnungen der kulturellen Institutionen usw. Entsprechend haben es die Soziologen bei ihrer Arbeit mit anderen Prozessen zu tun, die das Ergebnis der sozialistischen Volkswirtschaft und der hoch zentralisierten politischen Ordnung sind. Die Organisation des sozialen und politischen Lebens stellt die osteuropäischen Soziologen vor Probleme, die man in westlichen Gesellschaften nicht antrifft und die oftmals andere Forschungsmethoden erfordern. Es gibt ebenfalls den Druck der unterschiedlichen Ideologie. Aus diesen Gründen ist es für Soziologen in diesen Ländern sinnvoll, einige ihrer eigenen Methoden zu erneuern, um Forschung und Lehre voranzutreiben.

Gruppe 3: *Eine dritte Region ist Lateinamerika,* wo die Soziologie in einigen Ländern seit dem 19. Jahrhundert betrieben worden ist, während sie in anderen Ländern ein relativ neues Studiengebiet darstellt. Als Antwort auf die Probleme der Region war es bereits 1966 in Evian deutlich geworden, daß man damit rechnen könnte, daß die lateinamerikanischen Soziologen Untersuchungen vorlegen, die Probleme der Einführung sozialer Reformen behandeln, von revolutionären Bewegungen und von den Problemen, die sich aus der Asymmetrie der ökonomischen Verbindungen mit Nordamerika ergeben. Bei meiner Lektüre der Tagungsunterlagen des Neunten Lateinamerikanischen Kongresses für Soziologie, der in Mexiko im November 1969 abgehalten wurde, stellte ich fest, daß die Probleme der ausgleichenden Gerechtigkeit, des Engagements von Soziologen bei der Lösung der nationalen sozialen Probleme gegenüber einer Position der Pseudodistanz oder gegenüber einer Haltung der Sozialkritik viel diskutiert wurden. Ich bemerkte ebenfalls Interesse an den Themen Revolution, Populismus und an der Rolle des Militärs in populistischen Umstürzen, die man nur gelegentlich auf westeuropäischen Tagungen oder auf wissenschaftlichen Treffen in Nordamerika antrifft. Allerdings ist die Rhetorik der Revolution keineswegs abwesend bei Tagungen in Nordamerika, wenn sie von Repräsentanten der sog. „Neuen Soziologie" organisiert werden. In den Tagungsprotokollen der lateinamerikanischen soziologischen Vereinigung weisen Kommentare von *Pablo Gonzalez Casanova* und *Orlando Fals Borda* auf die gleichen Themen hin, die *Szczepański* für die sozialistischen Länder aufzeigte, daß nämlich Methoden der Forschung und begriffliche Bezugsrahmen entwickelt werden müßten, die für die Probleme der Region und die Streitfragen der Zeit angemessener sind. Ein begrifflicher Bezugsrahmen wäre zu entwickeln, der den Begriffen des Konflikts und des Wandels eine zentrale statt einer nebensächlichen Rolle zuweist und der die Prozesse der Entwicklung als das Erwartete ausgibt, nicht aber als Abweichungen vom Status quo. Die Erneuerung der Forschungsmethoden, die die Dynamik des Wandels einfangen, erscheint daher weit oben auf der Tagesordnung der lateinamerikanischen Soziologie. Dies sind die wahrgenommenen Besonderheiten dieser Region, aber Soziologen aus allen anderen Gebieten können von den Lösungen lernen, die in Lateinamerika gesucht werden.

Gruppe 4: Letztlich gibt es die *neu sich entwickelnden soziologischen Gemeinschaften Asiens und Afrikas*. Die Gelehrten dieser Gesellschaften sind sich bewußt, daß ihre Wurzeln in sehr alte Zivilisationen hineinreichen, die viel älter sind als die europäischen. Sie suchen jetzt nach eigenen Wegen, sich zu differenzieren, um eine moderne nationale Identität zu erreichen. Einige der Gesellschaften versuchen, den Wandel aus ihrer herkömmlichen Stammesorganisation zum Nationalstaat zu vollziehen, aber sie sind gleichzeitig darüber besorgt, nicht ihre alte kulturelle Identität zu verlieren. Der Ehrgeiz von Soziologen aus diesen Ländern (vgl. insbesondere Indien) besteht darin, ihr eigenes System der Soziologie aufzubauen, das fähig ist, Begriffe und Theorien bereitzustellen, die eine angemessenere Beschreibung ihrer Gesellschaften und Kulturen ermöglichen können als jene Begriffe und Theorien, die in Europa und Amerika entwickelt wurden. In diesen besonderen Anstrengungen sehen sie die „differentia specifica" ihrer eigenen Soziologie.

Das angeführte Bild von vier differenzierten soziologischen Gemeinschaften ist natürlich sehr vereinfacht, aber es stellt eine Verbesserung der Dichotomien von Ost und West, kapitalistisch gegenüber sozialistisch und sogar gegenüber den „drei Welten der Entwicklung" dar. Es wurde skizziert, um die Vorstellung zu übermitteln, daß die unterschiedlichen Bedingungen, unter denen Soziologie sich in verschiedenen Teilen der Welt entwickelt, und daß die verschiedenen untersuchten Gesellschaftstypen die Konzeptualisierung einer „Weltsoziologie" in einem mehr wörtlichen Sinne ermöglichen, und daß die ISA schließlich ein Werkzeug bei diesem Vorhaben sein könnte. Ich sehe zwei Aspekte des Problems: Erstens die Konstruktion von allgemeinen soziologischen Theorien, die induktiv aus Theorien mittlerer Reichweite gewonnen wurden, welche wiederum auf Daten basieren, die in vielen Ländern gesammelt wurden; und zweitens das praktische Problem, Daten zu sammeln, die für internationale Organisationen nützlich sein könnten, welche mit solchen sozialen Problemen zu tun haben wie Armut, Analphabetentum, Krankheit und Hungersnot, ohne daß die Soziologen in die politischen Aktivitäten der Institutionen einbezogen werden, die in diesen Hilfswerken engagiert sind. Ich halte es nicht für günstig, wenn Gelehrte aus Entwicklungsländern ihre Theorien unkritisch nach in westlichen Ländern entwickelten Theorien entwerfen oder nach den Ideologien oder methodologischen Tendenzen, die in einer oder zwei Regionen beheimatet sind. Es ist besser, eine induktive Theorieentwicklung vorzunehmen aus Forschungsergebnissen, die in vielen Regionen ermittelt wurden, durch Vergleiche, Verallgemeinerungen und durch Tests der Bedingungen, unter denen Hypothesen sich behaupten, indem man zu diesem Zweck Daten aus verschiedenen Ländern und Regionen benutzt. Die Konfrontation von rivalisierenden Theorien wird am vorteilhaftesten sein, wenn ihre Stimmigkeit in verschiedenen Weltregionen getestet worden ist!

Nachdem ich das parallele Wachstum und die Entwicklung der Weltsoziologie und der International Sociological Association dargestellt habe, möchte ich nunmehr meine Vorgänger als Präsidenten, *René König* eingeschlossen, würdigen. Ihre Verwaltungstätigkeit war vor allem der Aufgabe gewidmet, das zu einigen und zu integrieren, was als eine fragmentierte und zeitweise polarisierte akademische Gemeinschaft bezeichnet worden ist. Ohne großes Aufsehen oder Polemik haben sie ruhig, aber beharrlich die nationalen und regionalen soziologischen Vereinigungen Nord- und Südamerikas, West- und Osteuropas sowie Asiens und Afrikas zusammengehalten. Es war nicht einmal so, daß die Gelehrten aus diesen Vereinigungen einander entfremdet waren, sondern es handelte sich darum, daß sie sprachlich und philosophisch voneinander isoliert und abgesondert waren und daß sie nicht miteinander kommunizierten. In den vier Jahren der Amtstätigkeit meines Vorgängers, Professor *Jan Szczepański,* wurde die Distanz zwischen diesen Gruppierungen beispielsweise sehr wesentlich durch interpretierende Aufsätze in wissenschaftlichen Zeitschriften reduziert und durch mehrere Bücher, die veröffentlicht wurden, um West und Ost einander zu erklären. Darüber hinaus war er gleichzeitig fähig, die Dritte Welt in die soziologische Unternehmung einzubeziehen. Der Siebte Weltkongreß in Varna, der an der asiatischen Ecke Osteuropas abgehalten wurde, symbolisiert dieses Ziel *Szczepańskis,* diese Welten von Gelehrten zur Aktion auf gemeinsamer Grundlage zusammenzubringen.

Reorganisation der ISA im Jahre 1970

Ich möchte schließen mit einem Bericht über eine Serie von radikalen Änderungen in der satzungsmäßigen Struktur der ISA, die auf den Vorstandssitzungen in Varna, Bulgarien, im September 1970 beschlossen wurden. Rufe nach einer durchgehenden Änderung der Satzung wurden auf dem Sechsten Kongreß in Frankreich 1966 wiederholt gehört. Die Klagen über die Struktur, wie sie in den Originalstatuten niedergelegt war, die auf der konstituierenden Sitzung 1949 in Oslo angenommen wurden, gruppierten sich um drei Themen:

Erstens die Struktur der Mitgliedschaft: Die alte Satzung ermöglichte eine individuelle Mitgliedschaft nur ausnahmsweise, und dieses setzte enge Grenzen sowohl für die Finanzen der Vereinigung als auch für die Breite der Kommunikationsanstrengungen. Zweitens die Prozeduren für Nominierungen und Wahlen: Diese waren nicht offen genug und ermöglichten zu leicht das Überdauern einer Oligarchie von „Insidern".

Drittens der Status der Forschungskomitees: Diese hatten sich seit 1959 sehr stark vermehrt und sie hatten sich selbst als unentbehrliche Instanzen für die Organisation von Aktivitäten zwischen den Weltkongressen etabliert, aber sie waren weder in die Satzung aufgenommen worden noch war ihnen eine Repräsentation im Konzil oder im Vorstand gegeben worden. Der Vorstand setzte 1968 eine Satzungskommission ein, um diese Klagen zu behandeln und um Satzungsergänzungen zu entwerfen. Unter dem Vorsitz von Vizepräsident *Stein Rokkan* berichtete die Kommission dem Präsidenten im Februar 1970, und ein Entwurf der Satzungsergänzungen wurde rechtzeitig vor dem Siebten Weltkongreß an alle Mitglieder des Konzils verteilt. Das Konzil debattierte den Entwurf der endgültigen Satzungsergänzungen an zwei vollen Tagen, an denen bis tief in die Nacht hinein diskutiert wurde.

Die nunmehr revidierte Satzung erkennt die Vielfalt unter den Mitgliedern an, die für sinnvolle internationale Aktivitäten an den vielen Fronten dieser wachsenden Vereinigung erforderlich ist. Es sind nun die Voraussetzungen erfüllt, um die Mitgliedschaftsbasis (die bisher auf nationale Vereinigungen und einige regionale Assoziationen und Forschungsinstitute begrenzt war, welche als assoziierte Mitglieder anerkannt waren) auf fünf Gruppen von Mitgliedern zu erweitern:

Nationale soziologische Gesellschaften;

internationale und multinationale regionale Vereinigungen von Soziologen;

Forschungsinstitute und Fachbereiche der Universitäten;

einzelne Forscher, die in soziologischer Lehre, Forschung und verwandten Diensten tätig sind;

unterstützende Organisationen und Institutionen.

Die Einrichtung der Gruppe von Einzelforschern ermöglicht uns, Tausende von Gelehrten aus allen Ländern als Mitglieder zu erreichen und aufzunehmen, die unsere Weltkongresse besuchen, und sie in die fortlaufende Arbeit der verschiedenen Forschungskomitees in den Jahren zwischen Kongressen einzugliedern. Dieser Schritt bereits macht das Jahrzehnt der 70er Jahre zu einem des ausgeprägten Wachstums und des Fortschritts. Mehr als 3000 Forscher haben auf unsere Einladung zur Einzelmitgliedschaft geantwortet trotz der Probleme, die Gebühren in harter Währung zu bezahlen.

Aber die Revision der Satzung hat noch mehr bewirkt. Eine Zwei-Kammer-Struktur ist für die Organisation der Arbeit der Vereinigung gebilligt worden, indem ein Konzil der Forschungskomitees geschaffen wurde, das als Forschungsrat bezeichnet wird und das nunmehr fünf Mitglieder in den Vorstand wählt, die die 12 Mitglieder ergänzen, welche durch das Konzil der Delegierten gewählt werden. Dies ermöglicht die Anerkennung der ganzen Fülle der Aktivitäten der ISA im Bereich der Forschung, Schulungsseminare, Veröffentlichungen und der Planungen, die bisher kaum offizielle Aufmerksamkeit von den Organen der Vereinigungen erhalten haben. 19 Forschungskomitees waren bereits 1970 durch die Tagungen in Varna von der Vereinigung anerkannt worden.

Die Anträge werden jährlich durch ein Gremium der Forschungskoordinierung des Vorstands begutachtet, das im Jahre 1980 36 Forschungskomitees anerkannt hatte, die das ganze Spektrum der internationalen soziologischen Forschungsgebiete behandelten. Die Vereinigung wird zunehmend die Form einer Föderation dieser Komitees annehmen und sollte in den nächsten Jahren aus dieser Einführung neuer Initiativen deutlichen Nutzen ziehen.

Es besteht eine deutliche Herausforderung, diese neuen satzungsmäßigen Formen zu nutzen, um die Bildung von neuen nationalen und regionalen Vereinigungen zu ermutigen und sich nicht zu verschließen, die verschiedenen Forschungsinstitute, die in internationalen soziologischen Aktivitäten engagiert sind, als Mitglieder aufzunehmen. Die größte Herausforderung wird vielleicht darin bestehen, die Reichweite der Forschungskomitees zu vergrößern, um den Einzelmitgliedern einen größeren Bereich von Möglichkeiten anbieten zu können, sinnvolle internationale Dienste zu übernehmen zum Besten der soziologischen Gemeinschaft.

Anmerkungen

1 *Paul F. Lazarsfeld* und *Ruth Leeds*, International Sociology as a Sociological Problem, in: American Sociological Review, Jg. 26, 1962, S. 732–741.
2 Ebd., S. 733.
3 Annales de l'Institut International de Sociologie, Paris, Bd. I, 1895, S. V–VI.
4 *Jan Szczepański*, The Constituency of the International Sociological Association, in: The American Sociologist, Febr. 1968, S. 56.
5 *William Ewen* (1975) untersucht klarsichtig die unbeabsichtigte Konsequenz der Übernahme der international vergleichenden Forschung durch die Forschungskomitees der ISA, die darin besteht, den Dissens unter den soziologischen Schulen zu reduzieren und die Internationalisierung der Soziologie hervorzubringen.
6 *David V. Glass* und *René König* (Hrsg.), Soziale Schichtung und soziale Mobilität, Opladen 1961.
7 Für eine gute Geschichte dieses Komitees vgl. *Rokkan* (1970), S. 1–20.
8 Für einen Bericht über diese Forschergruppe vgl. *Janowitz* (1968). Vgl. ebenso *van Doorn* (1968); *Janowitz* und *van Doorn* (1971).
9 *Reuben Hill* und *René König* (Hrsg.), Families in East and West: Socialization Process and Kinship Ties, Paris 1970.
10 Mehr Details über die Rolle, die die Forschungskomitees dabei gespielt haben, nordamerikanische Gelehrte verstärkt in der internationalen Arbeit zu beteiligen, findet man in: *Morris Janowitz* und *Reuben Hill*, Internationalizing American Sociology Through the Research Committees of the International Sociological Association, in: The American Sociologist, Jg. 8, 1973, S. 77–81.
11 *Jan Szczepański*, The International Sociological Association and the Development of World Sociology, in: sociological abstracts, Jg. 16, Februar 1968, S. III–V.

Literatur

Annales de l'Institut International de Sociologie, Bd. I, Paris 1895, S. V–VI.
Jacques van Doorn, Armed Forces and Society, Den Haag 1968.
Ders., Military Profession and Military Regimes, Den Haag 1969.
William Ewen, The International Sociological Association and the Internationalizing of Sociology, in: International Social Science Journal, Jg. 27, 1975, Nr. 2, S. 385–393.
David V. Glass und *René König* (Hrsg.), Soziale Schichtung und soziale Mobilität, Sonderheft 1 der Kölner Zeitschrift für Soziologie und Sozialpsychologie, Opladen 1961.
Reuben Hill, The Sociology of Marriage and Family Behavior, 1945–56, London 1958.
Ders. und *René König* (Hrsg.), Families in East and West: Socialization Process and Kinship Ties, Paris 1970.
Morris Janowitz, International Perspectives on Militarism, in: The American Sociologist, Jg. 3, Februar 1968, S. 12–16.
Ders. und *Reuben Hill*, Internationalizing American Soziology Through the Research Committees of the International Sociological Association, in: The American Sociologist, Jg. 8, Mai 1973, S. 77–81.
Ders. und *Jacques van Doorn*, Bd. I: On Military Regimes, Bd. II: On Military Ideology, Rotterdam 1971.

Paul F. Lazarsfeld und *Ruth Leeds*, International Sociology as a Social Problem, in: American Sociological Review, Jg. 26, Nr. 5, 1962, S. 732–741.
Stein Rokkan, International Cooperation in Political Sociology, in: *Erik Allardt* und *Stein Rokkan* (Hrsg.), Mass Politics: Studies in Political Sociology, New York 1970.
Jan Szczepański, The Constituency of the International Sociological Association, in: The American Sociologist, Februar 1968.
Ders., The International Sociological Association and the Development of World Sociology, in: sociological abstracts, Jg. 16, Nr. 1, Februar 1962, S. III–V.

Aus dem Englischen von *Heine von Alemann*.

Bibliographie

BUCHVERÖFFENTLICHUNGEN VON RENÉ KÖNIG

Die nachfolgende Zusammenstellung bietet einen ersten Überblick über die weitverzweigte Publikationstätigkeit von *René König*. In manchem bleibt sie ergänzungsbedürftig. – Einzelne Veröffentlichungen werden dann wiederholt aufgeführt, wenn sie in wesentlich veränderter Neuauflage erschienen sind.

1. Bücher in deutscher Sprache

1931 Die naturalistische Ästhetik in Frankreich und ihre Auflösung. Ein Beitrag zur systemwissenschaftlichen Betrachtung der Künstlerästhetik. Leipzig: Universitätsverlag von R. Noske.

1935 Vom Wesen der deutschen Universität. (Verpflichtung und Aufbruch. Schriften zur Gegenwart. Hrsg. von *Gerhard Bahlsen*.) Berlin: Verlag Die Runde.

1941 Niccolò Machiavelli. Zur Krisenanalyse einer Zeitenwende. Erlenbach – Zürich: Eugen Rentsch Verlag.

1943 Sizilien. Ein Buch von Städten und Höhlen, von Fels und Lava und von der großen Freiheit des Vulkans. Zürich: Büchergilde Gutenberg.

1946 a (Hrsg.): Beiträge zur Soziologie und Sozialphilosophie, Band 1 ff. Bern, Zürich, Köln: Francke Verlag, Regio Verlag, Verlag für Politik und Wirtschaft.

1946 b Materialien zur Soziologie der Familie. (Beiträge zur Soziologie und Sozialphilosophie, Band 1.) Bern: Francke Verlag.

1946 c Sizilien. Tenafly, New Jersey: H. Fel. Kraus.

1949 Soziologie heute. Zürich: Regio Verlag.

1950 Sizilien. Ein Buch von Städten und Höhlen, von Fels und Lava und von der großen Freiheit des Vulkans. Neuausgabe. München: Nymphenburger Verlagshandlung.

1952 a (Hrsg., unter Mitarbeit von *Wilhelm Brepohl* u. a.): Praktische Sozialforschung. Dortmund: Ardey Verlag.

1952 b Sizilien. Ein Buch von Städten und Höhlen, von Fels und Lava und von der großen Freiheit des Vulkans. Österreichische Ausgabe. Innsbruck: Abendländische Verlagsanstalt.

1955 ff. (Hrsg.): Kölner Zeitschrift für Soziologie und Sozialpsychologie. Opladen: Westdeutscher Verlag.

1956 (Hrsg., unter Mitarbeit von *Peter R. Heintz* und *Erwin K. Scheuch*): Beobachtung und Experiment in der Sozialforschung. (Praktische Sozialforschung, Band 2). Köln: Verlag für Politik und Wirtschaft.

1957a (Hrsg., unter Mitarbeit von *Dietrich Rüschemeyer* und *Erwin K. Scheuch*): Das Interview. Formen, Technik, Auswertung. (Praktische Sozialforschung, Band 1). 2., völlig umgearbeitete und erweiterte Auflage. Köln: Verlag für Politik und Wirtschaft.

1957b (Hrsg.): Soziologie der Gemeinde. Sonderheft 1 der Kölner Zeitschrift für Soziologie und Sozialpsychologie. Köln und Opladen (4. Auflage 1972): Westdeutscher Verlag.

1957c (Hrsg., unter Mitarbeit von *Peter Heintz*): Soziologie der Jugendkriminalität. Sonderheft 2 der Kölner Zeitschrift für Soziologie und Sozialpsychologie. Köln und Opladen (6. Auflage 1974): Westdeutscher Verlag.

1957 d Sizilien. Ein Buch von Städten und Höhlen, von Fels und Lava und von der großen Freiheit des Vulkans. Volksausgabe, München: Nymphenburger Verlagshandlung.

1958 a (Hrsg., unter Mitarbeit von *Margret Tönnesmann*): Probleme der Medizin-Soziologie. Sonderheft 3 der Kölner Zeitschrift für Soziologie und Sozialpsychologie. Köln und Opladen (4. Auflage 1970): Westdeutscher Verlag.

1958 b (Hrsg., unter Mitarbeit von *Peter W. Schuppisser*): Die Mode in der menschlichen Gesellschaft. Zürich: Verlagsgesellschaft Modebuch.

1958 c (Hrsg. und Mitautor): Soziologie. (Fischer Lexikon, Band 10). Frankfurt: Fischer Bücherei GmbH.

1958 d Grundformen der Gesellschaft: Die Gemeinde. (rowohlts deutsche enzyklopädie, rde 79). Hamburg: Rowohlt Taschenbuch Verlag.

1961 a (Hrsg. und Übersetzer): Emile Durkheim: Die Regeln der soziologischen Methode. Mit einer Einleitung des Herausgebers. (Soziologische Texte, Band 3). Neuwied (6. Auflage 1980): Hermann Luchterhand Verlag.

1961 b (Hrsg., unter Mitarbeit von *David V. Glass*): Soziale Schichtung und soziale Mobilität. Sonderheft 5 der Kölner Zeitschrift für Soziologie und Sozialpsychologie. Köln und Opladen (5. Auflage 1974): Westdeutscher Verlag.

1962 a (Hrsg., unter Mitarbeit von *Heinz Maus*): Handbuch der empirischen Sozialforschung. Band 1. Stuttgart: Ferdinand Enke Verlag.

1962 b (unter Mitarbeit von *Friedhelm Hagemann, Hans Gert Schütte, Heinrich Stieglitz* und *Rolf Ziegler*): Soziologische Probleme mittelständischer Berufe I: Der Lebensmitteleinzelhändler, der Drogist, der Textilingenieur und die steuerberatenden Berufe. Köln und Opladen: Westdeutscher Verlag.

1963 (Hrsg., mit *Johannes Winckelmann*): Max Weber zum Gedächtnis. Materialien und Dokumente zur Bewertung von Werk und Persönlichkeit. Sonderheft 7 der Kölner Zeitschrift für Soziologie und Sozialpsychologie. Köln und Opladen: Westdeutscher Verlag.

1964 a (mit *Alphons Silbermann*): Der unversorgte selbständige Künstler. Über die wirtschaftliche und soziale Lage der selbständigen Künstler in der Bundesrepublik. (Hrsg. von der Stiftung zur Förderung der wissenschaftlichen Forschung über Wesen und Bedeutung der freien Berufe). Köln – Berlin: Deutscher Ärzte-Verlag GmbH.

1964 b (Hrsg.): Probleme der Mittelschichten in Entwicklungsländern, dargestellt an den Ländern Jugoslawien, Türkei, Spanien, Venezuela und den neugegründeten Staaten Westafrikas. Köln und Opladen: Westdeutscher Verlag.

1965 a Soziologische Orientierungen. Vorträge und Aufsätze. Köln: Kiepenheuer und Witsch Verlag.

1965 b (mit *Günther Lüschen*): Jugend in der Familie. (Überblick zur wissenschaftlichen Jugendkunde, Band 3). München: Juventa Verlag.

1966 (Hrsg., unter Mitarbeit von *Erwin K. Scheuch*): Kölner Beiträge zur Sozialforschung und angewandten Soziologie. Band 1. Meisenheim am Glan: Verlag Anton Hain.

1967a Kleider und Leute. Zur Soziologie der Mode. (Fischer Taschenbücherei 822). Frankfurt: Fischer Bücherei GmbH.

1967 b (Hrsg.): Handbuch der empirischen Sozialforschung. 1. Band. Zweite veränderte, durch einen Anhang und Register erweiterte Auflage. Stuttgart: Ferdinand Enke Verlag.

1967c (Hrsg. und Hauptautor): Soziologie. (Fischer-Lexikon, Band 10). Umgearbeitete und erweiterte Neuausgabe. Frankfurt am Main: Fischer Bücherei GmbH.

1967d (Hrsg., mit *Ferdinand A. Hermens* u. a.): Politik und Wähler. Meisenheim am Glan: Verlag Anton Hain.

1968 a (Hrsg., unter Mitarbeit von *Klaus Roghmann, Wolfgang Sodeur* und *Rolf Ziegler*): Beiträge zur Militärsoziologie. Sonderheft 12 der Kölner Zeitschrift für Soziologie und Sozialpsychologie. Köln und Opladen: Westdeutscher Verlag.

1968 b (Hrsg., mit *Fritz Sack*): Kriminalsoziologie. Frankfurt am Main: Akademische Verlagsgesellschaft.

1969 a (Hrsg.): Handbuch der empirischen Sozialforschung. Band 2. Stuttgart: Ferdinand Enke Verlag.

1969b (Hrsg., unter Mitarbeit von *Günter Albrecht, Wolfgang S. Freund* und *Dieter Fröhlich*): Aspekte der Entwicklungssoziologie. Sonderheft 13 der Kölner Zeitschrift für Soziologie und Sozialpsychologie. Köln und Opladen: Westdeutscher Verlag.

1969 ff.c (Hrsg., unter Mitarbeit von *L. Fischer, Klaus Jettmar, W. Kraus* und *C. Rathjens*): Afghanische Studien. Band 1. Meisenheim am Glan: Verlag Anton Hain.

1970 Vom Wesen der deutschen Universität. Reprografischer Nachdruck der Ausgabe Berlin 1935. Mit einem Vorwort zum Neudruck. Darmstadt: Wissenschaftliche Buchgesellschaft.

1971a Macht und Reiz der Mode. Verständnisvolle Betrachtungen eines Soziologen. Düsseldorf: Econ Verlag.

1971b Studien zur Soziologie. Thema mit Variationen (Fischer Bücherei 6078). Frankfurt am Main – Hamburg: Fischer Bücherei GmbH.

1971c (Hrsg. und Hauptautor): Soziologie. (Fischer-Lexikon, Band 10). Neuausgabe. Frankfurt am Main: Fischer Bücherei GmbH.

1972 (Hrsg., unter Mitarbeit von *Axel Schmalfuß*): Kulturanthropologie. Düsseldorf – Wien: Econ Verlag.

1973a Indianer wohin? Alternativen in Arizona. Skizzen zur Entwicklungssoziologie. Opladen: Westdeutscher Verlag.

1973b Soziologische Orientierungen. Vorträge und Aufsätze. Neuausgabe. Köln: Kiepenheuer und Witsch Verlag.

1973c (Hrsg.): Handbuch der empirischen Sozialforschung. Band 1: Geschichte und Grundprobleme. Mit Beiträgen von *René König, Heinz Maus, Hans Albert, Hans L. Zetterberg* und *Erwin K. Scheuch*. Stuttgart: Ferdinand Enke Verlag und dtv Wissenschaftliche Reihe 4235.

1973d (Hrsg.): Handbuch der empirischen Sozialforschung. Band 2: Grundlegende Methoden und Techniken. Erster Teil. Mit Beiträgen von *René König, Erwin K. Scheuch, Jiri Nehnevajsa* und *Werner Mangold*. Stuttgart: Ferdinand Enke Verlag und dtv Wissenschaftliche Reihe 4236.

1973e (Hrsg., mit *Karl Hax* u. a.): Wirtschaft und Gesellschaft Ostasiens. Band 1. Düsseldorf: Bertelsmann Universitäts Verlag.

1974a Die Familie der Gegenwart. Ein interkultureller Vergleich. (Beck'sche Schwarze Reihe, Band 116). München (3. Auflage 1978): C. H. Beck Verlag.

1974b Materialien zur Soziologie der Familie. 2., neubearbeitete und erweiterte Auflage. Köln: Kiepenheuer und Witsch Verlag.

1974c (Hrsg., mit *Alphons Silbermann*): Künstler und Gesellschaft. Sonderheft 17 der Kölner Zeitschrift für Soziologie und Sozialpsychologie. Opladen: Westdeutscher Verlag.

1974d (Hrsg.): Handbuch der empirischen Sozialforschung. Band 3a: Grundlegende Methoden und Techniken. Zweiter Teil. Mit Beiträgen von *Erwin K. Scheuch, Peter R. Hofstätter* und *Robert Pagès*. Stuttgart: Ferdinand Enke Verlag und dtv Wissenschaftliche Reihe 4237.

1974e (Hrsg.): Handbuch der empirischen Sozialforschung. Band 3b: Grundlegende Methoden und Techniken. Dritter Teil. Verfaßt von *Paul Neurath*. Stuttgart: Ferdinand Enke Verlag und dtv Wissenschaftliche Reihe 4238.

1974f (Hrsg.): Handbuch der empirischen Sozialforschung. Band 4: Komplexe Forschungsansätze. Mit Beiträgen von *Kurt Mayer, Amos H. Hawley, Conrad M. Arensberg, René König, H. D. de Vries Reilingh, Gerhard Heilfurth, Jan Szczepański, Alphons Silbermann, Gottfried Eisermann* und *Peter Heintz*. Stuttgart: Ferdinand Enke Verlag und dtv Wissenschaftliche Reihe 4239.

1975a Kritik der historisch-existenzialistischen Soziologie. Ein Beitrag zur Begründung einer objektiven Soziologie. (Habilitationsschrift 1937). München: R. Piper Verlag.

1975b (Hrsg., unter Mitarbeit von *Nico Stehr*): Wissenschaftssoziologie: Studien und Materialien. Sonderheft 18 der Kölner Zeitschrift für Soziologie und Sozialpsychologie. Köln und Opladen: Westdeutscher Verlag.

1976a (Hrsg.): Emile Durkheim: Die Regeln der soziologischen Methode. (Soziologische Texte, Band 3). 4., revidierte Auflage. Neuwied und Berlin: Hermann Luchterhand Verlag.

1976b (Hrsg.): Handbuch der empirischen Sozialforschung. Band 5: Soziale Schichtung und Mobilität. Mit Beiträgen von *Thomas B. Bottomore, Karl Martin Bolte* und *Helga Recker* sowie *Kurt Horstmann*. Stuttgart: Ferdinand Enke Verlag und dtv Wissenschaftliche Reihe 4240.

1976c (Hrsg.): Handbuch der empirischen Sozialforschung. Band 6: Jugend. Verfaßt von *Leopold Rosenmayr*. Stuttgart: Ferdinand Enke Verlag und dtv Wissenschaftliche Reihe 4241.

1976d (Hrsg.): Handbuch der empirischen Sozialforschung. Band 7: Familie – Alter. Mit Beiträgen von *René König* und *Leopold Rosenmayr*. Stuttgart: Ferdinand Enke Verlag und dtv Wissenschaftliche Reihe 4242.

1977a (Hrsg.): Handbuch der empirischen Sozialforschung. Band 8: Beruf – Industrie – Sozialer Wandel. Mit Beiträgen von *Hansjürgen Daheim, Burkhart Lutz* und *Gert Schmidt* sowie *Bert F. Hoselitz*. Stuttgart: Ferdinand Enke Verlag und dtv Wissenschaftliche Reihe 4243.

1977b (Hrsg.): Handbuch der empirischen Sozialforschung. Band 9: Organisation – Militär. Mit Beiträgen von *Renate Mayntz* und *Rolf Ziegler* sowie *Klaus Roghmann* und *Rolf Ziegler*. Stuttgart: Ferdinand Enke Verlag und dtv Wissenschaftliche Reihe 4244.

1977c (Hrsg.): Handbuch der empirischen Sozialforschung. Band 10: Großstadt, Massenkommunikation, Stadt – Land – Beziehungen. Mit Beiträgen von *Herbert Kötter, Hans-Joachim Krekeler, René König* und *Alphons Silbermann*. Stuttgart: Ferdinand Enke Verlag und dtv Wissenschaftliche Reihe 4245.

1977d (Hrsg.): Handbuch der empirischen Sozialforschung. Band 11: Freizeit – Konsum. Mit Beiträgen von *Erwin K. Scheuch* und *Gerhard Scherhorn*. Stuttgart: Ferdinand Enke Verlag und dtv Wissenschaftliche Reihe 4246.

1978a Emile Durkheim zur Diskussion. Jenseits von Dogmatismus und Skepsis. München: Carl Hanser Verlag.

1978b (Hrsg.): Handbuch der empirischen Sozialforschung. Band 12: Wahlverhalten – Vorurteile – Kriminalität. Mit Beiträgen von *Stein Rokkan* und *Lars Svasand, Rudolf Heberle, Heinz E. Wolf* sowie *Fritz Sack*. Stuttgart: Ferdinand Enke Verlag und dtv Wissenschaftliche Reihe 4247.

1979a Niccolo Machiavelli. Zur Krisenanalyse einer Zeitenwende. Neuausgabe mit einem Nachwort „Über die Entstehung dieses Buches". München – Wien: Carl Hanser Verlag.

1979b (Hrsg.): Handbuch der empirischen Sozialforschung. Band 13: Sprache – Künste. Mit Beiträgen von *Thomas Luckmann* und *Alphons Silbermann*. Stuttgart: Ferdinand Enke Verlag und dtv Wissenschaftliche Reihe 4248.

1979c (Hrsg.): Handbuch der empirischen Sozialforschung. Band 14: Religion – Bildung – Medizin. Mit Beiträgen von *Friedrich Fürstenberg* und *Ingo Mörth, Willy Strzelewicz, Manfred Pflanz* sowie *René König*. Stuttgart: Ferdinand Enke Verlag und dtv Wissenschaftliche Reihe 4249.

1980a Leben im Widerspruch. Versuch einer intellektuellen Autobiographie. München – Wien: Carl Hanser Verlag.

1980b Navajo Report 1970–1980. Von der Kolonie zur Nation. Neustadt/Weinstraße: arca – Verlagsgesellschaft.

2. *Übersetzungen in die deutsche Sprache*

1945 *Verga, Giovanni:* Die Malavoglia. Eine Geschichte von sizilianischen Fischern. Übersetzt und mit einem Nachwort versehen von *René König*. Zürich: Büchergilde Gutenberg.

1947a *Pearson, Hesketh:* Oscar Wilde. Sein Leben und Werk. Aus dem Englischen von *René König*. Bern: A. Scherz Verlag.

1947b *Ciano, Graf Galeazzo:* Tagebücher 1939–1943. Aus dem Italienischen von *W. J. Guggenheim* und *René König*. 2. Auflage, Bern: A. Scherz Verlag.

1959 *Verga, Giovanni:* Die Malavoglia. Roman. Aus dem Italienischen übertragen von *René König*. Neuausgabe, Wiesbaden: Insel Verlag.

1960 *Verga, Giovanni:* Die Malavoglia. Roman. Aus dem Italienischen übertragen von *René König*. Taschenbuchausgabe, Fischer Bücherei 368. Frankfurt am Main und Hamburg: Fischer Bücherei GmbH.

1961 *Emile Durkheim:* Die Regeln der soziologischen Methode. Hrsg., übersetzt und eingeleitet von *René König*. (Soziologische Texte, Band 3). Neuwied (4. revidierte Auflage 1976; 6. Auflage 1980): Hermann Luchterhand Verlag.

3. Bücher in englischer Sprache

1968a The community. Translated from the German by *Edward Fitzgerald.* London: Routledge and Kegan Paul.

1968b The community. Translated from the German by *Edward Fitzgerald.* New York: Schocken Books.

1970 (Hrsg., mit *Reuben Hill*): Families in East and West. Socialization Process and Kinship Ties. Paris – The Hague: Mouton Publishers.

1973a The restless image; a sociology of fashion. Translated by *F. Bradley.* With an introduction by *Tom Wolfe.* London: Allen and Unwin.

1973b A la mode; on the social psychology of fashion. Translated by *F. Bradley.* With an introduction by *Tom Wolfe.* New York: The Seabury Press.

4. Bücher in französischer Sprache

1957 Matériaux pour une sociologie de la famille. Paris.

1969 Sociologie de la mode. Traduit de l'allemand par *Laurent Jospin.* (Petite bibliothèque Payot, 135). Paris: Payot.

1972 Sociologie. Sous la direction de *René König.* Traduit de l'allemand par *Pierre Leccia.* (Nouvelle bibliothèque scientifique). Paris: Flammarion.

5. Bücher in spanischer Sprache

1960 La sociología y la sociedad actual. Traducción de *Olimpia Begué Cantón.* Madrid: Instituto de Estudios Politicos.

1963 Sociología. Traducción de *Adolfo de Ritter-Zahony.* Bueños Aires: Companía General Fabril Editora.

1968a Sociología de la moda. Traducción del original alemán, par *Ana María Uribe.* Bueños Aires: Editor Carlos Lohlé.

1968b (katalanisch): Orientaciones sociológicas. La sociología como ciencia de la oposición y como crítica de la sociedad. Traducción de *Norberto Silvetti Paz.* Bueños Aires: Editorial SUR, S. A.

1971 Sociología de la comunidad local. Traducción de *Carlos Moya.* Madrid: Euramérica, S. A.

6. Bücher in italienischer Sprache

1964 Sociologia. Traduzione italiana di *Enrico Filippini* e *Paolo Farneti.* Milano: Feltrinelli Editore.

1976 Il potere della moda. Traduzione italiana di *Francesca Buonaiuto.* Napoli: Liquori Editore.

7. Bücher in holländischer Sprache

1952 Sociologie in deze tijd. Vertaling van *C. A. M. Bouman-Kloot.* Met een woord ter inleiding van *P. J. Bouman.* (Sociologische studien. Onder red. van *P. J. Bouman* en *J. P. Kruyt.* No. 1). Amsterdam: H. J. Paris.

1965 Sociologie van de mode. Vert. uit het Duits door *F. J. A. Schönau.* (Aula – boeken No. 214). Utrecht – Antwerpen: Uitgeverij Het Spectrum N. V.

1967 Sociologie. Vert. door *P. H. M. Cuypers.* Antwerpen – Utrecht: Uitgeverij Standaard.

1969 Sociologische Verkenningen. Vert. uit het Duits door *F. J. A. Schönau.* (Aula – boeken No. 404). Utrecht – Antwerpen: Uitgeverij Het Spectrum N. V.

8. Polnisch:

1979 Potega i urok mody. Z niemieckiego przełożkła *Janina Szymańska.* Posłowiem opatrzył *Kazimierz* Żygulski. Warszawa: Wydawnictwa Artystyczne i Filmowe.

9. Neuhebräisch:

1972 Soziologie. (Fischer-Lexikon, Band 10). Ramat – Gan: Massada Press Ltd.

10. Japanisch:

1957 Soziologie heute. Tokyo.

René König gewidmete Schriften:

1966 Militanter Humanismus. Von den Aufgaben der modernen Soziologie. René König von seinen Freunden und Kollegen zum 60. Geburtstag gewidmet. Hrsg. von *Alphons Silbermann.* Frankfurt am Main: S. Fischer Verlag.

1973 Soziologie. Sprache – Bezug zur Praxis – Verhältnis zu anderen Wissenschaften. René König zum 65. Geburtstag. Hrsg. von *Günter Albrecht, Hansjürgen Daheim* und *Fritz Sack.* Opladen: Westdeutscher Verlag.

1981 Soziologie in weltbürgerlicher Absicht. René König zum 75. Geburtstag. Hrsg. von *Heine von Alemann* und *Hans Peter Thurn.* Opladen: Westdeutscher Verlag.

Ehrungen René Königs im In- und Ausland:

1950 Literaturpreis des Kantons Zürich.
1955 Ehrenmitglied der Türkischen Soziologengesellschaft.
1959 Commandatore del Ordine di Merito della Republica Italiana.
1962
1966 Präsident der International Sociological Association (ISA).
1964 Goldmedaille Beccaria der Deutschen Kriminologischen Gesellschaft.
1964 Goldmedaille des Vereins Deutscher Ingenieure (VDI).
1967 Premio Verga (Italien).
1970 Auswärtiges Mitglied der Königlich Niederländischen Akademie der Wissenschaften.
1974 Ehrenmitglied der Deutschen Gesellschaft für Soziologie (DGS).
1975 Afghanischer Orden für Erziehung.
1980 Ehrendoktor der University of Illinois (USA).
1981 Ehrendoktor der Universität Augsburg.

Zusammengestellt von *Hans Peter Thurn* und *Heine von Alemann*

DIE AUTOREN DER BEITRÄGE

Günter Albrecht, Dr. rer. pol., o. Prof. für Soziologie an der Universität Bielefeld. Veröffentlichungen: Soziologie der geographischen Mobilität (1972); Die Subkultur der Armut und die Entwicklungsproblematik (Sonderheft 13 der KZfSS, 1969); Zur Stellung historischer Forschungsmethoden und nichtreaktiver Methoden im System der empirischen Sozialforschung (Sonderheft 16 der KZfSS, 1972); Soziologie. Festschrift für René König (als Hrsg. zusammen mit *Hansjürgen Daheim* und *Fritz Sack* 1973); Vorüberlegungen zu einer ‚Theorie sozialer Probleme' (Sonderheft 19 der KZfSS, 1977).

Heine von Alemann, Dr. rer. pol., tätig als Redaktionssekretär der Kölner Zeitschrift für Soziologie und Sozialpsychologie. Veröffentlichungen: Der Forschungsprozeß (1977); Sozialwissenschaftliche Forschungsinstitute (1981); Leopold von Wiese und das Forschungsinstitut für Soziologie 1919–1934 (KZfSS, 1976); International Educational Exchange (zusammen mit *Otto Klineberg*, 1976).

Tom Bottomore, Prof. für Soziologie an der University of Sussex. Veröffentlichungen: Elite and Society (1966); Classes in Modern Society (1968); Sociology (1972); Marxist Sociology (1975); Political Sociology (1980); Crisis and Contention in Sociology (Hrsg., 1978); A History of Sociological Analysis (zusammen mit *Robert A. Nisbet*, 1978). *Bottomore* war von 1974 bis 1978 Präsident der International Sociological Association.

Lars Clausen, Dr. sc. pol., o. Professor für Soziologie an der Universität Kiel. Veröffentlichungen: Elemente einer Soziologie der Wirtschaftswerbung (1964); Industrialisierung in Schwarzafrika (1968); Jugendsoziologie (1976); Schefer-Briefe (mit *Bettina Clausen*, 1977); Siedlungssoziologie (mit *V. von Borries* und *K. Simons*, 1978); Tausch. Entwürfe zu einer soziologischen Theorie (1978).

Hansjürgen Daheim, Dr. rer. pol., o. Professor für Soziologie an der Universität Bielefeld. Veröffentlichungen: Der Beruf in der modernen Gesellschaft (1967); Der Diplomlandwirt (mit *Wolfgang Kaupen*, 1972); Sozialisationsprobleme arbeitender Jugendlicher (1978); Berufssoziologie (Handbuch der empirischen Sozialforschung, Band 8, 1977).

S. N. Eisenstadt, Prof. für Soziologie an der Hebrew University of Jerusalem. Veröffentlichungen: The Absorption of Immigrants (1954); From Generation to Generation (1964, deutsche Übersetzung 1966); The Political System of Empires (1963); Social Differentiation and Social Stratification (1971); Tradition, Change, and Modernity (1973); Revolution and the Transformation of Society (1978); Building States and Nations (als Hrsg. zusammen mit *Stein Rokkan*, 2. Bde., 1973).

Roland Girtler, Dr. phil., Universitätsdozent für Soziologie an der Universität Wien. Veröffentlichungen: Rechtssoziologie (1976); Kulturanthropologie (1979); Vagabunden in der Großstadt (1980); Polizei-Alltag (1980).

Josef Gugler, Dr. rer. pol., Prof. für Soziologie an der University of Connecticut. Veröffentlichungen: Die neuere französische Soziologie (1961); Bibliographie de Marcel Mauss (1964); Urban Growth in Sub-Saharan West Africa (als Hrsg., 1970); Urbanization and Social Change in West Africa (zusammen mit *W. Flanagan*, 1978).

Peter Heintz, Dr. oec. publ., o. Professor für Soziologie an der Universität Zürich. Veröffentlichungen: Anarchismus und Gegenwart (1951); Soziale Vorurteile (1957); Die Autoritätsproblematik bei P. J. Proudhon (1957); Einführung in die soziologische Theorie (1962); Ein soziologisches Paradigma der Entwicklung mit besonderer Berücksichtigung Lateinamerikas (1969); Die Zukunft der Entwicklung (mit *Suzanne Heintz*, 1974). Außerdem Herausgeber zahlreicher Sammelwerke in Europa und Lateinamerika.

Reuben Hill, Ph. D., Regents Prof. of Family Sociology an der University of Minnesota. Veröffentlichungen: Families under Stress (1949); Family, Marriage, and Parenthood (1955); Family Development in Three Generations (1971); Marriage and the Family (als Hrsg. zusammen mit *Howard Becker*, 1941); Families in East and West (als Hrsg. zusammen mit *René König*, 1970). *Reuben Hill* war von 1970 bis 1974 Präsident der International Sociological Association.

Karl Otto Hondrich, Dr. rer. pol., o. Professor für Soziologie an der Universität Frankfurt am Main. Veröffentlichungen: Die Ideologien von Interessenverbänden (1963); Mitbestimmung in Europa (1970); Wirtschaftliche Entwicklung, soziale Konflikte und politische Freiheiten (1970); Demokratisierung und Leistungsgesellschaft (1972); Theorie der Herrschaft (1973); Menschliche Bedürfnisse und soziale Steuerung (1975).

Morris Janowitz, Ph. D., Prof. für Soziologie an der University of Chicago. Veröffentlichungen: Dynamics of Prejudice (zusammen mit *Bruno Bettelheim*, 1950); The Community Press in an Urban Setting (1952); Soziale Schichtung und Mobilität in Westdeutschland (KZfSS, 1958); The Professional Soldier (1960); The Military and the Political Development of New Nations (1964); Institution Building and Urban Education (1969); Sociology and the Military Establishment (1974); The Military Conflict (1975); Social Control and the Welfare State (1977); The Last Half-Century: Social Change and Politics in America (1979).

Kurt Jonassohn, Prof. für Soziologie an der Concordia University in Montreal, Kanada. Veröffentlichungen: The Adolescent Society (zusammen mit *James S. Coleman* und *J. W. Johnstone*, 1971); Aufsätze zur Entwicklung der internationalen Soziologie. *Jonassohn* ist seit 1974 Sekretär der International Sociological Association.

Wolf Lepenies, Dr. phil., Professor für Soziologie an der Freien Universität Berlin. Veröffentlichungen: Melancholie und Gesellschaft (1969); Soziologische Anthropologie (1971); Kritik der Anthropologie (mit *Helmut Nolte*, 1971); Das Ende der Naturgeschichte (1976). Mitherausgeber der Reihe „Hanser-Anthropologie" seit 1973. Mitherausgeber mehrerer Zeitschriften.

Leo Löwenthal, Dr. rer. pol., Professor (emeritus) für Soziologie an der University of California, Berkeley. Veröffentlichungen: Literature and the Image of Man (1957); Literature, Popular Culture and Society (1961); Literatur und Gesellschaft (1964); Das Bild des Menschen in der Literatur (1966); Prophets of Deceit (1970); Erzählkunst und Gesellschaft (1971); Notizen zur Literatursoziologie (1975); Gesammelte Schriften (seit 1980).

Friedhelm Neidhardt, Dr. rer. pol., o. Professor für Soziologie an der Universität Köln. Veröffentlichungen: Studenten im Internationalen Wohnheim. Gruppendynamik und Sozialisation (1963); Die Familie in Deutschland (1966); Die Junge Generation. Jugend und Gesellschaft in der Bundesrepublik Deutschland (1967); Soziale Schichtung (mit *K. M. Bolte* und *D. Kappe*, 1966); Frühkindliche Sozialisation. Theorien und Analysen (Hrsg., 1975); Familienbericht der Bundesregierung (mit *K. Gehrken* u.a., 1975). Mitherausgeber der Kölner Zeitschrift für Soziologie und Sozialpsychologie.

Horst Reimann, Dr. phil., o. Professor für Soziologie an der Universität Augsburg. Veröffentlichungen: Wahlplakate (1961); Soziologie als Beruf (mit *Klaus Kiefer*, 1962); Westsizilien – Eine Entwicklungsregion in Europa (mit *Helga Reimann*, 1964); Kommunikationssysteme (1968); Das Alter (mit *Helga Reimann*, 1974); Basale Soziologie: Theoretische Modelle (1975); Basale Soziologie: Hauptprobleme (1975); Psychische Störungen (1975); Weiterbildung (mit *Helga Reimann*, 1977). Herausgeber mehrerer wissenschaftlicher Buchreihen.

Leopold Rosenmayr, Dr. phil., o. Professor für Soziologie an der Universität Wien. Veröffentlichungen: Geschichte der Jugendforschung in Österreich 1914–31 (1962); Familienbeziehungen und Freizeitgewohnheiten jugendlicher Arbeiter (1963); Umwelt und Familie alter Menschen (mit *Eva Köckeis*, 1965); Aufstand der Jugend? (mit *Klaus Allerbeck*, 1971); Schwerpunkte der Jugendsoziologie (Handbuch der empirischen Sozialforschung, Band 6, 1976); Der alte Mensch in der Gesellschaft (mit *Hilde Rosenmayr*, 1978). Mitherausgeber mehrerer Zeitschriften.

Gert Schmidt, Dr. oec. publ., o. Professor für Soziologie an der Universität Bielefeld. Veröffentlichungen: The industrial Enterprise, History and Society: The Dilemma of German „Industrie- und Betriebssoziologie" (1969); Arbeiter und beruflicher Aufstieg (mit *Fr. Weltz*, 1971); Facharbeiter im Industriebetrieb (mit *Fr. Weltz* und *J. Sass*, 1974); Gesellschaftliche Entwicklung und Industriesoziologie in den USA (1974); Max Weber: Eine Dokumentation der Sekundärliteratur (mit *Constans Seyfarth*, 1977).

Alphons Silbermann, Dr. jur., Professor (emeritus) für Soziologie an der Universität Köln. Veröffentlichungen: Musik, Rundfunk und Hörer (1959); Wovon lebt die Musik – Die Prinzipien der Musiksoziologie (1957); Das imaginäre Tagebuch des Herrn Jacques Offenbach (1960); Vom Wohnen der Deutschen (1963); Ketzereien eines Soziologen (1965); Bildschirm und Wirklichkeit (1966); Empirische Kunstsoziologie (1973); Kein Brett vor dem Kopf (1979); Antisemitismus in der Bundesrepublik (1981). Herausgeber der Zeitschrift „Communications" seit 1974.

Jan Szczepański, Prof. für Soziologie an der Universität Warschau. Veröffentlichungen: Socjologia (1961); The Polish Intelligentsia (1962); Zagadniemia socjologii wspolczesnej (Probleme der Gegenwartssoziologie, 1965); Elementarne pojecia socjologii (Soziologische Grundbegriffe, 1965); Die gegenwärtige Lage der polnischen Soziologie (KZfSS, 1976); Polish Society (1970); Stosowanie nauk społecznych w praktyce (Praktische Anwendung der Sozialwissenschaften, 1976); Badina nad wzorani konsumpcji (Forschungen zum Konsumverhalten, 1977); Socjologiczne interpretacje jakóseci życia (Soziologische Interpretationen der Lebensqualität, 1979). *Szczepański* war von 1966 bis 1970 Präsident der International Sociological Association.

Friedrich H. Tenbruck, Dr. phil., o. Professor für Soziologie an der Universität Tübingen. Veröffentlichungen: Georg Simmel 1858–1918 (KZfSS 10, 1958); Jugend und Gesellschaft (1962); Freundschaft. Ein Beitrag zu einer Soziologie der persönlichen Beziehungen (KZfSS 16, 1964); Zur Kritik der planenden Vernunft (1972); Die Soziologie vor der Geschichte (KZfSS, Sonderheft 16, 1973); Der Fortschritt der Wissenschaft als Trivialisierungsprozeß (KZfSS, Sonderheft 18, 1975); Kultursoziologie (Schwerpunktheft der KZfSS, 1979); Deutsche Soziologie im internationalen Kontext (KZfSS, Sonderheft 21, 1979).

Hans Peter Thurn, Dr. phil., Professor für Soziologie an der Staatlichen Kunstakademie Düsseldorf, Hochschule für Bildende Künste. Veröffentlichungen: Der Roman der unaufgeklärten Gesellschaft (1973); Soziologie der Kunst (1973); Kritik der marxistischen Kunsttheorie (1976); Soziologie der Kultur (1976); Der Mensch im Alltag. Grundrisse einer Anthropologie des Alltagslebens (1980).

Carlo Tullio-Altan, Prof. für Soziologie an der Universität von Triest. Veröffentlichungen: Antropologia funzionale (1968); Manuale di antropologia culturale (1971); I valori difficili (1974); Valori, classi sociali, scelte politiche (1976); Die ambivalente Struktur der italienischen Gegenwartsgesellschaft (KZfSS 30, 1978).

Emilio Willems, Dr. phil., Prof. em. an der Vanderbilt University. Veröffentlichungen in deutscher, englischer, französischer, portugiesischer Sprache, u.a.: A Aculturaçao dos Alemaes no Brasil (1946); Cunha. Tradiçao e Transiçao em una Cultura Rural do Brasil (1948); A Familia Portuguesa Contemporanea (1955); Dictionnaire de Sociologie (1970); Followers of the New Faith. Culture Change and the Rise of Protestantism in Brasil and Chile (1967); Latin American Culture: An Anthropological Synthesis (1975); Die Barackensiedlungen Lateinamerikas als städtische „Frontier" (KZfSS 32, 1980).

GPSR Compliance

The European Union's (EU) General Product Safety Regulation (GPSR) is a set of rules that requires consumer products to be safe and our obligations to ensure this.

If you have any concerns about our products, you can contact us on ProductSafety@springernature.com

In case Publisher is established outside the EU, the EU authorized representative is:

Springer Nature Customer Service Center GmbH
Europaplatz 3
69115 Heidelberg, Germany

Batch number: 10809472

Printed by Printforce, the Netherlands